JOHN LOCKE

ENSAIO SOBRE O ENTENDIMENTO HUMANO

Assim como não sabes qual o caminho do vento,
nem o modo pelo qual os ossos crescem no ventre da gestante,
também não conheces a obra de Deus, que faz todas as coisas.
Eclesiastes, 11,5.

Quam bellum est velle confiteri potius nescire quod nescias,
quam ista effutientem nauseare, atque ipsum sibi disciplere!
Cícero, *De Natura Deorum*, livro 1.

[Como seria belo, Veleio, confessar o que ignoras,
antes que nos brindar com esses disparates e falar como aquele
que não acredita no que ele próprio diz!]

Tradução, apresentação e notas
Pedro Paulo Garrido Pimenta
(Universidade de São Paulo)

martins fontes

***An Essay Concerning Human Understanding** was originally published in English in 1975.*
This translation is published by arrangement with Oxford University Press.
This edition is not for sale in Portugal.

Ensaio sobre o entendimento humano foi publicado originalmente em inglês em 1975.
Esta tradução é publicada em parceria com Oxford University Press.
Esta edição não está à venda em Portugal.

Publisher *Evandro Mendonça Martins Fontes*
Coordenação editorial *Vanessa Faleck*
Produção editorial *Carolina Cordeiro Lopes*
Revisão *Renata Sangeon*
Lucas Torrisi
Diagramação *Renato Carbone*

2ª edição setembro de 2023 | **Fonte** ITC Garamond, Rotis Serif
Papel Offset 56 g/m² | **Impressão e acabamento** Imprensa da Fé

Dados Internacionais de Catalogação na Publicação (CIP)
Angélica Ilacqua CRB-8/7057

Locke, John, 1632-1704.

Ensaio sobre o entendimento humano / John Locke ; tradução Pedro Paulo Garrido Pimenta. – 2. ed. – São Paulo : Martins Fontes – selo Martins, 2023.
992 p.

ISBN 978-65-5554-033-8
Título original: An Essay Concerning Human Understanding

1. Teoria do conhecimento I. Título II. Pimenta, Pedro Paulo Garrido.

23-2821 CDD 121

Índice para catálogo sistemático:
1. Teoria do conhecimento

Martins Editora Livraria Ltda.
Av. Dr. Arnaldo, 2076
01255-000 São Paulo SP Brasil
Tel.: (11) 3116 0000
info@emartinsfontes.com.br
www.emartinsfontes.com.br

SUMÁRIO

ENSAIO SOBRE O ENTENDIMENTO HUMANO

Nota introdutória à edição brasileira

A tradução do *Ensaio sobre o entendimento humano* que oferecemos ao leitor foi feita a partir da edição de Nidditch, edição de referência para os estudos lockianos. Baseada na quarta edição original – a última a ser feita durante a vida do filósofo –, ela traz, no entanto, copiosas notas assinalando as alterações feitas em cada edição; no corpo do texto, o leitor encontra fundamentalmente o texto da quinta edição, publicada logo após a morte do filósofo, mas com modificações feitas pelo próprio Locke. Na presente tradução, mantivemos apenas as notas que apontam mudanças mais substanciais de uma edição à outra. O leitor poderá ter assim uma ideia bastante clara das transformações que o *Ensaio* sofreu ao longo das cinco versões que Locke lhe deu.

Na presente tradução, incluímos três tipos de notas: i) as notas do próprio Locke (N. D. A.); ii) as notas da edição Nidditch, selecionadas e convenientemente adaptadas (N. D. E.); iii) notas da presente edição, de responsabilidade do editor (N. Ed. Br.). Por vezes, o leitor se deparará com referências a outras traduções: a de J.-M. Vienne, da Vrin, 2001, e, sobretudo a tradução de Coste, que Locke leu e aprovou (sua primeira edição, de 1700; já a segunda é de 1729, bem depois da morte de Locke).

AN

1 ESSAY

CONCERNING

Humane Understanding.

In Four BOOKS.

[1]-Written by *JOHN LOCKE*, Gent.-[1]

[2]-*The Fourth*[3] *Edition, with large Additions.*-[2]

[4]-ECCLES. XI. 5.

As thou knoweſt not what is the way of the Spirit, nor how the bones do grow in the Womb of her that is with Child: even ſo thou knoweſt not the works of God, who maketh all things.-[4]

Quam bellum eſt velle confiteri potius neſcire quod neſcias, quam iſta effutientem nauſeare, atque ipſum ſibi diſplicere! Cic. de Natur. Deor. *l.* 1.

LONDON:

[5]-Printed for *Awnſham* and *John Churchil*,[6] at the *Black-Swan*[7] in *Pater-Noſter-Row*; and *Samuel Manſhip*, at the *Ship* in *Cornhill*, near the *Royal-Exchange*,[8],-[5] MDCC.[9]

[*The apparatus to this page is overleaf.*]

TITLE-PAGE

[1–1] Written . . . Gent.] *add.* **2–5** [2–2] *The . . . Additions.*] *add.* **2, 4–5** | *The Third* EDITION. **3** [3] *Fourth*] **4** | *Fifth* **5** | *Third* **3** | *Second* **2** [4–4] ECCLES. . . . *things.*] *add.* **4–5** [5–5] Printed . . . *Royal-Exchange*,] **2–5** | Printed by *Eliz. Holt*, for **Thomas Bassett**, at the *George* in *Fleetstreet*, near St. *Dunstan*'s Church. **1**. (*Concerning other issues of* **1** *and* **2**, *v. pp. xvii and xxv above.*) [6] *Churchil*] **2–4** | *Churchill* **5** [7] *Black-Swan*] **4** | *Black Swan* **2–3, 5** [8] *Royal-Exchange*] **4** | *Royal Exchange* **2–3, 5** [9] MDCC.] **4** | MDCCVI. **5** | 1695. **3** | MDCXCIV. **2** | MDCXC. **1**

3 EPÍSTOLA DEDICATÓRIA

Ao mui honrado Thomas,
Conde de Pembroke e de Montgomery,
Barão Herbert de Cardiff, *Lorde Ross* de Kendal,
de Par, de Fitzhugh, de Marmion, de St. Quintin e
de Shurland; *Lorde Presidente* do mui honrado
Conselho Privado de sua Majestade; *Lorde Lugar-*
-Tenente do Condado de Wilts, e de Gales do Sul.

Milorde,
este Tratado, que cresceu sob as vistas de Vossa Senhoria e veio ao mundo por sua ordem, requer agora, por direito natural, a proteção que Vossa Senhoria lhe prometera muitos anos atrás. Longe de mim pensar que um nome, por mais importante que seja, poderia, se posto no início do livro, esconder suas eventuais faltas. O que foi impresso deve sustentar-se ou cair por mérito próprio, ou, então, pelos caprichos do leitor. Mas a verdade pede apenas uma escuta isenta e sem preconceitos, e ninguém melhor para me conceder isso do que Vossa Senhoria, a quem foi facultado entrar em tão íntima familiaridade com ela, em seus mais recônditos recessos. Vossa Senhoria, é sabido, foi tão além do alcance habitual e dos métodos comuns na especulação do conhecimento mais abstrato

e geral das coisas que sua anuência e aprovação ao desígnio deste tratado evitarão pelo menos que seja condenado sem ser lido e farão com que se pondere um pouco acerca daquelas suas partes que, sem isso, talvez fossem julgadas não merecedoras de consideração por estarem um tanto fora dos caminhos habituais. A imputação de novidade é uma terrível acusação 4
para aqueles que julgam a cabeça dos homens como julgam suas perucas, segundo a moda, e só consideram corretas doutrinas consagradas. Raríssimas vezes o voto aclama a verdade logo em sua primeira aparição; novas opiniões são sempre alvo de suspeita e normalmente enfrentam oposição, por nenhuma outra razão a não ser o fato de ainda não serem comuns. Mas a verdade, assim como o ouro, não deixa de ser o que é por ser recente sua extração; o teste e o exame, não alguma antiga moda, fixam-lhe o preço; é tão antiga quanto a natureza e não depende, para ser genuína, de estampa pública. Vossa Senhoria poderia oferecer muitos exemplos convincentes disso, sempre que lhe agradasse trazer a público suas imensas e compreensivas descobertas de verdades até agora desconhecidas por todos, com a exceção de uns poucos, dos quais Vossa Senhoria não as quis esconder de todo. Não fosse por outras, seria essa razão suficiente para que eu lhe dedique este *Ensaio*; e, correspondendo ele numa pequena medida a algumas partes do nobre e vasto sistema de ciências de que Vossa Senhoria traçou um esboço tão novo, exato e instrutivo, será para mim glória bastante se, com sua permissão, eu me puder gabar de ter chegado, aqui e ali, a pensamentos não inteiramente diferentes dos seus. Se Vossa Senhoria puder considerar boa a vinda ao mundo, por seu encorajamento, deste *Ensaio*, espero que dê ensejo, uma ou outra vez, a que Vossa Senhoria vá mais longe; e que me seja permitido dizer que

Vossa Senhoria dá aqui, perante os homens, caução a
algo que, caso consigam tolerá-lo, recompensará real-
mente suas expectativas. Isso mostra, Milorde, que
esta oferenda é como a cesta de frutos seletos que o
pobre leva ao vizinho rico e importante, que os rece-
be bem, embora os tenha melhores e mais abundan-
tes. Coisas desprezíveis ganham valor ao se tornarem
oferendas de respeito, estima e gratidão, sentimentos
que por muitas e fortes razões entretenho no mais
alto grau por Vossa Senhoria; e, se acrescentarem ao
preço do que acompanham numa medida proporcio-
nal à sua própria magnitude, poderei gabar-me de
oferecer-lhe o mais rico presente que Vossa Senhoria
jamais recebeu. Seja como for, encontro-me obrigado
a agradecer-lhe, em todas as ocasiões possíveis, a
longa sequência de favores que recebi de Vossa Se-
5 nhoria; favores que, por grandes e importantes que
sejam em si mesmos, o são ainda mais pela pronti-
dão, consideração, generosidade e muitas outras qua-
lidades que nunca deixam de acompanhá-los. A isso
Vossa Senhoria tem ainda a bondade de acrescentar o
que torna mais relevante e agradável todo o resto:
concede-me em algum grau a sua estima, permite-me
algo de seus pensamentos – eu já ia dizendo de sua
amizade. Tudo isso, Milorde, é o que mostram vossas
ações em todas as oportunidades, mesmo para os ou-
tros, em minha ausência: não é por vaidade que eu
menciono o que é sabido. Mas faltaria com as boas
maneiras se não reconhecesse aquilo que é testemu-
nhado por tantas pessoas, as quais me dizem, diaria-
mente, meu imenso débito para convosco. Gostaria
que pudessem assistir à minha gratidão com a mesma
facilidade com que me convencem dos grandes e
crescentes compromissos que ela tem para com Vossa
Senhoria. Disto estou certo: escreveria acerca do *en-
tendimento* dele carecendo totalmente, se não fosse

sensível a quanto lhe devo e não aproveitasse esta oportunidade para testemunhar, diante do mundo, minha obrigação em o ser, e o quanto o sou,

Milorde,
de Vossa Senhoria,
o mais humilde e
mais obediente servo,
John Locke.

Dorset Court, 24 de maio de 1689.

Leitor,
ponho em tuas mãos o que foi minha diversão em algumas de minhas horas penosas de inatividade. Se tiveres a sorte de ocupar algumas das tuas e tiveres, ao ler, metade que seja do prazer que tive ao escrever, teu dinheiro não te parecerá mal empregado, como tampouco me pareceu o meu esforço. Mas não te enganes pensando que eu esteja elogiando minha obra, nem concluas que, por ter gostado de compô-la, continue afeito a ela, agora que está pronta. Quem caça cotovias e pardais não tem diversão menor do que aquele que se entrega a um jogo mais nobre, embora seu butim seja bem menos considerável: e conhece mal o objeto deste tratado, o *ENTENDIMENTO*, aquele que não sabe que ele é usado com um deleite maior e mais constante do que todas as outras faculdades da alma, por ser a mais elevada dentre elas. Sua busca da verdade é como uma espécie de falcoaria e de caçada, em que grande parte do prazer está na própria perseguição. Cada passo que a mente dá em seu progresso rumo ao conhecimento é não apenas uma nova descoberta, como também a melhor, pelo menos até então.

Pois o entendimento, como o olho, julgando seus objetos apenas por aquilo que ele próprio vê, não pode deixar de se alegrar com o que descobre, e aquilo que lhe escapou o entristece menos, por ser desconhecido. Assim, o homem que não se rebaixa a pedir esmolas, que não se contenta com viver preguiçosamente das migalhas da opinião alheia, que põe ao trabalho o próprio pensamento para encontrar e seguir a verdade terá (seja o que for que encontre) uma satisfação como a que tem o caçador: cada momento da perseguição recompensará a dedicação com deleite, e, mesmo que não se possa gabar de muitas aquisições, terá motivos para pensar que não gastou mal o seu tempo.

Eis aqui, leitor, o entretenimento de homens que soltam os próprios pensamentos e os acompanham ao escrever. Não os deves invejar, pois te oferecem a 7
oportunidade de igual diversão, desde que, na leitura, uses teus próprios pensamentos. É a estes últimos que me dirijo, se é que são teus: porém, se são tomados sem exame de outrem, não importa muito quais sejam, pois não seguem a verdade, mas, antes, um propósito mais baixo. Não vale a pena preocupar-se com o que pensa ou fala aquele que só pensa ou fala sob a direção de outrem. Se julgas por ti mesmo, sei que julgarás com sinceridade, e não me irá ferir nem ofender tua censura, seja ela qual for. Pois, ainda que de fato não haja nada, neste Tratado, de cuja verdade eu não esteja inteiramente persuadido, considero-me, entretanto, tão suscetível a equívocos quanto penso que tu mesmo o és, e sei que o êxito ou o fracasso deste livro depende de ti: não da opinião que eu possa dele ter, mas da tua própria opinião. Se encontrares nele pouco ou nada de instrutivo para ti, não me deves culpar por isso: ele não foi escrito para aqueles que já dominam o assunto e se familiarizaram inteiramente com seu próprio entendimento, mas, antes, para minha própria informação e para satisfazer uns poucos amigos que reconhecem que não examinaram sufi-

cientemente o próprio entendimento. Sem querer incomodar-te com a história deste *Ensaio*, posso dizer o seguinte. Eu e uns quatro ou cinco amigos, reunidos em minha sala, conversando sobre um assunto muito diferente deste, rapidamente nos vimos detidos pelas dificuldades que surgiam por todos os lados. Depois de nos vermos perplexos por algum tempo sem sequer nos aproximarmos da solução daquelas dúvidas que nos desconcertavam, ocorreu-me que havíamos tomado o caminho errado e que, antes de nos lançarmos em investigações como aquela, cabia-nos examinar nossas próprias habilidades, a fim de ver com quais objetos nossos entendimentos poderiam lidar adequadamente e com quais não o poderiam. Foi o que eu propus aos meus companheiros, que imediatamente concordaram, e ficou acertado que seria essa nossa primeira investigação. Alguns pensamentos apressados e mal digeridos, acerca de um tema que eu jamais considerara, foram deitados por escrito em preparação ao nosso próximo encontro e deram ocasião ao presente discurso. Este, tendo assim se iniciado por acaso, progrediu como um passatempo; dele fui redigindo pedaços desconexos, com longos intervalos de abandono, a que ia retomando segundo permitissem minha disposição e as circunstâncias, até que, por fim, tendo-me retirado para cuidar de minha saúde, encontrei tempo para ordená-lo tal como o vês agora.

A redação descontínua pode ter ocasionado, entre outras, duas faltas contrárias: que o discurso diga muito, ou que diga pouco. Se constatares a ausência de algo, fico feliz que o escrito te tenha levado a desejar que eu tivesse ido além; se te parece excessivo, deves censurar o objeto. Quando me pus a escrever,
8 pensei que caberia numa única folha de papel tudo o que eu teria a dizer acerca dessa matéria. Mas, quanto

mais longe ia, tanto mais amplas se tornavam minhas perspectivas, novas descobertas me levavam ainda mais longe, e, assim, este Tratado cresceu insensivelmente até o volume atual. Reconheço que poderia ser menor, e que algumas partes são muito longas, mas a maneira pela qual foi escrito, por pedaços e com longos intervalos de interrupção, é mesmo dada a causar repetições. A verdade é que me faltam tempo e disposição para abreviá-lo.

Estou ciente de que, ao permitir uma falta tão propícia a desagradar o leitor mais judicioso (que é sempre o mais sutil), faço pouco de minha reputação. Mas aqueles que sabem que a preguiça é capaz de se satisfazer com qualquer desculpa me perdoarão por ter cedido a ela, pois creio ser muito boa a desculpa que eu tenho. Não alegarei, portanto, em minha defesa, que uma mesma noção, tendo diferentes aspectos, pode ser conveniente ou necessária para provar ou ilustrar diferentes partes de um mesmo discurso, e que isso ocorreu em várias partes deste. Deixando isso de lado, reconheço abertamente que muitas vezes me delonguei num mesmo argumento, expressando-o de diferentes maneiras, com uma intenção inteiramente diversa. Não pretendo publicar este *Ensaio* para homens de amplos pensamentos e rápida compreensão. Diante de tais mestres do pensamento, declaro-me um aprendiz. Alerto-os, portanto, de antemão, para que não esperem encontrar aqui nada além daquilo que, sendo tecido com meus rústicos pensamentos, se ajusta àqueles de minha estatura, para os quais talvez não pareça inaceitável minha tentativa de tornar claras e familiares algumas verdades que o preconceito estabelecido ou o caráter abstrato das próprias ideias podem tornar de difícil compreensão. Alguns objetos precisam ser examinados por todos os lados, e, se a noção é nova, como confessadamente

algumas destas o são para mim, ou se ela não está no caminho ordinário, como suspeito que algumas destas noções irão parecer para outros, é preciso mais que uma simples vista para garantir sua admissão em todo e qualquer entendimento e ali fixá-la com clara e duradoura impressão. Creio que são poucos aqueles que nunca observaram, em si mesmos ou nos outros, que certas coisas que eram muito obscuras quando expostas de um determinado modo se tornavam, ao serem expressas de outro modo, muito claras e inteligíveis, embora ulteriormente a mente veja pouca diferença entre as expressões e se pergunte por que uma delas conseguiu fazer-se entender, e a outra, não. Nem todas as coisas atingem a imaginação de cada um da mesma maneira. Nossos entendimentos são tão diferentes uns dos outros quanto nossos paladares, e pensar que a mesma verdade, servida da mesma maneira, será igualmente apreciada por todos é o mesmo que esperar deleitar a todos com o mesmo tipo de prato. A refeição pode ser a mesma, e igualmente nutritiva, e, no entanto, nem todos a aceitam com aquele tempero: deves prepará-la de um modo diferente, se quiseres que alguns, embora de constituição forte, a aceitem. A verdade é esta: aqueles que me aconse-
9 lharam a publicar este *Ensaio* aconselharam-me, por isso mesmo, a publicá-lo tal como ele está, e, já que eu consenti que viesse a público, gostaria que fosse entendido por todos aqueles que se derem ao trabalho de lê-lo. Tenho tão pouco apego a ver um livro meu publicado que, se não me lisonjeasse a ideia de que este *Ensaio* possa ser, para alguns, tão útil quanto creio que o foi para mim, restringiria sua leitura a alguns amigos aos quais deve sua existência. Sendo meu propósito, ao publicar um livro, o de fazer-me tão útil quanto puder, creio necessário fazer com que aquilo que tenho a dizer seja tão fácil e inteligível

para todos os tipos de leitores quanto estiver ao meu alcance. E prefiro de longe que homens especulativos e penetrantes se queixem do tédio de algumas passagens a que alguém se equivoque acerca do que eu disse ou deixe de me compreender por não estar acostumado a especulações abstratas, ou por partir de noções diferentes das minhas.

Pode ser que seja censurada como sendo uma grande mostra de vaidade e de insolência a minha pretensão de instruir nossa tão sábia época, pois a tanto equivale minha confissão de que publico este *Ensaio* com a esperança de que seja útil aos outros. Mas, se for lícito falar livremente daqueles que, com falsa modéstia, censuram como inútil o que eles mesmos escrevem, parece-me saber muito mais a vaidade e a insolência publicar um livro com um outro fim. E falta muitíssimo mais ao respeito que deve ao público o autor que publica (e, portanto, espera que se leia) algo no qual ele crê que as pessoas não irão encontrar algo útil para si mesmas ou para os outros. E, ainda que nada mais se encontre de digno de elogio neste Tratado, o meu desígnio não deixará de sê-lo, e minha boa intenção desculpará em parte o pouco valor de minha oferenda. É isso, principalmente, que me protege do receio das censuras, às quais não me pretendo mais imune que outros autores, melhores que eu. Princípios, noções e gostos são tão diferentes entre os homens que dificilmente se encontra livro que agrade ou desagrade a todos. Reconheço que a época em que vivemos não é das menos ricas em conhecimentos nem, portanto, das mais fáceis de satisfazer. Se não tiver a sorte de agradar, ninguém, no entanto, deve aborrecer-se comigo. Digo abertamente a todos os meus leitores: excetuando-se uma meia dúzia, este Tratado não foi, de início, redigido para eles, e, portanto, não precisam preocupar-se em se incluírem nesse número. Mas, se alguém houver por bem irritar-se com ele e criticá-lo, pode fazê-lo sem medo: encontrarei melhor uso para meu tempo que não essa sorte de conversa. Trarei sempre comigo a satisfação de ter sinceramente almejado a verdade e a utilidade, ainda que de maneira tão modesta. Não faltam, no momento, insignes arquitetos na República das Letras, cujos portentosos projetos deixarão, no avanço das ciências, duradouros monumentos para admiração da posteridade. Não é para qualquer um ser um Boyle ou um Sydenham, e, numa época que produz mestres como o grande Huygens e o incomparável sr. Newton, além de outros de mesma estirpe, é ambição suficiente trabalhar como subordinado a limpar um pouco o solo e a remover algo do entulho que jaz no caminho do conhecimento – o qual certamente estaria mais avançado se o esforço dos homens engenhosos e industriosos não tivesse sido estorvado pelo uso erudito, mas frívolo, de termos bizarros, afetados e ininteligíveis, introduzidos nas ciências e a tal ponto transformados em arte que a filosofia, que não é senão o verdadeiro conhecimento das coisas, vem a ser tida como inconveniente e imprópria para a boa companhia e a conversação polida. Há muito que abusos de linguagem e formas de discurso vagas e sem sentido passam por mistérios da ciência. Palavras difíceis ou mal aplicadas, que pouco ou nada significam, adquiriram, por prescrição, o direito de passarem por profunda erudição e alta especulação, a tal ponto que não será fácil persuadir nem aqueles que as pronunciam nem aqueles que as ouvem de que não passam, essas palavras, de abrigos da ignorância, de entraves para o verdadeiro conhecimento. Violar o santuário da vaidade e da ignorância é, suponho, um bom préstimo ao entendimento humano. Mas são tão poucos aqueles que estariam dispostos a pensar que se enganam ou são enganados no uso das palavras, ou que a linguagem da seita à qual pertencem tem faltas a serem examinadas ou corrigidas, que espero ser perdoado por tratar longamente desse ponto no Terceiro Livro, no qual tento esclarecê-lo o máximo possível, para evitar que o arraigamento do mal ou a prevalência da moda sejam desculpa para aqueles que não cuidam do sentido de suas próprias palavras nem permitem que se investigue a significância de suas expressões.

Fui informado de que um breve epítome deste Tratado, impresso em 1688, foi condenado por alguns, que não o leram, porque ali se negava a existência de ideias inatas: concluíram, precipitadamente, que, sem a pressuposição de ideias inatas, pouco restaria tanto da noção quanto das provas do espírito. Caso alguém se escandalize por essa mesma razão já no início deste Tratado, peço que o leia todo, pois, então, espero, se convencerá de que derrubar a falsa fundação não prejudica, mas antes beneficia a verdade, que nunca é tão ameaçada e prejudicada quanto quando misturada ao falso ou fundada nele. Eis o que acrescentei na 2ª edição:

O editor não me perdoaria se eu não dissesse algo 11
acerca desta segunda edição, que, segundo sua promessa, irá reparar, por sua correção, as muitas falhas da primeira. Pede-me ainda que assinale a presença de um novo capítulo, sobre *Identidade*[1], além de muitos acréscimos e correções em outros lugares. Informo o leitor que nem todas essas mudanças trazem matéria nova, mas, na sua maioria, confirmam ou explicam o que eu havia dito, de maneira a evitar eventuais mal-entendidos acerca daquilo que havia sido publicado, e não constituem nenhuma mudança em minhas po-

1. "Da identidade e da diversidade", capítulo 27 do livro II. [N. Ed. Br.]

sições. A única exceção são as modificações do capítulo 21 do livro II[2].

Pareceu-me que o texto acerca da *liberdade* e da *vontade* merecia a revisão mais acurada que me fosse possível, em se tratando de pontos que, em todas as épocas, ocuparam a parte erudita do mundo com questões e dificuldades não pouco embaraçosas para a moral e para a teologia, partes do conhecimento cuja clareza mais concerne o homem. A inspeção mais detida do funcionamento da mente humana e o exame mais estrito dos motivos e das perspectivas que propelem os homens deram-me razão para mudar meus pensamentos acerca daquilo que, em última instância, determina a *vontade* em toda ação voluntária. Reconheço essa mudança, diante do mundo, tão livre e prontamente quanto da primeira vez publiquei o que então me parecia correto: prefiro abandonar e renunciar a qualquer uma de minhas opiniões a me opor à opinião alheia quando subsidiada pela verdade. Busco apenas a verdade, que será sempre bem-vinda, onde e quando quer que se mostre a mim.

Mas, apesar de minha prontidão para, à primeira evidência de erro, abandonar as minhas opiniões e afastar-me do que escrevi, cumpre dizer que não tive a sorte de receber luz das objeções que foram publicadas contra diversas partes de meu livro: não encontrei razão, no que se disse contra ele, para mudar minha posição nos trechos questionados. Quer porque o assunto que tenho entre mãos frequentemente requeira mais atenção e pensamento do que leitores superficiais, ou pelo menos preconceituosos, estão dispostos a dedicar, quer porque a expressão eventualmente

2. "Do Poder". O texto dos §§ 28 a 38 da 1ª edição deu lugar, a partir da 2ª edição, ao texto dos parágrafos §§ 28 a 60. A maior parte do texto não foi suprimida, mas reaparece nos §§ 41 a 59 do mesmo capítulo. [N. Ed. Br.]

obscura lance uma sombra em noções que se tornam assim difíceis de apreender, certo é que muitas vezes se equivocam acerca do sentido do que digo, e nem sempre tenho a sorte de ser corretamente entendido[3]. Seria possível dar tantos exemplos dessa incompreensão que penso ser justo, para comigo e para com meu 12
leitor, concluir que o meu livro foi escrito com clareza suficiente para ser entendido por leitores atentos e imparciais – qualidades que devem ter todos os que se dão ao trabalho de ler –, ou, então, que ele é tão obscuro que seria vão tentar consertá-lo. Seja como for, isso só diz respeito a mim mesmo, e, sendo assim, não importunarei o leitor com o que poderia responder às muitas objeções com que me deparei a tal ou tal trecho deste livro. Estou convencido de que aquele que julgar importantes tais objeções a ponto de se preocupar em saber se são ou não verdadeiras verá que o que elas dizem não é bem fundado, ou, então, não é contrário à minha doutrina, desde que sejamos corretamente compreendidos, meu oponente e eu.

Se alguns, ciosos de que nenhum de seus bons pensamentos fosse perdido, publicaram suas censuras ao meu *Ensaio*, conferindo-lhe a honra de não admitirem que seja um *ensaio*, cabe ao público avaliar o quanto deve a essas penas críticas: não abusarei de seu tempo ocupando o meu com uma atividade tão ociosa e desnaturada quanto diminuir a satisfação que alguém possa sentir em si mesmo ou dar aos outros com tão rápida refutação daquilo que eu escrevi.

Os editores, preparando a 4ª edição deste *Ensaio*, comunicaram-me que, caso tivesse tempo, eu poderia fazer adições ou alterações que pensasse necessárias.

---

3. Da 2ª à 4ª edição, no lugar do restante deste parágrafo, encontravam-se cinco parágrafos que, na quinta edição (assim como na presente edição), foram inseridas como nota de pé de página no capítulo 28 do livro II. [N. E.]

Convém, portanto, advertir o leitor que, além de muitas pequenas correções, há uma alteração em especial que cumpre mencionar, pois percorre o livro inteiro, e que importa compreender corretamente.

Ideias claras e distintas são termos que, apesar de familiares e frequentes na boca dos homens, tenho motivos para crer que nem sempre são perfeitamente entendidos por aqueles que os usam. E é possível que
13 apenas raramente alguém se dê ao trabalho de considerá-los a ponto de saber o que ele ou os outros querem dizer com tais termos. Por isso optei, no mais das vezes, por usar *determinado* em lugar de *claro e distinto*, na qualidade de termo mais propício a dirigir a mente dos leitores para o que eu quero dizer a esse respeito. Por essa denominação entendo um objeto na mente e, consequentemente, um objeto *determinado*, ou seja, tal como ele é ali visto e percebido ser. Penso que se pode adequadamente denominar *ideia determinada* aquela que, tal como existe objetivamente na mente em cada momento e ali se encontra assim *determinada*, é anexada e invariavelmente *determinada* para um nome ou som articulado, destinado a ser constantemente o signo desse mesmíssimo objeto da mente ou *ideia* determinada.

Expliquemo-nos. Tal como eu o emprego, o termo *determinado*, quando aplicado a uma *ideia simples*, visa àquela aparência[4] simples que a mente tem diante de seus olhos ou percebe em si mesma quando se diz que essa ideia está nela. Aplicado a uma *ideia complexa*, o mesmo termo tem o sentido de uma ideia que consiste de um determinado número de certas ideias, quer simples, quer menos complexas, reunidas

---

4. *Appearance* é constantemente usado no *Ensaio* para caracterizar as ideias. O termo "aparência" deve ser tomado no sentido de algo que se mostra imediatamente, de algo que *aparece*, e não na acepção mais comum, que evoca algum tipo de ilusão. [N. Ed. Br.]

naquela situação e proporção que a mente tem diante de seus olhos e vê em si mesma, quando essa ideia está presente nela ou ali deveria estar quando alguém lhe atribui um nome. Digo *deveria* estar, porque nem todo mundo é cuidadoso (talvez ninguém o seja) com sua linguagem a ponto de não usar nenhuma palavra enquanto não vir em sua mente a precisa ideia *determinada* que ele decidiu fazer com que fosse significada por aquela palavra. A esse descuido deve-se muito da obscuridade e da confusão nos pensamentos e discursos dos homens.

Estou ciente de que não há, em nenhuma língua, palavras suficientes para responder à variedade de ideias que entram nos discursos e raciocínios dos homens. Mas isso não impede as pessoas de ter em sua mente, ao usarem um termo qualquer, uma ideia *determinada* da qual o fazem signo e à qual devem mantê-lo constantemente anexado no decorrer do seu presente discurso. Quem assim não procede, ou não consegue proceder assim, em vão pretende *ideias claras e distintas*: é evidente que as suas não o são. E, portanto, ali onde se usam termos desprovidos de tal precisa determinação, só se pode esperar obscuridade e confusão.

Com base nisso, pensei que ideias *determinadas* seria um modo de expressão menos suscetível a mal-entendido que ideias *claras* e *distintas*. E, quando os homens adquirirem *ideias determinadas* de todos os objetos de seus raciocínios, investigações e argumentos, verão dissipar-se grande parte de suas dúvidas e disputas. A maioria das questões e controvérsias que confundem a humanidade provém do uso dúbio e incerto das palavras, ou, o que é o mesmo, das *ideias indeterminadas* que elas designam. Escolhi esses ter- 14
mos para significar: 1. um objeto imediato da mente, que ela percebe e tem diante de si, distinto do som

que usa como signo dele; e 2. que essa ideia, assim *determinada*, isto é, que a mente tem em si mesma, e conhece e ali vê, é invariavelmente *determinada* para aquele nome, e este, por sua vez, é *determinado* para essa ideia precisa. Tivessem os homens ideias assim *determinadas* em suas investigações e discursos, poderiam tanto discernir o alcance de suas próprias investigações e discursos quanto evitar a maioria das disputas e arengas em que se envolvem.

O editor considera necessário, por fim, advertir o leitor de que foram acrescentados dois capítulos inteiramente novos: um, da *associação de ideias*[5]; outro, do *entusiasmo*[6]. Esses capítulos, assim como alguns outros acréscimos substanciais até agora nunca impressos, o editor comprometeu-se a imprimi-los em separado, do mesmo modo e com o mesmo propósito que o fizera para a segunda edição[7].

Nesta quinta edição, há pouca coisa acrescentada ou alterada. A maior parte do que há de novo está no capítulo 21 do segundo livro, o que o leitor pode, se achar que vale a pena, transcrever, com muito pouco trabalho, nas margens da edição anterior.

---

5. "Da associação de ideias", capítulo 33 do livro II. [N. Ed. Br.]

6. "Do entusiasmo", capítulo 19 do livro IV. [N. Ed. Br.]

7. Isto é, pensando naqueles que já haviam adquirido uma das edições anteriores. Nas novas edições, ora o editor fornecia as alterações numa separata, ora recomendava que o próprio leitor transcrevesse na margem do texto as novidades, como sugerido, aliás, no próximo parágrafo. [N. Ed. Br.]

LIVRO I

43 CAPÍTULO I

Introdução

Investigar o entendimento humano é prazeroso e útil.

§ 1.[1] Como o *entendimento* é o que põe o homem acima dos demais seres sensíveis e lhe dá toda a vantagem e o domínio que tem sobre eles, ele certamente constitui um tema, até mesmo por sua nobreza, digno do trabalho de uma investigação. O entendimento, como o olho, faz-nos ver e perceber todas as outras coisas sem notar a si mesmo, e requer-se arte e esforço para colocá-lo a certa distância e fazer dele seu próprio objeto. Mas, a despeito das dificuldades que se encontram no caminho dessa investigação, a despeito do que nos mantém em tamanha escuridão a respeito de nós mesmos, estou certo de que toda luz que conseguirmos lançar sobre nossa própria mente e toda familiaridade que pudermos adquirir com nosso próprio entendimento serão não apenas muito prazerosas, mas também de grande proveito para o direcionamento de nossos pensamentos na procura de outras coisas.

Desígnio.

§ 2. Portanto, como meu *propósito* é investigar a origem, a certeza e a extensão do conhecimento hu-

1. Os títulos das seções foram acrescentados a partir da segunda edição, à margem do texto. [N. E.]

mano, juntamente com as bases e os diferentes graus da crença, da opinião e do assentimento, não me ocuparei aqui com considerações físicas[2] sobre a mente nem procurarei determinar aquilo que constitui sua essência ou por quais movimentos de nosso espírito ou alterações de nosso corpo chegamos a ter qualquer sensação mediante nossos órgãos ou *ideias* em nosso entendimento, tampouco se todas ou se algumas dessas *ideias* dependem, quanto à sua formação, da matéria. Especulações curiosas e interessantes que declinarei por se encontrarem fora do caminho ditado pelo meu presente desígnio. É suficiente, para meu propósito, considerar as faculdades de discernimento 44
do homem tais como são empregadas nos objetos com os quais ele tem de se haver. E considerarei não ter desperdiçado inteiramente meu tempo com tais pensamentos se, por meio desse simples método histórico[3], puder dar alguma elucidação acerca das vias pelas quais nosso entendimento obtém as noções que temos das coisas e puder estabelecer algumas medidas para a certeza de nosso conhecimento ou as bases das convicções humanas. Estas últimas são tão variadas, diferentes e inteiramente contraditórias, e são, no entanto, asseveradas aqui e ali com tanta certeza e confiança, que alguém que examine as opiniões do gênero humano, observe a oposição entre elas e, ao mesmo tempo, considere o carinho e devoção com que são abraçadas, a resolução e determinação com que são mantidas, talvez tenha motivos para suspeitar

---

2. Isto é, com a explicação da natureza da mente. Conferir próxima nota. [N. Ed. Br.]

3. O termo "histórico" possuía um sentido *descritivo* (ainda em parte evocado na nossa expressão "história natural") que o opunha a "*physical*", empregado logo acima, o qual, por sua vez, possuía um sentido *explicativo* que não o limitava ao estudo da matéria, mas também ao da alma. Cf. a esse respeito, a segunda seção do capítulo 21 do livro IV. [N. Ed. Br.]

que ou não haja absolutamente algo como a verdade, ou, então, que o gênero humano não dispõe de meios suficientes para alcançar um conhecimento certo dela.

Método.

§ 3. Vale a pena, portanto, procurar pelos *limites* entre opinião e conhecimento, e examinar por quais medidas devemos regular nosso assentimento e moderar nossa convicção em relação às coisas das quais não temos nenhum conhecimento certo. Para tanto, seguirei o seguinte método.

Primeiro, investigarei a *origem* dessas *ideias*, noções, ou como quer que as chame, que um homem observa e tem consciência[4] de ter em sua mente, e os meios pelos quais o entendimento se abastece delas.

Segundo, tentarei mostrar qual *conhecimento* o entendimento tem mediante essas *ideias*, assim como sua certeza, evidência e extensão.

Terceiro, procurarei investigar a natureza e as bases da *fé* ou *opinião*, termos pelos quais entendo o assentimento que damos a uma proposição como verdadeira quando não temos nenhum conhecimento certo de sua verdade. E aqui teremos a oportunidade de examinar as razões e os graus do *assentimento*.

É útil conhecer a extensão de nossa compreensão.

§ 4. Se, com essa investigação sobre a natureza do entendimento, eu puder descobrir seus poderes, *quão longe* eles vão, com quais coisas se proporcionam em alguma medida e quando eles nos faltam, suponho que isso poderá ser útil para convencer a atarefada
45 mente do homem a ter mais cautela no trato com

---

4. Locke usa dois termos, que traduziremos indiferentemente por "consciência" (o contexto, o mais das vezes, permite identificar o sentido, e, quando há perigo de confusão, assinalamos em nota qual o termo original): *consciousness* e *conscience*. O primeiro, que ocorre aqui e no restante deste capítulo, tem um sentido eminentemente epistêmico, ao passo que o segundo – que ocorre fundamentalmente no terceiro capítulo deste livro I (fora isso há duas outras ocorrências, que assinalamos em nota: em II, XXVII, 22 e IV, V, 4) tem um sentido eminentemente moral. A expressão "consciente" traduz *conscious*, que se vincula sempre ao primeiro sentido. [N. Ed. Br.]

coisas que excedam sua compreensão, a parar quando estiver no limite de suas forças e a se manter numa tranquila ignorância das coisas que, bem examinadas, se constate estarem além do alcance de nossas capacidades. Talvez então não nos precipitemos, na presunção de um conhecimento universal, a levantar questões e a confundir os outros e nós mesmos com disputas sobre coisas inadequadas para nosso entendimento, das quais não podemos formar em nossa mente nenhuma percepção clara ou distinta, ou das quais não temos absolutamente nenhuma noção (como talvez muitas vezes aconteça). Se pudermos descobrir até onde o entendimento pode estender sua vista, até onde dispõe de faculdades para alcançar a certeza e em quais casos só pode julgar e conjecturar, talvez aprendamos a contentar-nos com o que podemos alcançar neste estado.

Nossa capacidade é adequada ao nosso estado e interesses.

§ 5. Com efeito, ainda que a *compreensão* de nosso entendimento esteja muito longe da vasta extensão das coisas, temos motivo suficiente para enaltecer o bondoso autor de nosso ser pela porção e grau de conhecimento que nos atribuiu, tão superior ao dos demais habitantes desta nossa morada. Os homens têm motivos para estar bastante satisfeitos com o que Deus considerou apropriado a eles, pois (como diz *São Pedro*) este lhes deu πάντα πϱὸς ζωὴν καὶ εὐσέβειαν – tudo o que é necessário para a comodidade da vida e aprendizagem da virtude[5] – e pôs ao alcance de suas descobertas tanto a provisão de conforto para esta vida quanto o caminho que leva a uma vida melhor. Seu conhecimento, por mais distante que esteja de uma compreensão universal ou perfeita de tudo o que existe, garante, no entanto, o que mais interessa aos homens, luz suficiente para guiá-los até o conhecimento de seu criador e a visão de seus pró-

5. 2 Pd 1, 3 (N. D. E.).

prios deveres. Os homens encontrarão matéria suficiente para ocupar sua cabeça e empregar suas mãos com variedade, deleite e satisfação, desde que não se atrevam a lutar contra sua própria constituição e a jogar fora as muitas benções que estão em suas mãos só porque estas últimas não são suficientemente grandes para agarrar tudo. Não teremos muitos motivos para nos queixarmos da estreiteza de nossa mente se a em-
46 pregarmos no que pode ser útil para nós, pois nisso ela é muito capaz. E seria um disparate imperdoável e infantil menosprezar as vantagens de nosso conhecimento e negligenciar seu aprimoramento relativamente à finalidade com a qual nos foi dado só porque algumas coisas estão fora de seu alcance. Um servo preguiçoso e indolente que não cumpre suas tarefas à luz de uma candeia não pode desculpar-se alegando que não dispunha da luz do sol. O brilho da candeia que foi posta em nós é claro o suficiente para todos os nossos propósitos. As descobertas que podemos fazer com ele nos devem satisfazer. E utilizaremos nosso entendimento corretamente quando considerarmos todos os objetos no modo e na proporção em que se adéquam às nossas faculdades e a partir das bases em que nos podem ser propostos, sem peremptória e destemperadamente requerer demonstração e pedir certeza ali onde só se pode ter probabilidade, e onde esta é suficiente para governar tudo o que nos concerne. Se não acreditarmos em nada só porque não podemos conhecer todas as coisas certamente, seremos tão sábios quanto aquele que não utiliza suas pernas, mas fica parado até morrer, só porque não tem asas para voar.

O conhecimento de nossas capacidades é um remédio para o ceticismo e a indolência.

§ 6. Quando conhecermos nossa própria *força*, saberemos melhor a que nos dedicar com esperança de êxito. E, quando examinarmos bem os *poderes* de nossa própria mente e tivermos alguma estimativa do que podemos deles esperar, já não nos inclinaremos a ficar parados sem nenhum emprego para nossos pensamentos, desesperando de conhecer qualquer coisa, tampouco a questionar todas as coisas, desautorizando todo conhecimento, só porque algumas coisas não podem ser entendidas. É de grande utilidade para o marinheiro saber a extensão de sua linha, mesmo que com ela não possa sondar todas as profundezas do oceano: basta que saiba que ela é suficientemente longa para chegar ao fundo nos lugares necessários para dirigir sua viagem e para acautelá-lo contra os baixios que lhe seriam fatais. Nossa tarefa aqui não é conhecer todas as coisas, mas aquelas que concernem a nossa conduta. Se pudermos encontrar as medidas pelas quais uma criatura racional, posta no estado em que o homem se encontra neste mundo, pode e deve regrar as suas opiniões e as ações que delas dependem, não nos precisaremos incomodar se algumas outras coisas escapam ao nosso conhecimento.

Ocasião deste Ensaio.

§ 7. Eis o que deu o primeiro *impulso* a este *Ensaio sobre o entendimento humano*. Pois pensei que 47
o primeiro passo em direção à satisfação das muitas investigações nas quais a mente humana costuma envolver-se seria empreender um reconhecimento de nosso próprio entendimento, examinar nossos próprios poderes e ver a quais coisas estão adaptados. Suspeitei que, enquanto isso não fosse feito, começaríamos pelo lado errado, e em vão buscaríamos pela satisfação da posse tranquila e segura das verdades que mais nos concernem, pois nossos pensamentos vagariam pelo vasto oceano do *ser*, como se toda essa extensão ilimitada fosse posse natural e indubitável de nosso entendimento, o qual não encontraria nada que estivesse excluído de sua jurisdição ou escapasse a sua compreensão. Assim, não é de espantar que, estendendo suas investigações para além de suas ca-

pacidades e deixando seus pensamentos vaguearem nas profundezas em que não encontram solo firme, os homens levantem questões e multipliquem disputas que, não chegando nunca a uma clara solução, servem apenas para perpetuar e aumentar suas dúvidas e confirmá-las, por fim, no mais perfeito ceticismo. Ao passo que, se as capacidades de nosso entendimento fossem bem consideradas, uma vez descoberta a extensão de nosso conhecimento e encontrado o horizonte que estabelece os limites entre a parte iluminada e a obscura das coisas, entre o que é e o que não é compreensível por nós, talvez então os homens tivessem menos escrúpulo em resignar-se à confessada ignorância num caso, e empregassem seus pensamentos e discurso com maior proveito e satisfação no outro.

O que "ideia" designa

§ 8.[6] Isto foi o que julguei ser necessário dizer sobre o que ocasionou esta investigação do entendimento humano. Mas, antes de prosseguir no que pensei sobre esse assunto, devo desde já me desculpar com o leitor pelo uso frequente da palavra *ideia* no tratado que se segue. Sendo esse o termo que, penso, melhor serve para designar tudo que é objeto do entendimento quando um homem pensa, utilizei-o para expressar o que quer que se entenda por *fantasma*, *noção*, *espécie*, ou seja lá o que for em que a mente possa ser empregada ao pensar, e não pude evitar seu uso frequente[7].

---

6. A expressão "*stand for*" significa "representa" no sentido substitutivo de "toma o lugar de", ou, literalmente, "está por". Na ausência de melhor alternativa, escolhemos traduzir sistematicamente "*stand for*" por "designa", uma vez que as outras expressões como "representa" ("*represent*") etc. são abundantemente empregadas no texto do *Ensaio*. [N. Ed. Br.]

7. A quinta edição acrescenta, em nota de pé de página, citações da "Resposta à primeira carta do sr. Locke", do Bispo de Worcester, p. 3, da "Segunda Carta para o Bispo de Worcester", de Locke, p. 63 e ss., e da "Terceira Carta para o Bispo de Worcester", p. 353 e ss., de Locke,

Presumo que me será facilmente concedido existirem tais *ideias* na mente dos homens: cada um tem consciência delas em si mesmo, e as palavras e ações de outros homens provarão a quem quer que seja que estão em outrem. 48

Investigaremos, em primeiro lugar, como elas entram na mente.

CAPÍTULO II
Não há na mente nenhum princípio inato.

Mostrar a via pela qual chegamos a qualquer conhecimento é suficiente para provar que ele não é inato.

§ 1. É opinião estabelecida entre alguns homens que há no entendimento certos *princípios inatos*, algumas noções primárias, Κοιναὶ ἔννοιαι[8], caracteres como que estampados na mente do homem, que a alma recebe em seu primeiríssimo ser e traz consigo ao mundo. Para convencer leitores sem preconceitos da falsidade dessa suposição, seria suficiente mostrar (como espero fazer nas partes seguintes deste discurso) de que modo os homens podem alcançar todo o conhecimento que têm pelo mero uso de suas faculdades naturais, sem o auxílio de nenhuma impressão inata, e chegar à certeza sem tais noções ou princípios originários. Pois imagino que todos concederão que seria impertinente supor que *ideias* de cores sejam inatas numa criatura que Deus dotou de visão e de um poder de recebê-las de objetos externos pelos olhos. E não seria menos insensato atribuir diversas verdades às impressões da natureza e a caracteres inatos, quando podemos observar em nós mesmos

---

precedidas pelo seguinte texto: "Esse modesto pedido de desculpas de nosso autor não podia lhe franquear o livre uso da palavra *ideia*. Mas isso foi muito mal recebido, e foi censurado como sendo de perigosas consequências. O leitor pode ver aqui que resposta nosso autor ofereceu." (N. D. E.)

8. Noções comuns, expressão de origem estoica. [N. Ed. Br.]

faculdades apropriadas para alcançar um conhecimento tão fácil e certo delas quanto se fossem originalmente impressas na mente.

Mas, como é censurável que um homem siga seus próprios pensamentos na busca da verdade quando eles o desviam ainda que minimamente do caminho mais comum, irei registrar as razões que me levaram a duvidar da verdade dessa opinião, como desculpa para um eventual equívoco de minha parte; se de fato incorri em erro é coisa que entrego à consideração daqueles que, como eu, se dispõem a abraçar a verdade onde quer que a encontrem.

O principal argumento é o assentimento geral.

49 § 2. Nada é mais costumeiramente tido como certo quanto a existência de certos princípios, tanto *especulativos* quanto *práticos* (pois se fala em ambos), com os quais todos os homens concordariam universalmente, e, assim sendo, argumenta-se, tais princípios necessariamente devem ser as impressões permanentes que as almas dos homens recebem em seu ser originário, e que trazem consigo ao mundo de modo tão necessário e indubitável quanto trazem todas as faculdades que lhe são inerentes.

O consentimento universal não prova nada de inato.

§ 3. Esse argumento extraído do *consentimento universal* tem o seguinte inconveniente: ainda que fosse verdadeiro, como questão de fato, que haja algumas verdades sobre as quais todos os homens concordem, isso não provaria que sejam inatas se for possível mostrar, como penso que se possa fazê-lo, alguma outra via pela qual os homens possam chegar a um acordo universal sobre as coisas acerca das quais consentem.

"O que é, é" e "É impossível que a mesma coisa seja e não seja" não recebem assentimento universal.

§ 4. Mas, o que é pior, esse argumento do consentimento universal, usado para provar a existência de princípios inatos, parece-me demonstrar que estes não existem: isso porque nenhum princípio recebe o assentimento universal de todos os homens. Começarei pelos especulativos, exemplificados pelos tão louvados princípios da demonstração, *tudo que é, é* e *é impossível que a mesma coisa seja e não seja*, que, dentre todos, me parecem ser os mais autorizados a receberem o título de inatos. Sua reputação como máximas universalmente aceitas é tamanha que sem dúvida se estranhará que alguém pareça questioná-la. Mesmo assim, tomo a liberdade de afirmar que essas proposições estão tão longe de receber um assentimento universal que grande parte dos homens nem mesmo as conhece.

Não estão impressas naturalmente na mente porque crianças, idiotas etc. não as conhecem.

§ 5. De fato, primeiro, é evidente que todas as *crianças* e os *idiotas* não têm a menor apreensão ou pensamento delas. E essa carência é suficiente para destruir o assentimento universal que deve ser o necessário concomitante de todas as verdades inatas: parece-me quase uma contradição dizer que há verdades impressas na alma e que ela não as percebe nem entende, pois, se imprimir significa alguma coisa, nada mais é do que tornar perceptíveis algumas verdades. Imprimir alguma coisa na mente sem que a mente a perceba parece-me algo dificilmente inteligível. Se, portanto, crianças e *idiotas* têm uma alma ou 50
uma mente com essas impressões nela, devem inevitavelmente percebê-las e necessariamente conhecer e dar assentimento àquelas verdades. E, como não o fazem, é evidente que tais impressões não existem. De fato, se não são noções naturalmente impressas, como poderiam ser inatas? E, se são noções impressas, como poderiam ser desconhecidas? Dizer que uma noção está impressa na mente e, ao mesmo tempo, dizer que a mente a ignora e que nunca a notou é fazer dessa impressão um nada. Não se pode dizer de uma proposição que ela está na mente se esta última jamais a conheceu, se jamais dela teve consciência. Caso contrário, pela mesma razão, poder-se-ia dizer que estão na mente, e ali impressas, todas as propo-

sições que são verdadeiras e às quais a mente é capaz de algum dia dar assentimento: pois, se é possível dizer que há na mente uma proposição que ela desconheça, é apenas porque a mente é capaz de conhecê-la, e disso a mente é capaz com relação a todas as verdades que virá a conhecer. Além do mais, se assim fosse, seria possível que estivessem impressas na mente verdades que ela não apenas nunca conheceu, como também nunca conhecerá, pois um homem pode ter uma vida longa e acabar morrendo na ignorância de muitas verdades que sua mente seria capaz de conhecer, e de conhecer com certeza. De maneira que, se a capacidade de conhecer for a impressão natural de que se fala, então, segundo essa explicação, todas as verdades que um homem venha a conhecer serão, sem exceção, inatas. E toda essa grande questão se resumirá a uma maneira muito imprópria de falar, que, embora pretenda afirmar o contrário, não diz nada diferente do que aqueles que negam princípios inatos. Pois ninguém, penso eu, jamais negou que a mente é capaz de conhecer muitas verdades. A capacidade, dizem eles, é inata, e o conhecimento, adquirido. Mas então para que essa contenda em relação a certas máximas inatas? Se verdades podem estar impressas no entendimento sem ser percebidas, não consigo ver que diferença pode haver, quanto à origem, entre as verdades que a mente é capaz de conhecer: ou devem ser todas inatas, ou todas adventícias, e é em vão que alguém procurará distinguir entre elas. Portanto, aquele que fala de noções inatas no entendimento não pode (se com isso visa a algum tipo especial de verdade) significar, com isso, que essas verdades estão no entendimento, ainda que ele nunca as tenha percebido e continue a ignorá-las. Com efeito, se essas palavras, "estar no entendimento", são usadas com alguma propriedade, elas significam: ser entendido. De maneira

que falar em algo que está no entendimento e não é entendido, que está na mente e nunca é percebido 51
é o mesmo que dizer que uma coisa está e não está na mente ou no entendimento. Se, portanto, essas duas proposições, *o que é, é* e *é impossível que a mesma coisa seja e não seja*, são impressas pela natureza, as crianças não as podem ignorar; infantes e todos que têm alma devem necessariamente tê-las no entendimento, conhecer sua verdade e dar-lhe assentimento.

Resposta a: os homens as conhecem quando chegam ao uso da razão.

§ 6. Para evitar isso, geralmente se responde que todos os homens conhecem essas proposições e lhes *dão assentimento quando chegam ao uso da razão*, e que isso é suficiente para provar que são inatas. A isso respondo:

§ 7. Expressões dúbias que mal têm uma significação passam por razões claras para aqueles que, por preconceituosos, não se dão ao trabalho de examinar nem mesmo o que eles próprios dizem. De fato, para que essa resposta se aplique com algum sentido ao nosso propósito, ela deve significar uma das seguintes coisas: ou que, tão logo os homens chegam ao uso da razão, essas supostas inscrições nativas passam a ser conhecidas e observadas por eles, ou então que o uso e o exercício da razão dos homens os assistem na descoberta desses princípios e os fazem conhecê-los de modo certo.

Se a razão os descobre, isso não prova que são inatos.

§ 8. Se querem dizer que os homens podem descobrir tais princípios *pelo uso da razão* e que isso é suficiente para provar que são inatos, seu modo de argumentação redunda no seguinte: toda verdade que a razão possa desvelar para nós com certeza, angariando-lhe nosso firme assentimento, encontra-se naturalmente impressa na mente. Pois esse assentimento universal, que fazem ser a marca dos princípios inatos, não passa disto: pelo uso da razão, somos capazes de chegar a um conhecimento certo deles e dar-lhes assentimento. E, dessa forma, não haverá nenhuma diferença entre as máximas dos matemáticos e os teoremas que deduzem delas e todas essas verdades deverão ser consideradas igualmente inatas, sendo todas elas descobertas feitas pelo uso da razão e verdades que uma criatura racional pode vir a conhecer de modo certo se aplicar seus pensamentos corretamente nessa via.

É falso que a razão os descubra.

§ 9. Mas como podem esses homens pensar que o *uso da razão* seja necessário para descobrir esses princípios que eles supõem inatos, quando (a nos fiarmos por eles) a razão não é mais do que a faculdade de deduzir verdades desconhecidas a partir de
52 princípios e proposições já conhecidos? Certamente, não é possível pensar que algo cuja descoberta requer o uso da razão seja inato, a não ser que, como já disse, tomemos todas as verdades que a razão nos ensina como inatas. Pensar que é preciso a razão ou o seu exercício para que o entendimento veja o que está originalmente gravado nele e que não pode estar no entendimento antes de ser por ele percebido seria algo tão razoável quanto pensar que o uso da razão é necessário para fazer com que nossos olhos descubram objetos visíveis. Desse modo, dizer que a razão descobre verdades assim impressas é o mesmo que dizer que o uso da razão mostra a um homem o que ele já sabia. E, todavia, dizer que os homens têm essas verdades inatas impressas originalmente, antes do uso da razão, mas as ignoram até chegar ao uso da razão, é, na verdade, dizer que os homens as conhecem e desconhecem ao mesmo tempo.

§ 10. Talvez se diga então que demonstrações matemáticas e outras verdades que não são inatas não recebem assentimento tão logo são propostas, e que nisso se distinguiriam daquelas máximas e de outras verdades inatas. Adiante, teremos oportunidade de falar mais particularmente sobre o assentimento dado a algo assim que ele é proposto. Limitar-me-ei aqui a reconhecer, e de muito bom grado, que aquelas máximas diferem de demonstrações matemáticas no seguinte: é preciso a razão, valendo-se de provas, para que estas últimas sejam estabelecidas e recebam nosso assentimento, ao passo que aquelas, tão logo entendidas, são abraçadas e recebem assentimento sem o menor raciocínio. Mas, ao mesmo tempo, peço que me permitam observar que isso põe a nu a fraqueza desse subterfúgio de dizer que é preciso o *uso da razão* para a descoberta dessas verdades gerais, pois cumpre reconhecer que, em sua descoberta, não se faz absolutamente nenhum uso do raciocínio. E não penso que aqueles que dão essa resposta estejam prontos a afirmar que o conhecimento desta máxima – *é impossível que a mesma coisa seja e não seja* – seja uma dedução de nossa razão. De fato, isso seria destruir a bondade da natureza à qual parecem tão afeitos, na medida em que tornaria o conhecimento desses princípios dependente do labor de nossos pensamentos. Pois todo raciocínio é busca e consideração, e requer esforço e aplicação. E como se poderia supor, com um mínimo de sentido, que aquilo que foi impresso pela natureza como fundamento e guia de nossa razão exija o uso desta para ser descoberto?

§ 11. Quem se der ao trabalho de refletir com um pouco de atenção sobre as operações do entendimento constatará que esse pronto assentimento da mente a algumas verdades não depende nem de uma inscrição nativa nem do *uso da razão*, mas de uma 53
faculdade da mente inteiramente distinta, como veremos mais à frente. Portanto, uma vez que a razão não tem nada a ver com a produção de nosso assentimento àquelas máximas, dizer que *os homens as conhecem e lhes dão assentimento tão logo chegam ao uso*

da razão, se com isso se entende que o uso da razão nos assiste no conhecimento dessas máximas, é inteiramente falso; e, se fosse verdadeiro, provaria que elas não são inatas.

O início do uso da razão não é o momento em que conhecemos essas máximas.

§ 12. Se por conhecer e dar assentimento a essas máximas *quando chegamos ao uso da razão* se entende que esse é o momento em que a mente as nota, e que tão logo as crianças chegam ao uso da razão também passam a conhecer e dar assentimento a essas máximas, isso também é falso, assim como frívolo. *Primeiro*, é falso: pois é evidente que essas máximas não estão na mente tão cedo quanto o uso da razão, e, assim, é falso assinalar o início do uso da razão como o momento de sua descoberta. Quantos exemplos do uso da razão não podemos observar em crianças muito tempo antes de terem algum conhecimento da máxima *é impossível que a mesma coisa seja e não seja*? Uma grande parte dos iletrados e os selvagens passam muitos anos, até mesmo de sua idade racional, sem nunca pensar nessa ou em proposições gerais semelhantes. Concedo que os homens não chegam ao conhecimento dessas verdades mais gerais e abstratas, supostamente inatas, antes de chegar ao uso da razão. E, acrescento, nem mesmo então. E isso porque, mesmo depois do início do uso da razão, não se encontram formadas na mente as *ideias* gerais abstratas sobre as quais versam essas máximas gerais, que equivocadamente são tomadas por princípios inatos, mas que de fato são descobertas realizadas e verdades introduzidas – e inseridas na mente pela mesma via e descobertas pelos mesmos passos que muitas outras proposições que ninguém jamais foi tão extravagante a ponto de supor inatas. Espero deixar isso claro na sequência deste discurso. Reconheço, portanto, que é necessário que os homens cheguem ao uso da razão antes de adquirir o conhecimento dessas verdades gerais, mas nego que o momento de sua descoberta seja aquele em que os homens chegam ao uso da razão.

Por esse lado, elas não são distinguíveis de outras verdades cognoscíveis.

§ 13. Entrementes, pode-se observar que esta afirmação de que os homens conhecem e dão assentimento a essas máximas *quando chegam ao uso da razão* equivale, na realidade, a nada mais do que 54
isto: elas nunca são conhecidas nem notadas pelos homens antes do uso da razão, mas podem eventualmente receber seu assentimento algum tempo depois, no decorrer de sua vida, ainda que não se saiba ao certo quando. Como o mesmo vale para todas as outras verdades cognoscíveis, elas não têm nenhuma vantagem sobre as outras nem se distinguem delas por essa característica de serem conhecidas quando chegamos ao uso da razão. E isso não prova que sejam inatas, mas justamente o contrário.

Se o momento em que se chega ao uso da razão fosse o momento de sua descoberta, isso não provaria que são inatas.

§ 14. Mas, em *segundo* lugar, caso fosse verdade que o momento preciso em que são conhecidas e recebem assentimento seja o mesmo em que os homens chegam ao *uso da razão*, isso também não provaria que são inatas. Esse modo de argumentação é tão frívolo quanto é falsa em si mesma a suposição. Pois por qual gênero de lógica se poderia mostrar que uma noção é originalmente impressa pela natureza na mente, em sua primeira constituição, por vir a ser observada e a receber assentimento pela primeira vez quando começa a se exercer uma faculdade da mente dotada de uma jurisdição inteiramente distinta? E, portanto, caso supuséssemos que os homens dão assentimento a essas máximas pela primeira vez no momento em que chegam ao uso da fala (o que seria tão verdadeiro quanto supor que eles o fazem no momento em que chegam ao uso da razão), isso constituiria uma prova tão boa de que elas são inatas quanto dizer que são inatas porque os homens lhes assentem quando chegam ao uso da razão. Concordo então com esses homens de princípios inatos quando eles dizem que não há conhecimento dessas máximas gerais e autoevidentes na mente antes que ela chegue ao exercício da razão, mas nego que a chegada ao uso da razão seja o momento preciso em que são notadas pela primeira vez; e, mesmo que fosse, nego que isso provaria que elas sejam inatas. Essa proposição, que afirma que os homens *dão assentimento a essas máximas quando chegam ao uso da razão*, só se torna em alguma medida verdadeira se ela significar o seguinte: como a criação de *ideias* gerais abstratas e a compreensão dos nomes gerais são concomitantes à faculdade racional e se desenvolvem com ela, uma criança normalmente não adquire essas *ideias* gerais nem aprende os nomes que as designam antes que, tendo exercitado a razão por um bom tempo com *ideias* familiares e mais particulares, seja reconhecida como capaz de conversação racional por sua fala e ações ordinárias com outrem. Se a afirmação de que os homens dão assentimento a essas máximas quando chegam ao uso da razão pode ser verdadeira em algum outro sentido, gostaria que ele me fosse apontado, ou, ao menos, gostaria que me mostrassem de que modo, nesse ou em qualquer outro sentido, isso prova que sejam inatas.

Os passos pelos quais a mente alcança muitas verdades.

§ 15. Primeiro, os sentidos deixam entrar *ideias* particulares, mobiliando o aposento ainda vazio. Depois, a mente vai-se familiarizando gradualmente com algumas delas, as quais são alojadas na memória e recebem nomes. A mente vai, então, mais além, abstraindo-as e, aos poucos, aprendendo o uso dos nomes gerais. É assim que a mente é abastecida de *ideias* e de linguagem, materiais para o exercício de sua faculdade discursiva, e o uso da razão torna-se a cada dia mais visível, à medida que aumentam os materiais nos quais pode ser empregada. Mas, ainda que a posse de *ideias* gerais usualmente cresça junto com o uso das palavras gerais e da razão, não vejo como isso poderia provar que essas *ideias* são inatas. Admito que o conhecimento de algumas verdades se dá na mente desde cedo, mas de uma forma que mostra não serem inatas. Com efeito, se observarmos, constataremos que esse conhecimento é ainda relativo a *ideias* adquiridas, e não inatas, porque diz respeito às primeiras *ideias* impressas pelas coisas externas com as quais as crianças têm de se haver e que, mais frequentemente, impressionam seus sentidos. Dentre as *ideias* assim adquiridas, a mente descobre que algumas concordam entre si, e que outras diferem, e isso provavelmente tão logo faça algum uso da memória, tão logo consiga reter e receber *ideias* distintas. Mas não importa se é então que isso acontece ou não; o certo é que acontece muito antes de a criança dispor do uso de palavras ou de chegar ao que comumente chamamos de *uso da razão*: antes de ser capaz de falar, ela sabe tão bem a diferença entre as *ideias* de doce e de amargo (*i. e.*, que o doce não é amargo) quanto sabe depois (quando começa a falar) que losna e confeitos não são a mesma coisa.

§ 16. Uma criança não sabe que três mais quatro é igual a sete antes de conseguir contar até sete e ter adquirido o nome e a *ideia* de igualdade. E então, uma vez explicadas essas palavras, ela prontamente dá assentimento, ou melhor, percebe a verdade dessa proposição. Mas ela nem assente tão prontamente por se tratar de uma verdade inata, nem a falta de assentimento anterior se devia à ausência do *uso da razão*: a verdade da proposição aparece para ela tão logo tenha estabelecido em sua mente as *ideias* claras e distintas que esses nomes designam. E então ela conhece a verdade dessa proposição a partir das mesmas 56 bases e pelos mesmos meios mediante os quais soube anteriormente que uma férula e uma cereja não são a mesma coisa, e é a partir dessas mesmas bases que poderá depois saber que *é impossível que a mesma coisa seja e não seja*, como mostraremos detidamente mais adiante. Assim, quanto mais tarde alguém vier a obter a posse das *ideias* gerais às quais se referem essas máximas, ou conhecer o significado dos termos gerais que as designam, ou reunir em sua mente as *ideias* por eles designadas, tanto mais tempo se passará antes que possa dar assentimento a essas máximas. E, uma vez que esses termos, assim como as *ideias* que designam, são tão inatos quanto aqueles que designam a *ideia* de um gato ou de uma doninha, ser-lhe-á preciso esperar até que o tempo e a observação os tornem familiares: somente então estará na posição de conhecer a verdade dessas máximas, na primeira oportunidade que tenha para reunir essas *ideias* em sua mente e observar se concordam ou discordam, conforme vier expresso nessas proposições. E é assim que um homem sabe que dezoito e dezenove perfazem trinta e sete com a mesma autoevidência com que sabe que um mais dois é igual a três. Mas uma criança não conhece tão rapidamente uma coisa quanto a outra: não por carecer do uso da razão, mas porque as *ideias* designadas pelas palavras dezoito, dezenove e trinta e sete não são adquiridas tão cedo quanto as significadas por um, dois e três.

O assentimento tão logo são apresentadas e compreendidas não prova serem inatas.

§ 17. Portanto, como o subterfúgio de que o assentimento geral seria dado pelos homens tão logo chegassem ao uso da razão fracassa e anula qualquer diferença entre as verdades supostamente inatas e aquelas adquiridas e apreendidas posteriormente, alguns tentaram assegurar um assentimento universal para o que chamam de máximas dizendo que essas geralmente *recebem assentimento tão logo são apre-*

sentadas e que são compreendidos os termos em que são apresentadas. Como observam que todos os homens, até mesmo as crianças, dão assentimento a essas proposições tão logo ouvem e compreendem seus termos, pensam que isso é suficiente para provar que sejam inatas: posto que os homens nunca deixam de reconhecê-las como verdades indubitáveis, uma vez que tenham entendido suas palavras, caberia inferir que certamente já estavam armazenadas no entendimento essas proposições às quais, tão logo enunciadas, a mente aquiesce e dá assentimento sem nenhum ensinamento e imediatamente, nunca duvidando delas depois.

Se tal assentimento é uma marca do inato, então devem ser inatas as proposições: "um mais dois é igual a três", "o doce não é amargo" e mil outras do mesmo tipo.

§ 18. A isso respondo com uma indagação: seria 57
o pronto *assentimento* dado a uma proposição *assim que ela é ouvida* e seus termos são entendidos marca certa de um princípio inato? Se esse não é o caso, em vão se reclama um assentimento geral como prova. Se se afirma que isso é marca do inato, deve-se então conceder que são inatas todas as proposições a que geralmente se dá assentimento de imediato, e assim nos encontraríamos abundantemente providos de princípios inatos. Com efeito, a partir das mesmas bases que levam a tomar essas máximas como inatas, *i. e.*, o assentimento dado ao ouvir a proposição e ao entender seus termos pela primeira vez, deve-se admitir que seriam inatas muitas outras proposições sobre números, dando lugar, entre os axiomas inatos, a proposições numéricas como *um mais dois é igual a três*, *dois mais dois é igual a quatro* e uma multidão de outras de mesmo tipo, às quais todos dão assentimento assim que as ouvem e entendem seus termos pela primeira vez. E essa não é prerrogativa exclusiva de números e proposições feitas a seu respeito, pois mesmo a filosofia natural e as demais ciências fornecem proposições que certamente recebem assenti-

mento tão logo sejam entendidas. *Dois corpos não podem estar num mesmo lugar* é uma verdade diante da qual ninguém hesitará mais do que diante desta máxima: *é impossível que a mesma coisa seja e não seja*. A proposições como as seguintes: *o branco não é preto*, *um quadrado não é um círculo*, *o amarelo não é doçura*, e um milhão de outras, tantas pelo menos quantas são as *ideias* distintas que temos, nenhum homem com todo o seu juízo pode deixar de dar assentimento assim que as ouve e sabe o que seus nomes designam. Portanto, se eles quiserem ser fiéis às suas próprias regras, tomando o *assentimento ao ouvir e entender os termos pela primeira vez* por uma marca do inato, devem admitir não apenas um número tão grande de proposições inatas quanto o das *ideias* distintas que os homens têm, mas tantas proposições inatas quantas os homens possam formar tomando *ideias* diferentes e negando uma da outra. Ora, como toda proposição em que uma *ideia* é negada de outra diferente certamente receberá assentimento assim que for ouvida e seus termos forem compreendidos, tanto quanto a proposição geral *é impossível que o mesmo seja e não seja*, ou então aquela que a fundamenta, e é mais fácil de compreender, *o mesmo não é diferente*, segue-se, pela mesma razão, que teremos legiões de proposições inatas desse tipo, sem
58 mencionar outros. Mas, como nenhuma proposição pode ser inata a não ser que as *ideias* sobre as quais verse também o sejam, isso implicaria supor que são inatas todas as nossas *ideias* de cores, sons, sabores, figuras etc., e não há nada mais oposto à razão e à experiência do que isso. O assentimento universal e pronto ao ouvir e entender os termos é, eu concedo, uma marca de autoevidência. Mas, uma vez que essa autoevidência não depende de impressões inatas, e sim de algo diferente (como mostraremos mais à fren-

te), ela também pertence a muitas outras proposições que ninguém jamais foi tão extravagante a ponto de afirmar inatas.

Tais proposições menos gerais são conhecidas antes dessas máximas universais.

§ 19. E que não se venha dizer que essas proposições autoevidentes mais particulares, às quais se dá assentimento tão logo sejam ouvidas, como *um mais dois é igual a três*, *o verde não é vermelho* etc., são aceitas como consequências daquelas proposições mais universais, tidas como princípios inatos: pois quem se der ao trabalho de observar o que se passa no entendimento certamente constatará que essas e outras proposições similares menos gerais são conhecidas com certeza e recebem firme assentimento mesmo de quem ignora inteiramente aquelas máximas mais gerais. Ora, se é assim, elas encontram-se na mente antes dos (assim chamados) princípios inatos e não devem a eles o assentimento que recebem logo que são ouvidas.

Resposta a: um mais um é igual a dois etc. não é geral nem de utilidade.

§ 20. Caso se afirme que estas proposições, a saber, *dois mais dois é igual a quatro*, *o vermelho não é azul* etc. não são máximas gerais nem têm muita utilidade, respondo que isso nada tem a ver com o argumento do assentimento universal dado tão logo se ouça e entenda. De fato, se tal é a marca certa do inato, toda e qualquer proposição que receber assentimento universal tão logo ouvida e entendida deve ser admitida como proposição inata, tanto quanto a máxima *é impossível que a mesma coisa seja e não seja*, pois nisso elas são iguais. Quanto ao fato de essa máxima ser mais geral, isso mais a afasta de ser inata, pois as *ideias* gerais e abstratas, sendo mais estranhas às nossas primeiras apreensões do que as *ideias* que entram nas proposições autoevidentes mais particulares, demoram mais para obter a admissão e o assentimento do entendimento em formação. Em relação à utilidade dessas máximas tão glorificadas, provavelmente se constatará, quando as considerarmos mais detidamente em seu devido lugar, que ela não é tão grande quanto geralmente se concebe.

O fato de que essas máximas por vezes não são conhecidas até serem propostas prova que não são inatas.

59 § 21. Resta ainda algo a dizer sobre o *assentimento a proposições tão logo sejam ouvidas e seus termos sejam entendidos*. Deve-se começar por notar que, ao invés de ser uma marca de que são inatas, isso é prova do contrário, pois supõe que muitos que entendem e conhecem outras coisas ignoram esses princípios antes que lhes sejam propostos, e que é possível que alguém não esteja a par dessas verdades antes de ouvi--las de outrem. Fossem mesmo inatas, que necessidade de apresentá-las para que obtenham assentimento, se, encontrando-se no entendimento por meio de uma impressão natural e original (caso existisse tal coisa), não poderiam deixar de ser conhecidas antes? Ou o fato de serem propostas as imprimiria com mais clareza na mente do que o faz a natureza? Se é assim, segue-se então que um homem as conhecerá melhor quando elas lhe tiverem sido assim ensinadas do que as conhecia antes. Seguir-se-á disso que esses princípios podem-se-nos tornar mais evidentes pelo ensinamento de outrem do que a natureza os fez por impressão, o que não coaduna muito com a tese de princípios inatos e subtrai-lhes toda autoridade, tornando-os, ao contrário, impróprios para fundar, como se pretende, todo o nosso conhecimento. Não se pode negar que os homens ficam a par pela primeira vez de muitas dessas verdades autoevidentes quando elas lhes são propostas. Mas é manifesto que quem o fizer perceberá em si mesmo que passou a conhecer uma proposição que antes desconhecia e que, a partir de então, nunca questiona não porque seja inata, mas porque, em toda e qualquer circunstância em que é levado a refletir a respeito dessa proposição, a consideração da natureza das coisas contidas nessas

palavras não lhe permite pensar de outra maneira[9]. E, se aquilo a que se dá assentimento tão logo seja ouvido e seus termos sejam compreendidos deve passar por um princípio inato, deve ser inata toda observação bem fundada que seja uma regra geral extraída de particulares. O que não é verdade, pois nem todas as cabeças, apenas as sagazes, deparam-se com essas observações, reduzindo-as a proposições gerais, não inatas, mas obtidas de um contato prévio e da reflexão sobre casos particulares. Uma vez que tenham sido feitas por homens observadores, homens pouco observadores não lhes podem recusar assentimento uma vez que lhes sejam propostas.

Que sejam conhecidas implicitamente antes de serem apresentadas ou significa que a mente é capaz de as compreender, ou não significa nada.

§ 22. Caso se diga que o entendimento dispunha de um *conhecimento* não explícito, mas *implícito*, des- 60
ses princípios antes de serem ouvidos pela primeira vez (o que devem admitir aqueles que disserem que eles estão no entendimento antes de serem conhecidos), será difícil conceber o que pode querer dizer um princípio impresso implicitamente no entendimento, a não ser isto – que a mente é capaz de entender e dar firme assentimento a essas proposições. Então, todas as demonstrações matemáticas, tanto quanto os princípios primeiros, devem ser tidas na conta de impressões nativas na mente. Mas receio que seja pouco provável que aqueles que acham mais difícil demonstrar uma proposição do que lhe dar assentimento uma vez demonstrada venham a admitir tal coisa. E poucos serão os matemáticos dispostos a acreditar que todos os diagramas que traçam não passam de cópias dos caracteres inatos que a natureza gravou em suas mentes.

O argumento do assentimento dado assim que se ouve a proposição baseia-se no falso pressuposto de que não houve ensinamento prévio.

§ 23. Receio que exista ainda uma outra fraqueza no argumento precedente, que nos quer persuadir de

9. O restante deste parágrafo foi introduzido na segunda edição. [N. E.]

que devem ser consideradas inatas as máximas que os homens *aceitam assim que as ouvem* porque eles então assentem a proposições que não lhes foram ensinadas e que não receberam pela força de nenhum argumento ou demonstração, mas pela mera explicação ou compreensão de seus termos. Parece-me haver aqui a seguinte falácia: supõe-se que os homens não são *ensinados* nem *aprendem* qualquer coisa nova, quando, na verdade, eles são ensinados e aprendem algo que antes ignoravam. Em primeiro lugar, é evidente que aprenderam os termos e o seu significado, que não tinham de nascença. Mas esse não é o único conhecimento que adquirem nesse caso: as próprias *ideias* sobre as quais a proposição versa não nasceram com eles, mas, a exemplo de seus nomes, foram obtidas depois. Desse modo, como em toda proposição à qual damos assentimento assim que a ouvimos não são inatos nem os seus termos, nem o fato de designarem tais *ideias*, nem, tampouco, as próprias *ideias* que designam, gostaria muito de saber o que resta de inato em tais proposições. Teria muito prazer em que me apontassem a proposição na qual são inatos quer os termos, quer as *ideias*. É gradualmente que adquirimos *ideias* e nomes e que aprendemos a conexão apropriada de uns com os
61 outros. Depois, assim que as ouvimos, damos assentimento a proposições elaboradas com termos cuja significação aprendêramos e nas quais vem expresso o acordo ou o desacordo que podemos perceber entre nossas *ideias* quando reunidas. Mas, ao mesmo tempo, somos inteiramente incapazes de dar assentimento a outras proposições, em si mesmas tão certas e evidentes, mas que versam sobre *ideias* que não se adquirem tão cedo nem com a mesma facilidade. Embora uma criança venha a dar pronto assentimento à proposição *uma maçã não é fogo* quando, com a con-

vivência familiar, as *ideias* dessas duas coisas diferentes foram distintamente imprimidas em sua mente, e ela aprendeu que os nomes *maçã* e *fogo* as designam, talvez leve alguns anos para que a mesma criança dê assentimento à proposição *é impossível que a mesma coisa seja e não seja*. Isso porque, mesmo que as palavras sejam igualmente fáceis de aprender, o fato de sua significação ser mais ampla, abrangente e abstrata do que a dos nomes anexados às coisas sensíveis com as quais a criança lida faz com que ela demore mais para aprender seu significado preciso e necessite de mais tempo para formar claramente em sua mente as *ideias* gerais que tais palavras designam. Enquanto isso não ocorrer, em vão se tentará obter de uma criança o assentimento a uma proposição composta de tais termos gerais. Mas, tão logo ela tenha adquirido essas *ideias* e aprendido seus nomes, prontamente abraçará a última proposição, da mesma maneira como fazia com a primeira e pela mesma razão, *i. e.*, porque percebe um acordo ou um desacordo entre as *ideias* que tem em sua mente, conforme os nomes que as designam forem afirmados ou negados um do outro na proposição. Mas, se proposições lhe forem apresentadas em palavras que designam *ideias* que ela ainda não tem em sua mente, por mais evidentemente verdadeiras ou falsas que essas proposições sejam em si mesmas, ela não pode assentir nem dissentir, permanecendo ignorante a esse respeito. De fato, como as palavras não passam de sons vazios quando não são signos de nossas *ideias*, só lhes podemos dar assentimento na medida em que correspondam às *ideias* que temos, e não mais do que isso. Mas mostrar por que passos e vias o conhecimento entra em nossa mente, assim como as bases dos diversos graus de assentimento, é o propósito do discurso subsequente, bastando por ora mencionar essa razão como uma das que me levaram a duvidar desses princípios inatos.

Não são inatas porque não lhes é dado assentimento universalmente.

§ 24. Para concluir o exame desse argumento relativo ao consentimento universal, concordo com os defensores dos princípios inatos que, se eles são *inatos*, devem necessariamente *receber um assentimento universal*. Pois que uma verdade seja inata e, não obstante, não receba universalmente assentimento é para
62 mim tão ininteligível quanto que um homem conheça uma verdade e ao mesmo tempo a ignore. Mas, então, pela própria confissão de tais homens, tais princípios não podem ser inatos, visto que não recebem assentimento de quem não entende seus termos, nem mesmo de muitos daqueles que os entendem, a saber, os que nunca ouviram ou pensaram em tais proposições. Esse é, em minha opinião, o caso de ao menos metade dos homens; e, mesmo que seu número fosse muito menor, e unicamente as crianças ignorassem essas proposições, isso seria o suficiente para destruir o assentimento universal e, assim, mostrar que elas não são inatas.

Essas máximas não são as primeiras a ser conhecidas.

§ 25. Para que não me acusem de argumentar a partir dos pensamentos de infantes, que nos são desconhecidos, e de tirar conclusões do que se passa em seu entendimento antes mesmo que o expressem, acrescento que essas duas proposições gerais não são as verdades que *habitam primeiro a mente* das crianças nem antecedem todas as noções adquiridas e adventícias, o que seria preciso, caso fossem inatas. Não importa se é possível ou não determinar qual o momento, mas sim que há um momento em que as crianças começam a pensar, como nos asseguram suas palavras e atitudes. Quando, portanto, já são capazes de pensar, conhecer e assentir, seria razoável supor que ignorassem essas noções impressas pela natureza, caso elas existissem? Seria possível imaginar, com

um mínimo de verossimilitude, que percebam as impressões de coisas do exterior e, ao mesmo tempo, ignorem os caracteres que a própria natureza teve o cuidado de estampar no interior? Poderiam aceitar noções adventícias e dar-lhes assentimento, mas ignorar outras que supostamente estão entrelaçadas aos princípios mesmos de seu ser, ali imprimidas em caracteres indeléveis como fundamento e guia de todo conhecimento que adquirem e de seus futuros raciocínios? Isso seria supor que a natureza se dá trabalhos inúteis ou, ao menos, que escreve muito mal, pois seus caracteres não podem ser lidos por olhos que enxergam muito bem todas as outras coisas. E seria muito equivocado supor que algo que não seja conhecido primeiro e sem o qual seja possível adquirir um conhecimento indubitável de muitas outras coisas seja a parte mais clara da verdade e o fundamento de todo nosso conhecimento. A criança certamente sabe que a *babá* que a alimenta não é nem o *gato* com que brinca nem o *negraço* de que tem medo, que a *santonina* ou a *mostarda* que repele não são a *maçã* ou o *açúcar* que pede. Disso ela está certa, não tem dú- 63
vida. Mas poderia alguém dizer que é em virtude do princípio de que *é impossível que a mesma coisa seja e não seja* que ela dê assentimento com tanta firmeza a essa ou outras partes de seu conhecimento? Ou então que a criança tenha alguma noção ou apreensão dessa proposição numa idade em que obviamente conhece muitas outras verdades? Quem afirmar que as crianças mesclam tais especulações abstratas a suas mamadeiras e chocalhos talvez possa ser considerado, com justiça, como mais zeloso e apaixonado por sua opinião, mas menos sincero e verdadeiro do que alguém daquela idade.

E assim tais máximas não são inatas.

§ 26. Portanto, mesmo que existam muitas proposições gerais que encontram assentimento constante e imediato tão logo são propostas a homens adultos que já usam *ideias* mais gerais e abstratas e nomes para designá-las, como isso não se verifica entre aqueles de idade mais tenra, que, no entanto, conhecem outras coisas, tais proposições gerais não podem pretender a um assentimento universal das pessoas inteligentes e, assim, não podem, de nenhuma maneira, ser supostas inatas. Pois é impossível que uma verdade que seja inata (supondo que elas existam) não seja conhecida por alguém, pelo menos por alguém que conheça alguma outra coisa qualquer. Se essas verdades são inatas, devem ser pensamentos inatos, pois não seria nada uma verdade na mente sobre a qual esta não tenha nunca pensado. Desse modo, evidencia-se que, se há quaisquer *verdades inatas*, *elas devem necessariamente ser as primeiras dentre todas a ser pensadas*, as primeiras a aparecer no pensamento.

Não são inatas porque aparecem menos, quando o que é inato deveria se mostrar com máxima clareza.

§ 27. Já provamos suficientemente que as máximas gerais de que falamos não são conhecidas por crianças, *idiotas* e por grande parte dos homens, o que mostra claramente que não obtêm assentimento universal nem são impressões gerais. Mas resta ainda este argumento contra sua natureza inata: se esses caracteres fossem impressões nativas e originais, *apareceriam de forma mais límpida e mais clara* nas pessoas em que, no entanto, não encontramos nenhum vestígio deles – em minha opinião, uma forte evidência de que não são inatos, pois são menos conhecidos por aqueles sobre os quais, fossem inatos, se imporiam necessariamente com maior força e vigor. De fato, *crianças*, *idiotas*, *selvagens* e pessoas *iletradas* são, dentre todos, os menos corrompidos pelos costumes ou por opiniões adquiridas: instrução e educação não vazaram seus pensamentos nativos em moldes novos
64 nem confundiram os límpidos caracteres que a natu-

reza ali escreveu pela sobreposição de doutrinas ádvenas e estudadas. Seria, portanto, razoável imaginar que, em suas mentes, essas noções inatas se mostrassem abertamente à vista de todos, como é certamente o caso dos pensamentos das crianças. Seria bastante razoável esperar que os simplórios conhecessem perfeitamente esses princípios que, imediatamente estampados na alma (como aqueles homens supõem), não podem depender da constituição ou dos órgãos do corpo, a única diferença declarada entre eles e os demais. Haveria que pensar, de acordo com os princípios desses homens, que todos esses raios nativos de luz (caso existissem) brilhariam visivelmente com todo seu fulgor naqueles que não têm reserva mental nem dissimulação, sem deixar dúvida de que existem ali, assim como não resta dúvida de seu amor pelo prazer e horror à dor. Mas, infelizmente, quais máximas gerais se encontram em *crianças*, *idiotas*, *selvagens* e nos rudemente *iletrados*? Quais princípios universais do conhecimento? Suas noções são escassas e estreitas, tomadas apenas dos objetos com os quais mais lidaram e que imprimiram em seus sentidos as impressões mais frequentes e fortes. Uma criança conhece sua babá, seu berço e, gradualmente, os brinquedos de uma idade um pouco mais avançada; um jovem selvagem talvez ocupe inteiramente sua cabeça com o amor e a caça, de acordo com a tendência de sua tribo. Mas receio que se engane aquele que espere de uma criança que não foi educada, ou de um habitante selvagem das florestas, essas máximas abstratas e princípios consagrados das ciências. Esse tipo de proposição geral raramente é mencionado nas choupanas dos *índios*, muito menos é encontrado nos pensamentos de *crianças*, e não se verifica nenhuma impressão delas nas mentes de *simplórios*. Essas máximas são linguagem e assunto das escolas e academias de nações cultivadas, acostumadas ao tipo de discussão ou estudo em que disputas são frequentes, pois são apropriadas para a argumentação artificial e úteis para o convencimento, mas não conduzem muito à descoberta da verdade ou ao avanço do conhecimento. Terei oportunidade de falar mais detidamente de sua pouca utilidade para o aperfeiçoamento do conhecimento no livro IV, capítulo VII.

Recapitulação.

§ 28. Não sei bem quão absurdo isso poderá parecer aos mestres da demonstração, e dificilmente será
65 aceitável à primeira vista para qualquer um. Peço, portanto, uma pequena trégua ao preconceito e indulgência à censura, até que me faça ouvir no restante deste discurso, dispondo-me inteiramente a me submeter a juízos mais qualificados. De fato, como minha busca pela verdade é imparcial, não me furtarei a reconhecer que talvez me tenha apegado excessivamente às minhas próprias noções, coisa a que todos estamos expostos uma vez que a aplicação e o estudo nos tenham afeiçoado a elas.

No geral, não vejo nenhum motivo para pensar que essas duas famosas máximas especulativas sejam inatas, pois não receberam universalmente assentimento, e o assentimento que encontram de forma tão geral não é diferente daquele compartilhado por muitas outras proposições que não são consideradas inatas. O assentimento que lhes é dado não vem de uma inscrição natural, mas é produzido de maneira distinta, o que, não tenho dúvida, ficará claro na discussão a seguir. E, se constatamos que *esses primeiros princípios* do conhecimento e da ciência *não* são *inatos*, *nenhuma outra máxima especulativa* (suponho) *terá o direito de aspirar a isso*.

CAPÍTULO III
Não existem princípios práticos inatos.

Nenhum princípio moral é tão claro e tão geralmente aceito quanto as supracitadas máximas especulativas.

§ 1. Se, como provamos, as máximas especulativas de que tratamos no capítulo precedente realmente não recebem assentimento universal dos homens, no que concerne aos *princípios práticos* é muito mais visível *quão distantes estão de uma aceitação universal.* E penso que seria difícil mencionar uma regra moral que possa pretender a um assentimento tão geral e imediato quanto *o que é, é*, ou que seja verdade tão manifesta quanto *é impossível que a mesma coisa seja e não seja.* Isso mostra claramente que esses princípios morais estão mais longe de merecerem o título de inatos e que há motivos mais fortes para duvidar que sejam impressões nativas na mente do que no caso dos especulativos. Não que isso absolutamente ponha em questão sua verdade. São igualmente verdadeiros, ainda que não igualmente evidentes.
As máximas especulativas trazem consigo sua própria 66
evidência, mas princípios morais requerem raciocínio e discurso, assim como algum exercício da mente, para que se descubra a certeza de sua verdade. Eles não se encontram à mostra, como caracteres naturais gravados na mente. E, se o fossem, seriam visíveis por si mesmos e seriam certos e conhecidos de todos por sua luz própria. O que em nada derroga sua verdade e certeza, assim como a verdade e certeza de que três ângulos de um triângulo são iguais a dois ângulos retos não se vê derrogada pelo fato de isso não ser tão evidente nem tão suscetível de um assentimento imediato como *o todo é maior que a parte.* É suficiente que tais regras morais sejam demonstráveis, e, portanto, é nossa própria culpa se não chegamos a um conhecimento certo delas. Mas a ignorância em que muitos homens se encontram em relação a elas e

a demora do assentimento com que outros as recebem são prova manifesta de que não são inatas e não se oferecem por si mesmas para a vista dos homens sem que estes precisem procurar por elas.

Nem todos os homens têm a fé e a justiça como princípios.

§ 2. Para determinar se há tais princípios morais a respeito dos quais todos os homens concordam, apelo a qualquer um minimamente versado na história do gênero humano que tenha olhado à sua volta, para além da fumaça de sua própria chaminé: onde encontrar a verdade prática universalmente aceita sem dúvida ou questionamento e que assim poderia ser inata? A *justiça* e o respeito aos contratos é aquilo em relação a que *a maioria dos homens parece concordar*. Esse é um princípio que, segundo pensam, se estende aos covis de ladrões e confederações dos maiores celerados, e até mesmo os que foram mais longe no sentido de negar a própria humanidade preservam, entre si, fidelidade e regras de justiça. Concedo que os próprios fora da lei mantêm essas regras entre si, mas isso sem que as tenham recebido como inatas leis da natureza. Praticam-nas como leis de conveniência nos limites de suas próprias comunidades, mas é inconcebível que alguém que aja de forma correta com seus companheiros salteadores e, ao mesmo tempo, saqueie ou mate o primeiro homem honesto que encontre abrace a justiça como um princípio prático. Justiça e verdade são os laços comuns de uma sociedade. Assim, até mesmo os fora da lei e ladrões que rompem com o resto do mundo devem manter fidelidade e regras de equidade entre si; de outra maneira, não conseguiriam manter-se juntos. Mas
67 poderia alguém dizer que os que vivem de fraude e rapina têm princípios inatos de verdade e justiça que aceitam e aos quais dão assentimento?

Resposta à objeção: mesmo que os homens os neguem em sua prática, admitem-nos em seu pensamento.

§ 3. Talvez se diga que o *assentimento tácito de sua mente concorda com o que sua prática contradiz*.

Respondo, *em primeiro lugar*: sempre considerei que as ações dos homens são o melhor intérprete de seu pensamento. E, como é certo que a prática da maioria dos homens e a declaração expressa de alguns questionam ou negam esses princípios, é impossível estabelecer um consentimento universal (mesmo que se deva buscá-lo apenas entre homens adultos), sem o qual é impossível concluir que sejam inatos. *Segundo*, é muito estranho e insensato supor princípios práticos inatos que se resolvam apenas na contemplação. Princípios práticos derivados da natureza estão aí para operar e devem produzir conformidade de ação, e não um mero assentimento especulativo à sua verdade, ou então seria vão distingui-los de máximas especulativas. Reconheço que a natureza pôs no homem um desejo de felicidade e uma aversão à infelicidade. Esses são, de fato, princípios práticos inatos que (como é necessário aos princípios práticos) persistem operando e influenciando incessantemente todas as nossas ações: podem ser observados em todas as pessoas em todas as épocas, firmes e universais. Mas são inclinações do apetite pelo que é bom, e não impressões da verdade no entendimento. Não nego que existam tendências naturais impressas na mente dos homens e que, desde as primeiras manifestações dos sentidos e da percepção, haja coisas que lhes são gratas, e outras que não são bem-vindas; coisas pelas quais se inclinam, e outras de que se afastam: mas isso nada diz sobre caracteres inatos na mente, que deveriam ser os princípios do conhecimento que regulam nossas práticas. Tais impressões naturais no entendimento não apenas não são confirmadas por isso, como isso constitui um argumento contra elas. Pois se houvesse certos caracteres impressos pela natureza no entendimento como princípios do conhecimento, inevitavelmente os perceberíamos constantemente operando em nós e influenciando o nosso conhecimento, assim como percebemos a influência sobre a vontade e o apetite que aqueles outros exercem, os quais nunca cessam de ser a mola e o motivo constantes de todas as nossas ações, para as quais sentimos o tempo todo que nos impelem fortemente.

68 § 4. Outra razão para que eu duvide de princípios práticos inatos é que considero *impossível propor qualquer regra moral para a qual um homem não possa com justiça exigir uma razão*: o que seria inteiramente ridículo e absurdo se fossem inatas ou, pelo menos, autoevidentes, coisa que se requer de todos os princípios inatos, os quais não devem precisar de prova para sua verdade ser asseverada ou de uma razão para que angariem aprovação. Um homem seria considerado desprovido de bom senso se perguntasse *por que razão é impossível que a mesma coisa seja e não seja* ou, por outro lado, se procurasse oferecer tal razão. Pois isso traz consigo sua própria luz e evidência, e não precisa de nenhuma outra prova: quem entende os termos dá assentimento à máxima por conta dela própria, ou então nada poderá convencê-lo a lhe dar assentimento. Porém, se a mais inabalável regra da moralidade e fundamento de toda virtude social – *todos devem fazer o que gostariam que lhes fizessem* – fosse proposta para alguém que jamais a tivesse ouvido, mas fosse capaz de entender seu significado, não poderia ele perguntar, sem qualquer absurdo, por que razão? E não estaria quem lha propôs obrigado a exibir-lhe sua verdade e razoabilidade? O que mostra claramente que ela não é inata, pois, se o fosse, não precisaria nem poderia ser provada, mas deveria (pelo menos assim que ouvida e compreendida) ser aceita e receber assentimento como verdade inquestionável, da qual de nenhuma maneira se poderia duvidar. De modo que a verdade de todas

Regras morais requerem uma prova, ergo não são inatas.

essas regras morais depende claramente de alguma verdade antecedente a elas, da qual devem ser deduzidas, o que não poderia ser o caso se fossem inatas ou, ao menos, autoevidentes.

Exemplo disso no cumprimento de pactos.

§ 5. Que os homens devem cumprir pactos é certamente uma importante e inegável regra em moralidade. No entanto, caso se pergunte a um cristão, que tem a perspectiva da felicidade e da infelicidade em outra vida, por que um homem deve manter sua palavra, ele *apresentará* a seguinte *razão*: porque Deus, que tem poder sobre a vida e a morte eternas, assim o exige de nós. Mas, caso se pergunte a um *hobbesiano*, ele responderá: porque o poder público requer tal coisa, e, se assim não fizeres, o *Leviatã* punir-te-á. E, caso se perguntasse a algum dos antigos filósofos *pagãos*, ele responderia: porque seria desonesto, incompatível com a dignidade de um homem e contrário à virtude, a maior perfeição da natureza humana, fazer de outro modo.

A virtude recebe aprovação geral porque é vantajosa, não porque seja inata.

§ 6. Do que naturalmente surge a grande variedade de opiniões, concernentes às regras morais, que se 69
encontram entre os homens, de acordo com os diferentes tipos de felicidade que têm em perspectiva ou propõem para si mesmos: o que não seria possível se os princípios práticos fossem inatos e impressos imediatamente pela mão de Deus em nossa mente. Concedo que a existência de Deus é de tantas maneiras manifesta, e a obediência que lhe devemos é tão congruente com a luz da razão, que uma grande parte dos homens dá testemunho da lei da natureza. No entanto, considero que é preciso reconhecer que muitas regras morais podem receber dos homens uma aprovação muito geral sem que se conheça ou aceite a verdadeira base de toda moralidade, que só pode ser a vontade e lei de um Deus que vê os homens na escuridão, tem em suas mãos recompensas e puni-

ções e poder suficiente para tirar satisfações do mais orgulhoso ofensor. Com efeito, tendo Deus conjugado inseparavelmente a *virtude* e a felicidade pública, tornando sua prática necessária à preservação da sociedade e visivelmente *benéfica* a todos aqueles com que o homem virtuoso tem de se haver, não é de espantar que todo homem não apenas reconheça, mas recomende e enalteça para os outros as regras cuja observância ele sabe que será vantajosa para ele próprio. Ele pode, não apenas por convicção, mas também por interesse, proclamá-las sagradas, pois, uma vez transgredidas ou profanadas, ele mesmo não estaria mais a salvo ou seguro. Isso, ainda que em nada subtraia da obrigação moral e eterna evidentemente contida nessas regras, mostra, no entanto, que o reconhecimento externo que os homens lhes dedicam com suas palavras não prova que elas sejam princípios inatos. Não prova sequer que os homens lhes deem internamente assentimento em sua própria mente como regras invioláveis de sua própria prática, pois constatamos que o interesse pessoal e as conveniências desta vida levam muitos homens a sustentar externamente o reconhecimento e a aprovação delas, enquanto suas ações suficientemente provam que pouco consideram o legislador que prescreveu essas regras ou o inferno que reservou para a punição dos que as transgridem.

As ações dos homens vêm nos convencer de que a regra da virtude não é seu princípio interno.

§ 7. Se não atribuirmos, por civilidade, excessiva sinceridade ao que professa a maior parte dos *homens*, mas considerarmos suas ações como intérpretes de seus pensamentos, constataremos que *não* têm
70 tal veneração interna por essas regras nem *estão tão completamente persuadidos de sua certeza* e obrigatoriedade. O grande princípio de moralidade, *faze o que gostarias que te fizessem*, é mais recomendado do que praticado. Mas, por maior que seja o vício que

consiste na violação dessa regra, ensinar aos outros que ela não é uma regra moral nem obrigatória seria, numa medida ainda maior, tomado como insano e contrário ao interesse pelo qual os homens a sacrificam quando eles próprios a quebram. Talvez se evoque a *consciência*[10] como algo que nos repreenda por tais violações, o que preservaria a obrigação interna e a vigência da regra.

A consciência não é prova de nenhuma regra moral inata.

§ 8. A isso respondo que não tenho dúvida de que, sem que as regras morais estejam escritas em seu coração, muitos homens podem vir a dar assentimento a muitas dessas regras e estar convencidos de sua obrigatoriedade, pela mesma via a que chegam ao conhecimento de outras coisas; e que outros podem ainda ter essa mesma disposição de espírito devido à sua educação, suas companhias e os costumes de seu país. Essa *persuasão, não importa de onde venha, basta para pôr a consciência em ação* e não é outra coisa do que nossa própria opinião ou juízo sobre a retitude ou depravação moral de nossas próprias ações. E, se a consciência é prova de princípios inatos, pode haver princípios inatos que se contrariam, visto que alguns homens perseguem o que outros repudiam com a mesma firmeza de consciência.

Exemplos de barbaridades praticadas sem remorso.

§ 9. Mas não vejo como *homens* poderiam *transgredir* essas *regras morais com segurança* e *serenidade* se elas fossem inatas e estampadas em sua mente. Basta olhar um exército saqueando uma cidade e ver que consideração ou senso de princípios morais, ou que suscetibilidade de consciência por todos os ultrajes que cometem. *Roubo*, *assassinato* e *estupro* são o passatempo de homens que estão ao abrigo de punição e censura. Não existiram, de fato, mesmo entre os povos mais civilizados, nações inteiras em que expor os filhos e deixá-los nos campos para perecer de

10. *Conscience*, isto é, consciência moral; cf. nota 4. [N. Ed. Br.]

fome ou por feras selvagens era uma prática comum, tão pouco condenada ou censurada quanto o fato de lhes dar a vida? Ainda hoje, em alguns países, as crianças recém-nascidas são postas na mesma cova que suas mães quando estas morrem na hora do parto, ou então são sacrificadas quando um suposto astrólogo declara que não nasceram sob uma conjunção favorável. E não há lugares em que, numa certa idade, os
71 pais são mortos ou abandonados sem qualquer tipo de remorso? Numa certa parte da Ásia, os doentes considerados terminais são removidos e largados no chão antes que morram, e ali são deixados, expostos aos ventos e ao clima, para perecer sem assistência ou piedade[11]. É comum entre os *mingrelianos*, um povo que professa o cristianismo, enterrar vivas suas crianças sem escrúpulo[12]; em alguns lugares, pessoas comem seus próprios filhos[13]; os *caribenhos* tinham por costume castrar suas crianças com o propósito de engordá-las e comê-las[14]; *Garcilaso de la Vega* fala-nos de um povo no *Peru* que tinha o costume de engordar e comer as crianças que faziam em suas cativas, as quais eram mantidas como concubinas para esse propósito e, quando não podiam mais dar à luz, também eram mortas e devoradas[15]; as virtudes pelas quais os *Tupinambás* acreditavam merecer o paraíso eram a vingança e o alimentar-se abundantemente de seus inimigos[16]: eles nem mesmo têm uma palavra para Deus, *Lery, pág. 216*; não reconhecem nenhum Deus, não têm religião ou culto, *pág. 231*. Os santos canonizados pelos *turcos* levam vidas que a decência impede de relatar. A esse respeito, há um trecho notável

---

11. Gruber *apud* Thevenot, parte 4, p. 23. [N. A.]
12. Lambert *apud* Thevenot, p. 38. [N. A.]
13. Vossius, *de Nili Origine*, caps. 18, 19. [N. A.]
14. P. Mart. Dec. 1. [N. A.]
15. *Histoire des Incas*, livro I, cap. 12. [N. A.]
16. Lery, cap. 16. [N. A.]

na *Viagem* de Baumgarten, um livro difícil de ser encontrado; por isso, transcrevo-o integralmente na língua em que foi redigido: *Ibi* (*sc. prope Belbes in Aegypto*) *vidimus sanctum unum Saracenicum inter arenarum cumulos, ita ut ex utero matris prodiit nudum sedentem. Mos est, ut didicimus* Mahometistis, *ut eos, qui amentes et sine ratione sunt, pro sanctis colant et venerentur. Insuper et eos qui cum diu vitam egerint inquinatissimam, voluntariam demum paenitentiam et paupertatem, sanctitate venerandos deputant. Ejusmodi verò genus hominum libertatem quandam effraenem habent, domos quas volunt intrandi, edendi, bibendi, et quod majus est, concumbendi; ex quo concubitu, si proles secuta fuerit, sancta similiter habetur. His ergo hominibus, dum vivunt, magnos exhibent honores; mortuis vero vel templa vel monumenta extruunt amplissima, eosque contingere ac sepelire maximae fortunae ducunt loco. Audivimus haec dicta et dicenda per interpretem à Mucrelo nostro. Insuper sanc-* 72
tum illum, quem eo loci vidimus, publicitus apprimè commendari, eum esse Hominem sanctum, divinum ac integritate praecipuum; eo quod, nec faeminarum unquam esset, nec puerorum, sed tantummodo asellarum concubitor atque mularum. [Ali (isto é, próximo a Belbes, no Egito) vimos um santo sarraceno, sentado em meio às dunas de areia, tão nu quanto saiu do ventre de sua mãe. É costume, disseram-nos, entre os maometanos, que os idiotas e os loucos sejam cultuados como santos e venerados. Mais que isso, aqueles que vivem toda sua vida na maior iniquidade, mas também na penitência e na pobreza voluntárias, devem ser venerados como sagrados. Esse tipo de pessoa dispõe de uma liberdade desenfreada: entram como querem nas casas, comem, bebem e, o que é mais, copulam; se dessa união resulta algum fruto, este também é considerado sagrado. Esses homens, durante sua vida, são alvos de grandes honras;

após sua morte, erguem-lhes imensos templos e monumentos; e tocá-los ou levá-los para a sepultura é visto como a maior das sortes. Aprendemos tudo isso de nosso *Mucrelus*[17], com a ajuda de um intérprete. E mais: esse santo que ali vimos, dizia-se, era considerado com a maior estima um homem santo, divino, de especial integridade, pois nunca havia copulado com mulheres ou jovens, mas apenas com asnas e mulas.] *Viagem* de Baumgarten, livro 2, cap. I, p. 73. Mais coisas do mesmo tipo a respeito desses valorosos santos *turcos* podem ser encontradas em *Pietro della Valle*, Carta de *25 de janeiro de* 1616. Onde estão os princípios inatos de justiça, piedade, gratidão, equidade e castidade? Onde o consentimento universal nos assegura que haja tais regras congênitas? Uma vez tornados honráveis pela moda, assassinatos em duelos são cometidos sem remorso de consciência. Aliás, em muitos lugares a inocência é considerada, nesse caso, a maior das ignomínias. Se olharmos em volta, para ver os homens como são, constataremos que num lugar sentem remorso por fazer ou se omitir em algo que, em outro lugar, se considera um mérito.

Os homens têm princípios práticos contrários entre si.

§ 10. Quem examinar com cuidado a história do gênero humano e lançar a vista às diversas tribos de homens, observando com imparcialidade suas ações, poderá convencer-se de que mal se pode nomear um só princípio de moralidade ou pensar numa única *regra* de *virtude* (com exceção das que são absolutamente necessárias para manter unida a sociedade e que também são comumente negligenciadas na relação entre sociedades distintas) que não seja, de uma maneira ou outra, *desconsiderada* e condenada pela voga geral de *sociedades inteiras* de homens, governadas por opiniões práticas e regras de vivência inteiramente opostas às de outras.

---

17. Condutor de asnos. [N. Ed. Br.]

Nações inteiras rejeitam muitas regras morais.

§ 11. Aqui talvez se objete que não se pode argumentar que a *regra não* seja *conhecida porque* seja *violada*. Reconheço que a objeção é válida quando os homens, embora transgridam a lei, não a abjuram, quando o medo de vergonha, censura ou punição traz a marca de algum respeito que tenham por ela. Mas é inconcebível que uma *nação inteira* de homens *rejeite publicamente* e renuncie ao que cada um deles sabe, certa e infalivelmente, ser uma lei, como deve sabê-lo aquele que tem essa lei impressa naturalmente em sua mente. É possível que por vezes os homens sustentem *regras de moralidade* que, em seus pensamentos privados, não acreditam ser verdadeiras apenas para manter sua reputação e estima entre aqueles que estão persuadidos de sua obrigação 73
para com essas regras. Mas é inimaginável que todos os homens de uma sociedade professem publicamente recusar e prescindir de uma regra que, em sua mente, não podem senão estar infalivelmente certos de ser uma lei. Eles não poderiam tampouco ignorar que todos os homens com os quais tenham de se haver saibam o mesmo e, assim, cada um deles deveria temer dos outros o mesmo desprezo e horror reservado àquele que se professa desprovido de humanidade ou àquele que, confundindo as medidas conhecidas e naturais do certo e do errado, só pode ser considerado inimigo professo de sua paz e felicidade. Se existisse algum princípio inato, todos deveriam conhecê-lo como justo e bom. Portanto, é quase uma contradição supor que nações inteiras de homens possam, professamente e em suas práticas, unânime e universalmente, dar como falso o que a mais inegável evidência dá a conhecer a cada um deles como verdadeiro, correto e bom. Isso é o suficiente para nos convencer de que não pode ser suposta inata nenhuma regra prática que em algum lugar seja univer-

salmente transgredida com aprovação ou permissão pública. Mas tenho algo mais a acrescentar em resposta a essa objeção.

§ 12. A violação de uma regra, dizes, não é argumento para afirmar que ela seja desconhecida. Concedo: mas digo que *a aceitação geral de sua transgressão em qualquer lugar que seja é uma prova de que não seja inata*. Por exemplo: tomemos qualquer uma das regras que, estando entre as mais óbvias deduções da razão humana e sendo conformes à inclinação natural da maior parte dos homens, poucas pessoas tiveram a impudência de negar ou a desconsideração de duvidar. Se alguma regra puder ser considerada naturalmente impressa, penso que nenhuma possa pretender com mais justiça ser inata do que esta: *pais, protegei e amai vossos filhos*. Portanto, quando dizes que essa é uma regra inata, o que queres dizer? Ou que é um princípio inato, que em todas as ocasiões excita e dirige as ações de todos os homens; ou então que é uma verdade que todos os homens têm impressa em suas mentes e que, portanto, conhecem e à qual dão assentimento. Mas ela não é inata em nenhum desses sentidos. *Primeiro*, que ela não é um princípio que influencia todas as ações dos homens foi o que eu provei com os exemplos supracitados. E não precisamos ir tão longe, à *Mingrélia* ou ao *Peru*, para encontrar exemplos de pessoas que negligenciam, abusam, renegam e matam seus filhos, nem podemos considerar isso uma peculiar brutalidade de algumas nações selvagens e bárbaras, quando lembramos que era
74 uma prática familiar e não condenada entre os *gregos* e *romanos* expor seus inocentes infantes sem piedade ou remorso. *Segundo*, também é falso que seja uma verdade inata conhecida de todos os homens. *Pais, protegei vossos filhos* não somente não é uma verdade inata como não é absolutamente uma verdade,

pois é um mandamento, e não uma proposição, e assim não é suscetível de verdade ou falsidade. Para fazer com que seja possível dar-lhe assentimento como verdadeira, deve ser transformada numa proposição como esta: *é dever dos pais proteger seus filhos.* Mas o que é dever não pode ser compreendido sem uma lei, nem uma lei pode ser conhecida ou pressuposta sem um legislador, ou sem recompensa e punição. De modo que é impossível que esse ou qualquer outro princípio prático seja inato, *i. e.*, impresso na mente como um dever, a menos que se suponha que são inatas as *ideias* de Deus, lei, obrigação, punição e de uma outra vida. Pois é evidente em si mesmo que nesta vida a punição não se segue à violação dessa regra e que, consequentemente, tal regra não tem força de lei em países em que a prática geralmente aceita a contraria. Mas essas *ideias* (que devem todas ser inatas, se algo como um dever o é) estão tão longe de ser inatas que não são encontradas clara e distintamente nem mesmo em todos os homens estudiosos e reflexivos, e muito menos em todos os que vieram ao mundo. O próximo capítulo, creio eu, deixará bastante evidente, para qualquer um que considerar a questão, que não é inata nem mesmo aquela que, dentre todas, é a que mais parece ser inata – a *ideia* de Deus.

§ 13. Pelo que foi dito, penso estarmos em condições de concluir com segurança que *não se pode supor inata uma regra prática que, em qualquer lugar, seja violada de forma geral e permitida*, pois é impossível que os homens violem, sem vergonha nem medo, com segurança e serenidade, uma regra que, como não podem deixar de saber com evidência, Deus estabeleceu e cuja transgressão redundaria em tamanha punição (o que precisariam saber, se ela fosse inata) a ponto de tornar a barganha muito desvantajosa para o transgressor. Sem um conhecimento

como esse, um homem jamais pode estar certo de que algo é seu dever. Ignorância ou dúvida em relação à lei, a esperança de furtar-se ao conhecimento ou poder do legislador e outras coisas que tais podem levar os homens a dar vazão a um apetite imediato. Mas suponha que alguém veja o erro e a férula o acompanhando, e, com a transgressão, as chamas prontas para castigá-la, a tentação de um prazer e a mão do Todo-Poderoso visivelmente erguida e pronta para a vingança (pois esse deve ser o caso, se algum dever estiver impresso na mente). Eu pergunto então se pessoas com essas perspectivas e com conhecimento tão
75 certo poderiam, deliberadamente e sem escrúpulo, ofender uma lei que trazem consigo em caracteres indeléveis e que lhes salta aos olhos no momento mesmo em que a violam? E pode um homem, ao mesmo tempo que sente em si mesmo os éditos impressos por um legislador onipotente, desprezar e pisotear com segurança e leveza suas injunções mais sagradas? E, por fim, seria possível que, quando um homem desafia assim abertamente essa lei inata e o supremo legislador, todos os que presenciam isso e mesmo os governantes e senhores do povo, igualmente cônscios da lei e do legislador, sejam silenciosamente coniventes, sem testemunhar seu descontentamento ou lançar a menor condenação sobre isso? Nos apetites humanos há, em verdade, princípios de ação, mas tão distantes de princípios morais inatos que, se lhes fosse dado livre curso, levariam os homens à subversão de toda moralidade. Leis morais são estabelecidas como freio e restrição a esses desejos exorbitantes, e só podem sê-lo por meio de recompensas e punições capazes de sobrepujar a satisfação que alguém poderia esperar da violação da lei. Portanto, se há algo impresso como lei na mente de todos os homens, todos os homens devem ter um conhecimento certo e

indubitável de que certa e inevitavelmente uma punição se seguirá à violação da lei. Com efeito, se os homens ignoram ou duvidam do que é inato, é inútil insistir em defender princípios inatos. A verdade e a certeza (a que se pretende) não são absolutamente garantidas por eles, mas, com ou sem eles, os homens permanecem no mesmo estado de incerteza e flutuação. Um conhecimento evidente e indubitável de uma punição inevitável e suficientemente grande para tornar a transgressão muito indesejável deve acompanhar a lei inata, a não ser que se suponha que um evangelho inato também acompanhe a lei inata. Não se deve pensar que, ao negar uma lei inata, eu acredite existirem apenas leis positivas. Há uma grande diferença entre uma lei inata e uma lei da natureza, entre algo impresso em nossa mente em sua origem mesma e algo que, embora o ignoremos, podemos chegar a conhecer pelo uso e pela aplicação devida de nossas faculdades naturais. E considero que se desviam igualmente da verdade os que escolhem os extremos opostos, afirmando que há uma lei inata, ou então negando que exista uma lei cognoscível pela luz da natureza, *i. e.*, sem o auxílio da revelação positiva.

Os que sustentam princípios práticos inatos não nos dizem o que são.

§ 14. A diferença entre os homens quanto a seus 76
princípios práticos é tão evidente que não considero necessário acrescentar mais nada para provar que seria impossível encontrar regras morais inatas por meio da marca do assentimento geral. E isso é suficiente para que se suspeite de que a suposição de tais princípios inatos não passa de uma opinião adotada ao bel-prazer, pois aqueles que deles falam com tanta segurança são muito econômicos em nos *dizer quais eles seriam*. Mas é o que estaríamos no direito de pedir aos homens que defendem tão veementemente essa opinião; o que dá ocasião para que se desconfie quer de seu conhecimento, quer de sua caridade:

apregoam que Deus imprimiu na mente dos homens os fundamentos do conhecimento e as regras do viver, mas pouco ajudam para informar seus semelhantes ou para trazer paz aos homens, pois não apontam quais são esses princípios em meio à variedade com a qual os homens se entretêm. Mas, na verdade, se houvesse tais princípios inatos, não os seria preciso ensinar. Se os homens encontrassem tais proposições inatas estampadas em sua mente, não teriam dificuldade para distingui-las das outras verdades que aprendem subsequentemente e que deduzem delas, e não haveria nada tão fácil quanto saber quais e quantas são. Haveria tanta dúvida acerca de seu número quanto acerca do número de nossos dedos, e, nesse caso, seria de esperar que qualquer sistema nos oferecesse a sua conta certa. Mas, como ninguém que eu conheça se aventurou, até hoje, a fornecer um catálogo desses princípios inatos, não se pode reprovar aqueles que duvidam deles, visto que até mesmo os que exigem que os homens acreditem na existência de proposições inatas não nos dizem quais elas são. Não é difícil prever que, se diferentes homens de diferentes seitas nos oferecessem uma lista de tais princípios práticos inatos, estabeleceriam apenas os que se ajustam às suas próprias hipóteses e são convenientes para sustentar as doutrinas de suas respectivas Escolas e Igrejas – uma clara evidência de que não existem verdades inatas. Ao contrário, há homens, e não são poucos, que estão tão longe de encontrar qualquer princípio moral inato em si mesmos que, ao negar liberdade aos homens e reduzi-los a meras máquinas, eliminam não apenas as regras morais inatas, mas toda regra moral; e, assim, tornam impossível, fazem com que aqueles que não conseguem conceber que alguém possa estar submetido a uma lei sem ser um agente livre se vejam impossibilitados de acreditar em

alguma regra moral: com base nisso, devem necessaria- 77
mente rejeitar todos os princípios de virtude aqueles que não conseguem *conciliar moralidade e mecanismo*, coisas que não são facilmente conciliáveis ou compatíveis entre si.

Exame dos princípios inatos de Lorde Herbert.

§ 15. Após redigir o que precede, fui informado de que Milorde *Herbert* assinalou esses princípios inatos em seu livro *De Veritate* [Sobre a verdade]. Consultei-o, na esperança de encontrar, num homem com tamanha capacidade, algo que me satisfizesse acerca desse ponto e pusesse fim a minha investigação. No capítulo *de Instinctu naturali* [sobre o instinto natural], p. 76, edição de 1656, deparei com estas seis marcas de suas *notitiae Communes* [noções comuns]: 1. *Prioritas* [prioridade]. 2. *Independentia* [independência]. 3. *Universalitas* [universalidade]. 4. *Certitudo* [certeza]. 5. *Necessitas* [necessidade], *i. e.*, como ele explica, *faciunt ad hominis conservationem* [servem para a conservação do homem]. 6. *Modus conformationis* [modo de confirmação], *i. e.*, *Assensus nulla interposita mora* [assentimento concedido sem demora]. E, no final de seu pequeno tratado, *De Religione Laici* [Sobre a religião do leigo], ele diz o seguinte sobre princípios inatos: *Adeo ut non uniuscujusvis Religionis confinio arctentur quae ubique vigent veritates. Sunt enim in ipsa mente coelitùs descriptae nullisque traditionibus, sive scriptis, sive non scriptis, obnoxiae* [De tal modo que essas verdades por todos aceitas não se confinam nos limites de uma religião particular. Pois estão inscritas na própria mente, não dependendo de nenhuma tradição, escrita ou não], p. 3. E ainda, *Veritates nostrae Catholicae, quae tanquam indubia Dei effata in foro interiori descripta* [Nossas verdades católicas, inscritas em nosso foro interior como palavras certas de Deus]. Tendo assim fornecido as marcas dos princípios inatos ou noções comuns, e tendo afirmado que estão impressos na mente dos homens pela mão de Deus, ele procede a sua apresentação; são os seguintes: 1. *Esse aliquod supremum numen* [Há um supremo ser sagrado]. 2. *Numen illud coli debere* [Esse ser sagrado deve ser venerado]. 3. *Virtutem cum pietate conjunctam optimam esse rationem cultus divini* [A virtude com a piedade é a melhor forma de cultuar Deus]. 4. *Resipiscendum esse a peccatis* [É preciso arrepender-se dos pecados]. 5. *Dari praemium vel poenam post hanc vitam transactam* [Prêmio e castigos serão dados após esta vida]. Reconheço que essas são verdades claras, e tais que, se corretamente explicadas, dificilmente deixarão de receber assentimento de uma criatura racional. Mas penso que isso está longe de provar que sejam impressões inatas *in Foro interiori descriptae* [inscritas no foro interior]. Pois tomo a licença de observar:

§ 16. Primeiro, que essas cinco proposições ou não são todas, ou são mais que as noções comuns inscritas em nossa mente pelo dedo de Deus, pressupondo que fosse razoável acreditar que noções tenham sido escritas em nossa mente. Isso porque há outras proposições que, até mesmo pelas regras de Lorde Herbert, podem com tanta justiça pretender a essa origem e com tanta propriedade ser admitidas como princípios inatos quanto alguns, pelo menos, dos cinco princípios que enumera, p. ex., *faze o que gostarias que te fizessem*; e, se bem considerarmos, talvez algumas centenas mais.

§ 17. Segundo, nem todas as suas marcas se encontram em cada uma das cinco proposições: as marcas primeira, segunda e terceira não concordam
78 perfeitamente com nenhuma delas; e as marcas primeira, segunda, terceira, quarta e sexta concordam mal com as proposições terceira, quarta e quinta. De fato, além de a história nos assegurar que muitos homens,

até mesmo nações inteiras, duvidam ou descreem de algumas ou de todas essas proposições, não vejo como a terceira, *i. e.*, *a melhor forma de adorar a Deus é a conjugação de virtude e piedade*, possa ser um princípio inato, quando o nome ou som *virtude* é tão difícil de entender, de significação tão suscetível a incertezas, e a coisa representada por esse nome é tão discutida e difícil de conhecer. Portanto, como essa só pode ser uma regra bastante incerta da prática humana, e de muito pouca serventia na condução de nossas vidas, é muito impróprio classificá-la como um princípio prático inato.

§ 18. De fato, consideremos o significado (pois é o sentido, e não o som, que é e deve ser o princípio ou noção comum) da proposição *a virtude é a melhor forma de adorar a Deus*, *i. e.*, é a adoração a que Deus é mais receptivo. Se, como normalmente acontece, a *virtude* é tomada pelas ações que são consideradas louváveis de acordo com as diferentes opiniões de diversos países, então a proposição está tão distante da certeza que não é verdadeira. Se por *virtude* se entende ações conformes à vontade de Deus ou à lei prescrita por Ele, única e verdadeira medida da virtude quando essa palavra é usada para significar o que é certo e bom por sua própria natureza, então esta proposição – *a virtude é a melhor forma de adorar a Deus* – é inteiramente verdadeira e certa, mas de pouca utilidade na vida humana. De fato, ela não significa nada além disto, que *apraz a Deus que se faça tal como Ele ordena*, coisa que um homem pode conhecer como certamente verdadeira sem saber o que Deus ordena, ficando assim tão distante de uma regra ou princípio para suas ações quanto antes. E penso que poucos tomariam uma proposição que nada mais diz do que isto – que a Deus apraz que se faça tal como ele mesmo ordenou – por um princípio moral inato inscrito nas mentes de todos os homens (por mais verdadeira e certa que seja), visto que ela instrui tão pouco. Quem quer que o faça teria motivos para pensar que centenas de proposições são princípios inatos, pois há muitas que com tanta justiça quanto essa poderiam merecer tal título, mas que ninguém jamais incluiu na classe de princípios inatos.

§ 19. E tampouco a quarta proposição, *os homens devem arrepender-se de seus pecados*, é muito mais
79 instrutiva até que se estabeleça quais ações são entendidas como pecados. De fato, como a palavra *peccata*, ou *pecados*, é usualmente posta para significar ações más em geral que irão implicar punição para quem as cometer, que grande princípio de moralidade é esse que nos diz que nos devemos arrepender e não mais fazer o que nos prejudicará, sem que saibamos quais ações particulares trariam esse resultado? É certo que essa é uma proposição muito verdadeira e que aqueles que supostamente foram instruídos sobre quais ações, em todos os gêneros, são *pecados* devem aceitá-la e tê-la inculcada em si. Mas nem este nem o princípio anterior podem ser considerados inatos, e, caso o fossem, não teriam nenhuma utilidade, a não ser que as normas e os limites particulares de todas as virtudes e vícios estivessem entalhados na mente dos homens e fossem também princípios inatos, o que é, em minha opinião, muito duvidoso. Portanto, imagino que dificilmente seria possível que Deus entalhasse princípios na mente dos homens com palavras de significado incerto, como *virtudes* e *pecados*, que designam coisas diferentes para diferentes homens. Aliás, não se pode sequer supor que esses princípios se encontrem estabelecidos em palavras, as quais, na maioria desses princípios, são nomes gerais que não podem ser entendidos a não ser pelo conhecimento dos particulares compreendidos sob

eles. E, nos casos práticos, as normas devem ser extraídas do conhecimento das próprias ações, e suas regras, tomadas independentemente de palavras, sendo anteriores ao conhecimento de nomes; regras essas que um homem deve conhecer, não importa a língua que por acaso aprenda, se inglês ou japonês, e mesmo que não aprenda absolutamente nenhuma língua nem entenda o uso das palavras, como no caso de homens mudos e surdos. Quando tiver sido mostrado que homens que não aprenderam o uso de palavras, ou que não foram instruídos pelas leis e costumes de seu país, saibam que a adoração a Deus inclui não matar outro homem, só conhecer uma mulher, não praticar o aborto, não expor suas crianças, não tomar de outro o que lhe pertence, mesmo que o desejemos, mas, ao contrário, amenizar e suprir suas necessidades, e que, quando quer que tenhamos feito o contrário, devemo-nos arrepender, desculpar-nos e nos determinar a não mais fazer tal coisa, quando, digo, ficar provado que, de fato, todos os homens conhecem e reconhecem todas essas e mil outras regras que tais, sem exceção, subsumidas às duas palavras gerais mencionadas acima, *virtutes et peccata*, *virtudes* e *pecados*, então haverá motivo para admitir essas e outras regras como noções comuns e princípios práticos. Mas, mesmo assim, o consentimento 80
universal (caso houvesse algum acerca dos princípios morais) a verdades cujo conhecimento poderia ser obtido de outra maneira não seria suficiente para provar que sejam inatas, e isso é tudo que defendo.

Resposta à objeção: princípios inatos podem corromper-se.

§ 20. Será de pouca valia oferecer aqui a resposta imediata, mas pouco substancial, de que os *princípios inatos* de moralidade *podem ser obscurecidos pela educação*, *pelo costume* e pela opinião geral daqueles com quem convivemos até que, por fim, sejam mesmo *inteiramente apagados* da mente dos homens.

Essa asserção, caso fosse verdadeira, solaparia por completo o argumento do consentimento universal com o qual se tenta provar a tese de princípios inatos. A não ser, é claro, que os que a defendem pensem ser razoável que as suas convicções pessoais ou as de seu partido devam passar por consentimento universal, o que ocorre com frequência, sempre que homens que se julgam os únicos senhores da reta razão descartam os votos e opiniões do resto dos homens como indignos de serem contados. Seu argumento torna-se então o seguinte: os princípios que todos os homens aceitam como verdadeiros são inatos; os princípios que os homens de reta razão admitem são os princípios aceitos por todos os homens; nós, e os que pensam como nós, somos homens de razão; portanto, como estamos de acordo, nossos princípios são inatos. Um belíssimo modo de argumentar, e um verdadeiro atalho para a infalibilidade. Pois de outra maneira seria muito difícil compreender como pode haver alguns princípios que todos os homens reconhecem, e a respeito dos quais concordam, ao mesmo tempo que não há nenhum desses *princípios* que não *tenha sido apagado* da mente de muitos homens *pelos costumes depravados e a má educação*: o que é o mesmo que dizer que todos os homens os admitem, mas muitos deles os negam e não concordam com eles. Na verdade, supor a existência de tais princípios primeiros nos será bem pouco útil. Estaremos na mesma incerteza com ou sem eles, caso possam ser alterados ou destruídos em nós por algum poder humano, como a vontade de nossos educadores ou as opiniões de nossas companhias. E, em que pese o falatório de princípios primeiros e luz inata, permaneceremos na mesma escuridão e incerteza, tal como se eles não existissem de modo algum. Pois é o mesmo não dispor de nenhuma regra, dispor de uma regra que aponte

para qualquer lado ou não saber qual seja a correta dentre regras diversas e contrárias. Gostaria que me dissessem se, por meio da educação e do costume, os princípios inatos podem ou não ser borrados e apagados: se não o podem, devem ser encontrados da 81
mesma maneira em todos os homens, devem ser claros em todos; se podem ser modificados por noções adventícias, então devem ser encontrados com mais clareza e perspicuidade quando estão mais próximos de sua fonte, em crianças e em pessoas iletradas, que receberam menos impressões de opiniões alheias. Não importa qual lado se escolha, certamente se perceberá que qualquer um deles é incompatível com os fatos manifestos e a observação cotidiana.

Princípios contrários no mundo.

§ 21. De bom grado concedo que há um grande número de *opiniões* que são aceitas e *adotadas como princípios primeiros e inquestionáveis* por homens de países, educações e temperamentos diferentes – *muitas das quais*, tanto por seu absurdo quanto pela oposição entre elas, *não podem ser verdadeiras*. No entanto, todas essas proposições, por mais afastadas da razão, são aqui e ali tão consagradas que até mesmo homens de bom discernimento em outras questões prefeririam sacrificar suas vidas e tudo que lhes é mais querido a pôr em dúvida ou questionar a verdade de tais proposições.

Como os homens comumente adquirem seus princípios.

§ 22. Por mais estranho que possa parecer, isso é confirmado pela experiência cotidiana; e talvez não seja tão espantoso, se considerarmos as *vias* e os passos *pelos quais* isso se realiza, e como de fato é possível que *doutrinas* derivadas de uma origem não melhor do que a superstição de uma babá ou a autoridade de uma velha senhora *se elevem*, com o passar do tempo e o consenso de seus vizinhos, *à dignidade de princípios* em religião ou moralidade. Pois aqueles que, como eles mesmos dizem, têm o cuidado de

inculcar bons princípios nas crianças (e são poucos os que não têm para elas um tal conjunto de princípios, nos quais acreditam) instilam no entendimento incauto e até então sem preconceitos (pois uma folha em branco aceita quaisquer caracteres) as doutrinas que gostariam que retivessem e professassem. Tais doutrinas são ensinadas à criança tão logo esta tenha alguma apreensão e, à medida que ela cresce, são-lhe confirmadas seja pela declaração aberta, seja pelo consenso tácito de todos aqueles com que tem de se haver ou, ao menos, de todos aqueles que ela tem em boa conta por sua sabedoria, conhecimento e piedade, e que não tolerariam que essas proposições fossem mencionadas de outro modo que não como a base e o fundamento
82 sobre os quais erguem sua religião e seus costumes. Desse modo, essas verdades adquirem reputação de inquestionáveis, autoevidentes e inatas.

§ 23. Ao que podemos acrescentar: quando *homens* assim instruídos crescem e refletem sobre sua própria mente, nada encontram ali de anterior a essas opiniões, que lhes foram ensinadas antes que sua memória passasse a manter um registro de suas ações ou a datar o momento em que coisas novas lhes apareciam. Assim, não hesitam em *concluir que essas proposições, de cujo conhecimento não conseguem encontrar a origem neles mesmos, foram certamente impressão de Deus e da natureza* em sua mente, e não lhes foram ensinadas por ninguém mais. Cultivam-nas, e com veneração se submetem a elas, como muitos procedem com seus pais: não porque isso seja natural, pois as crianças não o fazem quando não foram ensinadas a tal, e sim porque, como sempre foram educadas assim e não se lembram quando esse respeito teve início, pensam ser coisa natural.

§ 24. Isso parece bastante provável, e mesmo inevitável, se consideramos a natureza dos homens e a constituição das coisas humanas: *a maioria dos homens não consegue sobreviver sem empregar seu tempo nas tarefas cotidianas de seu ofício nem manter sua mente em repouso sem algum fundamento ou princípio em que assentem seus pensamentos*. Nenhum homem tem entendimento tão oscilante e superficial a ponto de não reverenciar algumas proposições que são, para ele, princípios nos quais firma seus raciocínios, e pelos quais julga da verdade e da falsidade, do certo e do errado. Alguns não as examinam por falta de habilidade e tempo; outros, por falta de inclinação; outros, ainda, por lhes ter sido ensinado que não deviam fazê-lo; e poucos são os que não estão expostos, por sua ignorância, preguiça, educação ou precipitação a *aceitá-las em confiança*.

§ 25. Esse é evidentemente o caso de todas as crianças e jovens. O costume, muito mais poderoso do que a natureza, dificilmente deixa de fazê-los adorar como divino aquilo ao qual os habituou a curvar suas mentes e submeter seus entendimentos, e não é, portanto, de espantar que *homens* crescidos, quer embaraçados pelos afazeres necessários da vida, quer acalorados na perseguição de prazeres, *não* se debrucem seriamente a *examinar seus próprios dogmas*, principalmente quando entre esses seus princípios está o de não questionar princípios. E, dispusessem os homens de tempo, capacidade e vontade, qual deles ousaria abalar os fundamentos de seus próprios 83
pensamentos e ações pregressos e suportaria lançar sobre si mesmo a vergonha de ter permanecido durante tanto tempo imerso no engano e no equívoco? Quem seria suficientemente decidido para enfrentar a reprovação sempre reservada aos que ousam discordar das opiniões aceitas em seu país ou partido? Onde se poderia encontrar um homem capaz de preparar-se pacientemente para receber o rótulo de excên-

trico, cético ou ateu, rótulo que certamente receberá aquele que manifestar o menor escrúpulo em relação a qualquer opinião comum? Seu *receio em questionar esses princípios* será ainda maior quando os considerar, como a maioria dos homens, modelos estabelecidos por Deus em sua mente para serem a regra e pedra de toque de qualquer outra opinião. E o que o impediria de considerá-los sagrados, se constata serem seus pensamentos os mais iniciais e os mais reverenciados pelos outros?

§ 26. Não é difícil ver *como*, por esse meio, os *homens* são levados a adorar os ídolos que foram alojados em sua mente, a se apaixonar pelas noções com que longamente se familiarizaram, e a *estampar os caracteres da divindade em absurdos e erros*, tornando-se devotos zelosos de touros e macacos, defendendo, lutando e morrendo em defesa de suas opiniões. *Dum solos credit habendos esse Deos, quos ipse colit* [Acredita que só se deve ter como deuses aqueles que ele mesmo venera][18]. De fato, posto que as faculdades de raciocínio da alma (que estão quase sempre ocupadas, ainda que nem sempre de modo cauteloso e sábio) não saberiam como se mover na falta de fundamento e solo, a maior parte dos homens (que, por preguiça ou distração, por falta de tempo ou auxílio adequado, entre outras causas, não conseguem penetrar nos princípios do conhecimento e fazer a verdade remontar à sua fonte e origem) se apega natural e mesmo inevitavelmente a alguns princípios de empréstimo, os quais, sendo as supostas e reputadas provas evidentes de outras verdades, pensa-se que não requerem eles próprios nenhuma outra prova. Quem quer que os receba em sua mente e ali os cultive com a reverência usualmente dedicada a princípios, nunca ousando examiná-los, mas, ao contrá-

18. Juvenal, *Sátiras*, xv, 37-8. [N. E.]

rio, acostumando-se a acreditar neles porque neles se deve acreditar, pode tomar por princípio inato qualquer absurdo que receba de sua educação ou de vogas de seu país. E, de tanto mirar os mesmos objetos, 84
pode turvar sua visão a ponto de tomar monstros alojados em seu próprio cérebro por imagens da deidade e obra feita por suas mãos.

Princípios devem ser examinados.

§ 27. Que muitos homens cheguem por esse caminho a princípios que acreditam ser inatos é o que facilmente se constata pela variedade de princípios opostos sustentados e defendidos por todo tipo e classe de homens. E aquele que negar que esse é o método pelo qual os homens chegam à certeza que têm da verdade e evidência de seus princípios provavelmente sentirá dificuldades em explicar de outra maneira os dogmas contrários em que se crê com tanta firmeza, que são convictamente afirmados e que muitos estão sempre prontos a subscrever com seu próprio sangue. De fato, se é privilégio de princípios inatos serem aceitos sem exame, com base na sua própria autoridade, não sei em que não se poderia acreditar nem como seria possível questionar os *princípios* de alguém. Se eles podem e *devem ser examinados* e testados, gostaria de saber como princípios primeiros e inatos podem ser testados, ou, ao menos, é razoável exigir as marcas e caracteres pelos quais princípios genuinamente inatos podem ser distinguidos de outros, de maneira que, em meio à grande variedade de pretendentes, eu possa evitar erros num ponto tão relevante quanto esse. Quando isso for feito, estarei pronto a abraçar proposições tão bem-vindas e úteis. Antes disso, modestamente duvidarei, pois desconfio que o consentimento universal, até agora a única característica apresentada, dificilmente constitui marca suficiente para orientar minha escolha e assegurar-me de princípios inatos. Pelo que se disse aqui, penso não restar dúvida de que não existem princípios práticos inatos sobre os quais todos os homens concordem, e, assim, nenhum deles é inato.

CAPÍTULO IV
Outras considerações sobre princípios inatos, especulativos e práticos.

Princípios não são inatos a não ser que suas ideias *o sejam.*

§ 1. Se aqueles que gostariam de nos persuadir de que há princípios inatos não os tivessem tomado
85 em bloco, mas tivessem considerado separadamente as partes de que essas proposições são compostas, talvez não tivessem sido tão precipitados em crer que sejam inatos. De fato, se as *ideias* que compõem essas verdades não são inatas, não é possível que as proposições compostas por elas o sejam, ou que tenhamos nascido com o conhecimento delas. Pois, se as *ideias* não são *inatas*, houve um tempo em que a mente não tinha esses princípios, e então eles não são inatos, mas derivados de outra origem. Com efeito, onde as *ideias* mesmas não se encontram, não pode haver conhecimento, assentimento, proposições mentais ou verbais a seu respeito.

Crianças não nascem com ideias, *principalmente as que pertencem a princípios.*

§ 2. Se observarmos com atenção *crianças* recém-nascidas, teremos poucos motivos para pensar que tragam consigo muitas *ideias* ao mundo. Descontando talvez algumas débeis *ideias* de fome, sede, conforto e algumas dores, que talvez *tenham* sentido no útero, *não* há nelas o menor indício de quaisquer *ideias* definidas, especialmente de *ideias correspondentes aos termos que compõem essas proposições universais* tidas por princípios inatos. Pode-se ver como, depois, as *ideias* advêm gradualmente a suas mentes e, também, que não obtêm mais, ou outras, além daquelas que lhes são fornecidas pela experiência e pela observação das coisas com que se deparam. Isso deve bastar para nos convencer de que não há caracteres originais estampados na mente.

§ 3. *É impossível que a mesma coisa seja e não seja* é certamente (se houver algo assim) um princípio inato. Mas poderia alguém pensar ou afirmar que *impossibilidade* e *identidade* são duas *ideias* inatas? São elas tais que todos os homens as possuam e tragam consigo ao mundo? São elas as primeiras nas crianças, anteriores a todas as adquiridas? Se são inatas, devem ser assim. Teria uma criança uma *ideia* de *impossibilidade* e *identidade* antes que tenha de *branco* ou *preto*, *doce* ou *amargo*? Seria pelo conhecimento desse princípio que ela conclui que a chupeta embebida em losna não tem o mesmo gosto que costumava experimentar nela? Seria o conhecimento efetivo de *impossibile est idem esse, et non esse* que leva uma criança a distinguir entre sua mãe e uma estranha, ou que a leva a gostar de uma e repelir a outra? A mente regularia a si mesma, e a seu assentimento, por *ideias* que nunca teve? O entendimento extrairia con- 86
clusões de princípios que nunca conheceu nem compreendeu? Os nomes *impossibilidade* e *identidade* designam duas *ideias tão longe de ser inatas*, ou nascidas conosco, que penso que se requer grande cuidado e atenção para formá-las corretamente em nosso entendimento. Não somente não as trouxemos ao mundo conosco, mas estão tão distantes dos pensamentos da infância que creio que o exame mostraria que muitos homens crescidos carecem delas.

Identidade não é uma ideia inata.

§ 4. Que *identidade* (para nos determos unicamente nela) seja uma impressão nativa e, consequentemente, tão clara e óbvia para nós que devêssemos conhecê-la desde o berço, é coisa que de bom grado eu aceitaria, se alguém de sete ou setenta anos de idade me dissesse se um homem, sendo uma criatura que consiste de alma e corpo, permanece o mesmo homem quando seu corpo muda. Seriam *Eufórbo* e *Pitágoras* o mesmo homem porque tiveram a mesma alma, mesmo tendo vivido em épocas diferentes? E o galo que também teve a mesma alma, seria o mesmo que eles? Isso talvez mostre que nossa *ideia de "mesmo" não* é tão definida e clara a ponto de merecer ser considerada *inata* em nós. De fato, se essas *ideias* inatas não são tão claras e distintas a ponto de serem universalmente conhecidas e propiciarem naturalmente o consenso, elas não podem ser objeto de verdades universais e indubitáveis, mas necessariamente ocasionam permanente incerteza. Pois suponho que a *ideia* que cada um tem de *identidade* não é a mesma de *Pitágoras* e de seus milhares de discípulos: qual então deveria ser a verdadeira? Qual seria inata? Ou haveria duas *ideias* distintas de *identidade*, ambas inatas?

§ 5. Que não se pense, tampouco, que as questões aqui postas sobre a *identidade* do homem não passem de especulação vazia. Pois, se o fossem, isso seria suficiente para mostrar que não há no entendimento dos homens *nenhuma* ideia *inata de* identidade. Quem quer que reflita com um pouco de atenção sobre a ressurreição e considere o fato de que a justiça divina levará a julgamento, no derradeiro dia, as mesmíssimas pessoas que fizeram bem ou mal nesta vida para serem felizes ou miseráveis na outra vida, provavelmente terá dificuldades em decidir-se sobre o que faz com que um homem seja o mesmo, ou no que consiste a *identidade*, e não se precipitará em afirmar que ele próprio e todos os outros, até mesmo as crianças, possuem naturalmente uma *ideia* clara de identidade.

Todo e parte não são ideias *inatas.*

87 § 6. Examinemos este princípio da matemática, *o todo é maior que a parte*, o qual, creio eu, se encontra entre os princípios tidos como inatos. Estou certo de

que merece tanto esse título quanto qualquer outro. Mas não lhe poderá conceder tal título quem considerar que as *ideias* que esse princípio compreende em si, *todo* e *parte*, são inteiramente relativas, que as *ideias* positivas às quais pertencem própria e imediatamente são extensão e número, e que *todo* e *parte* são relações que se dão exclusivamente entre essas últimas. De modo que, se *todo* e *parte* são *ideias* inatas, extensão e número também devem sê-lo, pois é impossível ter uma *ideia* de uma relação quando não se tem nenhuma *ideia* daquilo a que ela pertence e em que se funda. Agora, se a mente dos homens tem naturalmente impressa em si as *ideias* de extensão e número, é coisa que entrego à decisão dos patronos de princípios inatos.

A ideia de adoração não é inata.

§ 7. Que *Deus deve ser adorado* é, sem dúvida, a mais grandiosa das verdades que poderiam entrar na mente do homem e merece o primeiro lugar entre os princípios práticos. Mesmo assim não pode, de nenhuma maneira, ser considerada inata, a não ser que as *ideias* de *Deus* e *adoração* sejam inatas. Que a *ideia* designada pelo termo *adoração* não se encontra no entendimento de crianças, que não é um caractere estampado na mente em sua primeira origem, penso ser coisa que facilmente será concedida por qualquer um que considere como são poucos os homens adultos que têm uma noção clara e distinta a seu respeito. E presumo que não pode haver nada mais ridículo do que afirmar que as crianças têm *Deus deve ser adorado* como princípio prático inato e, ao mesmo tempo, não sabem o que seja essa adoração a Deus que é sua obrigação. Mas deixemos isso de lado.

A ideia de deus não é inata.

§ 8. Se pudéssemos supor que alguma *ideia* fosse *inata*, a *ideia* de *Deus* deveria, dentre todas, e por muitas razões, ser considerada como tal, pois é difícil conceber como poderia haver princípios morais ina-

tos sem uma *ideia* inata de uma *deidade*: sem a noção de um legislador, é impossível ter a noção de uma lei e de uma obrigação para observá-la. Além dos ateus, notórios entre os antigos e estigmatizados pelos registros da história, a navegação descobriu, em épocas recentes, nações inteiras, como na Baía de *Saldanha*[19], no *Brasil*[20], em *Boranday*[21] e nas Ilhas do *Caribe*[22],
88 em que não se encontra nenhuma noção de um Deus, nenhuma religião. *Nicolaus del Techo in literis, ex Paraquaria de Caaiguarum conversione* traz essas palavras, *Reperi eam gentem nullum nomen habere, quod Deum, et Hominis animam significet, nulla sacra habet, nulla Idola* [Vi que esse povo não tem nenhum nome para Deus nem para a alma dos homens, nenhum culto nem nenhum ídolo][23]. Esses são casos de nações em que a natureza inculta foi deixada a si mesma, sem o auxílio das letras, da disciplina e dos aprimoramentos das artes e ciências. Mas pode-se encontrar outras que desfrutaram disso em grande medida, e, mesmo assim, por faltar a devida aplicação de seus pensamentos nessa via, carecem da *ideia* e do conhecimento de Deus. Estou certo de que surpreenderá a outros, como me surpreendeu, contar os *Siameses* entre estes últimos. A esse respeito, consulte-se o recente enviado do rei de *França* para o reino do Sião[24], que apresenta um relato desolador também dos próprios *chineses*[25]. Caso não se confie em *La Loubère*, os missionários da *China*, inclusive os jesuí-

19. Rhoe *apud* Thevenot, p. 2. [N. A.]

20. Jo. De Lery, cap. 16. [N. A.]

21. Martiniere 201/322; Terry 17/545 & 23/545; Ovington 489/606. [N. A.]

22. Rhoe *apud* Thevenot, p. 2; Jo. De Lery, c. 16; Martiniere 201/322; Terry 17/545 & 23/545; Ovington 489/606. [N. A.]

23. *Relatio triplex de rebus Indicis Caaiguarum*, 43/70. [N. A.]

24. La Loubere du Royaume de Siam. T. I, c. 9, seção 15 & c. 20, seção 22 & e c. 22. [N. A.]

25. *Ib.*., T. I c. 20 seção 4 & c. 23. [N. A.]

tas, os grandes encomiastas dos *chineses*, concordam todos, até o último homem, em dizer que a seita dos *litterati*, ou *eruditos*, que preservam a antiga religião da China e são ali o partido dominante, são todos *ateístas*. Vide *Navarette* na Coleção de Viagens, Vol. 1, e *Historia cultus Sinensium*. E, se prestarmos atenção às vidas e ditos de povos não tão distantes, talvez tenhamos motivos em abundância para recear que muitos homens em países mais civilizados não possuam uma impressão muito forte e clara de uma deidade em sua mente, e que as queixas contra o ateísmo lançadas desde o púlpito não sejam destituídas de razão. Mesmo que só alguns infelizes devassos assumam isso descaradamente hoje, é possível que muitos outros também o fariam, não fosse o temor da espada do magistrado e a censura de seus vizinhos a calar suas línguas, e que, caso desaparecesse o temor da punição ou da vergonha, também proclamariam abertamente seu *ateísmo*, como suas vidas já o proclamam[26].

§ 9. Tivessem os homens por toda parte uma *no-* 89
ção de um Deus (o que a história desmente), disso *não* se seguiria que sua *ideia* seja *inata*. Com efeito, ainda que não se encontrasse uma nação sem um nome para ele e com algumas poucas noções obscuras a seu respeito, isso não provaria que são impressões naturais na mente, não mais do que os nomes de fogo, sol, calor ou número provam serem inatas as *ideias* que designam, só porque os nomes e as *ideias* dessas coisas são tão universalmente acolhidos e conhecidos pelos homens. Nem, ao contrário, a carência de tal nome ou a ausência de tal noção nas mentes

26. A quinta edição acrescenta, em nota de pé de página, uma citação da "Terceira carta para o Bispo de Worcester", p. 447 e ss., precedida pelo seguinte texto: "Lançou-se forte censura contra esse raciocínio do autor contra *ideias* inatas, porque ele parece invalidar um argumento comumente usado para provar a existência de um Deus, *i. e.*, o *Consentimento Universal*. A isto, nosso autor responde:" [N. E.]

dos homens é argumento contra a existência de um Deus, assim como não se prova que não há ímãs no mundo pelo fato de que uma grande parte dos homens não tem uma noção de tal coisa, nem um nome para ela. E não se prova tampouco que não há várias e distintas espécies de anjos, ou seres inteligentes acima de nós, argumentando que não temos *ideias* de tais espécies distintas nem nomes para elas. Os homens são abastecidos de palavras pela língua comum de seu país e dificilmente podem evitar ter *ideias* de coisas cujos nomes são frequentemente mencionados por aqueles com quem se relacionam. E, se esse nome traz consigo a noção de excelência, grandeza ou algo extraordinário, se o receio e o interesse o acompanham, se o temor de um poder absoluto e irresistível o impõe à sua mente, então é provável que a *ideia* se arraigue ainda mais profundamente e se dissemine ainda mais amplamente, especialmente se for uma *ideia* que concorde com a luz comum da razão e seja naturalmente dedutível de cada parte de nosso conhecimento, como a *ideia* de um Deus. Pois as marcas visíveis de sabedoria e poder extraordinários mostram-se de modo tão patente em todas as obras da criação que uma criatura racional disposta a refletir seriamente sobre elas não pode deixar de descobrir uma *deidade*. E a influência que a descoberta de tal ser necessariamente exerce nas mentes de todos os que, uma vez que seja, ouviram falar dela é tão grande, e traz consigo tamanha importância para o pensamento e a comunicação, que me parece mais estranho que se possa encontrar uma nação inteira de homens tão brutos a ponto de carecer de uma noção de Deus do que uma que não disponha de nenhuma noção de números ou do fogo.

§ 10. Uma vez que se mencione, em qualquer parte do mundo, o nome de Deus para expressar um ser superior, poderoso, sábio e invisível, a adequação 90 de tal noção aos princípios da razão comum e o interesse que os homens terão em mencioná-la com frequência necessariamente a disseminarão por toda parte e continuarão a propagá-la por muitas gerações. Mas, mesmo assim, *a adoção geral desse nome e de algumas noções imperfeitas e instáveis transmitidas por esse meio* à parte irrefletida do gênero humano *não prova que a* ideia *seja inata*, mas apenas que aqueles que efetuaram a descoberta utilizaram sua razão corretamente, pensaram seriamente sobre as causas das coisas e remeteram-nas a sua origem. E, uma vez que outras pessoas, menos dadas a reflexões, tenham deles recebido essa noção tão importante, dificilmente ela será perdida novamente.

§ 11. Isso é tudo quanto se poderia inferir da noção de um *Deus*, caso ela fosse encontrada universalmente em todas as tribos de homens e recebesse o reconhecimento geral de homens maduros em todos os países. Pois a generalidade do reconhecimento de um Deus, presumo, não vai além desse ponto. O que, 90 se fosse suficiente para provar que a *ideia de um Deus* é *inata*, provaria do mesmo modo que a *ideia* de fogo é inata, pois considero que se pode dizer com acerto que não há uma pessoa no mundo que esteja provida da noção de um *Deus*, mas não da *ideia* de fogo. Não duvido que, se uma colônia de criancinhas fosse estabelecida numa ilha onde não houvesse fogo, essas crianças certamente não teriam noção dessa coisa nem um nome para ela, por mais reconhecida e aceita no mundo à sua volta. E também é provável que suas apreensões estivessem igualmente distantes de um nome ou noção de um Deus, até que alguma delas empregasse seus pensamentos na investigação da constituição e causas das coisas, o que facilmente a levaria à noção de um *Deus*; noção que, uma vez ensinada aos outros, posteriormente se propagaria pela razão e propensão natural de seus pensamentos, estabelecendo-se entre eles.

Resposta a: é conforme à bondade de deus que cada homem tenha uma ideia Dele, a qual é, portanto, naturalmente imprimida por Ele.

§ 12. Argumenta-se que é *conforme à bondade de Deus imprimir na mente dos homens caracteres e noções de Si mesmo* para não deixá-los na escuridão e dúvida quanto a uma preocupação tão crucial; e também, por esse meio, garantir para si mesmo a reverência e a veneração de uma criatura tão inteligente quanto o homem; e que, portanto, Ele assim o fez.

Esse argumento, caso tenha alguma força, prova-
91 rá muito mais do que esperam os que recorrem a ele para esse caso. Com efeito, se pudéssemos concluir que *Deus* fez para os homens tudo quanto os homens julgam ser melhor para si pelo fato de ser conforme a Sua bondade fazer assim, isso provaria não apenas que Deus imprimiu na mente dos homens uma *ideia* de Si mesmo, mas também que estampou ali, em límpidos caracteres, tudo quanto os homens precisam saber e crer a Seu respeito, tudo quanto precisam fazer em obediência a Sua vontade, e que lhes deu vontade e afetos conformes a isso. Não resta dúvida de que todos considerariam isso muito melhor para os homens do que terem de tatear na escuridão em busca do conhecimento, como São *Paulo* diz que todas as nações fizeram à procura de Deus, *Atos*, XVII, 27, ou do que ter sua vontade em conflito com seu entendimento, seus apetites indo de encontro ao seu dever. Os *romanistas* dizem que é melhor para o homem e, por isso, conforme à bondade de Deus, que exista um juiz infalível de toda controvérsia na terra, e, portanto, que ele existe. Eu digo, pela mesma razão, que é melhor para os homens que cada um deles seja ele próprio infalível. Deixo à consideração daqueles homens a questão de saber se, pela força desse argumento, se deveria pensar que cada homem é assim.

Considero um argumento muito bom dizer que um Deus infinitamente sábio fez assim, e que, portanto, assim é melhor. Mas *parece-me um pouco de excesso de confiança em nossa própria sabedoria dizer: eu considero isso o melhor, e, portanto, Deus fez assim*. E, quanto ao que discutimos, é inútil arguir, a partir desse tópico, que Deus fez assim, pois a experiência certa nos mostra que Deus não fez assim. Mas a bondade de Deus não faltou aos homens na ausência de tais impressões originais de conhecimento, ou *ideias* estampadas na mente, pois Ele forneceu aos homens as faculdades que servem à adequada descoberta de todas as coisas requeridas para o fim desse ser. E não tenho dúvidas de que é possível mostrar que um homem pode, pelo uso correto de suas habilidades naturais, sem nenhum princípio inato, alcançar o conhecimento de um Deus e de outras coisas que Lhe concernem. Tendo Deus dotado os homens das faculdades de que dispõem, Sua bondade não O obriga a implantar noções inatas em suas mentes, como tampouco O obriga, tendo-lhes dado razão, mãos e material, a lhes construir pontes e casas; coisas de que algumas pessoas no mundo, embora perfeitamente capazes, ou carecem totalmente, ou são mal providas, assim como outras são inteiramente destituídas de
ideias de Deus e princípios de moralidade, ou, ao me- 92
nos, dispõem de alguns muito ruins. A razão, nos dois casos, é que nunca empregaram suas capacidades, faculdades e poderes diligentemente nesse sentido, mas contentaram-se com as opiniões, vogas e coisas de seu país tal como as encontraram, sem olhar para além. Tivéssemos nascido na Baía de *Saldanha*, provavelmente nossos pensamentos e noções não teriam ultrapassado os dos brutais *hotentotes* que ali habitam; tivesse o rei da *Virgínia*, *Apochancana*, sido educado na *Inglaterra*, provavelmente seria um teó-

logo tão sábio ou um matemático tão bom quanto qualquer outro deste país. A diferença entre ele e um *inglês* mais cultivado reside unicamente no fato de que o exercício de suas faculdades foi limitado pelas vias, modos e noções de seu próprio país, e de nunca se ter voltado para investigações diferentes ou mais aprofundadas: e, se não tinha a *ideia* de um Deus, é apenas porque não se dedicou aos pensamentos que o levariam a ela.

As ideias *de deus variam em homens diferentes.*

§ 13. Concedo que, *se* houvesse *alguma ideia impressa* nas mentes dos homens, teríamos motivo para esperar que *fosse a noção de seu criador*, como uma marca posta por DEUS em sua própria obra para lembrar ao homem sua dependência e dever, e que nisso se manifestariam os primeiros exemplos do conhecimento humano. Mas quanto tempo não leva antes que essa noção se mostre nas crianças? E, quando a encontramos, assemelha-se mais à opinião e à noção de seu professor do que a uma representação do verdadeiro Deus. Quem observar nas crianças o progresso que leva suas mentes ao conhecimento que têm, considerará que os objetos com os quais primeiro se relacionam e que lhes são mais familiares são os que fazem as primeiras impressões em seus entendimentos, e não encontrará vestígio de nenhum outro. É fácil notar como seus pensamentos se ampliam apenas na medida em que têm contato com uma variedade de maior de objetos sensíveis, retendo as *ideias* deles em sua memória e adquirindo a habilidade de compô-las e ampliá-las, e de juntá-las de muitas maneiras. Mostrarei mais à frente como, por esse meio, os homens formam em sua mente a *ideia* que têm da deidade.

§ 14. Acaso seria possível pensar que as *ideias* que os homens têm de Deus sejam os caracteres e marcas d'Ele mesmo, entalhados na mente dos homens por Seu próprio dedo, quando vemos que, num mes-

mo país e sob um único e mesmo nome, *os homens* 93
têm d'Ele ideias e concepções *muito diferentes*, e frequentemente *contrárias e incompatíveis* entre si? Sua concordância sobre um nome ou som dificilmente prova uma noção inata d'Ele.

§ 15. Que noção verdadeira ou aceitável de uma *deidade* poderiam ter homens que aceitam e adoram centenas de deidades? Cada deidade que adoram, para além de uma só, é evidência infalível de sua ignorância a respeito d'Ele, e prova de que não têm nenhuma noção verdadeira de Deus, pois excluem unidade, infinitude e eternidade. Se a isso acrescentarmos suas grosseiras concepções de corporeidade expressas nas imagens e representações de suas deidades, os romances, casamentos, cópulas, luxúrias, querelas e outras qualidades vis que atribuem a seus deuses, então teremos poucos motivos para pensar que, no mundo pagão, o que inclui a maior parte do gênero humano, os homens tenham em suas mentes *ideias* de Deus que Ele teria criado com a intenção de que, não se enganassem a seu respeito. Portanto, se a universalidade de consentimento em que tanto se insiste prova a existência de uma impressão nativa, só pode ser a seguinte: Deus imprimiu na mente de todos os homens que falam uma mesma língua um nome d'Ele mesmo, mas nenhuma *ideia*, pois as pessoas que concordam em relação ao nome têm, ao mesmo tempo, apreensões muito diferentes da coisa que ele significa. Se se disser que a variedade de deidades adoradas pelo mundo pagão não passa de um modo figurado de expressar os diferentes atributos desse ser incompreensível, ou os diversos aspectos de Sua providência, respondo que não me interessa aqui o que teriam sido em sua origem, mas que ninguém ousaria afirmar que elas eram assim no pensamento do vulgo. Quem consultar a Viagem do Bispo de *Beirute*, cap. 13 (sem mencionar outros testemunhos), constatará que a teologia dos *siameses* professamente sustenta uma pluralidade de deuses, ou, como observa mais judiciosamente o *Abade de Choisy* em seu *Diário da Viagem ao Sião*, 107/177, ela consiste propriamente em não reconhecer absolutamente nenhum Deus.

§ 15. [*bis*[27].] Se disserem que os *homens sábios* de todas as nações chegam a *concepções verdadeiras* da unidade e infinitude *da deidade*, eu concordo. Mas, então, primeiro, isso exclui a universalidade do consentimento em tudo, salvo no nome, pois, como esses homens sábios são muito poucos, talvez um em mil, essa universalidade é muito limitada.

94 Segundo, isso me parece provar de modo evidente que as melhores e mais verdadeiras noções que os homens têm de Deus não foram impressas, mas adquiridas por pensamento e meditação, e pelo uso correto de suas faculdades, visto que os homens sábios e ponderados do mundo chegaram, por um emprego correto e cuidadoso de seus pensamentos e de sua razão, a noções verdadeiras a esse respeito, bem como a outros, ao passo que a parte preguiçosa e irrefletida dos homens, muito mais numerosa, colheu suas noções ao acaso, da tradição comum e de concepções vulgares, sem muito quebrar a cabeça com isso. E, se for razão para pensar que a *noção de Deus seja inata* o fato de que todos os homens sábios a possuem, a virtude também deverá ser considerada inata, pois os homens sábios também sempre a possuíram.

§ 16. Esse era, evidentemente, o caso de todos os *gentílicos*; e nem mesmo entre os *judeus*, *cristãos e maometanos*, que só reconhecem um Deus, essa doutrina, a despeito do cuidado que essas nações têm

---

27. Da primeira à quinta edição, esta seção recebe o número 15, como a precedente. [N. E.]

em ensinar aos homens noções verdadeiras de DEUS, prevaleceu a ponto de fazer com que os homens tenham as mesmas e verdadeiras *ideias* d'Ele. Quantos, até mesmo entre nós, não revelariam, se instigados, que O imaginam sob a forma de um homem sentado no céu e outras concepções absurdas e inadequadas como essa? Cristãos, assim como turcos, têm seitas inteiras que sustentam e defendem fervorosamente que a deidade é corpórea e tem forma humana. E, ainda que se encontrem poucos entre nós que se professam *antropomorfistas* (embora tenha conhecido alguns que o admitem), creio que aquele que se dedicasse a tanto encontraria, entre os cristãos ignorantes e iletrados, muitos que são dessa opinião. Basta conversar com campesinos de qualquer idade, ou com jovens de praticamente qualquer condição, para constatar que, apesar de o nome de DEUS estar frequentemente em sua boca, as noções a que aplicam esse nome são tão extravagantes, vis e lamentáveis que ninguém poderia imaginar que tenham sido ensinadas por um homem racional, e muito menos que sejam caracteres inscritos pelo dedo do próprio Deus. E não vejo por que derrogaria mais a bondade de Deus o fato de nos ter dotado de mentes desprovidas dessas *ideias* d'Ele do que o fato de nos ter trazido ao mundo com os corpos desprovidos de roupas, ou o de não haver arte ou habilidade nascidas conosco. Com efeito, uma vez que fomos dotados de faculdades para conseguir tais coisas, é por falta de diligência e consideração de nossa parte, e não de generosidade d'Ele, que não as possuímos. É tão certo que existe um Deus quanto que são iguais os ângulos opostos resultantes da interseção de duas linhas retas. Jamais 95
houve criatura racional que, dedicando-se sinceramente a examinar a verdade dessas proposições, não tenha dado assentimento a elas, mas não resta dúvida

de que há muitos homens que, não tendo aplicado seus pensamentos nessa via, ignoram tanto uma quanto a outra proposição. Se alguém pensa adequado chamar isso de consentimento universal (e é o máximo a que este pode chegar), admito sem problemas sua existência. Mas um tal consentimento universal não prova que seja *inata* a *ideia* de *Deus* nem a dos ângulos referidos.

Se a ideia de deus não é inata, não se pode supor que nenhuma outra seja.

§ 17. Visto então que, embora o conhecimento de um DEUS seja a descoberta mais natural da razão humana, ainda assim *a ideia d'Ele não* é *inata* (como penso restar evidente pelo que foi dito), imagino que dificilmente se poderia encontrar alguma outra *ideia* que possa pretender a isso. Pois, se Deus tivesse estabelecido alguma impressão, algum caractere no entendimento dos homens, o mais razoável seria esperar que fosse alguma *ideia* tão clara e uniforme d'Ele mesmo quanto nossas limitadas capacidades estão aptas a receber de um objeto tão incompreensível e infinito. Mas o fato de nossa mente ser de início desprovida dessa *ideia*, que mais nos interessa possuir, *é uma forte evidência contra todos os outros caracteres inatos*. Devo confessar que, tanto quanto posso observar, não consigo encontrar nenhum, e ficaria feliz se outra pessoa mos apontasse.

A ideia de substância não é inata.

§ 18. Reconheço que há outra *ideia* cuja posse seria de utilidade geral para todos os homens, do mesmo modo que é geral a sua presença na fala deles, como se a tivessem. Trata-se da *ideia de substância*, que não temos e não podemos ter, nem por *sensação*, nem por *reflexão*. Se a natureza tivesse o cuidado de nos prover de alguma *ideia*, seria de esperar que fosse uma que não possamos obter por nossas próprias faculdades. Mas vemos que, pelo contrário, como ela não chega à mente pelas mesmas vias que as outras *ideias*, não dispomos de modo algum de tal *ideia clara*, e, portanto, nada significamos pela palavra *substância*, a não ser uma suposição incerta de não sabemos bem o quê (*i. e.*, de algo de que não temos uma *ideia* positiva distinta particular[28]), que tomamos como o *substratum* ou suporte das *ideias* que conhecemos.

Como nenhuma ideia é inata, nenhuma proposição pode sê-lo.

§ 19. O que quer que se alegue acerca de *princí-*
pios inatos, *especulativos* ou *práticos*, é tão razoável 96
dizer que um homem tem cem libras esterlinas em seu bolso e, ao mesmo tempo, negar que tenha um pêni, xelim, coroa ou qualquer outra das moedas que perfazem a soma, quanto pensar que certas proposições são inatas quando as *ideias* sobre as quais versam não podem, de nenhuma maneira, serem supostas inatas. A aceitação e assentimento geral que lhes são dados *não* provam de modo algum que as *ideias* expressas nessas proposições são *inatas*, pois, em muitos casos, independentemente de como as *ideias* tenham vindo ali, segue-se necessariamente o assentimento a palavras que exprimem a concordância ou discordância entre tais *ideias*. Todos que tenham uma verdadeira *ideia* de *Deus* e de *adoração* assentirão a esta proposição, *Deus deve ser adorado*, quando exprimida numa língua que compreendam: todo homem racional que não tenha pensado nisso hoje estará pronto a dar assentimento a essa proposição amanhã, mas pode-se perfeitamente supor que milhões de homens careçam hoje de uma dessas *ideias* ou de ambas. De fato, ainda que se conceda que selvagens e a maioria dos campesinos tenham *ideias* de *Deus* e de *adoração* (coisa que a conversação com eles não encorajará a pensar), penso que de poucas crianças podemos supor que tenham essas *ideias*, as quais, portanto, precisam passar a ter num momento

28. A expressão "positiva distinta particular" é um acréscimo da quarta edição. [N. E.]

ou em outro, quando então também darão assentimento àquela proposição, sem questioná-la posteriormente. Mas o assentir ao ouvir a proposição não prova que as *ideias* sejam inatas, assim como não se prova que alguém que nasce cego (com cataratas que podem ser removidas) tenha *ideias* inatas de sol, brilho, açafrão e amarelo pelo fato de que, quando sua visão é desimpedida, ele dá assentimento à proposição *o sol é brilhante* ou *o açafrão é amarelo*. E, portanto, se o assentimento ao ouvir não prova que a *ideia* seja inata, menos ainda pode provar que as proposições constituídas por tais *ideias* sejam inatas. Se alguém tem *ideias* inatas, gostaria que me dissessem quais e quantas são.

Não há ideias *inatas na memória.*

§ 20[29]. Ao que acrescento: se há qualquer *ideia* inata, qualquer *ideia* na mente, sobre a qual ela não pensa efetivamente, essa *ideia* deve estar instalada na memória, a partir de onde é preciso que seja trazida à vista pela rememoração. Isto é, é preciso, quando rememorada, que se a saiba uma percepção que esteve na mente antes, a não ser que a rememoração
97 seja possível sem rememoração. Pois relembrar é perceber uma coisa qualquer com memória, ou com uma consciência de que ela foi conhecida ou percebida anteriormente, e, sem isso, qualquer *ideia* que adentre a mente é nova, não relembrada. Essa consciência de que a *ideia* já esteve na mente antes é o que distingue o relembrar de todos os demais modos de pensar. Qualquer *ideia* que nunca tenha sido percebida pela mente não esteve nunca na mente. Qualquer *ideia* que esteja na mente é ou uma percepção atual, ou então, tendo sido uma percepção atual, encontra-se na mente de tal maneira que, pela memória, pode tornar-se novamente uma percepção atual. Quando quer que haja uma percepção atual de uma

29. Seção acrescentada a partir da segunda edição. [N. E.]

ideia sem a memória, a *ideia* surge diante do entendimento inteiramente nova e desconhecida. Quando quer que a memória traga efetivamente à vista uma *ideia*, é com uma consciência de que já esteve ali antes, e de que não é inteiramente estranha à mente. Para determinar se isso de fato é assim, apelo à observação de cada um: e então pedirei o exemplo de uma *ideia* pretensamente inata que (antes que seja impressa pelas vias que serão adiante mencionadas) qualquer um possa reavivar e relembrar como uma *ideia* que conheceu antes. De fato, sem a consciência de uma percepção anterior não há rememoração, e qualquer *ideia* que adentre a mente sem essa consciência não é relembrada, não vem da memória nem se pode dizer que estava na mente antes desse aparecimento. Pois o que não está atualmente à vista nem está na memória, não se encontra de modo algum na mente, e é o mesmo que jamais tivesse estado ali. Suponha que uma criança dispusesse do uso de seus olhos até conhecer e distinguir as cores, mas que então cataratas fechassem as janelas, e ela passasse quarenta ou cinquenta anos inteiramente na escuridão, e, durante esse tempo, perdesse toda memória das *ideias* de cores que uma vez teve. Tal era o caso de um homem cego com quem uma vez conversei, que perdera sua visão devido à varíola quando era criança, e tinha tanta noção de cores quanto um cego de nascença. Eu pergunto então: poderia alguém dizer que esse homem tem mais *ideias* de cores em sua mente do que um cego de nascença? Penso que ninguém diria que nenhum deles tem em sua mente absolutamente nenhuma *ideia* de cor. Suas cataratas são removidas, e então ele tem as *ideias* (que ele não rememora) de cores uma nova vez entregues a sua mente pela visão restaurada, e isso sem qualquer consciência de uma familiaridade prévia. E agora ele pode reavivá-las e

trazê-las à mente na escuridão. Nesse caso, todas essas *ideias* de cores que, quando fora da visão, podem
98 ser reavivadas com a consciência de uma familiaridade prévia, encontrando-se assim na memória, são ditas estarem na mente. O que pretendo mostrar com tudo isso é que qualquer *ideia* que, não se encontrando atualmente à vista, se encontra na mente, encontra-se ali apenas por estar na memória; e, caso não esteja na memória, não encontra-se na mente; e, caso esteja na memória, não pode ser trazida pela memória à visão atual sem a percepção de que provém da memória, percepção que consiste em saber que fora conhecida previamente e é agora relembrada. Se, portanto, há quaisquer *ideias* inatas, elas devem encontrar-se na memória ou, então, em nenhuma outra parte da mente; e, caso se encontrem na memória, podem ser reavivadas sem qualquer impressão de fora, e quando quer que sejam trazidas à mente serão relembradas, *i. e.*, trarão consigo a percepção de que não são inteiramente novas para a mente. Essa é uma diferença constante e distintiva entre o que se encontra e o que não se encontra na memória, ou na mente: o que não se encontra na memória, quando quer que apareça na mente, aparece como inteiramente novo e anteriormente desconhecido, e o que se encontra na memória ou na mente, quando quer que seja sugerido pela memória, não parece ser novo, mas a mente o encontra em si mesma e sabe que esteve ali antes. Isso permite verificar se há quaisquer *ideias* inatas na mente antes da impressão por *sensação* ou *reflexão*. Gostaria muito de conhecer o homem que, quando chegou ao uso da razão, ou em qualquer outro momento, tenha lembrado de qualquer uma delas, e que, após ter nascido, jamais as tenha considerado novas. Se alguém afirmar que há na mente *ideias* que não se encontram na memória, peço que se explique e torne inteligível o que diz.

Os princípios não são inatos, pois são de pouca utilidade ou de pouca certeza.

§ 21. Além do que já disse, há uma outra razão para que eu duvide de que esses princípios, ou quaisquer outros, sejam inatos. Estou inteiramente convencido de que o infinitamente sábio DEUS tudo fez com perfeita sabedoria, e não posso ver como se poderia supor que ele imprimisse na mente dos homens *princípios* universais, alguns dos quais, *aqueles* supostamente inatos que *concernem à especulação, não têm grande utilidade, enquanto os outros, que concernem à prática, não são autoevidentes, e nenhum deles é distinguível de algumas outras verdades que não se afirma serem inatas*. Pois com que propósito caracteres seriam entalhados na mente pelo dedo de Deus, se não são ali mais claros do que aqueles introduzidos posteriormente e deles não podem ser distinguidos? Se alguém pensa que há *ideias* e proposições inatas tais 99
que, por sua clareza e utilidade, são distinguíveis de tudo quanto na mente é adventício e adquirido, não terá dificuldade para nos informar quais são elas, e então todos terão condições de julgar se de fato é esse ou não o caso. Com efeito, se há tais *ideias* e impressões inatas claramente diferentes de todas as nossas outras percepções e conhecimentos, todos poderão ver que isso é verdadeiro neles mesmos. Da evidência dessas supostas máximas inatas, eu já falei; de sua utilidade, terei ocasião para falar mais à frente.

A diferença entre as descobertas dos homens depende da diferente aplicação de suas faculdades.

§ 22. Para concluir, algumas *ideias* se oferecem prontamente ao entendimento de todos os homens, e alguns tipos de verdade resultam de todas as *ideias*, tão logo a mente as coloque em proposições, ao passo que outras verdades requerem uma série de *ideias* ordenadas, sua devida comparação e deduções feitas com atenção antes que possam ser descobertas e recebam assentimento. Algumas do primeiro tipo, devido a sua recepção geral e fácil, foram equivocadamente tomadas por inatas. Mas a verdade é que *ideias* e

noções não nascem conosco, como tampouco as artes e as ciências, ainda que de fato algumas delas se ofereçam a nossas faculdades mais prontamente do que outras e, assim, sua recepção seja mais geral. No entanto, até mesmo isso depende de como os órgãos de nosso corpo e os poderes de nossa mente são empregados: *pois Deus dotou o homem de faculdades e vias para descobrir, receber e reter verdades por meio de seu emprego*. A grande diferença que se encontra nas noções dos homens deve-se ao diferente uso que fazem de suas faculdades. Enquanto alguns (a maior parte) aceitam as coisas em confiança, fazendo um mau uso de seu poder de assentir, preguiçosamente escravizando sua mente aos ditames e ao domínio de outros em doutrinas que deveriam examinar cuidadosamente em vez de engolir cegamente com uma fé implícita, outros empregam seus pensamentos em umas poucas coisas, familiarizando-se com elas, adquirindo alto grau de conhecimento a seu respeito, e ignorando todo o resto, sem jamais soltar seus pensamentos na busca de outras investigações. Assim, que os três ângulos de um triângulo sejam iguais a dois ângulos retos é uma verdade tão certa quanto alguma coisa pode ser, e penso que mais evidente do que muitas das proposições que passam por princípios. E, no entanto, há milhões que, por mais experimentados em outras coisas, desconhecem inteiramente isso, porque
100 jamais ocuparam seus pensamentos com tais ângulos. E aquele que conhece de forma certa essa proposição pode ignorar inteiramente a verdade de outras proposições da própria matemática, tão claras e evidentes quanto essa, porque, em sua busca por verdades matemáticas, logo deteve seus pensamentos, não indo longe o suficiente. O mesmo pode acontecer com as noções que temos da existência de uma deidade. De fato, embora não exista nenhuma verdade que um

homem possa franquear para si mesmo com maior evidência do que a existência de um Deus, no entanto, aquele que se contenta com as coisas tal como as encontra neste mundo, na medida em que servem seus prazeres e paixões, sem inquirir um pouco além sobre suas causas, fins e admiráveis dispositivos, nem conduzir os pensamentos a partir daí com diligência e atenção, pode viver muito tempo sem a noção de tal ser. E, se uma pessoa inseriu essa noção em sua cabeça ao falar com outras, pode ser que acredite nela. Mas, se nunca a *examinou*, seu conhecimento sobre ela será tão perfeito quanto o de alguém que, tendo sido informado de que três ângulos de um triângulo são iguais a dois ângulos retos, aceita-o cegamente sem examinar a demonstração; pode conceder-lhe seu assentimento como a uma opinião provável, mas não tem conhecimento de sua verdade, que, no entanto, suas faculdades, se empregadas cuidadosamente, poderiam mostrar-lhe ser clara e evidente. Isso tudo apenas para mostrar o quanto nosso *conhecimento depende do uso correto dos poderes que a natureza nos concedeu*, e quão pouco, de tais princípios inatos que em vão se supõe residirem em todo o gênero humano para sua direção, e que todos os homens inevitavelmente conheceriam, caso ali estivessem, ou então estariam ali sem nenhum propósito. Portanto, como todos os homens não os conhecem, nem podem distinguir de outras verdades adventícias, podemos concluir que não existam.

Os homens devem pensar e conhecer por si mesmos.

§ 23. Ao duvidar de princípios inatos, não sei o quanto irei expor-me à censura de homens que estarão dispostos a dizer que isso é abalar as antigas fundações do conhecimento e da certeza, não sei dizer. Mas ao menos estou convencido de que a via que trilhei, sendo conforme à verdade, torna mais sólidas essas fundações. Estou certo de que não me preocu-

pei em abandonar ou seguir nenhuma autoridade no discurso subsequente: a verdade foi minha única meta e, para onde quer que ela parecia levar, para ali meus
101 pensamentos seguiram imparcialmente, sem se preocupar em saber se as pegadas de outros marcavam ou não aquele caminho. Não que me falte o devido respeito pelas opiniões de outros homens: mas, no final das contas, a *maior reverência é aquela que devemos à verdade*. E espero que não julguem arrogante dizer que talvez façamos progressos maiores na descoberta do *conhecimento* racional e contemplativo se o *buscarmos* em sua fonte, *na consideração das coisas elas mesmas*, e se, nessa busca, fizermos uso antes de nossos próprios pensamentos do que dos de outros homens. Pois penso ser tão racional querer ver pelos olhos de outro homem quanto querer conhecer pelo entendimento de outro homem. Possuímos conhecimento real e verdadeiro na exata medida em que consideramos e pensamos por nós mesmos a verdade e a razão. As opiniões de outros homens vagando em nosso cérebro não nos fazem em nada mais conhecedores, mesmo que sejam verdadeiras. O que neles era ciência, em nós é apenas opiniaticidade, pois damos nosso assentimento a não mais do que nomes veneráveis, sem empregar, como eles o fizeram, nossa própria razão para *entender* as *verdades* que lhes deram reputação. *Aristóteles* certamente era um homem de conhecimentos, mas nunca ninguém o considerou como tal por ter cegamente abraçado e exposto com convicção as opiniões de outrem. E, se adotar os princípios de outrem sem examiná-los não fez dele um filósofo, suponho que não fará de ninguém mais. Nas ciências, cada um tem tanto quanto realmente conhece e compreende: aquilo em que apenas se acredita e se aceita em confiança não passa de retalhos que, por mais que ficassem bem na peça inteira, não acres-

centam nada de considerável à provisão de quem os recolhe. Uma riqueza de empréstimo como essa, como o tesouro das fadas, poderia ser ouro nas mãos que a transmitiram, mas vira pó e folhas secas quando aquele que a recebeu quiser usá-la.

Origem da opinião de princípios inatos.

§ 24. Quando os homens se depararam com algumas proposições gerais das quais, tão logo compreendidas, não se pôde duvidar, o caminho mais *simples e mais curto era concluir que são inatas*. Isso, uma vez aceito, alivia a vida dos preguiçosos do trabalho de procurar e detém a investigação dos dubitativos a respeito de tudo que foi intitulado inato. E não é pequena a vantagem que aqueles que se passam por mestres e professores obtêm ao fazer com que o princípio dos *princípios* seja o de que princípios não devem ser questionados: pois tendo sido estabelecido este dogma – que há princípios inatos –, ele constrangeu seus 102
seguidores a aceitar certas doutrinas como inatas, o que era o mesmo que lhes negar o uso de sua própria razão e juízo, levando-os a nelas crer e tomá-las por certas sem exame ulterior. Nessa postura de credulidade cega, eles eram mais facilmente governados e submetidos aos interesses de alguns homens com habilidade e posição para lhes incutir princípios e guiá-los. E não é pequeno o poder que um homem obtém sobre o outro ao ter a autoridade de ditar os princípios e de ensinar verdades inquestionáveis, pois faz com que um homem engula como princípio inato algo que serve ao propósito daquele que o ensina. Ao passo que, caso tivessem examinado as vias pelas quais os homens obtêm o conhecimento de muitas *verdades* universais, constatariam que estas resultam, na mente dos homens, do ser das próprias coisas quando devidamente consideradas, e são descobertas pela aplicação das faculdades que foram preparadas pela natureza para recebê-las e julgá-las, desde que corretamente aplicadas a elas.

§ 25. *Mostrar como procede o entendimento nisso* Conclusão.
é a intenção do discurso que se segue, ao qual darei
início assim que tiver avisado preliminarmente que,
até aqui, para abrir meu caminho até as fundações
que concebo como as únicas nas quais se pode ver-
dadeiramente estabelecer as noções que podemos ter
de nosso próprio conhecimento, foi necessário apre-
sentar as razões que me levaram a duvidar de princí-
pios inatos. E, visto que alguns dos argumentos contra
tais princípios surgem de opiniões comumente rece-
bidas, fui forçado a supor admitidas muitas coisas, o
que dificilmente pode ser evitado por aquele cuja ta-
refa é mostrar a falsidade ou improbabilidade de um
dogma qualquer. Pois em discursos polêmicos pas-
sa-se como na invasão de cidades: se o solo em que
as baterias são erguidas é firme, não se procura saber,
além disso, de quem foi tomado ou a quem pertence,
desde que seja um promontório adequado para o
propósito do momento. Mas, nas partes vindouras des-
te discurso, com a intenção de erguer um edifício
uniforme e consistente, tanto quanto permitam minha
própria experiência e observação, espero erguê-lo
numa base tal que não me seja preciso escorá-lo por
esteios e arrimos que repousem em fundações toma-
103 das de empréstimo. Ou, pelo menos, caso se revele
que meu edifício não passe de um castelo no ar, es-
forçar-me-ei para que seja uma peça inteiriça e coesa.
Por isso, alerto o leitor para que não espere demons-
trações irrefutáveis e cogentes, a não ser que me seja
concedido o privilégio, que as pessoas frequente-
mente se arrogam, de tomar meus princípios como
admitidos, pois então não duvido que também possa
demonstrar. Tudo quanto tenho a dizer acerca dos
princípios sobre os quais me irei apoiar é que só pos-
so *apelar* à *experiência* e observação não preconcei-
tuosas dos homens para determinar se são verdadeiros

ou não. Isso é o que basta para um homem que não pretende mais do que apresentar sincera e livremente suas próprias conjecturas a respeito de um assunto um tanto imerso na escuridão, sem outra intenção além de uma procura imparcial da verdade.

LIVRO II

104 CAPÍTULO I

Das ideias *em geral, e de sua origem*

§ 1. Visto que todo homem tem consciência de que pensa, e aquilo sobre o que sua mente se aplica enquanto pensa sendo as *ideias* que ali estão, não resta dúvida de que os homens têm em sua mente diversas *ideias*, tais como as expressas pelas palavras *brancura*, *dureza*, *doçura*, *pensamento*, *movimento*, *homem*, *elefante*, *exército*, *embriaguez* e outras. Donde a primeira questão a ser investigada: *como ele as adquiriu*? Estou ciente de que uma doutrina consagrada diz que os homens têm *ideias* nativas e caracteres originais estampados em sua mente no seu primeiríssimo ser. Já examinei amplamente essa opinião e suponho que o que afirmei no livro precedente será mais facilmente admitido quando eu tiver mostrado de onde o entendimento obtém todas as *ideias* que tem, e por quais vias e etapas elas podem adentrar a mente; para o que apelarei à observação e experiência de todos.

A Ideia *é o objeto do pensamento.*

§ 2. Suponhamos então que a mente seja, como se diz, um papel em branco, vazia de quaisquer caracteres, sem ideia alguma: – como então ela vem a ser suprida? Como chega àquela vasta provisão, que

Todas as ideias *vêm da sensação ou da reflexão.*

a fantasia inquieta e sem limites do homem pincelou ali com uma variedade quase que infinita? De onde obtém toda a matéria da razão e do conhecimento? A isso respondo, numa palavra, da experiência: nela, todo nosso conhecimento se funda, e dela, em última instância, ele é derivado. Nossa observação aplicada seja aos objetos sensíveis exteriores, seja às operações internas de nossa mente, que percebemos e sobre as quais refletimos, é o que supre nosso entendimento com toda a matéria do pensamento. Tais são os dois mananciais do conhecimento, dos quais brotam todas as ideias que temos ou podemos ter.

Os Objetos da sensação são uma das fontes de ideias.

§ 3. Primeiro, *nossos sentidos*, lidando com objetos 105
sensíveis particulares, *introduzem na mente* várias e distintas *percepções* das coisas, conforme os diversos modos pelos quais esses objetos os afetam, e assim adquirimos as *ideias* que temos de *amarelo* e *branco, calor* e *frio, macio* e *duro, amargo* e *doce*, e todas aquelas que chamamos de qualidades sensíveis. Quando afirmo que os sentidos as introduzem na mente, quero dizer que, a partir dos objetos exteriores, eles introduzem na mente o que ali produz essas *percepções*. Essa importante fonte da maior parte das *ideias* que temos, pelo fato de depender inteiramente de nossos sentidos, que as conduzem até o entendimento, chamo de *SENSAÇÃO*.

As operações de nossa mente são a outra fonte de ideias.

§ 4. Segundo, o outro manancial a partir do qual a experiência abastece o entendimento com *ideias* é a *percepção das operações de nossa própria mente* em nosso interior quando ela se aplica às *ideias* que adquiriu. Essas operações, assim que a alma chega a refletir sobre elas e a considerá-las, fornecem ao entendimento um novo grupo de *ideias* que não poderiam ser obtidas das coisas exteriores, como *percepção, pensamento, dúvida, crença, raciocínio, conhecimento, vontade* e todos os diferentes atos de nossa própria

mente. Uma vez que temos consciência deles e os observamos em nós mesmos, recebemos deles, em nosso entendimento, *ideias* tão distintas quanto as que recebemos dos corpos que afetam nossos sentidos. Essa fonte de *ideias*, cada homem a tem inteira dentro de si. E, mesmo que ela não seja um sentido, pois nada tem a ver com objetos exteriores, é, no entanto, muito semelhante a eles e pode apropriadamente ser chamada de sentido interno. Mas, como o outro chamo de *sensação*, este chamarei de *REFLEXÃO*, pois as *ideias* que propicia são apenas aquelas que a mente adquire pela reflexão sobre suas próprias operações internas. Na parte subsequente deste discurso, portanto, deve-se entender por *REFLEXÃO* aquela apreensão que a mente tem de suas próprias operações e das maneiras pelas quais elas se dão, em razão da qual *ideias* dessas operações vêm a existir no entendimento. Essas duas origens, *i. e.*, coisas materiais e exteriores, como os objetos da *SENSAÇÃO*, e as operações internas de nossa própria mente, como objetos da *REFLEXÃO*, são, para mim, as únicas a partir das quais todas as nossas *ideias* têm o seu começo. O termo *operações* é usado aqui num sentido amplo, que com-
106 preende não apenas as ações da mente sobre suas *ideias*, mas alguns tipos de paixões que por vezes brotam delas, tal como a satisfação ou o incômodo que brota de um pensamento qualquer.

Todas as nossas ideias *vêm de uma ou de outra dessas fontes.*

§ 5. O entendimento, ao que me parece, não tem o menor vislumbre de quaisquer *ideias* que não receba de uma dessas duas fontes. Os *objetos exteriores abastecem a mente com* ideias *de qualidades sensíveis*, que são todas essas diferentes percepções que eles produzem em nós; e a *mente abastece o entendimento com* ideias *de suas próprias operações*.

Uma vez que as tenhamos examinado exaustivamente, bem como seus diversos modos, combinações e relações, perceberemos que elas contêm a inteira provisão de nossas *ideias* e que não temos nada em nossa mente que não tenha entrado por uma dessas duas vias. Que cada um examine seus próprios pensamentos, vasculhe por todo seu entendimento e me diga então se todas as *ideias* originais que ali encontra não são apenas as dos objetos de seus *sentidos* e das operações de sua mente consideradas objetos de sua *reflexão*. Por maior que seja a massa de conhecimento que se imagine estar ali alojada, cada um verá, olhando atentamente, que *não* possui *nenhuma* ideia *em sua mente que não tenha sido impressa por uma dessas duas fontes*, ainda que possam ser compostas e ampliadas pelo entendimento com infinita variedade, como veremos mais à frente.

Como se pode observar nas crianças.

§ 6. Quem considerar atentamente a condição de uma *criança* logo que ela vem ao mundo terá poucos motivos para pensar que esteja provida de todas aquelas *ideias* que se tornarão a matéria de seu futuro conhecimento. É gradualmente que elas lhe são fornecidas e, ainda que as *ideias* de qualidades óbvias e familiares se imprimam por si mesmas antes que a memória comece a manter um registro de tempo e de ordem, frequentemente algumas qualidades inusuais são encontradas tão tarde pelo caminho que são poucos os homens que não se lembram do início de sua familiaridade com elas. E, sem dúvida, caso valesse a pena, seria possível dispor uma criança de modo que ela tivesse muito poucas *ideias*, mesmo dentre aquelas mais comuns, até que crescesse e se tornasse um homem. Mas, como todos que nascem no mundo estão cercados por corpos que os afetam de maneira constante e variada, uma diversidade de *ideias* é impressa na mente das crianças quer se tome ou não o cuidado de garantir que isso ocorra. *Luz* e *cor* estão à disposição por toda parte, basta que se abram os 107 olhos; *sons* e algumas *qualidades tangíveis* nunca deixam de solicitar os sentidos apropriados, forçando sua entrada na mente; e, no entanto, penso que se concederá sem dificuldade que uma criança, caso fosse confinada até se tornar um homem, num lugar em que não visse outras cores além de preto e branco, não teria as *ideias* de escarlate ou de verde, assim como aquele que em sua infância nunca provou uma ostra ou um abacaxi não tem as *ideias* dessas iguarias.

Os homens são diferentemente providos de ideias, *de acordo com os diferentes objetos com que se relacionam.*

§ 7. Os homens são então providos pelo exterior de um número maior ou menor de *ideias* simples conforme os *objetos* com que se relacionam apresentem uma maior ou menor variedade; e também pelas operações internas de sua mente, conforme *reflitam* mais ou menos sobre elas. Com efeito, embora aquele que contempla as operações da mente não possa deixar de ter *ideias* simples e claras delas, no entanto, caso não dirija os pensamentos nessa direção e as considere *atentamente*, não disporá de *ideias* claras e distintas de todas as *operações da mente* e de tudo quanto se poderá observar nelas, como também alguém não pode ter todas as *ideias* particulares de uma paisagem qualquer, ou das partes de um relógio se não dirigir seus olhos para eles e considerar cada uma de suas partes. O quadro ou o relógio pode ser disposto de maneira tal que cruze nosso caminho diariamente e, no entanto, teremos apenas uma *ideia* confusa de todas as partes que o constituem até que *nos consagremos com atenção* à consideração de cada uma delas em particular.

As ideias *de reflexão são posteriores, porque requerem atenção.*

§ 8. E assim podemos ver a razão pela qual decorre bastante tempo antes que a maioria das crianças adquira *ideias* de operações de sua própria mente, e por que alguns não têm nenhuma *ideia* realmente clara ou perfeita da maioria dessas operações durante toda a vida. De fato, ainda que passem por ali conti-

nuamente, são, no entanto, como visões flutuantes que não realizam impressões suficientemente profundas na mente para deixar nela *ideias* claras, distintas e duradouras antes que o entendimento, voltando-se para dentro de si mesmo, *reflita* sobre suas próprias *operações* e as torne o objeto de sua própria contemplação. Assim que nasce, a criança encontra-se rodeada por um mundo de coisas novas que, solicitando constantemente seus sentidos, atraem constantemente para si a mente ávida por saber de coisas novas e preparada para deleitar-se com a variedade dos objetos. 108
Desse modo, os primeiros anos são geralmente empregados na distração de olhar em volta. Os homens têm como tarefa, nesses primeiros anos, familiarizar-se com o que pode ser encontrado no exterior[1] e, crescendo assim com a atenção constantemente voltada para as sensações externas, mal refletem sobre o que se passa em seu interior antes de sua maturidade, e alguns deles, praticamente nunca.

A alma começa a ter ideias *quando começa a perceber.*

§ 9. Indagar *qual o momento em que um homem começa a ter quaisquer* ideias é indagar quando começa a perceber, pois ter *ideias* e perceber é a mesma coisa. Estou ciente da opinião segundo a qual a alma sempre pensa e tem, enquanto existe, constantemente nela própria a percepção atual de *ideias*; e segundo a qual o pensamento em ato é tão inseparável da alma quanto a extensão em ato o é do corpo. Se isso fosse verdadeiro, procurar pelo início das *ideias* de um homem seria o mesmo que procurar pelo início de sua alma. De fato, segundo essa explicação, a

1. As duas frases anteriores e o início desta, até aqui, substituem, a partir da segunda edição, o seguinte texto: "Ao passo que as crianças, logo que chegam ao mundo, procuram especialmente apenas aquilo que pode apaziguar sua fome ou outra dor, e tomam todos os outros objetos tal como estes vêm, e geralmente lhes agradam todos os novos objetos que não são dolorosos." [N. E.]

alma e suas *ideias*, assim como o corpo e sua extensão, começariam a existir ambos ao mesmo tempo.

§ 10. Se a alma existe anteriormente, concomitantemente ou alguns momentos após os primeiros rudimentos de organização, ou do princípio de vida no corpo, é coisa que deixo à disputa daqueles mais versados nessa matéria. De minha parte, confesso ter uma daquelas almas obtusas que nem sempre percebem estar contemplando *ideias* e que também não conseguem conceber como mais necessário à *alma* que esteja *sempre pensando* do que ao corpo que esteja sempre se movendo. Pois (a meu ver) a percepção de *ideias* é para a alma o que o movimento é para o corpo: não sua essência, mas uma de suas operações; e, portanto, ainda que se suponha que o pensamento seja a ação própria da alma, no entanto não é necessário supor que ela esteja sempre pensando, sempre em atividade. O que talvez seja privilégio do autor e conservador infinito das coisas, aquele que *jamais repousa nem dorme*[2], coisa que não compete a nenhum ser finito, pelo menos não à alma humana. Sabemos de modo certo, pela experiência, que por vezes pen-
109 samos, e disso extraímos como consequência infalível que há algo em nós que tem o poder de pensar. Mas, se essa substância pensa incessantemente ou não, não podemos ter certeza para além do que nos informa a experiência. Pois dizer que o pensamento em ato é essencial à alma e inseparável dela é pressupor o que está em questão, e não prová-lo pela razão, como é preciso quando se trata de uma proposição que não seja autoevidente. Mas apelo ao gênero humano para a questão de saber se a proposição *a alma sempre pensa* é uma proposição autoevidente, à qual todos dão pronto assentimento[3]. Se o que está em dúvida é

A alma não pensa sempre, pois isso carece de provas.

2. Sl 121, 4. [N. E.]

3. Todo o final desta seção foi acrescentado a partir da segunda edição. [N. E.]

o fato de eu ter pensado algo na noite passada, então, uma vez que essa é uma questão de fato, seria assumir o que está em questão apresentar como prova disso uma hipótese que é a própria coisa em disputa: meio pelo qual alguém poderia provar qualquer coisa, e bastaria pressupor que todos os relógios pensam enquanto o pêndulo se move para provar suficientemente, para além de toda dúvida, que meu relógio pensou durante toda a noite passada. Mas quem não quer enganar-se deve erguer sua hipótese sobre questões de fato e estabelecê-la pela experiência sensível, e não presumir, no que diz respeito a questões de fato, em razão de sua hipótese, isto é, em razão de que supõe que assim seja. Tal forma de provar equivale a dizer que devo necessariamente ter pensado durante a última noite inteira porque alguém supõe que eu sempre pense, ainda que eu mesmo não perceba que o faça sempre.

Mas homens enamorados de suas opiniões podem não apenas supor o que está em questão, mas alegar falsamente algo como questão de fato. De outra maneira, como alguém poderia atribuir-me a *inferência* de *que uma coisa não exista porque não somos sensíveis a ela em nosso sono*? Não afirmo que não haja uma alma no homem porque ele não a perceba em seu sono, mas digo que ele não pode pensar em nenhum momento, desperto ou dormindo, sem ser sensível a isso. Coisa alguma exige que sejamos sensíveis a ela, a não ser os nossos pensamentos. Para eles, isso é e sempre será necessário, até que possamos pensar sem ter consciência de fazê-lo.

A alma nem sempre tem consciência de estar pensando.

§ 11. Concedo que a alma, num homem desperto, nunca está desprovida de pensamento, pois esta é a condição para estar desperto. Mas a questão de saber se dormir sem sonhar não seria uma afecção do ho- 110
mem como um todo, de sua mente como de seu cor-

po, parece ser algo que merece ser considerado por um homem desperto, pois é difícil conceber que algo possa pensar sem ter consciência disso. Se *num homem que dorme* a *alma* de fato *pensa* sem que ele tenha consciência disso, então eu pergunto: durante esse pensar, tem ela qualquer prazer ou dor, ou é suscetível de felicidade ou sofrimento? Estou certo de que o homem não o é, assim como a cama ou o solo em que repousa. Pois ser feliz ou miserável sem ter consciência disso parece-me inteiramente inconsistente e impossível. Ou, caso seja possível que a alma, enquanto o corpo dorme, consiga ter seu pensamento, seus deleites e suas preocupações, seus prazeres e suas dores em separado, sem que o homem tenha consciência ou compartilhe deles, então certamente *Sócrates* dormindo não é a mesma pessoa que *Sócrates* desperto: mas sua alma, enquanto dorme, e *Sócrates*, o homem que consiste em corpo e alma enquanto está desperto, são duas pessoas. De fato, *Sócrates* desperto não tem nenhum conhecimento ou preocupação em relação a essa felicidade ou a esse sofrimento de sua alma, que ela desfruta por si mesma enquanto ele dorme sem perceber nada disso, assim como ele não tem conhecimento ou preocupação em relação à felicidade ou sofrimento de um homem que viva na *Índia* e que ele não conheça. Pois se deixarmos inteiramente de lado toda consciência de nossas ações e sensações, especialmente de prazer e de dor, e a preocupação que a acompanha, será difícil saber onde reside a identidade pessoal.

Se um homem que dorme pensa sem saber que pensa, o homem que dorme e o homem desperto são duas pessoas diferentes.

§ 12. A alma, durante o sono profundo, pensa, dizem esses homens. *Enquanto ela pensa* e percebe, certamente é capaz de deleite ou de perturbação, assim como quaisquer outras percepções, e *ela deve necessariamente ser consciente de suas próprias percepções.* Mas ela tem tudo isso em separado: o homem

adormecido, isso é claro, não tem consciência de nada disso. Suponhamos então que a alma de *Castor* seja retirada de seu corpo quando ele dorme, o que não é uma suposição impossível para os homens com quem discuto aqui e que tão liberalmente concedem vida sem alma pensante para todos os outros animais. Tais homens não poderiam, portanto, considerar impossível, ou contraditório, que o corpo viva sem a alma, nem que a alma subsista e pense, ou tenha percepção, até mesmo percepção de felicidade ou de sofrimento, sem o corpo. Suponhamos então, como eu disse, que a alma de *Castor*, que foi separada de seu 111
corpo durante seu sono, pense à parte. Suponhamos também que ela escolha como cenário de seu pensamento o corpo de outro homem, p. ex., *Pólux*, que dorme sem uma alma – pois se a alma de *Castor* pode pensar, enquanto Castor dorme, sem que este tenha consciência disso, pouco importa qual lugar ela escolha para pensar. Temos aqui então os corpos de dois homens com apenas uma alma para eles, e suporemos que eles se alternem no sono e na vigília, e que a alma pensa constantemente no homem desperto, coisa da qual o homem que dorme nunca tem consciência nem a menor percepção. Eu pergunto então se *Castor* e *Pólux*, com apenas uma alma para ambos, a qual pensa e percebe num deles aquilo de que o outro jamais tem consciência e com o que nunca se preocupa, não são duas pessoas tão distintas entre si quanto *Castor* e *Hércules* ou *Sócrates* e *Platão*. Não poderia um deles ser muito feliz, enquanto o outro é muito miserável? Por essa mesma razão, os que concebem que a alma pensa em separado aquilo de que o homem não tem consciência fazem da alma e do homem duas pessoas. De fato, suponho que ninguém dirá que a identidade das pessoas consista na união da alma com as mesmíssimas partículas de matéria

numericamente idênticas, pois, se isso for necessário para a identidade, será impossível, no fluxo constante das partículas de nosso corpo, que um mesmo homem seja a mesma pessoa por dois dias ou dois momentos subsequentes.

É impossível convencer aqueles que dormem sem sonhar de que eles pensam.

§ 13. Assim, parece-me que um cabecear de sono basta para abalar a doutrina dos que ensinam que a alma está sempre pensando. Pois ao menos aqueles que alguma vez *dormiram sem sonhar* jamais poderão ser convencidos de que seus pensamentos estejam por vezes ocupados durante quatro horas sem que eles saibam disso nem sejam capazes, caso surpreendidos no próprio ato e despertos no meio da soporífica contemplação, de oferecer qualquer relato dela.

É vão argumentar que os homens sonham, mas não se lembram.

§ 14. Talvez se diga que a *alma pensa*, até mesmo *no sono* mais profundo, *mas a memória não o retém*. Que a alma num homem que dorme esteja nesse momento ocupada em pensar e, no momento seguinte, no homem desperto, não se lembre nem seja capaz de recordar nem uma mínima parcela de todos esses pensamentos, é coisa difícil de conceber, e requereria alguma prova melhor do que a mera asserção para se tornar crível. Pois quem poderia supor, sem mais nem menos, simplesmente porque assim lhe é dito, que durante toda sua vida a maior parte dos homens pensa em algo várias horas por dia, mas que esses homens, caso fossem indagados, mesmo em meio a
112 esses pensamentos, não poderiam lembrar de absolutamente nada a seu respeito? A maioria dos homens, penso eu, passa uma grande parte de seu sono sem sonhar. Uma vez conheci um homem, um estudioso com boa memória, que me disse que jamais sonhara em sua vida antes de ter sido acometido por uma febre, da qual então acabara de se recuperar, tendo por volta de vinte e cinco ou vinte e seis anos de idade. E suponho que casos como esse sejam comuns: pelo

menos, cada um pode colher entre seus conhecidos exemplos de pessoas que passam a maior parte de suas noites sem sonhar.

Segundo essa hipótese, os pensamentos de um homem que dorme devem ser os mais racionais.

§ 15. *Pensar amiúde, sem nunca retê-lo nem sequer por um único instante, é um tipo de pensamento bastante inútil*, e, num tal estado de pensamento, a alma em pouco ou nada excede um espelho, que constantemente recebe uma variedade de imagens, ou *ideias*, sem reter nenhuma. Elas desaparecem e se esvaem, sem que delas restem ali quaisquer vestígios. O espelho nunca se aperfeiçoa com essas *ideias*, nem a alma com tais pensamentos. Talvez se diga que, num homem desperto, os materiais do corpo são empregues e utilizados no pensamento, e que a memória dos pensamentos é conservada pelas impressões feitas no cérebro e pelos traços que ali permanecem após o pensar; mas, no *pensar da alma*, que num *homem adormecido* não é percebido, a alma pensa separadamente e, por *não fazer uso* dos órgãos *do corpo*, *não deixa impressões nele e, consequentemente, nenhuma memória* desses pensamentos. Sem mencionar novamente o absurdo das duas pessoas distintas que se segue dessa suposição, respondo ainda que, quaisquer que sejam as *ideias* que a mente possa receber e contemplar sem o auxílio do corpo, é razoável concluir que ela também as possa reter sem o auxílio do corpo. Do contrário, a alma, ou qualquer espírito separado, teria pouca vantagem em pensar. Se ela não tem memória de seus próprios pensamentos, se ela não pode dispor deles para uso próprio por não ser capaz de evocá-los quando oportuno, se ela não pode refletir sobre o que passou e fazer uso de suas experiências, raciocínios e contemplações prévios, com que propósito ela pensa? Aqueles que fazem da alma uma coisa pensante a esse preço não fazem dela um ser muito mais nobre do que o fazem os que eles pró-

prios condenam por não reconhecer a alma senão como a parte mais sutil da matéria. Caracteres traçados na areia, desfeitos pela menor rajada de vento, ou impressões feitas num amontoado de átomos, ou de
113 espíritos animais são tão úteis e tornam o indivíduo tão nobre quanto os pensamentos de uma alma que perecem ao serem pensados, que, uma vez fora de vista, vão-se para sempre, sem deixar atrás de si qualquer lembrança deles. A natureza nunca faz coisas excelentes para uso vil nem inúteis, e é difícil conceber que nosso infinitamente sábio criador pudesse forjar uma faculdade tão admirável quanto o poder de pensar, a faculdade que mais se aproxima da excelência de seu próprio ser incompreensível, para que fosse tão preguiçosamente e inutilmente utilizada, ao menos por um quarto do tempo aqui, em pensar constantemente sem lembrar nenhum desses pensamentos, sem promover nenhum bem para si ou para outrem, sem ter nenhuma utilidade para qualquer outra parte da criação. Se examinarmos bem, constataremos que nem mesmo o movimento da matéria bruta e insensível é, em qualquer parte do universo, tão mal utilizado, tão desperdiçado.

Segundo essa hipótese, a alma deveria ter ideias *que não são derivadas de sensação ou reflexão, das quais não há o menor indício.*

§ 16. É verdade que por vezes temos casos de percepção enquanto *dormimos* e que retemos a memória desses *pensamentos*. Mas nem é preciso dizer, para aquele que estiver familiarizado com sonhos, quão *extravagantes* e incoerentes eles são no mais das vezes, quão pouco conformes à perfeição e ordem de um ser racional. Gostaria muitíssimo de saber se a alma, quando pensa por si, como se estivesse separada do corpo, age menos racionalmente do que quando conjugada a ele. Se seus pensamentos em separado são menos racionais, então é forçoso afirmar que a alma deve a perfeição do pensamento racional ao corpo. Se não, é de admirar que nossos sonhos sejam, em sua maior parte, frívolos e irracionais, e que a alma não retenha nenhum de seus solilóquios e meditações mais racionais.

Se penso quando não sei que penso, ninguém mais pode saber.

§ 17. Aqueles que com tanta confiança nos dizem que a alma efetivamente sempre pensa poderiam também nos dizer quais são as *ideias* que se encontram na alma de uma criança antes da união ou no momento da união com o corpo, antes que tenha recebido quaisquer outras pela *sensação*. Os *sonhos* dos homens adormecidos *são*, a meu ver, todos eles *compostos pelas ideias do homem desperto*, ainda que no mais das vezes arranjadas de modo insólito. Se a alma tem *ideias* próprias que não derivou nem da *sensação* nem da *reflexão* (como deve ser o caso, se ela pensou antes de receber qualquer impressão do corpo), é estranho que em seu pensamento privado 114
(tão privado que nem mesmo o homem o percebe) ela jamais retenha qualquer uma de tais ideias no exato momento em que desperta delas, agraciando o homem com novas descobertas. Quem consideraria razoável que, durante seu retiro no sono, a alma tivesse tantas horas de pensamento sem, no entanto, nunca se deparar com alguma dessas *ideias* que não obteve nem da *sensação*, nem da *reflexão*, ou, pelo menos, não preservando a memória senão daquelas ocasionadas pelo corpo, e que, a esse título, são as menos naturais ao espírito? É estranho que a alma não se lembre, em momento algum de toda a vida de um homem, de nenhum de seus pensamentos puros e nativos, de nenhuma das *ideias* de que dispunha antes que tomasse algo de empréstimo ao corpo, e que nunca entregue à visão do homem desperto quaisquer outras *ideias* além daquelas que trazem o sabor do tonel e que manifestamente derivam sua origem dessa união. Se ela sempre pensa e, portanto, tinha *ideias* antes de unir-se, ou antes de receber do corpo

qualquer *ideia*, deve-se supor que, durante o sono, ela evoque suas *ideias* nativas; deve-se supor que, enquanto a alma se afasta de toda comunicação com o corpo, enquanto pensa por si mesma, as *ideias* de que se ocupa devam, ao menos algumas vezes, ser as mais naturais e congeniais que ela tem em si mesma, e não as ideias derivadas do corpo ou de suas próprias operações sobre estas últimas ideias: coisa de que o homem desperto jamais se lembra; e, assim, devemos concluir, dessa hipótese, ou que a alma se lembra de algo que o homem não se lembra, ou, então, que a memória diz respeito apenas às *ideias* derivadas do corpo ou das operações da mente sobre elas.

Como alguém poderia saber que a alma sempre pensa? Pois, se esta não é uma proposição autoevidente, requer prova.

§ 18. Gostaria também de saber daqueles que com tanta confiança declaram que a alma humana, ou, o que é o mesmo, o homem, sempre pensa, como eles sabem disso. Aliás, *como eles sabem que eles mesmos pensam quando eles mesmos não o percebem*? Tal coisa, receio, é ter certeza sem provas e saber sem perceber. É, suspeito, uma noção confusa que se adota em nome de uma hipótese, e não uma daquelas verdades claras que sua própria evidência nos força a admitir ou que a experiência torna impudente negar. Pois o máximo que se pode dizer a esse respeito é que é possível que a alma sempre pense, mas nem sempre
115 retenha isso na memória. E digo que é igualmente possível que a alma nem sempre pense, e que é muito mais provável ela nem sempre pensar do que ela pensar amiúde, e por um longo tempo, sem ter consciência, no momento seguinte, de que tenha pensado.

Que um homem esteja ocupado em pensar e, no entanto, não retenha isso no momento seguinte, é muito improvável.

§ 19. Supor que a alma pense sem que o homem perceba é, como já foi dito, fazer de um homem duas pessoas. E, se considerarmos bem a maneira de falar dos que dizem tal coisa, poderemos ser levados a suspeitar que é a isso que chegam. Pois aqueles que nos dizem que a alma sempre pensa nunca dizem, que eu me lembre, que um homem sempre pensa. Poderia a alma pensar, mas o homem não? Ou um homem pensar sem ter consciência disso? Fossem outras pessoas, e se suspeitaria de *jargão*. Os que dizem que o homem sempre pensa, mas nem sempre tem consciência disso, podem com a mesma propriedade dizer que seu corpo é extenso, mas não tem partes. Pois é tão inteligível dizer que um corpo é extenso sem ter partes quanto que algo *pensa sem ter consciência disso*, ou sem perceber que faz tal coisa. Se necessário fosse para sua hipótese, os que falam assim poderiam, com não menor razão, dizer que um homem está sempre faminto, mas nem sempre sente isso: ao passo que a fome consiste na própria sensação, assim como o pensamento consiste na consciência de que se pensa. Se disserem que um homem está sempre consciente de estar pensando, eu pergunto como eles sabem disso? Consciência é a percepção do que se passa na própria mente do homem. Poderia um outro homem perceber que tenho consciência de uma coisa qualquer quando não o percebo por mim mesmo? Quanto a isso, nenhum homem pode estender seu conhecimento para além da sua experiência. Acorde um homem de seu sono profundo e indague-lhe sobre o que pensava naquele momento. Se ele mesmo não tiver consciência de nada sobre o que estivesse então pensando, será um notável adivinhador de pensamentos quem puder assegurá-lo de que ele estava pensando: e não teria também razão para assegurá-lo de que não dormia? Isso está para além da filosofia, e somente a revelação poderia mostrar para outrem a existência de pensamentos em minha mente quando eu mesmo não encontro nenhum ali. Devem ter uma visão penetrante aqueles que conseguem ver com certeza que eu penso quando eu mesmo não consigo percebê-lo e afirmo que não 116 penso, ao mesmo tempo que conseguem ver que cães ou elefantes não pensam, ainda que estes deem todas as demonstrações imagináveis do contrário, exceto dizer-nos que fazem tal coisa. Esse é um passo, alguns poderão suspeitar, que vai mais longe que os *Rosa-Cruzes*, pois parece mais fácil tornar-me invisível para os outros do que tornar visíveis para mim os pensamentos alheios que a própria pessoa não consegue enxergar. Mas basta definir a alma como uma substância que sempre pensa, e a coisa está feita. Se tal definição tiver alguma legitimidade, não sei qual poderia ser sua serventia além de levar muitos homens à suspeita de que não têm absolutamente nenhuma alma, pois constatam que passam boa parte de sua vida sem pensar. De fato, não conheço nenhuma definição, nenhuma suposição de seita alguma com força suficiente para destruir a experiência constante; e talvez seja a afetação de conhecer para além do que percebemos que provoque tanta disputa e tanto barulho inúteis pelo mundo.

Que não haja ideias *senão de sensação e de reflexão é o que se torna evidente se observarmos crianças.*

§ 20. Não vejo razão, portanto, para acreditar que a *alma pense antes que os sentidos lhe tenham fornecido ideias* para que pense sobre elas. E, à medida que crescem em quantidade e são retidas, a alma, pelo exercício, desenvolve a faculdade do pensamento em suas diversas partes, assim como, depois, ao compor essas *ideias* e refletir sobre suas próprias operações, aumenta sua provisão e, também, a facilidade em lembrar, imaginar, raciocinar e outros modos do pensamento.

§ 21. Quem se der ao trabalho de se informar pela observação e pela experiência, sem fazer de sua própria hipótese a regra da natureza, encontrará poucos sinais de uma alma acostumada a algum pensamento numa criança recém-nascida, e menos ainda de qualquer raciocínio. E, no entanto, é difícil imaginar que a alma racional pense tanto, mas absoluta-

mente não raciocine. Quem considerar que crianças recém-chegadas ao mundo passam a maior parte do tempo dormindo e raramente estão acordadas, a menos que sua fome reclame o seio, ou alguma dor (a mais importuna dentre as sensações), ou alguma outra impressão violenta sobre o corpo force a mente a
percebê-la e a dar-lhe atenção, quem considerar esse 117
fato, digo eu, talvez encontre motivo para imaginar que um *feto no útero materno não difere muito da condição de um vegetal* e passa a maior parte de seu tempo sem percepção ou pensamento, não fazendo muito além de dormir num lugar onde não precisa procurar por alimento, envolvido por um líquido constantemente confortável e quase sempre com a mesma temperatura, onde os olhos não dispõem de luz, e os ouvidos cerrados não são receptivos a sons, e onde praticamente não há variedade ou mudança de objetos para mover os sentidos.

§ 22. Se acompanharmos uma *criança* desde seu nascimento, observando as alterações que o tempo traz, constataremos que, quanto mais a mente vai sendo abastecida de *ideias* pelos sentidos, tanto mais ela fica desperta, e que ela pensa tanto mais quanto mais dispõe de matéria para pensar. Após algum tempo, ela começa a conhecer os objetos que lhe são mais familiares e que por isso realizaram impressões duradouras. É desse modo que, gradualmente, ela passa a conhecer as pessoas com que convive diariamente, distinguindo-as de estranhos, coisa que é uma ilustração e um efeito do fato de que passou a reter e a distinguir as *ideias* que os sentidos lhe comunicam. E do mesmo modo podemos observar como a mente *gradualmente* se aprimora nessas faculdades e *progride* para o exercício destas outras faculdades de *ampliar*, *compor* e *abstrair* suas *ideias*, e de raciocinar sobre elas, e de refletir sobre todas elas. Acerca disso terei ocasião de falar mais à frente.

§ 23. Se a questão então é saber *quando um homem começa a ter quaisquer ideias*, penso que a verdadeira resposta é: na primeira vez que tem uma *sensação*. Pois, como não parece haver nenhuma *ideia* na mente antes que os sentidos lhe tenham comunicado alguma, penso que *ideias* no entendimento são coevas à *sensação*, a qual é uma impressão ou movimento realizado em alguma parte do corpo que produz uma certa percepção no entendimento. É sobre essas impressões realizadas em nossos sentidos por objetos exteriores que a mente parece primeiramente se empregar, em operações que chamamos *percepção*, *lembrança*, *consideração*, *raciocínio* etc.

A origem de todo nosso conhecimento.

§ 24. Com o tempo, a mente vem a refletir a respeito de suas próprias *operações* sobre as *ideias* adquiridas pela *sensação*, provendo-se assim de um
118 novo grupo de *ideias*, que chamo de *ideias* de *reflexão*. Aquelas *impressões* realizadas em nossos *sentidos* por objetos exteriores, extrínsecos à mente, de um lado, e, de outro, *suas próprias operações*[4], procedentes de poderes intrínsecos e próprios à mente, os quais, quando ela reflete sobre si mesma, tornam-se também objetos de sua contemplação, nisso consiste, como eu já disse, *a origem de todo conhecimento*. Assim, a primeira capacidade do intelecto humano é a aptidão da mente para receber as impressões nela realizadas, seja através dos *sentidos*, pelos objetos exteriores, seja por suas próprias operações, quando *reflete* sobre elas. Esse é o primeiro passo que o homem dá em direção à descoberta de qualquer coisa, a base sobre a qual erigirá todas as noções que porventura adquirir naturalmente neste mundo. Todos os

---

4. O restante dessa frase veio substituir, na quinta edição, o seguinte texto: "sobre as impressões, sobre as quais ela própria *reflete* como objetos próprios para serem contemplados por ela, nisso consiste, a meu ver, *a origem de todo conhecimento*". [N. E.]

pensamentos sublimes que se elevam acima das nuvens, chegando até o céu, encontram aqui sua origem e seu apoio: em toda a imensa extensão por que vagueia a mente, nas especulações mais remotas nas quais parece elevar-se, ela não se afasta uma polegada dessas *ideias* que os *sentidos* ou a *reflexão* ofereceram para sua contemplação.

Na recepção de ideias *simples o entendimento é predominantemente passivo.*

§ 25. A esse respeito, o *entendimento* é meramente *passivo*, e não se encontra em seu poder decidir se terá ou não esses rudimentos e, por assim dizer, esses materiais do conhecimento. Pois muitos dos objetos de nossos sentidos introduzem suas *ideias* particulares em nossa mente, queiramos ou não, e as operações de nossa mente não nos deixam sem pelo menos algumas noções obscuras delas: nenhum homem pode ser inteiramente ignorante do que faz quando pensa. Uma vez que essas *ideias simples* são oferecidas à mente, *o entendimento* não mais *pode* recusá-las, ou, quando já estão impressas, alterá-las, nem tampouco pode apagá-las ou criar outras novas por si mesmo, assim como um espelho não pode recusar, alterar ou obliterar as imagens ou *ideias* ali produzidas por objetos postos diante dele. Na medida em que os corpos que nos circundam afetam diversamente nossos órgãos, a mente vê-se forçada a receber as impressões e não pode evitar a percepção das *ideias* que lhes estão anexadas.

CAPÍTULO II 119

Das ideias *simples*.

Aparências não compostas.

§ 1. Para melhor compreender a natureza, a maneira e extensão de nosso conhecimento, uma coisa deve ser cuidadosamente observada a respeito das *ideias* que temos, a saber, que *algumas* delas são *simples*, e *outras*, *complexas*.

Embora as qualidades que afetam nossos sentidos estejam, nas coisas mesmas, tão unidas e fundidas que não há separação, que não há distância entre elas, resta claro, no entanto, que as *ideias* que elas produzem na mente entram pelos sentidos simples e sem mistura. Pois, ainda que visão e tato muitas vezes obtenham do mesmo objeto, ao mesmo tempo, *ideias* diferentes – como quando um homem vê ao mesmo tempo movimento e cor, ou a mão sente suavidade e calor no mesmo pedaço de cera –, no entanto, as *ideias* simples assim unidas no mesmo objeto[5] são tão perfeitamente distintas quanto as que entram por diferentes sentidos. A frieza e dureza que um homem sente num pedaço de *gelo* são *ideias* tão distintas na mente quanto o cheiro e a brancura de um lírio ou o gosto do açúcar e o cheiro de uma rosa. E nada pode ser mais claro para um homem quanto à percepção clara e distinta que ele tem dessas *ideias* simples, cada uma das quais, sendo em si mesma não composta, não traz em si senão *uma única aparência* (ou concepção) *uniforme* na mente, e não é distinguível em *ideias* diferentes.

A mente não pode forjá-las ou destruí-las.

§ 2. Essas *ideias* simples, a matéria de todo nosso conhecimento, são sugeridas e fornecidas à mente

5. *Subject*, no sentido de sujeito de inerência. Com alguma frequência (64 ocorrências), Locke emprega essa expressão (que traduzimos por "objeto", uma vez que "sujeito" causaria confusão no leitor). *Object* e *subject* têm sentidos invertidos com relação ao nosso uso dessas palavras e derivados: *object* tende a acompanhar o vocabulário escolástico – é a coisa relativamente a quem a conhece (o objeto do entendimento, o objeto sensível etc.) – e tem, portanto, uma acepção que, modernamente, chamamos de "subjetiva". Nesses casos, ela costuma aparecer qualificada ("do entendimento", "sensível" etc); "*subject*" tende também a acompanhar o mesmo vocabulário – é a coisa na sua estrutura real ou ontológica, independentemente de nossos atos de conhecimento: é o "sujeito de inerência", aquilo que está sob os predicados ou as qualidades, e esse termo ocorre sempre que se trata de falar de "qualidades unidas num único objeto", "num objeto comum" etc. [N. Ed. Br.]

unicamente pelas duas vias acima mencionadas, *i. e.*, *sensação* e *reflexão*[6]. O entendimento, uma vez provido dessas *ideias* simples, tem o poder de repeti-las, compará-las e uni-las com variedade quase infinita, podendo, a bel-prazer, fazer novas *ideias* complexas. Mas não se encontra no poder, nem mesmo do mais excelso espírito ou do entendimento mais amplo, por nenhuma sagacidade ou versatilidade do pensamen- 120
to, *inventar ou formar uma única* ideia *simples* na mente que não tenha sido adquirida pelas vias acima mencionadas, nem dispõe o entendimento de força alguma capaz de *destruir* as que ali residem. O domínio do homem nesse pequeno mundo de seu próprio entendimento é muito semelhante ao que ele possui no grande mundo das coisas visíveis, onde seu poder, por mais que seja manejado com arte e habilidade, não vai além de compor e dividir os materiais feitos para suas mãos, e nada pode fazer no sentido de criar a menor partícula de nova matéria, ou destruir sequer um átomo do que já existe. A mesma inabilidade cada um poderá encontrar em si mesmo quando tentar criar em seu entendimento qualquer *ideia* simples que não tenha sido recebida por seus sentidos de objetos exteriores, ou pela reflexão sobre as operações de sua mente sobre essas *ideias*. Peço que alguém tente imaginar um gosto qualquer que nunca tenha afetado seu paladar ou formar a *ideia* de um cheiro que nunca sentiu: quando isso for possível, então concluirei tam-

---

6. A quinta edição acrescenta, em nota de pé de página, uma citação da "Primeira carta ao Bispo de Worcester", de Locke, p. 35 e ss., precedida pelo seguinte texto: "Contra isso, a saber, que a matéria de todo nosso conhecimento é sugerida e fornecida à mente apenas pela sensação e pela reflexão, o Bispo de *Worcester* recorre à ideia de *substância* nos seguintes termos: '*Se a ideia de substância for baseada na clara e evidente razão, então devemos conceder uma ideia de substância que não entra pela sensação nem pela reflexão, de modo que podemos estar certos de algo que não temos por essas* ideias'. A isso nosso autor responde:". [N. E.]

bém que um homem cego tem *ideias* de cores, e um homem surdo, noções distintas verdadeiras de sons.

§ 3. Essa é a razão pela qual – embora não possamos crer que seja impossível para Deus forjar uma criatura com outros órgãos e mais vias para introduzir no entendimento a apreensão de coisas corpóreas, além das cinco (segundo a contagem usual) que deu ao homem – eu acredito ser *impossível* alguém *imaginar* quaisquer outras *qualidades* nos corpos, seja qual for sua constituição, pelas quais eles se poderiam fazer notar, além de sons, gostos, cheiros, qualidades visíveis e tangíveis. E, tivessem os homens sido forjados com apenas quatro sentidos, as qualidades que são objeto do quinto sentido estariam tão distantes de nossa apreensão, imaginação e concepção quanto podem estar agora qualidades *pertencentes a um sexto, sétimo ou oitavo sentido*; no entanto, seria grande presunção negar que outras criaturas neste prodigioso universo possam ter acesso a tais qualidades. Aquele que não se instala orgulhosamente no topo das coisas, mas considera a imensidão deste edifício e a grande variedade que se encontra nesta parte reduzida e desprezível que lhe cabe, pode ser levado a pensar que em outras moradas dessa estrutura pode haver outros e diferentes seres inteligentes, de cujas faculdades tem tão pouco conhecimento e compreensão, quanto um verme fechado em um recipiente dentro de um laboratório conhece e compreende os sentidos ou o entendimento de um homem, pois tal variedade e excelência condiz com a sabedoria e poder do Cria-
21 dor. Segui aqui a opinião comum de que o homem não tem mais do que cinco sentidos, ainda que talvez se possa com justiça contar outros mais. Mas qualquer uma dessas suposições serve igualmente ao meu propósito aqui.

CAPÍTULO III
Das ideias *de um só sentido*.

Divisão das ideias *simples*.

§ 1. Para conceber melhor as ideias que recebemos da sensação, pode ser útil considerá-las com referência às diferentes vias pelas quais se aproximam de nossa mente e se fazem perceptíveis para nós.

Primeiro, há algumas que chegam a nossa mente *por um sentido* apenas.

Segundo, há outras que se introduzem na mente *por mais de um sentido*.

Terceiro, outras são obtidas unicamente pela reflexão.

Quarto, há algumas que abrem caminho e são sugeridas à mente *por todas as vias de sensação e de reflexão*.

Nós as consideraremos separadamente sob essas quatro divisões.

Ideias *de um só sentido*.

Primeiro, há *algumas* ideias *que são admitidas por meio de apenas um sentido*, peculiarmente adaptado para recebê-las. Assim, a luz e as cores, como branco, vermelho, amarelo, azul, com seus diversos graus ou matizes e misturas, como verde, escarlate, púrpura, verde-mar e as demais, entram unicamente pelos olhos; todos os tipos de barulhos, sons e tons, unicamente pelos ouvidos; os diversos gostos e cheiros, pelo nariz e paladar. E, se esses órgãos, ou os nervos condutores que as trazem de fora e as apresentam ao cérebro – a sala de visitas da mente (por assim dizer) – estão em desordem a ponto de não desempenharem suas funções, não há poterna pela qual possam ser admitidas, não há outro meio pelo qual se possam expor e ser percebidas pelo entendimento.

122 As mais consideráveis dentre aquelas que pertencem ao tato são as ideias de calor e frio e solidez. Todas as restantes, consistindo quase inteiramente na configuração sensível, como suave ou áspero, ou na maior ou menor firmeza da coesão entre as partes, como duro e mole, rígido e frágil, são suficientemente óbvias.

Poucas ideias *simples têm nome.*

§ 2. Penso que seria desnecessário enumerar todas as *ideias simples* particulares que pertencem a cada sentido. E, ainda que quiséssemos fazê-lo, isso não seria possível, pois, para a maioria dos sentidos, o número das que lhes pertencem é *maior* do que *o dos nomes de que dispomos para elas*. A variedade de cheiros, que é tão grande ou mesmo maior que a das espécies de corpos existentes no mundo, carece, em sua maioria, de nomes. *Cheiroso* e *fedorento* comumente nos servem, dados os nossos propósitos, para essas *ideias*; o que, na verdade, é pouco mais do que chamá-las de prazerosas ou desagradáveis, ainda que o aroma de uma rosa e de uma violeta, ambos cheirosos, certamente sejam *ideias* muito distintas. Tampouco os diferentes gostos de que recebemos *ideias* por nosso paladar dispõem de uma melhor provisão de nomes. Doce, amargo, azedo, ácido e salgado são praticamente todos os epítetos de que dispomos para denominar a inumerável variedade de sabores que verificamos serem distintos não somente em quase todo tipo de criatura, mas em partes diferentes de uma mesma planta, fruta ou animal. O mesmo pode ser dito de cores e sons. Portanto, na exposição que aqui faço das *ideias* simples, contentar-me-ei em levantar apenas as mais importantes para meu propósito, ou as que tendem a ser menos notadas, ainda que com muita frequência sejam ingredientes de nossas *ideias* complexas. Entre estas penso poder incluir a solidez, da qual, portanto, tratarei no capítulo seguinte.

CAPÍTULO IV
Da solidez

Recebemos essa ideia *do tato.*

§ 1. A *ideia* de *solidez*, nós a recebemos pelo
nosso tato. E ela surge dessa resistência que encon-
tramos em um corpo ao ingresso de qualquer outro
corpo no lugar que ocupa enquanto não tiver deixa- 12
do esse lugar. Nenhuma *ideia* é recebida pela sensação com tanta constância quanto a de *solidez*. Quer nos movamos, quer permaneçamos em repouso, não importa a postura em que nos encontremos, sempre sentimos algo sob nós que nos sustenta e impede que caiamos para baixo. E os corpos que diariamente manuseamos levam-nos a perceber que, enquanto permanecem entre nossas mãos, eles impedem, por uma força insuperável, a aproximação das partes de nossas mãos que os pressionam. Aquilo, portanto, que impede a aproximação de dois corpos quando se movem em direção um do outro, eu chamo de *solidez*. Não discutirei se essa acepção da palavra *sólido* é mais próxima ou não de sua significação original do que a utilizada pelos matemáticos: é suficiente, penso, que a noção comum de solidez permita ou mesmo justifique seu uso; mas, se alguém considerar melhor chamá-la de *impenetrabilidade*, tem meu consentimento. Apenas considerei que o termo *solidez* seria mais apropriado para exprimir essa *ideia*, não apenas porque é usado vulgarmente nesse sentido, mas também porque ele traz em si algo de mais positivo do que *impenetrabilidade*, que é negativa e talvez seja antes uma consequência da *solidez* do que a própria *solidez*. Esta, dentre todas as outras, parece a *ideia* mais intimamente conectada e essencial ao corpo, não podendo ser encontrada ou imaginada em nenhum outro lugar que não na matéria. E, ainda que nossos sentidos não se deem conta dela a não ser em massas

de matéria com volume suficiente para causar uma sensação em nós, ainda assim a mente, uma vez tendo adquirido essa *ideia* de corpos sensíveis maiores, estende-a para além, aplicando-a, assim como a de figura, às partículas mais diminutas da matéria que possam existir e constatando que ela é inseparavelmente inerente ao corpo, quando e como quer que este seja modificado.

A solidez preenche o espaço.

§ 2. Essa é a *ideia* pertencente ao corpo pela qual concebemos que este *preenche o espaço*. A *ideia* de preenchimento do espaço consiste nisto: quando imaginamos o espaço ocupado por uma substância sólida, concebemos que ela o ocupa de tal modo que exclui toda outra substância sólida e impede definitivamente que quaisquer dois outros corpos que se movam um em direção ao outro em linha reta se toquem entre si, a não ser que ele se retire de sua trajetória numa linha que não seja paralela àquela em que se movem. Essa *ideia* de solidez é suficientemente fornecida pelos corpos com que ordinariamente lidamos.

É distinta do espaço.

124 § 3. Essa resistência pela qual um corpo mantém os outros fora do espaço que ocupa é tão grande que nenhuma força, por maior que seja, pode sobrepujá-la. Todos os corpos do mundo, pressionando uma gota de água por todos os lados, jamais poderão superar a resistência que oferecerá, suave como é, a sua mútua aproximação, até que se afaste de seu caminho: por esse aspecto, nossa *ideia* de *solidez* é *distinta* tanto daquela de *espaço puro*, que não é capaz nem de resistência nem de movimento, quanto da *ideia* ordinária de *dureza*. Pois um homem pode conceber dois corpos a certa distância de modo tal que se possam aproximar um do outro sem tocar ou deslocar qualquer coisa sólida antes que suas superfícies se encontrem: o que mostra, a meu ver, que temos uma clara *ideia* de espaço sem *solidez*. De fato (sem

ir até o extremo da aniquilação de um corpo particular qualquer), eu pergunto: não poderia um homem possuir a *ideia* do movimento de um único corpo isolado, sem que um outro o suceda imediatamente em seu lugar? Penso que é evidente que sim: pois a *ideia* de movimento em um corpo não inclui a *ideia* de movimento num outro, assim como a *ideia* de uma figura quadrada num corpo não inclui essa *ideia* num outro. Não indago se os corpos existem de tal maneira que o movimento de um corpo não possa existir sem o de outro. Determinar isso é tomar posição contra ou a favor de um *vácuo*. Mas minha questão é: poderia alguém ter a *ideia* de que um único corpo se moveu enquanto outros permaneceram em repouso? E isso, penso que ninguém o negará. Se é assim, então o lugar que desocupou nos dá a *ideia* de espaço puro sem solidez, que poderá ser preenchido por um outro corpo, sem a resistência ou expulsão de qualquer coisa. Quando o êmbolo é puxado numa bomba, o espaço que preenchia no cilindro é certamente o mesmo, quer um outro corpo acompanhe ou não o movimento do êmbolo; e tampouco implica contradição que, por ocasião do movimento de um corpo, um outro que lhe é apenas contíguo não o acompanhe. A necessidade de tal movimento é construída unicamente sobre a suposição de que o mundo é pleno, mas não sobre as *ideias* distintas de espaço e solidez, tão diferentes entre si quanto resistência e não resistência, expulsão e não expulsão. Além disso, que os homens tenham *ideias* de espaço sem corpo, é o que suas próprias disputas acerca do *vácuo* demonstram plenamente, como se verá em outro lugar.

É distinta da dureza.

§ 4. A *solidez diferencia-se* assim também *da dureza*, pois a solidez consiste em repleção e, portanto, numa exclusão absoluta de outros corpos para fora do espaço que ocupa, ao passo que a dureza é uma 125 coesão firme das partes da matéria que compõe massas de um volume sensível, dificultando a alteração da figura do todo. Na verdade, duro e mole são nomes que damos às coisas unicamente em relação à constituição de nossos próprios corpos: o que geralmente chamamos de duro é o que nos fará sofrer antes de mudar sua figura pela pressão de uma parte qualquer de nossos corpos, e, ao contrário, chamamos de mole o que muda a situação de suas partes com um toque fácil e indolor.

Mas essa dificuldade para alterar a situação das partes sensíveis umas com relação às outras, ou da figura do todo, não dá mais solidez ao corpo mais duro do mundo do que ao mais macio, e um diamante não tem um pingo a mais de solidez que a água. Com efeito, ainda que seja mais fácil aproximar as faces planas de dois pedaços de mármore quando entre elas não há nada além de água ou ar, e não um diamante, isso não se dá porque as partes de um diamante sejam mais sólidas do que as da água, ou resistam mais, mas sim porque, sendo as partes da água mais facilmente separáveis umas das outras, elas serão, por um movimento lateral, mais facilmente removidas, abrindo caminho para a aproximação das duas peças de mármore. Mas, caso se pudesse evitar que, por meio desse movimento lateral, viessem a abrir espaço, elas impediriam eternamente, tanto quanto o diamante, a aproximação das duas peças de mármore, e seria tão impossível para toda e qualquer força superar sua resistência quanto superar a resistência das partes de um diamante. O corpo mais mole do mundo resiste de maneira tão invencível à união de dois outros corpos quaisquer, se não for afastado do caminho, mas permanecer entre eles, quanto o corpo mais duro que se possa encontrar ou imaginar. Quem preencher perfeitamente com ar ou água um corpo mole e flexí-

vel logo constatará sua resistência, e aquele que pensa
que apenas corpos duros podem impedir a aproxima-
ção de suas mãos poderia fazer o teste com o ar con-
tido numa bola de futebol. O experimento que me
disseram ter sido realizado em *Florença*, com um glo-
bo de ouro oco cheio de água e totalmente fechado, 126
mostra de forma ainda melhor a solidez de um corpo
tão mole quanto a água. Pois o globo dourado assim
preenchido foi posto numa prensa acionada pela força
extrema de tarraxas, e a água abriu seu caminho através
dos poros desse metal extremamente denso e, sem
encontrar no interior espaço para que suas partículas
se aproximassem ainda mais, saiu para o exterior,
onde brotou como orvalho e caiu em gotas antes que
se conseguisse que as paredes do globo cedessem à
violenta compressão do mecanismo que o pressionava.

Da solidez dependem o impulso, a resistência e a expulsão.

§ 5. Por essa *ideia* de solidez distingue-se a extensão do corpo da extensão do espaço. Pois a extensão do corpo nada mais é do que a coesão ou continuidade de partes sólidas, separáveis e móveis, ao passo que a extensão do espaço é a continuidade de partes não sólidas, inseparáveis e imóveis. *Da solidez dos corpos dependem* também *seus mútuos impulso, resistência e expulsão*. A respeito do espaço puro, portanto, e da solidez, há muitos (confesso ser um deles) que estão persuadidos de que têm *ideias* claras e distintas, e que podem pensar o espaço sem nada nele que resista ou seja expulso por um corpo. Essa é a *ideia* de espaço puro, que pensam possuir com tanta clareza quanto qualquer *ideia* que possam ter da extensão dos corpos: a *ideia* de distância entre as duas partes opostas de uma superfície côncava é igualmente clara com ou sem a *ideia* de quaisquer partes sólidas entre elas. De outro lado, estão persuadidos de que têm uma *ideia* que é perfeitamente distinta da *ideia* de espaço puro, a saber, a *ideia* de algo que preencha o espaço, que possa ser expulso pelo impulso de outros corpos ou resistir ao seu movimento. Se há outros que não possuem essas duas *ideias* distintas, mas confundem-nas e fazem delas uma só, não vejo como seria possível que homens com a mesma *ideia* para nomes diferentes, ou com *ideias* diferentes para o mesmo nome, conversassem entre si, do mesmo modo que não vejo como um homem que não seja cego ou surdo e tenha *ideias* distintas da cor escarlate e do som de trombeta poderia conversar sobre a cor escarlate com o homem cego, que menciono em outra parte, e que imaginava que a *ideia* de escarlate seria como o som de uma trombeta.

O que é solidez.

§ 6. Se alguém perguntar-me *o que é a solidez*, remeto-o aos seus sentidos para que lho informem: que ponha um pedernal ou uma bola de futebol entre
127 suas mãos e então tente uni-las, e saberá o que é. Caso não considere essa uma explicação suficiente da solidez, do que é e no que consiste, prometo dizer-lhe o que é e no que consiste tão logo ele me diga o que é o pensamento e no que consiste, ou me explique o que são extensão e movimento, coisa que talvez pareça bem mais fácil. As *ideias* simples que temos são tais como nos são ensinadas pela experiência. Mas, se tentarmos, para além disso, torná-las mais claras na mente por meio de palavras, não teremos mais sucesso do que se tentarmos esclarecer a escuridão da mente de um homem cego por meio da fala, discorrendo para ele sobre as *ideias* de luz e de cores. Mostrarei em outro lugar por que isso se dá.

CAPÍTULO V
Das ideias *simples de mais de um sentido*

As *ideias* que adquirimos por mais de um sentido são as de *espaço*, ou *extensão*, *figura*, *repouso* e *mo-*

vimento, pois produzem impressões perceptíveis tanto nos olhos como no tato, e podemos receber e introduzir em nossa mente as *ideias* de extensão, figura, movimento e repouso dos corpos, tanto pela visão quanto pelo toque. Terei ocasião para falar delas em outro lugar, e assim aqui apenas as enumero.

CAPÍTULO VI
Das ideias *simples da reflexão*

São as operações da mente sobre suas outras ideias.

§ 1. Tendo recebido de fora as *ideias* mencionadas nos capítulos precedentes, a mente, ao voltar sua vista para dentro de si mesma e observar suas próprias ações sobre as *ideias* que possui, obtém daí outras *ideias*, tão aptas a se tornarem objetos de sua contemplação quanto qualquer uma das que recebeu das coisas exteriores.

A ideia *de percepção e a* ideia *do querer, nós as obtemos da reflexão.*

§ 2. As duas grandes e principais ações da mente, 128
que são mais frequentemente consideradas e que são tão frequentes que qualquer um que queira as pode notar em si mesmo, são as duas seguintes:

– *percepção*, ou *pensar*,
– e *volição*, ou *querer*.

O poder de pensar é chamado de *entendimento*, e o poder de volição é chamado de *vontade*, e esses dois poderes ou habilidades na mente são chamados de *faculdades*[7]. Acerca de alguns dos modos dessas *ideias* simples da reflexão, como *lembrança*, *discernimento*, *raciocínio*, *julgamento*, *conhecimento*, *fé* etc., falarei no momento oportuno.

---

7. Esta frase substitui, desde a segunda edição, o seguinte texto: "O poder na mente de produzir essas ações é o que denominamos faculdades, e estas são chamadas *Entendimento* e *Vontade*". [N. E.]

CAPÍTULO VII
Das ideias *simples tanto da sensação como da reflexão*

§ 1. Há outras *ideias* simples que se comunicam à mente por todas as vias de sensação e reflexão, *i. e.*, *Prazer e dor.*

prazer ou *deleite*, e seu oposto,
dor ou *incômodo;*
poder;
existência;
unidade.

§ 2. *Deleite* ou *incômodo* unem-se, um ou outro, a quase todas as nossas *ideias*, tanto de sensação como de reflexão, e praticamente não há afecção externa de nossos sentidos ou pensamento recluso no interior de nossa mente que não seja capaz de produzir em nós *prazer* ou *dor*. Por *prazer* e *dor* deve-se entender aqui o que quer que nos deleite ou moleste, venha isso dos pensamentos de nossa mente ou de alguma coisa que opere sobre nosso corpo. De fato, quer os chamemos de satisfação, deleite, prazer, felicidade etc., por um lado, ou de incômodo, perturbação,
129 dor, tormento, angústia, infelicidade etc., por outro, não deixam de ser tão somente diferentes graus de uma mesma coisa, e pertencem às *ideias* de *prazer* e *dor*, deleite ou incômodo, nomes que usarei com mais frequência para esses dois tipos de *ideia*.

§ 3. Tendo o infinitamente sábio autor de nosso ser atribuído a nós o poder sobre muitas partes de nosso corpo tanto para movê-las ou deixá-las em repouso, conforme nos parecer mais adequado, como também, por meio de seu movimento, para nos mover e a outros corpos contíguos, o que constitui a totalidade das ações de nosso corpo, e tendo ainda atribuído a nossa mente o poder de, em várias situações, escolher dentre as suas *ideias* aquelas sobre as quais irá pensar, e de seguir na investigação deste ou daquele assunto com consideração e atenção, agradou-lhe, para incitar-nos às ações de pensamento e movimento de que somos capazes, conjugar a muitos pensamentos e a muitas sensações uma *percepção de deleite.* Se esta estivesse inteiramente separada de todas as nossas sensações externas e pensamentos internos, não teríamos nenhum motivo para preferir um pensamento ou ação a outro, a negligência à atenção, ou o movimento ao repouso. E, assim, não moveríamos nosso corpo nem empregaríamos nossa mente, mas deixaríamos nossos pensamentos (se assim puderem ser chamados) à deriva, sem qualquer direção ou propósito, e permitiríamos que as *ideias* de nossa mente, como sombras desconsideradas, aparecessem ao acaso, sem que lhes déssemos atenção. Num estado como esse, o homem, por mais dotado das faculdades de entendimento e vontade, seria uma criatura muito ociosa e inativa, passando seu tempo num sonho preguiçoso e letárgico. Foi, portanto, do agrado de nosso sábio criador anexar um prazer concomitante a muitos objetos e às *ideias* que recebemos deles, e também a muitos de nossos pensamentos, e isso em diferentes graus nos diferentes objetos, para que as faculdades de que nos dotou não permanecessem inteiramente ociosas e sem emprego de nossa parte.

§ 4. A *dor* tem a mesma eficácia e utilidade que o prazer para nos lançar ao trabalho, pois estamos tão prontos a empregar nossas faculdades para evitá-la e para persegui-lo. Mas o que é digno de atenção é que a *dor é muitas vezes produzida pelos mesmos objetos e ideias que produzem prazer* em nós. Essa íntima conjunção, que faz com que muitas vezes sintamos dor nas sensações em que esperávamos prazer, propicia um novo motivo para que admiremos a sabedoria e a

130 beneficência de nosso criador. Este, com a intenção de preservar nosso ser, anexou a dor à aplicação de muitas coisas ao nosso corpo para nos alertar do dano que causam, como um conselho para que nos afastemos delas; porém, como não visava apenas a nossa preservação, mas a preservação de cada parte e órgão em sua inteira perfeição, em muitos casos anexou a dor até mesmo às *ideias* que nos deleitam. Assim o calor, que em certo grau nos é muito agradável, se um pouco mais elevado, revela-se como um tormento nada desprezível, e o mais agradável dentre todos os objetos sensíveis, a própria luz, se exagerada e elevada acima da proporção adequada a nossos olhos, causa uma sensação muito dolorosa. O que é sábia e vantajosamente determinado pela natureza de tal modo que, quando um objeto qualquer, pela veemência de sua operação, perturbar os instrumentos da sensação, cujas estruturas não podem ser senão muito sutis e delicadas, sejamos alertados pela dor para que nos afastemos antes que o órgão se danifique inteiramente e se torne futuramente inadequado para suas funções próprias. A consideração dos objetos que a produzem pode bem nos persuadir de que esse é o fim ou a utilidade da dor. Pois ainda que uma grande quantidade de luz seja insuportável aos nossos olhos, o maior grau de escuridão não lhes é nocivo: como ela não lhe causa nenhum movimento desordenado, deixa esse curioso órgão intacto, em seu estado natural. E, no entanto, o excesso de frio, assim como o de calor, nos é doloroso: pois é igualmente destrutivo daquela proporção que é necessária à preservação da vida e ao exercício das muitas funções do corpo, proporção que consiste num grau moderado de calor, ou ainda, caso se prefira, no movimento das partes insensíveis de nosso corpo confinado dentro de certos limites.

§ 5. Além disso tudo, encontramos uma outra razão pela qual Deus distribuiu, para cima e para baixo, *muitos graus de prazer e dor em todas a coisas que nos cercam e nos afetam*, misturando-os entre si em praticamente tudo o que diz respeito aos nossos pensamentos e sentidos: para que, ao nos depararmos com imperfeição, insatisfação e ausência de felicidade completa em toda fruição que as criaturas nos podem propiciar, possamos ser impelidos a procurar por essas coisas na fruição dele, *onde há plenitude de alegria, e em cuja mão direita se encontram os prazeres para sempre*[8].

§ 6. Embora o que disse aqui talvez não torne as *ideias de prazer e dor* mais claras para nós do que o faz nossa própria experiência – o único meio pelo qual 131
podemos adquiri-las –, no entanto, a consideração da razão pela qual estão anexadas a tantas outras *ideias*, ao servir para nos propiciar os devidos sentimentos para com a sabedoria e beneficência do soberano dispensador de todas as coisas, pode ser proveitosa para a finalidade principal destas investigações: pois o conhecimento e a veneração d'Ele é o fim principal de todos os nossos pensamentos, e a tarefa própria de todo entendimento.

Existência e unidade.

§ 7. *Existência* e *unidade* são duas outras *ideias* sugeridas ao entendimento por cada objeto externo e por cada *ideia* interior. Quando *ideias* se encontram em nossa mente, nós as consideramos como atualmente ali, assim como consideramos que as coisas estão atualmente fora de nós, quer dizer, que elas existem, ou têm *existência*. E tudo o que podemos considerar como uma só coisa, seja um ser real ou uma *ideia*, sugere ao entendimento a *ideia* de *unidade*.

Poder.

§ 8. *Poder* é também uma outra dessas *ideias* simples que recebemos da *sensação e da reflexão*. Pois, observando em nós mesmos[9] que podemos, a bel-pra-

---

8. Sl 16, 11. [N. E.]

9. Até a quarta edição, o texto trazia: "observando em nós mesmos que pensamos e podemos pensar, e que podemos [etc.]." [N. E.]

zer, mover muitas partes de nossos corpos que antes se encontravam em repouso, e também ocorrendo a todo momento diante de nossos sentidos os efeitos que os corpos naturais são capazes de produzir uns sobre os outros, por essas duas vias adquirimos a *ideia* de *poder*.

Sucessão.

§ 9. Além dessas *ideias*, há ainda uma outra que, embora sugerida por nossos sentidos, nos é oferecida com maior frequência pelo que se passa em nossa própria mente; trata-se da *ideia* de *sucessão*. De fato, se olharmos imediatamente para dentro de nós mesmos e refletirmos sobre o que ali é observável, constataremos que nossas *ideias*, enquanto estamos despertos ou temos qualquer pensamento, sempre passam em curso, uma indo, a outra vindo, sem intermissão.

Ideias *simples são a matéria de todo nosso conhecimento.*

§ 10. Estas são (penso eu), senão todas, as mais consideráveis dentre as *ideias* simples de que a mente dispõe, a partir das quais se compõem todos os seus outros conhecimentos, e todas elas são recebidas unicamente pelas duas vias supramencionadas: *sensação* e *reflexão*.

E que ninguém considere esses limites muito estreitos para a movimentação da tão ampla mente humana, que voa para além das estrelas e não pode ser confinada aos limites do mundo, e muitas vezes estende seus pensamentos para além mesmo do limite
132 último da matéria, realizando excursões por aquele vazio imponderável. Concedo tudo isso, mas gostaria que alguém apontasse qualquer *ideia simples* que não seja *recebida por* uma *dessas passagens* anteriormente mencionadas, ou qualquer *ideia complexa que* não *seja feita a partir dessas ideias simples*. Nem deveria ser tão estranho considerar que essas poucas *ideias* simples sejam suficientes para o emprego do pensamento mais agudo ou da capacidade mais am-

pla e também para fornecer os materiais de todo o variado conhecimento e das ainda mais variegadas conjecturas e opiniões dos homens: basta considerar quantas palavras podem ser feitas a partir de diferentes combinações de vinte e quatro letras, ou, indo um passo além, que se reflita sobre a variedade de combinações que podem ser feitas com apenas uma das *ideias* anteriormente mencionadas, *i. e.*, a de número, cujo estoque é inesgotável e verdadeiramente infinito, ou ainda sobre o campo imenso e vasto que a extensão, por si só, oferece aos matemáticos.

CAPÍTULO VIII
Algumas considerações suplementares sobre nossas ideias *simples*

Ideias *positivas de causas privativas.*

§ 1. A respeito das *ideias* simples de sensação, deve-se considerar que tudo quanto na natureza está constituído de modo tal que, pela afecção de nossos sentidos, tem a capacidade de nos causar uma percepção qualquer na mente produz, por esse meio, uma *ideia* simples no entendimento, a qual, qualquer que seja sua causa externa, uma vez notada por nossa faculdade de discernir é vista e considerada pela mente como uma *ideia* real e *positiva* no entendimento, tanto quanto qualquer outra, ainda que sua causa possa ser uma privação no objeto.

§ 2. Assim, as *ideias* de calor e de frio, de luz e de escuridão, de branco e de preto, de movimento e de repouso são todas *ideias* igualmente claras e *positivas* na mente, ainda que algumas das *causas* que as produzem talvez não passem de *privações* nos objetos dos quais nossos sentidos derivam essas *ideias*. Ao vê-las, o entendimento as considera todas *ideias* positivas distintas, sem levar em conta as causas que

as produzem: pois essa é uma investigação que não diz respeito à *ideia*, tal como se encontra no entendi-
133 mento, mas à natureza das coisas existentes fora de nós. Trata-se de duas coisas diferentes, que devem ser cuidadosamente distinguidas, pois uma coisa é perceber e conhecer a *ideia* de branco ou de preto, e outra, bem diferente, é examinar que tipo de partículas deve haver, e como se devem distribuir pela superfície, para que um objeto apareça branco ou preto.

§ 3. Um pintor ou um tintureiro que nunca investigou as causas do branco, do preto e de outras cores tem delas uma *ideia* clara, perfeita e distinta em seu entendimento, e talvez mesmo mais distinta do que o filósofo que se ocupou em considerar sua natureza e pensa saber em que medida cada uma delas é, em sua causa, positiva ou privativa. E a *ideia de preto* é tão *positiva* em sua mente quanto a de branco, *por mais que a causa* dessa cor no objeto exterior possa ser *unicamente uma privação*.

§ 4. Fosse o intento de meu presente empreendimento investigar as causas naturais da percepção e a maneira pela qual ela se dá, eu apresentaria a seguinte razão para explicar *por que uma causa privativa pode*, ao menos em alguns casos, *produzir uma ideia positiva*, *i. e.*: toda sensação sendo produzida em nós unicamente pelos diferentes graus e modos de movimento em nossos espíritos animais, agitados de maneira variada por objetos externos, é tão necessário que a cessação de um movimento anterior produza uma nova sensação quanto no caso de sua variação ou intensificação e, assim, que introduza uma nova *ideia* que depende unicamente de um movimento diferente dos espíritos animais naquele órgão.

§ 5. Mas não decidirei aqui se esse é mesmo o caso ou não. Irei apenas apelar à experiência de cada um com relação ao seguinte: a sombra de um homem, apesar de não consistir em nada além da ausência de luz (e, quanto maior a ausência de luz, mais discernível é a sombra), causa ou não causa, quando alguém olha para ela, uma *ideia* tão clara e positiva em sua mente quanto um homem de fato, muito embora iluminado pela luz do sol? E o retrato de uma sombra é uma coisa positiva. Na verdade, dispomos de *nomes negativos* que não designam diretamente *ideias* positivas, mas a sua ausência, como *insípido*, *silêncio*, *nihil* etc.[10]: palavras que denotam *ideias* positivas, como *gosto*, *som*, *ser*, com a significação de sua ausência.

§ 6. E assim é que se pode verdadeiramente dizer que se vê a escuridão. Pois suponhamos um buraco inteiramente escuro, a partir do qual nenhuma luz seja refletida. É certo que se pode enxergar sua figu- 134
ra, ou que ele pode ser pintado, ou então seria uma questão a de saber se a tinta com que escrevo constitui alguma outra *ideia*. As causas privativas que aqui atribuí às *ideias* positivas estão de acordo com a opinião comum, mas na verdade seria difícil determinar se há mesmo qualquer *ideia* a partir de causas privativas antes que se determine *se o repouso é mais privação do que o movimento*.

Ideias *na mente, qualidades nos corpos.*

§ 7. Para descobrir melhor a natureza de nossas *ideias* e discorrer sobre elas inteligivelmente, será conveniente distingui-las na medida em que sejam *ideias* ou percepções em nossas mentes, e na medida em que sejam modificações na matéria dos corpos que causam tais percepções em nós. Assim, *não devemos pensar* (como talvez por vezes aconteça) que são as imagens e *semelhanças* exatas de algo inerente ao

10. O restante desta frase substitui, a partir da quarta edição, o seguinte texto: "para as quais não há *ideias* positivas, mas consistem inteiramente na negação de certas *ideias*, como *silêncio*, *invisível*, as quais não *significam* alguma *ideia* na mente, mas sua *ausência*." [N. E.]

objeto, pois a maior parte dessas sensações, na mente, é tão pouco um símile de algo existente fora de nós quanto os nomes que as designam são símiles de nossas *ideias*, as quais, no entanto, eles suscitam em nós quando os ouvimos.

§ 8. Tudo quanto a mente percebe em si mesma ou é o objeto imediato da percepção, do pensamento ou do entendimento, a isso chamo de *ideia*, e o poder para produzir qualquer *ideia* em nossa mente chamo de *qualidade* do objeto no qual reside esse poder. Assim, uma bola de neve tem o poder de produzir em nós *ideias* de *branco*, de *frio* e de *redondo*, e os poderes para produzir essas *ideias* em nós, na medida em que se encontram na bola de neve, chamo de *qualidades*, e, na medida em que são sensações ou percepções em nosso entendimento, chamo-os de *ideias*. E, se por vezes falo em *ideias* nas coisas mesmas, refiro-me às qualidades nos objetos que as produzem em nós.

Qualidades primárias e secundárias.

§ 9. As qualidades assim concebidas nos corpos são, primeiro, aquelas que são inteiramente inseparáveis do corpo, independentemente do estado em que ele se encontre; aquelas que, em todas as alterações e mudanças que o corpo possa sofrer, e por mais força que se aplique sobre ele, ele preserva constantemente; e aquelas que os sentidos encontram constantemente em cada partícula de matéria com volume
135 suficiente para ser percebida, e que a mente constata serem inseparáveis de cada partícula de matéria, mesmo que não seja grande o suficiente para se fazer perceber isoladamente por nossos sentidos; p. ex., tome-se um grão de trigo e que se o divida em duas partes, e cada uma delas ainda tem *solidez*, *extensão*, *figura* e *mobilidade*; que se o divida novamente, e ele mantém ainda as mesmas qualidades; que assim se faça até que as partes se tornem insensíveis, cada

uma delas deve manter todas essas qualidades. Pois a divisão (que é tudo quanto um moinho ou um pilão ou qualquer outro corpo realiza sobre outro ao dividi-lo em partes insensíveis) jamais pode retirar de um corpo solidez, extensão, figura ou mobilidade, mas apenas fazer duas ou mais massas separadas e distintas de matéria a partir daquilo que, antes, era uma só, e todas essas massas distintas, reconhecidas como tantos corpos distintos, perfazem, após a divisão, um certo número. Essas *qualidades* do corpo eu chamo de *originais* ou *primárias*, e penso que se pode observar que elas produzem *ideias* simples em nós, *i. e.*, solidez, extensão, figura, movimento ou repouso e número.

§ 10. *Segundo*, aquelas *qualidades* que, em verdade, nada são nos próprios objetos, a não ser poderes de produzir várias sensações em nós por meio de suas *qualidades primárias*, *i. e.*, pelo volume, figura, textura e movimento de suas partes insensíveis: essas sensações, como cores, sons, gostos etc., chamo de *qualidades secundárias*. A elas pode-se acrescentar um terceiro tipo, que não se admite que sejam mais que poderes, ainda que sejam qualidades tão reais no objeto quanto as que, de acordo com a maneira comum de falar, chamei de *qualidades* e, para distingui-las, de *qualidades secundárias*. Pois o poder no fogo de produzir, por meio de suas qualidades primárias, uma nova cor, ou uma nova consistência na cera ou no barro é tanto uma qualidade no fogo quanto o é o poder que ele tem de produzir em mim uma nova *ideia* ou sensação de calor ou queimadura, que antes eu não sentia, pelas mesmas qualidades primárias, *i. e.*, o volume, a textura e o movimento de suas partes insensíveis.

Como as qualidades primárias produzem suas ideias.

§ 11. A próxima coisa a ser considerada é como os *corpos*[11] produzem *ideias* em nós, o que se dá ma- 136

11. O restante desta frase substitui, a partir da quarta edição, o seguinte texto: "*operam* uns nos outros, e isso ocorre manifestamente

nifestamente por *impulso*, o único meio pelo qual podemos conceber a operação dos corpos.

§ 12. Se então[12] os objetos exteriores não se encontram unidos a nossa mente quando produzem *ideias* nela, e mesmo assim percebemos *essas qualidades originais* nos objetos que caem individualmente sob nossos sentidos, é evidente que algum movimento deve, partindo deles, ser prolongado por nossos nervos, ou espíritos animais, por certas partes de nosso corpo, até o cérebro ou sede da sensação, para ali *produzir em nossa mente as ideias particulares que temos deles*. E, uma vez que extensão, figura, número e movimento de corpos de grandeza observável podem ser percebidos à distância *pela* vista, é evidente que alguns corpos individualmente imperceptíveis devem vir deles até os olhos, comunicando assim ao cérebro um *movimento* que produz as *ideias* que deles temos em nós.

Como as qualidades secundárias produzem suas ideias.

§ 13. Segundo a mesma maneira pela qual as *ideias* dessas qualidades originais são produzidas em nós, podemos conceber também a *produção* das *ideias de qualidades secundárias, i.e., pela operação de partículas insensíveis em nossos sentidos*. Pois é manifesto que há corpos, e uma boa quantidade deles, tão pequenos que não conseguimos, com nenhum de nossos sentidos, descobrir seu volume, figura ou movimento: o que resta evidente nas partículas de ar e de água, e em outras muito menores do que estas, talvez tão menores do que as partículas de ar ou de água quanto estas são menores do que ervilhas ou pedrinhas de

---

por impulso, e por nada mais. De fato, é impossível conceber que um corpo opere naquilo que ele não toca (o que seria o mesmo que imaginar que ele pode operar onde ele não está) ou que, quando ele toca, ele opere de algum outro modo a não ser pelo movimento." [N. E.]

12. A partir da quarta edição, omite-se o seguinte trecho: "os corpos não podem operar a distância, se [os objetos exteriores etc.]." [N. E.]

granizo. Suponhamos agora que os diferentes movimentos e figuras, volumes e números de tais partículas, afetando os diversos órgãos de nossos sentidos, produzam em nós essas diferentes sensações que temos das cores e cheiros dos corpos; p. ex., que uma violeta, pelo impulso de tais partículas insensíveis da matéria, de figuras e volumes peculiares, e com diferentes graus e modificações de seus movimentos, levem as *ideias* da cor azul e do doce aroma dessa flor a ser produzidas em nossa mente. Pois não é mais impossível conceber que Deus tenha anexado tais *ideias* a tais movimentos, com os quais não têm nenhuma similitude, do que conceber que ele tenha anexado a *ideia* de dor ao movimento de uma peça de aço cor- 137
tando nossa carne, com o qual essa *ideia* não tem nenhuma semelhança.

§ 14. O que eu disse a respeito de *cores* e *cheiros* também vale para *gostos* e *sons*, e para todas as *qualidades sensíveis que tais*. De fato, não importa se equivocadamente atribuímos a elas uma realidade sensível qualquer: na verdade elas nada são nos objetos em si mesmos além de poderes de produzir sensações variadas em nós e *dependem das qualidades primárias*, *i. e.*, volume, figura, textura e movimento das partes, como eu já disse.

As ideias *de qualidades primárias são semelhanças; as das secundárias não.*

§ 15. Acredito que se pode facilmente extrair disso esta constatação: as ideias das qualidades primárias dos corpos são semelhanças deles, e seus padrões de fato existem nos corpos mesmos, mas as ideias produzidas em nós pelas qualidades secundárias não se assemelham absolutamente a eles. Nos corpos mesmos, não há nada de semelhante a nossas ideias. Elas são, nos corpos que denominamos a partir delas, apenas um poder de produzir essas sensações em nós: e o que, em ideia, é doce, azul ou quente não é, nos corpos mesmos que assim denominamos, senão um certo volume, figura e movimento de suas partes insensíveis.

§ 16. A *chama* é denominada *quente* e *luminosa*, a *neve*, *branca* e *fria*, e o *maná*, *branco* e *doce*, devido às *ideias* que eles produzem em nós. Qualidades estas que comumente pensamos ser as mesmas nos corpos e nas *ideias* em nós, uma sendo a perfeita semelhança da outra, como lhes sucede num espelho, e a maioria dos homens consideraria muito extravagante que se dissesse outra coisa. E, no entanto, quem considerar que *o mesmo fogo*, que à distância *produz* em nós a sensação de *calor*, a uma maior aproximação produz em nós a sensação muito diferente de *dor*, precisará perguntar-se a si mesmo qual razão teria para dizer que sua *ideia* de *calor*, que foi produzida nele pelo fogo, reside *efetivamente no fogo*, e sua *ideia* de *dor*, que o mesmo fogo produziu nele da mesma maneira, *não* reside no *fogo*. Por que a brancura e o frio residiriam na neve, mas não a dor, se ela produz tanto esta última quanto as outras *ideias* em nós, e não pode produzir nenhuma delas senão pelo volume, a figura, o número e o movimento de suas partes sólidas?

§ 17. O *volume*, *o número*, *a figura e o movimento* peculiares às *partes do fogo ou da neve encontram-se de fato neles*, quer um dos sentidos os perceba ou não. Portanto, podem ser chamados de *qualida-*
138 *des reais*, porque realmente existem nesses corpos. Mas a *luz*, o *calor*, a *brancura* ou o *frio não se encontram neles*, *não mais do que a doença e a dor se encontram no* maná. Retire-se a sensação deles, que os olhos não vejam a luz ou as cores, nem os ouvidos ouçam sons, que o paladar não saboreie, nem o nariz cheire, e todas as cores, sabores, odores e sons, na medida em que são essas *ideias* particulares, desvanecem e cessam, sendo reduzidos a suas causas, *i. e.*, volume, figura e movimento das partes.

§ 18. Um pedaço de *maná* de volume perceptível é capaz de produzir em nós a *ideia* de uma figura redonda ou quadrada, e, ao ser removido de um lugar para o outro, a *ideia* de movimento. Essa *ideia* de movimento o representa tal como ele é no *maná* que se move; um círculo ou um quadrado são os mesmos, seja em *ideia* ou em existência, na mente ou no *maná*. E todos concederão prontamente que tanto *movimento quanto figura estão realmente no maná*, quer nos demos conta deles ou não. Além disso, o *maná* tem, pelo volume, a figura, a textura e o movimento de suas partes, um poder de produzir, em nós, as sensações de enjoo e, por vezes, de dores agudas ou cólicas. Essas *ideias* de *enjoo e* de *dor não se encontram no maná*, mas são ambas efeito de sua operação em nós e não se encontram em nenhum lugar quando não as sentimos: com isso, todos também concordam prontamente. E, no entanto, é difícil convencer os homens de que a *doçura e a brancura não se encontram de fato no maná*, mas são apenas efeitos de operações do *maná*, por meio do movimento, tamanho e figura de suas partículas, sobre os olhos e o paladar, assim como a dor e o enjoo causados pelo *maná* reconhecidamente não são senão os efeitos de suas operações sobre o estômago e os intestinos, pelo tamanho, movimento e figura de suas partes insensíveis (pois somente assim um corpo pode operar, como já foi provado): como se não pudesse operar sobre os olhos e o paladar e, desse modo, produzir na mente *ideias* particulares distintas que não tem em si mesmo, embora reconheçamos que pode operar nos intestinos e no estômago, produzindo, desse modo, *ideias* distintas que não tem em si mesmo. Sendo todas essas *ideias* efeitos das operações do *maná* sobre diversas partes de nosso corpo, pelo tamanho, figura, número e movimento de suas partes, por que então se deveria pensar que aquelas produzidas pelos olhos e pelo paladar estão realmente no *maná*, mas não

aquelas produzidas pelo estômago e intestinos? Ou por que se deveria pensar que dor e enjoo, *ideias* que são os efeitos do *maná*, não existem em lugar nenhum quando não são sentidas, mas que a doçura e a brancura, efeitos do mesmo *maná* sobre outras partes do
139 corpo por meios igualmente desconhecidos, existem no *maná* quando não são vistas nem degustadas? Tudo isso exigiria alguma razão para ser explicado.

§ 19. Consideremos as cores vermelho e branco no *pórfiro*: que se impeça a luz de tocá-lo, e suas cores desaparecem, ele já não produz tais *ideias* em nós; quando do retorno da luz, ele produz novamente essas aparências em nós. Poderia alguém pensar que alguma alteração real foi feita no *pórfiro* pela presença ou ausência da luz, e que essas *ideias* de brancura e vermelhidão estão realmente no pórfiro iluminado, quando é patente que *ele não tem nenhuma cor no escuro*? De fato, ele tem, de noite como de dia, uma configuração tal de partículas que, pelos raios de luz que repercutem em algumas partes dessa pedra dura, é capaz de produzir em nós a *ideia* de vermelhidão e, em outras partes, a *ideia* de brancura: mas a brancura ou a vermelhidão são sempre nessa pedra apenas uma textura tal que tem o poder de produzir essas sensações em nós.

§ 20. Que se triture uma amêndoa, e a *cor* branca e clara se transformará numa cor suja, e o *gosto* doce, em oleoso. Que alteração real poderia trazer a um corpo o socar do pilão, senão uma alteração em sua *textura*?

§ 21. Sendo as *ideias* assim distinguidas e compreendidas, poderemos explicar como a mesma água, no mesmo momento, pode produzir a *ideia* de frio, através de uma mão, e a de quente, através da outra, ao passo que seria impossível que a mesma água, se essas *ideias* estivessem mesmo nela, fosse ao mesmo tempo fria e quente. Com efeito, se imaginarmos que a *quentura*, tal como se encontra *em nossas mãos, nada mais* é *do que um certo tipo e grau de movimento nas partículas diminutas de nossos nervos ou espíritos animais*, poderemos entender como é possível que a mesma água produza ao mesmo tempo a sensação de calor, em uma mão, e a de frio, na outra; coisa que, no entanto, uma figura nunca faz, nunca produzindo a *ideia* de quadrado, através de uma mão, e a *ideia* de globo, através da outra. Mas, se a sensação de calor e frio não é senão o aumento ou a redução do movimento de partes diminutas de nosso corpo, causados por corpúsculos de um outro corpo qualquer, é fácil entender que o movimento, sendo maior numa das mãos do que na outra, caso se aplique às duas mãos um corpo com um movimento em suas diminutas partículas maior que aquele de uma das mãos e menor que o da outra, isso aumentará o movimento de uma das mãos e reduzirá o da outra, causando assim as diferentes sensações de calor e de frio que dependem disso.

§ 22. No que precede, envolvi-me em investiga- 140
ções físicas[13] talvez um pouco mais do que pretendia. Mas, como é necessário fazer com que a natureza da sensação seja em alguma medida compreendida e que se conceba distintamente a *diferença entre as qualidades dos corpos e as* ideias *produzidas por elas na mente*, sem o que seria impossível falar delas de modo inteligível, espero que me perdoem por essa pequena excursão na filosofia natural. De fato, na presente investigação, era preciso distinguir entre as *qualidades primárias e reais* dos corpos, que estão sempre neles (*i. e.*, solidez, extensão, figura, número e movimento, ou repouso, as quais são, por vezes, percebidas por

---

13. A "investigação física" opõe-se à mera descrição dos fatos (o "método histórico") e aplica-se tanto à matéria quanto à alma. [N. Ed. Br.]

nós, *i. e.*, quando os corpos em que residem são suficientemente grandes para serem discernidos por si mesmos), e as qualidades *secundárias* e *imputadas*, que são apenas os poderes das diversas combinações das qualidades primárias quando estas operam sem serem distintamente discernidas. E, graças a isso, também poderemos saber quais *ideias* são e quais não são semelhanças de algo realmente existente nos corpos que denominamos a partir delas.

Três tipos de qualidade nos corpos.

§ 23. As *qualidades* que se considera corretamente que estejam nos corpos são, portanto, de *três tipos*.

Primeiro, o *volume*, *a figura*, *o número*, *a situação* e *o movimento ou o repouso* de suas partes sólidas. Tais qualidades residem nos corpos quer as percebamos ou não, e, quando têm um tamanho tal que as podemos descobrir, temos por meio delas uma *ideia* da coisa tal como é em si mesma, como é patente nas coisas artificiais. A estas chamo de *qualidades primárias*.

Segundo, o *poder* que reside num corpo, *em* razão de *suas qualidades primárias* insensíveis, para operar segundo uma maneira peculiar sobre qualquer um de nossos sentidos e, assim, *produzir em nós* as *diferentes ideias* de muitas cores, sons, cheiros, sabores etc. Estas são usualmente chamadas de qualidades sensíveis.

Terceiro, o *poder* que reside num corpo qualquer *para* realizar, *em* razão da constituição particular de *suas qualidades primárias*, uma *mudança* no *volume, na figura*, *na textura e no movimento de outro corpo* de modo tal que este passe a operar sobre nossos sentidos diferentemente de como operava antes.
141 Assim, o sol tem o poder de tornar a cera branca, e o fogo, de tornar o chumbo fluido. Essas qualidades são usualmente chamadas de poderes.

As primeiras, como disse, penso que podem ser apropriadamente chamadas de *qualidades reais originárias* ou *primárias*, porque se encontram nas coisas mesmas, sejam percebidas ou não, e de suas diferentes modificações dependem as qualidades secundárias.

As outras duas são apenas poderes de agir diferentemente sobre outras coisas, poderes esses que resultam de diferentes modificações daquelas qualidades primárias.

As primeiras *são semelhanças. As segundas, pensa-se que sejam semelhanças, mas não são. As terceiras não são, nem se pensa que sejam.*

§ 24. Mas, ainda que *esses dois últimos tipos de qualidades sejam meros poderes*, e nada além de poderes, que remetem a diversos outros corpos e resultam das diferentes modificações das qualidades originais, no entanto geralmente se pensa nelas de outra maneira. De fato, quanto ao *segundo tipo, i. e.*, os poderes de produzir muitas *ideias* em nós por nossos sentidos, *é visto como qualidades reais nas coisas* que assim nos afetam, mas *as do terceiro tipo são chamadas e consideradas meros poderes*. P. ex., as *ideias* de calor ou de luz, que recebemos do sol por nossos olhos, ou por nosso tato, são comumente pensadas como *qualidades reais*, existentes no sol, e como algo mais do que meros poderes neste. Mas, quando consideramos o sol em referência à cera que ele derrete ou branqueia, encaramos a brancura e maleabilidade produzida na cera não como qualidades no sol, mas como efeitos produzidos por *poderes* nele. Ao passo que, se corretamente consideradas, essas qualidades da luz e do calor, que são percepções em mim quando sou aquecido ou iluminado pelo sol, estão tão pouco no sol quanto as alterações feitas na cera quando esta é branqueada ou derretida. Todas elas são igualmente poderes no sol, que dependem de suas qualidades primárias, poderes pelos quais ele é capaz de, num caso, alterar o volume, a figura, a textura ou o movimento de algumas partes insensíveis de meus olhos ou de minhas mãos de tal modo que produz em mim a *ideia* de luz ou calor, e, no outro, de alterar o volume, a textura, a figura ou o movimento das partes insensíveis da cera de tal modo que as torna aptas a produzir em mim as *ideias* distintas do branco e da fluidez.

142 § 25. A razão pela qual *umas comumente são tidas por qualidades reais, e as outras, unicamente por meros poderes* parece ser esta: como as *ideias* que temos das distintas cores, sons etc. não contêm absolutamente nada em si de volume, de figura ou de movimento, não tendemos a pensá-las como os efeitos dessas qualidades primárias, que não aparecem para nossos sentidos operando em sua produção e não têm nenhuma congruência aparente ou conexão concebível com elas. Daí estarmos tão predispostos a imaginar que aquelas *ideias* são semelhanças de algo realmente existente nos próprios objetos, pois a sensação nada percebe de volume, de figura ou de movimento de partes em sua produção, nem a razão pode mostrar como os corpos, por seu volume, figura e movimento, possam produzir na mente as *ideias* de azul, de amarelo etc. Mas, no outro caso, nas operações dos corpos que alteram as qualidades uns dos outros, percebemos claramente que a qualidade produzida comumente não tem nenhuma semelhança com qualquer coisa naquilo que a produz, e assim a vemos como um mero efeito de um poder. De fato, ainda que tendamos a pensar, quando recebemos do sol a *ideia* de calor ou de luz, que se trate de uma percepção ou semelhança de tal qualidade no sol, no entanto, quando vemos a cera, ou um rosto claro a receber uma mudança de cor do sol, não podemos imaginar que seja a recepção ou semelhança de algo existente no sol, visto não encontrarmos essas diferentes cores no próprio sol. Com efeito, sendo nossos sentidos capazes de observar uma similitude ou uma dissimilitude de qualidades sensíveis em dois objetos externos diferentes, bem prontamente concluímos que a produção de uma qualidade sensível qualquer

num objeto qualquer é efeito de um mero poder, e não a comunicação de alguma qualidade que realmente residiria em sua causa eficiente, já que não encontramos tal qualidade sensível na coisa que a produziu. Mas, como nossos sentidos não conseguem perceber qualquer dissimilitude entre a *ideia* produzida em nós e a qualidade do objeto que a produz, tendemos a imaginar que nossas *ideias* são semelhanças de algo nos objetos, e não os efeitos de certos poderes que consistem na modificação de suas qualidades primárias, com as quais as *ideias* produzidas em nós não têm qualquer semelhança.

As qualidades secundárias são de dois tipos; primeiro, imediatamente perceptíveis; segundo, mediatamente perceptíveis.

§ 26. Para concluir, para além das acima mencionadas *qualidades primárias* nos corpos, *i. e.*, volume, figura, extensão, número e movimento de suas partes 143
sólidas, as demais qualidades pelas quais tomamos conhecimento dos corpos e os distinguimos uns dos outros nada mais são do que diversos poderes neles, poderes que dependem daquelas qualidades primárias. Por meio desses poderes, os corpos, operando imediatamente em nossos corpos, são capazes de produzir muitas *ideias* diversas em nós, ou então, operando em outros corpos, de alterar suas qualidades primárias de tal maneira que os tornem capazes de produzir *ideias* em nós diferentemente de como faziam antes. As primeiras, penso, podem ser chamadas de *qualidades secundárias imediatamente perceptíveis*, as últimas, de *qualidades secundárias mediatamente perceptíveis*.

CAPÍTULO IX
Da percepção.

É a primeira ideia *simples de reflexão.*

§ 1. Visto que a *percepção* é a primeira faculdade da mente que se exerce sobre nossas *ideias*, ela é também a primeira e mais simples *ideia* que obtemos da reflexão, e é chamada por alguns de pensamento em geral. No entanto, na convenção da língua *inglesa*, pensamento significa aquele tipo de operação da mente sobre suas *ideias* em que a mente é ativa, em que ela, com algum grau de atenção voluntária, considera alguma coisa. Pois a mente, na pura e simples *percepção*, é predominantemente apenas passiva e não pode evitar a percepção do que percebe.

A percepção só se dá quando a mente recebe a impressão.

§ 2. *O que é a percepção*, cada um poderá sabê-lo melhor refletindo sobre o que ele próprio faz quando vê, escuta, sente etc. ou pensa, do que por qualquer explicação minha. Quem quer que reflita sobre o que se passa em sua própria mente não deixará escapar tal coisa. E, se não reflete, todas as palavras do mundo não lhe poderiam propiciar nenhuma noção de tal coisa.

§ 3. Isto é certo: qualquer que seja a alteração que se faça no corpo, se ela não alcança a mente; qualquer que seja a impressão que for feita nas partes exteriores, se ela não é notada no interior, não há percepção. O fogo pode queimar nossos corpos, sem nenhum outro efeito além daquele que ele faria numa lenha, a não ser que o movimento se prolongue até o cérebro, e ali a sensação de calor ou a *ideia* de dor seja produzida na mente, e nisso consiste a *percepção atual*.

144 § 4. Quantas vezes um homem não observa em si mesmo que, enquanto sua mente se emprega intensamente na contemplação de alguns objetos e examina com curiosidade algumas *ideias* ali presentes, ela não repara nas impressões sonoras que corpos realizam no órgão da audição com as mesmas alterações que normalmente resultam na produção da *ideia* de um som? Pode haver no órgão um impulso suficiente, mas, como não alcança a observação da mente, não se segue nenhuma percepção. E, mesmo que o movimento que costuma produzir a *ideia* de som se realize no ouvido, no entanto não se ouve som algum. A

ausência de sensação não se deve, nesse caso, a um defeito no órgão, ou a que os ouvidos do homem sejam menos afetados do que nas vezes em que escuta, mas ao fato de que aquilo que costuma produzir a *ideia*, embora comunicado pelo órgão costumeiro, não é notado pelo entendimento, e, assim, sem imprimir qualquer *ideia* na mente, não resulta em nenhuma sensação. *Desse modo, quando quer que haja uma sensação ou uma percepção, há alguma* ideia *produzida ali atualmente e presente no entendimento.*

Ainda que as crianças tenham ideias *no útero, elas não são inatas.*

§ 5. Portanto, não tenho dúvidas de que, pelo exercício de seus sentidos sobre objetos que as afetam *no útero*, as crianças *recebem algumas poucas ideias* antes de nascer como efeitos inevitáveis dos corpos que as circundam ou, então, das carências e males que sofrem. Dentre essas *ideias* (se conjecturarmos sobre coisas não muito suscetíveis de exame), penso que se encontram as de fome e de calor, que provavelmente estão entre as primeiras que as crianças recebem e que dificilmente perdem posteriormente.

§ 6. Mas, ainda que seja razoável imaginar que as *crianças* recebam algumas *ideias* antes de virem ao mundo, no entanto, essas *ideias* simples estão *longe dos princípios inatos* que alguns defendem e que rejeitamos anteriormente. Essas *ideias* aqui mencionadas, sendo efeitos da sensação, devem-se unicamente a algumas afecções do corpo que ali lhes ocorrem e, assim, dependem de algo exterior à mente; e em nada diferem, quanto à maneira de sua produção, de outras *ideias* derivadas dos sentidos, a não ser pela precedência no tempo. Ao passo que os princípios inatos são supostamente de uma natureza inteiramente diferente, pois não viriam à mente por quaisquer alterações acidentais ou por operações sobre o corpo, mas seriam como que caracteres originais impres- 145
sos na mente no primeiríssimo momento de sua existência e de sua constituição.

§ 7. Assim como é razoável supor que algumas *ideias* são introduzidas na mente das crianças no útero, de acordo com as necessidades de sua vida e existência ali, do mesmo modo, depois de nascerem, as *ideias primeiramente impressas nelas* são as qualidades sensíveis que primeiro se apresentam a elas, dentre as quais a luz não é a menos considerável nem a de menor eficácia. E quão ávida é a mente de se ver provida de todas essas *ideias que não são acompanhadas de dor* é coisa que se pode supor pelo que se observa nas crianças recém-nascidas, que sempre voltam seus olhos para a parte de onde vem a luz, não importa a posição em que se encontrem. Mas, como as *ideias* que são inicialmente mais familiares variam de acordo com as diversas circunstâncias das primeiras ocupações da criança no mundo, a ordem em que as primeiras *ideias* vêm à mente varia muito e é também incerta. Tampouco é de muita utilidade saber tal coisa.

Não é evidente quais são as primeiras ideias.

§ 8. Cabe agora considerar, a respeito da percepção, que as *ideias que recebemos pela sensação são*, em pessoas já crescidas, *frequentemente alteradas pelo juízo* sem que notemos tal coisa. Quando dispomos diante de nossos olhos um globo de uma cor uniforme qualquer, p. ex., de ouro, de alabastro ou de azeviche, é certo que a *ideia* por ele impressa na mente é a de um círculo liso variamente sombreado, com diversos graus de luz e de brilho alcançando nossos olhos. Mas, como o hábito nos acostumou a perceber que tipo de aparência os corpos convexos usualmente produzem em nós e que alterações são feitas nos reflexos de luz pela diferença entre as figuras sensíveis dos corpos, o juízo, por um costume a que nos habituamos, prontamente transforma as aparências em suas causas. Desse modo, ao captar a figura a partir daquilo que, na verdade, é variação de som-

As ideias *de sensação são frequentemente alteradas pelo juízo.*

bra e de cor, o juízo toma isso como marca da figura, formando para si mesmo a percepção de uma figura convexa de cor uniforme. Mas a *ideia* que dali recebemos é apenas a de um plano diversamente colorido, como resta evidente na pintura[14]. A esse respeito, apresento aqui o problema daquele mui engenhoso e estudioso promotor do conhecimento verdadeiro, o erudito e valoroso sr. *Molineux*, que gentilmente mo 146
comunicou há alguns meses por uma carta. A questão é a seguinte: *suponha-se um homem que nasceu cego e que, já adulto, aprendeu por seu tato a distinguir entre um cubo e uma esfera do mesmo metal e aproximadamente da mesma grandeza, de modo que, quando sente um ou o outro, é capaz de dizer qual é o cubo, e qual é a esfera. Suponha-se então que o cubo e a esfera sejam dispostos sobre uma mesa, e que se dê visão a esse homem. Questão: poderia ele, por sua visão, distinguir e dizer nesse momento, antes de tocá-los, qual é o globo, qual o cubo?* Ao que responde o agudo e judicioso proponente: *não. Com efeito, mesmo que tenha adquirido a experiência de como o globo e o cubo afetam seu tato, ainda não tem, no entanto, a experiência de que aquilo que afeta seu tato desta ou daquela maneira deva afetar sua visão desta ou daquela maneira, ou de que um ângulo protuberante no cubo que pressiona sua mão desigualmente deve aparecer a seus olhos como aparece no cubo.* Concordo com a resposta que esse inteligente cavalheiro, o qual[15] tenho o orgulho de chamar de amigo, deu a esse problema; e sou da opinião de que, de início, o homem cego que passe a enxergar não seria capaz de dizer com certeza qual seria o globo, e qual, o cubo,

14. O restante desta seção foi inserido a partir da segunda edição. [N. E.]

15. Passagem omitida a partir da quarta edição: "embora eu nunca tenha tido a felicidade de encontrar". [N. E.]

enquanto apenas os enxergasse, embora possa nomeá-los sem equívoco pelo tato e distingui-los certamente pela diferença que sente entre suas figuras. Menciono isso e o apresento ao meu leitor como ocasião para que considere o quanto deve à experiência, ao desenvolvimento e a noções adquiridas, mesmo ali onde pense não oferecerem estes qualquer utilidade ou auxílio: ainda mais porque esse avisado cavalheiro acrescenta que, *tendo, por ocasião de meu livro, proposto essa questão a diversos homens de engenho, não encontrou praticamente nenhum que apresentasse de imediato a resposta que ele, de seu lado, considerava verdadeira; mas, tão logo ouviram suas razões, saíram convencidos*.

§ 9. Penso, no entanto, que isso não é usual em nenhuma de nossas *ideias*, a não ser nas recebidas pela *visão*: porque a visão, o mais abrangente dentre nossos sentidos, comunicando a nossa mente as *ideias* de luz e de cores, que são peculiares a esse sentido, e também as *ideias*, muito diferentes, de espaço, de figura e de movimento, cujas muitas variedades alteram a aparência de seu objeto próprio – *i. e.*, luz e cores –, somos levados pelo costume a julgar uns pelos outros. Em muitos casos, devido a um hábito consolidado em relação a coisas de que temos experiência recorrente, isso ocorre com tanta constância e de forma tão rápida que tomamos por uma percepção de nossa sensação o que é uma *ideia* formada por nosso juízo. Desse modo, uma *ideia*, *i. e.*, aquela da sensação, serve apenas para excitar a outra, e dificilmente é ela própria notada, assim como um homem que lê ou escuta com atenção e compreensão mal nota os caracteres ou os sons, mas apenas as *ideias* que excitam nele.

147

§ 10. Tampouco é de admirar que isso seja feito praticamente sem ser notado, se consideramos a grande *rapidez* com que as *ações da mente* são realizadas: pois assim como se pensa que a mente não ocupa espaço, não tem extensão, também suas ações parecem não requerer tempo, mas muitas delas parecem acumular-se num instante. Digo isso em comparação às ações do corpo. Qualquer um pode observar isso sem dificuldade em seus próprios pensamentos, basta que se dê ao trabalho de refletir sobre eles. Como pode nossa mente, como num instante, ver, num único olhar, todas as partes de uma demonstração, que pode muito bem ser qualificada de longa, se consideramos o tempo necessário para que seja posta em palavras e demonstrada passo a passo para outrem? Também não nos iremos surpreender com o fato de que isso se realize em nós sem que o notemos, se considerarmos como a facilidade para realizar coisas que adquirimos pelo costume de realizá-las faz com que isso ocorra sem o notarmos. *Hábitos*, especialmente os que se iniciam muito cedo, acabam por resultar na *produção de ações em nós que muitas vezes escapam a nossa observação*. Com que frequência, ao longo de um dia, não recobrimos nossas pupilas com nossas pálpebras sem perceber que estamos em plena escuridão? Homens que, pelo costume, contraíram cacoetes verbais pronunciam, em quase todas as sentenças, sons que, embora percebidos por outros, eles mesmos não ouvem nem percebem. E assim não é tão estranho que nossa mente muitas vezes transforme a *ideia* de sua sensação na *ideia* de seu juízo, fazendo com que uma sirva unicamente para excitar a outra, sem que a notemos.

A percepção estabelece a diferença entre os animais e os seres inferiores.

§ 11. A faculdade da *percepção* parece-me ser aquela que *estabelece a distinção entre o reino animal e as partes inferiores da natureza*. É verdade que muitos vegetais têm algum grau de movimento e alteram bruscamente sua figura e disposição conforme os

diferentes modos pelos quais outros corpos os afetam, tendo assim recebido a denominação de plantas sensíveis devido a um movimento dotado de alguma semelhança com aquele que, nos animais, se segue da sensação. No entanto, creio eu, tudo isso é apenas mecanismo, produzido da mesma maneira que os movimentos das barbas da aveia-estéril, pela insinuação
148 de partículas de umidade, ou da mesma maneira que o encurtamento de uma corda pela infusão da água. Tudo isso é feito sem qualquer sensação no objeto, sem a posse ou recepção de nenhuma *ideia*.

§ 12. Creio que a *percepção* se encontre, em algum grau, *em todos os tipos de animais*, embora em alguns deles as vias fornecidas pela natureza para a recepção de sensações possivelmente sejam tão exíguas, e a percepção com a qual são recebidas, tão obscura e opaca, que estão extremamente distantes da vivacidade e variedade das sensações encontradas em outros animais. No entanto, até mesmo essa percepção é suficiente e sabiamente adaptada para o estado e a condição do tipo de animal que é assim constituído. E assim a sabedoria e bondade do Criador aparece plenamente em todas as partes desta formidável estrutura, e em todos os diversos graus e classes de criaturas que nela se encontram.

§ 13. Penso que podemos, a partir do feitio de uma *ostra* ou de um marisco, concluir razoavelmente que eles não dispõem de sentidos tão numerosos nem tão alertas quanto os do homem ou de muitos outros animais; e, caso dispusessem de tais sentidos nesse estado de incapacidade de transferir-se de um lugar para outro, não seriam melhores por isso. Que bem a audição e a visão trariam para uma criatura incapaz de se mover para perto ou para longe de objetos nos quais percebe, a distância, algum bem ou algum mal? E não seria a prontidão de sensação inconveniente para um animal que deve permanecer parado onde o acaso o colocou, para ali receber o afluxo de água mais fria ou mais quente, limpa ou turva?

§ 14. E, no entanto, não posso deixar de pensar que há neles algum tipo de percepção mínima e ínfima que os distingue da insensibilidade completa. E que isso possa ocorrer é o que mostram exemplos evidentes até mesmo nos homens. Que se tome alguém em quem a decrepitude da idade avançada retirou de sua memória todo seu conhecimento passado, claramente apagando as *ideias* com que sua mente era suprida; e, ao destruir quase completamente sua visão, sua audição, seu olfato, e, em grande parte, seu paladar, bloqueou quase todas as passagens para a entrada de novos conhecimentos; e, se ainda restam alguns portais semiabertos, as impressões feitas mal são percebidas, ou não são absolutamente retidas. Deixo que o leitor julgue até que ponto (apesar de tudo que se fala de princípios inatos) tal pessoa, no que diz respeito a seu conhecimento e a suas faculdades intelectuais, encontra-se acima da condição de um marisco ou de uma ostra. E, caso um homem tenha passado sessenta anos nessa condição, o que é tão perfeitamente possível quanto se fosse três dias,
pergunto-me qual diferença haveria, no que diz res- 149
peito a quaisquer perfeições intelectuais, entre ele e o grau mais inferior de animais.

A percepção é o portal do conhecimento.

§ 15. Sendo, portanto, *a percepção o primeiro passo e degrau em direção ao conhecimento, e o portal para toda a matéria deste*, quanto menos sentidos um homem ou outra criatura tiver, quanto mais escassas e mais toscas forem as impressões feitas por meio deles, e quanto mais toscas forem as faculdades empregadas neles, tanto mais distante essa criatura se encontrará do conhecimento que se observa em alguns homens. Mas, como o conhecimento existe numa grande variedade de graus (como se pode constatar entre os homens), ele pode não ser descoberto de modo certo em muitas espécies de animais e, menos ainda, em determinados indivíduos dessas espécies. É suficiente para meu propósito ter assinalado aqui que a percepção é a primeira operação de todas as nossas faculdades intelectuais, o portal de todo conhecimento em nossa mente. E posso também imaginar que é a percepção, em seu grau mais inferior, que estabelece os limites entre os animais e as classes mais inferiores de criaturas. Mas isso eu menciono apenas de passagem, como uma conjectura minha, pois é indiferente para a matéria em questão qual solução poderá ser proposta pelos doutos.

CAPÍTULO X
Da retenção.

§ 1. A próxima faculdade da mente, pela qual ela *Contemplação.*
faz mais um progresso em direção ao conhecimento, é aquela que chamo de *retenção*, ou manutenção das *ideias* simples que recebeu pela sensação ou pela reflexão. Isso é feito de dois modos. Primeiro, mantendo por algum tempo na visão atual a *ideia* que é trazida à mente, o que se chama *contemplação.*

§ 2. O outro modo de retenção é o poder de re- *Memória.*
viver em nossa mente as *ideias* que desapareceram após a impressão, ou que foram como que postas de lado, fora do alcance da visão: e assim fazemos quan-
150 do, uma vez removido o objeto, concebemos calor ou luz, amarelo ou doce. Isso é a *memória*, que é como o armazém de nossas *ideias*. Pois a mente limitada do homem não é capaz de ter muitas *ideias* de uma só vez sob sua visão e consideração, e, assim, foi necessário dispor de um depósito para armazenar as

ideias que possam ser utilizadas em outros momentos[16]. Mas, como nossas *ideias* nada mais são que percepções atuais na mente, que cessam de ser qualquer coisa quando não há percepção delas, esse *armazenamento* de nossas *ideias* no depósito da memória não significa mais do que isto: que em muitas situações a mente tem um poder para reviver percepções que já teve, com esta percepção adicional anexada a elas, a de que já teve antes tais percepções. É nesse sentido que se diz que nossas *ideias* estão em nossa memória, quando na verdade não se encontram em lugar nenhum, mas há apenas uma habilidade na mente de revivê-las a bel-prazer, como se as pintasse novamente em si mesma, algumas com mais dificuldade, outras com menos; algumas com mais vivacidade, outras mais obscuramente. E é assim que se diz que, pela assistência dessa faculdade, temos em nosso entendimento todas essas *ideias* que, embora atualmente não as contemplemos, no entanto podemos trazer à vista e fazer com que apareçam novamente e se tornem objetos de nossos pensamentos sem o auxílio das qualidades sensíveis que primeiramente ali as imprimiram.

Atenção, repetição, prazer e dor fixam as ideias.

§ 3. A *atenção* e a *repetição auxiliam* muito na fixação de *ideias na memória*. Mas as que naturalmente realizam primeiro a impressão mais profunda e duradoura são as ideias acompanhadas de *prazer* ou de *dor*. A principal tarefa dos sentidos é fazer com que notemos o que prejudica ou beneficia o corpo, e, sendo assim, foi sabiamente determinado pela natureza (como já mostramos) que a dor devesse acompanhar a recepção de muitas *ideias*: ela toma o lugar da deliberação e do raciocínio nas crianças e age com maior presteza do que a deliberação nos adultos, le-

16. As duas frases seguintes, até "obscuramente", foram introduzidas a partir da segunda edição. [N. E.]

vando tanto o jovem quanto o velho a evitar objetos dolorosos com a prontidão necessária para sua preservação, e estabelecendo na memória de ambos uma precaução quanto ao futuro.

As ideias *desvanecem na memória.*

§ 4. A respeito dos muitos *graus* de permanência
151 com que as *ideias* são impressas na *memória*, podemos observar que algumas delas foram produzidas no entendimento por um objeto que afetou os sentidos uma única vez, e não mais do que uma vez; e outras há que mais de uma vez se ofereceram aos sentidos, e, no entanto, mal foram notadas, o que ocorre em mentes ou descuidadas, como as das crianças, ou empregadas alhures, como em adultos concentrados em uma única coisa, e que então não se deixam imprimir em profundidade; e algumas são estabelecidas com cuidado e por impressões repetidas em uma mente cuja memória seja fraca, seja pela constituição do corpo, seja por algum outro defeito. Em todos esses casos, as *ideias* desvanecem rapidamente e, muitas vezes, somem completamente do entendimento, sem deixar mais rastros ou sinais de sua presença do que sombras sobrevoando um campo de milho; e a mente fica vazia delas, como se jamais tivessem estado ali.

§ 5. Desse modo, muitas das *ideias* que foram produzidas na mente de crianças assim que começaram a ter sensações (por vezes antes que nascessem, como no caso das *ideias* de alguns prazeres e dores, e, noutras, durante a primeira infância), caso não sejam repetidas novamente no curso de sua vida, perdem-se totalmente sem deixar o menor vestígio. Isso pode ser observado naqueles que desafortunadamente perderam a visão quando eram muitos jovens, nos quais as *ideias* de cores, porque mal foram notadas e cessaram de ser repetidas, destroem-se inteiramente, de modo que, depois de alguns anos, não resta em sua mente nem noção nem memória de cores, tal como

em pessoas que nasceram cegas. É verdade que, em alguns homens, a memória é muito tenaz, quase que milagrosamente. No entanto, parece haver um constante decaimento de todas nossas *ideias*, até mesmo das que estão profundamente enraizadas nas mentes com maior poder de retenção. Desse modo, se não são por vezes renovadas pelo exercício repetido dos sentidos, ou pela reflexão sobre os tipos de objeto que em primeiro as ocasionaram, a impressão apaga-se, até que nada reste ali para se ver. Portanto, as *ideias*, assim como os filhos de nossa juventude, frequentemente morrem antes de nós: e nossas mentes se parecem com aqueles túmulos para os quais nos encaminhamos, e nos quais, embora o bronze e o mármore permaneçam, as inscrições são apagadas pelo tempo, e as 152
esculturas esboroam. *As imagens traçadas em nossa mente são pintadas em cores que desbotam* e, se não são por vezes reavivadas, somem e desaparecem. O quanto a constituição de nosso corpo e o feitio de nossos espíritos animais estão envolvidos nisso, em que medida a constituição do cérebro influi no fato de que, em alguns, ele retenha os caracteres nele traçados como se fosse de mármore, noutros, como se fosse de pedra sabão e, noutros ainda, como se fosse feito de algo pouco melhor que areia, não investigarei aqui. Mas parece provável que por vezes a constituição do corpo influencia a memória, pois frequentemente constatamos que uma doença priva inteiramente a mente de todas suas *ideias*, e, em poucos dias, as chamas de uma febre calcinam todas as imagens que antes pareciam tão duradouras quanto se estivessem gravadas em mármore, reduzindo-as a pó e confusão.

Ideias *constantemente repetidas dificilmente se perdem.*

§ 6. A respeito das próprias *ideias*, é fácil observar que aquelas que, pelo retorno frequente dos objetos ou das ações que as produzem, são *mais frequentemente reavivadas* (entre as quais se encontram as comunicadas à mente por mais de uma via) *se fixam melhor na memória* e permanecem ali com maior clareza e por mais tempo. E, por consequência, as *ideias* das qualidades originais dos corpos, como *solidez*, *extensão*, *figura*, *movimento* e *repouso*, as que quase sempre afetam nossos corpos, como *calor* e *frio*, e aquelas que são as afecções de todo tipo de ser, como *existência*, *duração* e *número*, as quais quase todo objeto que afeta nossos sentidos e quase todo pensamento em que nossa mente se emprega trazem consigo, essas, eu digo, e *ideias* que tais, dificilmente são inteiramente perdidas enquanto a mente é em alguma medida capaz de reter *ideias*.

A lembrança, a mente é com frequência ativa.

§ 7. Nessa percepção secundária, como ela pode ser chamada, ou visão reiterada das *ideias* que estão alojadas na *memória, a mente é, muitas vezes, mais do que meramente passiva*, pois a manifestação dessas imagens adormecidas depende por vezes da vontade. É muito frequente a mente se dedicar à busca de alguma *ideia* recôndita e voltar, por assim dizer, o olhar da alma em sua direção, embora por vezes elas também surjam em nossa mente por iniciativa própria, oferecendo-se assim ao entendimento; e, com muita frequência, elas são desentocadas e expulsas de suas
153 celas escuras para a luz do dia por alguma paixão turbulenta e tempestuosa, nossas afecções trazendo a nossa memória *ideias* que, de outra maneira, permaneceriam quietas e abandonadas[17]. Além disso, a respeito das *ideias* alojadas na memória e ocasionalmente revividas pela mente, deve-se observar que (como implica a palavra *reviver*) não somente nenhuma delas é nova, mas, sobretudo, a mente as considera como sendo de uma impressão anterior, e renova seu contato com elas como com *ideias* que conheceu an-

---

17. O resto desta seção foi acrescentado a partir da segunda edição. [N. E.]

teriormente. Desse modo, embora as *ideias* impressas anteriormente não estejam constantemente presentes, na lembrança elas são constantemente identificadas como sendo tais que anteriormente foram impressas, *i. e.*, estiveram antes presentes e foram anteriormente notadas pelo entendimento.

Dois defeitos da memória: esquecimento e lentidão.

§ 8. Numa criatura com intelecto, a *memória* é a coisa mais necessária depois da percepção. Sua importância é tão grande que, onde ela falta, todo o resto de nossas faculdades é, em grande medida, inútil; e, em nossos pensamentos, raciocínios e conhecimento, não poderíamos ir além dos objetos presentes, não fosse pela assistência de nossa memória, na qual pode haver *dois defeitos*.

Primeiro, quando ela *perde* inteiramente a *ideia*; e, nessa medida, esse defeito produz uma ignorância total. De fato, como não podemos conhecer uma coisa senão na medida em que temos uma *ideia* dela, quando tal ideia se perde, encontramo-nos em uma *ignorância* total.

Segundo, quando ela se move lentamente e *não recupera as ideias* que possui, e que estão armazenadas, com *rapidez suficiente* para servirem à mente na ocasião requerida. Tal coisa, se num grau elevado, é *estupidez*; e aquele que, devido a esse defeito em sua memória, não tem ao alcance da mão as *ideias* que estão realmente ali preservadas, quando a necessidade e a ocasião chamam por elas, passaria muito bem sem elas, visto que, para ele, elas não servem a nenhum propósito. O homem estulto, que desperdiça oportunidades enquanto perscruta em sua mente pelas *ideias* que serviriam a seu propósito, não é mais bem-sucedido em seu conhecimento do que outro inteiramente ignorante. É, portanto, tarefa da memória fornecer à mente as *ideias* adormecidas quando se lhe apresenta a ocasião de as utilizar. E tê-las ao alcance da mão em todas as ocasiões é o que constitui o que chamamos de *inventividade, imaginação* e presença de espírito.

§ 9[18]. Esses são defeitos que podem ser observados na memória de um homem quando comparado a
154 outro. Há um outro defeito que podemos pensar que esteja na memória do homem em geral, quando comparado a algumas criaturas intelectuais superiores que, nessa faculdade, podem em muito sobrepujar o homem pelo fato de manterem constantemente em vista a cena inteira de todas suas ações prévias, e nas quais nenhum dos pensamentos que alguma vez tiveram subtrai-se a sua visão. A onisciência de Deus, que conhece todas as coisas passadas, presentes e por vir, e para Quem os pensamentos do coração dos homens estão sempre abertos, pode-nos convencer dessa possibilidade. Pois quem poderia duvidar que Deus pode comunicar a esses espíritos gloriosos, Seus assistentes imediatos, qualquer uma de Suas perfeições, na proporção que Lhe aprouver, tanto quanto seres finitos criados sejam disso capazes? Diz-se, acerca de *monsieur* Pascal, aquele talento prodigioso, que ele, antes de a debilitação de sua saúde ter atingido sua memória, não se esqueceu de nada do que fez, leu ou pensou em qualquer momento de sua vida racional. Esse é um privilégio tão estranho à maioria dos homens que parece quase inacreditável para aqueles que, como de costume, medem todos os outros a partir de si mesmos. Mas, se bem considerado, pode auxiliar-nos a alargar nossos pensamentos em direção a ainda maiores perfeições da memória em classes superiores de espíritos. Pois essa perfeição da memória do sr. *Pascal* ainda conservava essa limitação, à qual está confinada a mente dos homens aqui, de só ter uma grande variedade de *ideias* sucessivamente, e

18. Esta seção foi acrescentada a partir da segunda edição. [N. E.]

não todas ao mesmo tempo; ao passo que toda a hierarquia dos anjos provavelmente tem uma visão mais ampla, e alguns deles podem ser dotados da capacidade de reter juntas e constantemente diante de si, como num único quadro, todo seu conhecimento passado de uma só vez. E, havemos de concordar, seria uma vantagem não desprezível para o conhecimento de um estudioso se todos os seus pensamentos e raciocínios passados pudessem sempre estar presentes para ele. E assim podemos supor que essa é uma das formas pelas quais o conhecimento dos espíritos separados pode em muito ultrapassar o nosso.

Os animais têm memória.

§ 10. Muitos *outros animais* parecem ter bastante desenvolvida essa faculdade de armazenar e reter as *ideias* que são trazidas à mente, assim como o homem. Com efeito, deixando de lado outros exemplos, o fato de pássaros aprenderem canções e o esforço que se pode observar neles para alcançar as notas corretas não deixam dúvidas para mim de que eles têm percepção e retêm *ideias* em sua memória, e usam-nas como um padrão. Pois parece-me impossível que tentassem conformar suas vozes (como claramente o fazem) a notas das quais não tenham qualquer 155
ideia. Reconheço que o som poderia causar mecanicamente algum movimento dos espíritos animais nos cérebros desses pássaros enquanto a canção está sendo entoada e que esse movimento poderia estender-se aos músculos das asas, e que, assim, o pássaro seja mecanicamente levado a se afastar diante de certos ruídos, porque isso pode favorecer sua preservação. No entanto, nunca se poderia supor que essa seja uma razão para que esse som causasse mecanicamente, enquanto a canção é entoada (e muito menos após ela ter cessado), um movimento tal nos órgãos da voz do pássaro que faça com que esta última se conforme às notas de um som exterior, cuja imitação

não tem utilidade para a preservação do pássaro. E, o que é mais, não se pode de modo algum supor (e muito menos provar), com um mínimo de razoabilidade, que pássaros desprovidos de sentidos e memória possam aproximar suas notas gradualmente de uma canção tocada no dia anterior. De fato, caso não tivessem nenhuma *ideia* dessa canção em sua memória, esta não estaria agora em lugar nenhum nem poderia ser um padrão que pudessem imitar, ou do qual se poderiam aproximar por quaisquer ensaios recorrentes. Pois não há nenhuma razão para que o som de uma flauta deixe traços em seu cérebro que produziriam sons que lhe seriam semelhantes não inicialmente, mas apenas graças a suas tentativas posteriores; bem como não se pode conceber por que os sons que eles mesmos produzem não deixariam traços que devessem acompanhar, assim como fazem com os da flauta.

CAPÍTULO XI
Do discernir, e de outras operações da mente.

Não há conhecimento sem o discernir.

§ 1. Uma outra faculdade que podemos notar em nossa mente é a de *discernir* e distinguir entre as muitas *ideias* que tem. Não basta ter uma percepção confusa de algo em geral: se a mente não tivesse uma percepção distinta dos diferentes objetos e de suas qualidades, ela seria capaz de um conhecimento muito restrito, mesmo que os corpos que nos afetam nos solicitassem tanto quanto agora, e a mente se ocupasse continuamente no pensar. Dessa faculdade de distinguir uma coisa da outra dependem a *evidência e a certeza* de muitas proposições, até mesmo de proposições muito gerais que passaram por verdades inatas; de fato, os homens, passando ao largo da verdadeira

causa pela qual essas proposições encontraram assen-
timento universal, imputaram-nas inteiramente a im- 156
pressões nativas uniformes, quando, na verdade, elas *dependem dessa clara faculdade de discernir* da mente, pela qual ela percebe que duas *ideias* são a mesma ou são diferentes. Mas falaremos disso a seguir.

A diferença entre vivacidade de espírito e juízo.

§ 2. O quanto a imperfeição no discriminar acuradamente *ideias* umas das outras reside seja na obtusidade ou nas imperfeições dos órgãos dos sentidos, seja na falta de argúcia, exercício ou atenção no entendimento, seja ainda na pressa e na precipitação natural a alguns temperamentos, é coisa que não examinarei aqui. Basta notar que essa é uma das operações sobre as quais a mente pode refletir e que ela pode observar em si mesma. É uma faculdade tão importante para todo outro conhecimento que, na medida em que for em si mesma embotada ou incorretamente utilizada para distinguir uma coisa da outra, nossas noções serão confusas, e nossa razão e nosso juízo serão perturbados ou desorientados. Se a presença de espírito consiste em ter nossas *ideias* sempre ao nosso alcance na memória, todavia, o fato de tê-las não confundidas e de ser capaz de distinguir com precisão uma coisa da outra, quando a diferença entre elas é mínima, constitui, em grande medida, a exatidão do juízo e a clareza e razão que se observa mais em um homem do que em outro. E assim talvez se explique o que se observa comumente, o fato de que homens dotados de muito engenho e memória ágil nem sempre têm o juízo mais claro ou a razão mais penetrante. De fato, se *a vivacidade de espírito* reside principalmente em reunir *ideias* e em conjugar com rapidez e variedade aquelas em que se pode encontrar qualquer semelhança ou congruência, compondo com isso quadros aprazíveis e visões agradáveis na fantasia, o *juízo*, ao contrário, se encontra no lado oposto,

no separar cuidadosamente, uma da outra, *ideias* em que se pode encontrar a mínima diferença, evitando assim que a similitude e a afinidade nos levem a tomar uma coisa pela outra. Esse modo de proceder é bem contrário ao da metáfora e da alegoria, nas quais residem quase todo o entretenimento e a diversão da vivacidade de espírito que afetam a fantasia de modo tão vivo e que, dessa forma, o fazem tão bem aceito por todos, porque sua beleza aparece à primeira vista, e não se requer nenhum esforço do pensamento para examinar qual verdade ou razão há nele. Sem ir além,
157 a mente repousa satisfeita no caráter agradável da cena e na jovialidade da fantasia. E é um tipo de afronta pôr-se a examiná-lo pelas regras severas da verdade e da boa razão, o que revela que ele consiste em algo que não é perfeitamente conforme a elas.

Apenas a clareza evita a confusão.

§ 3. Para distinguir bem nossas *ideias*, é fundamental que elas sejam *claras e determinadas*. E, quando são assim, *não se gera qualquer confusão* ou engano a seu respeito, ainda que os sentidos as obtenham (como por vezes é o caso) do mesmo objeto de maneira diferente em diferentes ocasiões e assim pareçam errar. Pois mesmo que um homem febril obtenha um gosto amargo do açúcar, que em outro momento produziria um gosto doce, no entanto, a *ideia* de amargo na mente desse homem seria tão clara e tão distinta da *ideia* de doce quanto se ele tivesse provado apenas fel. Não traz mais confusão às duas *ideias*, de doce e de amargo, o fato de que um mesmo tipo de corpo produza, pelo paladar, uma *ideia* em um momento, e outra em outro, do que traz confusão às duas *ideias*, de branco e de doce, ou de branco e de redondo, o fato de que um mesmo pedaço de açúcar produza ambas ao mesmo tempo na mente. E as *ideias* da cor laranja e de azul-celeste que são produzidas na mente pela mesma quantidade de infusão de *lignum nephriticum*[19] são *ideias* tão distintas quanto as das mesmas cores obtidas a partir de dois corpos muito diferentes.

Comparação. § 4. A COMPARAÇÃO de umas com as outras, com relação a extensão, graus, tempo, lugar ou qualquer outra circunstância, é outra operação que a mente realiza sobre suas *ideias*, e dela depende todo o vasto grupo de *ideias* compreendido sob a *relação*; terei a oportunidade de considerar mais à frente quão vasto ele é.

Os animais comparam apenas imperfeitamente. § 5. Em que medida os animais compartilham dessa faculdade não é fácil determinar. Imagino que não a tenham em grau muito alto, porque, embora tenham muitas *ideias* suficientemente distintas, no entanto parece-me ser uma prerrogativa do entendimento humano que, uma vez tendo distinguido quaisquer *ideias* a ponto de perceber que são inteiramente diferentes e consequentemente que são duas, prossiga e considere em quais circunstâncias elas podem ser comparadas. E, portanto, penso que os animais não *comparam* suas *ideias*, a não ser com relação a algu- 158
mas circunstâncias sensíveis anexadas aos próprios objetos. Podemos conjecturar com grande probabilidade que os animais não possuem o outro poder de comparar que se pode observar nos homens, o qual diz respeito a *ideias gerais* e é útil unicamente para raciocínios abstratos.

Composição. § 6. A próxima operação sobre suas *ideias* que podemos observar na mente é a COMPOSIÇÃO, pela qual ela conjuga muitas das *ideias* simples que recebeu da sensação e da reflexão, combinando-as em *ideias* complexas. Entre as operações de composição pode-se contar também a AMPLIAÇÃO, pela qual, mesmo que a composição não seja tão visível quanto nas mais com-

---

19. Literalmente, *madeira nefrítica*. Vegetal luminescente de identidade controversa. [N. Ed. Br.]

plexas, trata-se ainda de conjugar muitas *ideias*, muito embora de mesmo tipo. Assim, quando somamos umas às outras muitas unidades, formamos a *ideia* de uma dúzia; e, conjugando *ideias* repetidas de muitas braças, formamos a de uma milha.

Os animais só compõem muito pouco.

§ 7. Nisso também suponho que os *animais* estejam muito longe dos homens. De fato, ainda que recebam e retenham juntas muitas combinações de *ideias* simples, sendo, por exemplo, possível que o contorno, o cheiro e a voz do dono componham a *ideia* que um cão tem dele, ou, antes, sejam todas elas marcas distintivas pelas quais o reconhece, no entanto, *não* penso que os animais por si mesmos componham e *formem* ideias *complexas*. E, talvez, até mesmo nos casos em que pensamos que tenham *ideias* complexas, seja apenas uma única *ideia* simples que os oriente no conhecimento de diversas coisas, que talvez distingam menos por sua visão do que imaginamos. Fui fidedignamente informado que uma cadela irá cuidar, brincar e ter carinho por filhotes de raposas tanto quanto e em lugar de seus filhotes, caso se consiga que eles mamem uma vez por tempo suficiente para que seu leite os impregne. E os animais que têm crias numerosas não parecem ter a menor noção de seu número; de fato, embora se preocupem muito com qualquer um deles que lhes seja subtraído quando esteja ao alcance de sua vista ou audição, se um ou dois lhes são retirados em sua ausência, ou sem que percebam, não parecem sentir sua falta ou ter qualquer senso de que seu número se reduziu.

Nomear.

§ 8. Quando as crianças, por meio de repetidas sensações, fixaram *ideias* em sua memória, elas co-
159 meçam gradualmente a aprender o uso de signos. E, quando adquiriram habilidade para empregar os órgãos da fala para formar sons articulados, elas começam a fazer *uso de palavras* para expressar suas *ideias*

para outros. Esses signos verbais, elas por vezes os tomam emprestados de outros e, por vezes, os fazem, elas próprias, como se pode observar nos nomes novos e inusitados que muitas vezes as crianças atribuem às coisas quando se iniciam no uso da linguagem.

Abstração. § 9. Uma vez que as palavras são utilizadas como marcas exteriores de nossas *ideias* internas, e como essas *ideias* são tomadas de coisas particulares, se cada *ideia* particular que recebemos precisasse ter um nome distinto, os nomes seriam infindáveis. Para evitar isso, a mente faz com que as *ideias* particulares recebidas de objetos particulares se tornem gerais, o que é feito considerando-as como são na mente, como tais aparências, separadas de qualquer outra existência e das circunstâncias da existência real, como tempo, lugar ou qualquer outra *ideia* concomitante. Isso é chamado de ABSTRAÇÃO, e, por esse meio, as *ideias* obtidas de seres particulares tornam-se representantes gerais de todos os exemplares do mesmo tipo, e seus nomes, nomes gerais, aplicáveis ao que quer que exista em conformidade com essas *ideias* abstratas. Tais precisas e nuas aparências na mente, sem considerar como, de onde ou com quais outras ali chegaram, o entendimento as armazena (com nomes comumente anexados a elas) como modelos para classificar existências reais em tipos, na medida em que essas existências concordem com esses padrões e para *denominá-las* de acordo com eles. Assim, observando hoje no giz ou na neve a mesma cor que ontem recebera do leite, a mente considera apenas essa aparência e a torna representante de tudo o que pertence a esse tipo; e, tendo-lhe dado o nome de *brancura*, com esse som significa a mesma qualidade, não importando onde esta possa ser imaginada ou encontrada. E assim são formados os universais, sejam *ideias* ou termos.

Os animais não abstraem.

§ 10. Se pode haver alguma dúvida com relação à questão de saber se em algum grau os animais compõem e assim ampliam suas *ideias*, penso que nisto posso ser categórico: o poder de abstrair absolutamente não se encontra neles, e a posse de *ideias* gerais é o que marca uma clara diferença entre o homem e os *animais*, e é uma excelência que as faculdades dos animais de maneira alguma atingem. Pois é evi-
160 dente que não observamos neles nenhum vestígio do uso de signos gerais para *ideias* universais, o que nos leva a imaginar que eles não tenham a faculdade de abstrair ou formar *ideias* gerais, visto não utilizarem palavras ou quaisquer outros signos gerais.

§ 11. Tampouco se pode imputar a uma falta de órgãos adequados para formar sons articulados o fato de não terem uso ou conhecimento de palavras gerais, pois constatamos que muitos deles podem produzir esses sons e pronunciar palavras suficientemente distintas, mas jamais com uma tal aplicação. E, por outro lado, homens que carecem de palavras em consequência de algum defeito nos órgãos não deixam, no entanto, de expressar suas *ideias* universais por signos, que utilizam no lugar das palavras gerais, faculdade que não observamos nos animais. Sendo assim, penso que podemos supor que é nisso que as espécies dos animais se distinguem do homem, e que essa é a diferença própria que os separa inteiramente, e que acaba por resultar numa distância tão grande entre eles. Com efeito, se eles têm *ideias*, sejam elas quais forem, e não são meras máquinas (como querem alguns), não se pode negar que tenham alguma razão. Parece-me tão evidente que alguns deles em alguns casos raciocinam quanto que tenham sensação; mas apenas sobre *ideias* particulares, tal como as receberam dos sentidos. Os melhores dentre eles estão restritos a esses limites estreitos e *não têm* – penso eu – a faculdade de ampliá-los por qualquer tipo de *abstração*.

Idiotas e loucos.

§ 12. Em que medida os *idiotas* são tocados pela carência ou debilidade de qualquer uma ou de todas as faculdades precedentes é o que a observação precisa de seus vários tipos de deficiências sem dúvida mostraria. Pois aqueles que não percebem senão de modo embotado, ou que retêm mal as *ideias* que vêm a sua mente, que não conseguem excitá-las prontamente, ou compô-las, dispõem de pouca matéria para pensar. Os que não conseguem distinguir, comparar e abstrair dificilmente são capazes de entender e fazer uso da linguagem, ou de julgar ou raciocinar em qualquer grau aceitável, mas o fazem apenas pouco e imperfeitamente, sobre coisas presentes e muito familiares a seus sentidos. E, na verdade, qualquer uma das faculdades supramencionadas, quando ausente ou fora de ordem, produz defeitos correspondentes no entendimento e no conhecimento dos homens.

§ 13. Na verdade, a deficiência nos simplórios parece proceder da carência de agilidade, atividade e movimento das faculdades intelectuais, que os priva 161
de razão, ao passo que os *loucos*, por outro lado, parecem sofrer do extremo oposto. Pois não me parece que tenham perdido a faculdade de raciocinar, e sim que conjuguem mui equivocadamente algumas *ideias*, e tomem-nas por verdades, e errem como homens que argumentem corretamente a partir de princípios equivocados. De fato, pela violência de sua imaginação, tomaram suas fantasias por realidades e realizam deduções corretas a partir delas. Assim, encontramos um homem desequilibrado que se imagina rei, e que por uma inferência correta requer a corte, o respeito e a obediência adequados. Outros, que se imaginam feitos de vidro, recorrem à precaução necessária para preservar corpos tão quebradiços. É assim

que um homem muito sóbrio e de correto entendimento em todas as outras coisas pode, acerca de um ponto determinado, ser tão desvairado quanto qualquer um em um manicômio, se, quer devido a alguma repentina e fortíssima impressão, quer devido à longa fixação de sua fantasia em um único tipo de pensamento, *ideias* incoerentes tiverem sido cimentadas umas às outras tão fortemente que permaneçam unidas. Mas há graus de loucura, assim como de idiotice, e o ato de amontoar desordenadamente as *ideias* é mais desenvolvido em uns, e em outros, menos. Enfim, nisto parece residir a diferença entre idiotas e loucos: os loucos conjugam *ideias* erradas, e assim formam proposições erradas, mas argumentam e raciocinam corretamente a partir delas, ao passo que os idiotas formam muito poucas ou nenhuma proposição, e mal raciocinam.

§ 14. Essas, penso eu, são as primeiras faculdades *Método.*
e operações de que a mente faz uso para compreender. Ainda que sejam exercidas sobre todas suas *ideias* em geral, no entanto, os exemplos que apresentei até aqui foram principalmente sobre *ideias* simples. E subordinei a explicação dessas faculdades da mente àquela das *ideias* simples antes de dizer o que tenho a dizer sobre *ideias* complexas pelas seguintes razões:

Primeiro, porque, como muitas dessas faculdades são quase sempre primeiramente exercidas sobre *ideias* simples, podemos, seguindo a natureza em seu método ordinário, acompanhar seu rastro e descobri-las em seu surgimento, progresso e aperfeiçoamento gradual.

Segundo, porque, observando como as faculdades da mente operam sobre *ideias* simples – que usual-
162 mente são, na mente da maioria dos homens, muito mais claras, precisas e distintas do que as complexas –, podemos examinar melhor e descobrir como a mente

abstrai, denomina, compara e exerce suas outras operações sobre as *ideias* que são complexas, a respeito das quais estamos muito mais sujeitos a equívocos.

Terceiro, porque essas próprias operações da mente sobre *ideias* recebidas da *sensação* são, quando refletimos sobre elas, outro grupo de *ideias* derivado daquela outra fonte do conhecimento, que chamo de *reflexão*, e assim devem ser consideradas aqui, após as *ideias* simples de *sensação*. Falei brevemente sobre composição, comparação, abstração etc. porque terei oportunidade de me estender mais longamente sobre isso em outro lugar.

Estes são os começos do conhecimento humano.

§ 15. E desse modo apresentei uma breve e, acredito, verdadeira *história dos primeiros começos do conhecimento humano*: de onde a mente obtém seus primeiros objetos e por quais passos ela progride na colheita e no armazenamento dessas *ideias*, a partir das quais haverá de se formar todo conhecimento de que ela é capaz. A esse respeito, devo apelar à experiência e à observação para estabelecer se estou certo, pois o melhor caminho para chegar à verdade é examinar as coisas tal como elas são, e não concluir que sejam tal como as imaginamos por nós mesmos, ou como nos ensinaram a imaginá-las.

Apelo à experiência.

§ 16. Para falar a verdade, *esta é a única via*, tanto quanto eu possa perceber, *pela qual* as *ideias* de coisas *são trazidas ao entendimento*. Se outros homens têm *ideias* inatas ou princípios infundidos, que tirem bom proveito; e se estão certos de tê-los, os outros não lhes podem negar o privilégio que têm sobre seus semelhantes. Não posso falar senão do que encontro em mim mesmo e do que concorda com essas noções que, se examinarmos todo o percurso dos homens em muitas épocas, países e educações, parecem depender das fundações que estabeleci e corresponder a todos os graus e partes deste método.

Quarto escuro.

§ 17. Minha pretensão não é ensinar, mas investigar, e, sendo assim, não posso deixar de confessar aqui novamente que a sensação externa e a sensação interna são as únicas passagens que encontro para que o conhecimento adentre o entendimento. Unicamente elas, tanto quanto posso perceber, são as jane-
163 las pelas quais a luz entra nesse *quarto escuro*. De fato, ao que me parece, o *entendimento* é um pouco como um aposento inteiramente vedado à luz, com apenas umas pequenas entradas que foram deixadas para receber semelhanças externas visíveis, ou *ideias* de coisas que estão fora dele: bastaria que as imagens que entram nesse quarto escuro permanecessem ali, ficando numa ordem tal que possam ser encontradas quando a ocasião o pede, para que ele se parecesse muito com o entendimento de um homem no que respeita a todos os objetos da visão e suas *ideias*.

Tais são minhas conjecturas sobre os meios pelos quais o entendimento vem a ter e a reter *ideias* simples e seus modos, com algumas outras operações sobre elas. Passo agora a examinar mais particularmente algumas dessas *ideias* simples e seus modos.

CAPÍTULO XII
Das ideias *complexas*

Feitas pela mente a partir das ideias *simples.*

§ 1. Até aqui, consideramos as *ideias* em cuja recepção a mente é unicamente passiva, que são as *ideias* simples recebidas da *sensação* e da *reflexão* anteriormente mencionadas, e que a mente não pode fazer por si mesma, assim como também não pode ter qualquer *ideia* que não seja inteiramente constituída por elas[20]. Mas, ao passo que a mente é totalmente

20. O texto que se segue, até "[...] no lugar devido.", foi acrescentado a partir da quarta edição. [N. E.]

passiva na recepção de todas suas *ideias* simples, por outro lado ela exerce muitos atos por si mesma, graças aos quais, a partir de suas *ideias* simples, como materiais e fundações do restante, outras *ideias* são formadas. Os atos da mente pelos quais ela exerce seu poder sobre as *ideias* simples são principalmente estes três: 1. Combinar diversas *ideias* simples em uma única *ideia* composta, e assim são feitas todas as *ideias* complexas. 2. O segundo é o de juntar duas *ideias*, simples ou complexas, e pô-las lado a lado, de modo a obter uma visão simultânea de ambas sem uni-las em uma só *ideia*, e por esse meio ela obtém todas suas *ideias* de relação. 3. O terceiro é o de separá-las de todas as outras *ideias* que as acompanham em sua existência real, o que é chamado de *abstração*, e assim todas suas *ideias* gerais são feitas. Isso mostra que o poder do homem e seu modo de operar são muito parecidos no mundo material e no mundo intelectual. Pois em ambos os materiais sendo tais que 164
o homem não dispõe de poder sobre eles para fazê-los ou para destruí-los, tudo quanto pode fazer é uni-los entre si, colocá-los lado a lado ou separá-los inteiramente. Começarei aqui pelo primeiro desses atos, na consideração das *ideias* complexas, passando aos outros dois no lugar devido[21]. Como se observa que *ideias* simples existem unidas entre si em muitas combinações, assim a mente tem um poder para considerar muitas delas, unidas entre si, como uma só *ideia*, e isso não apenas como estão unidas em objetos externos, mas também como ela própria as juntou. As *ideias* assim feitas de muitas *ideias* simples conjugadas, eu chamo de *complexas*, tais como *beleza*, *gratidão*, *um homem*, *um exército*, *o universo*. Estas, embora sejam complexos de várias *ideias* simples, ou

---

21. Fim do texto inserido a partir da quarta edição; cf. nota anterior. [N. E.]

de *ideias complexas* feitas de *ideias* simples, são, no entanto, quando a mente assim o quer, consideradas cada uma delas por si mesma como uma única coisa inteira e significada por um só nome.

Feitas voluntariamente.

§ 2. Por meio dessa faculdade de repetir e conjugar suas *ideias*, a mente tem um grande poder de variar e multiplicar os objetos de seus pensamentos, indo infinitamente além do que a *sensação* ou a *reflexão* lhe forneceu. Mas tudo isso ainda se confina às *ideias* simples que recebeu dessas duas fontes e que são os materiais últimos de todas suas composições. Pois as *ideias* simples provêm todas das coisas mesmas, e destas *a mente não pode* ter mais ou outras do que as que lhe são sugeridas. Ela não pode ter outras *ideias* de qualidades sensíveis além das que vêm do exterior, pelos sentidos; nem *ideias* de outros tipos de operações de uma substância pensante além das que encontra em si mesma. Mas, uma vez que tenha obtido essas *ideias* simples, ela não está confinada à mera observação e ao que lhe vem oferecer-se de fora; ela pode, por seu próprio poder, conjugar as *ideias* que tem e *fazer novas ideias complexas*, que nunca recebeu unidas dessa maneira.

São modos, substâncias ou relações.

§ 3. Por mais que sejam compostas e bicompostas, e ainda que seu número seja infinito e que seja ilimitada a variedade com que ocupam e entretêm os pensamentos dos homens, as *ideias complexas* podem, penso eu, ser reconduzidas a estes três títulos:

1. *modos*;
2. *substâncias*;
3. *relações*.

Modos.

165 § 4. Primeiro, de *modos* eu chamo as *ideias* complexas tais que, por mais compostas que sejam, não contêm em si a suposição de que subsistem por si mesmas, mas são consideradas dependências ou afecções de *substâncias*, como é o caso das *ideias* signi-

ficadas pelas palavras *triângulo*, *gratidão*, *assassinato* etc. Peço que me perdoem se aqui utilizo a palavra *modo* num sentido algo diferente de seu significado ordinário, pois é inevitável, em discursos que se afastam das noções ordinariamente aceitas, forjar novas palavras, ou utilizar palavras antigas com um significado um pouco diferente. Esta última eventualidade, no presente caso, talvez seja a mais tolerável das duas.

Modos simples e modos mistos.

§ 5. Dentre esses *modos*, há dois tipos que merecem ser considerados separadamente. Primeiro, há alguns que são unicamente variações, ou combinações diferentes, da mesma *ideia* simples, sem a mistura de qualquer outra, como uma dúzia ou uma vintena, que nada são além das *ideias* de tantas unidades distintas somadas entre si; a esses chamo de *modos simples* por estarem contidos nos limites de uma única *ideia* simples. Segundo, há outros, compostos de *ideias* simples de diversos tipos conjugadas para fazer uma só *ideia* complexa; p. ex., *beleza*, que consiste numa certa composição de cor e de figura que cause deleite ao espectador; *furto*, que, sendo a transferência escondida da posse de algo sem o consentimento de seu proprietário, contém, como é patente, uma combinação de diversas *ideias* de diversos tipos. A esses *modos* eu chamo de *mistos*.

Substâncias são unitárias ou coletivas.

§ 6. Segundo, as *ideias* de *substâncias* são combinações de *ideias* simples que se considera que representem coisas particulares distintas subsistentes por si mesmas; nessas combinações de *ideias*, a suposta ou confusa *ideia* de *substância*, assim como ela é, é sempre a primeira e principal. Assim, se, à *ideia* de *substância*, juntarmos a *ideia* simples de uma certa esbranquiçada cor opaca, com determinados graus de peso, dureza, ductilidade e fusibilidade, temos a *ideia* de *chumbo*; e a combinação da *ideia* de um certo tipo de figura com as dos poderes de movimen-

to, pensamento e raciocínio, conjugada à *ideia* de *substância*, forma a *ideia* de *um homem*. Ora, também há dois tipos de *ideias* de *substâncias*: uma de *substâncias* unitárias, na medida em que existem separadamente, como a substância de *um homem*, ou de *uma ovelha*; outra, de muitas delas conjugadas, como um *exército* de homens, ou um *rebanho* de ovelhas; essas
166 *ideias coletivas de* muitas *substâncias*, assim conjugadas, são, cada uma delas, uma única *ideia*, tanto quanto a de um homem ou de uma unidade.

Relação.

§ 7. Terceiro, o último tipo de *ideia* complexa é aquele que chamamos de *relação*, que consiste na consideração e na comparação de uma *ideia* com outra. Consideraremos esses muitos tipos em sua ordem devida.

As ideias *mais abstrusas vêm das duas fontes.*

§ 8. Se acompanharmos o progresso de nossa mente, observando com atenção como ela repete, adiciona e une as *ideias* simples que recebeu da sensação e da reflexão, seremos levados mais longe do que inicialmente talvez tenhamos imaginado. E, se observarmos cuidadosamente as origens de nossas noções, creio que constataremos que até mesmo as *ideias mais abstrusas*, por mais distantes que pareçam estar dos sentidos ou de qualquer das operações de nossa própria mente, são, no entanto, unicamente aquelas que o entendimento forma por si mesmo repetindo e juntando *ideias* que obteve quer dos objetos dos sentidos, quer de suas próprias operações sobre eles. Desse modo, até mesmo as *ideias* mais amplas *e abstratas são derivadas da sensação ou da reflexão*, não sendo mais que aquilo que a mente pode obter, e de fato obtém, pelo uso ordinário de suas próprias faculdades, empregadas em *ideias* recebidas dos objetos dos sentidos ou das operações sobre elas, operações que observa em si mesma. É o que tentarei mostrar em relação às *ideias* que temos de *espaço*, *tempo* e *in-*

finitude, e algumas poucas mais que parecem ser as mais distantes dessas origens.

CAPÍTULO XIII
Dos modos simples e, primeiro, dos modos simples de espaço.

Modos simples. § 1. Apesar de ter, na parte precedente, mencionado muitas vezes as *ideias* simples, que são verdadeiramente os materiais de todo nosso conhecimento, no entanto, como ali tratei delas em relação ao modo pelo qual vêm à mente, e não na medida em que são distintas de outras mais compostas, talvez não seja inoportuno considerar novamente algumas delas sob esse aspecto e examinar essas diferentes *modificações de uma mesma* ideia, que a mente ou encontra em coisas existentes, ou então é capaz de for- 167
mar em si mesma sem o auxílio de qualquer objeto extrínseco, ou qualquer sugestão exterior.

Essas *modificações de uma* ideia *simples qualquer* (que, como foi dito, *eu chamo de modos simples*) são *ideias* tão perfeitamente diferentes e distintas na mente quanto as mais distantes e contrárias. Pois a *ideia* de *dois* é tão distinta daquela de *um* quanto a de *azul* o é daquela de *calor*, ou qualquer uma delas o é das dos outros números, e, no entanto, é feita unicamente dessa *ideia* simples de uma unidade repetida. E repetições desse tipo conjugadas fazem esses modos simples distintos: uma *dúzia*, uma grosa, um *milhão*.

Ideia *de espaço.* § 2. Começarei pela *ideia simples de espaço*. Mostrei acima, no capítulo IV[22], que obtemos a *ideia* de espaço tanto pela visão quanto pelo tato, o que penso ser de tal modo evidente que seria tão inútil procurar provar que os homens percebem pela vista a distân-

---

22. Na verdade, trata-se do capítulo V. [N. Ed. Br.]

cia entre corpos de cores diferentes, ou entre as partes de um mesmo corpo, quanto que eles veem as próprias cores, e não é menos óbvio que podem fazer tal coisa na escuridão pelo tato e pelo toque.

Espaço e extensão.

§ 3. O espaço, considerado meramente como comprimento entre dois seres quaisquer, sem que se considere nenhuma outra coisa entre eles, é chamado de *distância*; e, se considerado como comprimento, largura e profundidade, penso que pode ser chamado de *capacidade*. O termo "extensão" é usualmente aplicado a ele, não importa como quer que seja considerado[23].

Imensidão.

§ 4. Cada distância diferente é uma diferente modificação do espaço, e *cada ideia* de *uma distância ou de um espaço diferente qualquer é um modo simples dessa ideia*. Os homens, para o uso e pelo costume da mensuração, fixam em sua mente as *ideias* de determinados comprimentos estabelecidos, como é o caso de *uma polegada, um pé, uma jarda, uma braça, uma milha, o diâmetro da terra* etc., que são, todas elas, *ideias* distintas feitas unicamente de espaço. Quando esses comprimentos, ou medidas estabelecidas de espaço, se tornam familiares ao pensamento
168 dos homens, eles podem, em sua mente, repeti-las tanto quanto quiserem, sem misturar ou conjugar a elas a *ideia* de corpo ou de qualquer outra coisa, e formar para si mesmos as *ideias* de *pé*, *jarda* ou *braça* linear, quadrada ou cúbica, seja em relação aos corpos

---

23. Esta última frase substitui, a partir da quarta edição, o seguinte texto: "Quando considerado entre as extremidades da matéria que preenche a capacidade do espaço com algo sólido, tangível e movível, ele é propriamente chamado de *extensão*. E, assim, extensão é uma *ideia* que pertence apenas ao corpo, mas *espaço* pode, como é evidente, ser considerado sem este último. Pelo menos me parece ser mais inteligível, e ser o melhor meio de evitar confusão, usarmos a palavra *extensão* para uma afecção da matéria ou para a distância das extremidades de corpos sólidos particulares, e *espaço* no sentido mais geral de distância, com ou sem matéria sólida ocupando-o." [N. E.]

deste universo, seja para além dos limites extremos do corpóreo, e, adicionando-as ainda umas às outras, ampliar sua *ideia* de espaço tanto quanto quiserem. Esse poder de repetir ou de redobrar qualquer *ideia* que temos de qualquer distância, e de adicioná-la à *ideia* anterior tantas vezes quantas queiramos, sem jamais conseguir chegar a um termo ou fim, por mais que a ampliemos, é o que nos provê da *ideia* de *imensidão*.

Figura. § 5. Há uma outra modificação dessa *ideia*, que nada mais é do que a relação que as partes extremas da extensão, ou do espaço circunscrito, têm entre si. É o que o tato descobre nos corpos sensíveis cujas extremidades caem sob nosso alcance, e o olhar obtém tanto de corpos quanto de cores cujos limites se encontram dentro de sua visão. Observando como as extremidades terminam – seja em linhas retas que se encontrem em ângulos discerníveis, seja em linhas tortuosas nas quais não se perceba nenhum ângulo – e considerando-as em sua relação umas com as outras, em todas as partes extremas de um corpo ou de um espaço qualquer, o tato ou o olhar obtêm a *ideia* que chamamos de *figura*, a qual propicia à mente uma variedade infinita. Com efeito, além do vasto número de diferentes figuras que realmente existem nas massas coesas de matéria, é perfeitamente inesgotável o estoque das figuras que a mente pode alcançar pela variação da *ideia* de espaço, fazendo novas composições ao repetir suas próprias *ideias* e juntá-las como lhe apraz. E assim ela pode multiplicar figuras *in infinitum*.

§ 6. Pois a mente dispõe do poder de repetir a *ideia* de qualquer comprimento estendido em linha reta e conjugá-la a outra na mesma direção, o que significa dobrar a distância dessa linha reta; ou então de uni-la a outra com a inclinação que achar apropriada e, dessa forma, fazer qualquer tipo de ângulo que

quiser; e, sendo também capaz de encurtar qualquer linha que imaginar, retirando dela metade, um quarto ou qualquer parte que quiser, sem nunca chegar ao
169 fim dessas divisões, ela pode fazer um ângulo de qualquer tamanho; do mesmo modo, também pode fazer as linhas, que são seus lados, com a extensão que quiser, do que se segue que, ao conjugá-las novamente a outras linhas de distâncias diferentes em ângulos diferentes até encerrar completamente algum espaço, é evidente que pode multiplicar *figuras*, tanto em sua forma quanto em sua capacidade, *in infinitum*, figuras que são, todas elas, apenas diferentes *modos simples* do *espaço*.

O que a mente pode fazer com linhas retas, também pode fazer com sinuosas, ou com a reunião de retas e sinuosas, e o que pode fazer com linhas, também o pode com superfícies, o que nos dá uma nova ocasião de refletir sobre a infinita variedade de *figuras* que a mente tem o poder de fazer, multiplicando assim os *modos simples* do espaço.

§ 7. Outra *ideia* que cai sob essa rubrica, e que *Lugar.*
pertence a essa tribo, é a que chamamos de *lugar*. Assim como no espaço simples nós consideramos a relação de distância entre dois corpos ou pontos quaisquer, assim também, em nossa *ideia* de *lugar*, nós consideramos a relação de distância entre uma coisa qualquer e dois ou mais pontos, que se considera que mantêm a mesma distância entre si, e são assim considerados como estando em repouso. De fato, quando constatamos que agora uma coisa se encontra à mesma distância que ontem em relação a dois ou mais pontos, os quais desde então não mudaram de distância entre si e com os quais nós o havíamos comparado, dizemos que manteve o mesmo *lugar*. Mas, caso tenha alterado sensivelmente sua distância com relação a qualquer um desses pontos, dizemos que

mudou de lugar; não obstante, quando falamos vulgarmente, usando a noção comum de *lugar*, nem sempre observamos exatamente a distância com relação a pontos precisos, e sim a porções maiores de objetos sensíveis que cremos que mantenham uma relação com aquilo que localizamos e que são tais que temos alguma razão para observar sua distância com relação a essa coisa.

§ 8. Assim, quando as peças de um jogo de xadrez permanecem nas mesmas casas do tabuleiro em que as deixamos antes, dizemos que estão todas no *mesmo lugar*, ou imóveis, ainda que nesse ínterim o tabuleiro tenha sido transferido de um aposento para outro; isso porque as comparamos unicamente às partes do tabuleiro, que mantiveram a mesma distância entre si. O tabuleiro, dizemos ainda, encontra-se no *mesmo lugar* em que estava se permaneceu na mesma parte da cabina, ainda que o navio em que este se encontre tenha o tempo todo seguido seu curso. E 17
diz-se que o navio está no *mesmo lugar* quando manteve a mesma distância em relação às partes de terra firme próximas, ainda que a terra tenha girado e, desse modo, tanto as peças de xadrez quanto o tabuleiro e o navio tenham *mudado de lugar* em relação a corpos mais afastados, os quais mantiveram o *mesmo lugar* uns em relação aos outros. Mas, mesmo assim, como o que determina o lugar das peças de xadrez é sua relação com certas partes do tabuleiro, como a distância das partes fixas da cabina (com as quais realizamos a comparação) é o que determinou o lugar do tabuleiro e como determinamos o lugar do navio pelas partes fixas da terra, então, pode-se dizer com propriedade que essas coisas se encontram, a esse respeito, no *mesmo lugar*, ainda que, tendo variado sua distância em relação a outras coisas que não levamos em consideração nesse caso, elas indubitavelmente

mudaram de lugar; e nós mesmos assim pensaremos, quando se nos deparar a ocasião de compará-las com estas últimas.

§ 9. Mas, uma vez que essa modificação da distância que chamamos de *lugar* é feita pelos homens para seu uso comum, de modo que por meio dela possam indicar a posição particular das coisas quando precisem realizar essa indicação, os homens consideram e determinam esse *lugar* por referência às coisas adjacentes que melhor servem a seu propósito no momento, sem considerar outras que, para outro propósito, melhor *determinariam o lugar* da mesma coisa. É assim que, no tabuleiro, com o uso da *indicação do lugar* de cada peça do jogo de xadrez sendo determinado unicamente dentro dos limites daquela prancha de madeira quadriculada, seria contrário a esse propósito medi-lo por qualquer outra coisa. Mas, quando essas mesmas peças são postas numa sacola, caso alguém pergunte onde se encontra o rei preto, será apropriado *determinar o lugar* por referência às partes do aposento em que se encontra, e não por referência ao tabuleiro: pois, nesse caso, o uso da *indicação do lugar* em que agora se encontra é diferente de quando, durante o jogo, ele se encontra no tabuleiro; e assim o lugar deve ser determinado por outros corpos. Do mesmo modo, se alguém perguntar em que lugar se encontram os versos que narram a história de *Niso e Euríalo*, seria muito inapropriado determinar esse lugar dizendo que se encontram em tal parte da terra, ou na biblioteca de *Bodley*. Mas a indicação correta do lugar seria pelas partes das obras de *Virgílio*, e a resposta apropriada seria que esses versos se encontram no meio do nono livro de sua *Eneida*, e que se encontram constantemente no mesmo lugar desde que *Virgílio* foi impresso. O que é verdade,
71 ainda que o próprio livro se tenha movido mil vezes,

pois o uso da *ideia* de lugar aqui consiste apenas em saber em que parte do livro se encontra a história, para que, quando a ocasião se apresentar, possamos saber onde encontrá-la e recorrer a ela para nosso uso.

§ 10. Que a nossa *ideia* de lugar nada mais é que uma tal posição relativa de alguma coisa, como disse acima, penso que é claro e que será facilmente admitido quando considerarmos que não podemos ter nenhuma *ideia* do lugar do universo, ainda que possamos ter de todas suas partes. De fato, para além dele, não temos qualquer *ideia* de seres fixos, distintos e particulares em relação aos quais possamos imaginar que ele mantenha qualquer relação de distância, mas tudo para além dele é um único espaço ou expansão uniforme, onde a mente não encontra nenhuma variedade, marca nenhuma. De fato, quando se diz que o mundo se encontra em algum lugar, isso quer dizer apenas que ele existe. Essa expressão, embora emprestada da noção de lugar, significa unicamente sua existência, e não sua localização. Mas, se alguém encontrar e formar em sua mente, clara e distintamente, o lugar do universo, poderá informar-nos se ele se move ou se permanece em repouso em meio ao indistinto *vazio* do espaço infinito. Não obstante, é bem verdade que a palavra "lugar" tem por vezes um sentido mais confuso, designando o espaço que um corpo ocupa, e, dessa maneira, o universo se encontra num lugar. Portanto, obtemos a *ideia* de *lugar* da mesma forma pela qual obtemos a *ideia* de espaço (da qual ela é apenas uma consideração particular e limitada), *i. e.*, por nossa visão e nosso tato, por meio dos quais recebemos em nossa mente as *ideias* de extensão ou de distância.

Extensão e corpo não são a mesma coisa.

§ 11. Há alguns que gostariam de nos persuadir de que *corpo e extensão são a mesma coisa*. Então, a primeira possibilidade é a de que eles mudam o significado das palavras, suspeita que não lançarei sobre

eles, uma vez que condenaram tão severamente a filosofia de outros por ela se apoiar excessivamente no significado incerto ou na obscuridade enganosa de termos dúbios ou sem significado. Se, portanto, por *corpo e extensão* eles entendem *o mesmo* que outras pessoas, *i. e.*, por *corpo*, algo que é sólido e extenso, cujas partes são separáveis e se movem diferentemente, e, por extensão, unicamente o espaço que jaz entre as extremidades dessas partes sólidas e coesas, e que é ocupado por elas, então confundem uma com a outra *ideias* muito diferentes. De fato, apelo aos pensamentos de todo e qualquer um: a *ideia* de
172 espaço não é tão distinta da de solidez quanto o é da *ideia* da cor escarlate? É verdade que a solidez não pode existir sem extensão, nem a cor escarlate, sem extensão, mas isso não impede que sejam *ideias* distintas. Muitas *ideias* requerem outras como necessárias a sua existência ou concepção, que, no entanto, são *ideias* muito distintas. O movimento não pode existir nem ser concebido sem o espaço, e, no entanto, o movimento não é espaço, nem o espaço é movimento. O espaço pode existir sem o movimento, e são *ideias* muito distintas, e, assim, penso que sejam também as de espaço e solidez. Solidez é uma *ideia* tão inseparável de corpo que dela depende seu preenchimento do espaço, como também seu contato, impulso e comunicação de movimento por impulso. E, se a razão para provar que o espírito é diferente do corpo for a de que o pensamento não inclui em si a *ideia* de extensão, a mesma razão será igualmente válida, suponho, para provar que *espaço não é corpo*, porque não inclui em si a *ideia* de solidez, pois *espaço e solidez* são *ideias* tão distintas quanto pensamento e extensão, e tão inteiramente separáveis uma da outra na mente quanto elas. Então, é evidente que *corpo* e *extensão* são duas *ideias* distintas. De fato,

§ 12. *Primeiro*, *extensão* não inclui solidez nem resistência ao movimento do *corpo*, ao passo que o corpo o inclui.

§ 13. *Segundo*, as partes do espaço puro são inseparáveis entre si, de modo que a continuidade não pode ser separada, nem real nem mentalmente. Desafio quem quer que seja a remover do espaço puro qualquer uma de suas partes de outra, da qual é continuação, ainda que apenas em pensamento. Dividir e separar realmente é, penso eu, remover as partes uma da outra, para fazer duas superfícies onde antes havia uma continuidade. E dividir mentalmente é formar na mente duas superfícies ali onde antes havia uma continuidade e considerá-las como removidas uma da outra, o que só pode ser feito em coisas consideradas pela mente como suscetíveis de serem separadas e, pela separação, de adquirirem novas superfícies distintas, que antes não possuíam, mas que poderiam possuir. Mas nenhum desses dois meios de separação, seja mental ou real, é, penso eu, compatível com o *espaço* puro.

É verdade que um homem pode considerar, desse *espaço*, apenas o quanto corresponde ou é congruente com uma jarda, sem considerar o resto, o que é, na verdade, uma consideração parcial, mas não uma separação ou divisão, nem sequer mental. Pois um homem não pode dividir mentalmente sem considerar duas superfícies separadas uma da outra, assim como 173
não pode dividir realmente sem fazer duas superfícies separadas uma da outra. Mas uma consideração parcial não é uma separação. Um homem pode considerar a luz no sol sem seu calor, ou a mobilidade no corpo sem sua extensão sem pensar em sua separação. A primeira é apenas uma consideração parcial que se dirige a uma coisa só, e a segunda é a consideração de ambas as coisas como existindo separadamente.

§ 14. *Terceiro*, as partes do *espaço* puro são imóveis, o que se segue de sua inseparabilidade. Pois o *movimento* nada é senão a alteração da distância entre duas coisas quaisquer, o que não pode ocorrer entre partes que sejam inseparáveis e que, portanto, devam estar em repouso permanente entre si.

Assim, a *ideia* determinada[24] do *espaço* simples distingue-o clara e suficientemente do *corpo*, pois suas partes são inseparáveis, inamovíveis, e não oferecem resistência ao movimento do corpo.

A definição de extensão não a explica.

§ 15. Se alguém me perguntar *o que é* esse *espaço* de que falo, responderei tão logo me diga o que é *extensão*. Pois dizer, como geralmente se faz, que extensão é possuir *partes extra partes* é apenas dizer que *extensão* é *extensão*. De fato, no que sou mais bem informado acerca da natureza da extensão, quando me dizem que *extensão é ter partes que são extensas, exteriores a partes que são extensas*, *i. e.*, que *extensão* consiste em partes extensas? É como se alguém perguntasse o que é uma fibra, e eu respondesse que é uma coisa composta de muitas fibras. Estaria essa pessoa então mais apta do que antes a entender o que é uma fibra? Não teria ela, antes, razão para pensar que minha intenção seria brincar com ela, em vez de instruí-la seriamente?

A divisão dos seres em corpos e espíritos não prova que espaço e corpo sejam o mesmo.

§ 16. Aqueles que defendem que *espaço e corpo* são o *mesmo* apresentam este *dilema*: ou esse *espaço* é algo, ou então não é nada; se não há nada entre dois corpos, eles devem necessariamente se tocar; e, caso se admita que ele é algo, perguntam eles, seria ele corpo ou espírito? Ao que respondo com outra

24. A expressão "determinada" substitui, a partir da quarta edição, "clara e distinta". [N. E.] [Essa mesma substituição ocorre dezenas de vezes ao longo do texto (e omitiremos essas indicações), especialmente nos livros III e IV, como o próprio Locke avisa na "Epístola ao leitor". [N. Ed. Br.]]

questão: quem foi que lhes disse que só há ou só pode haver seres sólidos que não possam pensar, e seres pensantes que não sejam extensos? O que é tudo quanto querem dizer com os termos *corpo* e *espírito*.

A substância, que não conhecemos, não é prova contra o espaço sem corpo.

§ 17. Caso perguntem (como geralmente se faz) 174
se esse *espaço* sem *corpo* é *substância* ou *acidente*, responderei prontamente que não sei. E não me envergonharei de confessar minha ignorância enquanto aqueles que me fazem essa pergunta não me mostrarem uma *ideia* clara e distinta de *substância*.

§ 18. Tanto quanto possível, tento libertar-me das falácias às quais nos podemos entregar ao tomar as palavras pelas coisas. Não diminui em nada nossa ignorância fingir um conhecimento, quando não temos nenhum, fazendo barulho com sons sem significados claros e distintos. Nomes forjados a bel-prazer não alteram a natureza das coisas, nem nos levam a entendê-las, a não ser quando são signos de *ideias* determinadas e as designam. Gostaria que aqueles que tanta importância conferem ao som destas três sílabas, *substância*, considerassem se, ao aplicarem-na, como fazem, ao infinito e incompreensível DEUS, a espíritos finitos e ao corpo, aplicam-na com o mesmo sentido, e se ela designa a mesma *ideia* quando cada um desses três seres tão diferentes é chamado de *substância*. Se esse é o caso, pergunto se não se seguiria disso que Deus, os espíritos e os corpos, concordando na mesma natureza comum da *substância*, diferem apenas por uma mera modificação dessa substância, assim como uma árvore e um *seixo*, que são no mesmo sentido um corpo, e concordam na natureza comum do corpo, diferem apenas por uma mera modificação dessa matéria comum – o que seria uma doutrina bastante repulsiva. Se afirmarem que a aplicam a Deus, a espíritos finitos e à matéria em três significados distintos, e que ela designa uma *ideia* quando se diz que

DEUS é *substância*, outra quando a alma é chamada de *substância*, e uma terceira quando o corpo é assim chamado; se, portanto, o nome *substância* designa três diversas *ideias* distintas, seria bom que fizessem conhecer essas *ideias* distintas, ou, pelo menos, que dessem a elas três nomes distintos, para impedir, em uma noção tão importante, a confusão e o erro que naturalmente se seguirão do uso promíscuo de um termo tão dúbio. E é tão pouco provável que esse termo tenha três significados distintos que ele mal tem um único significado claro e distinto no uso ordinário. E, uma vez que podem assim formar três *ideias* distintas de *substância*, o que impediria alguém de formar uma quarta?

Substância e acidente têm pouca utilidade em filosofia.

175 § 19. Aqueles que pela primeira vez deram com a noção de *acidentes* como um tipo de seres reais que precisam de algo no qual se uniram foram forçados a inventar a palavra *substância* como suporte para eles. Tivesse o pobre filósofo *indiano* (que imaginava que a terra também precisava de algo para sustentá-la) pensado nessa palavra, *substância*, não precisaria ter-se dado ao trabalho de recorrer a um elefante como seu suporte, e a uma tartaruga como suporte deste: a palavra *substância* teria cumprido a tarefa com eficiência. E a resposta de um filósofo *indiano*, para o qual a *substância*, que não se sabe o que é, seria o suporte da terra, teria sido considerada tão boa por aquele que tivesse feito aquela pergunta quanto nós consideramos resposta suficiente e doutrina correta a de nossos filósofos *europeus*, segundo a qual a *substância*, que não se sabe o que é, é suporte de *acidentes*. E assim não temos nenhuma *ideia* do que é a *substância*, a não ser uma *ideia* confusa, e obscura, do que ela faz.

§ 20. Independentemente de como procederia aqui um homem erudito, um *americano* inteligente, que inquirisse sobre a natureza das coisas, dificilmente consideraria uma explicação satisfatória se, desejando aprender nossa arquitetura, lhe fosse dito que um pilar é uma coisa que tem como suporte uma *base*, e que uma *base* é o suporte de um pilar. Não pensaria ele que troçam dele em vez de instruí-lo com uma explicação como essa? E alguém que não conhecesse livros seria muito instruído a respeito da natureza deles, e das coisas que contêm, se lhe dissessem que todos os livros eruditos consistem em papel e em letras, e que letras são coisas que inerem no papel, e que o papel é o que sustenta as letras: uma via notável para a aquisição de *ideias* claras de letras e de papel. Mas se as palavras latinas *inhaerentia* e *substantia* fossem traduzidas para os termos simples de nossa língua que lhes equivalem, e fossem chamadas *afixação* e *escoramento*, elas revelariam melhor para nós a grande clareza que há na doutrina de *substância e acidentes*, e mostrariam qual sua utilidade para decidir questões em filosofia.

Um vacuum *para além dos limites últimos dos corpos.*

§ 21. Retornemos a nossa *ideia* de espaço. Caso não se suponha que o *corpo* seja infinito (o que penso ninguém afirmaria), eu pergunto: se Deus posicionasse um homem no limite extremo dos seres corpóreos, não poderia ele estender sua mão para além de seu 176
corpo? Se sim, então ele poderia colocar seu braço onde antes havia *espaço* sem *corpo*, e, ali abrindo seus dedos, ainda haveria entre eles *espaço* sem *corpo*. Se ele não pudesse estender sua mão, teria de ser devido a algum impedimento externo (pois o supomos vivo, com o poder que ele agora tem de mexer as partes de seu *corpo*, o que não é em si mesmo impossível, caso Deus assim o quisesse, ou, pelo menos, não é impossível para Deus movê-lo desse modo): e então eu pergunto se o que impede sua mão de mover-se para fora é substância ou acidente, algo ou nada. E, quando

responderem isso, poderão responder para si mesmos o que é aquilo que está ou pode estar entre dois corpos a distância e que não é *corpo* e não tem solidez. Enquanto essa resposta não for dada, esse argumento, segundo o qual ali onde nada cria obstáculo (como para além dos limites de todos os corpos) um *corpo* posto em movimento pode prosseguir, é pelo menos tão bom quanto aquele segundo o qual ali onde nada há entre dois corpos eles necessariamente se tocam. Pois um puro *espaço* entre eles é suficiente para eliminar a necessidade de contato mútuo, mas o fato de haver pelo caminho o mero *espaço* não é suficiente para pôr termo ao movimento. A verdade é que esses homens devem ou confessar que pensam que o *corpo* é infinito, ainda que receiem declarar tal coisa, ou então afirmar que o *espaço* não é *corpo*. Pois gostaria muito de encontrar o homem perspicaz que, em seus pensamentos, consiga estabelecer limites para o espaço, ou para a duração, ou que, pelo pensamento, espera chegar ao termo de qualquer um dos dois. Portanto, se sua *ideia* de eternidade for infinita, também a sua *ideia* de imensidão o será: ambas são igualmente finitas ou infinitas.

§ 21 [*bis*[25].] Ademais, aqueles que asseveram a impossibilidade de que o *espaço* exista sem *matéria* não apenas precisam tornar o corpo infinito, mas também negar a Deus o poder de aniquilar qualquer parte da matéria. Ninguém, suponho, negará que Deus pode pôr termo a todo movimento que haja na matéria, fixar todos os corpos do universo numa calma e repouso perfeitos, e mantê-los assim por tanto tempo quanto queira. Então, quem quer que conceda que Deus possa, durante um tal repouso geral, aniquilar seja este livro, seja o corpo daquele que o lê,

O poder de aniquilação prova um vacuum.

25. Da primeira à quinta edição, esta seção recebe a numeração 21, como a precedente. [N. E.]

deve necessariamente admitir a possibilidade de um *vacuum*. Pois é evidente que o espaço que era preenchido pelas partes do corpo aniquilado ainda permanecerá, e será um espaço sem corpo. De fato, como os corpos circundantes estão em perfeito repouso, compõem um muro inexpugnável e, nesse estado, tornam perfeitamente impossível para qualquer outro 177
corpo penetrar naquele espaço. Pois a necessária movimentação de uma partícula de matéria para o lugar do qual outra partícula de matéria foi removida não é senão uma consequência da suposição de plenitude, que, por isso, exigirá alguma prova mais consistente do que uma suposta questão de fato que um experimento jamais poderia comprovar. Com efeito, nossas próprias *ideias* claras e distintas convencem-nos inteiramente de que não haja conexão necessária entre *espaço* e *solidez*, visto que podemos conceber um sem o outro. E aqueles que disputam em favor ou contra um *vacuum* reconhecem, ao fazê-lo, que têm *ideias* distintas de *vacuum* e de *plenum*, *i. e.*, que eles têm uma *ideia* de extensão privada de solidez, ainda que neguem sua existência, ou então eles disputam sobre absolutamente nada. Pois aqueles que alteram tanto o significado das palavras a ponto de chamar *extensão* de *corpo* e, consequentemente, transformam a essência inteira do corpo em nada mais que pura extensão sem solidez necessariamente dizem absurdos quando quer que se refiram ao *vacuum*, uma vez que é impossível que a extensão exista sem extensão. Pois *vacuum*, quer afirmemos ou neguemos sua existência, significa espaço sem corpo, e sua existência mesma ninguém pode negar que seja possível sem ao mesmo tempo afirmar que a matéria é infinita e privar Deus do poder de aniquilar qualquer parte dela.

O movimento prova um vacuum.

§ 22. Mas não é preciso ir tão longe, aos limites extremos dos corpos no universo, nem apelar à onipotência de Deus para encontrar o *vacuum*, pois o

movimento de corpos vizinhos sob nossa vista parece-me tornar isso plenamente evidente. Gostaria que alguém dividisse um corpo sólido, não importa sua dimensão, de tal modo que torne possível que suas partes se movam para cima e para baixo livremente, em todas as direções, dentro dos limites de sua superfície, sem que haja entre elas um espaço vazio ao menos tão pequeno quanto a menor parte em que se dividiu o referido corpo sólido. Onde a menor parte do corpo dividido for do tamanho de uma semente de mostarda, um espaço vazio igual ao volume de uma semente de mostarda será necessário para dar lugar à livre movimentação das partes do corpo dividido dentro dos limites de sua superfície; onde as partículas de matéria forem cem mil vezes menores que a da semente de mostarda, deverá necessariamente haver um espaço vazio de matéria sólida igual a 1/100.000.000 de uma semente de mostarda; pois o que vale para um, vale para o outro, e assim *in infinitum*. E, por menor
178 que seja esse espaço vazio, ele destrói a hipótese da *plenitude*. De fato, se pode existir desprovido de corpo um espaço igual à menor partícula separada de matéria que existe agora na natureza, trata-se ainda de espaço sem corpo, e implica uma diferença tão grande entre espaço e corpo quanto se fosse um Μέγα χάσμα [abismo imenso], a maior distância existente na natureza. Portanto, se não supusermos que o espaço vazio necessário ao movimento seja igual à menor parcela de matéria sólida separada, mas a um décimo ou a um milésimo dessa parcela, seguir-se-á sempre a mesma consequência de um espaço sem matéria.

As ideias *de espaço e de corpo são distintas.*

§ 23. Mas, sendo a questão aqui a de saber se a *ideia de espaço* ou de *extensão* é *a mesma que a ideia de corpo*, não é necessário provar a existência real de um *vacuum*, mas somente sua *ideia*, a qual obviamente os homens têm quando investigam e disputam se há ou não um *vacuum*. De fato, se não tivessem a *ideia* de espaço sem corpo, não poderiam formular uma questão acerca de sua existência. E, se sua *ideia* de corpo não incluísse em si algo mais que a mera *ideia* de espaço, não poderiam ter dúvidas a respeito da plenitude do mundo, e seria tão absurdo perguntar se há espaço sem corpo quanto se há espaço sem espaço, ou corpo sem corpo, visto que estes seriam apenas diferentes nomes da mesma *ideia*.

Que a extensão seja inseparável do corpo não prova que são o mesmo.

§ 24. É verdade que a *ideia* de *extensão* está tão inseparavelmente conjugada a todas as qualidades visíveis, e a quase todas as tangíveis, que não nos é facultado ver nenhum objeto exterior, e não sentimos senão muito poucos, sem recebermos também impressões de extensão. Essa prontidão com que a extensão se faz notar tão constantemente com outras *ideias* foi o que levou alguns, acredito, a fazerem toda a essência do *corpo* consistir em extensão. O que tampouco é de admirar, visto que a mente de alguns foi, por seus olhos e pelo tato (os mais ativos dentre nossos sentidos), tão preenchida pela *ideia* de extensão, e como que inteiramente possuída por ela, que eles não reconhecem a existência de nada que não tenha extensão. Não discutirei agora com esses homens que tomam por medida e possibilidade de toda existência unicamente suas estreitas e grosseiras imaginações, mas, endereçando-me apenas aos que concluem que a essência dos corpos seja a *extensão* a partir do fato de que, como dizem, não conseguem imaginar nenhuma qualidade sensível, de corpo algum, sem extensão, pedirei que considerem o seguinte. Caso tivessem refletido sobre suas *ideias* de paladares e odores tanto quanto sobre as do tato e da visão, aliás, se tivessem examinado suas *ideias* de fome e de sede, e de muitos outros sofrimentos, constatariam que elas 179
absolutamente não contêm nenhuma *ideia* de exten-

são, a qual é apenas uma afecção do corpo, tanto quanto todo o resto do que pode ser descoberto por nossos sentidos, os quais não são suficientemente aguçados para ver a essência pura das coisas.

§ 25. Se, portanto, cabe concluir que aquelas *ideias* que estão constantemente unidas a todas as outras são a essência das coisas que constantemente têm essas *ideias* unidas a elas, e que são delas inseparáveis, então a unidade é sem dúvida a essência de todas as coisas. Pois não há objeto de sensação ou de reflexão que não traga consigo a *ideia* de um: mas já mostramos suficientemente a debilidade desse tipo de argumento.

As ideias *de espaço e de solidez são distintas.*

§ 26. Para concluir: não importa o que os homens pensem a respeito da existência de um *vacuum*, isto resta claro para mim – que temos uma *ideia* tão clara do *espaço como distinto da solidez* quanto temos da solidez como distinta do movimento, ou do movimento como distinto do espaço. Não há duas *ideias* mais distintas entre si do que essas, e podemos conceber espaço sem solidez tão facilmente quanto corpo ou espaço sem movimento, ainda que seja absolutamente certo que tanto corpo quanto movimento não podem existir sem espaço. Mas, se alguém toma o espaço unicamente por uma relação resultante da existência de outros seres a uma certa distância, ou se pensa que devam ser entendidas num sentido literal as palavras do sapientíssimo rei *Salomão*, *O céu e o céu dos céus não podem vos conter*[26], ou as ainda mais enfáticas do inspirado filósofo *são Paulo*, *nele vivemos, nos movemos e temos nosso ser*[27], deixo à consideração de cada um. Penso apenas que nossa *ideia* de *espaço* é tal como mencionei, e é distinta daquela de *corpo*. Com efeito, quer consideremos, na matéria mesma, a dis-

---

26. 1 Rs 8, 27; 2 Cor 2, 6; 6, 18. [N. E.]
27. At 17, 28. [N. E.]

tância entre suas partes sólidas unidas, e a chamemos, com relação a essas partes sólidas, de *extensão*; quer, considerando-a como situada entre as extremidades de qualquer corpo em suas muitas dimensões, a chamemos de *comprimento*, *largura* e *profundidade*; quer ainda, considerando-a situada entre dois corpos ou seres positivos quaisquer, sem considerar de modo algum se há ou não matéria ali, a chamemos de *distância*, não importa como seja nomeada ou considerada, trata-se sempre da mesma *ideia* simples e uniforme de *espaço*, obtida de objetos com os quais
nossos sentidos lidaram. *Ideias* que, uma vez estabe- 180
lecidas em nossa mente, podemos reviver, repetir e adicionar umas às outras tantas vezes quantas queiramos, e considerar o espaço ou a distância assim imaginados quer como preenchidos de partes sólidas, de modo que outro corpo não possa vir ali sem deslocar e expulsar o corpo que ali estava anteriormente, quer como desprovidos de solidez, de modo que um corpo de dimensões iguais às desse espaço vazio ou puro possa ser ali alocado sem ser preciso remover ou expulsar algo que ali estivesse[28]. Mas, para evitar confusão nas discussões a esse respeito, seria desejável que o nome *extensão* fosse aplicado unicamente à matéria, ou à distância entre as extremidades de corpos particulares, e o termo *expansão*, ao espaço em geral, com ou sem matéria sólida ocupando-o – de modo que se diga que o *espaço* é *expandido*, e o *corpo* é *extenso*. Mas nisso cada um é livre: o que proponho aqui é apenas com o intuito de tornar o modo de falar mais claro e distinto.

Os homens pouco diferem quanto a ideias *claras e simples.*

§ 27. Saber com precisão o que nossas palavras designam poria rapidamente fim à disputa, imagino eu, neste como em muitos outros casos. Pois sou pro-

28. O restante desta seção foi acrescentado a partir da quarta edição. [N. E.]

penso a pensar que os homens, quando as examinam, percebem que geralmente todas suas *ideias* simples concordam, ainda que, quando discutem entre si, talvez se confundam uns aos outros com nomes diferentes. Imagino que os homens que abstraem seus pensamentos e examinam bem as *ideias* de sua própria mente *não podem diferir muito no pensamento*, embora se possam confundir uns aos outros com as palavras, segundo as maneiras de falar das diferentes escolas ou seitas em que se formaram. Ao passo que entre os homens irrefletidos, que não examinam suas próprias *ideias* com escrúpulo e cuidado, e não as despem das marcas que são usadas para elas, mas confundem-nas com palavras, há necessariamente uma disputa interminável, querelas e algaravia, especialmente se são homens eruditos e livrescos, devotados a uma seita e acostumados a sua linguagem, e que aprenderam a falar em conformidade a outros. Mas, se acaso dois homens refletidos tiverem de fato *ideias* diferentes, não vejo como poderiam discutir ou argumentar entre si. Que não me interpretem mal, pensando que qualquer imaginação flutuante no cérebro humano seja necessariamente do tipo de *ideia* a que me refiro. Não é fácil para a mente afastar as noções confusas e os preconceitos que herdou do costume,
181 da inadvertência e da conversação comum: a mente precisa de esforços e de constância para examinar suas próprias *ideias* até reduzi-las àquelas claras e distintas *ideias* simples a partir das quais são compostas, e também para ver quais, dentre essas suas *ideias* simples, têm ou não uma conexão e dependência necessária entre si. Antes que faça isso com suas noções primárias e originais das coisas, um homem constrói sobre princípios flutuantes e incertos, e muitas vezes irá extraviar-se.

CAPÍTULO XIV
Da duração e de seus modos simples

A duração é uma extensão transiente.

§ 1. Há um outro tipo de distância ou de comprimento cuja *ideia* não obtemos das partes permanentes do espaço, mas das partes transientes, que vão perpetuamente perecendo, da sucessão. A ela chamamos de *duração*, e seus modos simples são quaisquer comprimentos dela de que temos *ideias* distintas, como *horas*, *dias*, *anos etc.*, *tempo* e *eternidade*.

Sua ideia *vem da reflexão sobre o curso de nossas* ideias.

§ 2. A resposta de um grande homem a alguém que lhe perguntou o que é o tempo foi: *si non rogas intelligo*[29] (que quer dizer isto: quando mais me ponho a pensar sobre isso, menos o compreendo), o que talvez possa persuadir alguém de que o *tempo*, que revela todas as outras coisas, não pode ser ele mesmo descoberto. *Duração*, *tempo* e *eternidade* são, não sem razão, considerados como tendo algo de muito abstruso em sua natureza. Mas, por mais longínquos que pareçam estar de nossa compreensão, no entanto, se remontarmos corretamente as suas origens, não duvido de que uma das fontes de todo nosso conhecimento, *i. e.*, *sensação* e *reflexão*, poderá fornecer-nos essas *ideias* com tanta clareza e distinção quanto muitas outras que se consideram muito menos obscuras. E constataremos que a própria *ideia* de eternidade é derivada da mesma origem comum ao restante de nossas *ideias*.

§ 3. Para entender *tempo* e *eternidade* corretamente, devemos considerar atentamente qual é a *ideia*
que temos de *duração* e como chegamos a ela. É 18
evidente, para quem se der ao trabalho de observar o que se passa em sua própria mente, que há um curso de *ideias* que constantemente sucedem umas às outras em seu entendimento enquanto estiver desperto.

---

29. Santo Agostinho, *Confissões*, XI, XIV. [N. E.]

A *reflexão* sobre essas aparições de diversas *ideias* em nossa mente umas após as outras é o que nos fornece a *ideia* de *sucessão*; e a distância entre quaisquer partes dessa sucessão, ou entre as aparições de duas *ideias* quaisquer em nossa mente, é o que chamamos de *duração*. De fato, enquanto pensamos, ou enquanto recebemos sucessivamente diversas *ideias* em nossa mente, sabemos que existimos e, assim, chamamos a existência, ou a continuação da existência de nós mesmos, ou de qualquer outra coisa comensurável à sucessão de *ideias* quaisquer em nossa mente de *duração* de nós mesmos ou de qualquer outra coisa coexistente com nosso pensamento.

§ 4. Que obtemos nossa noção de *sucessão* e *duração* dessa origem, *i. e.*, da reflexão sobre o curso das *ideias* que constatamos aparecerem umas após as outras em nossa mente, é o que me parece claro pelo fato de não termos percepção de *duração* a não ser pela consideração do curso de *ideias* que se sucedem em nosso entendimento. Quando essa sucessão de *ideias* cessa, nossa percepção de duração cessa com ela. É o que cada um experimenta com clareza em si mesmo quando dorme profundamente, seja uma hora ou um dia, um mês ou um ano, pois, enquanto dorme ou deixa de pensar, não tem absolutamente nenhuma percepção da duração das coisas, a qual está completamente perdida para ele, e entre o momento em que deixa de pensar e o momento em que recomeça a pensar parece não haver distância. E não duvido que o mesmo ocorreria para um homem desperto, caso ele conseguisse manter uma só *ideia* em sua mente, sem variação e sem a sucessão de outras. E vemos que alguém que fixe seus pensamentos muito intensamente em uma única coisa, de modo que só note muito pouco a sucessão de *ideias* que passam por sua mente, enquanto é absorvido por essa zelosa

contemplação, deixa escapar de sua consideração uma boa parte dessa duração e pensa que esse tempo é mais curto do que é. Por outro lado, se o sono geralmente une as partes distantes da duração, é porque durante esse tempo não temos nenhuma sucessão de *ideias* em nossa mente. Com efeito, se um homem sonha durante o sono, e variadas *ideias* se fazem perceber na mente, uma após a outra, durante esse sonho ele tem um senso de *duração* e de seu comprimento. De modo que me parece bastante claro que os homens derivam suas *ideias* de duração de sua *reflexão* 18
sobre o curso das ideias que observam suceder-se uma após as outras em seu próprio entendimento. Sem essa observação, não podem ter nenhuma noção de *duração*, não importa o que ocorra no mundo.

A ideia *de duração é aplicável às coisas enquanto dormimos.*

§ 5. Decerto, uma vez que um homem obteve a noção ou a *ideia* de *duração* pela reflexão sobre a sucessão e o número de seus próprios pensamentos, ele pode aplicar essa noção a coisas que existem enquanto ele não pensa, assim como aquele que obteve a *ideia* de extensão a partir de corpos, pela sua vista ou pelo seu tato, pode aplicá-la a distâncias em que não se vê nem se sente nenhum corpo. E, portanto, mesmo que um homem não tenha nenhuma percepção do comprimento da duração que passou enquanto dormia ou não pensava, ainda assim, tendo observado a revolução dos dias e das noites e constatado que o comprimento de sua duração é aparentemente regular e constante, ele pode, pela suposição de que, enquanto dormia ou não pensava, essa revolução se deu da mesma maneira que costumava dar-se nas outras vezes; ele pode, digo eu, imaginar e avaliar o comprimento de duração enquanto dormia. Mas, se *Adão* e *Eva* (quando estavam sozinhos no mundo), em vez de seu sono noturno ordinário, tivessem dormido continuamente durante vinte e quatro horas, a duração dessas vinte e quatro horas estaria irrecuperavelmente perdida para eles, e seria para sempre excluída de seu cômputo do tempo.

A ideia de sucessão não vem do movimento.

§ 6. Assim, *pela reflexão sobre o aparecimento de várias ideias, uma após a outra, em nosso entendimento, adquirimos a noção de sucessão.* E, caso alguém pense que a adquirimos antes pela nossa observação do movimento através de nossos sentidos, provavelmente concordará comigo quando considerar que o movimento só produz em sua mente uma *ideia* de sucessão na medida em que produz nela um curso contínuo de *ideias* distinguíveis. Com efeito, se um homem olhar para um corpo que de fato se move, não perceberá absolutamente nenhum movimento, a não ser que esse movimento produza um curso constante de *ideias sucessivas*: um homem num mar acalmado, sem ver nenhum sinal de terra, num dia bonito, pode olhar para o sol, ou para o mar, ou para o navio durante uma hora inteira sem perceber nenhum movimento neles, ainda que com certeza dois deles, e talvez todos, tenham-se movido de modo considerável durante esse tempo. Mas, tão logo perceba que um deles mu-
184 dou sua distância com relação a outro corpo, tão logo esse movimento produz alguma *ideia* nova nele, ele percebe que houve movimento. Por outro lado, quando um homem se encontra em algum lugar onde todas as coisas a sua volta estão em repouso, sem perceber absolutamente nenhum movimento, e, se durante essa hora de tranquilidade ele tiver pensado, ele perceberá as diversas *ideias* de seus próprios pensamentos em sua mente aparecendo uma após a outra e, desse modo, observará e constatará uma sucessão ali onde ele não consegue observar nenhum movimento.

§ 7. E essa é, penso eu, a razão *pela qual os movimentos muito lentos*, embora constantes, *não são percebidos* por nós. Porque, ao passar de uma parte sensível à outra, sua mudança de distância é tão lenta que não causa *ideias* novas em nós, a não ser depois de um bom tempo. E, como não causam um curso constante de *ideias* que se sigam imediatamente, uma após a outra, em nossa mente, não temos nenhuma percepção de movimento, o qual consiste numa sucessão constante, e não podemos perceber essa sucessão sem uma sucessão constante de *ideias* variadas que dela surjam.

§ 8. Ao contrário, *coisas que se movem* tão rapidamente a ponto de não afetar os sentidos distintamente com diversas distâncias distinguíveis de seu movimento, e que assim não causam na mente nenhum curso de *ideias*, também *não* têm seu movimento *percebido por nós*. Pois não percebemos o movimento de uma coisa que se mova ao redor de um círculo num tempo menor do que aquele que as *ideias* precisam para suceder umas às outras na mente, mas tal coisa parece ser um círculo inteiro e perfeito daquela mesma matéria ou cor, e não uma parte de um círculo em movimento.

O curso das ideias *tem um certo grau de rapidez.*

§ 9. Assim, entrego ao julgamento de outros se não é provável que nossas *ideias*, enquanto estamos despertos, sucedam umas às outras em nossa mente a determinadas distâncias, mais ou menos como as imagens que giram no interior de uma lanterna pelo calor de uma vela. Essa sua aparição em sucessão, ainda que seja por vezes mais rápida, por vezes mais lenta, no entanto, penso eu, não varia muito num homem desperto: parece haver *certos limites à rapidez e à lentidão da sucessão* de uma à outra dessas *ideias* em nossa mente, para além dos quais não podem nem acelerar nem refrear.

§ 10. A razão que me levou a essa insólita conjectura foi ter observado que, nas impressões realizadas sobre qualquer um de nossos sentidos, só podemos

perceber uma sucessão qualquer até certo grau. Se ela for excessivamente rápida, o senso de sucessão
185 será perdido, mesmo em casos em que seja evidente que haja uma sucessão real. Que uma bala de canhão atravesse um aposento, levando consigo algum membro ou alguma parte de um homem: é tão claro, como qualquer demonstração pode sê-lo, que ela deverá atingir sucessivamente os dois lados do aposento, como também é evidente que ela deve tocar primeiro uma parte do corpo, e depois outra, e assim sucessivamente; e, no entanto, creio que ninguém que uma vez tenha sentido a dor de um tiro como esse, ou ouvido o choque contra as duas paredes distantes, conseguiu perceber qualquer sucessão, seja na dor ou no som de um choque tão rápido. Uma parte de duração como essa, na qual não percebemos sucessão, é o que podemos chamar de *instante*, e é *o que ocupa o tempo de uma única ideia* em nossa mente, sem que outra a suceda e em que, portanto, não percebemos absolutamente nenhuma sucessão.

§ 11. Isso também ocorre *quando o movimento é tão lento* a ponto de não fornecer um curso constante de novas *ideias* aos sentidos, na mesma rapidez em que a mente é capaz de receber novas *ideias* em si. Assim, outras *ideias* de nossos próprios pensamentos encontram espaço para vir a nossa mente entre aquelas que são oferecidas aos sentidos pelo corpo movente, e *neste caso o senso de movimento se perde*: o corpo, embora de fato se mova, no entanto, como não altera perceptivelmente sua distância em relação a outros corpos com a mesma rapidez com que as *ideias* de nossa própria mente se seguem naturalmente umas às outras em seu curso, parece permanecer imóvel. É o que é evidente em ponteiros de relógios e nas sombras dos relógios de sol e em outros movimentos constantes, mas lentos, nos quais, ainda que, após certos intervalos, percebamos, pela alteração da distância, que o corpo se moveu, no entanto não percebemos o movimento mesmo.

Esse curso é a medida de outras sucessões.

§ 12. Sendo assim, parece-me que *a sucessão regular e constante de ideias* num homem desperto *é*, por assim dizer, *a medida* e o modelo *de todas as outras sucessões*. De modo que, se uma sucessão excede o passo de nossas *ideias* (como quando dois sons ou duas dores ocupam em sua sucessão a duração de uma única *ideia*) ou então se um movimento ou sucessão qualquer é tão lento que não mantenha passo com as *ideias* em nossa mente ou com a rapidez com que se revezam (como quando uma ou mais *ideias* vêm à mente, em seu curso normal, entre aquelas que se oferecem à vista pelas diferentes distâncias perceptíveis de um corpo em movimento, ou entre os sons e odores seguindo-se uns aos outros), nos dois 186
casos se perde o senso de uma sucessão constante e contínua, e não a percebemos, a não ser com algumas pausas entremeadas.

A mente não consegue se fixar por muito tempo numa única ideia *invariável.*

§ 13. Se assim for, e se as *ideias* de nossa mente, quando ali estão, mudam constantemente e se alteram em sucessão contínua, seria impossível, alguém dirá, que um homem pense por muito tempo em uma só coisa. Se isso significa que um homem pode *ter uma única e mesma* ideia *por muito tempo sozinha em sua mente, sem absolutamente nenhuma variação*, penso que, de fato, isso é *impossível*. Para o que não posso dar nenhuma outra razão (pois não sei como as *ideias* de nossa mente se formam, de que materiais são feitas, de onde recebem sua luz e como vêm a realizar suas aparições), a não ser a experiência: que alguém tente, para ver se consegue manter uma única e invariável *ideia* em sua mente, sem nenhuma outra, por um tempo considerável.

§ 14. A título de prova, tome uma figura qualquer, ou um grau qualquer de luz ou de brancura, ou o que bem lhe aprouver, e constatará, suponho eu, que é difícil manter todas as outras *ideias* fora de sua mente; pois outras *ideias*, seja de outro tipo, ou então diferentes considerações daquela *ideia* (pois cada uma dessas considerações é uma nova *ideia*), constantemente se sucederão em seus pensamentos, por mais cuidadoso que ele seja.

§ 15. Tudo quanto se encontra ao alcance do homem nesse caso, penso, é apenas notar e observar quais são as *ideias* que se alternam *em* seu entendimento, ou então dirigir o grupo, chamando aquelas que ele deseja ou que lhe são úteis. Mas não penso que possa impedir a *constante sucessão* de novas *ideias*, embora geralmente possa escolher se irá observá-las e considerá-las atentamente.

Ideias, *não importa de que forma tenham sido feitas, não incluem senso de movimento.*

§ 16. Não discutirei aqui se essas diversas *ideias* na mente de um homem são feitas por certos movimentos. Mas estou certo de que elas não incluem nenhuma *ideia* de movimento em sua manifestação e, se um homem não tivesse a *ideia* de movimento de outra maneira, penso que não teria absolutamente nenhuma *ideia* de movimento. Isso basta para meu propósito, e mostra suficientemente que o fato de notar as *ideias* de nossa própria mente, que ali aparecem uma após a outra, é o que nos dá a *ideia* de sucessão e de duração, sem o que de modo algum teríamos essas *ideias*. *Não* é então o *movimento*, mas o curso
187 constante de *ideias* em nossa mente, quando estamos despertos, *que nos fornece a* ideia *de duração*, da qual o movimento não dá nenhuma percepção, a não ser na medida em que causa em nossa mente uma sucessão de *ideias*, como mostrei anteriormente. E, sem a *ideia* de nenhum movimento, mas pelo curso de outras *ideias* que se sucedem em nossa mente, temos uma *ideia* tão clara de sucessão e de duração quanto a que nos é oferecida pelo curso de *ideias*

causadas pela alteração sensível ininterrupta da distância entre dois corpos, que obtemos do movimento. Portanto, teríamos do mesmo modo a *ideia* de duração ainda que não houvesse absolutamente nenhum senso de movimento.

Tempo é duração estabelecida por medidas.

§ 17. Tendo assim obtido a *ideia* de duração, a próxima coisa que a mente naturalmente faz é obter alguma *medida* dessa *duração* comum, pela qual possa julgar seus diferentes comprimentos e considerar a ordem distinta em que diversas coisas existem. Sem isso, uma imensa parte de nosso conhecimento seria confuso, e uma grande parte da história se tornaria bastante inútil. Essa consideração da duração, tal como estabelecida por certos períodos e marcada por certas medidas ou *épocas*, é, penso eu, o que mais propriamente chamamos de *tempo*.

Uma medida adequada de tempo deve dividir sua duração total em períodos iguais.

§ 18. Na mensuração da extensão, nada se requer além da aplicação do modelo ou da medida, por nós utilizada, à coisa cuja extensão queremos conhecer. Mas isso não pode ser feito na mensuração da duração, porque duas partes diferentes de sucessão não podem ser postas juntas para medirem uma à outra. E, como nada além de duração é *medida de duração*, assim como nada é medida de extensão se não for extensão, não podemos manter conosco nenhuma medida estável e invariável da duração (que consiste numa constante sucessão transiente), como podemos fazer em relação a certos comprimentos de extensão, tal como polegadas, pés, jardas etc., marcadas permanentemente em pedaços de matéria. Nada então pode realmente servir como medida conveniente de tempo, a não ser o que divide comprimentos inteiros de sua duração em porções aparentemente iguais, por períodos constantemente repetidos. As porções de duração que não são distinguidas, ou consideradas como distinguidas e medidas por tais períodos, não caem de forma tão apropriada sob a noção de tempo, como resta claro por expressões como estas, *i. e.*, "antes de todos os tempos", "quando o tempo já não existir".

188 § 19. Uma vez que as *revoluções* diárias e anuais *do sol* têm sido, desde o início da natureza, constantes, regulares e universalmente observáveis por todos os homens, e como se supõe que são iguais umas às outras, foram com razão *utilizadas para a mensuração da duração.* Mas, como a distinção de dias e de anos depende do movimento do sol, isso gerou um equívoco, que consiste em pensar que movimento e duração seriam medidas um do outro. De fato, tendo-se acostumado, na *mensuração do comprimento do tempo*, às *ideias* de minutos, horas, dias, meses, anos etc., que imediatamente lhes ocorrem ao pensamento quando se menciona o tempo ou a duração, e uma vez que essas porções de tempo eram, todas elas, medidas pelo movimento dos corpos celestes, os homens viram-se inclinados a confundir tempo e movimento, ou, ao menos, a pensar que têm uma conexão necessária entre si, quando, na verdade, qualquer aparição periódica constante, ou alteração de *ideias* em espaços de duração aparentemente equidistantes, desde que constante e universalmente observável, distinguiria os intervalos de tempo tão bem quanto as que se tem utilizado. Com efeito, supondo que o sol, que alguns tomaram por um fogo, se acendesse com a mesma distância de tempo em que, agora, ocupa todos os dias o mesmo meridiano, apagando-se novamente doze horas depois, e que, no espaço de uma revolução anual, aumentasse sensivelmente em brilho e em calor, para depois diminuir novamente, essas manifestações regulares não poderiam ser usadas para medir as distâncias de duração por todos que as pudessem observar, com ou sem movimento? De fato, se as manifestações fossem constantes, univer-

As revoluções do sol e da lua são as medidas de tempo mais apropriadas.

salmente observáveis e em períodos equidistantes, serviriam perfeitamente para que os homens medissem o tempo, ainda que não houvesse movimento.

Não por seu movimento, mas por manifestações periódicas.

§ 20. Pois o congelamento da água e o florescimento de uma planta, voltando em períodos equidistantes em todas as partes da terra, serviriam tão bem quanto os movimentos do sol para que os homens contassem os anos. E, com efeito, vemos que alguns povos da *América* contavam seus anos pela chegada de alguns pássaros junto a eles nas suas estações determinadas e por sua partida em outras. Pois *um acesso de febre*, a sensação de fome ou de sede, um odor 189
ou um gosto, ou qualquer outra *ideia* que retornasse constantemente em períodos equidistantes e se fizesse notar universalmente, *não deixaria* de *medir* o curso da sucessão e de distinguir as distâncias de *tempo*. É assim que constatamos que homens nascidos cegos contam o tempo por anos, cujas revoluções, no entanto, não conseguem distinguir pelos movimentos, que eles não percebem. E eu pergunto se um homem cego, que distinga seus anos seja pelo calor do verão ou pelo frio do inverno, pelo odor de uma flor qualquer da primavera ou pelo gosto de uma fruta no outono, não disporia de uma medida de tempo melhor do que os *romanos* antes da reforma de seu *calendário* por *Júlio César*, ou do que muitos povos, cujos anos, apesar do movimento do sol do qual supostamente se valem, são muito irregulares. E não traz poucas dificuldades à cronologia o fato de que a extensão exata dos anos, tal como contados em muitas nações, seja difícil de determinar, pois diferem muito entre si e diferem todos, penso eu, do movimento preciso do sol. E, caso o sol, da criação ao dilúvio, tenha-se movido constantemente no equador e tenha, portanto, distribuído sua luz e calor igualmente por todas as partes habitáveis da terra, em dias

sempre de mesmo comprimento e sem variações anuais em relação aos trópicos (como supõe um recente autor engenhoso), parece-me muito difícil conceber que (apesar do movimento do sol) os homens do mundo *antediluviano* pudessem desde o início contar por anos ou medir seu tempo por períodos que não tinham nenhuma marca sensível muito óbvia para que os pudessem distinguir por elas.

Não se pode saber certamente se são iguais duas partes quaisquer da duração.

§ 21. Mas talvez se afirme que sem um movimento regular, tal como o do sol ou algum outro, não se poderia saber que tais períodos são iguais. Ao que respondo que a igualdade entre quaisquer outras manifestações recorrentes pode ser conhecida do mesmo modo pelo qual a igualdade entre os dias foi conhecida, ou foi de início presumida, e que consiste apenas em avaliá-las pelo curso das *ideias* que passaram na mente dos homens em seus intervalos, descobrindo, por meio desse curso de *ideias*, uma desigualdade entre os dias naturais, mas nenhuma entre os dias artificiais. Estimava-se que esses dias artificiais, ou Νυχθήμερα[30], fossem iguais, o que bastava para que
190 servissem de medida. No entanto, desde então, uma pesquisa mais exata descobriu desigualdade nas revoluções diurnas do sol, e não sabemos se a revolução anual também não é desigual. Estas, no entanto, devido a sua presumida e aparente igualdade, servem para contar o tempo (ainda que não para medir exatamente as partes da duração) tão bem quanto se pudéssemos provar que sejam exatamente iguais. Devemos, portanto, distinguir cuidadosamente entre a duração mesma e as medidas a que recorremos para avaliar seu comprimento. A duração em si mesma deve ser considerada como se desenrolando num único curso constante, igual e uniforme: mas de nenhuma

30. Literalmente: dia e noite, ou seja, um período de 24 horas. [N. Ed. Br.]

das medidas que lhe aplicamos podemos saber se é assim, nem podemos ter certeza de que as partes ou períodos que lhes são atribuídos são iguais em duração entre si, pois não se pode nunca demonstrar a igualdade de dois comprimentos sucessivos de duração, seja lá como for que os meçamos. Acerca do movimento do sol, que há muito se tem utilizado, e com tanta confiança, como medida exata de duração, constatou-se, como já disse, que ele é desigual em suas diversas partes. E, embora recentemente os homens tenham utilizado um pêndulo, na qualidade de um movimento mais estável e regular que o do sol, ou (para falar mais propriamente) da terra, no entanto, caso se pergunte a alguém como sabe com certeza que dois balanços sucessivos do pêndulo são iguais, ser-lhe-á muito difícil ficar plenamente convencido de que sejam infalivelmente assim. Pois não podemos ter certeza de que a causa desse movimento, que nos é desconhecida, operará sempre igualmente e, por outro lado, temos certeza de que o meio em que o pêndulo se move não é constantemente o mesmo: a causa ou o meio, variando, podem alterar a igualdade de tais períodos, destruindo assim a certeza e a exatidão da medida baseada no movimento, como no caso de qualquer outro período de outras manifestações. No entanto, a noção de duração ainda permanece clara, ainda que nossas medidas dela não possam, nenhuma delas, ser demonstradas como exatas. Visto, então, que não é possível colocar duas porções de uma sucessão uma ao lado da outra, é sempre impossível conhecer sua igualdade com certeza. Tudo quanto podemos fazer no que diz respeito a uma medida para o tempo é tomar aquela que tenha contínuas manifestações sucessivas em períodos aparentemente equidistantes. *Dessa igualdade aparente não temos nenhuma outra medida além* daquela que *o curso de nossas próprias ideias* alojou em nossa memória e que, com a concorrência de outras razões prováveis, nos persuade de sua igualdade.

Tempo não é medida de movimento.

191 § 22. Uma coisa que me parece estranha é que todos os homens manifestamente meçam o tempo pelo movimento de corpos grandes e visíveis do mundo e, no entanto, que o *tempo* seja *definido* como a *medida do movimento*: quando é óbvio, para todos que refletirem um mínimo que seja sobre isso, que, para medir o movimento, é tão necessário considerar o espaço quanto o tempo. E aqueles que se aprofundarem um pouco mais na questão constatarão que também o volume da coisa que se move necessariamente deve ser levado em conta por qualquer um que queira calcular ou medir o movimento de modo a julgá-lo corretamente. Além disso, o movimento não permite medir a duração, a não ser por trazer constantemente de volta algumas *ideias* sensíveis em períodos aparentemente equidistantes. Com efeito, se o movimento do sol fosse tão desigual quanto o de um navio levado por ventos volúveis, num momento muito lento, em outro muito rápido, de forma irregular, ou se fosse constante e igualmente rápido, mas sem ser circular e sem produzir as mesmas manifestações, não nos ajudaria absolutamente a medir o tempo, não mais do que o movimento aparentemente desigual de um cometa.

Minutos, horas e anos não são medidas necessárias de duração.

§ 23. *Minutos*, *horas*, *dias e anos não* são, portanto, mais *necessários para o tempo* ou a duração do que polegadas, pés, jardas e milhas, assinaladas em alguma matéria qualquer, o são para a extensão. Com efeito, ainda que tenhamos, nesta parte do universo, fixado as *ideias* de tais comprimentos de duração em nossa mente, em decorrência de seu uso constante, como períodos estabelecidos pelas revoluções do sol ou como partes conhecidas desses períodos, aplicando-os a todas as partes do tempo cujos comprimentos

desejamos considerar, no entanto, pode haver outras partes do universo onde essas nossas medidas não são utilizadas, assim como no *Japão* não se utilizam nossas polegadas, pés ou milhas, ainda que deva haver algo análogo a elas. Pois, sem algumas repetições regulares periódicas, nós mesmos não poderíamos medir nem expressar para os outros o comprimento de nenhuma duração, mesmo que existisse no mundo tanto movimento quanto agora, mas nenhuma de suas partes estivesse disposta em revoluções regulares e aparentemente equidistantes. Porém, as diferentes medidas que se podem utilizar para a contagem do tempo não alteram absolutamente a noção de duração, que é a coisa a ser medida, assim como os diferentes modelos de um pé e de um côvado não 192
alteram a noção de extensão para aqueles que se utilizam dessas diferentes medidas.

Nossa medida de tempo é aplicável à duração antes do tempo.

§ 24[31]. Tendo adquirido uma medida de tempo tal como a revolução anual do sol, a mente pode aplicar essa medida à duração ali onde essa medida, ela própria, não existe e nada tem a ver com ela na sua realidade efetiva. De fato, se alguém dissesse que *Abraão* nasceu no ano 2712 do período *juliano*, isso seria tão inteiramente inteligível quanto se contássemos desde o início do mundo, mesmo se tão longe para trás ainda não existisse o movimento do sol nem absolutamente nenhum outro movimento. Com efeito, ainda que se suponha que o período *juliano* se tenha iniciado muitas centenas de anos antes que realmente houvesse dias, noites ou anos assinalados por revoluções do sol, mesmo assim calculamos com tanta pro-

31. Esta seção e as seguintes recebem os números 25, 26 etc., da primeira à quinta edição, que não contêm uma seção com o número 24, embora o índice de matérias liste uma seção 24, intitulada “A medida do tempo, aplicada de duas maneiras”. A presente renumeração das seções segue a de Coste. [N. E.]

priedade e, desse modo, medimos as durações tão bem quanto se naquele tempo o sol realmente já existisse e mantivesse o mesmo movimento ordinário de agora. A *ideia de duração igual a uma revolução anual do sol* é tão facilmente *aplicável* em nossos pensamentos à *duração quando não havia nem sol nem movimento* quanto a *ideia* de um pé ou uma jarda, obtida de corpos presentes aqui, pode ser aplicada em nossos pensamentos a distâncias para além dos confins do mundo, onde absolutamente não existem corpos.

§ 25. De fato, supondo que deste lugar até o corpo mais remoto do universo haja 5639 milhas, ou milhões de milhas (pois, sendo o universo finito, tal corpo deve estar a uma certa distância), assim como supomos que 5639 anos separam o tempo presente da primeira existência de um corpo qualquer no início do mundo, *nós podemos*, em nossos pensamentos, *aplicar essa medida de um ano à duração antes da criação*, ou para além da duração de corpos ou de movimentos, assim como podemos aplicar a medida de uma milha ao espaço para além dos corpos mais remotos. E, por um, podemos medir a duração onde não há movimento, assim como, pelo outro, podemos medir o espaço, em nossos pensamentos, onde não haja corpo.

§ 26. Caso me seja objetado aqui que, nesse modo de explicação do tempo, pressupus o que não deveria, *i. e.*, que o mundo não é nem eterno nem infinito, responderei que, para meu presente propósito, não é necessário, aqui, fazer uso de argumentos para evidenciar que o mundo é finito, tanto em duração quanto em extensão. Mas, como isso é ao menos tão conce-
193 bível quanto o contrário, tenho certamente a liberdade de supor tal coisa, tanto quanto qualquer outro tem a liberdade de supor o contrário. E não duvido

de que *todos* os que se dedicarem ao tema poderão facilmente *conceber* em sua mente *o início do movimento, mas não o de toda duração*; e, desse modo, poderão chegar a um termo, a um *non ultra*, em sua consideração do movimento, assim como também podem estabelecer em seus pensamentos limites para os corpos e para a extensão que lhes pertence, mas não para o espaço onde não há corpo, pois os limites últimos do espaço e da duração estão para além do alcance do pensamento, assim como os limites últimos dos números estão para além da mais ampla compreensão da mente, e tudo isso por uma mesma razão, como veremos alhures.

Eternidade. § 27. Pelos mesmos meios, portanto, e a partir da mesma origem da qual obtemos a *ideia de* tempo, obtemos também a *ideia* que chamamos de *eternidade*, *i. e.*: tendo adquirido a *ideia* de sucessão e de duração, tendo refletido sobre o curso de nossas próprias *ideias* causado em nós quer pelas naturais aparições dessas *ideias* que constantemente vêm por si mesmas aos nossos pensamentos quando estamos despertos, quer por objetos externos que sucessivamente afetam nossos sentidos, e tendo, pelas revoluções do sol, adquirido as *ideias* de certos comprimentos de duração, podemos, em nossos pensamentos, adicionar tais comprimentos de duração uns aos outros quantas vezes quisermos, e aplicá-los, adicionados dessa maneira, a durações passadas ou por vir. E podemos prosseguir nisso sem fronteiras ou limites, e continuar *in infinitum,* aplicando assim o comprimento do movimento anual do sol à duração que se supõe anterior à existência do sol ou de qualquer movimento. O que não é mais difícil ou absurdo do que aplicar a noção que tenho do movimento de uma sombra, que se dá ao longo de uma hora de hoje no quadrante solar, à duração de algo que ocorreu na noite passada, p. ex., à

queima de uma vela, que agora está absolutamente separada de qualquer movimento efetivo. E é tão impossível que a duração de sua chama durante uma hora na noite passada possa coexistir com qualquer movimento que se dê agora, ou que algum dia venha a se dar, quanto que qualquer parte da duração que havia antes do início do mundo possa coexistir com o movimento atual do sol. No entanto, isso não impede que, tendo a *ideia* do comprimento do movimento da sombra por um quadrante entre as marcas de duas horas, eu possa medir com tanta distinção em meus pensamentos a duração da luz daquela vela da noite passada, assim como posso medir a duração de qualquer coisa que existe agora. E isso não é mais do que
194 pensar que, tivesse então o sol iluminado o quadrante e tivesse ele se movido no mesmo ritmo que agora, a sombra no quadrante passaria da linha de uma hora para a outra durante a queima da vela.

§ 28. Como a noção de uma hora, dia ou ano é unicamente a *ideia* que tenho do comprimento de certos movimentos periódicos regulares, movimentos que nunca existem todos de uma vez, a não ser nas *ideias* que tenho deles e que são derivadas dos meus sentidos ou da reflexão, posso, com a mesma facilidade, e pela mesma razão, aplicá-la em meus pensamentos à duração antecedente a qualquer forma de movimento, tanto quanto a qualquer coisa que anteceda, mesmo que por apenas um minuto ou um dia, o movimento em que o sol se encontra neste exato momento. Todas as coisas passadas estão igual e perfeitamente em repouso e, segundo esse ponto de vista, são todas iguais, tenham existido antes do início do mundo ou logo ontem. Isso porque *a mensuração de* qualquer *duração* por algum movimento não *depende* absolutamente *da* coexistência real daquela coisa com aquele movimento, ou com qualquer outro período de revolução, mas depende, sim, de que eu tenha, em minha mente, *uma ideia clara do comprimento de algum* movimento periódico conhecido, ou de outros intervalos de *duração*, e de que eu a *aplique à duração da coisa que quero medir.*

§ 29. É assim que constatamos que alguns homens imaginam que a duração do mundo, de sua existência inicial até o ano presente de 1689, é de 5.639 anos, ou de 5.639 revoluções anuais do sol, e outros, que ela é ainda maior; como os antigos *egípcios*, que, ao tempo de *Alexandre*, contavam 23.000 anos, a partir do Reinado do Sol; e os atuais *chineses*, que calculam que o mundo tem 3.269.000 anos, ou mais. Essa maior duração do mundo, obtida por seus cálculos, ainda que eu não acredite que seja verdadeira, posso, no entanto, imaginá-la com eles, e posso tão perfeitamente compreender e afirmar que é mais longa do que aquela que os outros dizem, quanto compreendo que a vida de *Matusalém* foi mais longa do que a de *Enoque*. E, se a contagem comum de 5.639 anos é verdadeira (e pode ser, tanto quanto qualquer outra), isso não impede absolutamente que eu imagine o que outros querem dizer quando afirmam que o mundo é mil anos mais velho, visto que qualquer um poderia com a mesma facilidade imaginar (não digo acreditar) que o mundo tem 50.000 tanto quanto 5.639 anos de idade, e podem conceber tão bem a duração de 50.000 quanto a de 5.639 anos. Desse modo, resta claro que *para a mensuração da duração de qualquer coisa pelo tempo* não se requer que a coisa coexista com o 195
movimento pelo qual a medimos, ou com qualquer outra revolução periódica, mas *é suficiente*, para esse propósito, *que tenhamos a ideia do comprimento de quaisquer manifestações periódicas regulares* que possamos, em nossa mente, aplicar à duração com a qual o movimento ou a manifestação nunca coexistiram.

§ 30. Com efeito, se na história da criação apresentada por *Moisés* posso imaginar que havia luz três dias antes que o sol existisse ou que houvesse qualquer movimento, apenas por conceber que a duração da luz antes que o sol fosse criado tenha sido tão longa quanto se fosse igual a três de suas revoluções diárias (caso o sol se tivesse movido então como agora), assim, do mesmo modo, posso obter uma *ideia* do *caos* ou dos anjos sendo criados um minuto, uma hora, um dia, um ano ou mil anos antes que houvesse luz ou qualquer movimento contínuo. De fato, se me é possível considerar simplesmente a *duração* de um minuto antes da existência ou movimento de qualquer corpo, posso adicionar um minuto a mais, até chegar a sessenta, e, desse modo, adicionar minutos, horas ou anos (*i. e.*, tais ou tais partes da revolução do sol, ou qualquer outro período de que tenha *ideia*), continuando *in infinitum*, e supor uma duração que exceda tantos desses períodos quantos eu possa contar e, permitam-me acrescentar, tantos quanto eu quiser, o que penso ser a noção que temos de *eternidade*, de cuja infinitude não temos nenhuma outra noção além daquela da infinitude do número, ao qual podemos adicionar sempre, sem fim.

§ 31. E assim penso restar claro que, *daqueles* dois mananciais de todo conhecimento já mencionados, *i. e.*, *reflexão e sensação, obtemos as ideias de duração* e suas medidas.

De fato, *primeiro*, observando o que se passa em nossa mente e como, dentre nossas *ideias* ali em curso, constantemente algumas esvaecem e outras começam a aparecer, chegamos à *ideia* de *sucessão*.

Segundo, pela observação da distância entre as partes dessa sucessão, obtemos a *ideia* de *duração*.

Terceiro, observando pela sensação certas manifestações, em certos períodos regulares aparentemente equidistantes, obtemos as *ideias* de determinados comprimentos ou *medidas de duração*, como minutos, horas, dias, anos etc.

Quarto, pela capacidade de repetir em nossas mentes, quantas vezes quisermos, essas medidas de tempo, ou *ideias* de comprimentos estabelecidos de duração, podemos chegar a *imaginar duração onde nada realmente perdura ou existe*, e assim imagina- 196
mos amanhã, o próximo ano ou sete anos à frente.

Quinto, pela capacidade de repetir em nossos próprios pensamentos, quantas vezes quisermos, qualquer *ideia* de qualquer comprimento de tempo, como um minuto, um ano ou uma época, e de adicioná-las umas às outras, sem jamais chegar mais perto do fim dessa adição do que do fim dos números, aos quais podemos sempre adicionar, chegamos à *ideia* de *eternidade*, como a futura duração eterna de nossa alma, e como a eternidade daquele ser infinito que necessariamente deve ter existido sempre.

Sexto, pela consideração de qualquer parte da duração infinita, tal como estabelecida por mensurações periódicas, chegamos à *ideia* do que chamamos *tempo* em geral.

CAPÍTULO XV
Da duração e da expansão, consideradas juntas.

Ambas são suscetíveis de mais e de menos.

§ 1. Ainda que nos capítulos precedentes nos tenhamos detido exaustivamente em considerações sobre espaço e duração, no entanto, sendo elas *ideias* de interesse geral, com algo de muito abstruso e peculiar em sua natureza, talvez seja útil para sua elucidação compará-las uma à outra; e, examinando-as juntas, poderemos obter uma concepção mais clara e distinta delas. Distância, ou espaço, em sua concepção abstrata simples, eu chamo, para evitar confusão, de *expansão*, visando a distingui-la de *extensão*, termo utilizado por alguns para expressar essa distância unicamente na medida em que se encontra nas partes sólidas da matéria, e que assim inclui, ou ao menos implica, a *ideia* de corpo, ao passo que a *ideia* pura de distância não inclui tal coisa. Prefiro também a palavra *expansão* a *espaço*, porque *espaço* é frequentemente aplicado também para a distância entre as partes transientes sucessivas, que nunca coexistem, e não só para as que são permanentes. Em ambas, *i. e.*, *expansão* e *duração*, a mente tem essa *ideia* comum de comprimentos contínuos, suscetíveis de quantidades maiores ou menores, pois um homem tem uma *ideia* tão clara da diferença entre o *comprimento* de uma hora e o de um dia quanto entre o de uma polegada e o de um pé.

A expansão não é limitada pela matéria.

§ 2. A *mente*, uma vez de posse da *ideia* do *comprimento* de uma parte qualquer da *expansão*, quer seja um palmo, um passo ou qualquer outro com-
197 primento, *pode*, como foi dito, repetir essa *ideia*; e, adicionando-a à anterior, *ampliar sua ideia de comprimento* até torná-la igual a dois palmos ou dois passos; e assim tantas vezes quantas quiser, até igualar a distância entre quaisquer duas partes da terra, e, ampliando-a ainda mais, até chegar à distância do sol, ou da estrela mais remota. Por meio de uma progressão como essa, a partir do lugar em que se encontra ou de qualquer outro lugar, a mente pode continuar e ultrapassar todos esses comprimentos, sem nada encontrar que a detenha, nem dentro nem fora dos corpos. É verdade que podemos facilmente, em nossos pensamentos, chegar ao fim da extensão sólida; não temos dificuldade de chegar à extremidade e ao limite de todos os corpos. Mas, uma vez ali, a mente nada encontra que impeça seu progresso por essa

expansão ilimitada, para a qual não consegue encontrar nem conceber um fim. E que ninguém venha dizer que, para além dos limites de corpo, não há nada, a não ser que queira confinar DEUS nos limites da matéria. *Salomão*, cujo entendimento estava repleto e engrandecido de sabedoria, parece pensar de outra forma quando diz que *o céu, e o céu dos céus, não podem vos conter*[32]. E penso que superestima em muito a capacidade do próprio entendimento quem está convencido de que pode estender seus pensamentos para além da existência de DEUS, ou imaginar qualquer expansão onde Ele não se encontre.

Nem a duração é limitada pelo movimento.

§ 3. E assim também em relação à duração. *A mente, uma vez de posse da ideia de qualquer comprimento de duração, pode duplicá-lo, multiplicá-lo e ampliá-lo*, não apenas para além de sua própria existência, mas para além daquela de todos os seres corpóreos e de todas as medidas de tempo obtidas a partir dos grandes corpos do mundo e de seus movimentos. E, no entanto, todos aceitarão facilmente que, ainda que façamos a duração ilimitada, como certamente ela o é, não podemos estendê-la para além de toda existência. DEUS, todos reconhecem sem dificuldade, preenche a eternidade; e é difícil encontrar uma razão pela qual alguém poderia duvidar de que, da mesma maneira, Ele preenche a imensidão. Seu ser infinito é certamente tão ilimitado de um modo quanto do outro, e penso que se concede demais à matéria quando se diz que, onde não há corpo, nada há.

Por que os homens admitem com mais facilidade a duração infinita do que a expansão infinita.

§ 4. Penso que isso nos permite entender a razão pela qual todos falam com familiaridade e sem a menor hesitação da eternidade, e a supõem, sem vacilar em atribuir infinitude à duração, ao passo que é com mais dúvida e reserva que muitos admitem, ou supõem, a infinitude do espaço. A razão disso pare- 198

32. 1 Rs 8, 27; 2 Cor 2, 6; 6, 18. [N. E.]

ce-me ser esta, que, como extensão e duração são utilizadas como nomes de afecções pertencentes a outros seres, facilmente concebemos a duração infinita em DEUS, e não podemos evitar de fazê-lo. Mas, não atribuindo extensão a Ele, e sim unicamente à matéria, que é finita, estamos mais inclinados a duvidar da existência da expansão sem a matéria, da qual supomos que seja um atributo exclusivo. E, assim, quando os homens seguem seus pensamentos acerca do espaço, tendem a parar nos confins dos corpos, como se o espaço também encontrasse um termo ali, sem ir mais além. Ou então, se suas ideias, após consideração, os levam mais além, denominam o que se encontra para além dos limites do universo de espaço imaginário, como se, pelo fato de nenhum corpo existir ali, ele não fosse nada. Ao passo que a duração que é antecedente ao corpo e ao movimento, pelo qual é medida, nunca é denominada imaginária, porque nunca se supõe que seja desprovida de alguma outra existência real. E, se os nomes das coisas podem de alguma forma orientar nossos pensamentos na direção das origens das ideias dos homens (como estou inclinado a pensar que podem, em grande medida), talvez tenhamos motivos para pensar, diante do nome duração, que entre a continuação de existência, com uma espécie de resistência a qualquer força destrutiva, e a continuação da solidez (que é suscetível de ser confundida com a dureza e, caso se examinem as minúsculas partes atômicas da matéria, pouco difere dela), os homens acreditaram haver alguma analogia, o que engendrou palavras tão intimamente relacionadas quanto *durare* [durar] e *durum esse* [ser duro]. E que *durare* se aplica à ideia de dureza, tanto quanto à de existência, é o que vemos em Horácio, Epod. 16, *ferro duravit saecula* [pelo ferro endureceu os séculos]. Mas, seja como for, o certo é que quem quer que siga seus próprios pensamentos constatará que, por vezes, estes se lançam para além da extensão corpórea, no espaço ou expansão infinita, cuja ideia é distinta e separada daquela de corpo, e das de todas as outras coisas: o que pode (para os que quiserem) ser objeto de meditação suplementar.

O tempo está para a duração assim como o lugar para a expansão.

§ 5. *O tempo* em geral está para a *duração* assim como o *lugar* está para a *expansão*. São o tanto desse oceano ilimitado de eternidade e de imensidão que está delimitado e distinguido do restante como que por balizas; e, dessa forma, são utilizados para denotar a posição de seres finitos reais, uns em relação aos outros, nos oceanos infinitos e uniformes de duração e de espaço. Se considerados corretamente, nada mais são que *ideias* de distâncias determinadas com 199
relação a certos pontos fixados em coisas sensíveis distinguíveis, e que supostamente mantêm a mesma distância entre si. A partir desses pontos fixados em coisas sensíveis, calculamos e, a partir deles, medimos porções daquelas quantidades infinitas, porções que, assim consideradas, são o que chamamos de *tempo* e *lugar*. De fato, como a duração e o espaço são em si mesmos uniformes e ilimitados, a ordem e a posição das coisas perder-se-ia neles sem esses pontos conhecidos e estabelecidos, e todas as coisas restariam emaranhadas numa confusão irremediável.

Tempo e lugar são tomados por aquela sua parte que é determinada pela existência e pelo movimento dos corpos.

§ 6. *Tempo* e *lugar* assim tomados, como porções distinguíveis e determinadas desses infinitos abismos de espaço e duração, estabelecidas ou supostamente distinguidas do restante por marcas e fronteiras conhecidas, têm, cada um deles, uma dupla acepção.

Primeiro, o *tempo* em geral é comumente tomado pelo tanto da duração infinita que é medido por e é coexistente com a existência e os movimentos dos grandes corpos do universo, na medida em que conhecemos alguma coisa deles. E, nesse sentido, o tempo começa e termina com o arcabouço deste mundo sensível, como mostram as expressões acima mencionadas, *antes de todos os tempos* e *quando o tempo já não existir*. *Lugar*, da mesma maneira, é por vezes tomado pela porção do espaço infinito que está ocupada pelo mundo material e está nele compreendida, e que assim se distingue do restante da expansão, ainda que a isso seja mais apropriado chamar de *extensão* do que de lugar. Todos os seres corpóreos estão confinados no tempo e no lugar assim entendidos, e seu tempo e sua duração particulares, assim como sua extensão e seu lugar particulares, são medidos e determinados por suas partes observáveis.

Por vezes são tomados por aquela sua parte que indicamos por meio de medidas extraídas do volume ou do movimento dos corpos.

§ 7. *Segundo*, por vezes, a palavra *tempo* é utilizada *num sentido mais amplo*, e é aplicada não apenas às partes dessa duração infinita que foram realmente distinguidas e medidas por aquela existência real e por aqueles movimentos periódicos de corpos que foram indicados desde o início como signos para estações, dias e anos[33], constituindo assim nossas medidas de tempo, mas também a outras porções daquela duração infinita e uniforme, porções que em qualquer
200 ocasião supomos serem iguais a certos comprimentos de tempo medido e que são assim consideradas como limitadas e determinadas. Com efeito, supondo que a criação, ou a queda dos anjos, tivesse ocorrido no início do período *juliano*, falaríamos bem apropriadamente e nos faríamos entender se disséssemos que, desde a queda dos anjos, transcorreram 764 anos a mais do que desde a criação do mundo: desse modo, assinalaríamos o tanto dessa duração indistinta que supomos igual a 764 revoluções anuais do sol movendo-se na constância em que agora se move, e que as comportaria. E assim, da mesma maneira, por vezes falamos de lugar, distância ou volume em referên-

33. Gn 1, 14. [N. E.]

cia ao grande *vazio* para além dos confins do mundo, quando consideramos o tanto desse espaço que é igual a um corpo de quaisquer dimensões ou que é capaz de recebê-lo, como um pé cúbico, ou supomos um ponto nele a uma certa distância de qualquer parte do universo.

Eles pertencem a todos os seres.

§ 8. *Onde* e *quando* são questões que dizem respeito a toda existência finita, e são sempre calculados por nós a partir de algumas partes conhecidas deste mundo sensível e de certas épocas que nos são assinaladas pelos movimentos nele observáveis. Sem tais partes ou períodos fixos, a ordem das coisas perder-se-ia para nosso entendimento finito nos oceanos ilimitados e invariáveis da duração e da expansão, que compreendem neles todos os seres finitos e que, em todo seu alcance, pertencem unicamente à deidade. E assim não é de admirar que não os compreendamos e que muitas vezes constatemos que nossos pensamentos se perdem quando os pretendemos considerar, seja abstratamente em si mesmos, seja como atribuídos de algum modo ao incompreensível ser primordial. Mas, quando aplicada a qualquer ser finito particular, a extensão de um corpo é o tanto desse espaço infinito que o volume desse corpo ocupa. E lugar é a posição de qualquer corpo quando considerado a certa distância de algum outro corpo. Assim como a *ideia* da *duração* particular de alguma coisa é a *ideia* da porção da *duração* infinita que passa durante a existência dessa coisa, assim também o tempo *quando* a coisa existiu é a *ideia* do espaço da duração que passou entre algum período conhecido e fixo de duração e a existência dessa coisa. Uma mostra a distância entre as extremidades do volume ou da existência de uma mesma coisa, como, por exemplo, que tem um pé quadrado, ou que durou dois anos; a
outra mostra a distância entre essa coisa, no lugar ou 201

na existência, com relação a outros pontos fixos do espaço ou da duração, como, por exemplo, que ela estava no meio dos *Lincolns-Inn-Fields*, ou no primeiro grau de *Touro*, e no ano do Nosso Senhor de 1671, ou no ano 1000 do período *juliano*. Todas essas distâncias são medidas por *ideias* preconcebidas de certos comprimentos de espaço e de duração, tais como polegadas, pés, milhas e graus, num caso, e minutos, dias, anos etc., noutro.

Todas as partes da extensão são extensão e todas as partes da duração são duração.

§ 9. Há ainda uma coisa em que *espaço e duração* mostram uma grande conformidade, a saber, ainda que sejam justamente contadas entre nossas *ideias simples*, no entanto, nenhuma dentre as *ideias* distintas que temos de ambos estão isentas de todo tipo de
202 *composição**, pois é da natureza mesma de ambos

* A quinta edição acrescenta em nota: "Objetou-se ao sr. *Locke* que, se o espaço consiste de partes, como se reconhece neste trecho, ele não deveria incluí-lo entre as *ideias* simples, pois isso parece inconsistente com o que ele afirma em outro lugar, que uma *ideia* simples é *não composta, e não traz em si senão uma aparência (ou concepção) uniforme da mente, e não é distinguível em ideias diferentes*, página 119. Objeta-se ainda que o sr. *Locke* não apresentou, no capítulo 2 do livro 2, onde começa a falar de *ideias* simples, uma definição exata do que entende pelas palavras *ideias simples*. A essas dificuldades, o sr. *Locke* responde o seguinte: começando pelo fim, ele declara que não tratou seu assunto numa ordem perfeitamente escolástica, dado não ter tido grande familiaridade com esse tipo de livro durante a redação deste e não se lembrar absolutamente do método segundo o qual são redigidos; e, portanto, seus leitores não devem esperar definições apresentadas com regularidade no início de cada novo assunto. O sr. *Locke* contenta-se em empregar os principais termos de que se vale de maneira que, a partir de seu uso, o leitor possa facilmente compreender o que quer dizer com eles. Mas, com respeito ao termo *ideia simples*, teve a sorte de defini-lo no lugar citado na objeção, e, portanto, não há razão para corrigir esse defeito. A questão então é saber se a *ideia* de *extensão* concorda com essa definição. E efetivamente ela concorda, caso seja entendida no sentido que o sr. *Locke* tem principalmente em vista. Pois a composição que ele propunha excluir de sua definição é a composição entre *ideias* diferentes na mente, e não uma composição de um mesmo tipo numa coisa cuja essência consista em ter partes do mesmo tipo, na qual jamais se pode chegar a uma parte inteiramente

consistir em partes. Mas, suas partes sendo todas do mesmo tipo, e sem a mistura de qualquer outra *ideia*, isso não impede que tenham um lugar entre as *ideias* simples. Pudesse a mente, como nos números, chegar a uma parte tão pequena de extensão ou de duração, a ponto de excluir a divisibilidade, essa seria, por assim dizer, a unidade indivisível, ou a *ideia*, pela repetição da qual a mente faria suas *ideias* mais ampliadas de extensão e de duração. Mas, visto que a mente não consegue formar a *ideia* de um espaço sem partes, ela recorre, em vez disso, às medidas comuns que, pelo uso familiar, em cada país, imprimiram-se na memó-

---

isenta dessa composição. De modo que, se a *ideia* de *extensão* consiste em ter *partes extra partes* (no linguajar das Escolas), ela é sempre, no sentido do sr. *Locke*, uma *ideia* simples, porque a *ideia* de ter *partes extra partes* não se pode resolver em duas outras *ideias*. Em relação ao restante da objeção ao sr. *Locke*, com respeito à natureza da extensão, o sr. *Locke* estava ciente dela, como se pode constatar no § 9, capítulo 15, livro 2, onde ele diz que a menor porção de espaço ou de extensão da qual temos uma *ideia* clara e distinta talvez seja mais adequadamente considerada por nós como uma *ideia simples* desse tipo, a partir da qual nossos modos complexos de espaço e de extensão são feitos. De modo que, de acordo com o sr. Locke, ela pode mui apropriadamente ser chamada de uma *ideia simples*, visto que é a menor *ideia* de espaço que a mente pode formar para si mesma, e que não pode ser dividida pela mente em nenhuma menor da qual ela em si mesma tenha qualquer percepção determinada. Do que se segue que ela é para a mente uma *ideia simples*, o que é suficiente para afastar essa objeção, pois não é intenção do sr. *Locke*, neste lugar, falar sobre qualquer outra coisa que não diga respeito a *ideias* da mente. Mas, caso isso não seja suficiente para eliminar a dificuldade, o sr. *Locke* nada mais tem a acrescentar, a não ser que, se a *ideia* de extensão é tão peculiar que não possa concordar exatamente com a definição que ele deu dessas *ideias simples*, diferindo assim, em alguma maneira, de todas as outras desse tipo, então ele considera melhor deixá-la exposta aqui a essa dificuldade do que introduzir uma nova divisão em seu favor. É suficiente para o sr. *Locke* que seu significado seja entendido. É muito comum observar discussões inteligíveis estragadas pelo excesso de sutileza em divisões minuciosas. Devemos reunir as coisas, na medida do possível, *doctrinae causa*; mas, na verdade, muitas coisas não se deixam reunir sob nossos termos e modos de falar". [N. E.]

ria (como polegadas e pés, *côvados* e *parasangas*[34], e assim também segundos, minutos, horas, dias e anos, com respeito à duração). A mente recorre, como eu disse, a *ideias* tais como essas, como se fossem simples, e essas ideias são partes componentes de *ideias* mais amplas, que a mente faz, na devida ocasião, pela adição dos comprimentos conhecidos com os quais esteja familiarizada. Por outro lado, a menor medida ordinária que temos de ambos é vista da mesma maneira que a unidade no número, quando a mente, por divisão, procura reduzir ambos a suas menores frações. Mas, mesmo assim, dos dois lados, tanto na adição quanto na divisão, seja de espaço ou de duração, quando a *ideia* que se está considerando torna-se muito grande ou muito pequena, seu volume preciso torna-se muito obscuro e confuso, e é apenas o número de suas repetidas adições ou divisões que permanece claro e distinto, como facilmente se tornará evidente para quem quer que deixe seus pensamentos vaguearem pela vasta expansão do espaço ou divisibilidade da matéria. Cada parte de duração também é duração, e cada parte de extensão é extensão, e ambas são suscetíveis de adição ou divisão *in infinitum*. Mas as menores porções de ambas de que tenhamos *ideias* claras e distintas talvez sejam mais adequadamente consideradas por nós como as *ideias* simples daquele tipo, a partir das quais nossos modos complexos de espaço, extensão e duração são feitos, e nos quais po-
203 dem novamente ser distintamente resolvidos. Tal parte reduzida de duração pode ser chamada de um *momento*, e é o tempo de uma única *ideia* no curso ordinário de sucessão de *ideias* em nossa mente. A outra, à qual falta um nome próprio, não sei se poderei chamar de *um ponto sensível*, querendo com isso significar a menor partícula de matéria ou de espaço que

34. Antiga unidade persa de medida. [N. Ed. Br.]

podemos discernir, que é geralmente de cerca de um minuto, e para os olhos mais apurados, raramente menos de trinta segundos de um círculo do qual seus olhos são o centro.

Suas partes são inseparáveis.

§ 10. Expansão e duração mostram ainda uma concordância ulterior no fato de que, apesar de ambas serem consideradas por nós como dotadas de partes, no entanto, *suas partes não* são *separáveis* umas das outras, nem mesmo em pensamento, ainda que as partes de corpos, das quais extraímos nossas medidas de uma, e as partes de movimento, ou melhor, da sucessão de *ideias* em nossa mente, a partir das quais obtemos as medidas da outra, possam ser interrompidas e separadas, como muitas vezes o movimento o é pelo repouso, e a sucessão, pelo sono, que também chamamos de repouso.

A duração é como uma linha, a expansão, como um sólido.

§ 11. Há entre elas, no entanto, uma clara diferença, a de que as *ideias* de comprimento que temos da *expansão estão orientadas em todas as direções*, e assim formam figura, largura e profundidade. Por outro lado, a *duração é apenas, por assim dizer, o comprimento de uma linha reta*, estendida *in infinitum*, e não é suscetível de multiplicidade, variação ou figura, mas é uma única medida comum a qualquer existência, da qual todas as coisas, enquanto existem, compartilham igualmente. Pois este momento presente é comum a todas as coisas que agora existem e compreende igualmente esta parte de suas existências, tal como se todas elas fossem um único ser, e podemos dizer com verdade que todas elas existem no mesmo momento de tempo. Se anjos e espíritos têm alguma analogia com isso no que respeita à expansão, é coisa que está para além de minha compreensão; para nós, que temos entendimento e compreensão adequados a nossa própria preservação e aos fins de nossa própria existência, mas não à realidade e à extensão de

todos os outros seres, é possível que seja quase tão difícil conceber qualquer existência, ou ter uma *ideia* de qualquer ser real, com uma perfeita negação de toda forma de expansão, quanto ter a *ideia* de qualquer existência real com uma perfeita negação de toda forma de duração. Portanto, o que os espíritos têm a ver com espaço, ou como se comunicam com ele, nós não sabemos. Tudo quanto sabemos é que os corpos possuem, cada um por si, sua própria porção
204 de espaço, de acordo com o alcance de suas partes sólidas, e assim excluem todos os outros corpos de qualquer participação naquela porção particular do espaço enquanto ali permanecerem.

A duração nunca tem duas partes conjuntamente, a expansão tem todas as suas partes conjuntamente.

§ 12. *Duração*, e tempo, que é uma parte dela, *é a ideia* que temos *de distância expirante, duas partes da qual nunca existem juntas*, mas seguem-se umas às outras em sucessão, assim como *expansão é a ideia de distância permanente, cujas partes existem todas juntas*, e não são suscetíveis de sucessão. E, portanto, ainda que não possamos conceber nenhuma duração sem sucessão nem possamos conjugar em nossos pensamentos que agora um ser qualquer exista amanhã, ou possua de imediato mais que o momento presente de duração, no entanto, podemos conceber a duração eterna do Todo-Poderoso como muito diferente daquela do homem ou de qualquer outro ser finito. Isso porque o homem não abarca em seu conhecimento ou em seu poder todas as coisas passadas e futuras: seus pensamentos só se referem ao passado, e ele não sabe o que trará o amanhã[35]. O que uma vez passou, ele nunca poderá trazer de volta, e o que ainda está por vir, não pode tornar presente. O que digo a respeito do homem vale para todo ser finito, que, ainda que exceda em muito o homem em conhecimento e poder, no entanto não passa da cria-

35. Trata-se de um amálgama de Jó 8, 9 e Pr 27, 1. [N. E.]

tura mais vil em comparação ao próprio Deus. O finito, em qualquer magnitude, não tem nenhuma proporção com o infinito. Como a duração infinita de Deus é acompanhada de conhecimento infinito, e de poder infinito, Ele vê todas as coisas passadas e por vir, e elas não estão mais distantes de seu conhecimento, ou mais subtraídas a sua visão, do que o presente. Todas caem sob o mesmo olhar, e não há nada que ele não possa fazer existir no momento em que quiser. De fato, como a existência de todas as coisas depende de sua boa vontade, todas as coisas existem em todo momento que ele pense adequado existirem. Para concluir, expansão e duração abraçam e compreendem mutuamente uma à outra: cada parte do espaço encontra-se em cada parte da duração, e cada parte da duração, em cada parte de expansão. Tal combinação entre *ideias* distintas, suponho eu, dificilmente poderia ser encontrada em toda essa imensa variedade que podemos conceber ou concebemos, e pode propiciar matéria para especulação suplementar.

CAPÍTULO XVI 205
Do número

Número é a ideia *mais simples e universal.*

§ 1. Dentre todas as *ideias* que temos, nenhuma é sugerida de tantos modos, e nenhuma é mais simples do que aquela de *unidade*, ou um: nela não há sombra de variedade ou composição; cada objeto no qual nossos sentidos se empregam, cada *ideia* em nosso entendimento, cada pensamento em nossa mente traz essa *ideia* consigo. E, sendo assim, ela não só é a mais íntima a nossos pensamentos, como também, em seu acordo com todas as outras coisas, é a *ideia* mais universal que temos. Pois o número aplica-se a homens, anjos, ações, pensamentos, a tudo que ou existe, ou pode ser imaginado.

§ 2. Pela repetição dessa *ideia* em nossa mente, e adicionando as repetições umas às outras, chegamos às ideias *complexas de seus modos*. Assim, adicionando um a um, temos a *ideia* complexa de um par, e, conjugando doze unidades, obtemos a *ideia* complexa de uma dúzia, e assim de uma vintena, de um milhão ou de qualquer outro número.

Seus modos são feitos por adição.

§ 3. *Os modos simples de número são, dentre todos, os mais distintos*, e toda mínima variação, que é uma unidade, faz cada combinação tão claramente diferente daquela que mais se lhe aproxima quanto da mais remota, pois dois é tão distinto de um quanto de duzentos, e a *ideia* de dois é tão distinta da *ideia* de três quanto a magnitude da terra inteira o é da magnitude de uma traça. O mesmo não se passa em outros modos simples, nos quais não é tão fácil nem talvez possível, para nós, distinguir entre duas *ideias* próximas que, no entanto, são realmente diferentes. Pois quem tentaria encontrar uma diferença entre a brancura deste papel e a do grau imediatamente próximo a esta, ou poderia formar *ideias* distintas de cada um dos menores acréscimos possíveis da extensão?

Cada modo é distinto.

§ 4. A clareza e a *distinção de cada modo de número* em relação a todos os outros, inclusive os que mais se lhe aproximam, leva-me a pensar que, se as demonstrações nos números não são mais evidentes e exatas do que aquelas da extensão, são, no entanto,
206 mais gerais em seu uso e mais determinadas em sua aplicação. Isso porque as *ideias* dos números são mais precisas e mais distinguíveis do que na extensão, em que cada igualdade e cada excesso não é tão facilmente observável ou mensurável; de fato, nossos pensamentos não conseguem, no espaço, chegar a uma pequenez para além da qual não podem prosseguir, como a de uma unidade, e, portanto, a quantidade ou a proporção de cada acréscimo mínimo não

Portanto, as demonstrações nos números são as mais precisas.

pode ser descoberta; o que, ao contrário, é claro no número, em que, como se disse, 91 é tão distinguível de noventa quanto de nove mil, ainda que 91 seja o acréscimo imediatamente seguinte a noventa. Mas não é assim na extensão, em que o que quer que seja maior do que exatamente um pé ou uma polegada não é distinguível do modelo de um pé ou uma polegada; e, em linhas que parecem ser do mesmo comprimento, uma pode ser mais longa do que a outra em partes inumeráveis; e tampouco é possível indicar um ângulo que seja aquele imediatamente maior que um ângulo reto.

Nomes são necessários para números.

§ 5. Como dissemos, repetindo a *ideia* de uma unidade e conjugando-a a outra unidade, fazemos a partir disso uma *ideia* coletiva marcada pelo nome *dois*. E todo aquele que puder fazer isso e prosseguir adicionando um a mais à última *ideia* coletiva que teve de qualquer número, e dar-lhe um nome, poderá contar, ou ter *ideias* para diversas coleções de unidades, distinguidas umas das outras, na medida em que dispuser de uma série de nomes para os números seguintes e de memória para reter essa série com seus diversos nomes. Pois toda *numeração* consiste sempre apenas em adicionar mais uma unidade e em dar ao todo unido, tal como compreendido em uma *ideia*, um novo nome ou signo distinto, pelo qual este possa ser reconhecido em meio aos precedentes ou subsequentes e ser distinguido de toda a multidão de unidades que seja maior ou menor. De modo que aquele que pode adicionar um a um, um a dois, e assim prosseguir sua conta, mantendo sempre consigo os nomes distintos atinentes a cada progressão, e assim novamente pela subtração de uma unidade de cada coleção retroceder e diminuí-la, é capaz de ter todas as *ideias* de número que estão dentro do âmbito de sua linguagem, ou para os quais disponha de nomes, ainda que talvez não possa ir além. De fato, como os

diversos modos de números são, em nossa mente, apenas outras tantas diversas combinações de unidades, combinações que não têm variedade nem são suscetíveis de quaisquer outras diferenças, a não ser para mais ou menos, nomes ou marcas para cada combinação distinta parecem mais necessários do que
207 em qualquer outro tipo de *ideia*. Com efeito, sem tais nomes ou marcas, dificilmente podemos utilizar corretamente números ao calcular, especialmente quando a combinação é feita de alguma grande multidão de unidades, que, se conjugadas sem um nome ou marca para distinguir essa coleção precisa, dificilmente escaparão de se tornar uma massa confusa.

Nomes são necessários para números.

§ 6. Tal é, penso eu, a razão pela qual alguns *americanos* com quem conversei (que de resto eram bastante vivos e inteligentes) não conseguiam de nenhuma maneira contar até mil como nós o fazemos nem tinham qualquer *ideia* distinta desse número, ainda que conseguissem contar muito bem até vinte. Isso porque sua língua, por ser muito pobre, acomodada unicamente às poucas necessidades de uma vida simples e carente, alheia tanto ao comércio quanto à matemática, não dispõe de palavras para designar mil. De modo que, quando se falava com eles acerca desses números maiores, apontavam para os fios de cabelo em sua cabeça, para expressar a grande multidão que não conseguiam numerar, inabilidade que, suponho eu, provém de sua carência de nomes. Os *tupinambás* não têm nomes para números acima de cinco, e qualquer número que vá além desse é indicado por eles mostrando seus dedos, e os dedos de outros presentes*. E não tenho dúvidas de que nós mesmos poderíamos numerar distintamente com palavras muito além do que fazemos usualmente: bastaria apenas que

---

* *História de viagem à terra do Brasil, por Jean de Lery*, capítulo 20, p. 307-82. [N. A.]

encontrássemos certas denominações adequadas para significar esses números. Ao passo que, do modo como optamos nomeá-los, por milhões de milhões de milhões etc., dificilmente poderíamos ir sem confusão além de dezoito, ou, quando muito, vinte e quatro progressões decimais. Mas, para mostrar o quanto *nomes distintos contribuem para que contemos corretamente*, ou para que tenhamos *ideias* úteis de números, que me permitam pôr todos os seguintes algarismos numa linha contínua como marcas de um número: p. ex.,

Nonilhões	Octilhões	Setilhões	Sestilhões	Quintilhões
857324	162486	345896	437916	423147
Quatrilhões	Trilhões	Bilhões	Milhões	Unidades
248106	235421	261734	368149	623137

O modo comum de nomear esse número em *inglês* é pela repetição constante de milhões, de milhões, de milhões, de milhões, de milhões, de milhões, de milhões (que é a denominação da segunda série de seis algarismos), modo pelo qual seria muito difícil obter qualquer noção distinta desse 208
número: mas deixo aberto para discussão se, atribuindo a cada seis algarismos uma nova denominação, segundo uma ordem, esses e talvez muitos outros algarismos não poderiam, em progressão, ser facilmente contados com distinção, e suas *ideias* não só mais facilmente adquiridas por nós como também mais claramente significadas aos outros. Menciono isso unicamente para mostrar quão necessários são os nomes distintos para a numeração, sem pretender introduzir novos nomes de minha invenção.

Por que as crianças não numeram mais cedo.

§ 7. Assim, seja pela carência de nomes para marcar as muitas progressões de números, seja por ainda não disporem da faculdade de reunir *ideias* esparsas em complexas e dispô-las numa ordem regular, retendo-as desse modo na memória, como é necessário para contar, as crianças não começam a numerar muito cedo, e não prosseguem muito longe e com segurança na numeração, a não ser um bom tempo após terem sido providas de um bom estoque de outras *ideias*. E pode-se frequentemente observar que raciocinam e discutem muito bem e têm concepções muito claras de diversas outras coisas antes que consigam contar até vinte. E alguns, devido a um defeito em sua memória, que não consegue reter as diversas combinações de números com nomes anexados em suas ordens distintas, nem o encadeamento de um curso tão longo de progressões numéricas, nem a relação que mantêm entre si, são por toda sua vida incapazes de contar ou seguir qualquer série de números que não seja muito limitada. De fato, quem conta até vinte, ou tem qualquer *ideia* desse número, deve saber que dezenove vieram antes, com nomes ou signos distintos de cada um deles, tal como foram estabelecidos em sua ordem; porque, quando isso não ocorre, produz-se uma lacuna, rompe-se a corrente e não se pode prosseguir na numeração. De modo que, para *contar corretamente, requer-se*: 1. que a mente distinga cuidadosamente duas *ideias* que diferem uma da outra unicamente pela adição ou a subtração de uma unidade; e 2. que ela retenha na memória os nomes ou marcas das diversas combinações desde a unidade até aquele número, e isso não confusamente e ao acaso, mas na ordem exata em que os números se seguem uns aos outros. Caso tropece em qualquer um desses requisitos, todo o trabalho de numeração será prejudicado, e restará unicamente a *ideia* confusa de multidão, sem que se chegue às *ideias* necessárias para uma numeração distinta.

O número mede tudo quanto é mensurável.

209 § 8. Pode-se ainda observar, a respeito do *número*, que ele é aquilo a que a mente recorre na *mensu-*

ração de todas as coisas que são por nós mensuráveis, que são principalmente *expansão* e *duração*, e também que nossa *ideia* de infinitude, mesmo quando aplicada a estas últimas, não parece ser nada mais do que a infinitude do número. Pois o que são nossas *ideias* de eternidade e de imensidão senão as adições repetidas de certas *ideias* de partes imaginadas de duração e de expansão, com a infinitude do número, onde não podemos nunca chegar a um fim da adição? Pois o número, dentre todas as nossas *ideias*, é aquilo que mais claramente nos provê de uma tal reserva inexaurível, como resta óbvio para todos. Com efeito, por mais que um homem colecione numa soma um número tão grande quanto queira, essa multidão, por maior que seja, não diminui nem em uma polegada a capacidade de continuar adicionando, tampouco o leva um pouco mais perto do fim da reserva inexaurível do número, na qual ainda restam tantos para se adicionar quanto se nenhum tivesse sido dela retirado. E essa interminável *adição* ou *aditividade* (caso se prefira essa palavra) dos números, tão evidente para a mente, é o que, penso eu, nos dá a *ideia* mais clara e distinta de infinitude: do que voltaremos a falar no capítulo seguinte.

CAPÍTULO XVII
Da infinitude.

A infinitude é, em sua significação original, atribuída a espaço, duração e número.

§ 1. Se alguém quiser saber a que tipo de *ideia* damos o nome de *infinitude*, a melhor coisa para fazer é se perguntar a que coisa a mente atribui mais imediatamente a infinitude e, então, como a mente chega a concebê-la.

Finito e *infinito* parecem-me ser considerados pela mente os *modos da quantidade* e ser atribuídos,

em sua designação inicial, unicamente às coisas que têm partes e são suscetíveis de aumento ou diminuição pela adição ou subtração de qualquer mínima parte. E assim são as *ideias* de espaço, duração e número,
210 que consideramos nos capítulos precedentes. É verdade, não podemos senão estar certos de que o grande DEUS, para o qual e a partir do qual todas as coisas existem, é incompreensivelmente infinito, mas, quando aplicamos a esse ser primeiro e supremo nossa *ideia* de infinito em nossos fracos e estreitos pensamentos, fazemos isso primariamente com relação a Sua duração e onipresença e, penso eu, mais figurativamente com relação a Seu poder, sabedoria, bondade e outros atributos que são propriamente inesgotáveis e incompreensíveis etc. De fato, quando os chamamos de infinitos, não temos nenhuma outra *ideia* dessa infinitude, a não ser aquela que traz consigo alguma consideração e uma evocação do número ou do alcance dos atos ou dos objetos do poder, da sabedoria e da bondade de Deus, que, por mais que os multipliquemos em pensamento até o limite de nossa capacidade, jamais conseguimos supô-los tão grandes ou numerosos que não sejam sempre superados e excedidos por esses atributos com toda a infinitude dos números sem limite. Não é minha pretensão dizer como esses atributos existem em DEUS, que se encontra infinitamente para além do alcance de nossas estreitas capacidades – eles contêm em si, não resta dúvida, toda perfeição possível –, mas esse é, eu afirmo, nosso modo de concebê-los, e essas são nossas *ideias* de sua infinitude.

A ideia *de finito é adquirida com facilidade.*

§ 2. Uma vez que finito e infinito são considerados pela mente como modificações de expansão e duração, a próxima coisa a ser considerada é de que modo a mente chega até eles. Quanto à ideia de finito, não há grande dificuldade. As porções evidentes de extensão que afetam nossos sentidos trazem consigo para a mente a ideia de finito, e os períodos comuns de sucessão, pelos quais medimos tempo e duração, como horas, dias e anos, são comprimentos limitados. A dificuldade reside em saber como chegamos às ideias ilimitadas de eternidade e imensidão, visto que os objetos com que nos relacionamos estão tão longe de se aproximar ou ter alguma proporção com essa amplidão.

Como chegamos à ideia *de infinito.*

§ 3. Qualquer um de posse da ideia de quaisquer comprimentos de espaço estabelecidos, tal como um pé, constata que pode repetir essa ideia e, conjugando-a à anterior, fazer a ideia de dois pés, e, pela adição de uma terceira, três pés, e assim por diante, sem jamais chegar a um fim em suas adições, seja em relação a essa ideia de um pé, seja, caso queira, em relação ao seu dobro ou a qualquer outra ideia que tenha de
qualquer comprimento, como uma milha, o diâmetro 211
da terra ou do *orbis magnus*. Com efeito, seja qual for aquela que ele escolher, seja qual for a insistência com que a duplicar ou a multiplicar de alguma outra forma, ele constata que, tendo continuado essa duplicação em seus pensamentos e ampliado sua ideia tanto quanto queira, não tem mais razão para parar nem está um pingo mais próximo do fim de tal adição do que estava no ponto de partida: e, como o poder de ampliar suas ideias de espaço por adições posteriores permanece o mesmo, disso ele obtém a ideia de espaço infinito.

Nossa ideia *de espaço é ilimitada.*

§ 4. Tal é, penso eu, o modo pelo qual a mente adquire a ideia de espaço infinito. O que é bem diferente de examinar se a mente tem a ideia de um tal espaço ilimitado efetivamente existente, visto que nossas ideias nem sempre são prova da existência das coisas. No entanto, como essa questão atravessou nosso caminho, suponho poder afirmar que tendemos a pensar que o espaço é, em si mesmo, efetivamente ilimi-

tado, pois a ideia de espaço ou de expansão por si mesma nos leva naturalmente a imaginar isso. De fato, uma vez que ele é por nós considerado seja como extensão corpórea, seja como existente por si mesmo sem nenhuma matéria sólida que o ocupe (pois de tal espaço vazio não apenas temos a ideia, mas provei, penso eu, a partir do movimento dos corpos, que sua existência é necessária), é impossível que alguma vez a mente consiga encontrar ou supor algum fim para ele, ou que em algum lugar seja detida em seu progresso nesse espaço, por mais longe que ela estenda seus pensamentos. Quaisquer limites feitos com corpos, até mesmo muros do material mais rijo, estão tão longe de pôr termo ao progresso ulterior da mente no espaço e na extensão que, ao contrário, o facilitam e ampliam. Com efeito, até onde esse corpo chega, até ali ninguém pode duvidar de que haja extensão, e, quando chegamos ao limite extremo dos corpos, o que poderia haver ali para pôr termo e convencer a mente de que ela se encontre no fim do espaço se ela não percebe tal coisa, aliás, se ela está convencida de que o próprio corpo pode deslocar-se naquele espaço? De fato, se for necessário para o movimento dos corpos que exista entre eles um espaço vazio, por menor que seja, e se for possível para um corpo mover-se no espaço vazio ou através dele (aliás, se for impossível que qualquer partícula de matéria se mova, a não ser num espaço vazio), a mesma possibilidade de que um corpo se mova num espaço vazio para além do limite extremo dos corpos, assim como num espaço vazio que intermedeie os corpos, permanecerá sempre clara e evidente: a ideia de espaço vazio puro,
212 seja dentro ou para além dos confins de todos os corpos, é exatamente a mesma, não diferindo em natureza, ainda que difira em volume, e não há nada que impeça o corpo de ali se mover. De modo que, onde

quer que a mente se coloque pelo pensamento, seja entre os corpos ou afastada de todos eles, ela não consegue encontrar em nenhuma parte, nessa ideia uniforme de espaço, quaisquer limites, qualquer fim, e assim conclui necessariamente que o espaço é, pela própria natureza e ideia de cada uma de suas partes, efetivamente infinito.

Nossa ideia *de duração também é ilimitada.*

§ 5. Assim como adquirimos a ideia de imensidão pelo poder que encontramos em nós de repetir quanto quisermos qualquer ideia de espaço, assim também, pela possibilidade de repetir a ideia de qualquer comprimento de duração que temos em nossa mente, com toda a interminável adição dos números, adquirimos a ideia de eternidade. Pois constatamos em nós mesmos que nos é tão pouco possível chegar a um fim na repetição dessas ideias quanto chegar ao fim dos números (o que todos percebem que não lhes é possível). Mas, aqui novamente, bem diferente da questão de saber se dispomos de uma ideia de eternidade, é saber se há qualquer ser real cuja duração é eterna. E quanto a isso afirmo que quem considerar algo que agora existe deve necessariamente chegar a algo eterno. Mas, como discuto isso em outro lugar, nada mais direi aqui a esse respeito, e procederei a algumas outras considerações sobre nossa ideia de infinitude.

Por que razão outras ideias *não são suscetíveis de infinitude.*

§ 6. Se então é verdade que nossa ideia de infinitude é adquirida a partir do poder que observamos em nós mesmos de repetir interminavelmente nossas próprias ideias, alguém poderia indagar por que nós não atribuímos infinitude a outras ideias além daquelas de espaço e duração, visto que as poderíamos repetir em nossa mente tantas vezes quanto as outras e com a mesma facilidade, e, no entanto, ninguém pensa numa doçura infinita, ou numa brancura infinita, ainda que possa repetir a ideia de doce ou de branco tantas vezes quanto as de uma jarda ou de um dia. Ao

que respondo que todas as ideias que são consideradas como tendo partes e são suscetíveis de aumento pela adição de partes iguais ou menores, propiciam-nos por sua repetição a ideia de infinitude; porque, com essa repetição interminável, dá-se prosseguimento a uma ampliação para a qual não pode haver fim. Mas com outras ideias não é assim, porque, para a maior ideia de duração ou de extensão que tenho presentemente, a adição da menor das partes representa um aumento, mas, se à ideia mais perfeita que tenho da brancura mais branca eu adiciono outra de
13 uma brancura menor ou igual (e não posso adicionar a ideia de uma brancura maior do que a que tenho), isso não traz um aumento e absolutamente não amplia de modo algum minha ideia. E, portanto, as diferentes ideias de brancura etc. são chamadas de graus. Pois aquelas ideias que são compostas de partes são suscetíveis de serem aumentadas por qualquer adição da menor das partes; mas, se tomarmos a ideia de branco que uma porção de neve ofereceu ontem a nossa visão, e uma outra ideia de branco de outra porção de neve que vemos hoje, e as pusermos juntas em nossa mente, elas como se incorporarão uma à outra, tornando-se uma única, e a ideia de branco não se verá de modo algum aumentada; e, se adicionamos um grau menor de brancura a um maior, não apenas ela não crescerá, como diminuirá. As ideias que não consistem de partes não podem ser aumentadas na proporção em que aprouver aos homens ou ser estendidas para além do que estes receberam por seus sentidos. Mas espaço, duração e número, como são suscetíveis de aumento por repetição, deixam na mente uma ideia de uma ilimitada capacidade para receber mais, e não podemos conceber em ponto algum um termo a adições ou progressões ulteriores; e, assim, apenas essas ideias levam a mente em direção ao pensamento da infinitude.

Diferença entre infinitude de espaço e espaço infinito.

§ 7. Ainda que nossa ideia de infinitude surja da contemplação da quantidade e do aumento interminável que a mente é capaz de realizar nela pelas adições repetidas de quantas porções desta quantidade lhe aprouver, no entanto, penso que causamos uma imensa confusão em nossos pensamentos quando conjugamos infinitude a qualquer suposta ideia de quantidade que se possa pensar que a mente tenha e falamos ou raciocinamos sobre uma quantidade infinita, como um espaço infinito, ou uma duração infinita. De fato, sendo nossa ideia de infinitude, como penso, uma ideia que cresce interminavelmente, ao passo que qualquer ideia de quantidade que a mente tenha, se termina, no momento em que a tem, nessa ideia mesma (pois, por maior que seja, não pode ser maior do que ela é), juntar-lhe infinitude é ajustar uma medida estabelecida a um volume crescente. Sendo assim, não penso ser uma sutileza irrelevante dizer que devemos distinguir cuidadosamente entre a ideia de infinitude do espaço e a ideia de espaço infinito. A primeira nada mais é que uma suposta progressão sem fim da mente por quaisquer ideias repetidas de espaço que ela quiser. Mas ter efetivamente na mente a ideia de um espaço infinito é supor que a mente já percorreu e efetivamente tem sob sua visão
todas essas ideias repetidas de espaço, que uma repe- 21
tição sem fim nunca pode representar inteiramente para ela, o que implica manifesta contradição.

Não temos nenhuma ideia *de espaço infinito.*

§ 8. Talvez isso se torne um pouco mais claro se o considerarmos nos números. A infinitude dos números, cuja adição, como todos sabem, nunca se aproxima de seu fim, revela-se facilmente para qualquer um que reflita sobre isso. Mas, por mais clara que possa ser essa *ideia* da infinitude do número, no entanto não há nada mais evidente do que o absurdo da *ideia* efetiva de um número infinito. Não importa que *ideias* positivas tenhamos em nossa mente de qualquer espaço, duração e número, por maiores que sejam, são ainda finitas. Mas, quando supomos um resto inesgotável, do qual removemos todo limite, e no qual concedemos à mente uma ilimitada progressão de pensamento, sem que a *ideia* nunca se complete, então obtemos nossa *ideia* de infinitude. E, ainda que ela pareça ser bem clara quando nada mais consideramos nela, a não ser a negação de um fim, no entanto, quando quisermos formar em nossa mente a *ideia* de um espaço ou de uma duração infinita, essa *ideia* é bastante obscura e confusa, porque é composta de duas partes muito diferentes, senão incompatíveis. Que alguém forme em sua mente a *ideia* de um espaço ou número tão grande quanto queira: é claro que a mente para e termina nessa *ideia*, o que é contrário à *ideia de infinitude*, que *consiste numa suposta progressão sem fim*. E, portanto, penso eu, disso decorre que nos confundamos facilmente quando argumentamos e raciocinamos a respeito do espaço infinito ou da duração infinita etc. Porque, como não se percebe que as partes de uma tal *ideia* são, como de fato é o caso, incompatíveis, um de seus componentes sempre embaraça as consequências que extraímos do outro, quaisquer que elas sejam, como a *ideia* de um movimento sem deslocamento irá confundir todo aquele que argumentar a partir de tal *ideia*, que não é melhor que a *ideia* de um movimento em repouso. E tal me parece ser o caso da *ideia* de um espaço, ou (o que é a mesma coisa) de um número infinito, *i. e.*, de um espaço ou número que a mente possui efetivamente e, dessa forma, o tem em vista e para ele se dirige, e de um espaço ou um número que, por estar numa ampliação e progressão constante e sem fim, a mente nunca poderá alcançar pelo pensamento. Com efeito, por maior que seja a *ideia* de espaço que te-

nho em minha mente, ela não é maior do que ela é
naquele instante, ainda que eu seja capaz de, no ins-
tante seguinte, dobrá-la, e assim *in infinitum*, pois só
é infinito aquilo que não tem limites, e só é *ideia* de 21
infinitude aquela na qual nossos pensamentos não
encontram limites.

O número propicia-nos a ideia *mais clara de infinitude.*

§ 9. Mas, como já havia dito, penso que, dentre todas as *ideias*, é a de número que *nos fornece a* ideia *mais clara e distinta de infinitude* de que somos capazes. Pois até mesmo no espaço e na duração, quando a mente persegue a *ideia* de infinitude, ela se vale das *ideias* e repetições dos números, tal como milhões e milhões de milhas ou de anos, que são, todas elas, *ideias* distintas, que o número impede de modo melhor que se precipitem num amontoado confuso no qual a mente se perderia. E, uma vez que a mente tenha adicionado uns aos outros tantos milhões etc. quanto queira de comprimentos conhecidos de espaço ou de duração, a *ideia* mais clara que pode adquirir de infinitude é o restante confuso e incompreensível de números adicionáveis sem fim, que não oferece nenhuma perspectiva de término ou de limitação.

Nossas diferentes concepções da infinitude do número, de duração e de expansão.

§ 10. O que talvez nos ofereça mais algum esclarecimento sobre a *ideia* que temos *da infinitude*, revelando para nós que ela *nada mais é que a infinitude do número aplicada a partes determinadas* das quais temos *ideias* distintas em nossa mente, será considerarmos que o número não é geralmente pensado por nós como infinito, enquanto duração e extensão tendem a sê-lo. Isso se deve ao fato de que, nos números, nós como que estamos num fim: de fato, como nos números não há nada menor do que uma unidade, nós ali paramos e estamos como que em um fim; mas para a adição, ou para a progressão do número, não podemos estabelecer limites e, assim, ela é como uma linha onde um de seus fins termina em nós, e o

outro estende-se ainda para além de tudo quanto podemos conceber. Mas, com espaço e duração, o caso é outro. Pois, na duração, é como se essa linha do número se estendesse em ambas as direções até um comprimento inconcebível, indeterminado e infinito; o que resta evidente para qualquer um que refletir sobre a consideração que se tem da eternidade, consideração que, suponho, ele constatará não consistir em nada mais que voltar essa infinitude de número para ambas as direções, *a parte ante* e *a parte post*, como dizem. De fato, quando queremos considerar a eternidade *a parte ante*, o que fazemos senão, começando de nós mesmos e do tempo presente em que nos encontramos, repetir em nossa mente as *ideias* de anos, de épocas ou de qualquer outra porção determinada de duração passada, com a perspectiva de proceder, em tal adição, por toda a infinitude dos nú-
16 meros? E, quando queremos considerar a eternidade *a parte post*, nós iniciamos, da mesma maneira, a partir de nós mesmos, e contamos, pela multiplicação de períodos que estão por vir, estendendo aquela mesma linha do número como anteriormente. E, uma vez conjugadas, essas duas linhas são a duração infinita a que chamamos *eternidade*, que, quer voltemos nossa vista para frente ou para trás, aparece como infinita, porque também voltamos para aquele lado a extremidade infinita do número, *i. e.*, a capacidade de adicionar ainda mais.

§ 11. O mesmo acontece também no espaço, onde, concebendo a nós mesmos como se estivéssemos no centro, estendemos para todos os lados as mesmas indetermináveis linhas do número e, contando em qualquer direção a partir de nós, uma jarda, uma milha, o diâmetro da terra ou do *orbis magnus*, pela infinitude do número adicionamos-lhes mais tantas vezes quanto quisermos, e, como não temos nenhuma razão para estabelecer limites a essas *ideias* repetidas, não mais do que para os números, adquirimos essa indeterminável *ideia de imensidão*.

Divisibilidade infinita.

§ 12. E, visto que nossos pensamentos nunca chegam à *divisibilidade* extrema em relação a qualquer volume de matéria, há assim uma aparente infinitude aqui também, que também compartilha da infinitude do número; mas com esta diferença, de que nas considerações anteriores sobre a infinitude do espaço e da duração, utilizamos apenas a adição de números, enquanto esta é como a divisão de uma unidade em suas frações, na qual a mente também pode proceder *in infinitum*, assim como nas adições anteriores, pois ela é, de fato, tão somente a adição de novos números. Mas, na adição de uma, não podemos adquirir a *ideia* positiva de um espaço infinitamente grande, assim como, na divisão da outra, não podemos adquirir a *ideia* de um corpo infinitamente pequeno, pois nossa *ideia* de infinitude é, por assim dizer, uma *ideia* crescente e fugidia, sempre numa progressão ilimitada que não pode parar em lugar algum.

Não há ideia *positiva de infinito.*

§ 13. É bem difícil, penso eu, encontrar alguém tão disparatado a ponto de afirmar que tenha a *ideia* positiva de um número infinito efetivo, pois a infinitude do número reside unicamente na capacidade de ainda adicionar quaisquer combinações de unidades a qualquer número anterior, e isso tanto quanto se quiser, durante o tempo que se quiser. Mas, embora o mesmo também ocorra quanto à infinitude do espaço e da duração, aquela capacidade deixando sempre à mente a possibilidade de adições sem fim, no entanto, há aqueles que imaginam ter ideias *positivas* de espaço e duração *infinitos*. Penso que seria suficiente, para destruir qualquer *ideia* positiva de infinito, 21
indagar àqueles que dizem possuí-la se conseguem ou não adicionar-lhe algo, o que facilmente mostraria

o equívoco de tal *ideia* positiva. Não podemos, penso eu, ter nenhuma *ideia* positiva de nenhum espaço ou duração que não seja composta por (e proporcional a) números repetidos de pés ou jardas, ou dias e anos, que são as medidas comuns das quais temos *ideias* em nossa mente, e pelas quais julgamos a grandeza desses tipos de quantidade. E, portanto, visto que uma *ideia* de espaço ou de duração infinitos deve necessariamente ser composta de infinitas partes, ela não pode ter nenhuma outra infinitude, a não ser a do número, ainda capaz de adição ulterior, mas não a de uma efetiva *ideia* positiva de um número infinito. Pois penso que resta evidente que a adição de coisas finitas entre si (tal como o são todos os comprimentos de que temos *ideias* positivas) nunca poderia produzir a *ideia* de infinito de outra maneira que não seja aquela pela qual o número o faz: este, consistindo em adições de unidades finitas umas às outras, sugere a *ideia* de infinito unicamente pela capacidade que encontramos em nós de sempre aumentar a soma e de sempre adicionar mais do mesmo tipo, sem que assim se chegue uma polegada mais perto do fim de tal progressão.

§ 14. Aqueles que pretendem provar que sua *ideia de infinito seja positiva* parecem-me fazê-lo por um argumento muito curioso, extraído da negação de um fim, o qual, por ser negativo, tem como negação algo que é positivo. Mas aquele que considerar que o fim é, no corpo, apenas a extremidade ou a superfície desse corpo talvez não se incline a conceder que o fim seja algo meramente negativo. E aquele que perceba que o fim da pena com que escreve é preto ou branco tenderá a pensar que o fim é algo mais do que uma negação pura. E o fim, quando aplicado à duração, tampouco é uma mera negação de existência, mas é mais propriamente seu último momento. Mas, se eles entendem o fim como uma mera negação de existência, estou certo de que não podem negar que o começo é o primeiro instante da existência, e que ninguém o concebe como mera negação; e, portanto, por seu próprio argumento, a *ideia* de eterno *a parte ante*, ou de uma duração sem início, não passa de uma *ideia* negativa.

O que é positivo, e o que é negativo, em nossa ideia *de infinito.*

§ 15. Reconheço que a *ideia* de infinito tem algo de positivo em todas as coisas às quais a aplicamos. Quando queremos pensar no espaço ou na duração infinita, como primeiro passo comumente fazemos alguma *ideia* muito grande, como talvez a de milhões de épocas, ou de milhas, que possivelmente duplicamos e multiplicamos muitas vezes. Tudo quanto assim acumulamos em nossos pensamentos é positivo, é a reunião de um grande número de *ideias* positivas 21
de espaço ou de duração. Mas, do que ainda resta para além disso, não temos nenhuma noção que seja mais distinta e positiva do que a que um marinheiro tem da profundidade do oceano quando, tendo soltado grande parte da linha de sua sonda, esta não atingiu o solo. Desse modo, ele sabe que a profundidade tem tantas braças e um tanto a mais, porém ele não tem absolutamente nenhuma noção distinta de quanto é esse tanto a mais e, caso dispusesse indefinidamente de mais linha e constatasse que o prumo continua a afundar, sem nunca se deter, ele estaria aproximadamente na posição da mente na busca de uma *ideia* completa e positiva de infinitude. E, nesse caso, que sua corda seja de dez ou dez mil braças, ela igualmente revela o que há para além dela e dá apenas essa *ideia* confusa e comparativa de que isso não é tudo, mas que se pode ir além. O tanto que a mente abarca de algum espaço é o tanto do qual ela tem uma *ideia* positiva. Mas, na tentativa de torná-lo infinito, ele sempre se ampliando e se estendendo, sua *ideia* perma-

nece sempre imperfeita e incompleta. O tanto de espaço que a mente abarca com a visão, quando contempla a grandeza, é uma imagem clara e positiva do entendimento: mas o infinito é ainda maior. 1. Portanto, *a ideia de um determinado tanto é positiva* e clara; 2. *a ideia de maior é também positiva, mas* é apenas *uma ideia comparativa*; 3. *a ideia de tão maior que não possa ser abarcado é evidentemente negativa*, e não positiva. Pois não se pode ter nenhuma *ideia* clara positiva da amplitude de uma extensão (que é o que se procura na *ideia* de infinito) quando não se tem uma *ideia* que abarque suas dimensões. E penso que ninguém pretenda tal coisa em relação ao que é infinito. De fato, dizer que um homem tenha uma *ideia* clara e positiva de uma quantidade qualquer, sem que saiba quão grande ela seja, é tão razoável quanto dizer que alguém tem uma *ideia* clara positiva de quantos grãos de areia há numa praia embora não saiba quantos são, mas apenas que são mais que vinte. E tem uma ideia exatamente tão perfeita e positiva do espaço ou da duração infinitos aquele que diz que ela é maior que o âmbito ou a duração de dez, cem, mil ou qualquer outro número de milhas ou anos dos quais ele tem ou pode ter uma *ideia* positiva, o que é, penso eu, toda a *ideia* de infinito que temos. De modo que o que se encontra para além de nossa *ideia* positiva na direção da infinitude permanece na obscuridade e possui a indeterminada confusão de uma *ideia* negativa, pela qual sei que nem abarco nem poderia abarcar tudo que gostaria, pois é muito amplo para uma capacidade finita e estreita. E não pode senão estar muito distante de uma *ideia* positi-
219 va completa aquilo no qual a maior parte do que eu gostaria de abarcar é deixado de fora sob a indeterminada indicação de ser ainda maior. Pois dizer que, tendo medido um determinado tanto, ou tendo ido

até um determinado ponto de uma quantidade qualquer, ainda não atingimos seu fim, é apenas dizer que essa quantidade é maior. De modo que a negação de um fim numa quantidade qualquer é, em outras palavras, apenas um modo de dizer que ela é maior, e a negação total de um fim não é senão carregar sempre conosco esse maior em todas as progressões que nossos pensamentos possam realizar na quantidade e adicionar essa *ideia* de algo ainda maior a todas as *ideias* de quantidade que temos, ou que se possa supor que tenhamos. Ora, se uma *ideia* como essa é positiva, deixo à consideração do leitor.

Não temos nenhuma ideia *positiva de uma duração infinita.*

§ 16. Pergunto àqueles que afirmam ter uma ideia *positiva de eternidade* se sua *ideia* de duração inclui ou não sucessão. Se não inclui, cabe a eles mostrar a diferença entre sua noção de duração quando aplicada a um ser eterno e quando aplicada a um ser finito. Pois talvez haja outros que, como eu, lhes confessariam a fraqueza de seu entendimento nesse ponto e reconheceriam que a noção que têm de duração os force a conceber que, o que quer que tenha duração, é de uma perduração maior hoje do que era ontem. Se, para fugir da sucessão em relação à existência eterna, eles recorrerem ao *punctum stans* das Escolas, receio que, ao fazê-lo, muito pouco farão para melhorar a situação ou nos ajudar a ter uma *ideia* mais clara e positiva de duração infinita, pois nada há de mais inconcebível para mim do que duração sem sucessão. Além disso, se o *punctum stans* significa alguma coisa, como não é um *quantum*, o finito ou o infinito não lhe dizem respeito. Mas, se nossas débeis concepções não conseguem separar sucessão de nenhuma duração, nossa *ideia* de eternidade nada pode ser senão a de uma sucessão infinita de momentos de duração, nos quais alguma coisa existe. E, se alguém tem ou pode ter uma *ideia* positiva de um número infinito efetivo, é o que deixo a sua consideração, até que seu número infinito seja tão grande a ponto de não se conseguir adicionar nada mais a ele. Mas, enquanto puder aumentá-lo, duvido que ele próprio não pense que a *ideia* que tem é um tanto miúda para a infinitude positiva.

220 § 17. Considero inevitável, para toda criatura racional e ponderada que se dê ao trabalho de examinar sua própria existência ou qualquer outra, ter a noção de um ser eterno e sábio que não teve qualquer início. E tal *ideia* de duração infinita tenho certeza de possuir. Mas essa *negação de um início*, como é apenas a negação de uma coisa positiva, *dificilmente* me *dá uma* ideia *positiva de infinitude*. Em relação a essa, confesso que me perco sempre que tento alcançá-la pelo pensamento, e constato que não consigo chegar a qualquer compreensão clara dela.

Não há ideia *positiva de espaço infinito.*

§ 18. Aquele que pensa ter uma *ideia* positiva de espaço infinito constatará, quando o considerar, que lhe é tão impossível ter uma *ideia positiva* do maior espaço quanto *do menor espaço*. Com efeito, em relação a este último, que parece o mais simples dos dois e mais conforme a nossa compreensão, só somos capazes de uma *ideia* comparativa de pequenez, que será sempre menor do que qualquer uma da qual temos uma *ideia* positiva. Todas nossas *ideias* positivas de quantidade, seja grande ou pequena, sempre possuem limites, ainda que nossa *ideia* comparativa, pela qual sempre podemos adicionar à primeira e subtrair à segunda, não tenha limites. Pois aquilo que ainda falta de grande ou de pequeno, não sendo abarcado por aquela *ideia* positiva que temos, jaz na obscuridade, e não temos nenhuma outra *ideia* a seu respeito, a não ser o poder de ampliar uma e diminuir a outra incessantemente. Um pilão e um almofariz reduzem qualquer partícula de matéria à indivisibilidade com tanta presteza quanto o pensamento mais penetrante de um matemático, e um agrimensor pode medir com sua groma o espaço infinito com tanta presteza quanto um filósofo pode, pela pronta elevação de sua mente, alcançá-lo ou abarcá-lo pelo pensamento, o que significa ter uma *ideia* positiva dele. Aquele que pensa num cubo de uma polegada de diâmetro tem uma *ideia* clara e positiva dele na mente, e assim pode formar a de um cubo de meia, um quarto ou um oitavo de polegada, e assim por diante, até que tenha no pensamento a *ideia* de algo muito pequeno, que, no entanto, não alcance a *ideia* daquela pequenez incompreensível que a divisão pode produzir. O que resta de pequenez está tão distante de seus pensamentos quanto estava no início, e, portanto, ele absolutamente nunca chega a uma *ideia* clara e positiva daquela pequenez que é consequência da divisibilidade infinita.

O que é positivo, e o que é negativo, em nossa ideia *de infinito.*

§ 19. Todo aquele que volta seu olhar para a infinitude, como eu já disse, forma, no primeiro lance de olhos, uma *ideia* muito ampla daquilo a que ele a
aplica, quer seja ao espaço ou à duração, e, possivel- 221
mente, extenua seus pensamentos na multiplicação, em sua mente, dessa primeira *ideia* ampla. Entretanto, com isso não chega mais perto de ter uma *ideia positiva e clara* acerca do que ainda resta para que se obtenha um infinito positivo do que o camponês acerca da água que ainda estava por vir e passar pelo leito do rio em que se encontrava:

> *Rusticus expectat dum transeat amnis, at ille*
> *Labitur, et labetur in omne volubilis aevum.*
> [O camponês espera que o rio passe,
> mas ele corre rapidamente e continuará a correr pelos séculos[36].]

---

36. Horácio, *Epístolas*, I, ii, 42-3. [N. E.]

Alguns pensam ter uma ideia *positiva de eternidade, mas não de espaço.*

§ 20. Conheci algumas pessoas que acreditam haver tanta diferença entre a duração infinita e o espaço infinito que estão convencidas de que têm *uma* ideia *positiva da eternidade*, *mas* que *não têm*, nem poderiam ter, qualquer *ideia do espaço infinito*. Suponho que a razão para esse equívoco seja a de que, uma vez tendo constatado, por uma devida contemplação de causas e efeitos, que é necessário admitir algum Ser eterno e, portanto, considerar que a existência real desse ser ocupa e é proporcional a sua *ideia* de eternidade – mas, por outro lado, não constatando ser necessário, mas, muito ao contrário, aparentemente absurdo, que o corpo seja infinito –, prontamente concluíram que não poderiam ter nenhuma *ideia* de espaço infinito, porque não poderiam ter nenhuma *ideia* de matéria infinita. Uma consequência que, para mim, é muito mal extraída, porque a existência da matéria não é de modo nenhum necessária à existência do espaço, como tampouco a existência do movimento ou do sol é necessária à duração, ainda que a duração usualmente seja medida por ele. E não duvido que um homem possa ter a *ideia* de dez mil milhas quadradas sem que haja um corpo tão grande, assim como a *ideia* de dez mil anos sem um corpo tão antigo. Parece-me tão fácil ter a *ideia* de espaço desprovido de corpo quanto pensar na capacidade de um celeiro sem milho, ou numa casca de noz sem amêndoa dentro, pois não é mais necessário que exista um corpo sólido infinitamente estendido pelo fato de termos a *ideia* da infinitude do espaço do que seria necessário para que o mundo fosse eterno pelo fato de termos a *ideia* de duração infinita. E por que deveríamos pensar que nossa *ideia* de espaço infinito
222 requer a existência real de matéria como suporte, se constatamos que temos uma *ideia* da duração infinita por vir tão clara quanto a de uma duração infinita

passada? E presumo que ninguém pensaria ser concebível que uma coisa exista ou tenha existido nessa duração futura. Tampouco é possível conjugar nossa *ideia* de duração futura com a existência presente ou passada, assim como não é possível fazer com que as *ideias* de ontem, hoje e amanhã sejam as mesmas, nem juntar eras passadas e futuras, tornando-as contemporâneas. Mas, se esses homens pensam que tenham *ideias* mais claras da duração infinita do que do espaço infinito por não restar dúvida de que DEUS tem existido desde toda a eternidade, ao passo que não há matéria real coextensa ao espaço infinito, mesmo assim, deve-se reconhecer que os filósofos que são da opinião de que o espaço infinito é preenchido pela infinita onipresença de DEUS, assim como a duração infinita o é por sua existência eterna, têm uma *ideia* tão clara do espaço infinito quanto da duração infinita, ainda que nenhum deles, penso eu, tenha qualquer ideia *positiva da infinitude* em qualquer um desses casos. De fato, seja qual for a *ideia* positiva que um homem tenha em sua mente acerca de uma quantidade qualquer, ele pode repeti-la e adicioná-la à anterior com a mesma facilidade com que pode adicionar uma à outra as *ideias* de dois dias, ou de dois passos, que são *ideias* positivas de comprimento que ele tem em sua mente, e assim por diante, por tanto tempo quanto queira. De onde se segue que, se um homem tivesse uma *ideia* positiva infinita, seja de duração ou de espaço, poderia adicionar um infinito ao outro e, mais ainda, fazer um infinito infinitamente maior do que outro, absurdos crassos demais para serem refutados.

Supostas ideias *positivas de infinitude causam equívocos.*

§ 21. Mas se, mesmo após tudo isso, restarem homens convencidos de que tenham *ideias* claras, positivas e abrangentes de infinitude, é lícito que desfrutem de seu privilégio. E gostaria muito (assim como outros homens que conheço, e que confessam que não

as têm) de ser melhor informado por seus esclarecimentos. Pois até aqui sempre tendi a pensar que as grandes e *inextrincáveis dificuldades* que perpetuamente envolvem toda discussão *concernente à infinitude*, seja de espaço, de duração ou de divisibilidade, eram *marcas* certas *de um defeito em nossas* ideias *de infinitude* e da desproporção de sua natureza em relação à compreensão de nossas estreitas capacidades. Pois quando os homens falam e discutem a respeito de espaço ou de duração infinitos, como se deles tivessem uma *ideia* positiva completa, do mesmo modo que têm dos nomes que lhes aplicam ou de uma jarda, de
223 uma hora ou de qualquer outra quantidade determinada, não é de admirar que a natureza incompreensível da coisa que discutem ou sobre a qual raciocinam os enrede em perplexidade e em contradições, e que sua mente seja sobrecarregada por um objeto excessivamente amplo e importante para que possa ser examinado e manejado por ela.

Todas essas ideias *vêm da sensação e da reflexão.*

§ 22. Se me detive exaustivamente na consideração da duração, do espaço e do número e daquilo que surge de sua contemplação, a infinitude, provavelmente não fiz mais do que requer o assunto, pois há poucas dentre as *ideias* simples cujos modos exercitem tanto o pensamento dos homens como essas. Não é minha pretensão considerá-las em sua total amplitude. Basta, para meu propósito, mostrar como a mente as recebe, tais como são, pela *sensação* e pela *reflexão*, e como até mesmo a *ideia* que temos de *infinitude*, por mais distante que pareça estar de qualquer objeto dos sentidos, ou de qualquer operação de nossa mente, tem, no entanto, como todas nossas outras *ideias*, sua origem ali. Talvez alguns matemáticos, com suas avançadas especulações, tenham outras vias para introduzir em sua mente *ideias* de infinitude. Mas isso não impede que eles próprios, assim como todos os outros homens, tenham adquirido suas primeiras *ideias* de infinitude da sensação e da reflexão pelo método que aqui apresentamos.

CAPÍTULO XVIII
De outros modos simples

Modos do movimento.

§ 1. Nos capítulos precedentes, mostrei como, a partir de *ideias* simples adquiridas pela sensação, a mente chega a estender-se até mesmo à infinitude, a qual, embora pareça ser, dentre todas, a mais distante de qualquer percepção sensível, no entanto nada tem em si que não seja composto por *ideias* simples, recebidas pela mente a partir dos sentidos e depois conjugadas pela faculdade que a mente tem de repetir suas *ideias*. Ainda que esses possam ser exemplos suficientes de modos simples das *ideias* simples da sensação, e bastem para mostrar como a mente chega a eles, no entanto, por uma questão de método, apresentarei, ainda que brevemente, uma explicação de alguns ou- 224
tros, para então me dedicar a *ideias* mais complexas.

§ 2. *Deslizar*, *rolar*, *escorregar*, *andar*, *rastejar*, *correr*, *dançar*, *saltitar*, *pular* e uma variedade de outros movimentos que eu poderia mencionar aqui são palavras que, tão logo ouvidas, qualquer um que entenda nossa língua tem imediatamente em sua mente *ideias* distintas que são, todas elas, apenas as diferentes modificações do movimento. Os *modos do movimento* correspondem aos da extensão. Rápido e lento são duas *ideias* diferentes de movimento cujas medidas são feitas por distâncias de tempo e de espaço reunidas e, desse modo, são *ideias* complexas que abarcam o tempo e o espaço com o movimento.

Modos dos sons.

§ 3. A mesma variedade encontramos nos sons. Cada palavra articulada é uma diferente *modificação do som*. E assim vemos que, a partir do sentido da audição e por meio dessas modificações, a mente pode ser suprida de *ideias* distintas em número quase infinito. Os sons também são, além das diferentes vozes dos pássaros e dos demais animais, modificados pela diversidade de notas de diferentes comprimentos postas juntas, o que faz a *ideia* complexa que chamamos de *melodia*, e que um músico pode ter em sua mente quando nem ouve nem produz absolutamente nenhum som, refletindo sobre as *ideias* desses sons que ele reúne silenciosamente em sua fantasia.

Modos das cores.

§ 4. Os modos das cores também são bastante variados. Alguns deles nós notamos como diferentes graus, ou, como são chamados, *tonalidades da mesma cor*. Mas, como raramente misturamos as cores, seja para o uso ou o prazer, sem que a figura também seja considerada e delas participe, como na pintura, na tecelagem, nos bordados etc., aqueles que são mais notados geralmente pertencem aos modos mistos, porquanto sejam compostos por *ideias* de tipos diversos, *i. e*., figura e cor; e assim o são a *beleza*, o *arco-íris* etc.

Modos do gosto.

§ 5. *Todos os gostos e odores compostos* são também modos feitos com as *ideias* simples desses sentidos. Mas, como são tais que geralmente não temos nomes para eles, são menos levados em conta e não podemos registrá-los pela escrita. E, portanto, devem ser entregues, sem serem enumerados, ao pensamento e à experiência de meu leitor.

§ 6. De forma geral, pode-se observar que *os modos simples que são considerados apenas como diferentes graus de uma mesma* ideia *simples*, ainda que em si mesmos sejam, muitos deles, *ideias* muito distintas,
225 no entanto, *geralmente não recebem nomes distintos* nem são muito notados como *ideias* distintas quando a diferença entre eles é muito pequena. Se os homens

negligenciaram esses modos e não lhes deram nomes porque lhes faltava uma medida para distinguir precisamente entre eles, ou então porque, caso fossem assim distinguidos, esse conhecimento não teria uso geral ou necessário, é coisa que entrego à consideração de outros. Para meu propósito, é suficiente mostrar que todas nossas *ideias* simples chegam a nossa mente unicamente pela sensação e pela reflexão, e que a mente, uma vez de posse delas, pode repeti-las ou compô-las de forma variegada e, assim, fazer novas *ideias* complexas. Mas, ainda que branco, vermelho, doce etc. não tenham sido modificados ou transformados em *ideias* complexas por diversas combinações, de modo que fossem denominadas e, assim, classificadas em espécies, no entanto, outras dentre as *ideias* simples, *i. e.*, aquelas de unidade, duração, movimento etc., como se mostrou acima, mas também as de poder e de pensamento, foram modificadas numa grande variedade de *ideias* complexas com seus respectivos nomes.

Por que alguns modos têm nomes, e outros não.

§ 7. A razão para isso, suponho eu, foi a seguinte: a grande preocupação dos homens sendo a relação dos homens uns com os outros, o conhecimento dos homens, de suas ações e o significar essas ações uns para os outros era o que havia de mais necessário; e, assim, fizeram *ideias* de ações com modificações muito sutis e deram nomes a essas *ideias* complexas, para que pudessem com mais facilidade registrar as coisas com as quais se ocupavam diariamente e falar sobre elas sem grandes rodeios ou circunlóquios e para que as coisas sobre as quais precisavam continuamente transmitir e receber informações pudessem ser mais rápida e facilmente compreendidas. Que esse é o caso, e que os homens, ao formarem diferentes *ideias* complexas e ao dar-lhes nomes, foram em muito dirigidos pela finalidade da fala em geral (que consiste num

modo muito econômico e expedito para comunicar seus pensamentos a outros) resta evidente nos nomes que em muitos ofícios foram inventados e aplicados a diversas *ideias* complexas de ações modificadas, pertencentes às diversas profissões, para maior agilidade no comando ou nas discussões sobre elas, *ideias* essas que geralmente não se encontram formadas na mente dos homens que nada têm a ver com essas operações. E, por esse motivo, as palavras que as designam não são compreendidas pela maior parte dos homens que falam a mesma língua. Assim, *fresar*, *escarear*, *sublimar*, *coobar* são palavras que designam
226 certas *ideias* complexas que, como dificilmente estão na mente de outros homens além daqueles poucos cuja ocupação particular a todo momento as sugere a sua mente, seus nomes geralmente não são compreendidos senão por ferreiros e químicos; estes, tendo concebido as *ideias* complexas que essas palavras designam, e tendo-lhes dado nomes, ou então os tendo recebido de outros, tão logo escutam esses nomes ao se comunicarem, prontamente concebem essas *ideias* em sua mente. Assim, ao ouvir *coobação,* concebem todas as *ideias* simples de destilar, de retornar o líquido destilado de alguma coisa ao material remanescente e de então destilá-lo novamente. Assim, vemos que há grande variedade de *ideias* simples, como as de sabores e odores, que não têm nomes, e mais ainda de modos; os quais, como geralmente não foram suficientemente observados, ou então não são de muita utilidade para que sejam notados nas ocupações e nas relações entre os homens, não receberam nomes, e, assim, não passam por espécies. Coisa que teremos a oportunidade de considerar mais detidamente quando falarmos de palavras, mais à frente.

CAPÍTULO XIX
Dos modos do pensamento.

Sensação, lembrança, contemplação etc.

§ 1. Quando a mente volta seu olhar internamente para si mesma e contempla suas próprias ações, *pensar* é a primeira que encontra. Ali, a mente observa uma grande variedade de modificações, das quais recebe *ideias* distintas. Assim, uma vez que a percepção que efetivamente acompanha e é anexada a qualquer impressão feita sobre o corpo por um objeto exterior é distinta de toda outra modificação do *pensar*, ela fornece à mente uma *ideia* distinta, que chamamos de *sensação*, a qual é, por assim dizer, a entrada efetiva de qualquer *ideia* no entendimento pelos sentidos. A mesma *ideia*, quando ocorre novamente sem a operação do mesmo objeto sobre o sentido externo, é *rememoração*. Se é algo que a mente 227
procura e, após esforços e tentativas, encontra e traz novamente à vista, é *recordação*. Se é mantido ali por longo tempo sob uma atenta consideração, é *contemplação*. Quando as *ideias* flutuam na mente, sem nenhuma reflexão ou consideração por parte do entendimento, trata-se do que os franceses chamam de *rêverie*[37], para o que nossa língua carece de um nome. Quando as *ideias* que se oferecem (pois, como observei em outro lugar, enquanto estamos despertos sempre há um curso de *ideias* que se sucedem umas às outras em nossa mente) são observadas e, por assim dizer, registradas na memória, é *atenção*. Quando a mente, com grande dedicação, e por deliberação, fixa sua visão em qualquer *ideia*, considerando-a por todos os lados, sem que seja distraída pela solicitação comum de outras *ideias*, trata-se do que chamamos de *aplicação* ou *estudo*. Dormir sem sonhar é descansar disso tudo. E o próprio *sonhar* é ter *ideias* na mente

---

37. Devaneio. [N. Ed. Br.]

(enquanto os sentidos externos não operam, e assim não recebem objetos externos com a prontidão usual) que não são sugeridas por quaisquer objetos externos, ou ocasião conhecida, nem estão absolutamente sob a escolha e a condução do entendimento. E deixo aberto ao exame se o que se chama de *êxtase* não é sonhar com os olhos abertos.

§ 2. Esses são alguns poucos exemplos dos diversos *modos do pensar* que a mente pode observar em si mesma e ter, assim, *ideias* deles tão distintas quanto as de *branco* e *vermelho*, *quadrado* ou *círculo*. Não pretendo enumerar todos eles nem tratar detidamente desse grupo de *ideias* que adquirimos por *reflexão*: isso daria um livro. É suficiente para meu propósito presente ter mostrado aqui, por alguns poucos exemplos, de que tipo são essas *ideias* e como a mente chega a elas, principalmente porque terei a oportunidade de considerar mais detidamente, adiante, o *raciocínio*, o *julgar*, a *volição* e o *conhecimento*, que estão entre as operações da mente e *modos do pensar* mais importantes.

Os vários graus de atenção da mente ao pensar.

§ 3. Mas talvez não seja uma digressão imperdoável, nem de todo impertinente para nosso propósito presente, refletirmos aqui sobre *os diferentes estados da mente ao pensar*, que os exemplos acima mencionados, como a atenção, a *réverie*, o sonho etc. sugerem de forma bastante natural. Que há *ideias*, sejam
228 quais forem, sempre presentes na mente de um homem desperto, a experiência de cada um poderá mostrar-lhe, ainda que a mente se dedique a elas com diferentes graus de atenção. Por vezes, a mente fixa-se com tanto zelo na contemplação de alguns objetos que revira de todos os lados possíveis a *ideia* que tem deles, observa suas relações e circunstâncias e examina cada parte tão precisamente e de forma tão intensa que bloqueia todo outro pensamento; e

não nota em absoluto as impressões comuns feitas então pelos sentidos, impressões que, em outra ocasião, produziriam percepções bastante acentuadas. Noutras vezes, ela meramente observa o curso de *ideias* que se sucedem no entendimento sem conduzir nem acompanhar qualquer uma delas. E, outras vezes ainda, deixa que passem quase que inteiramente despercebidas, como tênues sombras que não deixam qualquer impressão.

E assim é provável que pensar seja a ação, e não a essência da alma.

§ 4. Tal diferença na *intensidade* e no *relaxamento* da mente ao pensar, com uma grande variedade de graus, entre o estudo dedicado e o quase não reparar absolutamente em nada, penso que todos já experimentaram em si mesmos. E, indo um pouco mais longe, constatar-se-á que a mente, no sono, como que se afasta dos sentidos e fica fora do alcance desses movimentos feitos nos órgãos dos sentidos; movimentos que, em outros momentos, produzem *ideias* extremamente vívidas e sensíveis. Não é preciso, para isso, recorrer aos exemplos dos que dormem durante noites inteiras de tempestade sem ouvir os trovões, ver os relâmpagos ou sentir os tremores da casa, coisas bastante palpáveis para os que estão acordados. Mas a mente, ao retirar-se assim dos sentidos, retém frequentemente uma maneira de *pensar* ainda mais desconexa e incoerente, que chamamos de *sonhar*, até que, por fim, o sono profundo acaba totalmente com o espetáculo e põe fim a qualquer apresentação. Isso é coisa que, penso eu, todos experimentam em si mesmos, e a observação própria de cada um poderá sem dificuldades levá-lo até aqui. Mas, indo além, o que eu gostaria de concluir a partir daí é que, visto que a mente manifestamente pode mobilizar, em momentos distintos, diferentes graus do *pensar*, e, por vezes, até mesmo num homem desperto, estar tão relaxada a ponto de ter pensamentos tão pálidos e

obscuros que mal se distinguem da ausência absoluta de pensamentos, e, por fim, nos recantos obscuros do sono profundo, perder absolutamente de vista quaisquer *ideias*, visto que, digo eu, isso é tão evidente como questão de fato, e é experiência constante, pergunto se não seria provável que *o pensar seja a ação,*
229 *e não a essência da alma*. Pois as operações de agentes admitem, sem dificuldade, intensidade e relaxamento, mas as essências das coisas não são concebidas como suscetíveis de uma variação como essa. Observação que faço apenas de passagem.

Capítulo XX
Dos modos de prazer e de dor

Prazer e dor são ideias *simples.*

§ 1. Dentre as *ideias* simples que são recebidas tanto da *sensação* quanto da *reflexão*, *dor* e *prazer* são duas das mais importantes. De fato, assim como no corpo há tanto a mera sensação pura e simplesmente em si mesma quanto aquela que vem acompanhada de *dor* ou de *prazer*, assim também o pensamento, ou a percepção da mente, é puro ou vem acompanhado de prazer ou dor, deleite ou perturbação, chamemos como quisermos. Essas, assim como outras *ideias* simples, não podem ser descritas, nem podem seus nomes ser definidos; e o meio de conhecê-las é, como o das *ideias* simples dos sentidos, unicamente pela experiência. Pois defini-las pela presença do bem ou do mal não as torna mais bem conhecidas por nós, a não ser na medida em que nos leva a refletir sobre o que sentimos em nós mesmos quando das muitas e diversas operações do bem e do mal sobre nossas mentes, conforme são diferentemente aplicadas em nós ou são por nós consideradas.

O que são bem e mal.

§ 2. As coisas, portanto, são boas ou más unicamente em referência ao prazer ou a dor. Chamamos de *bem* aquilo que é *capaz de causar ou aumentar o prazer ou reduzir a dor em nós, ou então de granjear ou preservar para nós a posse de um outro bem qualquer, ou a ausência de um mal qualquer.* E, ao contrário, denominamos *mal* aquilo que *é capaz de produzir ou aumentar uma dor qualquer, ou de reduzir um prazer qualquer em nós, ou ainda de granjear um mal qualquer para nós, ou nos privar de um bem qualquer.* Por prazer e dor, deve-se entender que me refiro aos do corpo ou da mente, tal como são geralmente distinguidos, ainda que, na verdade, sejam unicamente diferentes constituições da mente, por vezes ocasionadas por desordens do corpo, noutras, por pensamentos da mente.

Nossas paixões são movidas pelo bem e o mal.

§ 3. *Prazer* e *dor*, e aquilo que os causa, bem e mal, são os gonzos em torno dos quais nossas *paixões* giram. E, se refletirmos sobre nós mesmos e observarmos como operam em nós sob diferentes aspectos, quais modificações ou disposições da mente, quais sensações internas (se assim posso dizer) produzem 230
em nós, poderemos, a partir daí, formar-nos as *ideias* de nossas *paixões*.

Amor.

§ 4. Assim, quem quer que reflita sobre o pensamento que tem do deleite que qualquer coisa presente ou ausente é capaz de produzir nele tem a *ideia* que chamamos de *amor*. Pois, se um homem declara que *ama* as uvas no outono, quando as ingere, ou na primavera, quando não as há, diz apenas que o gosto das uvas o deleita. Que uma alteração de saúde ou de constituição destrua nele o deleite produzido pelo gosto das uvas, então se poderá dizer que ele já não *ama* as uvas.

Ódio.

§ 5. Ao contrário, o pensamento da dor que qualquer coisa presente ou ausente é capaz de produzir em nós é o que chamamos de *ódio*. Fosse minha tarefa aqui investigar para além das meras *ideias* de nossas paixões na medida em que dependem das diferentes modificações de prazer e de dor, eu observaria que nosso *ódio* e nosso *amor* a seres inanimados e insensíveis geralmente se fundam no prazer ou na dor que recebemos de seus diferentes usos e aplicações sobre nossos sentidos, embora isso os destrua. Mas o *amor* ou o *ódio* a seres suscetíveis de *felicidade* ou de *sofrimento* são muitas vezes o desconforto ou o deleite que constatamos surgir em nós mesmos a partir da simples consideração de sua própria existência ou felicidade. Assim, como a existência e o bem-estar dos filhos ou dos amigos de um homem produzem nele um deleite constante, diz-se que os *ama* constantemente. Mas é suficiente notar que nossas *ideias* de *amor* e de *ódio* não passam de disposições da mente em relação ao prazer e a dor em geral, não importa como sejam causados em nós.

§ 6. O desconforto que um homem constata em si mesmo quando da ausência de uma coisa qualquer, cujo desfrute traga consigo a *ideia* de deleite, é o que chamamos de *desejo*, que é maior ou menor conforme esse desconforto seja mais ou menos veemente[38]. A esse respeito, talvez seja útil observar, de passagem, que o principal (se não o único) aguilhão da indústria e da ação humanas é o desconforto. Pois não importa o bem que se apresente se sua ausência não traz consigo nem desprazer nem dor; se um homem se sente confortável e contente sem ele, então não há desejo por ele nem esforço em obtê-lo: nada há senão uma mera *veleidade*, termo usado para significar o grau mais baixo de desejo, e que é vizinho de simplesmente não haver desejo, quando o desconforto pela ausência de
231 uma coisa é tão pequeno que não leva o homem para além de um vago interesse por ela e não o faz recor-

Desejo.

38. O restante desta seção foi acrescentado a partir da segunda edição. [N. E.]

rer a meios mais efetivos ou vigorosos para obtê-la. O *desejo* é também refreado ou reduzido pela opinião de que é impossível obter o bem proposto, na medida em que o desconforto é curado ou amenizado por essa consideração. Isso poderia levar nossos pensamentos ainda mais longe, caso este fosse o lugar adequado para tanto.

Alegria. § 7. *Alegria* é o deleite da mente que surge da consideração da posse presente de um bem ou da segurança acerca da proximidade dessa posse. E estamos de posse de um bem qualquer quando o temos em nosso poder de tal maneira que o podemos utilizar quando quisermos. Assim, um homem faminto sente *alegria* diante da chegada de um prato, antes mesmo que tenha o prazer de usá-lo; e um pai, para quem o simples bem-estar de seus filhos causa deleite, está sempre de posse desse bem enquanto seus filhos estiverem nesse estado, pois basta que reflita sobre isso para obter esse prazer.

Pesar. § 8. Pesar é o desconforto da mente quando do pensamento de um bem perdido, que poderia ser desfrutado por mais tempo; ou então a sensação de um mal presente.

Esperança. § 9. Esperança é o prazer da mente que cada um constata em si mesmo quando do pensamento de um provável desfrute futuro de uma coisa capaz de deleitá-lo.

Medo. § 10. Medo é o desconforto da mente quando do pensamento de um mal futuro que provavelmente cairá sobre nós.

Desespero. § 11. Desespero é o pensamento da impossibilidade de obter um bem qualquer, e que opera diferentemente na mente dos homens, produzindo por vezes desconforto ou dor, por vezes repouso e indolência.

Raiva. § 12. Raiva é o desconforto ou a descompostura da mente quando do recebimento de qualquer injúria, e é acompanhado do propósito de vingança.

§ 13. Inveja é um desconforto da mente causado pela consideração de um bem que desejamos e que é obtido por alguém que pensamos que não o deveria obter antes de nós. *Inveja.*

§ 14. Como estas duas últimas paixões, *inveja* e *raiva*, não são causadas simplesmente por prazer e dor em si mesmos, mas trazem misturadas consigo algumas considerações sobre nós e sobre os outros, não são, portanto, encontradas em todos os homens, uma vez que lhes falte essas outras condições de *Quais paixões são comuns a todos os homens.*
232 valorizar seus méritos ou de intentar uma vingança. Mas todas as restantes, que terminam puramente em dor e prazer, podem ser, penso eu, encontradas em todos os homens. Pois nós *amamos*, *desejamos*, *alegramo-nos* e temos *esperança* unicamente levando em conta o prazer; e *odiamos*, *tememos* e *lamentamos* levando em conta, em última instância, unicamente a dor. Enfim, todas essas paixões são movidas pelas coisas apenas na medida em que parecem ser as causas de prazer e de dor, ou trazer prazer ou dor de alguma maneira anexadas a elas. Assim, usualmente estendemos nosso ódio ao objeto (pelo menos se for um agente sensível ou voluntário) que produziu dor em nós, porque o medo em que ele nos deixa é uma dor constante. Mas não amamos com a mesma constância o que nos fez algum bem, porque o prazer não opera com tanta força sobre nós quanto a dor, e porque não estamos tão prontos a nutrir a esperança de que aquilo venha a ocorrer novamente. Mas isso apenas de passagem.

§ 15. Por *prazer* e *dor*, deleite e desconforto, deve-se sempre entender aqui (como já adverti acima) não apenas o prazer e a dor corpóreos, mas todo e qualquer *deleite* ou *desconforto* sentido por nós que surja de uma sensação ou reflexão gratificante ou inaceitável. *O que são prazer e dor.*

§ 16. Deve-se ainda considerar que, em referência às paixões, o afastamento ou a *redução de uma dor* é considerado e opera como um *prazer*, e a perda ou redução de um prazer, como uma dor.

Vergonha.

§ 17. A maior parte das paixões também efetua, na maioria das pessoas, operações sobre o corpo e causa diversas alterações nele, mas que, por nem sempre serem perceptíveis, não compõem uma parte necessária da *ideia* de cada paixão. Pois a *vergonha*, que é um desconforto na mente causado pelo pensamento de se ter feito algo que é indecente ou que arranhará a valiosa estima que outros têm por nós, nem sempre é acompanhada pelo rubor das faces.

Esses exemplos são apresentados para mostrar como nossas ideias *das paixões são adquiridas por sensação e por reflexão.*

§ 18. Que não me entendam mal, pensando que eu pretenda com isso um discurso sobre as *paixões*. Elas são *muito mais numerosas do que aquelas* aqui nomeadas, e cada uma das aqui consideradas requereria uma discussão muito mais ampla e detalhada. As paixões que mencionei são apenas alguns exemplos de modos de prazer e de dor, que surgem em nossa mente de diversas considerações do bem e do mal. Eu 233
poderia, talvez, ter escolhido outros modos de prazer e de dor mais simples do que esses, tais como a dor proveniente da *fome* e da *sede*, e o prazer de comer e beber para afastá-los; a dor da ardência dos olhos, e o prazer da música; a dor resultante de discussões capciosas e pouco instrutivas, e o prazer da conversação racional com um amigo, ou do estudo bem orientado na busca e descoberta da verdade. Mas, como as paixões são muito mais importantes para nós, optei por deter-me nelas para mostrar como as ideias que delas temos derivam de sensação e reflexão.

CAPÍTULO XXI
Do poder

Como adquirimos essa ideia.

§ 1. Sendo a mente a cada dia informada pelos sentidos da alteração daquelas *ideias* simples que observa nas coisas exteriores, e notando como uma chega ao fim e deixa de existir, e como outra que não existia antes começa a existir; e refletindo também sobre o que se passa dentro de si mesma, e observando uma mudança constante de suas *ideias*, por vezes pela impressão de objetos exteriores sobre os sentidos, noutras pela determinação de sua própria escolha; e concluindo, pelo que observou constantemente ocorrer, que mudanças semelhantes se darão no futuro, nas mesmas coisas, pelos mesmos agentes, e pelas mesmas vias, ela considera, numa coisa, a possibilidade de alteração de qualquer uma de suas *ideias* simples, e, em outra, a possibilidade de realizar essa alteração e, assim, chega à ideia que chamamos de *poder*. Dessa forma, dizemos que o fogo tem o *poder* de derreter o ouro, *i. e.*, de destruir a consistência de suas partes insensíveis e, por consequência, sua dureza, tornando-o fluido; e que o ouro tem o *poder* de ser derretido. Dizemos que o sol tem o *poder* de branquear a cera, e a cera, o poder de ser *branqueada* pelo sol, de modo que seu amarelo é destruído, e o branco passa a existir em seu lugar. Nesses, e em casos semelhantes, o *poder* que consideramos diz respeito à alteração de *ideias* perceptíveis. Pois não podemos observar a realização de qualquer alteração ou
234 operação sobre qualquer coisa, a não ser pela mudança observável de suas *ideias* sensíveis, nem conceber a ocorrência de qualquer alteração, a não ser concebendo uma mudança em alguma de suas *ideias*.

Poder ativo e poder passivo.

§ 2. O *poder*, assim considerado, tem dois aspectos, *i. e.*, o de ser capaz de realizar ou o de ser apto a receber uma mudança qualquer. O primeiro pode ser chamado *poder ativo*, e o segundo, *poder passivo*. Poderíamos considerar se a matéria não é inteiramente destituída de *poder ativo*, assim como seu autor, DEUS, está verdadeiramente acima de todo *poder passivo*, e se o estado intermediário dos espíritos criados não é o único capaz tanto de *poder ativo* quanto *passivo*. No entanto, não me lançarei agora a essa investigação, pois minha tarefa presente não consiste em investigar a origem do poder, mas, antes, o modo como chegamos a sua *ideia*. Porém, como os *poderes ativos* respondem por uma parte tão significativa de nossas *ideias* complexas de substâncias naturais (como veremos mais à frente) e como, de acordo com a concepção comum, eu me refiro a eles nessa qualidade, no entanto, visto que talvez não sejam ali tão verdadeiramente *poderes ativos* quanto tendem a representá-los nossos pensamentos precipitados, não julgo descabido dirigir, por meio dessa evocação, nossa mente à consideração de DEUS e dos espíritos, para obter a *ideia* mais clara de *poder ativo*.

Poder inclui relação.

§ 3. Reconheço que *o poder inclui nele algum tipo de relação* (uma relação com ação ou com mudança) e, na verdade, qual dentre nossas *ideias*, não importa de que tipo, não inclui algum tipo de relação quando considerada com atenção? De fato, nossas *ideias* de extensão, duração e número, não contêm em si, todas elas, uma relação secreta de suas partes? Figura e movimento têm algo relativo em si de modo muito mais visível. E qualidades sensíveis, como odores, gostos etc., o que são senão os *poderes* de diferentes corpos em relação a nossa percepção etc.? E, se consideradas nas coisas mesmas, não dependem elas do volume, da figura, da textura e do movimento de suas partes? Todas elas incluem algum tipo de relação em si. Portanto, nossa *ideia* de *poder*, penso eu, pode perfeitamente ter lugar entre outras *ideias* simples e ser considerada uma delas, pois está entre as que são os principais ingredientes de nossas *ideias* complexas de substância, como teremos oportunidade de observar mais à frente.

A ideia *mais clara de poder ativo vem do espírito.*

§ 4. Somos fartamente supridos da *ideia* de *poder passivo* por quase todos os tipos de coisas sensíveis.
235 Não podemos deixar de observar que as qualidades sensíveis da maioria delas e, mais ainda, que sua própria substância estão em contínuo fluxo e, portanto, é com razão que as consideramos ainda suscetíveis à mesma mudança. E não dispomos de menos exemplos de *poder ativo* (que é o significado mais próprio da palavra *poder*). De fato, não importa qual mudança seja observada, a mente deve encontrar em algum lugar um poder capaz de realizar aquela mudança, bem como uma possibilidade na própria coisa de recebê-la. E, no entanto, se considerarmos a coisa atentamente, os corpos não oferecem a nossos sentidos uma *ideia* tão clara e distinta de *poder ativo* quanto a que obtemos pela reflexão sobre as operações de nossa mente. De fato, como todo *poder* se relaciona à ação, e como não há mais que dois tipos de ação de que temos alguma *ideia*, *i. e.*, pensamento e movimento, consideremos de onde obtemos as *ideias* mais claras dos *poderes* que produzem essas ações. 1. Os corpos não nos oferecem absolutamente nenhuma *ideia* do pensamento, e é unicamente pela reflexão que a obtemos. 2. Tampouco obtemos dos corpos qualquer *ideia* do início de um movimento. Um corpo em repouso não nos oferece nenhuma *ideia* de qualquer *poder ativo* de mover e, quando ele próprio é posto em movimento, esse movimento é nele antes uma paixão do que uma ação. De fato, quando a bola obedece ao golpe do taco de bilhar, não se trata de uma ação da bola, mas de uma mera paixão. Do mes-

mo modo, quando seu impulso põe em movimento outra bola que se encontre em seu caminho, ela apenas comunica o movimento que recebeu alhures, e do qual ela perde o mesmo tanto que a outra recebe: o que nos fornece apenas uma *ideia* muito obscura de um *poder ativo* de movimento no corpo, uma vez que observamos unicamente que transfere, mas não que produz qualquer movimento. Pois é apenas uma *ideia* muito obscura de *poder* a que não alcança a produção da ação, mas a manutenção da paixão. E assim é o movimento num corpo impelido por outro: a manutenção da alteração nele produzida quando vai do repouso ao movimento não é muito mais ação do que a manutenção da alteração de sua forma pelo mesmo golpe. Obtemos a *ideia* do começo de um movimento unicamente pela reflexão sobre o que se passa em nós mesmos, quando constatamos, pela experiência, que meramente por querer uma coisa, meramente por um pensamento da mente, podemos mover as partes de nossos corpos que antes se encontravam em repouso. Portanto, parece-me que, pela observação dos corpos mediante nossos sentidos, obtemos apenas uma *ideia* muito obscura e imperfeita de *poder ativo*, visto que não nos oferecem, neles mesmos, qualquer *ideia* do *poder* de iniciar qualquer ação, seja
movimento, seja pensamento. Mas, se alguém consi- 236
derar que obtém uma *ideia* clara de *poder* a partir da observação do impulso que os corpos realizam uns sobre os outros, isso também serve a meu propósito, uma vez que a *sensação* é uma das vias pela qual a mente chega a suas *ideias*. Pareceu-me apenas que valeria a pena examinar aqui, de passagem, se a mente não receberia sua *ideia* de *poder ativo* com mais clareza da reflexão sobre suas próprias operações do que de qualquer sensação externa.

Vontade e entendimento, dois poderes.

§ 5. Ao menos isto considero evidente, que encontramos em nós mesmos um *poder* de iniciar ou impedir, continuar ou encerrar diversas ações de nossa mente e movimentos de nosso corpo, meramente[39] por um pensamento ou uma preferência da mente que ordena ou, por assim dizer, comanda a realização ou a não realização desta ou daquela ação particular. Esse *poder* que a mente tem de, em qualquer caso particular, assim ordenar a consideração de uma *ideia* qualquer, ou de impedir tal consideração, ou de preferir o movimento de qualquer parte do corpo a seu repouso, e *vice-versa*, é aquilo que chamamos de *vontade*[40]. O exercício efetivo desse poder, ditando qualquer ação particular ou sua abstenção, é o que chamamos de *volição* ou *querer*. A abstenção ou realização da ação consequente a uma tal ordem ou comando da mente é chamada *voluntária*. E qualquer ação desempenhada sem esse pensamento da mente é chamada *involuntária*. O poder de percepção é o que chamamos de *entendimento*. A percepção, que consideramos o ato do entendimento, é de três tipos: 1. a percepção de *ideias* em nossa mente; 2. a percepção do significado dos signos; 3. a percepção da cone-

39. Na 1ª edição, esta frase terminava assim: "pela escolha ou preferência de nossas mentes". [N. E.] [Ao longo deste capítulo (para além das substanciais modificações introduzidas a partir da seção 28), Locke frequentemente substitui, a partir da 2ª edição, a caracterização da vontade por meio dos termos *escolha* ou *preferência* pela sua caracterização por meio de termos como *dominar*, *determinar*, *ordenar* (ora substituindo os primeiros pelos segundos, ora acrescentando os segundos aos primeiros): onde se encontram tais expressões no texto, a 1ª edição trazia simplesmente *escolher* ou *preferir*. Feita essa observação geral, omitiremos a indicação dessas alterações, mantendo apenas a próxima, que traz uma modificação bastante elucidativa a esse respeito. [N. Ed. Br.]]

40. Na primeira edição esta frase terminava como segue: "e a preferência efetiva de um em detrimento do outro é o que chamamos *volição* ou *vontade*". Nas demais edições (segunda a quinta), esse final é substituído pelas três frases seguintes (até "*involuntária*"). [N. E.]

xão ou da contrariedade, do acordo ou do desacordo existente entre quaisquer *ideias* nossas. Todos os três são atribuídos ao entendimento, ou ao poder perceptivo, ainda que seja unicamente com respeito aos dois últimos que o uso comum das palavras conceda que se diga que entendemos.

Faculdades. § 6. Esses poderes da mente, *i. e.*, de *perceber* e *preferir*, são usualmente chamados por um outro nome, e o modo habitual de falar é o seguinte: o *entendimento* e a *vontade* são duas *faculdades* da mente. Uma palavra bastante apropriada, desde que seja utilizada, como todas as palavras devem ser, de tal 237
maneira que não traga nenhuma confusão aos pensamentos dos homens pela suposição (que, suspeito, tem ocorrido) de que designam certos seres reais na alma que desempenhariam as ações de entendimento e de volição. Pois, quando dizemos que a *vontade* é a faculdade da alma dominante e superior, que ela é ou não é livre, que ela determina as faculdades inferiores, que ela segue os ditames do entendimento etc., ainda que essas e que tais expressões possam ser entendidas num sentido claro e distinto por aqueles que cuidadosamente reparam em suas próprias *ideias* e conduzem seus pensamentos mais pela evidência das coisas do que pelo som de palavras; no entanto, desconfio de que esse modo de falar em *faculdades* desencaminhou muitos para a noção confusa de que haveria um número correspondente de agentes distintos em nós, que teriam suas diversas jurisdições e autoridades, e que comandariam, obedeceriam e desempenhariam várias ações, como se fossem todos eles seres distintos. O que não ocasionou pouca disputa, obscuridade e incerteza em questões relativas a elas.

Donde as ideias *de liberdade e de necessidade.* § 7. Todos podem encontrar em si mesmos, penso eu, um *poder* de iniciar ou impedir, dar continuidade ou encerrar muitas ações em si mesmos. A partir da consideração do alcance desse poder da mente sobre as ações dos homens, poder que cada um encontra em si mesmo, surgem as ideias de liberdade e necessidade.

O que é liberdade.

§ 8. Uma vez que, como já foi dito, todas as ações de que temos alguma ideia se reduzem a estas duas, a saber, o pensamento e o movimento, quanto maior é o poder que um homem tem de pensar ou não pensar, de mover-se ou não mover-se, conforme a preferência e o comando de sua própria mente, tanto mais esse homem é *livre*. Quando a execução ou a abstenção não se encontram ambas igualmente sob o poder de um homem, quando fazer ou não fazer não se seguem igualmente da preferência de sua mente por comandar uma dessas duas coisas, então ele não é *livre*, ainda que a ação possa talvez ser voluntária. De modo que a *ideia* de *liberdade* é a *ideia* de um poder num agente qualquer para fazer ou abster-se de qualquer ação particular, conforme a determinação ou o pensamento da mente pelo qual uma dessas duas coisas é preferida à outra. Quando não se encontra no
238 poder do agente produzir uma delas de acordo com sua *volição*, então ele não se encontra em *liberdade*, mas sob *necessidade*. Dessa forma, não pode haver *liberdade* quando não há pensamento, volição ou vontade, mas pode haver pensamento, volição ou vontade quando não há *liberdade*. O exame breve de um ou outro exemplo evidente tornará isso manifesto.

Liberdade pressupõe entendimento e vontade.

§ 9. Uma bola de tênis, esteja em movimento pelo golpe de uma raquete ou parada em repouso, não é considerada por ninguém como um *agente livre*. Se investigarmos a razão disso, constataremos que é porque não concebemos que uma bola de tênis pense nem, consequentemente, que tenha volição, ou prefira o movimento ao repouso, ou *vice-versa*. Portanto, não tem *liberdade*, não é um agente livre, mas tanto seu movimento quanto seu repouso se encaixam em nossa *ideia* de *necessário*, e assim são chamados. Da mesma maneira, um homem caindo na água (quando a ponte em que se encontra se rompe) não tem nisto liberdade e não é um agente livre. Com efeito, ainda que tenha volição, que prefira não cair a cair, no entanto, como a abstenção desse movimento não se encontra em seu poder, o parar ou cessar esse movimento não se segue a sua volição, e, portanto, nisso ele não é *livre*. Assim, com relação a um homem que golpeie a si mesmo, ou a um amigo, com um movimento convulsivo de seu braço, o qual não se encontre em seu poder evitar ou parar por volição ou pelo comando de sua mente, ninguém pensará que nisso ele tem *liberdade*: todos sentem pena dele porque age por necessidade e constrangimento.

Liberdade não pertence à volição.

§ 10. E, ainda, suponhamos que um homem seja levado, em meio ao sono profundo, a um aposento no qual esteja uma pessoa com quem anseie por se encontrar e conversar, e que ali seja firmemente trancafiado de maneira a não poder sair. Ele acorda e alegra-se por estar em companhia tão agradável, com a qual voluntariamente permanece, *i. e.*, ele prefere ficar a ir embora. Eu pergunto: essa permanência não é voluntária? Penso que disso ninguém duvidará, e, no entanto, como ele está firmemente preso ali, é evidente que não tem liberdade para não ficar, não é livre para ir embora. E, assim, *liberdade não é uma* ideia *que pertence à volição*, ou à preferência, mas sim à pessoa que tem o poder de fazer ou abster-se de fazer, de acordo com a escolha ou comando da mente. Nossa *ideia* de liberdade vai até onde vai esse poder, e não além. Pois quando restrições vêm deter esse poder, ou quando por coação se suprime essa indiferença da habilidade tanto para agir quanto para evitar a ação, então ali necessariamente cessam a *liberdade* e nossa noção dela.

239 § 11. Dispomos de exemplos suficientes disso, e muitas vezes mais do que suficientes, em nosso próprio corpo. O coração de um homem bate, e o sangue circula, e deter isso não está em seu poder, por nenhum pensamento ou volição. Portanto, no que respeita a esses movimentos em que o repouso não depende de sua escolha, nem segue a determinação de sua mente, ainda que assim preferisse, ele não é um *agente livre*. Movimentos convulsivos agitam suas pernas, de modo que, por mais que *queira*, não consegue detê-los por nenhum poder de sua mente (como naquela estranha doença chamada *chorea sancti viti* [dança de São Vito]), mas dança continuamente: ele não é livre nessa ação, mas está sob a necessidade de se mover, tanto quanto uma pedra que cai ou uma bola de tênis golpeada por uma raquete. Por outro lado, a paralisia ou os grilhões impedem que suas pernas obedeçam à determinação de sua mente, caso queira transferir seu corpo de um lugar para outro. Em tudo isso há falta de *liberdade*, embora o permanecer sentado, mesmo para um paralítico, seja verdadeiramente voluntário caso ele prefira isso a deslocar-se. *Voluntário não se opõe* então a *necessário, mas a involuntário*. Pois um homem pode preferir o que pode fazer ao que não pode fazer, pode preferir o estado em que se encontra a sua ausência ou mudança, ainda que a necessidade tenha feito com que esse estado seja em si mesmo inalterável.

Voluntário opõe-se a involuntário, e não a necessário.

§ 12. O mesmo que ocorre com os movimentos do corpo ocorre com os pensamentos da mente: quando algum deles é tal que temos o poder de escolhê-lo ou deixá-lo de lado, de acordo com a preferência da mente, então nos encontramos *em liberdade*. Como um homem desperto está sob a necessidade de sempre ter algumas *ideias* em sua mente, ele não tem a *liberdade* de pensar ou não pensar, assim como não

O que é liberdade.

tem a liberdade de decidir se seu corpo tocará ou não um outro. Mas, muitas vezes, encontra-se sob sua escolha passar da contemplação de uma de suas *ideias* a outra, se assim o quiser, e, então, no que respeita a suas *ideias*, ele é tão *livre* quanto o é em relação aos corpos nos quais se apoia, e pode a seu bel-prazer mover-se de uma para outra. E, no entanto, algumas *ideias* são para a mente como alguns movimentos são para o corpo, isto é, são tais que, sob certas circunstâncias, ela não pode evitar nem consegue afastar, nem mesmo pelo maior esforço de que se possa valer. Um homem numa mesa de tortura não tem *liberdade* para deixar de lado a *ideia* de dor, e se distrair com outras contemplações. E, por vezes, uma paixão violenta arrebata nossos pensamentos assim como um furacão faz com nossos corpos, sem nos deixar liberdade para pensar em outras coisas que podería- 240
mos preferir a esta. Mas, tão logo a mente readquira o poder de refrear ou prosseguir, iniciar ou evitar qualquer um desses movimentos exteriores, do corpo, ou interiores, do pensamento, conforme lhe pareça mais adequado preferir uma coisa à outra, então consideramos o homem novamente um *agente livre*.

O que é necessidade.

§ 13. Onde quer que se ausente inteiramente o pensamento, ou o poder de agir ou de abster-se em conformidade ao comando do pensamento, ali a *necessidade* aparece. Quando, em um agente capaz de volição, o início ou a continuação de qualquer ação são contrários ao que sua mente prefere, tal necessidade chama-se *coação*, e, quando o impedimento ou o refreamento de uma ação são contrários a sua volição, tal necessidade chama-se *restrição*. Agentes absolutamente desprovidos de pensamento e de volição são, em todos os aspectos, agentes *necessários*.

A liberdade não pertence à vontade.

§ 14. Se assim for (como imagino que seja), devemos examinar se isso não ajudaria a pôr fim a uma questão há muito discutida, e, penso eu, insensata, porque ininteligível, *i. e.*, *se a vontade do homem é ou não livre*. Com efeito, se não me engano, do que eu disse se segue que a questão é por si mesma inteiramente imprópria; e tem tanto sentido perguntar se a *vontade* do homem é livre quanto se seu sono é célere, ou sua virtude, quadrada, uma vez que a *liberdade* é tão pouco aplicável à *vontade* quanto a celeridade de movimento é ao sono, ou o ser quadrado, à virtude. Todos ririam diante do absurdo de uma questão como essa, porque é óbvio que as modificações do movimento não pertencem ao sono, nem a diferença de figura, à virtude. E qualquer um que considerar bem a questão, penso que perceberá de forma igualmente patente que a *liberdade*, que não passa de um poder, pertence unicamente a agentes, e não pode ser um atributo ou uma modificação da *vontade*, que também não passa de um poder.

§ 15. Tamanha é a dificuldade de explicar e apre- *Volição.*
sentar noções claras de ações internas por meio de sons que devo aqui avisar meu leitor que os termos *ordenar*, *comandar*, *escolher*, *preferir* etc. de que me utilizei não irão expressar com distinção suficiente a *volição*, a não ser que o leitor reflita sobre o que ele mesmo faz quando ele *quer*. Por exemplo, *preferir*, que parece, talvez, exprimir melhor o ato de *volição*,
241 não o faz precisamente. De fato, ainda que um homem preferisse voar a andar, quem, no entanto, poderia dizer que ele alguma vez *quis* tal coisa[41]? *Volição*, resta claro, é um ato da mente pelo qual esta deliberadamente exerce um domínio que reclama como seu sobre uma parte qualquer do homem, aplicando-a ou abstendo-se de aplicá-la a uma ação particular qualquer. E o que é a *vontade* senão a *faculdade* de fazer

41. Este início da seção, até este ponto, foi acrescentado a partir da 2ª edição. [N. E.]

isso? E, com efeito, seria essa faculdade algo mais que um poder, o poder da mente de determinar seu pensamento para a produção, continuação ou interrupção de qualquer ação, na medida em que isso dependa de nós? Pois quem poderia negar que todo agente que tenha o poder de pensar sobre suas próprias ações, e de preferir sua realização ou omissão, tem essa faculdade chamada *vontade*? A *vontade*, então, nada mais é que um tal poder. *Liberdade*, por outro lado, é o poder que um homem tem de fazer ou abster-se de fazer qualquer ação particular, conforme a efetiva preferência da mente, o que é o mesmo que dizer que conforme ele próprio *queira*.

Poderes pertencem a agentes.

§ 16. Resta claro então que a *vontade* é apenas um poder ou habilidade, e a liberdade, um outro poder ou habilidade, de modo que perguntar se *a vontade tem liberdade* é perguntar se um poder tem outro poder, ou se uma habilidade tem outra habilidade: uma questão que logo de início se mostra inteiramente absurda para que possa ser discutida, ou para que mereça uma resposta. Pois quem não poderia ver que *poderes* pertencem unicamente a *agentes*, e que *são atributos unicamente de substâncias, e não dos próprios poderes*? De modo que essa maneira de pôr a questão, *i. e.*, se *a vontade é livre*, é o mesmo que perguntar se a *vontade* é uma substância, um agente, ou ao menos supor isso, uma vez que a liberdade não pode ser atribuída de forma apropriada a nada mais. Se a palavra *liberdade* pode ser aplicada com alguma propriedade ao *poder*, pode ser atribuída ao poder que se encontra no homem para produzir ou abster-se de produzir movimento em partes de seu corpo, por escolha ou preferência, que é o que o define como livre, e é a própria liberdade. Mas se alguém perguntasse se a liberdade é livre, suspeitar-se-ia de que ele não compreenda bem o que diz, e seria pensado digno das orelhas de Midas, aquele que, sabendo que rico é uma denominação que vem da posse de riquezas, se perguntasse se a própria riqueza é rica.

242 § 17. Por mais que o nome *faculdade*, que os homens deram a esse poder chamado *vontade* e pelo qual foram levados a falar da vontade como agindo, possa, por uma apropriação que camufla seu sentido real, servir para amenizar um pouco seu absurdo, no entanto, *vontade*, na verdade, não significa mais que um poder ou uma habilidade de preferir ou escolher. E quando a *vontade*, sob o nome de *faculdade*, é considerada, como ela o é, meramente uma habilidade de fazer algo, o absurdo que há em dizer que ela é ou não é livre mostra-se sem dificuldade. Com efeito, se fosse razoável supor e falar em faculdades na qualidade de seres distintos que possam agir (como fazemos ao dizer que a *vontade* ordena, e que a *vontade* é livre), seria apropriado criar uma *faculdade* falante, uma *faculdade* andante, uma *faculdade* dançante, pelas quais seriam produzidas essas ações, que não passam de diversos modos do movimento, da mesma forma como fazemos com que a *vontade* e o *entendimento* sejam *faculdades* pelas quais são produzidas as ações de escolher e de perceber, que não passam de diversos modos do pensamento. E podemos dizer com tanta propriedade que é a *faculdade* cantante que canta ou a *faculdade* dançante que dança quanto que a *vontade* escolhe ou que o entendimento concebe; ou, como é comum, que a *vontade* dirige o entendimento, ou que o entendimento obedece, ou não, à vontade: pois isso é tão apropriado e inteligível quanto dizer que o poder de falar dirige o poder de cantar, ou que o poder de cantar obedece ou desobedece ao poder de falar.

§ 18. Essa maneira de falar, no entanto, prevaleceu e produziu, segundo penso, uma grande confusão. De fato, como todos esses são diferentes poderes na mente, ou no homem, para realizar diferentes ações, ele os exerce como lhe parece mais apropriado. Mas o poder de realizar uma ação não age sobre o poder de realizar outra ação. Pois o poder de pensar não age sobre o poder de escolher, nem o poder de escolher sobre o poder de pensar, assim como o poder de dançar não age sobre o poder de cantar, nem o poder de cantar, sobre o poder de dançar, como facilmente poderá perceber qualquer um que reflita sobre isso. E, no entanto, é isso que dizemos quando falamos que *a vontade age sobre o entendimento, ou o entendimento, sobre a vontade.*

§ 19. Concedo que este ou aquele pensamento efetivo podem dar ocasião à volição, ou ao exercício do poder que um homem tem de escolher, e que uma 243
escolha efetiva da mente pode ser a causa de um pensamento efetivo sobre esta ou aquela coisa: assim como cantar efetivamente determinada canção pode dar ocasião a que se dance uma determinada dança, e dançar efetivamente determinada dança pode dar ocasião a que se cante uma determinada canção. Mas em tudo isso não se trata de um *poder* que aja sobre outro, mas é a mente que age nesses poderes e os exerce, é o homem que realiza a ação é o agente que tem o poder, ou que é capaz de fazer. Pois *poderes* são relações, e não agentes: e *é só aquilo que tem ou não tem o poder de agir que é ou não é livre*, e não o poder mesmo. Pois liberdade ou falta de liberdade não podem ser atribuídos a nada, a não ser ao que tem ou não tem o poder de agir.

Liberdade não pertence à vontade.

§ 20. Atribuir às faculdades aquilo que não pertence a elas deu oportunidade para essa maneira de falar. Mas suponho que introduzir, em discussões sobre a mente, sob o nome de *faculdades*, a noção de que elas agem contribuiu tão pouco para o avanço

de nosso conhecimento relativo a essa parte de nós mesmos quanto a abundante utilização e menção da mesma invenção de *faculdades* nas operações do corpo contribuiu para nosso conhecimento na medicina. Não que eu negue que haja *faculdades* no corpo como na mente: ambos têm seus *poderes* de agir; do contrário, nenhum deles poderia agir. Pois nada pode agir, a não ser o que é capaz de agir, e não é capaz de agir aquilo que não tenha o *poder* de agir. Tampouco nego que essas palavras e outras que tais devam ter lugar no uso comum das línguas que as tornaram correntes. Pareceria excesso de afetação deixá-las inteiramente de lado: e a própria filosofia, ainda que não lhe agrade uma vestimenta espalhafatosa, quando vem a público, deve, no entanto, mostrar a complacência de vestir-se de acordo com a voga e a língua usuais do país, na medida em que estas sejam compatíveis com a verdade e a clareza. Mas o erro tem sido falar em faculdades e representá-las como se cada uma delas fosse um agente distinto. De fato, sendo perguntado o que digere a carne em nosso estômago, a resposta era rápida e extremamente satisfatória: é a *faculdade digestiva*. O que faz com que uma coisa saia do corpo? A *faculdade expulsiva*. O que move?
244 A *faculdade motriz*. E, assim, na mente, a *faculdade intelectual*, ou o entendimento, entende, e a *faculdade eletiva*, ou a vontade, quer ou comanda. O que é o mesmo que dizer que a habilidade de digerir digere, que a habilidade de mover move, e que a habilidade de entender entende. Pois *faculdade*, *habilidade* e *poder* são, penso eu, apenas nomes diferentes para a mesma coisa. Modos de falar que, uma vez transpostos em palavras mais inteligíveis, resultariam, penso eu, em nada mais que isto: que a digestão é efetuada por algo que é capaz de digerir, o movimento, por algo capaz de mover, e o entendimento, por algo ca-

paz de entender. E, na verdade, seria bem estranho que fosse de outra maneira, tão estranho quanto seria para um homem ser livre sem ser capaz de ser livre.

Liberdade pertence ao agente, ou ao homem.

§ 21. Retornando à investigação sobre a liberdade, penso que *a questão apropriadamente colocada não é se a vontade é livre, mas se um homem é livre.* Assim sendo, penso o seguinte.

1. Na medida em que, pelo comando ou escolha de sua mente, que prefere a existência de uma ação qualquer à não existência dessa ação ou *vice-versa*, alguém pode fazê-la existir ou não existir, nessa medida esse alguém é *livre.* Com efeito, se por um pensamento comandando o movimento de meu dedo eu posso fazer com que este se mova quando estava em repouso, ou *vice-versa*, é evidente que, com respeito a isso, eu sou livre. E se, por um pensamento semelhante de minha mente, que prefere uma coisa à outra, eu posso produzir palavras ou o silêncio, encontro-me em liberdade para falar ou manter-me quieto. E *até onde se estender esse poder de agir ou de não agir, segundo a determinação de seu próprio pensamento que prefere uma coisa à outra, até esse ponto um homem será livre.* Pois como se poderia pensar que alguém tenha maior liberdade do que a de ter o poder de fazer o que quer? E, na medida em que alguém pode, ao preferir uma ação a sua não existência ou o repouso a qualquer ação, produzir essa ação ou o repouso, nessa mesma medida pode ele fazer o que quer. Pois preferir uma ação a sua ausência é *querer* essa ação: e seria realmente impossível imaginar algum *ser* que tivesse uma liberdade maior do que a de ser capaz de fazer o que *quiser*. De maneira que, com respeito a ações que se encontrem ao alcance de tal poder nele, um homem parece ser tão livre quanto seria possível que a liberdade o tornasse.

Com respeito ao querer, um homem não é livre.

§ 22. Mas a investigativa mente do homem, ansiosa por descarregar-se, na medida do possível, de todo pensamento de culpa, ainda que para isso se coloque
245 num estado pior do que o da fatal necessidade, não se contenta com isso: a liberdade, a menos que vá mais além, não será o bastante. E considera-se uma boa alegação de defesa dizer que um homem não é livre de forma alguma se não for tão livre para querer aquilo que ele quer quanto o é para fazê-lo. No que se refere à liberdade de um homem, levanta-se assim uma questão ulterior, a de *se um homem é livre para querer*. O que, penso eu, é o que se quer dizer quando se discute se a *vontade* é livre ou não. E, quanto a isso, imagino o seguinte.

§ 23. Esse *querer* ou *volição*, sendo uma ação, e a liberdade consistindo num poder de agir ou de não agir, *um homem não pode ser livre com respeito ao querer, ou ao ato da volição, quando uma ação que está em seu poder é proposta a seu pensamento para ser realizada naquele momento*. A razão para isso é bastante manifesta. De fato, como é inevitável que a ação que depende de sua *vontade* ou exista, ou não exista, e como a existência ou não existência dessa ação segue-se inteiramente da determinação e da preferência de sua vontade, ele não pode furtar-se a querer ou a existência, ou a não existência dessa ação. Pois é absolutamente necessário que ele *queira* ou uma coisa, ou outra, *i. e.*, *prefira* uma à outra, visto que uma delas necessariamente se deve seguir. E a que se segue, segue-se pela escolha e a determinação de sua mente, ou seja, por *querê-la*, pois, se não a houvesse *querido*, ela não seria. De maneira que, no que respeita ao ato do *querer*, um homem nessa situação não é livre, uma vez que a liberdade consiste num poder de agir ou não agir que o homem não tem, no que respeita à volição, diante de uma propos-

ta como essa[42]. Pois é inevitavelmente necessário que um homem prefira a realização ou a abstenção de uma ação que esteja em seu poder quando esta é assim proposta a seu pensamento: ele deve necessariamente *querer* uma ou a outra, e, dessa preferência ou volição, a ação ou a abstenção dessa ação certamente se segue, e é verdadeiramente voluntária. Mas, como o ato de 246
volição, ou a preferência por uma das duas opções, é algo que o homem não pode evitar, ele se encontra, no que respeita ao ato do *querer*, sob necessidade, e, sendo assim, não pode ser livre, a não ser que necessidade e liberdade sejam compatíveis entre si, e um homem possa ser ao mesmo tempo livre e atado.

§ 24. Isto, então, é evidente: diante de todas as propostas de ação imediata, *um homem não se encontra em liberdade para querer ou não querer, uma vez que não pode evitar o querer*, pois a liberdade consiste em um poder de agir ou de abster-se de agir e unicamente nisso. Com efeito, de um homem que esteja sentado e imóvel diz-se que está em liberdade, porque pode andar se assim o *quiser*. Um homem que ande também está em liberdade, não porque ande ou

---

42. O restante desta seção substitui, a partir da quarta edição, o seguinte texto, presente nas três primeiras edições: "Sendo necessário e inevitável (uma vez que tenha pensado em alguma ação em seu poder) que prefira seja sua execução, seja sua abstenção, essa ação, ou sua abstenção, segue certamente a sua preferência e é verdadeiramente voluntária." Da primeira até a quarta edição, a seção continuava [apresentamos a seguir o texto da quarta edição, que traz pequenas alterações com relação ao texto das três primeiras edições, que omitimos (N. Ed. Br.)]: "Além disso, fazer um homem livre dessa maneira, fazendo a ação de *querer* depender de sua *vontade*, requer uma outra *vontade* antecedente para determinar os atos dessa *vontade*, e outra para determinar esta, e assim *in infinitum*, pois onde quer que alguém pare, as ações da última *vontade* não poderão ser livres. Nem há qualquer ser, tanto quanto eu possa compreender os seres acima de mim, capazes de uma tal liberdade da *vontade* que seja capaz de abster-se de *querer*, *i. e.*, de preferir o ser ou o não ser de algo que está em seu poder e que ele alguma vez considerou como tal." [N. E.]

se mova, e sim porque pode ficar parado se assim o *quiser*. Mas, se um homem que está sentado não tem o poder de se mexer, ele não está em liberdade. Assim, da mesma maneira, um homem que despenca de um precipício, embora esteja em movimento, não está em liberdade, porque não poderia parar esse movimento se quisesse. Dessa forma, resta claro que um homem que caminhe, e ao qual se proponha que pare de caminhar, não se encontra em liberdade para *querer* ou não determinar-se a si mesmo a parar ou não de andar: ele deve necessariamente preferir uma coisa ou outra, caminhar ou não caminhar. E assim também ocorre com respeito a todas as outras ações que se encontram sob nosso poder executar e que nos são propostas dessa maneira, as quais são, de longe, a maioria. De fato, considerando o vasto número de ações voluntárias que se sucedem umas às outras a cada momento em que estamos despertos no curso de nossas vidas, há somente umas poucas que são pensadas ou propostas à *vontade* antes do tempo em que devem ser realizadas. E, em todas as outras, como mostrei, a mente não tem o poder, no que diz respeito ao *querer*, de agir ou não agir, poder no qual consiste a liberdade. Nesse caso, a mente não tem o poder para abster-se de *querer*, ela não pode evitar algum tipo de determinação a respeito dessas ações; e, por mais que a consideração seja breve, e o pensamento, rápido, ou irá deixar o homem no mesmo estado em que estava antes de pensar, ou irá modificá-lo, continuará a ação, ou porá fim a ela. Assim sendo, é manifesto que a mente ordena e comanda uma coisa de preferência à outra, ou negligenciando essa outra, e, assim, ou a continuação, ou a mudança tornam-se inevitavelmente voluntárias.

A vontade é determinada por algo exterior a ela.

247 § 25. Visto então restar claro que, na maioria dos casos, um homem não se encontra em liberdade de

querer ou não, a próxima coisa a saber é *se um homem está em liberdade de querer o que lhe aprouver dentre estas duas opções, movimento ou repouso.* Essa questão traz em si mesma um absurdo tão manifesto que bastaria para nos convencer de que a liberdade não diz respeito à vontade. Pois perguntar se um homem está em liberdade para querer, segundo lhe aprouver, o movimento ou o repouso, a fala ou o silêncio, é o mesmo que perguntar se um homem pode *querer* o que ele *quer*, ou se aprazer com o que lhe apraz. Uma questão que, penso eu, não merece resposta. E aqueles que conseguem fazer disso uma questão precisam pressupor uma vontade para determinar os atos de outra, outra ainda para determinar os atos daquela, e assim *in infinitum*.

§ 26. Para evitar esses absurdos e outros que tais, nada pode ser tão útil quanto estabelecer em nossa mente *ideias* determinadas das coisas tomadas em consideração. Se as *ideias* de liberdade e de volição estivessem bem fixadas em nossos entendimentos e fossem carregadas conosco em nossas mentes, como deveriam ser, ao longo de todas as questões que se levantam sobre elas, suponho que uma grande parte das dificuldades que desorientam os pensamentos dos homens e confundem seu entendimento seria bem mais facilmente resolvida, e perceberíamos em quais casos é a significação confusa dos termos, e em quais casos é a natureza das coisas que causa a obscuridade.

Liberdade.

§ 27. *Primeiro*, então, deve-se lembrar sempre que liberdade consiste no fato de que a existência ou a não existência de uma ação depende de nossa volição dela, e não no fato de que qualquer ação ou o seu contrário dependem de nossa preferência. Um homem que esteja numa falésia tem a liberdade de saltar vinte jardas para baixo em direção ao mar não porque tenha o poder para fazer a ação contrária – que

seria saltar vinte jardas para cima, pois isso ele não pode fazer; ele é livre porque tem o poder de saltar ou não saltar. Mas, se uma força maior do que a dele ou o prende, ou o joga para baixo, nesse caso ele já não é livre, porque fazer essa ação particular ou abster-se
248 dela já não se encontra em seu poder. Aquele que estiver bem preso num aposento quadrado de vinte pés, estando no lado norte de seu quarto, tem a liberdade de percorrer vinte pés em direção ao sul, porque pode percorrê-los ou não percorrê-los, mas, ao mesmo tempo, não se encontra em liberdade para fazer o contrário, *i. e.*, percorrer vinte pés em direção ao norte.

Nisso, portanto, consiste a liberdade, *i. e.*, em sermos capazes de agir ou não agir, segundo escolhermos, ou *quisermos*.

§ 28. *Segundo*[43], devemo-nos lembrar de que a *volição*, ou o *querer*, é um ato da mente que dirige *O que é volição.*

---

43. Daqui em diante, as seções 28 a 60 (até a citação de Rm 2, 6-9) têm conteúdo diferente do texto da primeira edição e substituem as seções 28 a 38 desta edição (até a citação de Rm 2, 6-9). Não obstante, muito do material presente na primeira edição foi conservado: a antiga seção 29 corresponde, com algumas alterações, às novas 41 e 42; a seção 30, à 48; a 31, à 49; as seções 32 e 33, à 50; a 34, à 54; a 35, à 55; a 36, à 56; e a 37, às seções 58 e 59. O texto, na primeira edição, continuava do seguinte modo:

"§ 28. ***O que é volição.*** *Segundo*, a seguir temos de nos lembrar que *volição* ou *querer*, dizendo respeito apenas àquilo que está em nosso poder, não *é* nada senão o *preferir* fazer algo a não fazê-lo, a ação ao repouso, *et contra*. Muito bem, mas o que é esse *preferir*? Não *é* nada senão o *agradar-se mais com um do que com o outro*. Seria então um homem indiferente a agradar-se ou não se agradar mais com uma coisa do que com outra? Estaria em sua escolha se ele vai ou não vai ser mais agradado com uma coisa do que com outra? E, a isso, creio que a experiência de cada um de imediato dará a resposta: não. De onde se segue:

"§ 29. ***O maior bem aparente determina a vontade.*** *Terceiro*, que a vontade, ou preferência, é determinada por algo externo a ela: vejamos então o que é que a determina. Se querer for apenas o estar mais bem agradado, como se mostrou, é fácil saber o que é que determina a vontade, o que a agrada mais: cada um sabe que é a felicidade ou aquilo que constitui alguma parte da felicidade, ou contribui para

seu pensamento para a produção de alguma ação e que, por esse meio, exerce seu poder para produzi-la. Para evitar uma multiplicação de palavras, gosta-

---

ela, e é isso que chamamos bem. Felicidade e infelicidade são os nomes de dois extremos, cujos limites máximos nos são desconhecidos. São o que *os olhos não viram, os ouvidos não ouviram, e o coração do homem não percebeu*. Mas temos impressões muito vivazes de alguns graus de ambos, feitas por diversos exemplos de deleite e alegria, por um lado, e de tormento e pesar, por outro, os quais, em prol da brevidade, compreenderei sob os nomes de prazer e dor; pois há prazeres e dores na mente assim como no corpo: *cheio de alegrias em tua presença e delícias à tua direita, perpetuamente*. Ou, para falar a verdade, pertencem todos à mente, ainda que alguns tenham sua origem na mente, pelo pensamento, e outros, no corpo, pelo movimento. Felicidade, então, é o máximo de prazer de que somos capazes, e a infelicidade é o máximo de dor. Ora, como prazer e dor são produzidos em nós pela operação de certos objetos, seja sobre nossa mente ou nosso corpo, em diferentes graus, então, aquilo que tem a aptidão para produzir prazer em nós é aquilo por que trabalhamos e é aquilo que chamamos de *bem*, e aquilo que tem a aptidão de produzir dor em nós, nós o evitamos e chamamos de *mal*, por nenhuma outra razão além dessa aptidão para produzir em nós prazer e dor, nas quais consistem nossa felicidade ou nossa infelicidade. Além disso, pelo fato de que os graus de prazer e de dor também têm com justiça uma preferência, embora aquilo que é apto a produzir qualquer grau de prazer seja em si mesmo bom e o que é apto a produzir qualquer grau de dor seja em si mesmo mau, no entanto, muitas vezes ocorre que não os chamemos assim quando um deles se encontra em competição com outro maior de mesmo tipo. De maneira que, se quisermos estimar corretamente o que chamamos de *bem* e *mal*, constataremos que residem em grande parte na comparação: pois a causa de cada grau menor de dor, assim como de cada grau maior de prazer, tem a natureza do bem, e vice-versa, e é o que determina nossa escolha, e provoca nossa preferência. *Bem*, então, *o maior bem é aquilo que por si só determina a vontade*.

"§ 30. ***Isto é uma perfeição da natureza humana.*** Isto não é uma imperfeição no homem, é a maior perfeição de naturezas intelectuais: isso está tão longe de ser uma restrição ou diminuição da liberdade que é aquilo que verdadeiramente a aperfeiçoa e favorece, e não é uma derrogação, mas é o fim e a utilidade de nossa liberdade. E, quanto mais distantes estivermos de uma tal determinação para o bem, mais próximos estaremos da infelicidade e da escravidão. Uma perfeita indiferença da vontade, ou poder de preferir, que não seria determinável pelo bem ou pelo mal que se acredita seguir-se a sua escolha, estaria tão longe de constituir uma vantagem e excelência para quaisquer naturezas intelectuais que seria uma imperfeição tão

ria que me fosse aqui permitido compreender, sob a palavra *ação*, também a abstenção de qualquer ação proposta. *Permanecer sentado* ou *manter-se quieto*,

---

grande quanto, por outro lado, o seria a falta de indiferença entre agir e não agir antes da determinação da vontade. Um homem encontra-se em liberdade para levar sua mão até a cabeça ou deixá-la em repouso: ambos os estados lhe são inteiramente indiferentes, e seria uma imperfeição sua se carecesse desse poder, se fosse privado dessa indiferença. Mas seria uma imperfeição igualmente grande se tivesse essa mesma indiferença em relação a preferir erguer sua mão ou deixá-la em repouso, caso disso dependesse proteger sua cabeça ou seus olhos de um golpe que anteveja. *É uma perfeição que o poder de preferir seja determinado pelo bem*, na mesma medida em que é uma perfeição que o poder de agir seja determinado pela vontade; e, quanto mais certa for essa determinação, tanto maior será a perfeição.

"§ 31. Se observarmos aqueles *seres superiores* acima de nós, que desfrutam de uma felicidade perfeita, teremos razão para julgar que são mais firmemente *determinados em sua escolha do bem* do que nós, e, no entanto, não há razão para pensarmos que sejam menos felizes ou menos livres do que nós. E, caso fosse adequado, para pobres criaturas finitas como nós, pronunciar-nos sobre o que podem fazer a sabedoria e a bondade infinitas, penso que poderíamos dizer que mesmo Deus não pode escolher o que não é bom: a liberdade do Todo-Poderoso não impede que seja determinado pelo que é melhor.

"§ 32. Mas, para considerar corretamente esse aspecto mal compreendido da liberdade, eu pergunto: poderia alguém querer ser um idiota só porque este é menos determinado por considerações sábias do que um homem sábio? Merece o nome de liberdade ser livre para bancar o tolo e trazer vergonha e infelicidade para si mesmo? Se carecer dessa restrição para escolher ou realizar o que é pior for liberdade, verdadeira liberdade, então os loucos e tolos serão os únicos homens livres e, no entanto, penso que ninguém escolheria ser louco em nome de uma tal liberdade, a não ser aquele que já seja louco de antemão.

"§ 33. ***E não elimina a liberdade.*** Embora a preferência da mente seja sempre determinada pela aparência do bem, do maior bem, a pessoa que tem o poder, no qual apenas consiste a liberdade de agir ou não agir conforme essa preferência, é, no entanto, livre, e tal determinação não derroga esse poder. Aquele que tem seus grilhões rompidos e as portas da prisão abertas diante de si encontra-se perfeitamente em liberdade, porque pode tanto partir quanto ficar, como achar melhor, ainda que sua preferência por ficar seja determinada pela escuridão da noite, o clima impiedoso, ou por não ter outra acomodação. Ele não deixa de ser livre, embora aquilo que naquele momento lhe pareça ser o maior bem determine absolutamente sua preferência, e o faça ficar em sua prisão. Usei antes a palavra *preferência* em vez da palavra *es-*

quando *caminhar* e *falar* são propostos, ainda que sejam meras abstenções, não obstante, uma vez que requerem a determinação da vontade tanto quanto as

---

colha para expressar o ato de volição, porque escolha tem uma significação mais dúbia, e se aproxima mais de desejo, e, assim, é referida a coisas remotas; ao passo que volição, ou o ato de querer, não significa nada com propriedade senão a produção efetiva de algo que é voluntário.

"§ 34. ***Por que os homens escolhem diferentemente.*** A próxima coisa a ser considerada é a seguinte: se nossas vontades são determinadas pelo bem, *como se dá que as vontades dos homens os levem a direções tão contrárias*, e, portanto, alguns deles em direção ao que é mal? E, acerca disso, digo que as várias e contrárias escolhas que os homens realizam no mundo não servem como argumento de que nem todos escolhem o bem, mas sim de que a mesma coisa não é igualmente boa para todos os homens. Se todas as preocupações dos homens se encerrassem nesta vida, por que alguém perseguiria estudo e conhecimento, e outro, a falcoaria e caça, por que um escolheria a luxúria e o esbanjamento, e outro, a sobriedade e as riquezas? Não, certamente, porque cada um deles não visa a sua própria felicidade, mas porque sua felicidade jaz em coisas diferentes. E, portanto, o médico respondeu bem ao paciente que tinha os olhos inflamados: se tens mais prazer com o gosto do vinho do que no uso de tua vista, o vinho é bom para ti; mas, se o prazer da visão é maior para ti do que o de beber, o vinho não tem valor nenhum.

"§ 35. A mente, assim como o paladar, tem gostos diferenciados, e seria tão infrutífero tentar deleitar todos os homens com riquezas ou com glória (nos quais alguns homens põem sua felicidade) quanto tentar satisfazer a fome de todos os homens com queijos ou lagostas, que, ainda que sejam alimentos muito agradáveis e deliciosos para alguns homens, são para outros extremamente nauseantes e repulsivos. E muitas pessoas prefeririam, com razão, o chiar de um estômago vazio a certos pratos que são um banquete para outros. É por isso que os filósofos antigos, penso eu, em vão investigaram se o *summum bonum* [bem supremo] consistia em riquezas, em prazeres corporais, na virtude ou na contemplação: procediam de modo tão razoável quanto se discutissem se os melhores sabores deveriam ser buscados em maçãs, ameixas ou nozes, dividindo-se em seitas segundo esse critério. De fato, assim como os gostos agradáveis não dependem das coisas mesmas, mas de serem agradáveis a este ou àquele paladar particular, no que encontramos bastante variedade, assim também a maior felicidade consiste na posse das coisas que produzem o maior prazer e na ausência daquelas que causam qualquer distúrbio ou dor, o que, para homens diferentes, são coisas muito diferentes. Se, portanto, os homens só têm esperança nesta vida, se apenas nesta vida po-

ações contrárias e frequentemente têm consequências tão significativas quanto elas, podem muito bem, nesse sentido, passar por ações também. Digo isso

---

dem desfrutar, não é estranho nem insensato que busquem sua felicidade evitando tudo quanto lhes aflige neste mundo, preferindo tudo quanto lhes dê prazer. E nisso não é de espantar que se encontre imensa variedade e diferença. Com efeito, se não há nenhuma perspectiva para além do túmulo, é certamente correto inferir, *comamos e bebamos*, desfrutemos o que nos deleita, pois *amanhã morreremos*. Isso, penso eu, poderá mostrar-nos a razão pela qual, embora as vontades de todos os homens sejam determinadas pelo bem, não são, no entanto, determinadas pelo mesmo objeto. Os homens podem escolher coisas diferentes, e, no entanto, todos escolherem certo: basta supormos que são como um grupo de pobres insetos, entre os quais alguns são abelhas, às quais deleitam as flores e sua doçura, e outros, escaravelhos, aos quais deleita outro tipo de alimento, e que, tendo desfrutado por uma estação, precisam deixar de viver para nunca mais existir.

"§ 36. ***Por que eles escolhem equivocadamente***. Isso basta para nos mostrar a razão pela qual os homens neste mundo preferem coisas diferentes e perseguem a felicidade em rumos contrários. No entanto, como os homens são sempre determinados pelo bem, o maior bem, e são constantes e dedicados em questões de felicidade e infelicidade, permanece ainda a questão: *por que os homens muitas vezes vêm a preferir o pior ao melhor* e a escolher aquilo que, como eles mesmos reconhecem, os torna infelizes?

"§ 37. A isso respondo que, *quanto à felicidade e infelicidade presentes, prazer e dor presentes, quando unicamente isso entra em consideração, um homem nunca escolhe equivocadamente*: ele sabe o que mais lhe apraz, e efetivamente o prefere. As coisas, em seu desfrute presente, são o que parecem, e o bem aparente, nesse caso, é sempre o mesmo que o bem real. De fato, como a dor e o prazer são precisamente tão grandes, e não maiores, quanto são sentidos, o bem ou o mal presente é realmente tão grande quanto parece. E, portanto, se cada uma de nossas ações se encerrasse em si mesma e não acarretasse qualquer consequência ulterior, indubitavelmente haveríamos de querer sempre apenas o bem e infalivelmente preferiríamos sempre o melhor. Se as dores do trabalho honesto e as das privações da fome e do frio fossem postas diante de nós, ninguém teria dúvida sobre quais escolher; se a satisfação da luxúria e as alegrias celestiais fossem simultaneamente oferecidas para nossa posse imediata, não hesitaríamos nem erraríamos na escolha e determinação de nossa vontade. Não obstante, visto que nossas ações voluntárias não trazem consigo, em sua execução atual, toda a felicidade e infelicidade que decorrem delas, mas são causas antecedentes do bem e do mal que trazem consigo e lançam sobre nós quando elas mesmas passaram e deixaram de

apenas para que não me compreendam mal ao falar assim em prol da brevidade.

O que determina a vontade.

§ 29. *Terceiro*, uma vez que a *vontade* nada é senão um poder na mente para direcionar as faculdades operativas de um homem ao movimento ou ao repouso, na medida em que elas dependem desse direcionamento, a verdadeira e apropriada resposta à questão "o que determina a vontade?" é: a mente. Pois aquilo que determina o poder geral de direcionar a esta ou àquela direção particular não é senão o próprio agente que exerce seu poder dessa maneira particular. Se essa resposta não é satisfatória, resta claro que o significado da questão "*o que determina a vontade?*" é este: o que move a mente, em cada caso particular, a determinar seu poder geral de direcionar para este ou aquele movimento ou repouso particular? E, a isso, eu respondo que o motivo para que se continue num mesmo estado ou ação é unicamente a satisfação 249

---

existir, *aquilo que tem a preferência*, e nos faz querer fazer ou omitir qualquer ação em nosso poder, *é o maior bem* que parece resultar da escolha em todas suas consequências, na medida em que presentemente elas são representadas diante de nossas vistas.

"§ 38. ***Pela diferente aparência de bem.*** De modo que aquilo *que determina a escolha* da vontade e obtém a preferência *é sempre o bem, o maior bem*. Mas é também apenas o bem *que aparece*, aquele que traz consigo a expectativa de um acréscimo em nossa felicidade, pelo aumento de nossos prazeres, seja em graus, tipos ou duração, ou pela prevenção, diminuição ou abreviamento da dor. Assim, a tentação de um gosto agradável traz um enjoo, uma doença e, talvez, também a morte para alguém que não olhe mais além desse bem aparente, desse prazer presente, que não veja o mal remoto e escondido; ao passo que as esperanças de remediar ou prevenir alguma dor maior adoçam a bebida de outro homem e fazem com que seja engolida de boa vontade, quando ela em si mesma é nauseante e desagradável. Ambos esses homens foram levados a fazer o que fizeram pela aparência do bem, embora um encontre bem-estar e saúde, e o outro, doença e destruição. Portanto, aquele que olha para além deste mundo e está plenamente persuadido que Deus, o juiz justo, *retribuirá* [...]." O texto da primeira edição continua como no trecho correspondente da seção 60 das edições posteriores (e da presente edição). [N. E.]

presente neles; o motivo para mudar é sempre algum *desconforto*, pois nada nos leva a mudar um estado, nada nos leva a alguma nova ação, a não ser algum *desconforto*. Esse é o grande móbil que opera na mente para colocá-la em ação, ação que, em prol da brevidade, chamaremos de *determinação da vontade*, a respeito do que me explicarei mais detidamente.

Vontade e desejo não devem ser confundidos.

§ 30. Mas, para tanto, será necessário estabelecer previamente que, embora anteriormente eu tenha procurado expressar o ato de *volição* por *escolher*, *preferir* e termos que tais, que significam tanto *desejo* quanto *volição*, na falta de outras palavras para marcar esse ato da mente cujo nome apropriado é *vontade* ou *volição*, no entanto, como se trata de um ato muito simples, quem desejar entender em que ele consiste terá maior sucesso refletindo sobre sua própria mente, e observando o que ela faz quando ela *quer*, do que por qualquer variedade de sons articulados. Essa advertência, para tomar o cuidado de não se deixar enganar por expressões que não preservam suficientemente a diferença entre a *vontade* e diversos atos da mente que são inteiramente distintos dela, penso ser das mais necessárias, pois constato que a vontade é frequentemente confundida com muitas afecções, especialmente o *desejo*, e que uma é tomada pela outra. E isso por homens que não querem que se pense
250 que não tenham noções muito distintas das coisas e que não escreveram muito claramente sobre elas. Segundo imagino, isso não ocasionou poucas obscuridades e equívocos nessa questão e, assim, deve ser evitado tanto quanto possível. Pois aquele que voltar seus pensamentos para o interior, para o que se passa em sua mente quando ele *quer*, verá que a *vontade*, ou o poder de *volição*, não diz respeito a nada, a não ser a nossas próprias ações, encerra-se nelas e não vai mais além, e que a *volição* não é mais do que essa

determinação particular da mente pela qual, meramente por um pensamento, ela procura suscitar, continuar ou pôr fim a uma ação qualquer que considere estar sob seu poder. Se bem considerade, isso mostra plenamente que a *vontade* é inteiramente distinta do *desejo*, o qual, na mesmíssima ação, pode ter uma tendência inteiramente contrária àquela em que nossa *vontade* nos coloca. Um homem, a quem eu não possa contradizer, pode-me obrigar a usar argumentos para persuadir um outro, os quais, ao mesmo tempo que os estou enunciando, posso desejar que não o convençam. Nesse caso, é claro que *vontade* e *desejo* se chocam. Eu quero a ação, que tende para um lado, enquanto meu desejo tende para outro, inteiramente contrário. Alguém que, devido a um ataque violento de gota nos membros, veja removida a sonolência de sua cabeça ou a falta de apetite de seu estômago, deseja ser aliviado também da dor em seus pés ou mãos (pois, onde quer que haja dor, há o desejo de livrar-se dela). Entretanto, enquanto tem em mente que a supressão da dor pode implicar a transmissão do humor nocivo para uma parte mais vital, sua vontade nunca se determina a qualquer ação que possa servir para suprimir essa dor. Do que resta evidente que *desejar* e *querer* são dois atos distintos da mente e, consequentemente, que a *vontade*, que é somente o poder de *volição*, é inteiramente distinta do desejo.

O desconforto determina a vontade.

§ 31. Retornemos então à investigação sobre *o que determina a vontade com relação a nossas ações*. E, refletindo melhor, não penso que seja, como geralmente se supõe, o maior bem em vista, mas sim algum *desconforto* (e, no mais das vezes, o mais intenso) no qual um homem se encontre no momento. Isso é 251
o que sucessivamente determina a *vontade* e nos leva às ações que executamos. A esse *desconforto* pode-

mos chamar, como se faz, de *desejo*, que é um desconforto da mente em relação a algum bem ausente. Toda dor corpórea, não importa de que tipo, e toda inquietação da mente é um *desconforto*, e a ele sempre se conjuga um desejo, igual à dor ou ao *desconforto* sentido, e que dele mal se distingue. De fato, uma vez que o *desejo* não é nada além de um *desconforto* na falta de um bem ausente, o alívio é, com relação a qualquer dor sentida, esse bem ausente, e, até que esse alívio seja alcançado, podemos chamá-lo *desejo*, pois ninguém sente dor sem aspirar ser aliviado dela, com um desejo igual a essa dor e dela inseparável. Além desse desejo de alívio da dor, há um outro, que é relativo a um bem positivo ausente e, também nele, o desejo e o *desconforto* são iguais. Na mesma medida em que desejamos um bem ausente qualquer, sentimos dor por essa ausência. Mas, nesse caso, nem todo bem ausente causa uma dor igual à grandeza que ele tem ou que lhe é atribuída, como, ao contrário, toda dor causa um desejo igual a ela mesma: porque nem sempre a ausência de um bem é uma dor, como sempre o é a presença da dor. E, portanto, um bem ausente pode ser observado e considerado sem *desejo*. Mas, onde quer que haja um certo tanto de *desejo*, haverá o mesmo tanto de *desconforto*.

§ 32. Que o *desejo* é um estado de desconforto, qualquer um que refletir sobre si mesmo irá descobri-lo facilmente. Quem nunca sentiu no *desejo* o que o sábio diz da esperança (que não difere muito dele), isto é, que, quando *tarda, deixa doente o coração*[44], e isso proporcionalmente ao tamanho do *desejo*, que, por vezes, leva o *desconforto* a um extremo que faz com que as pessoas gritem *faze-me ter filhos*, dai-me o que desejo, *ou morrerei*[45]? A própria vida, com to- *Desejo é desconforto.*

44. Pr 13, 12. [N. E.]

45. Gn 30, 1. [N. E.]

dos seus deleites, é um fardo que não pode ser suportado sob a longa e irremovível pressão de um tal *desconforto*.

O desconforto do desejo determina a vontade.

§ 33. É verdade que o bem e o mal, tanto presen- 252
tes quanto ausentes, operam sobre a mente. Mas o que determina imediatamente a *vontade* a cada ação voluntária, de momento a momento, é o *desconforto* do *desejo*, fixado em algum bem ausente, seja ele negativo, como a indolência para alguém que sinta dor, seja positivo, como o desfrute de prazer. Que é esse *desconforto* que determina a *vontade* às sucessivas ações voluntárias de que a maior parte de nossas vidas é composta, e pelas quais somos conduzidos por diferentes caminhos para diferentes fins, é o que tentarei mostrar, tanto pela experiência como pela razão da coisa.

O desconforto é a mola da ação.

§ 34. Quando um homem está perfeitamente contente com o estado em que se encontra – o que ocorre quando está inteiramente desprovido de *desconforto* –, que esforço, que ação, que *vontade* resta, senão a de nele permanecer? Disso a experiência de cada homem dá testemunho. E assim vemos que nosso mui sábio Criador, em acordo com nossa constituição e molde, e ciente do que determina a *vontade*, pôs no homem o *desconforto* da fome e da sede, e outros desejos naturais, que retornam periodicamente, para mover e determinar sua *vontade*, visando a sua preservação e à continuidade de sua espécie. Pois penso que podemos concluir que, se a mera contemplação desses fins bons, aos quais somos levados por esses diversos *desconfortos*, fosse suficiente para nos determinar a *vontade* e nos fazer deitar mãos à obra, não teríamos nenhuma dessas dores naturais e, possivelmente, haveria pouca ou nenhuma dor neste mundo. *É melhor casar-se do que ficar abrasado*, diz são Paulo[46], o que nos mostra o que dirige em primeiro lugar os homens às alegrias da vida conjugal. Uma pequena queimação nos move mais poderosamente do que a atração ou o encantamento contidos na perspectiva de grandes prazeres.

§ 35. A máxima segundo a qual o bem, o maior bem, determina a vontade parece ser tão estabelecida e determinada pelo consenso dos homens que não me espanta absolutamente o fato de que, quando da
253 publicação inicial de meus pensamentos sobre esse assunto, eu a tenha aceitado sem exame. E imagino que para a grande maioria eu parecerei mais desculpável por ter assim procedido na época do que agora, quando me arrisco a divergir de uma opinião tão largamente aceita. E, no entanto, uma investigação mais detalhada forçou-me a concluir que o *bem*, o *maior bem*, mesmo que compreendido e reconhecido como tal, não determina a *vontade* antes que nosso desejo, provocado na mesma proporção, torne-nos *desconfortáveis* em sua ausência. Por mais que convençamos um homem de que as posses têm vantagens sobre a pobreza, por mais que lhe façamos ver e confessar que as belas conveniências da vida são melhores do que a penúria vil, no entanto, enquanto se contentar com esta última, sem sentir nela nenhum *desconforto*, ele não se mexe, e sua *vontade* jamais se determina a qualquer ação que possa retirá-lo dela. Por mais que alguém esteja persuadido das vantagens da virtude, de que ela é tão necessária para um homem que tenha grandes objetivos neste mundo ou esperanças no próximo quanto a comida o é para a vida, no entanto, antes que tenha *fome e sede de justiça*[47], antes que sinta um *desconforto* em sua ausência, sua *vontade* jamais se determinará a qualquer ação

Não é o maior bem positivo que determina a vontade, mas o desconforto.

46. 1 Cor 7, 9. [N. E.]
47. Mt 5, 6. [N. E.]

em busca desse reconhecido bem superior, ao passo que qualquer outro *desconforto* que sinta em si tomará o lugar e levará sua *vontade* a outras ações. Por outro lado, que um beberrão perceba que sua saúde decaia, e seus bens se dissipem, que o descrédito, as doenças e a carência de tudo, até mesmo de sua amada bebida, o esperem no rumo que segue: apesar disso, a volta do *desconforto* pela falta de seus companheiros, e a sede costumeira que tem de seus goles, na hora habitual, o leva à taverna, ainda que tenha diante de si a perda da saúde e da prosperidade e, talvez, das alegrias da outra vida – a menor das quais não é um bem insignificante, mas, como ele mesmo reconhece, é de longe maior que a excitação de seu paladar com uma taça de vinho, ou da conversa preguiçosa de um bando de esponjas. E isso ocorre não porque não enxergue o bem maior: pois ele o vê e reconhece, e, nos intervalos de suas bebedeiras, toma resoluções para perseguir o bem maior. Mas, quando o *desconforto* pela falta de seu prazer costumeiro retorna, o reconhecido bem maior perde sua força, e o *descon-* 254
forto presente determina a *vontade* à ação costumeira que, assim, se estabelece ainda mais solidamente para prevalecer na próxima ocasião, embora ele, ao mesmo tempo, faça promessas secretas para si mesmo de que não mais agirá assim e que essa é a última vez que agirá contra a obtenção desses bens maiores. E é assim que, de tempos em tempos, ele se encontre no estado do infeliz reclamão que diz: *Video meliora, proboque, deteriora sequor* [vejo o melhor, aprovo-o, mas sigo o pior][48], sentença que, reconhecida como verdadeira e confirmada pela experiência constante, pode tornar-se inteligível desse modo, e talvez de nenhum outro.

Pois afastar o desconforto é o primeiro passo para a felicidade.

§ 36. Se investigarmos a razão daquilo que a experiência torna tão evidente como fato, e examinar-

48. Ovídio, *Metamorfoses*, VII, 20-1. [N. E.]

mos por que é que apenas o *desconforto* opera sobre a *vontade*, determinando-a em sua escolha, constataremos que, como não somos capazes, em cada ocasião, senão de uma única determinação da vontade para uma única ação, o *desconforto* imediato sob o qual nos encontramos determina naturalmente a vontade para aquela felicidade a que todos aspiramos, em todas nossas ações. Com efeito, enquanto estivermos sob qualquer *desconforto*, não nos poderemos perceber felizes ou a caminho da felicidade. De fato, todos concluem e sentem que dor e *desconforto* são incompatíveis com a felicidade e tiram o gosto até mesmo das coisas boas que temos, um pouco de dor bastando para estragar qualquer prazer que sintamos. Portanto, é claro que aquilo que determina a escolha de nossa *vontade* para a próxima ação será sempre a remoção da dor, enquanto sentirmos alguma, como primeiro e necessário passo em direção à felicidade.

Pois apenas o desconforto está presente.

§ 37. Outra razão pela qual é apenas o *desconforto* que determina a vontade pode ser esta: porque apenas ele está presente, e é contra a natureza das coisas que o que esteja ausente opere onde não se encontre. Talvez se diga que o bem ausente pode, por contemplação, ser trazido de volta à mente e tornar-se presente. Sua *ideia* pode, de fato, estar na mente e ser vista como presente ali; mas nada que se encontre na men-
255 te, na qualidade de bem presente, estará apto a contrabalançar a remoção de qualquer *desconforto* no qual nos encontremos antes que provoque nosso desejo e que o *desconforto* disso decorrente prevaleça na determinação da *vontade*. Antes que isso aconteça, a *ideia* na mente, não importa de qual bem, encontra-se ali unicamente como outras *ideias*, como objeto de mera especulação inerte, mas não opera na vontade nem nos põe à obra – mostrarei adiante a razão disso. Quantos não se pode encontrar a quem

foram postas diante de sua mente vivas representações das indizíveis alegrias celestiais, que reconheciam serem não só possíveis mas também prováveis, e que, no entanto, se contentariam em conseguir sua felicidade terrena? E, assim, o *desconforto* dominante de seus desejos, entregues à obtenção das alegrias desta vida, sucedem-se na determinação de sua *vontade*, e tudo isso sem que deem um passo nem se movam uma polegada em direção às coisas boas de outra vida, por maiores que sejam consideradas.

Pois nem todos os que reconhecem as alegrias celestiais as perseguem.

§ 38. Fosse a *vontade* determinada pelas visões do bem, tal como ele se mostra maior ou menor para a contemplação do entendimento – o que é a condição de todo bem ausente e, segundo a opinião comumente aceita, aquilo para o qual a *vontade* se move, e pelo qual ela é movida –, não vejo como ela poderia alguma vez se desviar das infinitas e eternas alegrias celestiais, uma vez tenham sido apresentadas e consideradas possíveis. De fato, uma vez que todo bem ausente, o qual se supõe que determine exclusivamente a *vontade* e nos ponha em ação meramente ao ser proposto e considerado, é meramente possível, mas não infalivelmente certo, seria inevitável que o bem possível infinitamente maior determinasse regular e constantemente a *vontade* em todas as ações sucessivas que dirija, e então manteríamos com constância e determinação nosso rumo em direção ao céu, sem jamais descansar ou dirigir nossas ações a qualquer outro fim. A condição eterna de um estado futuro sobrepuja infinitamente a expectativa por riquezas, honra ou qualquer outro prazer mundano que possamos propor para nós mesmos, ainda que devamos conceder que estes são mais facilmente obteníveis, pois nada do que é futuro já se encontra em nossa posse e, desse modo, até mesmo a expectativa de 256
obter estes últimos pode frustrar-se. Se assim fosse, e

o maior bem em vista determinasse a *vontade*, então um grande bem, uma vez proposto, não poderia senão se apossar da *vontade*, mantendo-a firme na busca desse bem infinitamente maior, sem nunca mais se desviar: pois, se assim fosse, a *vontade*, por ter um poder sobre os pensamentos e determiná-los assim como a outras ações, manteria a contemplação da mente fixada nesse bem.

Mas nenhum desconforto significativo é negligenciado.

Esse seria o estado da mente e a tendência regular da *vontade* em todas suas determinações, fosse ela determinada por aquilo que é considerado e visto como o maior bem. Mas, que não é assim, a experiência o mostra. Pois aquele dentre os bens que se reconhece infinitamente maior que os outros é frequentemente negligenciado para satisfazer aos sucessivos *desconfortos* causados por nossos desejos em sua perseguição por futilidades. Mas, embora o bem reconhecido como maior e até mesmo eterno e indizível, que por vezes moveu e afetou a mente, não controle constantemente a *vontade*, no entanto, vemos que qualquer *desconforto* significativo e predominante, uma vez se tendo apossado da *vontade*, não deixa que ela escape; o que nos pode convencer acerca do que determina a *vontade*. Assim, qualquer dor intensa do corpo, a paixão ingovernável de um homem fervorosamente apaixonado ou o desejo impaciente por vingança mantêm a *vontade* firme e resoluta, e, uma vez assim determinada, a *vontade* não permite que o entendimento deixe o objeto de lado, mas todos os pensamentos da mente e poderes do corpo são ininterruptamente empregados nessa direção pelas determinações da *vontade*, influenciada pelo *desconforto* dominante, enquanto este durar. De modo que me parece evidente que a vontade, ou o poder de nos levar a uma ação de preferência a qualquer outra, é determinada em nós pelo *desconforto*: e peço que cada um observe em si mesmo se não é esse o caso.

O desejo acompanha todo desconforto.

§ 39. Até aqui, insisti principalmente em exemplos do *desconforto* do desejo como aquilo que determina a *vontade*. Porque esse é o principal e mais perceptível, e dificilmente a *vontade* ordena alguma ação, ou alguma ação voluntária é executada, sem que algum *desejo* a acompanhe; o que me parece ser 257
a razão pela qual a *vontade* e o *desejo* são confundidos com tanta frequência. Entretanto, não devemos considerar o *desconforto* que compõe ou, ao menos, acompanha a maior parte das outras paixões como inteiramente excluído. *Aversão*, *medo*, *raiva*, *inveja*, *vergonha* etc. têm também, cada uma delas, seu *desconforto* e, dessa forma, influenciam a *vontade*. Qualquer uma dessas paixões dificilmente é encontrada, na vida e na prática, simples e sozinha, e inteiramente separada de outras, ainda que usualmente, nas discussões e na contemplação, seja nomeada aquela cuja operação é mais poderosa e que mais aparece no estado presente da mente. Tampouco se pode, penso eu, encontrar qualquer paixão sem um *desejo* conjugado a ela. Tenho certeza de que, onde quer que haja *desconforto*, ali há *desejo*. Pois desejamos a felicidade constantemente, e é certo que, qualquer que seja o *desconforto* que sintamos, ele é o tanto que nos falta de felicidade, mesmo em nossa própria opinião – seja qual for, por outro lado, o estado ou a condição em que nos encontremos. Além disso, como o momento presente não é nossa eternidade, não importa qual seja nosso prazer, olhamos para além do presente, e o desejo acompanha nosso vislumbre do futuro, e este sempre traz consigo a *vontade*. De modo que, até mesmo na própria *alegria*, o que mantém a ação da qual o prazer depende é o desejo de sua permanência e o medo de perdê-lo; e, sempre que um *desconforto*

maior do que esse se instala na mente, a *vontade* é prontamente determinada por ele a uma nova ação, e o deleite presente é negligenciado.

O desconforto mais premente determina naturalmente a vontade.

§ 40. Mas, encontrando-nos acossados neste mundo por um variegado *desconforto*, perturbados por diferentes *desejos*, a próxima coisa a investigar é, naturalmente, qual dentre eles tem precedência na determinação da *vontade* para sua próxima ação. A resposta é: geralmente aquele que é o mais premente dentre os que se julga poder afastar no momento. De fato, como a *vontade* é o poder de dirigir nossas faculdades operativas para alguma ação, com algum fim, ela não pode ser movida em direção ao que julgamos, naquele momento, inatingível. O que significaria supor um ser inteligente que aja intencionalmente
58 na direção de um fim unicamente para desperdiçar seu esforço, pois assim é agir pelo que não se julga alcançável. Portanto, *desconfortos* muito grandes não movem a *vontade* quando se julga que não são suscetíveis de cura e, nesse caso, não mobilizam nossos esforços. Mas, deixando esses de lado, o mais importante e urgente *desconforto* que sentimos num dado momento é o que geralmente determina a *vontade* sucessivamente, nessa sequência de ações voluntárias que constituem nossa vida. O maior *desconforto* presente é o aguilhão para a ação, que é constantemente sentido e, na maior parte das vezes, determina a *vontade* em sua escolha da ação seguinte. E isso devemos ter para nós, que o único objeto próprio da *vontade* é alguma ação nossa, e nada mais. De fato, como nada produzimos por nosso *querer* além de alguma ação em nosso poder, é ali que a *vontade* encontra seu termo, e não vai além.

Todos desejam a felicidade.

§ 41. Se além disso perguntarem o que move o *desejo*, respondo que é unicamente a felicidade. *Felicidade* e *infelicidade* são os nomes de dois extremos, cujos limites máximos nos são desconhecidos. São o que *os olhos não viram, os ouvidos não ouviram, e o coração do homem não percebeu*[49]. Mas temos impressões muito vivazes de alguns graus de ambos, feitas por diversos exemplos de deleite e alegria, por um lado, e de tormento e pesar, por outro, os quais, em prol da brevidade, compreenderei sob os nomes de prazer e dor; pois há prazeres e dores na mente assim como no corpo: *cheio de alegrias em tua presença e delícias a tua direita, perpetuamente*[50]. Ou, para falar a verdade, pertencem todos à mente, ainda que alguns tenham sua origem na mente, pelo pensamento, e outros, no corpo, por algumas modificações do movimento.

O que é felicidade.

§ 42. *Felicidade*, então, em seu sentido pleno, é o máximo de prazer de que somos capazes, e a *infelicidade* é o máximo de dor. O grau mais baixo do que se pode chamar de *felicidade* é o tanto de ausência de toda dor, e o tanto de presença de prazer, sem os quais ninguém poderia estar contente. Ora, como prazer e dor são produzidos em nós pela operação, em diferentes graus, de certos objetos, seja sobre nossa mente ou nosso corpo, então, aquilo que tenha a aptidão para produzir prazer em nós é o que chamamos de *bem*, e aquilo que tem a aptidão de produzir dor em nós é o que chamamos de *mal*, por nenhuma outra razão além dessa aptidão para produzir em nós prazer e dor, nas quais consiste nossa *felicidade* ou nossa *infelicidade*. Além disso, embora o que é apto a produzir qualquer grau de prazer seja em si mesmo *bom*, e o que é apto a produzir qualquer grau de dor seja em si mesmo *mau*, no entanto, muitas vezes ocorre que não os chamemos assim quando um deles se encontre em competição com outro maior de mes-

49. 1 Cor 2, 9. [N. E.]
50. Sl 16, 11. [N. E.]

mo tipo. Com efeito, quando entram em competição, também entre os graus de prazer e dor há uma justa preferência. De maneira que, se quisermos estimar corretamente o que chamamos de *bem* e *mal*, constataremos que residem em grande parte na comparação: pois a causa de cada grau menor de dor, assim como de cada grau maior de prazer, tem a natureza do *bem*, e vice-versa.

Qual bem é desejado, qual não é.

§ 43. Ainda que isso seja o que se chama de *bem* e *mal*, e que todo bem seja o objeto próprio do *desejo* em geral, no entanto, todo bem, mesmo quando visto e reconhecido como tal, não move necessariamente algum *desejo* particular de um homem: só o faz aquela parte desse bem ou o tanto dele que seja considerado e tomado como constituindo uma parte necessária de sua felicidade. Todo outro bem, por maior que seja na realidade ou em aparência, não excita o *desejo* de um homem que não o veja como fazendo parte daquela felicidade com a qual, em seus pensamentos do momento, ele pode satisfazer-se. Segundo essa perspectiva, cada um persegue constantemente a *felicidade* e *deseja* o que constitui qualquer uma de suas partes. As outras coisas que reconhece serem boas, ele pode considerá-las sem *desejo*, deixá-las de lado e contentar-se sem elas. Não há ninguém, penso eu, tão insensato a ponto de negar que haja prazer no conhecimento, e, quanto aos prazeres dos sentidos, eles têm seguidores demais para que se questione se os homens são atraídos por eles ou não. Ora, suponhamos que um homem coloque sua satisfação nos prazeres sensuais, e outro no prazer do conhecimento: embora cada um deles não possa deixar de reconhecer que haja um grande prazer no que o outro
60 persegue, no entanto, como nenhum deles tome o prazer do outro como fazendo parte de sua felicidade, não tem seus *desejos* movidos por esse prazer; mas

cada um deles se satisfaz sem aquilo de que o outro desfruta e, assim, sua vontade não se vê determinada a persegui-lo. Não obstante, tão logo a fome e a sede do homem estudioso lhe causem *desconforto*, ele, cuja *vontade* nunca foi determinada a buscar uma boa comida, molhos picantes ou um delicioso vinho pelo gosto agradável que encontrou neles, é nesse momento determinado, pelo desconforto da fome e da sede, a comer e beber qualquer alimento restaurador que encontre pelo caminho, embora possivelmente com grande indiferença. E, por outro lado, o epicurista se entrega ao estudo quando a vergonha ou o desejo de ser bem visto por sua amada fazem com que se sinta *desconfortável* na falta de algum tipo de conhecimento. Assim, por mais que os homens estejam séria e constantemente perseguindo a felicidade, no entanto, é possível que tenham uma clara visão do bem, de um grande e reconhecido bem, sem que se importem e se comovam por ele, caso pensem que possam ser felizes sem ele. Mas, quanto à dor, ela sempre lhes importa, e não conseguem sentir um *desconforto* sem se comover. E, portanto, ao se sentirem *desconfortáveis* na falta de qualquer coisa que julguem necessário para sua felicidade, tão logo um bem pareça fazer parte de sua porção de felicidade eles passam a *desejá-lo*.

Por que o maior bem nem sempre é desejado.

§ 44. Penso que qualquer um pode observar em si mesmo e nos outros que o *maior bem visível* nem sempre suscita o *desejo* dos homens em proporção à grandeza que parece ter e que se reconhece que tem, ao passo que cada mínimo problema nos comove e nos coloca em ação para nos livrarmos dele. A razão disso é evidente pela natureza mesma de nossa *felicidade* e de nossa *infelicidade*. Toda dor presente, não importa qual seja, faz parte de nossa *infelicidade* presente, mas nem sempre um bem ausente constitui

parte necessária de nossa presente *felicidade*, nem sua ausência faz parte de nossa *infelicidade*. Se fosse assim, seríamos constante e infinitamente infelizes,
261 pois há infinitos graus de felicidade que não se encontram em nossa posse. Portanto, tendo sido removido todo *desconforto*, uma porção moderada de bem serve de imediato para contentar os homens, e pequenos graus de prazer numa sucessão de alegrias comuns compõem uma felicidade com a qual podem satisfazer-se. Se não fosse assim, não poderia haver lugar para as ações indiferentes e visivelmente fúteis, às quais nossa vontade tantas vezes se vê determinada e com as quais voluntariamente gastamos tanto de nossa vida. E esse relaxamento não poderia de maneira nenhuma ser compatível com uma determinação constante da *vontade* ou do *desejo* para o maior bem aparente. Penso que poucas pessoas precisariam afastar-se muito de suas casas para se convencerem de que isso é assim. Na verdade, nesta vida não há muitos cuja felicidade seja tão grande a ponto de lhes propiciar um curso constante de modestos prazeres moderados sem qualquer mistura de *desconforto*, e, mesmo assim, tais homens poderiam contentar-se em permanecer aqui para sempre, ainda que não possam negar que seja possível que haja um estado eterno de alegrias duráveis após esta vida, ultrapassando em muito todo o bem que possa ser encontrado aqui. Como também não podem deixar de ver que isso é mais possível do que a conquista e a manutenção dessa esmola de honra, riquezas ou prazer que perseguem, e em nome da qual negligenciam esse estado eterno. Mas, mesmo vendo plenamente a dimensão dessa diferença, convencidos da possibilidade de uma felicidade perfeita, segura e duradoura num estado futuro, e com a clara convicção de que ela não pode ser obtida aqui, no entanto, na medida em que

atrelam sua felicidade a algum pequeno prazer ou objetivo dessa vida e não admitem as alegrias celestiais como parte necessária dessa felicidade, seus desejos não são comovidos por esse maior bem aparente nem sua *vontade* se vê determinada a qualquer ação ou esforço para alcançá-lo.

Por que o bem maior, não sendo desejado, não comove a vontade.

§ 45. As necessidades ordinárias de nossa vida preenchem uma grande parte dela com os *desconfortos* de *fome*, *sede*, *frio*, *calor*, *fadiga* pelo trabalho e com o *sono*, voltando constantemente etc. Aos quais, se acrescentamos, além dos danos acidentais, os *desconfortos* fantasiosos (como a comichão por *honra*, *poder*, *riquezas* etc.) que os hábitos adquiridos pela voga, pelo exemplo e pela educação estabeleceram 26
em nós, e uma infinidade de outros desejos desregrados que o costume tornou naturais para nós, constataremos que uma parte muito pequena de nossa vida está suficientemente livre desses *desconfortos* a ponto de nos deixar livres para a atração de um bem ausente mais remoto. É raro estarmos à vontade e suficientemente livres das solicitações de nossos desejos naturais ou adquiridos: e uma sucessão constante de *desconfortos*, advindos daquela reserva que foi amontoada pelas carências naturais ou pelos hábitos adquiridos, apodera-se da *vontade* alternadamente, e, tão logo se complete uma ação à qual fomos lançados por uma tal determinação da *vontade*, um novo *desconforto* está pronto a nos colocar novamente em ação. De fato, uma vez que remover as dores que sentimos e presentemente nos oprimem é sair da infelicidade, e, consequentemente, a primeira coisa a ser feita com vistas à felicidade, então, embora o bem ausente seja pensado, reconhecido e apareça como um bem, no entanto, uma vez que não responda por nenhuma parte da infelicidade em sua ausência, ele é descartado para dar lugar à remoção daquele *desconforto* que

sentimos, até que a devida e repetida contemplação tenha trazido para mais perto de nossa mente esse bem, e nos tenha feito sentir um pouco seu sabor e suscitado em nós algum desejo. Esse desejo, tornando-se então parte de nosso *desconforto* presente, deve ser satisfeito da mesma forma que o resto e, assim, conforme sua grandeza e premência, passa, por sua vez, a determinar a *vontade*.

A devida consideração suscita o desejo.

§ 46. E, assim, por meio do devido exame e consideração de qualquer bem proposto, encontra-se em nosso poder suscitar nossos desejos na devida proporção do valor desse bem, de tal modo que, em seu tempo e lugar, ele pode vir a operar sobre a *vontade* e ser perseguido. De fato, embora se mostre e seja reconhecido como o maior possível, o bem, no entanto, não alcança nossa *vontade* antes que tenha suscitado desejos em nossa mente, tornando-nos assim *desconfortáveis* em sua falta. Estamos fora da esfera de sua ação, pois nossa *vontade* se encontra unicamente sob a determinação dos *desconfortos* que estão presentes para nós e que (enquanto tivermos algum) estão sempre solicitando a *vontade* e prontos para dar a
63 ela sua próxima determinação. A ponderação, quando há alguma na mente, é apenas sobre qual desejo deve ser satisfeito a seguir, qual *desconforto* deve ser removido primeiro. De onde se segue que, enquanto algum *desconforto*, algum desejo permanece na mente, não há espaço algum para que o *bem*, simplesmente nessa qualidade, alcance a *vontade* ou a determine em alguma medida. Isso porque, como foi dito, o primeiro passo em nossa busca pela felicidade é escapar inteiramente dos limites da infelicidade e não sentir nenhuma parte dela, e, portanto, a *vontade* não pode estar livre para mais nada até que todos os *desconfortos* que sentimos sejam inteiramente removidos: mas, em meio à multidão de carências e de desejos que

nos assola em nosso estado imperfeito, não é plausível que algum dia nos vejamos livres deles neste mundo.

O poder de suspender a realização de um desejo abre caminho para a consideração.

§ 47. Como há em nós uma grande quantidade de *desconfortos* que sempre solicitam e estão prontos a determinar a *vontade*, é natural, como eu disse, que o maior e mais premente dentre eles determine a *vontade* para sua próxima ação. E assim se passa geralmente, mas não sempre. Com efeito, a experiência mostra claramente que a mente tem, na maior parte das vezes, um poder de *suspender* a execução e a satisfação de qualquer um dentre seus desejos, e mesmo de todos, um após o outro. Isso lhe dá liberdade para considerar os objetos desses desejos, examiná-los por todos os lados e compará-los com outros. Nisso reside a liberdade que tem o homem. E do fato de não usá-la corretamente decorre a variedade de equívocos, erros e faltas em que incorremos na condução de nossa vida e em nossa busca pela felicidade, na medida em que precipitamos a determinação de nossa *vontade* e prematuramente nos engajamos antes de um devido *exame*. Para evitar isso, dispomos de um poder de *suspender* a realização deste ou daquele desejo, como qualquer um pode diariamente experienciar em si mesmo. Esta parece-me ser a fonte de toda liberdade; nisso parece consistir aquilo que é (impropriamente, penso eu) chamado de *vontade livre*. De fato, durante a *suspensão* de um desejo qualquer, antes que a *vontade* seja determinada à ação e que a ação (que segue essa determinação) seja realizada, temos a oportunidade para examinar, ver e julgar a respeito do bem ou do mal que estamos prestes
a realizar. E, quando, após o devido *exame*, tivermos 26
julgado, teremos realizado nosso dever, teremos feito tudo quanto podemos e devemos fazer na busca de nossa felicidade; e não é uma falta, mas uma perfeição de nossa natureza desejar, querer e agir de acordo com o resultado final de um justo *exame*.

§ 48. Isso está tão longe de ser uma restrição ou diminuição da liberdade que é aquilo que verdadeiramente a aperfeiçoa e favorece, e não é uma derrogação, mas o fim e a utilidade de nossa liberdade. E, quanto mais distantes estivermos de tal determinação, mais próximos estaremos da infelicidade e da escravidão. Uma perfeita indiferença da mente, que não seria determinável por seu último juízo a respeito do bem ou mal que se acredita seguir-se a sua escolha, estaria tão longe de constituir uma vantagem e excelência para quaisquer naturezas intelectuais que seria uma imperfeição tão grande quanto, por outro lado, o seria a falta de indiferença entre agir e não agir antes da determinação da *vontade*. Um homem encontra-se em liberdade para levar sua mão até a cabeça, ou deixá-la em repouso: ambos os estados lhe são inteiramente indiferentes, e seria uma imperfeição sua se carecesse desse poder, se fosse privado dessa indiferença. Mas seria uma imperfeição igualmente grande se tivesse essa mesma indiferença em relação a preferir erguer sua mão, ou deixá-la em repouso, caso disso dependesse proteger sua cabeça ou seus olhos de um golpe que anteveja. *É uma perfeição que o desejo ou o poder de preferir seja determinado pelo bem*, na mesma medida em que é uma perfeição que o poder de agir seja determinado pela *vontade*; e, quanto mais certa for essa determinação, tanto maior será a perfeição. Mais ainda, caso fôssemos determinados por qualquer coisa que não seja o resultado final de nossa própria mente ao julgar o bem ou o mal de uma ação qualquer, não seríamos livres, pois o fim mesmo de nossa liberdade consiste em poder alcançar o bem que escolhemos. E, portanto, cada homem está submetido, por sua constituição de ser inteligente, à necessidade de ser determinado por seu próprio pensamento e juízo a *querer* aquilo que é melhor para

Sermos determinados por nosso próprio juízo não constitui restrição à liberdade.

ele fazer. De outra maneira, ele se encontraria sob a determinação de algum outro que não ele mesmo, o que é carecer de liberdade. E negar que a *vontade* de 265
um homem siga, em cada determinação, seu próprio juízo é dizer que um homem *quer* e age em vista de um fim que não tenha como fim no momento em que *quer* e age em vista dele. De fato, se em seu pensamento presente ele dê preferência a esse fim em detrimento de qualquer outro, resta claro que então o considere melhor do que qualquer outro, e quer tê-lo antes de qualquer outro, a não ser que possa tê-lo e não tê-lo ao mesmo tempo, *querê-lo* e não *querê-lo* ao mesmo tempo, uma contradição manifesta demais para poder ser admitida.

Os agentes mais livres são determinados assim.

§ 49. Se observarmos aqueles *seres superiores* acima de nós, que desfrutam de uma felicidade perfeita, teremos razão para julgar que são mais firmemente *determinados em sua escolha do bem* do que nós, e, no entanto, não há razão para pensarmos que sejam menos felizes ou menos livres do que nós. E, caso fosse adequado, para pobres criaturas finitas como nós, pronunciar-nos sobre o que podem fazer a sabedoria e a bondade infinitas, penso que poderíamos dizer que mesmo Deus não pode escolher o que não é bom: a liberdade do Todo-Poderoso não impede que seja determinado pelo que é melhor.

Uma determinação constante na busca pela felicidade não é uma derrogação da liberdade.

§ 50. Mas, para entender melhor esse aspecto mal compreendido da liberdade, eu pergunto: poderia alguém querer ser um idiota só porque este é menos determinado por considerações sábias do que um homem sábio? Merece o nome de *liberdade* ser livre para bancar o tolo e trazer vergonha e infelicidade para si mesmo? Se se desviar do governo da razão e carecer dessa restrição do exame e do juízo, que nos impede de escolher ou realizar o que é pior, for *liberdade*, verdadeira liberdade, então os loucos e tolos serão os

únicos homens livres, e, no entanto, penso que ninguém escolheria ser louco em nome de uma tal *liberdade*, a não ser aquele que já seja louco de antemão. Penso que ninguém conte o desejo constante por felicidade, e a coação que ele nos imponha para agirmos por ela, como derrogação da *liberdade*, ou, pelo menos, não como uma derrogação da *liberdade* da qual se deva reclamar. O próprio Deus Todo-Poderoso encontra-se, ele próprio, sob a necessidade de ser feliz, e, quanto mais um ser inteligente se encontre nessa necessidade, tanto mais próximo estará da perfeição e felicidade infinitas. Para que, em nosso estado de
266 ignorância, nós, criaturas míopes, não nos enganemos a respeito da verdadeira felicidade, somos dotados de um poder de suspender qualquer desejo particular, evitando que ele determine a *vontade* e nos lance numa ação. Nisso consiste *ficar quieto* quando não estamos suficientemente certos de que caminho tomar: examinar é *consultar um guia*. A determinação da *vontade* com base na investigação é *seguir o direcionamento desse guia*. E quem tem o poder de agir ou não agir conforme essa determinação prescreve é um *agente livre*, e essa determinação não derroga o poder em que consiste a liberdade. Aquele que tem seus grilhões rompidos e as portas da prisão abertas diante de si encontra-se perfeitamente em *liberdade*, porque pode tanto partir quanto ficar, como achar melhor, ainda que sua preferência por ficar seja determinada pela escuridão da noite, o clima impiedoso ou por não ter outra acomodação. Ele não deixa de ser livre, ainda que o desejo por alguma conveniência que possa ser ali encontrada determine absolutamente sua preferência e o leve a ficar em sua prisão.

§ 51. Portanto, como a mais elevada perfeição das naturezas intelectuais reside numa busca cuidadosa e constante da verdadeira e sólida felicidade, assim

A necessidade de buscar a verdadeira felicidade é a fundação da liberdade.

também o cuidado com nós mesmos para que não tomemos a felicidade imaginária por real é a fundação necessária de nossa *liberdade*. Quanto mais fortes forem os laços que estabelecermos com a busca inabalável pela felicidade em geral, que é nosso maior bem e que por isso nosso desejo sempre segue, tanto mais estaremos livres de qualquer determinação necessária de nossa *vontade* a uma ação particular qualquer e livres de uma necessária obediência a nosso desejo voltado para algum bem particular que no momento pareça preferível, até que tenhamos examinado devidamente se este tende para nossa verdadeira felicidade ou é com ela incompatível. E, portanto, antes que sejamos tão bem informados por essa investigação quanto o requerem a importância da questão e a natureza do caso, somos obrigados, pela necessidade de preferir e buscar a verdadeira felicidade como nosso bem maior, a suspender a satisfação de nosso desejo em casos particulares.

A razão disso. § 52. Este é o eixo em torno do qual gira a *liberdade* dos seres intelectuais em suas constantes tentativas na permanente perseguição da verdadeira 267
felicidade: a capacidade de *suspender* essa busca em casos particulares até que tenham olhado a sua frente e se tenham informado para saber se essa coisa particular, que então se propõe ou deseja, encontra-se no caminho de seu fim principal e faz realmente parte daquilo que é seu maior bem. Pois a inclinação e a tendência de sua natureza à felicidade são uma obrigação e um motivo para que eles tenham o cuidado de não se enganar a seu respeito ou desviar-se dela, e, assim, necessariamente os leva à precaução, deliberação e cautela na direção de suas ações particulares, que são os meios para obtê-la. Qualquer que seja a necessidade que determine a perseguir a verdadeira beatitude, a mesma necessidade estabelece,

com a mesma força, *suspensão*, *deliberação* e escrutínio de cada desejo que se suceda, para saber se sua satisfação não interfere em nossa verdadeira felicidade e nos desvia dela. Esse é, ao que me parece, o grande privilégio de seres intelectuais finitos, e gostaria que se considerasse devidamente se o principal portal e exercício de toda *liberdade* que os homens têm, ou que são capazes de ter ou que lhes pode ser útil, e do qual depende o caráter de suas ações, não reside no fato de que podem *suspender* seus desejos e impedir que determinem sua *vontade* a qualquer ação até que tenham devida e corretamente *examinado* seu bem e seu mal, na medida em que a importância da coisa requer. Isso nós podemos fazer e, uma vez que o tenhamos feito, fizemos nossa obrigação e tudo quanto se encontra em nosso poder, e, na verdade, tudo quanto é necessário. De fato, como a *vontade* pressupõe o conhecimento para guiar suas escolhas, tudo quanto podemos fazer é manter nossa *vontade* indeterminada até que tenhamos *examinado* o bem e o mal daquilo que desejamos. O que se segue depois, segue-se numa cadeia de consequências ligadas umas às outras, todas dependentes da última determinação do juízo. Se esta resultará de uma visão apressada e precipitada, ou de um exame devido e maduro, é coisa que está sob nosso poder, pois a experiência nos mostra que, na maior parte dos casos, somos capazes de suspender a satisfação imediata de qualquer desejo.

O governo de nossas paixões é o aperfeiçoamento correto da liberdade.

§ 53. Porém, se uma perturbação extrema (como por vezes acontece) se apossa de toda nossa mente
268 – como quando a dor na mesa de tortura, um *desconforto* impetuoso, feito o do amor, da raiva ou de qualquer outra paixão violenta, arrebatando-nos, não nos permitem a liberdade de pensamento – e não somos suficientemente senhores de nossa própria mente

para considerar cuidadosamente e examinar adequadamente, Deus, que sabe de nossa fragilidade, que se apieda de nossa fraqueza e não requer de nós mais do que somos capazes de fazer, e que vê o que se encontra e o que não se encontra em nosso poder, irá julgar como um pai generoso e misericordioso. Mas devemos empregar nosso principal cuidado e esforço na abstenção de uma complacência muito apressada para com nossos desejos, e na moderação e restrição de nossas paixões, de modo que nosso entendimento esteja *livre* para examinar e que a razão imparcial dê seu veredito, pois é disso que depende uma orientação correta de nossa conduta na direção da verdadeira felicidade. É nisso que nos devemos esforçar, para adequar o paladar de nossa mente ao bem ou ao mal intrínseco que há nas coisas, e não permitir que um grande e considerável bem, reconhecido como possível ou assim suposto, escape a nossos pensamentos sem deixar ali nenhum gosto ou desejo dele antes que, por uma consideração devida de seu verdadeiro mérito, tenhamos formado em nossa mente apetites adequados a ele, e nos tenhamos tornado desconfortáveis em sua ausência ou no medo de perdê-lo. O quanto isso se encontra no poder de cada um é o que pode ser facilmente testado por quem quer que tome para si mesmo resoluções que possa manter. E que ninguém diga que não pode governar suas paixões nem impedir que irrompam e o levem à ação, pois o que se pode fazer diante de um príncipe ou de um homem importante, pode-se também fazer sozinho ou na presença de Deus, caso se o queira.

Como os homens vêm a trilhar caminhos diferentes.

§ 54. Pelo que foi dito, é fácil explicar como se dá que, ainda que todos os homens desejem a felicidade, no entanto, suas *vontades os levem em direções tão contrárias* e, portanto, alguns deles em direção ao que é mal. E, acerca disso, digo que as várias e con-

trárias escolhas que os homens realizam no mundo não servem como argumento de que nem todos perseguem o bem, mas sim de que a mesma coisa não é igualmente boa para todos os homens. Essa variedade de buscas mostra que os homens não põem, todos, sua felicidade na mesma coisa nem escolhem o mesmo caminho para uma mesma coisa. Se todas as
269 preocupações dos homens se encerrassem nesta vida, por que alguém escolheria estudo e conhecimento, e outro, a falcoaria e caça, por que um escolheria a luxúria e o esbanjamento, e outro, a sobriedade e as riquezas? Não, certamente, porque cada um deles não visa a sua própria felicidade, mas porque sua *felicidade* foi colocada em coisas diferentes. E, portanto, o médico respondeu bem ao paciente que tinha os olhos inflamados: se tens mais prazer com o gosto do vinho do que no uso de tua vista, o vinho é bom para ti, mas se o prazer da visão é maior para ti do que o de beber, o vinho não tem valor nenhum.

§ 55. A mente, assim como o paladar, tem gostos diferenciados, e seria tão infrutífero tentar deleitar todos os homens com riquezas ou com glória (nos quais alguns homens põem sua felicidade) quanto tentar satisfazer a fome de todos os homens com queijos ou lagostas, que, ainda que sejam alimentos muito agradáveis e deliciosos para alguns homens, são para outros extremamente nauseantes e repulsivos. E muitas pessoas prefeririam, com razão, o chiar de um estômago vazio a certos pratos que são um banquete para outros. É por isso que os filósofos antigos, penso eu, em vão investigaram se o *summum bonum* [bem supremo] consistia em riquezas, em prazeres corporais, na virtude ou na contemplação: procediam de modo tão razoável quanto se discutissem se os melhores sabores deveriam ser buscados em maçãs, ameixas ou nozes, dividindo-se em seitas segundo esse critério.

De fato, assim como os gostos agradáveis não dependem das coisas mesmas, mas de serem agradáveis a este ou àquele paladar particular, no que encontramos bastante variedade, assim também a maior felicidade consiste na posse das coisas que produzem o maior prazer, e na ausência daquelas que causam qualquer distúrbio ou dor, o que, para homens diferentes, são coisas muito diferentes. Se, portanto, os homens só têm esperança nesta vida, se apenas nesta vida podem desfrutar, não é estranho, nem insensato, que busquem sua felicidade evitando tudo quanto lhes aflige neste mundo, perseguindo tudo quanto lhes
dê prazer. E nisso não é de espantar que se encon- 270
tre imensa variedade e diferença. Com efeito, se não há nenhuma perspectiva para além do túmulo, é certamente correto inferir, *comamos e bebamos*, desfrutemos o que nos deleita, *pois amanhã morreremos*[51]. Isso, penso eu, poderá mostrar-nos a razão pela qual, ainda que os desejos de todos os homens tendam para a felicidade, eles, no entanto, não são movidos pelo mesmo objeto. Os homens podem escolher coisas diferentes e, no entanto, todos escolherem certo: basta supormos que são como um grupo de pobres insetos, entre os quais alguns são abelhas, às quais deleitam as flores e sua doçura, e outros, besouros, aos quais deleita outro tipo de alimento, e que, tendo desfrutado por uma estação, precisam deixar de viver.

Como os homens vêm a escolher o mal.

§ 56[52]. Se bem consideradas, essas coisas nos mostrarão claramente, penso eu, a condição da liberdade humana. A liberdade, resta claro, consiste num poder de fazer ou não fazer; de fazer ou abster-se de fazer, como *quisermos*. Isso não pode ser negado. Mas, como

---

51. Is 22, 13; 1 Cor 15, 32. [N. E.]

52. O primeiro parágrafo desta seção foi acrescentado na quinta edição. [N. E.]

isso parece compreender unicamente as ações dos homens consecutivas à volição, pergunta-se ainda se ele tem liberdade para *querer* ou não *querer*. A isso se respondeu que, na maior parte dos casos, um homem não se encontra em liberdade para abster-se de um ato de volição: ele deve exercer um ato de sua *vontade*, pelo qual se faz com que a ação proposta exista ou não exista. No entanto, há um caso em que o homem se encontra em liberdade com respeito ao *querer*, a saber, na escolha de um bem remoto como fim a ser perseguido. Nesse caso, um homem possa suspender a determinação de um ato de sua escolha a favor ou contra uma coisa proposta, até que tenha examinado se ela é realmente de uma natureza tal, em si mesma e em suas consequências, que possa fazê-lo feliz, ou se não o é. Com efeito, uma vez que tenha escolhido essa coisa, e esta se tenha tornado assim parte de sua felicidade, ela suscita um desejo, o que lhe causa um *desconforto* proporcional que determina sua *vontade* e o lança na perseguição de sua escolha em todas as ocasiões que se apresentarem. E aqui podemos ver como ocorre que um homem possa merecer justamente uma punição, ainda que seja certo que, em todas as ações particulares que ele
271 *quer*, ele necessariamente quer aquilo que então julga ser bom. De fato, ainda que sua *vontade* seja sempre determinada por aquilo que seu entendimento julgue bom, isso, no entanto, não o desculpa, uma vez que, devido a uma escolha apressada sua, ele impôs a si mesmo medidas erradas de bem e mal, as quais, por mais falsas e falaciosas que sejam, têm tanta influência sobre sua conduta futura quanto se fossem verdadeiras e corretas. Ele viciou seu próprio paladar, e deve responder diante de si mesmo pela doença e morte que se seguem disso. A lei e a natureza eternas das coisas não podem ser alteradas para

acomodarem-se a sua escolha mal dirigida. Se a negligência ou o abuso da liberdade que tinha para examinar o que serviria real e verdadeiramente para sua felicidade o extravia, os acidentes que se seguem disso devem ser imputados a sua própria escolha. Ele tinha o poder para suspender sua determinação: este foi-lhe dado para que pudesse examinar e zelar por sua própria felicidade, e cuidar para que não fosse enganado. E ele jamais poderia julgar que seria melhor ser do que não ser enganado numa questão de importância tão grande e premente.

O que dissemos também nos pode revelar a razão pela qual os homens neste mundo preferem coisas diferentes e perseguem a felicidade em rumos contrários. No entanto, como os homens são sempre constantes e dedicados em questões de felicidade e infelicidade, permanece ainda a questão: *por que os homens muitas vezes vêm a preferir o pior ao melhor* e a escolher aquilo que, como eles mesmos reconhecem, os torna infelizes?

§ 57. Para dar conta dos diversos e contrários caminhos que os homens tomam embora almejem todos ser felizes, devemos considerar de onde surgem os diversos *desconfortos* que determinam a vontade a preferir cada ação voluntária.

De dores corpóreas

1. Alguns deles vêm de causas que não se encontram em nosso poder, como frequentemente é o caso das dores corpóreas causadas pela carência, doença ou ferimentos exteriores, como a tortura etc., dores que, quando presentes e violentas, operam no mais das vezes forçosamente sobre a *vontade* e desviam o rumo da vida dos homens da virtude, da piedade, da 272
religião e de tudo que antes julgavam conduzir à felicidade. Pois nem todos se empenham em suscitar em si mesmos (ou, por falta de costume, não são capazes de fazê-lo), pela contemplação do bem remoto e fu-

turo, desejos por esse bem suficientemente fortes para contrabalançar o desconforto que sentem com aqueles tormentos corporais e manter sua *vontade* determinada na escolha das ações que levam à felicidade futura. Um país vizinho mostrou-se recentemente um teatro trágico do qual podemos obter exemplos, se precisássemos de algum e se o mundo não fornecesse exemplos suficientes, em todos os países e épocas, para confirmar esta observação: *Necessitas cogit ad turpia* [a necessidade leva aos atos mais torpes]. E, assim sendo, há grandes motivos para que supliquemos: *Não nos exponha à tentação*[53].

De desejos equivocados surgidos de juízos equivocados

2. Outros desconfortos surgem de nosso desejo por um bem ausente. Tal desejo se dá sempre na proporção e na dependência do juízo que realizamos acerca de algum bem ausente e do gosto que por ele temos, acerca dos quais nos podemos enganar de diversas formas, e isso por nossa própria culpa.

Nosso juízo acerca do bem ou do mal presente é sempre correto.

§ 58. Em primeiro lugar, considerarei os juízos equivocados que os homens emitem sobre bem ou mal futuros, em razão dos quais seus desejos se extraviam. Com efeito, quanto à felicidade e infelicidade presentes, quando unicamente isso entra em consideração, e as consequências são inteiramente afastadas, *um homem nunca escolhe equivocadamente*: ele sabe o que mais lhe apraz, e efetivamente o prefere. As coisas, em seu desfrute presente, são o que parecem, e o bem aparente, nesse caso, é sempre o mesmo que o bem real. De fato, como a dor e o prazer são precisamente tão grandes, e não maiores, quanto são sentidos, o bem ou o mal presente é realmente tão grande quanto parece. E, portanto, se cada uma de nossas ações se encerrasse em si mesma e não acarretasse qualquer consequência ulterior, indubitavelmente nunca erraríamos em nossa escolha do que é bom, e in-

53. *Mat.*, 6:13; *Luc.*, 11:4. [N. E.]

falivelmente preferiríamos sempre o melhor. Se as dores do trabalho honesto e as das privações da fome e do frio fossem postas diante de nós, ninguém teria dúvida sobre quais escolher; se a satisfação da luxúria e as alegrias celestiais fossem simultaneamente ofere- 273
cidas para nossa posse imediata, não hesitaríamos nem erraríamos na determinação de nossa escolha.

§ 59. Não obstante, visto que nossas ações voluntárias não trazem consigo, em sua execução atual, toda a felicidade e infelicidade que decorrem delas, mas são causas antecedentes do bem e do mal que trazem consigo e lançam sobre nós quando elas mesmas passaram e deixaram de existir, nossos desejos vislumbram para além de nosso desfrute presente e levam a mente até o *bem* ausente, segundo pensemos haver necessidade dele para compor ou aumentar nossa felicidade. É nossa opinião de que haja uma tal necessidade que confere seu poder de atração ao *bem* ausente, sem o que não nos comovemos por ele[54]. Com efeito, nos estreitos limites das capacidades às quais estamos acostumados e somos sensíveis aqui – onde desfrutamos apenas de um único prazer por vez, o qual, quando todo desconforto está ausente, é suficiente, enquanto dura, para fazer com que nos pensemos felizes –, não é todo bem remoto, mesmo manifesto, que nos afeta. Isso porque, como a ausência de dor e a fruição que temos são suficientes para nossa felicidade presente, não desejamos arriscar uma mudança, pois julgamos que já somos felizes por termos sido contentados, e que isso é suficiente. Pois quem é contentado é feliz. Mas, tão logo chega algum novo desconforto, essa felicidade é perturbada, e novamente nos pomos em ação em busca da felicidade.

A partir de um juízo equivocado acerca do que constitui uma parte necessária de sua felicidade.

§ 60. Portanto, a prontidão dos homens para concluir que podem ser felizes sem o maior *bem* ausente

54. Frase acrescentada a partir da quarta edição. [N. E.]

é uma causa importante para o fato de que muitas vezes não sejam levados ao desejo dele. De fato, enquanto tais pensamentos os dominam, as alegrias de um estado futuro não os comovem: têm pouca preocupação ou desconforto em relação a elas, e a *vontade*, livre da determinação de tais desejos, entrega-se à busca de satisfações mais próximas e à remoção dos desconfortos que sente então na falta destas últimas e em sua ânsia por elas. Mude-se apenas a perspectiva de um homem a esse respeito, faça-se com que ele veja que a virtude e a religião são necessárias a sua felicidade, permita-se que ele olhe para aquele estado futuro de beatitude ou infelicidade, e veja ali Deus,
274 o juiz justo, *que retribuirá*[55] *cada homem segundo suas obras: para aqueles que pela constância no bem visam à glória, à honra e à incorruptibilidade, à vida eterna; e, para cada alma que fez o mal, ira e indignação, tribulação e angústia*[56]. Para este, digo eu, que tem a perspectiva dos diferentes estados, de perfeita felicidade ou infelicidade, que estão reservados para todos os homens após esta vida conforme seu comportamento aqui, as medidas de bem e de mal que governam sua escolha são significativamente alteradas. De fato, visto que nenhum prazer ou dor nesta vida pode ter qualquer termo de comparação com a interminável felicidade ou infindável infelicidade de uma alma imortal na vida futura, as ações que estão em seu poder terão preferência na medida em que servirem para assegurar essa perfeita e durável felicidade vindoura, e não de acordo com o prazer ou a dor transitórios que, neste mundo, acompanham ou seguem essas ações.

---

55. Aqui, o texto da primeira edição volta a coincidir com o das restantes, as seções 39 a 42 da primeira edição correspondendo às seções 61 a 64 das edições subsequentes. [N. E.]

56. Rm 2, 6-9. [N. E.]

Uma explicação mais detalhada dos juízos equivocados.

§ 61. Mas, para explicar mais detalhadamente a infelicidade que muitas vezes os homens trazem para si mesmos, embora todos busquem empenhadamente a felicidade[57], devemos considerar como as *coisas* vêm a ser *representadas* para nossos desejos *sob aparências enganosas*: o que se dá *pelo juízo* que se pronuncia equivocadamente a seu respeito. Para ver a que ponto isso vai, e quais são as causas de juízos equivocados, devemos lembrar-nos que as coisas são julgadas boas ou más em dois sentidos.

Primeiro, o que é propriamente bom ou mau não é mais do que mero prazer ou dor.

Segundo, uma vez que não apenas o prazer e a dor presentes, mas também aquilo que possa provocá-los a distância em nós, por sua eficácia ou por suas consequências, é um objeto próprio de nossos desejos e é capaz de mover uma criatura que pode prever, portanto, também *as coisas que trazem consigo prazer e dor são consideradas boas e más.*

§ 62. O *juízo equivocado* que nos *extravia*, e frequentemente leva a vontade a prender-se ao que é pior, reside num balanço errôneo das várias comparações entre as coisas. *O juízo equivocado* ao qual aqui me refiro não é aquilo que um homem pode pensar da determinação de um outro, mas aquilo em que cada homem deve, ele próprio, confessar estar errado. De fato, tendo como princípio certo que cada ser inteligente realmente busca a felicidade, que consiste no 275
desfrute de prazer sem qualquer mistura considerável de desconforto, não é possível que alguém voluntariamente ponha em sua própria bebida um ingrediente amargo, ou despreze qualquer coisa que se encontre em seu poder que possa contribuir para sua satisfação e a completude de sua felicidade, a não ser por

57. A partir da segunda edição, foi omitido o seguinte trecho: "e sempre preferem o maior bem aparente". [N. E.]

um *juízo equivocado*. Não me refiro aqui àquele engano que é consequência de um erro inevitável, e que mal merece o nome de *juízo equivocado*, mas apenas ao *juízo equivocado* que cada homem deve, ele próprio, confessar ser equivocado.

§ 63. I. Portanto, uma vez que, como já foi dito, em relação ao prazer e à dor presentes, a mente nunca se engana sobre o que é realmente bom ou mau, aquilo que é o maior prazer ou a maior dor é realmente tal como aparece. Mas, ainda que o prazer e a dor presentes mostrem sua diferença e seus graus tão plenamente, não deixando espaço para equívocos, no entanto, *quando comparamos dor e prazer presentes com dor e prazer futuros* (que é geralmente o caso nas determinações mais importantes da vontade), *muitas vezes realizamos juízos equivocados* a seu respeito, pois os medimos a partir de distâncias diferentes. Objetos próximos de nossa visão tendem a ser considerados maiores do que outros de tamanho superior que estão mais distantes. O mesmo ocorre com os prazeres e as dores: os presentes tendem a levar a palma e os que estão distantes veem-se em desvantagem na comparação. Assim, a maioria dos homens, como herdeiros esbanjadores, tende a julgar o pouco que se encontra à mão melhor do que o muito que está por vir e, em nome de coisas de pequena valia que possuem, renunciam as mais consideráveis que acabariam por lhes reverter. Mas, que esse é um *juízo equivocado*, todos hão de reconhecer, não importa no que consista seu prazer; pois aquilo que está no futuro certamente se tornará presente e, então, dispondo da mesma vantagem da proximidade, mostrar-se-á em sua plena dimensão, revelando o equívoco voluntário daquele que o julgou por medidas desiguais. Se os prazeres da bebida fossem acompanhados, no exato momento em que um homem toma uma taça, pelas

Na comparação entre presente e futuro.

dores de estômago e de cabeça que, em alguns homens, certamente se seguem poucas horas depois, penso que ninguém, por maior que seja seu prazer pela bebida, deixaria, nessas condições, que o vinho alguma vez tocasse seus lábios; o qual, no entanto, é diariamente sorvido, e a má alternativa é escolhida uni- 270
camente pela falácia de uma pequena diferença de tempo. E, se prazer e dor podem ser assim reduzidos apenas pela distância de umas poucas horas, quanto mais não o seriam por uma distância maior, para o homem que não faz, pelo juízo correto, aquilo que o tempo fará, *i. e.*, trazê-los para si e considerá-los como presentes, obtendo assim sua verdadeira dimensão? Essa é a forma pela qual geralmente enganamos a nós mesmos com respeito ao mero prazer e dor, ou aos verdadeiros graus de felicidade ou infelicidade: o futuro perde sua justa proporção, e o que é presente recebe prioridade como sendo maior. Não menciono aqui o *juízo equivocado* pelo qual o que é ausente não é apenas diminuído, mas reduzido a absolutamente nada, quando os homens desfrutam do que podem no presente e asseguram isso, concluindo erradamente que nenhum mal dali se seguirá. Pois isso não repousa na comparação com a grandeza do bem e do mal futuros, de que aqui falamos, mas em outro tipo de *juízo equivocado*, que diz respeito ao bem e ao mal considerados como a causa e o promotor do prazer e da dor que deles se seguirão.

As causas disso. § 64. *A causa de julgarmos erradamente*, quando comparamos nosso prazer e dor presentes com o prazer e dor futuros, parece-me residir na *débil e acanhada constituição de nossa mente*. Não podemos desfrutar bem de dois prazeres ao mesmo tempo e, muito menos, de um só prazer enquanto a dor nos domina. O prazer presente, quando não é muito débil ou quase inexistente, preenche nossas almas acanha-

das e assim absorve toda a mente, praticamente não permitindo nenhum pensamento sobre coisas ausentes. Ou, se dentre nossos prazeres há alguns que não sejam suficientemente fortes para excluir a consideração de coisas distantes, no entanto, nosso horror à dor é tamanho que um pouco dela extingue todos nossos prazeres: um pouco de amargo misturado em nossa xícara anula o gosto do açúcar. Daí que, em qualquer ocasião, desejamo-nos ver livres de um mal presente, o qual tendemos a considerar que não possa ser igualado por nenhuma coisa ausente, porque, sob a dor presente, não nos consideramos capazes nem do mais ínfimo grau de felicidade. As queixas diárias
277 dos homens são prova contundente disso: a dor que alguém atualmente sente é sempre, dentre todas, a pior, e é com angústia que gritam: *qualquer coisa menos isto, nada pode ser tão intolerável quanto o que agora sofro*. E, portanto, todos nossos esforços e pensamentos estão empenhados em nos livrar antes de tudo do mal presente como primeira condição necessária para nossa felicidade, não importando o que se siga a isso. Nada, segundo pensamos passionalmente, pode exceder ou sequer igualar o desconforto que pese tanto sobre nós. E, porque a abstinência de um prazer presente que se oferece é uma dor e, aliás, frequentemente uma dor muito acentuada, o desejo sendo inflamado por um objeto próximo e tentador, não é de admirar que opere da mesma maneira que a dor, diminuindo em nossos pensamentos aquilo que é futuro e, assim, nos force, por assim dizer, a nos jogar em seus braços de olhos vendados.

§ 65[58]. Acrescente-se a isso que o bem ausente, ou, o que é a mesma coisa, o prazer futuro, especial-

58. O texto desta seção, salvo a última frase, foi acrescentado a partir da segunda edição. Na primeira, a seção anterior terminava com a última frase da presente seção. As seções 66 e 67 correspondem às seções 43 e 44 da primeira edição. [N. E.]

mente se de um tipo a que não estamos acostumados, raramente é capaz de contrabalançar um desconforto qualquer, seja de dor ou de desejo, que esteja presente. De fato, como sua grandeza não é mais do que aquilo que realmente se experimentará quando for realmente desfrutado, os homens são bastante inclinados a diminuí-lo para dar lugar a um desejo presente qualquer, e concluem consigo mesmos que, quando for submetido à prova, possivelmente não corresponderá à descrição ou à opinião que geralmente se tem dele, pois muitas vezes constataram que, não apenas o que é enaltecido pelos outros, mas até mesmo o que eles mesmos desfrutaram com grande prazer e deleite num momento, mostrou-se insípido ou nauseante noutro, e, portanto, nada veem ali que justifique renunciar a um prazer presente. Mas devem reconhecer que isso é uma maneira *falsa* de *julgar* quando aplicado à felicidade da outra vida, a não ser que afirmem que Deus não pode fazer felizes aqueles que ele destina a sê-lo. De fato, uma vez que a vida futura é planejada como um estado de felicidade, certamente deve ser condizente com a vontade e o desejo de todos: por mais que suponhamos que os paladares lá sejam tão diferentes quanto o são aqui, no entanto, é certo que o maná celestial convirá ao paladar de todos. Isso é o que tenho a dizer sobre o *juízo equivocado* que fazemos de prazer e dor presentes e futuros, quando são comparados entre si, e, portanto, quando o que é ausente é considerado futuro.

Na consideração das consequências de ações.

§ 66. II. *Quanto às coisas boas ou más em suas consequências*, e pela sua aptidão para nos trazer bem ou mal no futuro, *julgamos erradamente de muitas maneiras*. 278

1. Quando *julgamos* que não seja muito o mal que depende delas, quando na verdade o é.

2. Quando *julgamos* que, embora a consequência seja dessa monta, no entanto, não é tão certa, e as

coisas podem ocorrer diferentemente, ou então ela pode ser evitada por algum meio, como por diligência, habilidade, mudança, arrependimento etc. Que essas sejam maneiras *erradas* de *julgar* seria fácil mostrar em cada caso particular, fôssemos examiná-los detidamente a cada um deles. Mas apenas mencionarei em geral isto: é uma maneira muito equivocada e irracional de proceder arriscar um bem maior por um menor a partir de conjecturas incertas e antes que se realize o devido exame, condizente com a relevância da matéria e ao interesse que temos em não nos enganar. Isso, penso eu, todos hão de reconhecer, especialmente se considerarem as *causas* usuais desse *juízo equivocado*, dentre as quais se encontram as seguintes.

§ 67. I. *Ignorância*: aquele que julga sem se informar o máximo de que seja capaz não pode ser absolvido de *julgar erroneamente*. *Causas disso.*

II. *Inadvertência*: quando um homem negligencia até mesmo o que sabe. Essa é uma ignorância pretendida e visível, que desorienta nosso juízo tanto quanto a outra. Julgar é como fazer o balanço de uma conta, e determinar de qual lado está a diferença. Se, portanto, qualquer um dos lados for reunido às pressas, e muitas das somas que deveriam constar no cômputo forem negligenciadas e deixadas de fora, essa precipitação causará um *juízo* tão *equivocado* quanto se fosse uma completa ignorância. O que mais comumente causa isso é a prevalência de algum prazer ou dor atual aumentado por nossa frágil natureza passional, mais fortemente envolvida pelo que é presente. Para conter essa precipitação, nosso entendimento e nossa razão nos foram dados, se deles fizermos um uso correto, para procurar e ver, e então julgar com base nisso. Sem a liberdade, o entendimento não teria nenhum propósito, e, sem o entendimento, a liberdade (se é que haveria alguma) nada significaria. Se um

homem vê o que lhe fará bem ou mal, o que o fará 279
feliz ou infeliz, sem ser capaz de mover-se um passo em sua direção ou dela se afastando, de que lhe vale ver? E, para aquele que se encontre em liberdade para vagar em meio à total escuridão, em que sua liberdade seria melhor do que se fosse lançado para cima e para baixo, como uma bolha ao vento? Ser operado por um impulso cego, de fora ou de dentro, pouca diferença faz. Portanto, o primeiro e principal uso da liberdade é impedir a precipitação cega, e o principal exercício da liberdade é parar, abrir os olhos, olhar em volta e contemplar as consequências do que estamos prestes a fazer, na medida em que é requerida pela relevância da questão. Não investigarei aqui o quanto a preguiça e a negligência, a cólera e a paixão, a prevalência da moda ou indisposições adquiridas contribuem, cada uma a seu modo, para esses *juízos equivocados*. Acrescentarei apenas um outro juízo falso, que considero necessário mencionar, talvez porque seja muito pouco notado, apesar de sua grande influência.

Juízo equivocado acerca do que é necessário para nossa felicidade.

§ 68. Que todos os homens desejam a felicidade, não resta dúvida. Mas, como já se observou, quando se livram da dor, são propensos a tomar qualquer prazer à mão ou ao qual o costume os afeiçoou, a satisfazerem-se com isso, e, assim, sendo felizes até que algum novo desejo, deixando-os desconfortáveis, perturbe sua felicidade e mostre a eles que não são felizes, eles não olham além, nem é a vontade determinada para ação nenhuma em busca de qualquer outro bem conhecido ou aparente. De fato, como constatamos que não podemos desfrutar de todos os tipos de bem, mas que um exclui o outro, não fixamos nossos desejos em todo bem maior aparente, a não ser que seja julgado necessário a nossa felicidade: se pensamos que podemos ser felizes sem ele, ele não nos comove.

Essa é outra causa pela qual os homens *julgam equivocadamente*, quando não tomam como necessário para sua felicidade aquilo que realmente o é. Esse engano não nos extravia apenas na escolha do bem que almejamos, mas também, com muita frequência, acerca dos meios para chegar até ele, quando se trata de um bem remoto. Porém, seja como for, quer coloque o bem onde ele realmente não esteja, quer negligencie os meios como não necessários para alcançá-lo, quando um homem perder seu grande fim, a felicidade, ele reconhecerá que não julgou corretamente. O que contribui para esse engano é o real ou suposto desprazer das ações que são os meios para esse fim,
280 pois aos homens parece algo tão ridículo fazer a si mesmos infelizes para atingir a felicidade que não se submetem facilmente a isso.

Nós podemos alterar o caráter agradável ou desagradável das coisas.

§ 69. Portanto, a última investigação a esse respeito é saber se se encontra no poder de um homem alterar o prazer e o desprazer que acompanham todo tipo de ação. E isso ele pode, como resta claro em muitos casos. Os homens podem e devem corrigir seu paladar, e dar sabor tanto ao que de fato não o tem quanto ao que eles supõem que não o tem. O paladar da mente é tão variado quanto o do corpo e, como ele, também pode ser alterado. É um equívoco pensar que os homens não podem transformar o desprazer ou a indiferença de certas ações em prazer e desejo; basta para isso que façam o que se encontra em seu poder. Basta, em alguns casos, a devida consideração, e, na maioria deles, prática, aplicação e costume. O pão e o tabaco podem ser negligenciados mesmo que se mostrem úteis para a saúde, devido a uma indiferença ou a uma inapetência por eles. A razão e o exame primeiro os recomendam, começa-se a experimentar, e o uso os constata prazerosos, ou o costume assim os torna. É muito certo que o mesmo

ocorre com relação à virtude. Ações são prazerosas ou desprazerosas, seja em si mesmas ou consideradas na qualidade de meios para um fim maior e mais desejável. Comer um prato bem temperado, adequado ao paladar de um homem, pode mover a mente pelo próprio prazer que acompanha o comer, sem referência a qualquer outro fim, e a isso a consideração do prazer que há na saúde e na força (para o que o alimento serve) pode acrescentar um novo gosto, capaz de nos fazer devorar uma poção ruim. Neste último caso, qualquer ação torna-se mais ou menos agradável unicamente pela contemplação do fim e pelo fato de estarmos mais ou menos convencidos de que essa ação tende para ele, ou lhe está necessariamente conectada. Mas o prazer da própria ação é adquirido ou aumentado de forma melhor pelo uso e pela prática. Muitas vezes, o fato de experimentar nos concilia com aquilo que, a distância, encarávamos com aversão e, pela repetição, leva-nos a gostar daquilo que na primeira tentativa nos desagradou. Os hábitos têm encantos poderosos, e revestem com tão fortes atrativos de prazer e facilidade aquilo a que nos acostumamos que não podemos deixar de executar ou, pelo menos, não nos podemos sentir confortáveis na omissão de ações que a prática habitual ajustou a nós e, por isso, nos recomenda. Embora isso seja muito visível, e a experiência de cada um mostre que ele pode fazê-lo, no entanto, trata-se de um constituinte da conduta dos homens em direção a sua felicidade que é a tal ponto negligenciado que provavelmente seria considerado um paradoxo, caso se dissesse que os homens podem tornar coisas ou ações mais ou menos prazerosas para si mesmos e, com isso, remediar 281
aquilo a que se pode justamente imputar grande parte de seu extravio. Como a moda e a opinião comum estabeleceram noções erradas, e a educação e o cos-

tume, maus hábitos, os valores justos das coisas são confundidos, e o paladar dos homens é corrompido. É preciso esforço para retificá-lo, e hábitos contrários alteram nossos prazeres e dão sabor ao que é necessário para nossa felicidade ou a ela conduz. Isso, cada um deve reconhecer que pode fazer, e, quando a felicidade se for, e a infelicidade tomar conta dele, ele reconhecerá que fez mal em negligenciá-lo, e se condenará por isso. E pergunto a todo e qualquer um se assim não procedeu frequentemente.

Preferir o vício à virtude é manifestamente um juízo equivocado.

§ 70. Não me delongarei mais nos *juízos equivocados* e na negligência do que se encontra em seu poder, por meio dos quais os homens se desencaminham. Isso preencheria um volume, e não é minha tarefa. Mas, embora noções falsas ou a vergonhosa negligência daquilo que se encontra em seu poder possa afastar os homens de seu caminho em direção à felicidade, desviando-os, como vimos, para rotas de vida tão diferentes, no entanto, isto é certo[59]: a moralidade, uma vez estabelecida em suas verdadeiras fundações, não pode deixar de determinar a escolha de qualquer um que ao menos se dê ao trabalho de ponderar. E aquele que não for uma criatura racional a ponto de refletir seriamente sobre a felicidade e a infelicidade infinitas deve necessariamente condenar-se por não fazer uso de seu entendimento como deveria. As recompensas e punições da outra vida, estabelecidas pelo Todo-Poderoso como sanções de sua lei, têm peso suficiente para determinar a escolha em detrimento de qualquer prazer ou dor que esta

59. A partir da segunda edição, o trecho inicial desta seção veio substituir o seguinte excerto: "Isto creio ser certo: a escolha da vontade é sempre determinada pelo maior bem aparente, por mais que ele possa ser representado equivocadamente pelo entendimento. E seria impossível que os homens pudessem perseguir trilhas tão diferentes, como o fazem neste mundo, se não tivessem diferentes medidas do bem e do mal. No entanto [...]." [N. E.]

vida possa oferecer, ainda que o estado eterno seja considerado como meramente possível, possibilidade da qual ninguém pode duvidar. Aquele que reconhecer que a felicidade extraordinária e infinita seja, pelo menos, a consequência possível de uma boa vida aqui, e o estado contrário, a recompensa possível de uma vida má, deve reconhecer que julga muito erroneamente se não conclui que uma vida virtuosa, com a expectativa certa da beatitude eterna que pode vir, é preferível a uma vida pervertida, acompanhada pelo medo de um pavoroso estado de infelicidade que é bem possível que se abata sobre o culpado ou, quando muito, pela terrível e incerta esperança da aniquilação. Seria evidentemente assim, mesmo que a vida 282
virtuosa aqui nada tivesse além de dor, e a viciosa, apenas contínuo prazer, o que, entretanto, na maior parte das vezes, se passa de modo inteiramente diverso, e os homens perversos não têm muitas vantagens de que se gabar, nem mesmo em sua situação atual. Aliás, tudo bem considerado, penso até que têm a pior parte aqui. Mas, quando a felicidade infinita é posta num dos pratos da balança contra a infelicidade infinita no outro, se o pior que pode advir a um homem pio, caso ele se engane, é o melhor que o homem perverso pode obter se ele estiver certo, quem poderia, em sã consciência, correr o risco? Quem, em seu juízo perfeito, escolheria expor-se à possibilidade de uma infelicidade infinita, se, dela escapando, nada ganharia nesse jogo? Ao passo que, por outro lado, o homem sério nada arrisca contra a infinita felicidade que, se sua expectativa se realizar, ele obterá. Se o homem bom estiver certo, será eternamente feliz; se estiver enganado, não será infeliz, pois nada sentirá. Por outro lado, se o homem perverso estiver certo, ele não é feliz; e, se estiver enganado, será infinitamente infeliz. Não seria um juízo manifestamente equi-

vocado aquele que não consegue ver para qual lado, nesse caso, deve-se dar preferência? Evitei mencionar qualquer coisa em relação à certeza ou à probabilidade de um estado futuro, pois minha intenção aqui é mostrar o *juízo equivocado* que deve reconhecer ter emitido, com base em seus próprios princípios, seja lá como tiverem sido estabelecidos, todo aquele que, seja por que tipo de consideração for, preferir os breves prazeres de uma vida pervertida, quando sabe e não pode senão estar certo de que uma vida futura é ao menos possível.

§ 71. Para concluir esta investigação sobre a liberdade humana, devo dizer que, tal como anteriormente exposto, desde o início eu receava haver algum equívoco nela. Um mui judicioso amigo meu desde a publicação o suspeitava, ainda que não pudesse apontá-lo precisamente, e, por isso, lancei-me a uma revisão mais rigorosa deste capítulo. Assim fazendo, deparei-me com um deslize muito simples, e quase inobservável, que cometi ao utilizar uma palavra aparentemente indiferente em lugar de outra. Essa descoberta abriu-me a perspectiva presente, que aqui, nesta segunda edição, submeto ao mundo erudito, e que, numa palavra, é esta: a *liberdade* é um poder de agir ou de não agir, conforme a mente o comanda. O poder de comandar faculdades operativas para o movimento ou o repouso em casos particulares é aquilo que chamamos de *vontade*. Aquilo que, no curso de nos- *Recapitulação.*
283 sas ações voluntárias, determina a *vontade* a qualquer mudança de operação é algum desconforto presente, que é um *desejo* ou, pelo menos, é sempre acompanhado por este último desconforto. O desejo é sempre movido pelo mal, para fugir dele, porque uma total ausência de dor é sempre uma parte necessária de nossa felicidade. Mas nem todo *bem*, aliás, nem mesmo todo *bem maior* move constantemente o *de-*

sejo, porque pode não fazer parte, ou pode ser considerado como não fazendo parte de nossa felicidade. Pois tudo quanto desejamos é apenas ser feliz. Mas, ainda que esse *desejo* geral de felicidade opere constante e invariavelmente, no entanto, a satisfação de qualquer *desejo* particular pode ser suspensa em sua determinação da *vontade* a alguma ação a ele conducente, até que tenhamos examinado maduramente se o bem particular aparente que então desejamos constitui uma parte de nossa real felicidade, ou se é compatível ou incompatível com ela. O resultado de nosso juízo baseado nesse exame é o que em última instância determina o homem, que não poderia ser *livre* se sua *vontade* fosse determinada por outra coisa que não seu próprio *desejo* guiado por seu próprio *juízo*[60]. Sei bem que alguns colocam a liberdade numa *indiferença* do homem que antecede a determinação de sua *vontade*. Gostaria que aqueles que tanto insistem numa tal *indiferença antecedente*, como a chamam, nos tivessem dito claramente se essa suposta *indiferença* é antecedente tanto ao pensamento e ao juízo do entendimento quanto ao decreto da *vontade*. Pois é bem difícil posicioná-la entre eles, *i. e.*, imediatamente após o juízo do entendimento e antes da determinação da *vontade*, porque a determinação da *vontade* se segue imediatamente ao juízo do entendimento. E colocar a liberdade numa *indiferença* antecedente ao pensamento e ao juízo do entendimento parece-me o mesmo que colocar a liberdade num estado de escuridão, no qual não podemos nem ver nem dizer nada a seu respeito. Significa, pelo menos, colocá-la num objeto incapaz dela, pois nenhum agente é tido como capaz de liberdade, a não ser como consequência de pensamento e juízo.

60. O início desta seção, até aqui, foi acrescentado a partir da segunda edição, e o restante foi acrescentado na quinta. [N. E.]

Não sou excessivamente exigente com relação às expressões, e assim consinto em dizer, com aqueles que gostam de discorrer dessa forma, que a liberdade situa-se na *indiferença*, mas trata-se de uma *indiferença* que permanece após o juízo do entendimento, sim, e até mesmo após a determinação da *vontade*. E esta não é uma indiferença do homem (pois, uma vez tenha julgado o que é melhor, *i. e.*, fazer ou abster-se, ele já não é indiferente), mas uma *indiferença* dos poderes operativos do homem, que, permanecendo igualmente capazes de agir ou de abster-se de agir,
284 tanto antes como depois do decreto da *vontade*, estão num estado que, caso se queira, pode ser chamado de *indiferença*. E, até onde for essa *indiferença*, até ali o homem é livre, mas não além. P. ex., tenho a capacidade de mover minha mão ou deixá-la em repouso; esse poder operativo é indiferente a mover ou não mover minha mão: sou, então, a esse respeito, inteiramente livre. Minha *vontade* determina esse poder operativo ao repouso, e sou, no entanto, livre, porque a *indiferença* desse meu poder operativo a agir ou não agir ainda permanece. O poder de mover minha mão não se vê de modo algum prejudicado pela determinação de minha *vontade*, que presentemente ordena o repouso. A *indiferença* desse poder a agir ou não agir permanece exatamente como era antes, o que fica claro se a *vontade* o põe à prova, ordenando o contrário. Mas se, durante o repouso de minha mão, ela é acometida de uma paralisia súbita, a *indiferença* desse poder operativo se foi, e, com ela, minha liberdade: já não disponho de liberdade a esse respeito, mas encontro-me sob a necessidade de deixar minha mão em repouso. Por outro lado, se minha mão é posta em movimento por uma convulsão, a *indiferença* dessa faculdade operativa é eliminada pelo movimento, e minha liberdade, nesse caso, per-

deu-se, pois me encontro sob a necessidade de que minha mão se mova. Acrescentei isso para mostrar em que tipo de *indiferença* me parece consistir a liberdade, e em nenhuma outra, real ou imaginária.

§ 72[61]. Noções verdadeiras a respeito da natureza e da extensão da *liberdade* são de tamanha importância que espero que me seja perdoada essa digressão na qual me lançou o intuito de explicá-la. As *ideias* de *vontade*, *volição*, *liberdade* e *necessidade* cruzaram naturalmente meu caminho neste capítulo sobre poder. Na precedente edição deste tratado, expus meus pensamentos sobre essas *ideias* de acordo com 285
a perspectiva que então tinha. E agora, como um amante da verdade, e não um adorador de minhas próprias doutrinas, confesso alguma mudança em minha opinião, para a qual penso ter encontrado um fundamento. No que escrevi inicialmente, segui a verdade

---

61. Esta seção substitui, a partir da segunda edição, o seguinte texto: "§ 46. Considerando essa *ideia* simples de poder, aproveitei para explicar nossas *ideias* de *vontade, volição* e *necessidade*, as quais, tendo uma maior mistura nelas do que a que corresponde aos modos simples, podem talvez ser melhor situadas entre as mais complexas. Pois *vontade*, por exemplo, contém nela a *ideia* de um poder de preferir o fazer ao não fazer alguma ação particular (e vice-versa) na qual se pensou, preferência que é verdadeiramente um modo do pensamento, e, assim, a *ideia* que a palavra *vontade* designa é uma *ideia* complexa e mista, feita das *ideias* simples de poder e de um certo modo do pensamento. E a *ideia* de *liberdade* é ainda mais complexa, sendo feita da *ideia* de um poder para agir ou não agir em conformidade à volição. Mas nutri a esperança de que me seria perdoada essa transgressão do método que me havia proposto se dele me tiver desviado um pouco para explicar algumas *ideias* de grande importância, como as de *vontade*, *liberdade* e *necessidade*, aqui, onde elas, por assim dizer, se oferecem por si mesmas e brotam de suas próprias raízes. Além disso, tendo antes oferecido exemplos suficientemente numerosos de diversos modos simples para mostrar como eu os concebia a como a mente os adquire (pois não pretendo enumerar todas as *ideias* particulares de cada tipo), essas *ideias* de *vontade*, *liberdade* e *necessidade* podem servir de exemplos de modos mistos, que constituem o próximo tipo de *ideias* de que pretendo tratar." [N. E.]

com indiferença e imparcialidade para onde pensei que ela me levasse. Mas, não sendo tão tolo a ponto de sonhar com a infalibilidade nem tão insincero a ponto de dissimular meus enganos por receio de manchar minha reputação, não me envergonhei de publicar, com o mesmo e sincero propósito de visar apenas à verdade, o que uma investigação mais rigorosa sugeriu. É bem possível que alguns considerem corretas minhas noções anteriores, que outros (que já encontrei) considerem corretas estas últimas, e outros, ainda, nem umas, nem outras. Não me admira absolutamente essa variedade de opiniões dos homens, pois deduções imparciais da razão acerca de pontos controversos são bastante raras, e deduções exatas em noções abstratas, especialmente as mais longas, não são nada fáceis. E, portanto, não me sentiria pouco obrigado a alguém que, com base nestes ou em quaisquer outros fundamentos, aclarasse quaisquer dificuldades que eventualmente permaneçam.

Antes[62] de encerrar este capítulo, talvez sirva a nosso propósito e nos ajude a obter concepções mais claras acerca do *poder* se fizermos com que nossos pensamentos procedam a uma inspeção mais detalhada da *ação*. Eu disse acima que temos *ideias* de apenas dois tipos de *ação*, *i. e.*, *movimento* e *pensamento*; a bem da verdade, ainda que estes sejam chamados e considerados *ações*, no entanto, se examinados de perto, constatar-se-á que nem sempre são exatamente *ações*. De fato, se não me engano, há exemplos de ambos os tipos que, após a devida consideração, descobriremos serem antes *paixões* do que *ações* e, consequentemente, nessa medida, os efeitos de meros poderes passivos nos objetos que, no entanto, são pensados, por conta desses poderes, serem *agentes*.

62. Este segundo parágrafo da seção 72 foi introduzido a partir da quarta edição. [N. E.]

Com efeito, nesses casos, a substância que tem movimento ou pensamento recebe puramente de fora a impressão pela qual é posta nessa *ação*, e, portanto, age meramente pela capacidade que tem de receber tal impressão de algum agente externo; e esse *poder* não é propriamente um *poder ativo*, mas uma mera capacidade passiva no objeto. Às vezes a substância, ou o agente, põe-se a si mesma em *ação*, por seu próprio poder, e isso é propriamente *poder ativo*. Não importa que modificação uma substância possua, pela qual ela produz um efeito qualquer, isso é chamado de *ação*: p. ex., uma substância sólida, pelo movimento, opera sobre outra substância ou altera as *ideias* sensíveis desta, e, portanto, essa modificação de mo- 286
vimento nós chamamos de ação. No entanto, esse movimento nessa substância sólida não é, quando corretamente considerado, senão uma paixão, caso ela o tenha recebido unicamente de algum agente externo. De modo que o *poder ativo* do movimento não se encontra em nenhuma substância que não consiga dar início ao movimento em si mesma ou em outra substância quando em repouso. E, da mesma maneira, no *pensamento*, um poder de receber *ideias*, ou pensamentos, pela operação de qualquer substância externa é chamado de um *poder* de pensar, mas trata-se apenas de um *poder passivo*, ou de uma capacidade. Por outro lado, quando alguém está apto a trazer diante dos olhos, segundo sua própria escolha, *ideias* que não se encontrem à vista, e a comparar as que ele bem entender, isso é um *poder ativo*. Essa reflexão pode ser de alguma utilidade para nos precaver de enganos a respeito de *poderes* e *ações*, enganos aos quais a gramática e a constituição comum das línguas nos podem levar. Pois o que é significado pelos *verbos* que os gramáticos chamam de *ativos* nem sempre significa *ação*. P. ex., estas proposições:

eu vejo a lua ou uma estrela, ou *eu sinto o calor do sol*, ainda que expressas por um *verbo ativo*, não significam nenhuma *ação* em mim pela qual opero sobre essas substâncias, mas sim a recepção das *ideias* de luz, rotundidade e calor; recepção na qual não sou ativo, mas meramente passivo, e não posso, nessa posição de meus olhos ou de meu corpo, evitar recebê-las. Mas, quando dirijo meus olhos em outra direção ou removo meu corpo para fora do alcance dos raios do sol, sou propriamente ativo, porque, por minha própria escolha, por um poder dentro de mim mesmo, ponho-me nesse movimento. Tal *ação* é o produto de um *poder ativo*.

§ 73. E assim apresentei, num breve esboço, uma visão de nossas *ideias originais*, das quais todas as demais são derivadas e das quais são feitas. E, se eu quisesse considerá-las como um filósofo, e examinar de que causas dependem, e do que são compostas, creio que todas poderiam ser reduzidas a estas bem poucas primárias e originais, *i. e.*,

extensão,
solidez,
mobilidade, ou o poder de ser movido,
que recebemos dos corpos por nossos sentidos;
perceptividade, ou o poder de percepção, ou de pensamento,
motilidade, ou o poder de mover,

que, por reflexão, recebemos de nossa mente. Peço licença para usar essas duas novas palavras para evitar
287 o risco de ser mal entendido pelo emprego de outras que são equívocas. A estas, se acrescentarmos

existência,
duração,
número,

que pertencem a ambos os grupos, teremos, provavelmente, todas as *ideias* originais de que dependem as demais. Pois com elas, imagino, poder-se-ia explicar a natureza de cores, sons, gostos, cheiros e todas as outras *ideias* que temos, tivéssemos apenas faculdades suficientemente aguçadas para perceber os variadamente modificados movimentos e extensões desses corpos diminutos que produzem essas diversas sensações em nós. Mas, como meu propósito presente é unicamente investigar o conhecimento que a mente tem das coisas por meio dessas *ideias* e aparências que *Deus* capacitou a mente a receber das coisas, e o modo pelo qual a mente chega a esse conhecimento, e não suas causas ou a maneira de sua produção, não me proporei, pois seria contrário ao desígnio deste ensaio, a investigar filosoficamente a peculiar constituição dos corpos e a configuração das partes pelas quais eles têm o poder de produzir em nós *ideias* de suas qualidades sensíveis. Não me aprofundarei nessa indagação, pois basta para meu propósito observar que o ouro, assim como o açafrão, têm o poder de produzir em nós a *ideia* de amarelo, e que a neve, assim como o leite, têm o poder de produzir em nós a *ideia* de branco; *ideias* que podemos adquirir unicamente por nossa visão, sem examinar a textura das partes desses corpos, ou as figuras particulares, ou o movimento das partículas que a partir deles são rebatidas para causar em nós essa sensação particular. No entanto, quando vamos além das meras *ideias* em nossa mente, e queremos investigar suas causas, não podemos conceber nada que esteja no objeto sensível, e pelo qual ele produza diferentes *ideias* em nós, além dos diferentes volumes, figuras, números, texturas e movimentos de suas partes insensíveis.

288

CAPÍTULO XXII
Dos modos mistos.

Modos mistos, o que são.

§ 1. Tendo tratado de modos simples nos capítulos precedentes e tendo apresentado diversos exemplos de alguns dos mais importantes dentre eles para mostrar o que são e como chegamos a eles, devemos agora, como próximo passo, considerar aqueles que chamamos de *modos mistos*, tais como as *ideias* complexas que marcamos com os nomes *obrigação*, *embriaguez*, *mentira* etc. que, como consistem em diversas combinações de *ideias* simples de tipos diferentes, chamei de *modos mistos* para distingui-los dos modos mais simples, que consistem unicamente em *ideias* simples de um mesmo tipo. Como esses modos mistos também são combinações de *ideias* simples tais que não devem ser encaradas como marcas características de quaisquer seres reais dotados de uma existência permanente, mas sim como *ideias* dispersas e independentes conjugadas pela mente, distinguem-se, desse modo, das *ideias* complexas de substâncias.

São feitos pela mente.

§ 2. Que a mente, no que respeita a suas *ideias* simples, é inteiramente passiva e as recebe todas da existência e das operações das coisas, tais como oferecidas pela sensação e a reflexão, sendo incapaz de fazer uma *ideia* sequer, mostra-nos a experiência. Mas se considerarmos atentamente essas *ideias* que chamo de *modos mistos*, de que agora falamos, constataremos que sua origem é bem outra. *A mente* muitas vezes *exercita um poder ativo ao fazer essas* diversas *combinações*. De fato, uma vez suprida de *ideias* simples, ela pode conjugá-las em muitas composições e, assim, formar uma variedade de *ideias* complexas sem examinar se existem assim conjugadas na natureza. E é por isso, penso eu, que essas *ideias* são chamadas de *noções*: pois é como se tivessem sua origem

e sua existência constante mais nos pensamentos dos homens do que na realidade das coisas. E, para formar tais *ideias*, basta que a mente conjugue suas partes, e que elas sejam compatíveis no entendimento, sem considerar se elas têm qualquer existência real, ainda que eu não negue que muitas delas possam ser 289
tomadas da observação e da existência de diversas *ideias* simples combinadas assim como são conjugadas no entendimento. De fato, o homem que primeiro concebeu a *ideia* de *hipocrisia* pode tanto tê-la obtido de início a partir da observação de alguém que exibia boas qualidades que não tinha quanto ter formado essa *ideia* em sua mente sem dispor de nenhum padrão desse tipo pelo qual pudesse modelá-la. Pois é evidente que, na aurora das línguas e das sociedades humanas, muitas dentre essas *ideias* complexas que eram consequência das constituições estabelecidas entre os homens necessariamente já se encontravam em sua mente antes que existissem em qualquer outra parte, e que muitos nomes que correspondiam a essas *ideias* complexas já estavam em uso, e, assim, essas *ideias* já estavam formadas antes que as combinações que designavam existissem.

São por vezes adquiridos pela explicação de seus nomes.

§ 3. Na verdade, agora que as línguas já foram formadas e estão repletas de palavras que designam essas combinações, *uma maneira comum de aquisição dessas* ideias complexas é *pela explicação dos termos que as designam*. De fato, como consistem num grupo de *ideias* simples combinadas, elas podem, pelas palavras que designam essas *ideias* simples, ser representadas para a mente de alguém que entenda essas palavras, mesmo que essa combinação complexa de *ideias* simples nunca tenha sido oferecida a sua mente pela existência real das coisas. Assim, um homem pode vir a ter a *ideia* de *sacrilégio*, assim como a de *assassinato*, se lhe forem enumeradas as *ideias* simples que essas palavras designam, sem que precise testemunhar nenhum dos dois.

O nome ata as partes dos modos mistos em uma única ideia.

§ 4. Como cada *modo misto* consiste em muitas *ideias* simples distintas, parece razoável investigar *como ele adquire sua unidade*, e como tal precisa multidão vem a fazer uma única *ideia*, visto que essa combinação nem sempre existe na natureza. Ao que respondo que é claro que deve sua unidade a um ato da mente que combina essas muitas *ideias* simples entre si e as considera como uma única *ideia* complexa que consiste dessas partes; e a marca dessa união, ou aquilo que geralmente é visto como algo que a completa, é que um único nome é dado a essa combinação. Pois é por seus nomes que os homens geralmente regulam seu cômputo das diferentes espécies de modos mistos e dificilmente reconhecem ou consideram que um número qualquer de *ideias* simples faz uma única *ideia* complexa, a não ser no caso das coleções para as quais há nomes. Assim, ainda que o assassinato de um homem idoso seja de natureza tão adequada para
290 ser unido numa única *ideia* complexa quanto o assassinato do pai, no entanto, como não há um nome que designe precisamente o primeiro, ao passo que há o nome *parricídio* para marcar o segundo, não é tomado por uma *ideia* complexa particular nem por uma espécie de ação distinta do assassinato de um homem jovem, ou de qualquer outro homem.

A causa pela qual os modos mistos são feitos.

§ 5. Se dermos um passo a mais em nossa investigação para ver *o que dá ocasião a que os homens façam diversas combinações de* ideias *simples* em *modos* distintos e, por assim dizer, estabelecidos, e negligenciam outros que, segundo a natureza das coisas mesmas, têm a mesma aptidão para serem combinados e fazerem *ideias* distintas, encontraremos a razão disso na finalidade das línguas. Como esta consiste em marcar ou comunicar os pensamentos dos homens uns para os outros de forma tão expedita quanto possível, eles geralmente fazem dessas coleções de *ideias* modos complexos, e fixam nomes para elas, na medida em que sejam frequentemente utilizadas em seu modo de vida e conversação, deixando outras, que não mencionam senão em raras ocasiões, soltas e sem nomes que as coliguem. Pois preferem enumerar (quando preciso) as *ideias* de que são feitas, por meio dos nomes particulares que as designam, a ter de importunar sua memória com a multiplicação de *ideias* complexas, com nomes para cada uma delas, que raramente ou nunca têm oportunidade de usar.

Por que determinadas palavras de uma língua não encontram correspondente em outra.

§ 6. Isso mostra-nos *como é possível que existam, em todas as línguas, muitas palavras particulares que não podem ser traduzidas por nenhuma palavra única de uma outra língua*. De fato, como os muitos usos, costumes e modos de uma nação tornam nela familiares e necessárias muitas combinações de *ideias* que outro povo nunca teve necessidade de fazer ou, talvez, sequer de notar, nomes naturalmente vêm a ser anexados a elas para evitar longas perífrases acerca de coisas que são objeto de conversação cotidiana; e, assim, elas se tornam, todas elas, *ideias* complexas distintas existentes na mente de cada homem. Assim ὀστρακισμός [ostracismo], entre os *gregos*, e *proscriptio*[63], entre os romanos, eram palavras tais que outras linguagens não possuem nomes que lhe correspon- 291
dam exatamente, porque designavam *ideias* complexas que não estavam nas mentes dos homens de outras nações. Ali onde não havia tal costume, não havia nenhuma noção de tais ações, nenhum uso de tais combinações de *ideias*, tais como unidas e, por assim dizer, atadas umas às outras por esses termos, e, portanto, em outros países, não havia nomes para elas.

---

63. Condenação pública de um inimigo do Estado. [N. Ed. Br.]

§ 7. A partir disso também podemos ver a razão *por que as línguas mudam constantemente*, adotam novos termos e deixam de lado antigos. De fato, a mudança de costumes e de opiniões, trazendo consigo novas combinações de *ideias* sobre as quais é frequentemente necessário pensar e falar, novos *nomes*, para evitar longas descrições, são-lhes anexados, e, assim, elas se tornam novas espécies de modos complexos. Quão grande é o número de *ideias* diferentes que, por esse meio, são embaladas num único e curto som e quanto de nosso tempo e fôlego é assim economizado é o que verá todo aquele que se der apenas ao trabalho de enumerar todas as *ideias* que *sursis* ou *apelo* designam e, em vez de um desses nomes, usar uma perífrase para fazer com que qualquer um entenda seu sentido.

E por que as línguas mudam.

§ 8. Muito embora eu vá considerar isso com mais detalhe quando vier a tratar das palavras e de seu uso, no entanto, não posso evitar notar pelo menos o seguinte acerca dos nomes dos *modos mistos*. Sendo fugazes e transientes combinações de *ideias* simples, que têm apenas uma curta duração em qualquer outro lugar que não seja a mente dos homens e, mesmo ali, não têm nenhuma existência que se estenda para além do momento em que se pense nelas, os modos mistos *em nenhum lugar assumem tanto a aparência de uma constante e duradoura existência quanto nos seus nomes*, os quais, em consequência, são muito propícios a serem tomados pelas próprias *ideias*. Com efeito, caso investiguemos onde a *ideia* de um *triunfo* ou de uma *apoteose* existe, é evidente que nenhuma das duas poderia existir em sua totalidade a um tempo só em lugar algum nas coisas mesmas, pois são ações que requerem tempo para sua execução e, portanto, nunca podem existir em sua totalidade a um tempo só. E, com relação às mentes dos homens,

Onde existem os modos mistos.

onde se supõe que as *ideias* dessas ações estejam alojadas, ali também elas têm uma existência muito incerta, e, portanto, inclinamo-nos a anexá-las a seus nomes, que as suscitam em nós.

Como obtemos as ideias de modos mistos.

§ 9. Há, portanto, *três meios pelos quais obtemos as* ideias *complexas de modos mistos*. 1. Por experiência e *observação* das coisas mesmas. Assim, vendo 292
dois homens lutarem ou esgrimirem, obtemos a *ideia* de luta ou de esgrima. 2. Por *invenção*, ou conjugando voluntariamente diversas *ideias* simples em nossas próprias mentes: assim, aquele que primeiro inventou a arte de imprimir ou de gravar teve uma *ideia* disso em sua mente antes que isso jamais tivesse existido. 3. O meio mais usual, que consiste em *explicar os nomes* das ações que nunca vimos, ou de noções que não podemos ver; e enumerar todas aquelas *ideias* que entram em sua feitura e são suas partes constituintes; e, desse modo, dispô-las, por assim dizer, diante de nossa imaginação. De fato, tendo abastecido nossas mentes com *ideias* simples, pela *sensação* e pela *reflexão*, e tendo, pelo uso, aprendido os nomes que as designam, podemos por meio desses nomes representar para outro homem qualquer *ideia* complexa que queiramos que ele conceba e que seja tal que não contenha nenhuma *ideia* simples senão as que ele conhece e para as quais ele tem o mesmo nome que nós. Pois todas nossas *ideias* complexas se resolvem, em última instância, em *ideias* simples, das quais são compostas e originariamente feitas, embora talvez seus ingredientes imediatos, por assim dizer, sejam também *ideias* complexas. Assim, o *modo misto* que é designado pela palavra *mentira* é feito das seguintes *ideias* simples: 1. Sons articulados. 2. Determinadas *ideias* na mente do falante. 3. Essas palavras que são signos dessas *ideias*. 4. Esses signos postos juntos por afirmação ou negação de um modo diverso da-

quele que as *ideias* que eles designam estão na mente do falante. Penso que não preciso ir mais longe na análise dessa *ideia* complexa que chamamos uma *mentira*: o que eu disse é o que basta para mostrar que ela é feita de *ideias* simples, e só poderia entediar de modo vexatório meu leitor se o incomodasse com uma mais minuciosa enumeração de cada *ideia* simples particular que entra nessa *ideia* complexa; o que, segundo o que foi dito, ele não pode senão ser capaz de fazer por conta própria. O mesmo pode ser feito com relação a todas nossas *ideias* complexas, sejam elas quais forem; pois, por mais que sejam compostas e bicompostas, podem, em última instância, resolver-se em *ideias* simples, as quais são todos os materiais do conhecimento ou do pensamento que temos ou podemos ter. Nem teremos motivos para temer que, desse modo, a mente seja restrita a um número excessivamente escasso de *ideias*, se considerarmos que as *ideias* de número e figura, por si sós, já nos fornecem um inexaurível estoque de modos simples. O quanto, enfim, os *modos mistos*, que admitem as várias combinações de diferentes *ideias* simples e seus infinitos modos, estão longe de serem poucos e escassos é o que podemos facilmente imaginar. De modo que, antes de concluirmos, veremos que ninguém precisa temer que não tenha âmbito e
293 escopo suficientes para acomodar seus pensamentos, muito embora eles sejam, segundo pretendo, confinados apenas às *ideias* simples recebidas da sensação e da reflexão e a suas diversas combinações.

Movimento, pensamento e poder são as ideias *que foram mais modificadas.*

§ 10. Vale observar *quais são, dentre todas nossas* ideias *simples, aquelas a partir das quais mais modos mistos foram feitos*, com nomes dados a eles. E estas são as três seguintes: pensamento e movimento (que são as duas *ideias* que abarcam em si todas as ações) e poder, de onde se pensa que essas ações fluem.

Essas ideias simples, digo eu, de pensamento, movimento e poder foram aquelas que foram mais modificadas, e, a partir de suas modificações, foram feitos mais modos complexos, com nomes para eles. De fato, como a ação é a principal ocupação dos homens e toda a matéria sobre a qual versam todas as leis, não é de admirar que os diversos modos de pensamento e de movimento sejam notados, que suas *ideias* sejam observadas e armazenadas na memória, e que nomes lhes sejam atribuídos. Sem isso, seria difícil forjar leis ou reprimir o vício e a desordem. Nem poderia nenhuma comunicação entre os homens ser bem realizada sem tais *ideias* complexas, com nomes para elas: e por isso os homens têm nomes firmados e, supostamente, *ideias* firmadas em sua mente dos modos de ações, distinguidos por suas causas, meios, objetos, fins, instrumentos, tempo, lugar e outras circunstâncias, e também de seus poderes adequados para essas ações: p. ex., ousadia é o poder de falar ou fazer o que intentamos, diante de outros, sem medo ou perturbação, e os gregos chamam a confiança para falar por um nome peculiar, παῤῥησία. Tal poder ou habilidade que os homens têm de fazer alguma coisa, quando ele foi adquirido ao fazer frequentemente a mesma coisa, é aquela *ideia* que nomeamos *hábito*; e, quando ele é disposto e pronto a entrar em ação em qualquer ocasião, nós o *chamamos disposição*: assim, *irritabilidade* é uma disposição ou aptidão para zangar-se.

Para concluir, se examinarmos alguns *modos de ação*, p. ex., *consideração* e *assentimento*, que são ações da mente, *correr* e *falar*, que são ações do corpo, *vingança* e *assassinato*, que são ações de ambos conjuntamente, descobriremos que são todos eles apenas *coleções de ideias simples* que, juntas, fazem as *ideias* complexas significadas por esses nomes.

294 § 11. O *poder* sendo a fonte da qual toda ação procede, as substâncias nas quais esses poderes se encontram, quando elas exercem esse poder em ato, são chamadas *causas*, e as substâncias que a partir disso são produzidas ou as *ideias* simples que são introduzidas em qualquer objeto pelo exercício desse poder, são chamadas *efeitos*. A *eficácia* pela qual a nova substância ou *ideia* vem a ser produzida é chamada, no objeto que exerce esse poder, *ação*, mas, no objeto no qual alguma *ideia* simples é mudada ou produzida, é chamada *paixão*. Por mais variada que seja tal eficácia e por mais que sejam infinitos os efeitos, no entanto, penso que podemos concebê-la, em agentes intelectuais, como não sendo nada além de modos do pensamento e da vontade, e, em agentes corporais, nada além de modificações do movimento. Digo que penso que não podemos conceber que ela seja algo diferente dessas duas coisas porque, se há, além desses, algum outro tipo de ação que produza algum efeito, confesso não ter dele noção alguma nem nenhuma *ideia*; e, assim, está tão distante de meus pensamentos, apreensões e conhecimento, e tão na escuridão, para mim, quanto cinco outros sentidos, ou quanto as *ideias* de cores para um homem cego. E, portanto, *muitas palavras que parecem expressar alguma ação* nada significam da ação, ou do *modus operandi*, *mas* apenas *o efeito*, com algumas circunstâncias da causa operante ou do objeto sobre o qual ela se exerce; p. ex., quando um camponês diz que o frio congela a água, embora a palavra congelamento pareça envolver alguma *ação*, no entanto, ela na verdade nada significa senão o efeito, *i. e.*, que a água, que antes era fluida, se tornou dura e consistente, sem conter nenhuma *ideia* da ação pela qual isso é feito.

Diversas palavras que aparentemente significam uma ação significam apenas o efeito.

§ 12. Penso não ser preciso observar aqui que, embora poder e ação constituam a maior parte dos

Os modos mistos são feitos também de outras ideias.

modos mistos marcados por nomes e familiares às mentes e às bocas dos homens, no entanto, outras *ideias* simples, e suas diversas combinações, *não* estão excluídas. Muito menos penso ser *necessário* que eu *enumere todos os modos mistos* que foram estabelecidos com nomes para eles. Isso daria um dicionário da maior parte das palavras usadas em teologia, ética, jurisprudência, política e em diversas outras ciências. Tudo que é necessário para meu presente propósito é mostrar que tipo de *ideias* são essas que 295
chamo *modos mistos*, como a mente as obtém, e também que elas são composições, feitas de *ideias* simples obtidas pela sensação e pela reflexão – o que creio ter feito.

CAPÍTULO XXIII
De nossas ideias *complexas de substâncias.*

Como são feitas as ideias *de substâncias.*

§ 1. Sendo a mente, como declarei, abastecida com um grande *número* de *ideias* simples, introduzidas pelos *sentidos*, na medida em que são encontradas nas coisas exteriores, ou pela *reflexão* sobre suas próprias operações, também nota que um certo número dessas *ideias* simples vão constantemente juntas; as quais, presumindo-se que pertençam a uma única coisa, e palavras sendo ajustadas às apreensões comuns e utilizadas para rápida transmissão, são chamadas, assim unidas em um único objeto, por um único nome; e, por inadvertência, somos posteriormente propensos a falar delas e a considerá-las como uma única *ideia* simples, quando, na verdade, são uma complicação de muitas *ideias* juntas; porque, como disse, não imaginando como essas *ideias* simples possam subsistir por si mesmas, nós nos acostumamos a supor algum *substratum* no qual elas subsistam e do qual resultem, que, em consequência, chamamos *substância*[64].

§ 2. De modo que, se alguém examinar a si mesmo acerca de sua *noção de pura substância em geral*, descobrirá que não tem nenhuma outra *ideia* disso, a não ser apenas uma suposição de não sei que suporte dessas qualidades que são capazes de produzir *ideias* simples em nós, qualidades comumente chamadas acidentes. Qualquer um a quem se pergunte qual é o objeto no qual a cor ou o peso inerem nada terá a responder, a não ser as partes sólidas e extensas; e, se lhe perguntassem o que é aquilo em que
296 essa solidez e essa extensão inerem, ele não estaria em melhor situação do que o *indiano* antes mencionado, que dizia que o mundo era suportado por um grande elefante, e a quem foi perguntado em que o elefante repousava: a isso, ele respondeu que era uma grande tartaruga; mas, sendo novamente instado a fazer saber o que dava suporte à tartaruga de costas amplas, respondeu que era algo, ele não sabia o quê. E assim, aqui como nos outros casos em que usamos palavras sem possuirmos *ideias* claras e distintas, falamos como crianças que, sendo questionadas sobre o que é determinada coisa que não conheçam, prontamente dão esta resposta satisfatória de que é *algo*;

Nossa ideia *de substância em geral.*

64. A quinta edição acrescenta, em nota de rodapé, citações do "Discourse in Vindication of the Trinity", do Bispo de Worcester, p. 236, e da "Terceira Carta ao Bispo de Worcester", de Locke, p. 27 e segs., precedidas pelo seguinte texto: "Esta seção, que pretendia apenas mostrar como os indivíduos das distintas espécies de substâncias vêm a ser vistos como *ideias* simples e, assim, a ter nomes simples (*i.e.*., a partir do suposto *substratum* simples, ou *substância*, que é visto como a coisa, ela própria, na qual inere e da qual resulta aquela complicação de *ideias* pela qual ela é representada para nós), foi tomado equivocadamente como uma explicação da *ideia* de substância em geral e, assim sendo, foi repreendida nos seguintes termos: [segue citação do Bispo de Worcester]. A essas objeções do Bispo de *Worcester*, nosso autor responde como segue: [...]." [N. E.]

o que, na verdade, nada significa, quando assim usado, seja por crianças ou por homens maduros, senão que não sabem o quê, e que a coisa que pretendem conhecer, e dela falar, é algo de que não têm absolutamente nenhuma *ideia* distinta, e assim se encontram na mais perfeita ignorância e no escuro a seu respeito. Portanto, uma vez que a *ideia* que temos e para a qual damos o nome geral de substância não é nada a não ser o suposto mas desconhecido suporte dessas qualidades que encontramos existindo, e que imaginamos não poderem subsistir *sine re substante*, sem algo que as suporte, chamamos esse suporte *substantia*, o que, segundo o verdadeiro significado da palavra, é, nos termos claros de nossa língua, *estar sob* ou *sustentar*[65].

Sobre os tipos de substâncias.

§ 3. Uma obscura e relativa *ideia* de substância em geral tendo sido assim feita, obtemos as *ideias de tipos particulares de substâncias* coletando combinações de *ideias* simples tais que, pela experiência e pela observação dos sentidos dos homens, se nota existirem juntas, e, portanto, se supõe que fluam da particular constituição interna ou essência desconhecida dessa substância. Assim obtemos as *ideias* de um homem, cavalo, ouro, água etc. E apelo à experiência de cada um: quem tem alguma outra *ideia* clara dessas substâncias para além das *ideias* simples que coexistem juntas? São as qualidades ordinárias, observáveis no ferro ou no diamante, conjugadas, que fazem a

---

65. A quinta edição acrescenta, em nota de pé de página, citações da "Carta ao Bispo de Worcester", p. 6 e ss., de Locke, e de sua "Terceira carta ao Bispo de Worcester", p. 381, precedidas pelo seguinte texto: "Acerca deste parágrafo, foi levantada uma objeção pelo bispo de *Worcester*, como se aqui a doutrina de nosso autor sobre *ideias* tivesse praticamente expulso do mundo a substância. Suas palavras no segundo parágrafo são exibidas como prova de que ele é um desses *cavalheiros desta nova via de raciocínio, que praticamente eliminaram a substância da parte racional do mundo*. A isso, nosso autor responde: [...]." [N. E.]

verdadeira *ideia* complexa dessas substâncias, que um ferreiro ou um joalheiro normalmente conhece
297 melhor que um filósofo; o qual, por mais que fale em formas substanciais, não tem nenhuma outra *ideia* dessas substâncias além da que é formada por uma coleção dessas *ideias* simples que podem ser encontradas nelas. Devemos apenas notar que nossas *ideias* complexas de substâncias têm sempre, além dessas *ideias* simples de que são feitas, também a *ideia* confusa de *algo* ao qual pertencem e no qual subsistem. E, portanto, quando falamos de qualquer tipo de substância, dizemos que é uma *coisa* que tem tais ou tais qualidades, como o corpo é uma *coisa* que é extensa, dotada de uma figura e capaz de movimento, e o espírito é uma *coisa* capaz de pensar. E, assim, dureza, friabilidade e poder para atrair o ferro são, dizemos, qualidades que se encontram num ímã. Essas e semelhantes maneiras de falar sugerem que sempre se supõe que a substância seja *algo* além da extensão, figura, solidez, movimento, pensamento, ou outras *ideias* observáveis, embora não saibamos o que seja.

Nenhuma ideia *clara de substância em geral.*

§ 4. Por isso, quando falamos ou pensamos em qualquer tipo particular de substância corpórea, como *cavalo*, *pedra* etc., embora a *ideia* que temos de qualquer uma delas seja apenas a complicação ou coleção dessas diversas *ideias* simples de qualidades sensíveis que costumamos encontrar unidas na coisa chamada *cavalo* ou *pedra*, no entanto, uma vez que não podemos conceber como elas possam subsistir sozinhas, tampouco uma na outra, supomos que existam em algum objeto comum e sejam por ele suportadas, *e esse suporte nós denotamos pelo nome substância*, embora seja certo que não temos nenhuma *ideia* clara ou distinta dessa *coisa* que supomos ser um suporte.

Temos uma ideia *de espírito tão clara quanto a de corpo.*

§ 5. O mesmo ocorre no que diz respeito às operações da mente, *i. e.*, pensar, raciocinar, temer etc.

Por concluirmos que elas não subsistem por si mesmas e por não apreendermos como elas possam pertencer ao corpo ou serem por ele produzidas, somos propensos a pensar que essas são as ações de alguma outra *substância*, que chamamos *espírito*. E, desse modo, é evidente que, não tendo nenhuma outra *ideia* ou noção de matéria, a não ser a de *algo* no qual essas muitas qualidades sensíveis que afetam nossos sentidos subsistem, então, ao supor uma substância na qual o *pensar*, o *saber*, o *duvidar* e um poder de mover etc. subsistem, *temos uma noção tão clara da substância do espírito quanto temos da do corpo*. Uma, nós supomos ser (sem saber o que seja) o *substratum* para essas *ideias* simples que obtemos de fora, e a outra, supomos ser (com uma idêntica ignorância do que ela seja) o *substratum* para essas operações que 298
experimentamos dentro de nós mesmos. É, portanto, patente que a *ideia* de *substância* corpórea na matéria está tão afastada de nossas concepções e apreensões quanto a de *substância* espiritual, ou *espírito*. E, portanto, do fato de não termos nenhuma noção da *substância* do espírito, não podemos inferir sua não existência, como tampouco podemos, apoiados na mesma razão, negar a existência do corpo. Pois é tão racional afirmar que não há corpo porque não temos *ideia* clara e distinta da *substância* da matéria quanto dizer que não há espírito porque não temos nenhuma *ideia* clara e distinta da *substância* de um espírito[66].

Dos tipos de substâncias.

§ 6. Portanto, qualquer que seja a secreta e abstrata natureza da *substância* em geral, todas *as* ideias *que temos de distintos tipos particulares de substâncias* nada mais são que diversas combinações de *ideias* simples, coexistindo nessa causa, embora desconhecida, de sua união, que é tal que faz o todo subsistir

66. A qualificação "clara e distinta", nesta frase, é introduzida a partir da quarta edição. [N. E.]

por si mesmo. É por meio dessas combinações de *ideias* simples, e por nada mais, que representamos para nós mesmos tipos particulares de *substâncias*. Tais são as *ideias* que temos de suas diversas espécies em nossas mentes; e são apenas tais *ideias* que nós, por seus nomes específicos, significamos para os outros, p. ex.: *homem*, *cavalo*, *sol*, *água*, *ferro*. Ao ouvir essas palavras, qualquer um que entenda a língua forma em sua mente uma combinação dessas diversas *ideias* simples que ele costumeiramente observou ou imaginou existirem juntas sob essa denominação; todas as quais ele supõe repousarem e, por assim dizer, serem aderentes àquele desconhecido objeto comum que já não inere em nenhuma outra coisa. Mas, ao mesmo tempo, é manifesto, como qualquer um irá descobri-lo se examinar seus pensamentos, que não temos nenhuma outra *ideia* de qualquer *substância*, p. ex., *ouro*, *cavalo*, *ferro*, *homem*, *vitríolo*, *pão*, a não ser meramente aquelas que temos dessas qualidades sensíveis, que supomos inerir, com a suposição de um tal *substratum* que dê, por assim dizer, suporte para essas qualidades ou *ideias* simples que observamos existirem unidas entre si. Assim, a *ideia* do *sol*: o que é ela, senão um agregado destas diversas *ideias* simples, a saber, brilhante, quente, arredondado, ten-
299 do um movimento constante e regular, a uma certa distância de nós e, talvez, alguma outra, conforme aquele que pense e discurse sobre o *sol* foi menos ou mais acurado na observação dessas qualidades sensíveis, *ideias* ou propriedades que estão nessa coisa que ele chama *sol*?

Poderes constituem uma grande parte de nossas ideias *complexas de substâncias.*

§ 7. Pois tem a mais perfeita *ideia* de qualquer um dos tipos particulares de *substâncias* aquele que recolheu e conjugou a maior quantidade dessas *ideias* simples que existem nele, dentre as quais devem ser contadas seus poderes ativos e capacidades passivas, que, embora não sejam *ideias* simples, no entanto, podem, sob essa perspectiva, ser com bastante propriedade contadas entre elas a bem da brevidade. Assim, o poder de atrair o ferro é uma das *ideias* que entram na *ideia* complexa daquela substância que chamamos *ímã*, e um poder de ser assim atraído é parte da *ideia* complexa que chamamos *ferro*; tais poderes passam por qualidades inerentes nesses objetos. De fato, como toda *substância* é tão apta, pelos poderes que nela observamos, a mudar algumas qualidades sensíveis em outros objetos quanto é apta a produzir em nós essas *ideias* simples que recebemos imediatamente dela, ela revela para nós, por meio dessas novas qualidades sensíveis introduzidas em outros objetos, esses poderes – os quais, portanto, afetam mediatamente nossos sentidos de forma tão regular quanto suas qualidades sensíveis o fazem imediatamente. P. ex., por nossos sentidos percebemos imediatamente no *fogo* seu calor e sua cor, que, se corretamente considerados, nada são senão poderes nele de produzir essas *ideias* em nós; e também percebemos pelos nossos sentidos a cor e a friabilidade do *carvão*, e, desse modo, chegamos ao conhecimento de um outro poder no fogo, o de mudar a cor e a consistência da madeira. O fogo nos revela, imediatamente no primeiro caso, e mediatamente no segundo, esses diversos poderes que, em consequência, consideramos serem uma parte das qualidades do fogo e, assim, fazemos deles uma parte da *ideia* complexa dele. Todos esses poderes de que tomamos conhecimento restringem-se apenas à alteração de algumas qualidades sensíveis nesses objetos nos quais operam e fazem assim com que exibam para nós novas *ideias* sensíveis: é por isso que contei esses poderes entre as *ideias* simples que perfazem as *ideias* complexas dos tipos de *substâncias*, muito embora esses poderes,

considerados em si mesmos, sejam na verdade *ideias* complexas. E é nesse sentido menos rigoroso que
300 peço que me entendam quando menciono alguma dessas *potencialidades entre as ideias simples* que trazemos de volta a nossas mentes quando pensamos *em substâncias particulares*. Pois os poderes que nelas variegadamente se encontram devem necessariamente ser considerados, se quisermos ter verdadeiras noções distintas dos diversos tipos de substâncias.

Por quê.

§ 8. Nem nos devemos espantar se *poderes constituem uma grande parte de nossas* ideias *complexas de substâncias*, uma vez que suas qualidades secundárias são aquelas que, na maioria dessas substâncias, servem como principal meio para distinguir as substâncias entre si, e comumente constituem uma parte considerável das *ideias* complexas de seus diversos tipos. De fato, uma vez que os sentidos não nos assistem na descoberta do volume, textura e figura das partes diminutas dos corpos, de que dependem suas reais constituições e diferenças, vemo-nos obrigados a usar suas qualidades secundárias como as marcas e notas características pelas quais formamos *ideias* delas em nossas mentes e as distinguimos uma da outra. E todas essas qualidades secundárias, como foi mostrado, nada são senão meros poderes. Pois a cor e o gosto do *ópio* são, tanto quanto suas virtudes soporífica e anestésica, meros poderes que dependem de suas qualidades primárias, pelas quais ele é apto a produzir diferentes operações em diferentes partes de nossos corpos.

Três tipos de ideias *fazem nossas* ideias *complexas de substâncias.*

§ 9. *As* ideias *que fazem nossas* ideias *complexas de substâncias* são dos três seguintes tipos. *Primeiro*, as *ideias* das qualidades primárias das coisas, que são reveladas por nossos sentidos e estão nelas mesmo quando não as percebemos: tais são o volume, a figura, o número, a situação e o movimento das partes

dos corpos, que estão realmente neles, quer os notemos ou não. *Segundo*, as qualidades sensíveis secundárias, que, por dependerem daquelas, nada são além dos poderes que essas substâncias têm de produzir diversas *ideias* em nós por nossos sentidos; tais *ideias* não estão nas coisas mesmas de um modo diferente daquele pelo qual qualquer coisa está em sua causa. *Terceiro*, as aptidões, que consideramos estarem em alguma substância, para dar ou receber alterações de qualidades primárias de tal modo que a substância, sendo assim alterada, produza em nós *ideias* diferentes do que fazia antes: essas são chamadas de poderes ativos ou passivos. Todos esses poderes, tanto quanto temos alguma informação ou noção a seu respeito, limitam-se a *ideias* simples sensíveis. Com efeito, qualquer que seja a alteração que um *ímã* tenha 301
no poder sobre as diminutas partículas do ferro, não teríamos nenhuma noção de absolutamente nenhum poder que ele tenha para operar no ferro se seu movimento perceptível não o revelasse. E não duvido de que haja milhares de mudanças, que os corpos com os quais lidamos diariamente têm o poder de causar uns nos outros, das quais nunca suspeitamos, porque nunca aparecem em efeitos sensíveis.

Poderes constituem uma grande parte de nossas ideias *complexas de substâncias.*

§ 10. Os *poderes*, portanto, com justiça *constituem uma grande parte de nossas* ideias *complexas de substâncias*. Aquele que examinar sua *ideia* complexa de ouro descobrirá que muitas das *ideias* que a constituem são apenas poderes: assim, o poder de ser fundido, mas de não se consumir no fogo, e de ser dissolvido em *água-régia* são *ideias* que constituem tão necessariamente nossa *ideia* complexa de ouro quanto sua cor e peso. E essas últimas, se devidamente consideradas, também não são senão diferentes poderes: de fato, para dizer a verdade, a amarelidão não está efetivamente no ouro, mas é um poder nele de produzir essa *ideia* em nós por meio de nossos olhos, quando colocados na luz devida; e o calor, que não podemos deixar de fora de nossa *ideia* do sol, não está mais realmente no sol do que a cor branca que ele introduz na cera. Ambos são igualmente poderes no sol, que, pelo movimento e figura de suas partes insensíveis, operam no homem de tal modo que o fazem ter a *ideia* de calor e, na cera, de tal modo que a tornam capaz de produzir num homem a *ideia* de branco.

As qualidades secundárias atuais dos corpos desapareceriam se pudéssemos descobrir as qualidades primárias de suas partes diminutas.

§ 11. Tivéssemos sentidos suficientemente aguçados para discernir as diminutas partículas dos corpos e a real constituição da qual dependem suas qualidades sensíveis, não duvido que elas iriam produzir em nós *ideias* inteiramente diferentes, e que aquilo que é agora a cor amarela do ouro iria então desaparecer: em seu lugar, veríamos uma admirável textura de partes de um determinado tamanho e figura. É o que os microscópios revelam de forma patente para nós, pois aquilo que produz uma certa cor para nossos olhos nus se revela, quando aumentamos assim a acuidade de nossos sentidos, algo inteiramente diferente. E essa alteração, por assim dizer, da proporção entre o volume das partes diminutas de um objeto colorido e nossa vista normal produz *ideias* diferentes do que o fazia antes. Assim, a areia ou vidro moído, que é opaco e
302 branco para o olho nu, é translúcido num microscópio, e um fio de cabelo, visto desse modo, perde sua cor anterior e é, em grande medida, translúcido, com uma mistura de algumas cores brilhantes e cintilantes, tais como as que aparecem na refração dos diamantes e de outros corpos translúcidos. O sangue, para o olho nu, aparece como inteiramente vermelho, mas, em um bom microscópio, no qual suas partes menores aparecem, mostra apenas alguns poucos glóbulos em vermelho, nadando num líquido translúcido. E como apareceriam esses glóbulos vermelhos, se pu-

dessem ser inventadas lentes que os aumentassem ainda mil ou dez mil vezes mais é algo incerto.

Nossas faculdades de descobrir são ajustadas à nossa condição.

§ 12. O infinitamente sábio Criador de nós mesmos e de todas as coisas a nossa volta adequou nossos sentidos, faculdades e órgãos às conveniências da vida e às tarefas que nos cabem aqui. Somos capazes, por meio de nossos sentidos, de conhecer, distinguir e examinar as coisas a ponto de usá-las para nossos propósitos e para nos acomodar de diversos modos às exigências desta vida. Penetramos suficientemente em suas admiráveis constituições e maravilhosos efeitos para admirar e enaltecer a sabedoria, o poder e a bondade de seu autor. Para obter tal conhecimento, ajustado a nossa presente condição, não nos faltam faculdades. Mas não parece que Deus tencionasse que tivéssemos um perfeito, claro e adequado conhecimento delas: isso talvez não esteja ao alcance de nenhum ser finito. Somos dotados de faculdades (obtusas e fracas como são) para descobrir nas criaturas o que basta para nos levar ao conhecimento do Criador e ao conhecimento de nosso dever, e somos suficientemente bem equipados com habilidades para prover às conveniências da vida: tais são nossas tarefas neste mundo. Mas, fossem nossos sentidos alterados e tornados muito mais vivos e aguçados, a aparência e estrutura exterior das coisas teriam um semblante inteiramente diferente para nós; e, assim estou inclinado a pensar, seria incompatível com nossa existência ou, pelo menos, com nosso bem-estar nesta parte do universo que habitamos. Aquele que considerar o quanto é pequena a capacidade que nossa constituição tem de suportar uma mudança de ares para uma altitude não muito maior do que aquela na qual comumente respiramos terá motivos para convencer-se de que, neste globo da terra que nos foi alocado como nossa mansão, o Sapientíssimo Arquiteto

ajustou uns aos outros nossos órgãos e os corpos que devem afetá-los. Se nosso sentido da audição fosse apenas mil vezes mais apurado, seríamos enorme-
303 mente perturbados por um perpétuo barulho, e nossa capacidade de dormir ou de meditar no mais quieto retiro seria menor do que a que temos de fazê-lo no meio de uma batalha naval. Aliás, se o mais instrutivo de nossos sentidos, a visão, fosse em algum homem mil ou cem mil vezes mais aguçado do que o é presentemente graças ao melhor dos microscópios, coisas muitos milhões de vezes menores do que o menor objeto de sua visão presente tornar-se-iam então visíveis para seus olhos nus, e, assim, ele chegaria mais perto de descobrir a textura e movimento das partes diminutas das coisas corpóreas; e, em muitas delas, provavelmente obteria *ideias* de suas constituições internas. Mas, então, ele estaria num mundo inteiramente diferente do das outras pessoas: nada pareceria o mesmo para ele e para os outros, pois as *ideias* visíveis de cada coisa seriam diferentes. De modo que me parece duvidoso que ele e o resto dos homens pudessem conversar acerca dos objetos da visão ou se comunicar acerca de cores, suas aparências sendo tão completamente diferentes. E talvez essa acuidade e delicadeza da visão não pudesse aguentar o brilho dos raios de sol, sequer a plena luz do dia, nem tampouco poderia tomar senão uma muito pequena parte de cada objeto por vez e, mesmo assim, apenas a uma distância muito pequena. E se, por meio de tais olhos microscópicos (se assim posso chamá-los), um homem pudesse penetrar mais longe do que de costume na secreta composição e radical textura dos corpos, não ganharia muito com a troca se tal visão aguçada não lhe servisse para conduzi-lo ao mercado ou à Bolsa, se ele não puder ver, a uma distância conveniente, coisas que deva evitar, nem distinguir as coisas com as

quais tenha que se haver por meio das qualidades sensíveis pelas quais os outros as distinguem. Aquele que tivesse um olhar suficientemente afiado para ver a configuração das diminutas partículas da mola de um relógio e observar a estrutura e o impulso peculiares de que seu movimento elástico depende descobriria, sem dúvida nenhuma, algo muito admirável: mas, se olhos assim formados não puderem ver ao mesmo tempo o ponteiro e os números do mostrador do relógio, e, portanto, não puderem ver, a distância, que horas são, aquele que possuísse tais olhos não poderia ser muito beneficiado por sua acuidade, a qual, ao mesmo tempo que lhe revelaria a secreta constituição das partes da máquina, faria com que esta perdesse sua utilidade.

Conjectura acerca dos espíritos.

§ 13. E que me seja permitido, aqui, propor uma minha extravagante conjectura, *i. e.*: uma vez que temos algum motivo (se for possível dar algum crédito a relatos de coisas que nossa filosofia não pode expli- 304
car) para imaginar que espíritos podem assumir para si mesmos corpos de diferentes volumes, figuras e conformações das partes, talvez uma grande vantagem que alguns deles têm sobre nós resida nisto, que eles possam formar e moldar para si mesmos órgãos de sensação ou percepção de modo tal que se ajustem a seu desígnio do momento e às circunstâncias do objeto que eles querem considerar. De fato, o quanto não ultrapassaria todos os outros homens em conhecimento aquele que simplesmente tivesse a faculdade de alterar a estrutura de seus olhos, esse único sentido, de modo que o tornasse capaz dos diversos graus de visão que o auxílio de óculos (descobertos por acaso) nos ensinou a conceber? Que maravilhas não descobriria aquele que pudesse ajustar seu olho a todos os tipos de objetos de tal modo que pudesse ver, quando lhe agradasse, a figura e o movimento das diminu-

tas partículas no sangue e outros fluidos animais tão distintamente quanto, em outras ocasiões, ele vê a forma e o movimento dos próprios animais! Mas, para nós, em nossa presente condição, órgãos inalteráveis e construídos de tal maneira que revelassem a figura e o movimento das diminutas partes dos corpos, das quais dependem essas qualidades sensíveis que neles observamos agora, talvez não fossem vantajosos. Deus, sem dúvida, fez-nos do modo que é melhor para nós em nossa presente condição. Ele nos adaptou à vizinhança dos corpos que nos cercam e com os quais temos de nos haver. E, embora não possamos, pelas faculdades que temos, alcançar um conhecimento perfeito das coisas, no entanto, elas nos servirão suficientemente bem para aqueles fins acima mencionados, que são nosso principal interesse. Peço desculpas a meu leitor por expor diante dele uma conjectura tão desvairada acerca dos meios de percepção em seres acima de nós, mas, por mais extravagante que possa ser, duvido que possamos imaginar qualquer coisa acerca do conhecimento dos anjos a não ser assim, por comparação, de um modo ou de outro, com o que descobrimos e observamos em nós mesmos. E, embora não possamos deixar de confessar que o infinito poder e sabedoria de Deus pode formar criaturas com milhares de outras faculdades e meios de perceber coisas exteriores além daquelas que temos, no entanto, nossos pensamentos não podem ir além de nossas próprias faculdades, tão impossível nos é estender até mesmo nossas conjecturas para além das *ideias* recebidas de nossa própria sensação e reflexão. Pelo menos, a suposição de que os anjos por vezes assumam corpos não nos deve espantar, uma vez que alguns dos mais antigos e mais eruditos pais da igreja pareciam acreditar que eles têm corpos; o que é certo é que sua condição e modo de existência nos são desconhecidos.

Ideias *complexas de substâncias.*

§ 14. Mas, para voltar a nosso assunto, as *ideias* que temos de substâncias e os meios pelos quais as obtemos, digo que nossas *ideias específicas de substâncias* nada são além de *uma coleção de um certo número de* ideias *simples, consideradas unidas em uma única coisa*. Essas *ideias* de substâncias, embora sejam comumente chamadas apreensões simples, e seus nomes, termos simples, são, no entanto, complexas e compostas, na verdade. Assim, a *ideia* que um *inglês* significa pelo nome *cisne* é cor branca, pescoço comprido, bico vermelho, pernas pretas e pé palmado, e isso tudo com um certo tamanho, com o poder de nadar na água e fazendo um certo tipo de barulho e, talvez, para um homem que por longo tempo observou esse tipo de ave, algumas outras propriedades que terminam todas em *ideias* sensíveis simples, todas unidas num único objeto comum. 305

A ideia *de substâncias espirituais é tão clara quanto a de substâncias corporais.*

§ 15. Além das *ideias* complexas de substâncias materiais sensíveis de que acabo de falar, a partir das *ideias* simples que tomamos das operações de nossas próprias mentes que experimentamos diariamente em nós mesmos, como pensar, entender, querer, conhecer, poder de começar um movimento etc., coexistindo em alguma substância, somos capazes de formar a ideia *complexa de um espírito imaterial*[67]. E assim, conjugando as *ideias* de pensar, perceber, liberdade e poder de mover a si mesmo e às outras coisas, temos uma tão clara percepção e noção de substâncias imateriais quanto temos das materiais. De fato, conjugando as *ideias* de pensar e de querer, ou o poder de mover ou parar o movimento corpóreo, junto com substância, da qual não temos nenhuma

67. A qualificação "imaterial" é um acréscimo da quarta edição. [N. E.] [No restante deste capítulo, em todas as ocorrências de "espírito imaterial", o termo "imaterial" foi introduzido a partir da quarta edição. [N. Ed. Br.]]

ideia distinta, temos a ideia de um espírito imaterial; e, conjugando as *ideias* de partes sólidas coesas e o poder de ser movido, junto com substância, da qual, do mesmo modo, não temos nenhuma *ideia* positiva, temos a *ideia* de matéria. A primeira é uma *ideia* tão clara e distinta quanto a segunda: a *ideia* de pensar e a de mover um corpo são *ideias* tão claras e distintas quanto as *ideias* de extensão, de solidez e de ser movido. Pois nossa *ideia* de substância é igualmente obscura, ou absolutamente nula, em ambas: é apenas um suposto não sei quê para suportar aquelas *ideias* que chamamos acidentes[68]. É por falta de reflexão que nos
06 dispomos a pensar que nossos sentidos não nos mostram nada senão coisas materiais. Todo ato de sensação, quando devidamente considerado, nos dá uma igual visão de ambas as partes da natureza, a corpórea e a espiritual. Pois, enquanto eu sei, por ver ou por ouvir etc., que há algum ser corpóreo fora de mim, o objeto dessa sensação, sei com mais certeza que há algum ser espiritual em mim que vê e ouve. Isso é algo que não posso senão estar convencido de que não pode ser a ação da mera matéria insensível; nem que jamais poderia existir sem um ser imaterial pensante.

Não há nenhuma ideia *de substância abstrata.*

§ 16. Pela *ideia* complexa de extenso, figurado, colorido e todas as outras qualidades sensíveis, que são tudo quanto dele conhecemos, estamos tão distantes da *ideia* da substância de corpo quanto se absolutamente nada conhecêssemos. *Mesmo* com todo o trato e a familiaridade que imaginamos *ter* com a matéria, mesmo com as muitas qualidades que os *homens* têm certeza de perceber e conhecer nos corpos, talvez se venha a constatar, após exame, que eles não têm *mais ou mais claras* ideias *primárias do corpo do que têm do espírito imaterial.*

---

68. O restante desta seção foi introduzido a partir da quarta edição. [N. E.]

Coesão das partes sólidas e impulso são as ideias *primárias de corpo.*

§ 17. *As* ideias *primárias que temos peculiares ao corpo*, em contraposição às do espírito, *são a coesão de partes sólidas* e, consequentemente, separáveis *e um poder de comunicar movimento por impulso*. Essas são, penso eu, as *ideias* originais próprias e peculiares ao corpo: pois figura não é senão a consequência da extensão finita.

Pensamento e motividade são as ideias *primárias do espírito.*

§ 18. *As* ideias *que temos* pertencentes e *peculiares ao espírito são pensamento e vontade*, ou um poder de pôr o corpo em movimento pelo pensamento, e, o que é consequente a isso, a liberdade. De fato, ao passo que o corpo só pode comunicar seu movimento, por impulso, a outro corpo com que se depara em repouso, a mente, por outro lado, pode colocar corpos em movimento, ou abster-se de fazê-lo, a seu bel-prazer. As *ideias* de existência, duração e mobilidade são comuns a ambos.

Os espíritos são capazes de movimento.

§ 19. Não há nenhuma razão para que se considere estranho que eu faça com que a *mobilidade pertença ao espírito*: de fato, como não temos nenhuma outra *ideia* de movimento, a não ser a mudança de distância em relação a outros seres considerados em repouso, e como constatamos que os espíritos, assim como corpos, só podem agir onde estão, e que os espíritos agem, em momentos diferentes, em diferentes lugares, não posso deixar de atribuir a mudança de lugar a todos os espíritos finitos (pois não me refiro aqui ao Espírito Infinito). Uma vez que minha alma é um ser tão real quanto meu corpo, certamente ela é tão capaz quanto o próprio corpo de mudar sua dis- 307
tância em relação a qualquer outro corpo, ou ser, e, dessa forma, é capaz de movimento. E, se um matemático pode considerar uma certa distância, ou uma alteração dessa distância entre dois pontos, pode-se, sem dúvida, conceber uma distância e uma mudança de distância entre dois espíritos e, assim, conceber

seu movimento, sua aproximação ou seu afastamento um em relação ao outro.

§ 20. Todos constatam em si mesmos que sua alma pode pensar, querer e agir sobre seu corpo, no lugar em que se encontra, mas que não pode agir sobre um corpo, ou em um lugar, a cem milhas de distância. Ninguém imaginaria que sua alma pudesse pensar, ou mover um corpo, em *Oxford*, enquanto se encontrasse em *Londres*. E qualquer um certamente sabe que sua alma, encontrando-se unida a seu corpo, muda constantemente de lugar durante toda a viagem entre *Oxford* e *Londres*, assim como o faz a carruagem ou o cavalo que o leva; e, penso eu, pode-se dizer que ela está em movimento durante todo o trajeto. Ou, caso não se considere que isso nos proporcione uma *ideia* suficientemente clara de seu movimento, creio que sua separação do corpo na morte poderá bastar: pois considerar que ela saia do corpo, ou que o deixe, e, no entanto, não ter nenhuma *ideia* de seu movimento me parece impossível.

§ 21. Caso alguém afirme que ela não pode mudar de lugar porque não ocupa nenhum, pois os espíritos não estão *in loco*, mas *ubi*, suponho que essa forma de discorrer não receberá muita consideração numa época que não está muito disposta a admirar ou a se deixar enganar por modos de falar tão ininteligíveis. Mas, caso alguém considere que haja algum sentido nessa distinção e que ela se aplique a nosso propósito presente, gostaria que a exprimisse inteligivelmente em nossa língua e, então, a partir disso, apresentasse um raciocínio para mostrar que os espíritos imateriais não são capazes de movimento. Na verdade, o movimento não pode ser atribuído a DEUS, mas não porque seja imaterial, e sim porque é um espírito infinito.

Comparação entre a ideia *de alma e a de corpo.*

§ 22. *Comparemos* agora nossa *ideia* complexa de um espírito imaterial a nossa *ideia* complexa de corpo para ver se há mais obscuridade em uma do que na outra e em qual há mais. Para mim, nossa *ideia* de corpo é a de uma substância sólida extensa, capaz de comunicar movimento por impulso; e nossa *ideia* de nossa alma, na qualidade de um espírito imaterial, é a de uma substância que pensa e tem um poder de excitar movimento num corpo, pela vontade ou pelo pensamento. Essas são, penso eu, *nossas* ideias *complexas de alma e de corpo, em contraposição*. E agora examinemos qual delas tem em si mais obscuridade e dificuldade para ser apreendida. Sei que pessoas cujos pensamentos estão imersos na matéria e que submeteram de tal maneira sua mente a seus sentidos que dificilmente refletem sobre qualquer coisa para além deles estão inclinadas a dizer que não conseguem compreender uma coisa pensante, o que talvez seja verdade. Mas afirmo que, se o considerarem bem, tampouco conseguirão compreender uma coisa extensa.

É tão difícil conceber a coesão das partes sólidas nos corpos quanto o pensamento numa alma.

§ 23. Caso alguém afirme que não saiba o que é isto que pensa nele, quer dizer com isso que não sabe o que é a substância dessa coisa pensante; e eu digo que ele tampouco sabe o que é a substância dessa coisa sólida. Se, além disso, ele disser que não sabe como pensa, respondo que ele tampouco sabe como é extenso, como as partes sólidas do corpo são unidas, ou coerem para fazer a extensão. Pois ainda que a pressão das partículas de ar possa dar conta da *coesão das diversas partes da matéria* que são mais vultosas que as partículas de ar, e têm poros menores do que os corpúsculos do ar, no entanto, o peso ou a pressão do ar não explica nem pode ser causa da coerência das próprias partículas de ar. E, se a pressão do éter, ou de qualquer outra matéria mais sutil do que o ar, pode unir e manter firmemente juntas as partes de uma partícula do ar, assim como de outros corpos, no entanto, ela não pode fazer amarras para si mesma e manter juntas as partes que compõem cada um dos mínimos corpúsculos dessa *materia subtilis*. De maneira que essa hipótese, por mais engenhosa que seja nessa explicação de que as partes dos corpos sensíveis são mantidas juntas pela pressão de outros corpos externos insensíveis, não se aplica às partes do próprio éter; e, quanto maior for a evidência com que essa hipótese prove que as partes de outros corpos são mantidas juntas pela pressão externa do éter e não podem ter nenhuma outra causa concebível de sua coesão e união, tanto mais ela nos deixará às escuras acerca da coesão das partes dos corpúsculos do próprio éter; os quais não podemos conceber sem partes, por serem corpos e, portanto, divisíveis, e, no entanto, tampouco podemos conceber como suas partes se mantêm coesas, faltando-lhes aquela causa da coesão que é dada para a coesão das partes de todos os outros corpos.

09 § 24. Mas, na verdade, *a pressão de qualquer fluido ambiente*, por maior que seja, *não pode ser uma causa* inteligível *da coesão das partes sólidas da matéria*. De fato, ainda que tal pressão possa impedir a avulsão de duas superfícies polidas, uma em relação à outra em uma linha perpendicular a elas, como no experimento com os dois pedaços polidos de mármore, no entanto, ela nunca poderá minimamente impedir a separação por movimento numa linha paralela a essas superfícies. Pois o fluido ambiente, como dispõe de plena liberdade para tomar por herança cada ponto do espaço abandonado por meio de um movimento lateral, detém tão pouco esse movimento dos corpos assim unidos quanto deteria o movimento de um corpo que estivesse envolto por todos os lados por esse fluido e não fosse tocado por nenhum outro corpo. E, portanto, se não houvesse nenhuma outra

causa de coesão, todas as partes dos corpos seriam facilmente separáveis por tal movimento deslizante lateral. Com efeito, se a pressão do éter é a causa adequada da coesão, onde quer que essa causa não opere, ali não pode haver coesão. E, uma vez que ela não pode operar contra tal separação lateral (como demonstrado), portanto, em nenhum plano imaginário que atravesse qualquer massa de matéria poderia haver mais coesão do que entre duas superfícies polidas, as quais, a despeito de toda a pressão de um fluido que se possa imaginar, facilmente deslizam uma em relação à outra. De maneira que, talvez, por mais clara que pensemos ser a *ideia* que temos da extensão do corpo, a qual não passa da coesão de partes sólidas, quem considerá-la adequadamente em sua mente poderá encontrar razões para concluir que seja *tão fácil* para ele *ter uma* ideia *clara de como a alma pensa quanto de como o corpo é extenso*. De fato, como o corpo só é extenso na medida em que haja união e coesão de suas partes sólidas, e apenas nessa medida, compreenderemos muito mal a *extensão* do corpo enquanto não entendermos no que consistem a união e a coesão de suas partes, o que me parece tão incompreensível quanto o processo do pensamento e o modo pelo qual ele é realizado.

§ 25. Reconheço que a maior parte das pessoas costuma se admirar com o fato de que alguém possa encontrar dificuldades naquilo que eles pensam observar todos os dias. Pois não vemos, diriam elas prontamente, as partes dos corpos aderirem firmemente umas às outras? Haveria algo mais trivial do que isso? Qual dúvida se poderia ter a esse respeito? E o mesmo afirmo a respeito do *pensamento* e do *movimento voluntário*: não os experimentamos a todo momento em nós mesmos? E, portanto, poderíamos duvidar deles? O fato em questão é claro, reconheço. Mas, quando queremos enxergar dentro dele mais de perto e considerar como ele se dá, então, penso eu, não sabemos o que dizer, tanto num caso quanto no outro, e conseguimos entender tão pouco o modo pelo qual as partes dos corpos coerem quanto o modo pelo qual nós mesmos percebemos ou nos movemos. Gostaria que alguém me explicasse inteligivelmente como as partes do ouro ou do bronze (que um pouco antes em fusão estavam tão desprendidas umas das outras quanto as partículas da água, ou os grãos de areia numa ampulheta) podem em pouco tempo estar tão unidas e aderir com tanta força umas às outras, que o braço humano mais forte não consiga separá-las. Suponho que nenhum homem razoável saberia o que dizer a esse respeito para satisfazer seu próprio entendimento ou o de outrem.

§ 26. Os pequenos corpos que compõem esse fluido a que chamamos *água* são tão extremamente pequenos que não sei de ninguém que, por meio de um microscópio (e sei de alguns que ampliaram dez mil vezes, aliás, até mesmo muito mais de cem mil vezes), tenha pretendido perceber seu volume, figura ou movimento precisos. E as partículas da água também se encontram tão desprendidas umas das outras que a menor força as separa perceptivelmente. Mais ainda, se considerarmos seu incessante movimento, deveremos reconhecer que elas não têm nenhuma conexão umas com as outras. E, no entanto, basta vir um frio cortante, e esses pequenos átomos unem-se, consolidam-se, coerem e não podem ser separados sem uma grande força. Quem conseguisse encontrar as amarras que atam uns aos outros com tanta firmeza esses montes de pequenos corpos soltos, quem desse a conhecer o cimento que faz com que colem tão solidamente uns aos outros, descobriria um importante e até agora desconhecido segredo. E, no entanto, quando isso fosse feito, ainda estaria muito longe de tornar inteligível a extensão do corpo (que é a coesão de suas partes sólidas) enquanto não pudesse mostrar no que consiste a união ou a consolidação das partes dessas amarras, ou desse cimento, ou da menor partícula de matéria que existe. Assim sendo, resta claro que essa qualidade primária e supostamente óbvia dos corpos mostra-se, quando examinada, tão incompreensível quanto qualquer coisa que pertença a nossa mente, e que *uma substância sólida extensa é tão difícil de conceber quanto uma substância pensante imaterial*, por mais que se levantem dificuldades acerca desta última.

§ 27. De fato, para considerar ainda um pouco mais a questão, aquela pressão, que é introduzida para explicar a coesão dos corpos, é tão ininteligível quanto a própria coesão. De fato, se a matéria é considerada finita, como é, sem dúvida, o caso, que se contemplem as extremidades do universo e ali se veja que anéis podem ser concebidos, que laço pode ser imaginado para manter essa massa de matéria numa tão forte pressão, da qual o aço extrai sua firmeza, e 31
as partes do diamante, sua dureza e sua indissolubilidade. Se a matéria é finita, ela deve ter extremidades, e deve haver algo que impeça que ela se disperse. Se alguém, para evitar essa dificuldade, preferir se lançar à suposição e ao abismo da matéria infinita, peço-lhe que considere se, ao assim proceder, ele traz alguma luz para a *coesão* do corpo e se ele se aproxima, um mínimo que seja, de torná-la inteligível ao resolvê-la em uma suposição que é a mais inteiramente absurda e incompreensível dentre todas. Nessa medida, nossa *ideia* da extensão do corpo (que não é senão a coesão de partes sólidas) está muito longe de ser mais clara ou mais distinta, quando inquirimos em sua natureza, causa ou feitio, do que a *ideia* do pensamento.

A comunicação de movimento por impulso e por pensamento são igualmente inteligíveis.

§ 28. Outra *ideia* que temos acerca do corpo é o poder de *comunicação de movimento por impulso*, e, acerca de nossas almas, o poder de *excitar o movimento pelo pensamento*. Essas *ideias*, uma delas do corpo, outra de nossa mente, são claramente fornecidas pela experiência cotidiana; mas, aqui também, se nos perguntamos como isso é feito, *encontramo-nos igualmente na escuridão*. De fato, na comunicação de movimento por impulso, em que o mesmo tanto de movimento que se perde num corpo é adquirido pelo outro, que é o caso mais comum, não conseguimos conceber nada além da passagem de movimento de um corpo para o outro; o que, penso eu, é tão obscuro e inconcebível quanto o modo pelo qual nossas mentes movem ou param nosso corpo pelo pensamento, coisa que a todo momento constatamos que elas fazem. O aumento de movimento por impulso, que se observa ou se acredita que por vezes ocorra, é ainda mais difícil de entender. Dispomos de clara evidência, pela experiência cotidiana, de movimento produzido tanto por impulso quanto por pensamento, mas o modo como isso ocorre escapa da esfera de nossa compreensão, não entendemos nenhum deles. De maneira que, como quer que consideremos o movimento e sua comunicação, seja pelo corpo, seja pelo espírito, *a* ideia *que pertence ao espírito é, pelo menos, tão clara quanto a que pertence ao corpo*. E, se considerarmos o poder ativo de mover, ou, como eu o chamo, a *motilidade*, ela é muito mais clara no espírito do que no corpo, visto que dois corpos, colocados em repouso lado a lado, jamais nos propiciariam a *ideia* do poder em um para mover o outro, a não ser por um movimento tomado de empréstimo, ao passo que a mente nos propicia, diariamente, *ideias* de um poder ativo de mover corpos. Assim, precisamos considerar se o poder ativo não é o atributo próprio

aos espíritos, e o poder passivo, próprio à matéria[69]. 312
Do que se pode conjecturar que espíritos criados não são inteiramente separados da matéria, visto serem tanto ativos quanto passivos. O espírito puro, *i. e.*, Deus, é unicamente ativo; a matéria pura é unicamente passiva; podemos julgar que os seres que são tanto ativos quanto passivos participam de ambos. Mas, seja como for, penso que temos tantas *ideias* relativas ao espírito quantas temos relativas ao corpo, e umas tão claras quanto as outras, permanecendo a substância de ambos igualmente desconhecida para nós. A *ideia* de pensamento no espírito é tão clara quanto a de extensão no corpo, e a comunicação de movimento por pensamento, que atribuímos ao espírito, é tão evidente quanto a comunicação de movimento por impulso, que atribuímos aos corpos. A experiência constante torna-nos cientes de ambos, ainda que nosso estreito entendimento não possa compreender nenhum deles. De fato, quando a mente quer olhar para além dessas *ideias* originais que adquirimos pela sensação e pela reflexão, e penetrar em suas causas e em seus modos de produção, vemos novamente que nada descobre senão sua própria miopia.

§ 29. Para concluir, a sensação convence-nos de que há substâncias sólidas extensas, e a reflexão, de que há substâncias pensantes. A experiência assegura-nos da existência desses seres, e não podemos duvidar de que um deles tem o poder de mover corpos por impulso, e o outro, por pensamento. A experiência, afirmo, a todo momento nos fornece *ideias* claras tanto de um quanto de outro. Mas nossas faculdades não vão além dessas *ideias*, tal como recebidas de suas fontes apropriadas. Se quisermos investigar mais profundamente sua natureza, causa e feitio, não percebe-

69. As duas frases seguintes foram introduzidas a partir da quarta edição. [N. E.]

remos a natureza da extensão com mais clareza do que a do pensamento. Se quisermos explicá-las mais profundamente, uma é tão fácil quanto a outra, e não há mais dificuldade em conceber como uma substância que não conhecemos possa, pelo pensamento, pôr um corpo em movimento do que em conceber como uma substância que não conhecemos possa, por impulso, pôr um corpo em movimento. De modo que não somos mais capazes de descobrir em que consistem as *ideias* pertencentes aos corpos do que o somos com relação àquelas pertencentes aos espíritos. Assim sendo, parece-me provável que as *ideias* simples que recebemos pela sensação e reflexão são as fronteiras de nossos pensamentos, para além das quais a mente, por mais que se esforce, não é capaz de avançar uma polegada nem de realizar descobertas quando quer espiar a natureza e as causas ocultas dessas *ideias*.

Comparação entre as ideias *de corpo e de espírito.*

§ 30. De modo que, numa palavra, *a ideia* que
313 temos *de espírito, quando comparada à ideia* que temos *de corpo*, apresenta-se assim: a substância do espírito nos é desconhecida, assim como a substância do corpo nos é igualmente desconhecida. Temos *ideias* claras e distintas de duas qualidades ou propriedades primárias do corpo, *i. e.*, partes sólidas coerentes, e impulso, assim como, do mesmo modo, conhecemos e temos *ideias* claras e distintas de duas qualidades ou propriedades primárias de espírito, *i. e.*, pensamento e um poder de ação, vale dizer, um poder de começar ou interromper diversos pensamentos e movimentos. Também temos as *ideias* de diversas qualidades inerentes aos corpos, e temos *ideias* claras e distintas delas, qualidades que não são senão as várias modificações da extensão de partes sólidas coesas e de seu movimento. Temos, da mesma maneira, as *ideias* dos vários modos do pensar, *i. e.*, acreditar,

duvidar, intencionar, recear, esperar, e todas elas não são senão os diversos modos do pensar. Temos também as *ideias* de querer e de mover o corpo em consequência disso, e, com o corpo, nós mesmos, pois, como se mostrou, o espírito é capaz de movimento.

A noção de espírito não envolve mais dificuldade do que a de corpo.

§ 31. Por fim, embora essa noção de espírito imaterial talvez apresente algumas dificuldades que não é fácil explicar, nem por isso dispomos de mais razões para negar ou duvidar da existência de tais espíritos do que para negar ou duvidar da existência de corpos, pois a noção de corpo está enredada em algumas dificuldades muito árduas e, talvez, impossíveis de serem explicadas ou entendidas por nós. De fato, gostaria que se apontasse um exemplo, em nossa noção de espírito, de algo que fosse mais inexplicável ou mais próximo de uma contradição do que aquilo que a própria noção de corpo implica: a divisibilidade *in infinitum* de qualquer extensão finita nos envolve, quer a afirmemos ou neguemos, em consequências impossíveis de serem explicadas, ou de se tornarem compatíveis entre si em nossas apreensões; consequências que trazem maiores dificuldades e absurdos mais patentes do que qualquer coisa que se possa seguir da noção de uma substância imaterial cognoscente.

Nada conhecemos para além de nossas ideias *simples.*

§ 32. Coisa que absolutamente não nos deve admirar, pois, como não temos senão algumas poucas *ideias* superficiais das coisas, reveladas a nós unicamente pelos sentidos, externamente, ou pela mente refletindo sobre o que ela experimenta nela mesma, internamente, não temos nenhum conhecimento para além disso, muito menos da constituição interna e da verdadeira natureza das coisas, sendo desprovidos de faculdades para tal. E, portanto, como experimentamos e descobrimos, em nós mesmos, o conhecimento e um poder de movimento voluntário com tanta certeza quanto experimentamos ou descobrimos, nas 31 coisas exteriores, a coesão e a separação de partes sólidas, que são a extensão e o movimento dos corpos, *temos tanto motivo para estarmos satisfeitos com nossa noção de espírito imaterial quanto com nossa noção de corpo e com relação à existência de um tanto quanto em relação à do outro*. De fato, que o pensamento possa existir separada e independentemente da solidez é tão pouco uma contradição quanto que a solidez possa existir separada e independentemente do pensamento, pois ambos são apenas *ideias* simples, independentes uma da outra. E, como temos em nós *ideias* tão claras e distintas do pensamento quanto da solidez, não vejo por que não poderíamos conceder tanto que uma coisa pensante sem solidez, *i. e.*, *imaterial*, exista, quanto que uma coisa sólida sem pensamento, *i. e.*, *matéria*, exista, principalmente porque não é mais difícil conceber como o pensamento poderia existir sem a matéria do que como a matéria poderia pensar. Com efeito, sempre que queremos prosseguir para além dessas *ideias* simples que obtemos da sensação e reflexão e mergulhar mais profundamente na natureza das coisas, caímos imediatamente nas trevas e na obscuridade, em perplexidades e dificuldades, e nada conseguimos descobrir além de nossa própria cegueira e ignorância. Mas, seja qual for a mais clara dentre essas *ideias*, a de corpo ou a de espírito imaterial, uma coisa resta evidente: que as *ideias* simples que as compõem não são outras que as que recebemos da sensação ou da reflexão; e o mesmo se passa com todas nossas outras *ideias* de substâncias, até mesmo a de Deus ele próprio.

§ 33. De fato, se examinarmos a *ideia* que temos do incompreensível Ser Supremo, constataremos que a ela chegamos pela mesma via, e que as *ideias* complexas que temos tanto de Deus quanto de espíritos separados são compostas pelas *ideias* simples que Ideia *de Deus*.

recebemos pela *reflexão*. P. ex., uma vez tendo adquirido, pelo que experimentamos em nós mesmos, as *ideias* de existência e de duração, de conhecimento e de poder, de prazer e de felicidade e de muitas outras qualidades e poderes que é melhor ter do que não ter, nós, quando queremos formar uma *ideia* tão adequada ao Ser Supremo quanto conseguirmos, ampliamos cada uma dessas *ideias* com nossa *ideia* de infinitude e, reunindo-as assim, fazemos nossa *ideia* complexa *de Deus*. Pois que a mente tem esse poder de ampliar algumas de suas *ideias*, recebidas da sen- 315
sação e da reflexão, é coisa que já se mostrou.

§ 34. Se constato que conheço algumas poucas coisas, e algumas delas, ou talvez todas, imperfeitamente, posso formar uma *ideia* de conhecer duas vezes mais coisas, a qual posso dobrar novamente, tantas vezes quanto é possível adicionar a um número e, assim, ampliar minha *ideia* de conhecimento estendendo sua abrangência a todas as coisas existentes ou possíveis. O mesmo também posso fazer em relação a conhecê-las mais perfeitamente, *i. e.*, todas suas qualidades, poderes, causas, consequências e relações etc., até que tudo que esteja nelas, ou que de alguma forma com elas se relacione, seja perfeitamente conhecido, e, assim, eu possa formar a *ideia* de conhecimento infinito ou ilimitado. O mesmo pode ser feito ainda em relação ao poder, até chegarmos àquele que chamamos infinito; e também em relação à duração da existência, sem começo ou fim, e assim formar a *ideia* de um ser eterno. Como os graus ou a extensão em que atribuímos existência, poder, sabedoria e toda outra perfeição (da qual possamos ter alguma *ideia*) a esse ser soberano que chamamos de Deus são todos ilimitados e infinitos, formamos a melhor *ideia* dele de que nossa mente é capaz. Digo que tudo isso é feito ampliando, até essa vastidão a que o infinito as pode estender, as *ideias* simples que obtivemos das operações de nossa mente por meio da reflexão, ou das coisas exteriores por meio de nossos sentidos.

§ 35. Pois é a infinitude que, conjugada a nossas *ideias* de existência, poder, conhecimento etc., faz essa *ideia* complexa pela qual representamos para nós mesmos, da melhor maneira que podemos, o Ser Supremo. De fato, ainda que em sua própria essência (que certamente não conhecemos, pois desconhecemos a essência real de um seixo, de um mosquito ou de nós mesmos) Deus seja simples, e não composto, no entanto, penso poder afirmar que não temos nenhuma outra *ideia* dele além dessa, que é complexa, de existência, conhecimento, poder, felicidade etc. infinitos e eternos. Todas elas são *ideias* distintas e, algumas delas sendo relativas, são novamente compostas por outras, e todas, como se mostrou, são tomadas originalmente da *sensação* e da *reflexão*, para então compor a *ideia* ou a noção que temos de Deus.

Não há, em nossas ideias *complexas dos espíritos, outras* ideias *além das adquiridas pela sensação e reflexão.*

§ 36. Deve-se ainda observar que não há nenhuma *ideia* que atribuímos a Deus, a não ser a de infinitude, que não seja parte também de nossa *ideia* complexa de outros espíritos. De fato, como não somos capazes de nenhuma outra *ideia* simples, que pertença a qualquer coisa que não seja corpo, senão
316 aquelas que recebemos, pela reflexão, da operação de nossa própria mente, não podemos atribuir a espíritos nenhuma outra *ideia* senão as que recebemos desse modo. E toda a diferença que podemos imputar aos espíritos, em nossa contemplação deles, reside apenas nas diversas extensões e graus de seu conhecimento, poder, duração, felicidade etc. Pois que em nossas *ideias*, tanto *de espíritos* quanto de outras coisas, estamos *restritos às que recebemos da sensação e da reflexão* é o que resta evidente pelo seguinte fato. Em nossas *ideias* de espíritos, por mais que as tenha-

mos levado, em perfeição, bem além das dos corpos, até mesmo ao infinito, no entanto, não podemos ter qualquer *ideia* da maneira pela qual os espíritos revelam seus pensamentos uns aos outros; ainda que devamos concluir necessariamente que os espíritos separados[70], que são seres que têm um conhecimento mais perfeito e uma felicidade maior do que os que temos, também devem necessariamente dispor de um meio mais perfeito para comunicar seus pensamentos do que o nosso, em que precisamos recorrer a signos corpóreos, especialmente aos sons, que são de uso mais geral por serem o meio melhor e mais rápido de que somos capazes. Mas, como não experienciamos em nós mesmos a comunicação imediata e, consequentemente, não temos absolutamente nenhuma noção dela, não temos *ideia* de como os espíritos, que não se valem de palavras, podem comunicar-se com prontidão; e, menos ainda, de como os espíritos, que não têm corpos, podem ser senhores de seus próprios pensamentos e comunicá-los ou escondê-los a seu bel-prazer, ainda que nos seja inevitavelmente necessário supor que tenham esse poder.

Recapitulação. § 37. E assim vimos *que tipo de* ideias *temos de substâncias de todos os tipos*, no que elas consistem e como chegamos a elas. Sobre isso, penso restar muito evidente o que se segue.

Primeiro, que todas nossas *ideias* dos diversos tipos de substância não são mais que coleções de *ideias* simples, com uma suposição de algo a que pertencem e em que subsistem, ainda que não tenhamos absolutamente nenhuma *ideia* clara e distinta desse suposto algo.

Segundo, que todas as *ideias* simples que, assim unidas num único *substratum* comum, compõem nossas *ideias* complexas dos diversos tipos de substância

70. A expressão "separados" foi introduzida a partir da quarta edição. [N. E.]

são apenas aquelas que recebemos da *sensação* ou da *reflexão*. De maneira que, mesmo naquelas subs-
317 tâncias com que pensamos estar mais intimamente familiarizados e chegar mais perto de sua compreensão, nossas concepções mais amplas não podem ir além dessas *ideias* simples. E, mesmo naquelas que parecem mais afastadas de tudo com o que nos havemos e ultrapassam infinitamente qualquer coisa que possamos perceber em nós mesmos pela *reflexão* ou descobrir em outras coisas pela *sensação*, nada alcançamos além dessas *ideias* simples que recebemos originalmente pela *sensação* ou pela *reflexão*, como resta evidente nas *ideias* complexas que temos de anjos e, particularmente, do próprio Deus.

Terceiro, que a maior parte das *ideias* simples que compõem nossas *ideias* complexas de substâncias, quando corretamente consideradas, são apenas poderes, por mais que tendamos a tomá-las por qualidades positivas. P. ex., a maior parte das *ideias* que compõem nossa *ideia* complexa de *ouro* são amarelidão, grande peso, ductilidade, fusibilidade e solubilidade em água-régia etc., todas unidas entre si num *substratum* desconhecido: todas essas *ideias* nada mais são que diferentes relações com outras substâncias, e não se encontram realmente no ouro, considerado meramente em si mesmo, embora dependam das qualidades primárias e reais de sua constituição interna, pela qual ele tem uma aptidão a agir e a ser afetado de maneiras diferentes por diversas outras substâncias.

CAPÍTULO XXIV
Das ideias *coletivas de substâncias.*

Uma única ideia.

§ 1. Além dessas *ideias* complexas de diversas substâncias individuais, como a de homem, cavalo,

ouro, violeta, maçã etc., a mente tem também *ideias complexas coletivas* de substâncias, que assim denomino porque essas *ideias* são feitas de muitas substâncias particulares conjuntamente consideradas unidas numa única *ideia*, e que, assim conjugadas, são consideradas uma única coisa. P. ex., a *ideia* daquela coleção de homens que perfaz um exército, embora consista num grande número de substâncias distintas, é tanto uma única *ideia* quanto a *ideia* de um homem. E a grande *ideia* coletiva de todos os corpos, sem distinção, significada pela palavra mundo, é tanto uma única *ideia* quanto a *ideia* da mais ínfima partícula de matéria nele existente; pois é suficiente para a unidade de qualquer *ideia* que ela seja consi- 318
derada enquanto uma única representação ou imagem, ainda que seja composta por uma quantidade tão grande quanto se queira de particulares.

Feitas pelo poder de compor da mente.

§ 2. A mente faz essas *ideias* coletivas de substâncias por meio de seu poder de compor, unindo diversamente *ideias* simples ou complexas em uma única, assim como, pela mesma faculdade, ela faz as *ideias* complexas de substâncias particulares, que consistem num agregado de diversas *ideias* simples, unidas numa única substância. E, assim como a mente faz, pela conjugação de repetidas *ideias* de unidade, o modo coletivo ou a *ideia* complexa de um número qualquer, como uma vintena ou uma grosa etc., da mesma maneira, conjugando muitas substâncias particulares, ela faz *ideias* coletivas de substâncias, como uma tropa, um exército, um enxame, uma cidade, uma esquadra. Qualquer homem percebe que representa cada um desses grupos para sua própria mente por meio de uma única *ideia*, numa única visão e, assim, sob essa noção, considera essas diversas coisas como uma só, tão perfeitamente quanto um só navio, ou um só átomo. E não é mais difícil conceber como é possível que um exército de dez mil homens possa fazer uma única *ideia* do que conceber como é possível que um único homem faça uma única *ideia*; pois é tão fácil para a mente unir em uma só a *ideia* de um grande número de homens, e considerá-la uma só, quanto unir em uma *ideia* particular todas as *ideias* distintas que entram na composição de um homem, e considerá-las todas juntas como uma só.

Todas as coisas artificiais são ideias *coletivas.*

§ 3. Entre essas *ideias* coletivas deve-se contar a maior parte das coisas artificiais, pelo menos aquelas que são feitas de substâncias distintas. Na verdade, se considerarmos todas essas *ideias* coletivas corretamente, por exemplo, EXÉRCITO, *constelação*, *universo*, na medida em que são unidas em tantas *ideias* particulares, elas não passam de composições artificiais da mente que conjuga coisas muito remotas e independentes entre si em uma única visão para melhor contemplar e raciocinar sobre elas, assim unidas numa única concepção e significadas por um único nome. Pois não existem coisas tão remotas, nem tão contrárias, que a mente não possa, por essa arte de composição, reduzir a uma única *ideia*, como é patente naquela ideia significada pelo nome *universo*.

319

CAPÍTULO XXV
Da relação

O que é relação.

§ 1. Além das *ideias*, sejam simples ou complexas, que a mente tem das coisas como são em si mesmas, há ainda outras que ela obtém ao compará-las entre si. O entendimento, na consideração de uma coisa qualquer, não está confinado a esse preciso objeto: ele pode levar qualquer *ideia* para além de si mesma, por assim dizer, ou, pelo menos, olhar para além dela, para ver que conformidade mantém com outra qualquer. Quando a mente considera uma coisa de modo tal que, por assim dizer, a traz à presença de outra e a põe a seu lado, e leva sua vista de uma para a outra, temos, como o próprio termo indica, *relação* e *referência*. E as denominações dadas às coisas positivas que envolvem essa referência e servem como marcas para conduzir o pensamento para além do próprio objeto denominado, até algo distinto dele, são o que chamamos de *relativos*, e as coisas assim aproximadas chamamos de *relacionadas*. Assim, quando a mente considera *Caio* este ser positivo, ela não inclui nada nessa *ideia*, a não ser o que realmente existe em *Caio*; p. ex., quando o considero homem, nada tenho em minha mente, a não ser a *ideia* complexa da espécie, homem. Da mesma forma, quando digo que *Caio* é um homem branco, tenho apenas a mera consideração de um homem que tenha a cor branca. Mas quando dou a *Caio* o nome *esposo*, implico alguma outra pessoa, e, quando dou a ele o nome *mais branco*, implico uma outra coisa: em ambos os casos, meu pensamento é levado para algo além de *Caio*, e duas coisas são trazidas à consideração. E, visto que qualquer *ideia*, seja simples ou complexa, pode dar ocasião a que a mente reúna assim duas coisas e, por assim dizer, veja ambas simultaneamente, embora ainda considerando-as distintas, então, qualquer uma de nossas *ideias* pode ser o fundamento de uma relação. Assim, no exemplo acima mencionado, o contrato e a cerimônia de casamento com *Semprônia* ocasiona a denominação ou a relação de esposo, e a cor branca é ocasião para que se diga que ele é mais branco do que pedra de cantaria.

Relações sem termos correlativos não são facilmente perceptíveis.

§ 2. Estas e outras *relações* semelhantes, *expressas por termos relativos aos quais correspondem outros* 320
com uma implicação recíproca, como pai e filho, maior e menor, causa e efeito, *são bastante óbvias* para qual-

quer um, e todos as percebem à primeira vista. Pois pai e filho, marido e esposa e outros termos correlatos como esses parecem pertencer um ao outro tão intimamente e, pelo costume, ecoam e respondem tão prontamente um ao outro na memória das pessoas que, quando qualquer um deles é mencionado, o pensamento é prontamente levado para além da coisa que é assim nomeada, e não há quem não note ou ponha em dúvida uma relação tão patentemente sugerida. Mas, quando as línguas não oferecem nomes correlativos, então a relação nem sempre é tão facilmente notada. *Concubina* é, sem dúvida, um nome relativo, tanto quanto esposa; mas, nas línguas em que essa e palavras semelhantes não têm um nome correlativo, as pessoas não são tão capazes de tomá-las como tais, pois falta-lhes essa marca evidente de relação que existe entre os correlativos, que parecem explicar-se um ao outro e não poder existir senão juntos. Daí que muitos dos nomes que, devidamente considerados, incluem relações evidentes tenham sido chamados de denominações externas. Mas todos os nomes que são algo mais que sons vazios devem significar alguma *ideia* que ou se encontra na coisa à qual o nome é aplicado – e então é positiva, e é vista como estando unida à coisa que recebe a denominação e nela existindo –, ou então surge da referência que a mente encontra nessa coisa a algo distinto dela, com o qual ela a considera – e, então, ela inclui uma relação.

Alguns termos aparentemente absolutos contêm relações.

§ 3. Há outro tipo de *termos relativos* que não são considerados nem relativos nem sequer denominações externas, *os quais*, no entanto, sob a forma e a aparência de significarem alguma coisa absoluta no objeto, escondem uma relação tácita, ainda que menos observável. Assim são os termos *aparentemente positivos*, como *velho*, *grande*, *imperfeito* etc., dos quais terei oportunidade de falar mais detidamente nos capítulos subsequentes.

A relação é diferente das coisas relacionadas.

§ 4. Pode-se ainda observar que as *ideias* de relação podem ser as mesmas em homens que tenham *ideias* muito diferentes das coisas que são relacionadas ou que são assim comparadas. P. ex., aqueles que tenham *ideias* muito diferentes de *homem* podem, no entanto, concordar quanto à noção de *pai*, que é uma noção sobreposta à substância, ou homem, e refere-se unicamente a um ato dessa coisa chamada homem pelo qual ele contribuiu para a geração de 321
alguém de seu próprio gênero, não importa o que se entenda por homem.

Pode haver alteração na relação sem qualquer alteração na coisa relacionada.

§ 5. Portanto, *a natureza da relação* consiste em referir ou comparar duas coisas uma à outra, comparação pela qual uma ou ambas vêm a ser denominadas. E, caso uma dessas duas coisas seja afastada ou deixe de existir, a relação cessa, e a denominação consequente a ela, também, ainda que a outra coisa não sofra em si mesma absolutamente nenhuma alteração. P. ex., *Caio*, que hoje considero um pai, deixa de ser tal coisa amanhã, unicamente pela morte de seu filho, sem que qualquer alteração ocorra nele mesmo. Mais ainda, meramente pelo fato de a mente mudar o objeto com o qual compara uma coisa qualquer, a mesma coisa é capaz de receber denominações contrárias ao mesmo tempo. P. ex., *Caio*, quando comparado a diferentes pessoas, pode, com verdade, ser dito mais velho e mais jovem, mais forte e mais fraco etc.

Só há relação entre duas coisas.

§ 6. Qualquer coisa que existe ou pode existir ou ser considerada uma só coisa é positiva. E assim não somente *ideias* simples e substâncias, mas também modos, são seres positivos, ainda que as partes em que consistam sejam muitas vezes relativas umas às outras. De fato, o todo em conjunto, considerado uma só coisa e produzindo em nós a *ideia* complexa de uma só coisa – *ideia* essa que está em nossa mente como um único quadro, embora seja um agregado de partes diversas –, e isso sob um só nome, é uma coisa ou *ideia* positiva absoluta. Assim, ainda que as partes de um triângulo, comparadas umas às outras, sejam *relativas*, no entanto, a *ideia* do todo é uma *ideia* positiva absoluta. O mesmo pode ser dito de uma família, uma canção etc., pois não pode haver nenhuma relação, a não ser entre duas coisas, consideradas duas coisas. Deve haver sempre, na relação, duas *ideias* ou coisas, quer em si mesmas realmente separadas, quer consideradas distintas, e, além disso, uma base ou ocasião para sua comparação.

Todas as coisas são suscetíveis de relação.

§ 7. A respeito da relação em geral, as seguintes coisas devem ser consideradas.

Primeiro, não há *nem uma única coisa*, quer *ideia* simples, substância, modo ou relação, ou o nome de um desses, *que não seja suscetível de um número praticamente infinito de* considerações por referência a outras coisas. E, portanto, isso responde por uma parte nada desprezível dos pensamentos e das palavras dos homens. P. ex., um único homem pode ao mesmo tempo estar envolvido e manter todas as seguin-
322 tes *relações*, e muitas mais, *i. e.*, pai, irmão, filho, avô, neto, sogro, genro, amigo, marido, inimigo, súdito, general, juiz, patrono, cliente, professor, europeu, inglês, insulano, servo, senhor, proprietário, capitão, superior, inferior, maior, menor, mais velho, mais jovem, contemporâneo, semelhante, dessemelhante etc., em número praticamente infinito, pois é suscetível de tantas relações quantas forem as ocasiões para compará-lo a outras coisas, em concordância, discordância ou referência a seja lá o que for. De fato, como disse anteriormente, *relação* é uma maneira de comparar ou considerar duas coisas juntas e dar a uma ou a ambas alguma denominação a partir dessa comparação e, por vezes, dar um nome até mesmo à própria relação.

As ideias de relações muitas vezes são mais claras do que os objetos relacionados.

§ 8. *Segundo*, deve-se ainda considerar com respeito à *relação* que, embora ela não esteja incluída na existência real das coisas, mas seja algo alheio e acrescentado, no entanto, frequentemente as *ideias* que as palavras relativas designam são mais claras e mais distintas do que as das substâncias a que pertencem. A noção que temos de pai ou de irmão é consideravelmente mais clara e distinta do que a que temos de homem, ou, caso se prefira, *paternidade* é uma coisa da qual é mais fácil ter uma *ideia* clara do que *humanidade*, e posso conceber muito mais facilmente o que seja um amigo do que o que é DEUS. Isso porque o conhecimento de uma única ação ou de uma única *ideia* simples é, muitas vezes, suficiente para me dar a noção de uma relação, mas, para o conhecimento de qualquer ser substancial, uma coleção acurada de múltiplas *ideias* é necessária. Se um homem compara duas coisas, é difícil pensar que ele não saiba em que as compara, e assim, quando ele compara quaisquer coisas, ele não poderá senão ter uma *ideia* muito clara dessa relação. As *ideias* de *relação são*, portanto, pelo menos *suscetíveis de serem mais perfeitas e distintas em nossas mentes do que as de substâncias*. Pois geralmente é difícil conhecer todas as *ideias* simples que realmente estejam numa substância qualquer; mas, no mais das vezes, é bastante fácil conhecer as *ideias* simples que componham uma relação qualquer em que penso ou para a qual tenho um nome. P. ex., ao comparar dois homens com referência a um progenitor comum, é muito fácil formar as *ideias* de irmãos, sem que, no entanto, disponhamos da *ideia* perfeita de homem. Pois palavras relativas significantes, a exemplo das demais, designam unicamente *ideias* e, como todas estas são ou simples, ou 32
feitas a partir de *ideias* simples, é suficiente, para o conhecimento da *ideia* precisa que o termo relativo

designa, ter uma concepção clara daquilo em que a relação se funda, o que pode ser feito sem que se tenha uma *ideia* clara e perfeita da coisa à qual a relação é atribuída. Assim, de posse da noção de que um botou o ovo no qual o outro foi chocado, tenho uma ideia clara da relação entre uma fêmea e seu filhote existente entre os dois casuares em St. James' Park, ainda que talvez não tenha senão uma *ideia* bastante obscura e imperfeita dos próprios pássaros.

Todas as relações terminam em ideias *simples.*

§ 9. *Terceiro*, embora haja um grande número de considerações em que as coisas podem ser comparadas umas às outras, e, assim, uma multidão de *relações*, no entanto, *todas terminam* em, e dizem respeito a, essas *ideias simples*, quer da sensação ou da reflexão, as quais penso constituírem a totalidade dos materiais de nosso conhecimento. Para deixar isso claro, mostrarei como assim ocorre nas relações mais importantes de que temos alguma noção e em algumas que parecem ser as mais afastadas dos *sentidos* e da *reflexão*, mas que, no entanto, mostrarão obter suas *ideias* daí, não deixando dúvida de que as noções que temos delas são apenas certas *ideias* simples e, portanto, originalmente derivadas dos sentidos ou da reflexão.

Termos que conduzem a mente para além do objeto denominado são relativos.

§ 10. *Quarto*, como a *relação* é a consideração de uma coisa com outra, extrínseca a ela, é evidente que todas as palavras que necessariamente conduzam a mente para quaisquer outras *ideias* além das que se suponham existirem realmente nessa coisa, à qual a palavra é aqui aplicada, são *palavras relativas*. P. ex., um *homem negro*, *feliz*, *pensativo*, *sedento*, *irado*, *extenso*: esses e outros termos semelhantes são todos absolutos, porque nem significam nem implicam qualquer coisa senão o que existe, ou que se supõe realmente existir, no homem assim denominado; mas *pai*, *irmão*, *rei*, *marido*, *mais negro*, *mais feliz* etc. são palavras que, juntamente com a coisa que denominam, implicam também algo separado e exterior à existência dessa coisa.

Conclusão. § 11. Tendo estabelecido essas premissas a respeito da *relação* em geral, passarei agora a mostrar, em alguns casos, como todas as *ideias* que temos de *relação* são feitas, assim como o são as demais, unicamente de *ideias* simples; e que todas elas, por mais refinadas ou afastadas que possam parecer dos senti- 324
dos, terminam, por fim, em *ideias* simples. Começarei pela relação mais abrangente, a qual diz respeito a todas as coisas que existem ou que podem existir, e tal é a relação entre *causa* e *efeito*. *Ideia* que, a seguir, mostrarei derivar das duas fontes de todo nosso conhecimento, *sensação* e *reflexão*.

CAPÍTULO XXVI
De causa e efeito e de outras relações

De onde são adquiridas suas ideias. § 1. Ao notar, por nossos sentidos, a constante vicissitude das coisas, não podemos deixar de observar que muitas qualidades e substâncias particulares começam a existir e recebem essa sua existência da oportuna aplicação e operação de algum outro ser. A partir dessa observação, adquirimos nossas *ideias* de *causa* e *efeito*. Aquilo que produz qualquer *ideia* simples ou complexa, nós o denotamos pelo nome geral de *causa*, e aquilo que é produzido, por *efeito*. Assim, ao constatar que, na substância que chamamos de cera, a fluidez, que é uma *ideia* simples que não se encontrava nela anteriormente, é constantemente produzida pela aplicação de um certo grau de calor, chamamos a *ideia* simples de calor, em relação à fluidez da cera, de causa, e a fluidez, de efeito. Assim também, constatando que a substância madeira, que é uma certa coleção de *ideias* simples assim chamada, é transformada pela aplicação do fogo em outra substância, a que chamamos cinzas, *i. e.*, uma outra *ideia* complexa que consiste numa coleção de *ideias* simples totalmente diferente daquela *ideia* complexa a que chamamos madeira, consideramos o fogo, em relação às cinzas, como causa, e as cinzas como efeito. De maneira que qualquer coisa que consideramos conduzir a ou operar na produção de qualquer *ideia* simples particular ou coleção de *ideias* simples, seja substância ou modo, que não existia antes, por isso mesmo tem em nossa mente a relação de causa, e é assim denominada por nós.

Criação, geração, feitura, alteração.

§ 2. Tendo assim adquirido, a partir do que nossos sentidos são capazes de descobrir nas operações dos corpos uns sobre os outros, a noção de *causa* e *efeito* – *i. e.*, que uma *causa* é aquilo que faz com que uma outra coisa qualquer comece a existir, seja uma *ideia* simples, uma substância ou um modo, e que um
325 *efeito* é aquilo que tem seu início a partir de alguma outra coisa –, a mente não encontra grande dificuldade para distinguir as diferentes origens das coisas em dois tipos.

Primeiro, quando é feita uma coisa inteiramente nova, de maneira que nenhuma de suas partes jamais tenha existido antes. Por exemplo, quando uma nova partícula de matéria, que antes não existia, começa a existir *in rerum natura*: isso chamamos de *criação*.

Segundo, quando uma coisa é feita de partículas, todas elas previamente existentes, mas a coisa mesma – assim constituída por partículas preexistentes que, consideradas todas juntas, perfazem tal coleção de *ideias* simples – não tinha nenhuma *existência* anteriormente, como este homem, este ovo, esta rosa ou esta cereja etc. E, quando isso se refere a uma substância produzida no curso ordinário da natureza por um princípio interno, mas posto em atividade por e recebido de algum agente externo ou causa, e operando insensivelmente por meios que não percebemos, chamamos isso de *geração*. Quando a causa é extrínseca, e o efeito é produzido por uma separação perceptível ou por uma justaposição de partes discerníveis, chamamos a isso de *feitura*, o que ocorre com todas as coisas artificiais. Quando uma *ideia* simples qualquer é produzida, que antes não se encontrava naquele objeto, nós a chamamos de *alteração*. Assim um homem é gerado, um quadro é feito, e qualquer um deles é alterado quando é produzida neles uma nova qualidade sensível qualquer, ou *ideia* simples, que antes não existia ali. E as coisas assim trazidas à existência, que antes não se encontravam ali, são *efeitos*, e as coisas que operaram para sua existência são *causas*. Nesses casos e em muitos outros podemos observar que a noção de *causa* e *efeito* surge de *ideias* recebidas pela sensação e pela reflexão, e que essa relação, por mais abrangente que possa ser, acaba por terminar nelas. De fato, para ter a *ideia* de *causa* e *efeito*, é suficiente considerar qualquer *ideia* simples, ou qualquer substância, na medida em que começa a existir pela operação de alguma outra, sem conhecer a maneira dessa operação.

Relações de tempo.

§ 3. *Tempo* e *lugar* também são o fundamento de relações muito abrangentes, nas quais pelo menos todos os seres finitos estão implicados. Mas, como já mostramos em outro lugar o modo pelo qual adquirimos essas *ideias*, pode ser suficiente indicar aqui que
a maioria das denominações que as coisas recebem 326
do tempo são apenas relações. Assim, quando alguém diz que a rainha *Elisabeth* viveu por 69 anos e reinou por 45, essas palavras significam unicamente a relação dessa duração com uma outra, e não querem dizer mais do que isto, que a duração de sua existência foi igual a 69 revoluções anuais do sol, e que a

duração de seu governo foi igual a 45. E assim se dá com todas as palavras que respondam à questão "por quanto tempo?" Da mesma maneira, "*Guilherme*, o Conquistador, invadiu a *Inglaterra* por volta do ano 1070" significa que, tomando a duração desde o tempo de Nosso Salvador até hoje como uma única grande extensão de tempo, isso mostra a que distância essa invasão está dos dois extremos. E assim se dá com todas as palavras de tempo que respondam à questão "quando?", que mostram unicamente a distância de qualquer ponto do tempo em relação a um período de maior duração, a partir do qual a medimos, e com o qual, desse modo, nós a consideramos relacionada.

§ 4. Além dessas, há, no entanto, outras palavras relativas ao tempo que ordinariamente se pensa designarem *ideias* positivas e que, no entanto, quando bem consideradas, se constata serem relativas, como *jovem*, *idoso* etc., que incluem e implicam a relação que uma coisa qualquer tem com uma certa duração da qual temos a *ideia* em nossa mente. Assim, uma vez estabelecido em pensamento que a *ideia* da duração ordinária de um homem é de setenta anos, quando dizemos que um homem é *jovem*, queremos dizer que sua idade é apenas uma pequena parte da duração que os homens geralmente atingem; e, quando o denominamos *velho*, queremos dizer que sua duração quase chegou ao fim daquela que os homens geralmente não ultrapassam. E, assim, trata-se apenas de comparar a idade particular ou a duração deste ou daquele homem à *ideia* daquela duração que temos em nossa mente como ordinariamente pertencendo a esse tipo de animal. O que resta claro na aplicação desses nomes a outras coisas, pois um homem é chamado de jovem aos vinte anos, e de muito jovem aos sete anos de idade, mas chamamos um cavalo de ve-

lho aos vinte anos de idade, e um cão, aos sete anos de idade, pois comparamos as diferentes idades de cada um deles com as diferentes *ideias* de duração que estão estabelecidas em nossa mente como pertencentes a esses diversos tipos de animais no curso ordinário da natureza. Mas o sol e as estrelas, ainda que tenham sobrevivido a muitas gerações de homens, nós não os chamamos de velhos, porque não sabemos o período que DEUS estabeleceu para esse tipo de ser. Esse termo pertence propriamente às coisas acerca das quais podemos observar que, no curso ordinário da natureza, chegam a um fim num certo período de tempo, após um deperecimento natural. Desse modo, temos em nossa mente, por assim dizer, um modelo com o qual podemos comparar as 327
diversas partes de sua duração, e, pela relação que mantêm com esse modelo, as chamamos de jovens ou velhas, o que não podemos, portanto, fazer com um rubi ou um diamante, coisas cujos períodos usuais desconhecemos.

Relações de lugar e de extensão.

§ 5. Também é muito fácil observar a *relação* que as coisas mantêm umas com as outras em seus *lugares* e distâncias, tal como acima, abaixo, uma milha distante de *Charing Cross*, na *Inglaterra* e em *Londres*. Mas, assim como na duração, também na extensão e no volume há algumas *ideias* que são relativas e que indicamos por nomes que se costuma pensar que sejam positivos, como *grande e pequeno*, *os quais*, na verdade, *são relações*. De fato, tendo aqui também estabelecido em nossa mente, pela observação, as *ideias* de grandezas de diversas espécies de coisas, a partir daquelas com as quais estamos mais familiarizados, nós a tomamos como os modelos pelos quais denominamos o tamanho de outras. Assim, chamamos uma maçã de grande quando ela é maior do que as do tipo comum com as quais estamos acostumados, e um cavalo de pequeno quando ele não atinge o tamanho da *ideia* que temos em nossa mente como comumente pertencente a cavalos. E será um grande cavalo para um *galês* aquele que é apenas um pequeno cavalo para um *flamengo*, pois ambos tomaram, a partir das diferentes raças criadas em seu país, *ideias* de diferentes tamanhos com as quais eles comparam seu pequeno e seu grande, e com relação às quais os denominam.

Termos absolutos muitas vezes designam relações.

§ 6. Da mesma maneira, *fraco* e *forte são* apenas *denominações relativas* de poder, comparadas com alguma *ideia* que temos, no momento, de maior ou menor poder. Assim, quando falamos em um homem fraco, queremos dizer um que não tenha tanta força ou poder para mover, como usualmente têm os homens, ou como usualmente têm aqueles de seu tamanho; o que é comparar sua força à *ideia* que temos da força usual dos homens, ou de homens desse tamanho. O mesmo se passa quando dizemos que as criaturas são todas seres fracos. Fraco, aqui, é apenas um termo relativo que significa a desproporção que há entre o poder de DEUS e o das criaturas. E, assim, um enorme número de palavras, na linguagem comum, designa unicamente relações (e, talvez, sua maior parte), palavras que à primeira vista parecem não ter tal significado; p. ex., "o barco tem as provisões indispensáveis". *Indispensáveis* e *provisões* são ambas palavras relativas: uma se relaciona com a realização da viagem planejada, a outra, com um uso futuro. E o fato de que todas essas relações se encerram e terminam
328 em *ideias* derivadas ou da *sensação*, ou da *reflexão* é algo bastante manifesto e não requer explicação.

CAPÍTULO XXVII[71]
Da identidade e diversidade.

No que consiste a identidade.

§ 1. Outra ocasião de que a mente frequentemente se vale para comparar é o próprio ser das coisas quando, ao considerar qualquer coisa como existindo num lugar e tempo determinados, a comparamos com ela própria existindo em outro tempo, formando assim as *ideias* de *identidade* e *diversidade*. Quando vemos uma coisa qualquer estar em um lugar e em um instante do tempo quaisquer, temos certeza (seja lá como ela for) de que ela é essa coisa mesma, e não outra que exista ao mesmo tempo em outro lugar, por mais semelhantes e indiscerníveis que sejam em todos os outros aspectos. E nisso consiste a *identidade* das coisas, quando as *ideias* que lhes são atribuídas não variam de modo algum em relação ao que eram naquele momento em que consideramos sua existência prévia, à qual comparamos a presente. De fato, como nunca verificamos nem concebemos como possível que duas coisas de mesmo gênero possam existir no mesmo lugar ao mesmo tempo, corretamente concluímos que o que quer que exista em qualquer tempo e lugar exclui tudo que seja de mesmo gênero, e está ele próprio ali sozinho. Quando, portanto, indagamos se uma coisa qualquer é ou não a mesma, isso sempre se refere a algo que existiu em determinado tempo e lugar, e que, naquele momento, certamente era a mesma que ela própria, e nenhuma outra. Do que se segue que uma única coisa não pode ter dois inícios de existência, nem duas coisas, um único início, pois é impossível que, no mesmo instante, duas coisas de mesmo gênero existam exatamente no mesmo lugar, ou uma única e mesma coisa,

---

71. Esse capítulo todo foi introduzido a partir da segunda edição. [N. E.]

em lugares diferentes. Aquilo, portanto, que teve um único começo é a mesma coisa, e aquilo que teve um início diferente do dela, no tempo e no espaço, não é a mesma, mas outra. O que trouxe dificuldade a essa relação foi o pouco cuidado e atenção dispensados no estabelecimento de noções precisas das coisas às quais ela é atribuída.

329 § 2. Só temos *ideias* de três tipos de substância. 1. Deus. 2. Inteligências finitas. 3. *Corpos*. Primeiro, Deus não tem começo; é eterno, inalterável e está por toda parte, e, portanto, no que respeita Sua identidade, não pode haver dúvida. Segundo, como cada um dos espíritos finitos teve seu lugar e seu tempo determinados para começar a existir, a relação com esse tempo e lugar sempre determinará a identidade de cada um enquanto durar sua existência. *Identidade de substâncias.*

Terceiro, o mesmo vale para cada partícula de matéria, pois ela permanece a mesma se não ocorrer nenhuma adição ou subtração de matéria. De fato, ainda que esses três tipos de substância, tal como os designamos, não excluam um ao outro de um mesmo lugar, no entanto, não podemos conceber senão que cada um deles necessariamente exclua do mesmo lugar qualquer outro de mesmo gênero. Do contrário, as noções e os nomes identidade e diversidade seriam vãos, e não poderia haver tal distinção entre substâncias ou entre quaisquer outras coisas. Por exemplo, se dois corpos pudessem estar no mesmo lugar ao mesmo tempo, então essas duas parcelas de matéria seriam uma e a mesma, quer fossem grandes ou pequenas, aliás, todos os corpos seriam um e o mesmo. Com efeito, pela mesma razão que permitiria a duas partículas de matéria estar num único lugar, todos os corpos poderiam estar num único lugar. Tal suposição suprime a distinção entre identidade e diversidade, entre um e mais, e a torna ridícula. Mas, como é uma contradição que dois ou mais sejam um, identidade e diversidade são relações e meios de comparação bem fundados e de utilidade para o entendimento.

Identidade de modos[72]

Como todas as outras coisas não passam de modos ou relações que em última instância terminam em substâncias, a identidade e a diversidade de cada uma de suas existências particulares também serão determinadas da mesma maneira. Apenas com relação às coisas cuja existência se dá em sucessão, tais como as ações dos seres finitos, p. ex., *movimento* e *pensamento*, que consistem ambos num curso contínuo de sucessões, não se levanta a questão de sua diversidade. De fato, como cada uma acaba no momento em que se inicia, não podem existir em tempos diferentes, ou em lugares diferentes, como os seres permanentes podem, em tempos diferentes, existir em lugares distantes uns dos outros. E, portanto, nenhum movimento ou pensamento considerado como existindo em tempos diferentes pode ser o mesmo, pois cada uma de suas partes teve um diferente início de existência.

Principium individuationis.

§ 3. Pelo que se disse, fica fácil descobrir o que 330
tanto se tem procurado, o *principium individuationis*. E é claro que é a própria existência, que determina um ser de um tipo qualquer a um tempo e espaço particulares, os quais não podem ser compartilhados por dois seres do mesmo gênero. Ainda que isso possa parecer mais fácil de conceber em substâncias simples e modos simples, no entanto, quando se reflete a esse respeito, não é mais difícil de conceber nos que são compostos, desde que se atente àquilo a que seja aplicado. P. ex., suponhamos um átomo, *i. e.*, um

72. Este subtítulo comparece, nas segunda e quarta edições, na margem, ao lado da frase "*Tal suposição* [...]", e, na quinta edição, numa posição ligeiramente anterior; seguimos, aqui, a solução da tradução de Coste, que introduz também uma nova alínea nesta seção. [N. Ed. Br.]

corpo contínuo dotado de uma única superfície imutável, existindo em tempo e lugar determinados: é evidente que, considerado em qualquer instante de sua existência, ele é, nesse instante, o mesmo que ele próprio. Como nesse instante ele é aquilo que ele é, e nada mais, ele é o mesmo e deve continuar a sê-lo por tanto tempo quanto sua existência continuar, pois, enquanto isso se der, ele será o mesmo e nenhum outro. Da mesma maneira, se dois ou mais átomos forem conjugados numa mesma massa, cada um desses átomos será o mesmo, devido à mesma regra, e, enquanto existirem unidos, a massa, consistindo nos mesmos átomos, será necessariamente a mesma massa, ou o mesmo corpo, por mais que as partes sejam agrupadas diferentemente. Mas, se um desses átomos for retirado, ou um novo for acrescentado, não será mais a mesma massa, ou o mesmo corpo. Na condição que é a das criaturas vivas, sua identidade não depende de uma massa de mesmas partículas, mas de algo mais. Pois nelas a variação de grandes parcelas de matéria não altera a identidade: um carvalho que cresce de uma muda até chegar a uma grande árvore, e então é podado, é ainda o mesmo carvalho; e um potro que se torna um cavalo, por vezes gordo, por vezes magro, é o tempo todo o mesmo cavalo, embora ocorra, nos dois casos, uma evidente alteração em suas partes, de modo que, na verdade, nenhum deles é a mesma massa de matéria, ainda que sejam verdadeiramente o mesmo carvalho e o mesmo cavalo. A razão disso é que, nos dois casos, no de uma massa de matéria e no de um corpo vivo, a *identidade* não é aplicada à mesma coisa.

§ 4. Devemos, portanto, considerar no que um carvalho difere de uma massa de matéria, o que me parece dever-se ao fato de que esta última é apenas uma coesão de partículas de matéria unidas de um

Identidade dos vegetais.

modo qualquer, ao passo que o outro é aquela disposição delas que constitui as partes de um carvalho, assim como aquela organização dessas partes que é apta a receber e distribuir nutrição, de modo que possa manter e moldar a madeira, a casca, as folhas etc. de um carvalho, no que consiste a vida vegetal. Portanto, sendo uma única planta aquilo que tem essa organização das partes num único corpo coerente compartilhando uma única vida comum, ela permanece sendo a mesma planta enquanto compartilhar da mesma vida, ainda que essa vida seja comunicada a novas partículas de matéria unidas vitalmente à planta vivente numa igual organização contínua, conforme a esse tipo de planta. De fato, essa organiza- 331
ção, existindo em algum instante em uma coleção qualquer de *matéria*, distingue-se de toda outra por esse concreto particular; e é essa vida individual – existindo constantemente desde esse momento tanto em direção ao passado quanto ao futuro na mesma continuidade de partes que se sucedem insensivelmente e estão unidas ao corpo vivo da planta – que tem essa identidade que faz a mesma planta e faz com que todas suas partes sejam partes de uma mesma planta durante todo o tempo em que elas existirem unidas nessa organização contínua que é adequada para a transmissão dessa vida comum a todas as partes assim unidas.

Identidade dos animais.

§ 5. O caso não é muito diferente no que concerne aos *animais*. Ao contrário, a partir do que foi dito, todos podem ver o que faz um animal e o mantém o mesmo. Temos algo semelhante nas máquinas, que pode servir de ilustração. Por exemplo, o que é um relógio? É evidente que é apenas uma organização ou construção de partes adequada para um certo fim, o qual é capaz de atingir quando lhe é acrescentada uma força suficiente. Supondo que essa máquina fosse um único corpo contínuo, cujas partes organizadas fossem todas consertadas, ampliadas ou diminuídas por uma constante adição ou subtração de partes imperceptíveis, com uma única vida comum, teríamos algo muito semelhante ao corpo de um animal, com a seguinte diferença. Num animal, a adequação da organização e o movimento, nos quais a vida consiste, começam juntos, pois o movimento vem de dentro; mas, nas máquinas, a força, vindo perceptivelmente do exterior, frequentemente está ausente quando os órgãos estão em ordem e bem preparados para recebê-la.

Identidade do homem.

§ 6. Isso também mostra em que consiste a identidade de um mesmo *homem*, *i. e.*, em nada mais do
332 que em participarem da mesma vida contínua, partículas de matéria constantemente fugidias, unidas vitalmente em sucessão ao mesmo corpo organizado. Aquele que colocar a *identidade* do homem em alguma outra coisa, e não, como nos outros animais, em um único corpo adequadamente organizado, tomado num instante qualquer e continuando a partir dali, sob uma única organização da vida em diversas partículas sucessivamente fugidias de matéria a ele unidas, encontrará dificuldades em tornar um *embrião* e alguém de idade, um louco e um sensato o mesmo homem por qualquer suposição que não faça de *Seth, Ismael, Sócrates, Pilatos, Santo Agostinho e César Bórgia* o mesmo homem. De fato, se apenas a *identidade* da alma faz o mesmo homem, e se não há nada na natureza da matéria que impeça que um mesmo espírito individual possa estar unido a corpos diferentes, seria possível que esses homens, que viveram em épocas diferentes e tinham constituições diferentes, tenham sido o mesmo homem: modo de falar decorrente de um uso muito estranho da palavra *homem*, aplicada a uma *ideia* da qual corpo e formato estão excluídos. Modo de falar que concordaria ainda menos

com as noções dos filósofos que admitem a transmigração, e são da opinião de que as almas dos homens podem, devido a seus descaminhos, ser rebaixadas nos corpos de animais, na qualidade de habitações adequadas com órgãos apropriados à satisfação de suas inclinações brutais. Pois não penso que alguém diria, mesmo com a certeza de que a alma de *Heliogábalo* residisse em um de seus porcos, que esse porco é um *homem*, ou *Heliogábalo*.

A identidade conforma-se à ideia à qual é aplicada.

§ 7. Portanto, a unidade da substância não compreende todo tipo de *identidade* nem basta para determiná-la em todos os casos; mas, para concebê-la e julgá-la corretamente, devemos considerar qual é a *ideia* designada pela palavra à qual a identidade é aplicada. De fato, uma coisa é ser a mesma *substância*; outra, ser o mesmo *homem*; e uma terceira, ser a mesma *pessoa*, caso *pessoa, homem e substância* sejam três nomes que designam três *ideias* diferentes; pois a *identidade* deve ser tal como a ideia pertencente a cada nome. Caso isso tivesse sido mais cuidadosamente considerado, possivelmente se teria evitado grande parte da confusão que é frequente ocorrer a esse respeito, e que vem acompanhada de dificuldades aparentemente nada desprezíveis, especialmente no que respeita à *identidade pessoal*, que devemos, então, considerar um pouco mais, a seguir.

Mesmo homem.

§ 8. Um animal é um corpo vivo organizado; e, consequentemente, o mesmo animal, como observamos, é a mesma vida contínua comunicada a diferentes 333
partículas de matéria, na medida em que vêm a ser sucessivamente unidas a esse corpo vivo organizado. E, não importa o que se diga sobre outras definições, a observação perspicaz não deixa dúvida de que a *ideia* em nossa mente, da qual o som *homem* em nossa boca é o signo, nada mais é que a de um animal de uma certa forma. Pois penso poder afirmar que qual-

quer pessoa que visse uma criatura com seu próprio formato e feitio, ainda que esta durante toda sua vida não tenha mostrado mais razão do que um *gato* ou um *papagaio*, mesmo assim o chamaria de *homem*; e, caso escutasse um *gato* ou um *papagaio* falar, raciocinar e filosofar, não o chamaria senão de *gato* ou de *papagaio*, nem o tomaria por outra coisa, e diria que o primeiro é um *homem* parvo e irracional, e o segundo é um *papagaio* muito inteligente e racional. O relato que encontramos em um autor de grande reputação é suficiente para sustentar a suposição de um *papagaio* racional. Suas palavras são[73]:

"Era minha intenção ouvir da própria boca do *príncipe Maurício* o relato de uma história bastante difundida, à qual se dava muito crédito, e que eu ouvira muitas vezes de muitos outros, sobre um velho *papagaio* que ele possuíra no *Brasil* durante seu governo ali, e que falava, perguntava e respondia questões comuns, tal como uma criatura racional; de maneira que todos de seu séquito concluíam que se tratava de bruxaria ou de possessão; e um de seus capelães, que viveu depois por muito tempo na *Holanda*, a partir de então nunca mais conseguiu tolerar um *papagaio*, afirmando que todos tinham um diabo dentro de si. Eu ouvira muitos detalhes dessa história, confirmados por pessoas de crédito, o que me levou a perguntar ao *príncipe Maurício* o que havia de verdade nela. Com sua clareza e concisão habituais no falar, ele me disse que havia algo de verdadeiro, mas muito de falso no que se relatava. Perguntei-lhe o que havia de verdadeiro; ao que ele respondeu breve e friamente que ouvira falar de um tal velho *papagaio* quando chegara ao *Brasil* e, ainda que não acreditasse em nada a seu respeito, e ele se encontrasse muito

73. *Memoires of what past in Christendom from 1672 to 1679*, p. 57; 392. [N. A.]

longe, no entanto, teve curiosidade suficiente para mandar buscar esse *papagaio*, que era muito grande e idoso; e, ao adentrar no recinto em que o príncipe se encontrava, com muitos *holandeses* a sua volta, o *papagaio* prontamente disse: *Mas que grupo numeroso de homens brancos não temos aqui!* Então perguntaram, apontando para o príncipe, quem ele achava ser aquele homem. Ao que respondeu: *algum general*. Quando o aproximaram do príncipe, este lhe per- 334
guntou, *D'où venez vous?*, ao que respondeu, *De Marinnan*. O príncipe, *A qui êtes-vous?* O papagaio, *A un portugais*. O príncipe, *Que fais tu là?* O papagaio, *Je garde les poulles*. O príncipe riu e disse, *Vous gardez les poulles?* Ao que o papagaio respondeu, *Ouy, moi; et je sçai bien faire*; e repetiu quatro ou cinco vezes o som que as pessoas fazem para chamar galinhas[74]. Transcrevo as palavras desse diálogo notável em *francês*, tais como pronunciadas a mim pelo príncipe *Maurício*. Perguntei-lhe em que língua falava o *papagaio*, e ele disse, em *brasileiro*; perguntei-lhe se ele mesmo compreendia o *brasileiro*; ele disse que não, mas que tivera o cuidado de ter dois intérpretes a seu lado, um deles um *holandês* que falava *brasileiro*, e o outro, um *brasileiro* que falava *holandês*; e que perguntou a ambos, em separado, o que dissera o *papagaio*, e que concordaram em seu relato. Não poderia deixar de relatar essa história estranha, pois é tão inusitada, e ouvida de primeira mão, e pode ser considerada verdadeira; pois ouso afirmar que, ao menos esse príncipe, que sempre passou por homem honesto e pio, acreditava em tudo quanto me disse;

---

74. *De onde vens?* Ao que respondeu, *De Marinnan*. O príncipe, *A quem pertences?* O papagaio, *A um português*. O príncipe, *O que fazes?* O papagaio, *Cuido das galinhas*. O príncipe riu e disse, *Cuidas das galinhas?* Ao que respondeu o papagaio, *Sim, e sei fazê-lo muito bem*. [N. A.]

assim, deixo que os naturalistas o discutam e que outros homens acreditem no que quiserem; seja como for, talvez não seja impróprio desanuviar ou dar vida a um trecho cansativo com esse tipo de digressão, venha ela a propósito ou não."

Tive o cuidado de transmitir a história completa nas próprias palavras do autor, por me parecer que ele não a considerou inverossímil. Pois não se poderia imaginar que um homem tão capaz quanto ele, suficientemente qualificado para garantir todos os testemunhos que apresenta por si mesmo, se desse tanto trabalho, num lugar em que isso absolutamente não vinha ao caso, para vincular essa história de forma tão estreita não apenas a um homem que menciona como seu amigo, mas a um príncipe no qual reconhece extrema honestidade e piedade, se ele mesmo a considerasse inverossímil e, em consequência, inevitavelmente ridícula. Como resta claro, o príncipe que dá fé a essa história e nosso autor que a relata a partir dele, ambos chamam esse que fala de *papagaio*. E pergunto a qualquer um que considere essa história digna de relato: se esse *papagaio* e todos de seu gênero sempre tivessem falado, tal como a palavra de um príncipe afirma que
335 este o fez, não passariam eles por uma raça de *animais racionais*? E seriam eles por causa disso considerados homens, e não *papagaios*? Pois presumo que, segundo o entendimento da maioria das pessoas, não é somente a *ideia* de um ser pensante ou racional que faz a *ideia* de um *homem*, mas a de um corpo com um determinado formato unida a ela. E, se essa é a *ideia* de um *homem*, o mesmo corpo sucessivo, não se transformando inteiramente de uma só vez, deve, assim como o mesmo espírito imaterial, contribuir para fazer o mesmo *homem*.

Identidade pessoal.

§ 9. Tomando isso como premissa, para descobrirmos em que consiste a *identidade pessoal* devemos considerar o que *pessoa* designa. Essa palavra designa, penso eu, um ser inteligente pensante, que tem razão e reflexão, e que pode considerar a si mesmo como si mesmo, a mesma coisa pensante, em diferentes tempos e lugares. O que é feito unicamente por essa consciência que é inseparável do pensar e que, assim me parece, lhe é essencial, pois é impossível que alguém perceba sem perceber que percebe. Quando vemos, ouvimos, cheiramos, provamos, sentimos, meditamos ou queremos alguma coisa, sabemos que o fazemos. E é sempre assim no que diz respeito a nossa sensação e percepção presentes. E por esse meio cada um é para si mesmo aquilo que chama de *eu*[75], sem levar em conta, nesse caso, se o mesmo *eu* se continua na mesma substância ou em substâncias diferentes. De fato, como a consciência sempre acompanha o pensar e é aquilo que faz com que cada um seja o que chama de *eu*, e, desse modo, se distinga de todas as outras coisas pensantes, nisso somente consiste a *identidade pessoal*, *i. e.*, aquilo que faz com que se trate de um mesmo ser racional. E tão longe para trás quanto se puder estender essa consciência a alguma ação ou pensamento passados, até ali se estende a identidade de uma *pessoa*: ela é o mesmo *eu* agora que era então, e foi pelo mesmo *eu* que este presente, o qual agora reflete sobre ela, que a ação foi realizada.

A consciência faz a identidade pessoal.

§ 10. Mas indaga-se ainda se se trata da mesma e idêntica substância. Disso poucos teriam razão para

---

75. Escolhemos traduzir "*self*" por "eu", seguindo a tradição já estabelecida (muito embora o *Abrégé*, publicado antes do *Ensaio*, traga as expressões "soi même" [si mesmo], "moi même" [eu mesmo] etc.). Perde-se com isso, no entanto, o jogo entre "*the self*" (o eu) , "*himself*" e "*it self*" (ele mesmo), "*self-consciousness*" (autoconsciência ou consciência de si mesmo) etc., além da preeminência da ideia de identidade, presente na expressão "self", por exemplo em "*the self same*" (o mesmíssimo) [N. Ed. Br.].

duvidar, caso essas percepções, com sua consciência, se mantivessem sempre presentes na mente, o que faria com que a mesma coisa pensante estivesse sempre conscientemente presente e, assim, seria pensada como sendo evidentemente a mesma que ela mesma. Mas o que parece trazer dificuldade é o fato de que essa consciência é sempre interrompida pelo esquecimento e de que não há nenhum momento de nossa
336 vida em que tenhamos a sequência inteira de todas nossas ações passadas diante de nossos olhos numa única visão: mesmo as melhores memórias perdem de vista uma parte enquanto observa outra, e, por vezes, e isso na maior parte de nossa existência, nós não refletimos sobre nosso eu passado quando nos concentramos em nossos pensamentos presentes e quando, no sono profundo, não temos absolutamente pensamentos ou, pelo menos, nenhum com essa consciência que distingue nossos pensamentos despertos. Em todos esses casos, digo eu, como nossa consciência é interrompida e perdemos de vista nosso *eu* passado, dúvidas surgem a respeito de sermos a mesma coisa pensante, *i. e.*, a mesma substância ou não. Dúvidas que, quer razoáveis ou insensatas, não dizem absolutamente respeito à *identidade pessoal*. Pois a questão é saber o que faz uma mesma *pessoa*, e não se ela é a mesma substância idêntica que, na mesma *pessoa*, sempre pensa, o que neste caso absolutamente não importa. Substâncias diferentes são unidas numa única *pessoa* pela mesma consciência (da qual compartilham), assim como corpos diferentes são unidos por uma mesma vida num único animal, animal cuja *identidade* é preservada, em meio a essa mudança de substâncias, pela unidade de uma única vida contínua. De fato, como é a mesma consciência que faz com que um homem seja si mesmo para si mesmo, a *identidade pessoal* depende unicamente disso, esteja

anexada apenas a uma única substância individual, ou tenha continuidade numa sucessão de diversas substâncias. Pois um ser inteligente qualquer é o mesmo *eu pessoal* na medida em que pode repetir a *ideia* de qualquer ação passada com a mesma consciência que em primeiro teve dela e com a mesma consciência que tem de qualquer ação presente. É pela consciência que ele tem de seus pensamentos e ações presentes que ele é *eu* para *si mesmo* agora, e assim será o mesmo *eu*, na medida em que a mesma consciência se puder estender a ações passadas ou vindouras. E a distância de tempo ou a mudança de substância não o tornarão duas *pessoas*, não mais do que um homem se torna dois homens por vestir hoje roupas diferentes de ontem, havendo entre ontem e hoje um sono mais ou menos longo: pois a mesma consciência une essas ações distantes na mesma *pessoa*, quaisquer que sejam as substâncias que tenham contribuído para a produção dessas ações.

Identidade pessoal na mudança de substâncias.

§ 11. Que assim seja é o que evidencia de alguma maneira nosso próprio corpo, do qual todas as partículas são uma parte de nosso *eu*, *i. e.*, de nosso *eu* consciente e pensante, na medida em que estão vitalmente unidas a esse mesmo eu pensante consciente de um modo tal que sentimos quando são tocadas e somos afetados pelo bem ou pelo dano que lhes ocorrem e do qual somos conscientes. Assim, os membros 337
do corpo são, para cada um, uma parte de *si mesmo*, e cada um se condói e se preocupa com eles. Que se corte uma mão de alguém, separando-a assim da consciência que teria de seu calor, frio e outras afecções; e, desde então, ela é tão pouco uma parte daquilo que é *ele mesmo* quanto a mais distante partícula de matéria. E assim vemos que a *substância*, na qual o *eu pessoal* consistia em um dado momento, pode ser

alterada em outro momento, sem que se altere a *identidade* pessoal: pois não resta dúvida de que a pessoa seja a mesma, ainda que os membros, que até há pouco eram parte dela, sejam cortados.

§ 12. Mas a questão é saber se a mesma substância que pensa pode, ao mudar, ser a mesma pessoa, ou, ao permanecer a mesma, ser pessoas diferentes.

Se o caso é o mesmo na mudança de substâncias pensantes.

A isso respondo, primeiro, que essa simplesmente não é uma questão para aqueles segundo os quais o pensamento reside numa constituição puramente material, animal, desprovida de uma substância imaterial[76]. De fato, quer essa sua suposição seja verdadeira, quer não, resta claro que concebem que a identidade pessoal seja preservada em algo diferente da identidade da substância, uma vez que a identidade animal é preservada na identidade da vida, e não da substância. E, portanto, antes de se poderem haver com esses homens, aqueles para os quais o pensamento reside unicamente numa substância imaterial devem mostrar por que a identidade pessoal não pode ser preservada na mudança de substâncias imateriais ou na diversidade de substâncias imateriais particulares, assim como a identidade animal é preservada na mudança de substâncias materiais ou na diversidade de corpos particulares. A não ser que afirmem que é um único espírito imaterial que faz com que haja uma mesma vida nos animais, assim como é um único espírito imaterial que faz com que haja uma mesma pessoa nos homens; o que ao menos os *cartesianos* não admitiriam, pelo receio de também fazer dos animais coisas pensantes.

§ 13. Mas, no que concerne à primeira parte da questão, a saber, se a mesma substância pensante (supondo que unicamente as substâncias imateriais pen-

76. A expressão "substância imaterial", aqui e logo abaixo, substitui, a partir da quarta edição, o termo "espírito" [N. D. E.].

sem), sendo mudada, pode ser a mesma pessoa, respondo que isso não pode ser decidido senão por aqueles que sabem que tipo de substância é essa que pensa, e também se a consciência de ações passadas pode ser transferida de uma substância pensante para outra. Concedo que, caso a mesma consciência fosse a mesma ação individual, isso não seria possível. Mas, como não é senão uma representação presente de uma ação passada, resta mostrar por que não seria possível que algo que realmente nunca ocorreu seja representado para a mente como tendo ocorrido. E, portanto, será difícil determinarmos em que medida a 338
consciência de ações passadas está anexada a um agente individual de modo que não seja possível que um outro a tenha, antes de sabermos que tipo de ação é esta que não pode ser realizada sem um ato reflexivo de percepção a acompanhá-la e como ela é realizada por substâncias pensantes, que não podem pensar sem ser conscientes disso. Mas, como aquilo a que chamamos de *a mesma consciência* não é o mesmo ato individual, é difícil determinar, a partir da natureza das coisas, por que uma substância intelectual não poderia representar para si mesma que ela própria realizou algo que nunca fez, e que talvez tenha sido realizado por algum outro agente – por que, digo eu, uma tal representação não se poderia dar sem a realidade de fato, assim como ocorre com muitas representações nos sonhos, que, no entanto, enquanto dormimos, tomamos por verdade. E, enquanto não tivermos uma visão mais clara da natureza das substâncias pensantes, a melhor maneira de nos assegurarmos de que isso não ocorra será fornecida pela bondade de Deus, que, na medida em que isso disser respeito à felicidade ou à infelicidade de qualquer uma de suas criaturas sensíveis, não transferiria de uma para outra, na esteira de um erro fatal delas, essa

consciência que traz consigo recompensa ou punição. Até que ponto isso pode ser um argumento contra aqueles para os quais o pensar reside num sistema de espíritos animais evanescentes, entrego à consideração do leitor. Mas, para retornar ainda uma vez à questão que nos ocupa, é preciso confessar que, se a mesma consciência (que, como se mostrou, é algo bem diferente de uma figura ou movimento numericamente idênticos num corpo) pode ser transferida de uma substância pensante para outra, seria possível que duas substâncias pensantes compusessem uma só pessoa. De fato, como a mesma consciência é preservada, seja na mesma substância ou em substâncias diferentes, a identidade pessoal é preservada.

§ 14. Quanto à segunda parte da questão, que é a de saber se, permanecendo a mesma substância imaterial, poderia haver duas pessoas distintas, ela me parece remeter à questão de saber se o mesmo ser imaterial, consciente das ações de sua duração prévia, pode ser inteiramente despojado de toda consciência de sua existência passada, perdendo-a de forma que não houvesse a menor possibilidade de alguma vez recuperá-la: desse modo, começando, por assim dizer, uma nova contabilidade de um novo período, ele teria uma consciência que não pode ir além desse novo estado. Todos aqueles que sustentam a pré-existência evidentemente pensam assim, visto reconhecerem que a alma não tem qualquer consciência remanescente do que fez naquele estado
339 pré-existente, quer inteiramente separado do corpo ou informando qualquer outro corpo. E, caso não o reconheçam, a experiência claramente testemunha contra eles. De maneira que, como a identidade pessoal não vai além do que alcança a consciência, um espírito pré-existente que não tenha permanecido num estado de aniquilamento ao longo de todas essas eras

deve necessariamente compor pessoas diferentes. Consideremos um cristão *platônico* ou *pitagórico* que supusesse que, tendo Deus encerrado a criação de todas suas obras no sétimo dia, sua alma existiu desde então, e imaginasse que ela habitou muitos corpos humanos diferentes, como o homem que uma vez encontrei e que estava convencido de que sua alma tinha pertencido a *Sócrates* (se isso é razoável, não discutirei; o que sei é que na posição que ocupava, a qual não era nada desprezível, passava por um homem bastante razoável, e suas obras mostram que não lhe faltavam talentos ou erudição). Diria alguém que ele, que não era consciente de qualquer um dos pensamentos ou ações de *Sócrates*, poderia ainda assim ser a mesma pessoa que *Sócrates*? Tomemos alguém que reflita sobre si mesmo e conclua que tem em si mesmo um espírito imaterial, que é aquilo que nele pensa, que o mantém o mesmo em meio à constante alteração de seu corpo e é aquilo a que chama de si mesmo. Que esse alguém, além disso, suponha que esse espírito imaterial é a mesma alma que se encontrava em *Nestor* ou em *Térsites* na Batalha de *Troia* (a suposição não tem em si nenhum absurdo aparente, pois as almas, tanto quanto conheçamos algo de sua natureza, são indiferentes a qualquer parcela de matéria): o que ela pode ter sido, tal como é agora a alma de qualquer outro homem. Mas, como ele não tem agora nenhuma consciência de qualquer uma das ações seja de *Nestor*, seja de *Térsites*, será que ele concebe ou poderia conceber a si mesmo como a mesma pessoa que algum deles? Será que alguma das ações deles lhe diriam respeito? Poderia atribuí-las a si mesmo, ou considerá-las suas, mais do que as ações de qualquer outro homem que tenha existido? De maneira que, como essa consciência não alcança qualquer uma das ações de nenhum desses

homens, ele não perfaz um único *eu* com nenhum deles, não mais do que se a alma ou o espírito imaterial que agora o informa tivesse sido criado e tivesse começado a existir quando começou a informar seu corpo presente, ainda que fosse realmente verdade que o espírito que informou o corpo de *Nestor* ou de *Térsites* fosse numericamente idêntico ao que agora o informa. Pois ele não se tornaria por causa disso a mesma pessoa que *Nestor*, não mais do que se algumas partículas de matéria que uma vez foram parte de *Nestor* fossem agora parte desse homem: a mesma substância imaterial, sem a mesma consciência, não faz a mesma pessoa ao ser unida a um corpo qual-
340 quer, como tampouco a mesma partícula de matéria sem consciência unida a qualquer corpo faz a mesma pessoa. Mas, uma vez constate ser consciente de qualquer uma das ações de *Nestor*, então constatará ser a mesma pessoa que *Nestor*.

§ 15. E assim podemos conceber sem qualquer dificuldade a mesma pessoa na ressurreição, embora em um corpo que não tenha exatamente a mesma constituição e partes que tinha aqui, pois a mesma consciência acompanha a alma que nele reside. No entanto, a alma apenas, em meio à mudança de corpo, dificilmente seria suficiente para fazer o mesmo *homem*, a não ser para aqueles que fazem da alma o *homem*. De fato, se a alma de um príncipe, trazendo consigo a consciência da vida passada do príncipe, pudesse entrar e informar o corpo de um remendão tão logo este fosse abandonado por sua própria alma, todos veem que ele seria a mesma pessoa que o príncipe, e responsável apenas pelas ações do príncipe: mas quem diria que são o mesmo homem? O corpo também participa na formação do homem, e penso que, aos olhos de todos, determinaria o homem nesse caso; ao passo que a alma, com todos seus pensamentos principescos, não faria um outro homem, mas ele permaneceria sendo o mesmo remendão para todos, a não ser para si mesmo. Estou ciente de que, na maneira comum de falar, a mesma pessoa e o mesmo homem designam uma única e mesma coisa. E, na verdade, cada um sempre terá liberdade para falar como bem quiser e para aplicar como bem entender sons articulados a *ideias* e para mudá-los tantas vezes quantas quiser. Mas, quando se trata de investigar o que faz o mesmo *espírito, homem* ou *pessoa*, devemos fixar as ideias de *espírito, homem* ou *pessoa* em nossa mente e, tendo-nos decidido acerca do que queremos dizer com elas, não será difícil determinar, a respeito de cada uma delas, ou de outras, quando são e quando não são o *mesmo*.

A consciência faz a mesma pessoa.

§ 16. Mas, embora a mesma substância imaterial, ou alma, onde quer que esteja e qualquer que seja sua condição, não faça por si só um homem, resta claro que a consciência, tão longe quanto se possa estender, mesmo a épocas passadas, une existências e ações muito distantes no tempo na mesma pessoa, assim como faz com a existência e as ações do momento imediatamente precedente: de maneira que aquilo que tiver a consciência de ações presentes e passadas, seja lá o que isso for, é a mesma pessoa à qual todas essas ações pertencem. Tivesse eu essa consciência de que vi o Dilúvio e a arca de *Noé* como 341
tenho de ter visto uma enchente do *Tâmisa* no último inverno, ou de escrever isto neste momento, poderia tão pouco duvidar de que eu, que escrevo neste momento, que presenciei a enchente do *Tâmisa* no último inverno e que presenciei o grande dilúvio, seria o mesmo *eu* – não importa a substância em que esse *eu* possa estar –, quanto posso duvidar de que eu, que agora escrevo isto, sou o *mesmo eu*, agora, enquanto escrevo (consista eu ou não da mesmíssima substân-

cia, material ou imaterial), que eu era ontem. Pois quanto a essa questão de ser o mesmo *eu*, não importa se este *eu* presente é feito da mesma substância ou de outras, uma vez que estou tão envolvido e posso ser tão justamente responsabilizado por qualquer ação realizada há mil anos e apropriada por mim agora por esta autoconsciência, quanto pelo que fiz no momento anterior.

O eu depende da consciência.

§ 17. O *eu* é essa coisa pensante consciente (não importa a substância de que é feita, seja espiritual ou material, simples ou composta) que é sensível a ou consciente de prazer e de dor, capaz de felicidade ou de infelicidade, e assim se interessa por *si mesmo* até onde essa consciência se estende. Desse modo, cada um constata que, na medida em que estava compreendido sob essa consciência, o dedo mindinho é tão parte de *si mesmo* quanto alguma coisa possa sê-lo. Quando da separação desse dedo mindinho, se essa consciência o acompanhasse e abandonasse o resto do corpo, é evidente que o dedo mindinho seria a *pessoa*, a *mesma pessoa*, e o *eu* não teria então nada a ver com o restante do corpo. Assim como, nesse caso, é a consciência, acompanhando a substância quando uma parte é separada de outra, que faz a mesma *pessoa* e constitui esse *eu* inseparável, o mesmo ocorre com referência a substâncias distantes no tempo. Aquilo com que a *consciência* desta coisa pensante presente pode juntar-se a si mesma faz a mesma *pessoa*, e é um único *eu* com ela, e com nada mais; e assim atribui a *si mesma* e reconhece como suas todas as ações dessa coisa, até onde essa consciência se estender, mas não além, como o perceberão todos que refletirem sobre o tema.

O eu é objeto de recompensa e castigo.

§ 18. Nessa *identidade pessoal* funda-se todo direito e toda justiça de recompensa e castigo, pois felicidade e infelicidade é o que interessa a cada um no
342

que diz respeito a *si mesmo*, sem que lhe importe o que se passa com qualquer substância que não esteja conjugada a essa consciência ou por ela afetada. De fato, como resta evidente no exemplo que acabo de dar, se a consciência acompanhasse o dedo mindinho quando cortado, ela seria o mesmo *eu* a quem ontem dizia respeito todo o corpo, como parte de *si mesmo*, e cujas ações de então não poderia deixar, agora, de admitir como suas. Mas, se o mesmo corpo permanecesse vivo e, imediatamente após a separação do dedo mindinho, tivesse sua própria consciência particular, da qual o dedo mindinho nada soubesse, este absolutamente não lhe diria respeito enquanto parte de *si mesmo*, nem poderia reconhecer como suas qualquer uma das ações dele, que não lhe poderiam ser imputadas.

§ 19. Isso pode mostrar-nos no que consiste a *identidade pessoal*: não na identidade da substância, mas, como eu disse, na identidade da *consciência*, na qual, se *Sócrates* e o atual prefeito de *Quinborough* concordam, eles são a mesma pessoa; e, se o mesmo *Sócrates* não compartilha da mesma *consciência* desperto e dormindo, *Sócrates* desperto e *Sócrates* dormindo não são a mesma pessoa. E punir o *Sócrates* desperto por aquilo que o *Sócrates* que dorme pensou, e de que o primeiro jamais teve consciência, não seria mais certo do que punir um gêmeo pelo que seu irmão fez, e de que ele nada sabia, somente porque têm uma aparência exterior tão semelhante que não se consegue distingui-los (sabe-se de gêmeos assim semelhantes).

§ 20. Mas ainda é possível que se objete o seguinte. Suponha-se que eu perca inteiramente a memória de algumas partes de minha vida, sem ter a possibilidade de recuperá-las, de maneira que provavelmente jamais terei consciência delas novamente. No entanto, não permaneço eu ainda a mesma pessoa que reali-

zou essas ações e teve esses pensamentos de que uma vez fui consciente, mesmo que agora os tenha esquecido? Ao que respondo que devemos aqui observar a que se aplica a palavra *eu*, que, nesse caso, é unicamente o homem. E, como se presume que um mesmo homem é uma mesma pessoa, facilmente se supõe que o *eu*, aqui, designa também a mesma pessoa. Mas, caso seja possível que um mesmo homem tenha diferentes consciências incomunicáveis em tempos diferentes, não resta dúvida de que o mesmo homem seria, em tempos diferentes, pessoas diferentes. E essa, como vemos, é a maneira de ver de todos os homens na mais solene declaração de suas opiniões, uma vez que as leis humanas não punem o *louco* pelas ações do *são*, nem o *são* pelo que fez o *louco*, fazendo assim deles duas pessoas. O que de alguma
343 maneira se manifesta no modo pelo qual falamos em *nossa língua* quando dizemos que fulano *não é ele mesmo*, ou está *fora de si*, termos que sugerem que aqueles que agora os usam, ou pelo menos aqueles que primeiramente os usaram, pensaram que o *eu* havia mudado, e que a *mesmíssima* pessoa não mais estava naquele homem.

Diferença entre identidade de homem e de pessoa.

§ 21. No entanto, é difícil conceber que *Sócrates*, o mesmo homem individual, seja duas pessoas. Para nos auxiliar nisso, devemos considerar o que se quer dizer com *Sócrates*, ou o mesmo *homem* individual.

Primeiro, ou deve ser a mesma substância individual, imaterial, pensante, numa palavra, a alma numericamente idêntica, e nada mais.

Segundo, ou o mesmo animal, sem qualquer referência a uma alma imaterial.

Terceiro, ou o mesmo espírito imaterial unido ao mesmo animal.

Não importa qual dessas suposições se escolha, é impossível fazer com que a identidade pessoal consista em qualquer coisa que não a consciência, ou com que vá além do que esta alcança.

De fato, pela primeira dessas suposições, deve-se reconhecer que é possível que um homem nascido de mulheres diferentes, e em tempos afastados, seja o mesmo homem. Quem quer que admita tal maneira de falar deve reconhecer como possível que um mesmo homem seja duas pessoas distintas, tanto quanto dois homens que viveram em diferentes épocas sem que um conhecesse os pensamentos do outro.

Pela segunda e a terceira dessas suposições, *Sócrates*, nesta vida e na outra, não poderiam de nenhuma maneira ser o mesmo homem, a não ser pela mesma consciência. E, assim, fazendo com que a *identidade humana* consista na mesma coisa em que nós localizamos a *identidade pessoal*, não haverá dificuldade em admitir que o mesmo homem é a mesma pessoa. Mas, então, esses que situam a *identidade humana* unicamente na consciência, e não em algo mais, devem considerar como irão fazer com que o *Sócrates* criança seja o mesmo homem que o *Sócrates* após a ressurreição. Mas, não importa o que alguns creem que constitua um *homem*, e, consequentemente, o mesmo homem individual, coisa sobre a qual talvez poucos estejam de acordo, só podemos evitar de nos envolvermos em grandes absurdos se situarmos a identidade pessoal na consciência (que é unicamente o que perfaz aquilo que chamamos de *eu*).

§ 22. Mas não é um homem embriagado e sóbrio a mesma pessoa, e por que outra razão ele seria punido pelo ato que comete quando está embriagado, ainda que depois nunca mais tenha consciência do que fez? Ele é a mesma pessoa, tanto quanto o homem que caminhe e faça outras coisas enquanto durma é a mesma pessoa e responde por qualquer malfeito que cometa nesse estado. As leis humanas punem a

ambos com uma justiça adequada a seus meios de conhecimento, porque, nesses casos, não podem distinguir ao certo o que é real do que é forjado, e, assim, a ignorância durante o sono ou a embriaguez não é admitida como desculpa. Com efeito, ainda que a pena esteja ligada à personalidade, e a personalidade, à consciência, e ainda que talvez o bêbado não tenha
344 consciência do que fez, no entanto, é com justiça que as cortes humanas o punem, porque o fato está provado contra ele, mas a falta de consciência não pode ser provada a seu favor. Mas, no Grande Dia, quando os segredos de todos os corações estiverem à mostra, talvez seja razoável pensar que ninguém deverá responder por algo a respeito de que nada saiba, mas receberá sua sentença conforme sua consciência[77] o acuse ou o isente.

A consciência por si só faz o eu.

§ 23. Apenas a consciência pode unir existências remotas numa mesma pessoa, o que a identidade de substância não pode fazer. Pois não importa de que substância se trate, não importa como seja constituída, sem consciência não há pessoa; e um cadáver poderia ser uma pessoa se algum tipo de substância pudesse sê-lo sem consciência.

Se pudéssemos supor duas consciências distintas incomunicáveis agindo num mesmo corpo, uma sempre durante o dia, outra durante a noite, e, por outro lado, uma mesma consciência agindo alternadamente em dois corpos distintos, pergunto se, no primeiro caso, o homem *diurno* e o homem *noturno* não seriam duas pessoas tão diferentes quanto *Sócrates* e *Platão*, e se, no segundo caso, não se trataria de uma única pessoa em dois corpos diferentes, assim como um único homem é o mesmo em duas vestimentas

77. Desta vez, ao contrário do que ocorre em todo esse capítulo, trata-se não do sentido epistêmico de consciência (*consciousness*), mas do sentido moral (*conscience*). [N. Ed. Br.]

diferentes. E tampouco seria relevante afirmar que essa
mesma *consciência*, ou essas *consciências* distintas,
dos casos supramencionados, se deva a uma mesma
substância imaterial, ou a substâncias imateriais dis-
tintas, que a trariam consigo a esses corpos. Se isso
for verdade ou não, a situação não se altera, pois é
evidente que a *identidade pessoal* seria igualmente
determinada pela consciência, quer essa consciência
estivesse anexada ou não a uma substância imaterial
individual. De fato, admitindo que a substância pen-
sante no homem deva necessariamente ser suposta
imaterial, é evidente que essa coisa imaterial pensante
pode, por vezes, descolar-se de sua consciência pre- 345
gressa e ser novamente restituída a ela, como mostra
o esquecimento que muitas vezes acomete os ho-
mens com relação a suas ações passadas, e o fato de
que a mente muitas vezes recupera a memória de uma
consciência passada que havia perdido por vinte anos
seguidos. Faça com que esses intervalos de memória e
de esquecimento se alternem regularmente entre dia
e noite, e teremos duas pessoas com um mesmo es-
pírito imaterial, assim como temos, no exemplo prece-
dente, duas pessoas num mesmo corpo. De maneira
que o *eu* não é determinado pela identidade ou diver-
sidade de substância, da qual ele não pode estar se-
guro, mas unicamente pela identidade de consciência.

§ 24. Na verdade, ele pode conceber que a substância da qual é feito agora tenha existido anteriormente, unida ao mesmo ser consciente. Mas, removida a consciência, a substância deixa de ser *ele mesmo* e é tão pouco uma parte dele quanto qualquer outra substância, como resta evidente pelo exemplo que já apresentamos: um membro extirpado, e de cujo calor, frio ou qualquer outra afecção o homem já não tem nenhuma consciência, pertence tão pouco ao eu de um homem quanto qualquer outra parte do universo. Assim também ocorrerá em relação a qualquer substância imaterial desprovida daquela consciência pela qual eu sou *eu mesmo* para *mim mesmo*: se houver qualquer parte de sua existência que eu não possa unir pela lembrança a essa consciência presente, pela qual eu sou agora *eu mesmo*, ela é, nessa parte de sua existência, tão pouco *eu mesmo* quanto qualquer outro ser imaterial. Pois seja lá o que for que uma substância qualquer tenha pensado ou realizado, se eu não puder relembrá-lo e, por minha consciência, torná-lo meu próprio pensamento e minha própria ação, isso pertencerá tão pouco a mim, se uma parte de mim o fez ou pensou, quanto se tivesse sido pensado ou feito por qualquer outro ser imaterial existente em qualquer parte.

§ 25. Reconheço que a opinião mais plausível é a de que essa consciência se encontre anexada a e seja afecção de uma única substância imaterial individual.

Mas que os homens se decidam a esse respeito como bem entenderem, de acordo com suas diferentes hipóteses. O que pode ser afirmado por todo ser inteligente, sensível a felicidade ou infelicidade, é que há algo que é *ele mesmo*, que lhe diz respeito e que gostaria de tornar feliz; que este *eu* existiu em duração contínua por mais do que um só instante e, portanto, possivelmente existirá, como tem feito, durante meses e anos por vir, sem que quaisquer limites determinados sejam atribuídos a sua duração; e poderá permanecer o mesmo *eu*, por meio da mesma consciência, continuamente no futuro. E, assim, por essa consciência, ele constata que ele é o *mesmo eu* que realizou esta ou aquela ação há alguns anos, pela
346 qual ele é agora feliz ou infeliz. Em toda essa explicação do *eu*, não se considera que seja a mesma substância numericamente idêntica que constitui o mesmo *eu*, mas sim a mesma consciência contínua; a esta

última, muitas substâncias podem ter-se unido para voltar a dela se separar, as quais, enquanto permaneceram em união vital com aquilo em que essa consciência então residia, fizeram parte daquele mesmo *eu*. Assim, qualquer parte de nosso corpo vitalmente unida àquilo que é consciente em nós faz parte de nosso *eu*. Mas, quando separado da união vital pela qual essa consciência é comunicada, aquilo que um momento antes era parte de nosso *eu* agora já não o é, não mais do que uma parte do *eu* de outro homem é parte de mim; e não é impossível que logo se torne uma parte real de uma outra pessoa. E, assim, uma substância que é numericamente a mesma torna-se parte de duas pessoas diferentes, e a mesma pessoa é preservada em meio à mudança de muitas substâncias. Se fosse possível supor um espírito inteiramente despido de toda sua memória ou consciência de ações passadas, como constatamos ocorrer com nossa mente em relação a uma grande parte de nossas ações e, por vezes, de todas, a união ou a separação de uma tal substância espiritual não traria mais variação na identidade pessoal do que uma partícula de matéria traz. Qualquer substância unida de forma vital ao ser pensante presente é uma parte exatamente desse *mesmo eu* que existe agora, e qualquer coisa unida a ele pela consciência de ações anteriores faz também parte do *mesmo eu*, que é o mesmo tanto antes quanto agora.

Pessoa é um termo forense.

§ 26. *Pessoa*, em meu entender, é o nome para esse *eu*. Onde quer que um homem encontre o que ele chama de *si mesmo*, ali, penso eu, um outro pode dizer que há a mesma *pessoa*. Trata-se de um termo forense para imputar ações e seus méritos e, assim, cabe unicamente a agentes inteligentes, suscetíveis à lei, à felicidade e à infelicidade. Essa personalidade estende a *si mesma* para além da existência presente,

àquilo que é passado, unicamente pela consciência, através da qual ela se torna implicada e responsável, reconhecendo e imputando a *si mesma* ações passadas segundo exatamente as mesmas bases e exatamente pela mesma razão que o faz com relação às ações presentes. Tudo isso se funda numa preocupação com a felicidade, que é o inevitável concomitante da consciência, pois o que é consciente de prazer e de dor deseja que esse *eu* que é consciente seja feliz. E, portanto, quaisquer ações passadas que essa personalidade não possa devolver ou atribuir, pela consciência, ao *eu* presente, não lhe podem dizer respeito e são como se jamais tivessem sido realizadas. E sentir prazer ou dor, *i. e.*, receber recompensa ou puni-
347 ção por conta de qualquer ação desse tipo, é o mesmo que ter sido feliz ou infeliz em seu primeiríssimo ser, sem absolutamente nenhum demérito. De fato, se supusermos que um homem seja punido agora pelo que fez em outra vida, da qual não tem absolutamente nenhuma consciência, que diferença haveria entre essa punição e ter sido criado infeliz? E é assim que, em conformidade a isso, o apóstolo nos diz que no Grande Dia cada um *receberá a retribuição do que tiver feito, e os segredos de seu coração serão desvendados*[78]. A sentença será justificada pela consciência que todas as pessoas terão de que *elas mesmas* – não importa o corpo em que se mostrem, ou a qual substância sua consciência tenha aderido – são as *mesmas* que cometeram as ações e que merecem ser punidas por elas.

§ 27. Suspeito que, na consideração desses assuntos, fiz algumas suposições que parecerão estranhas para alguns leitores, e é possível que assim sejam. No entanto, penso que são perdoáveis, dada a ignorância em que nos encontramos a respeito da natureza dessa

78. Cf. 1 Cor 14, 25; 2 Cor 5, 10. [N. D. E.]

coisa pensante que se encontra em nós e que consideramos como nosso *eu*. Se soubéssemos o que ela é, ou como se liga a um determinado sistema de instáveis espíritos animais, ou se ela pode ou não desempenhar suas operações de pensamento e de memória fora de um corpo organizado como o nosso, ou se aprouve a Deus que todo espírito como esse se unisse apenas com um único corpo que fosse tal que nossa memória dependeria da constituição correta de seus órgãos, perceberíamos o absurdo de algumas das suposições que apresentei. Mas, tomando a alma de um homem, como agora geralmente fazemos (em meio à escuridão que cerca essas questões), por uma substância imaterial independente da matéria e igualmente indiferente a ela, não pode haver absolutamente nenhum absurdo, com base na natureza das coisas, em supor que a mesma alma possa, em momentos diferentes, estar unida a diferentes corpos e com eles compor, em cada um desses momentos, um único homem; assim como supomos que o que ontem era parte do corpo de uma ovelha se possa tornar amanhã parte do corpo de um homem e, nessa união, ser uma parte vital do próprio *Melibeu*, tal como antes era de seu carneiro.

A dificuldade surge do mau uso de nomes.

§ 28. Para concluir, qualquer substância que comece a existir deve, durante sua existência, ser necessariamente a mesma. Qualquer composição de substâncias que comece a existir, durante a união dessas substâncias, o composto será necessariamente 348
o mesmo. Qualquer modo que comece a existir é o mesmo durante sua existência. E, assim, se a composição for de diferentes substâncias e de diferentes modos, a mesma regra se aplica. De modo que resta claro que a dificuldade ou a obscuridade que tem havido a respeito desse assunto surge antes de um mau uso dos nomes do que de uma obscuridade qualquer nas

coisas mesmas. De fato, não importa o que compõe a *ideia* específica à qual o nome é aplicado, se essa *ideia* for firmemente mantida, a distinção, numa coisa qualquer, entre o que é o mesmo e o que é diferente será facilmente concebível, e não poderá haver qualquer dúvida a esse respeito.

A existência contínua faz a identidade.

§ 29. Com efeito, supondo que espírito racional é a *ideia* de *homem*, é fácil saber o que é um *mesmo homem*: um *mesmo espírito*, seja separado ou num corpo, será um *mesmo homem*. Supondo que um espírito racional unido de forma vital a uma certa conformação de partes compõe um *homem*, enquanto esse espírito racional com essa conformação vital de partes permanecer, ainda que sua continuidade se dê num corpo sucessivamente transitório, ele será o *mesmo homem*. Mas, se para alguém a *ideia* de *homem* for apenas a união vital de partes num certo formato, enquanto essa união vital e esse formato permanecerem, num composto que só é o mesmo pela sucessão contínua de partículas transitórias, ele será o mesmo *homem*. Com efeito, qualquer que seja a composição de que uma *ideia* complexa é feita, sempre que a existência fizer dela uma única coisa particular sob alguma denominação, a mesma existência contínua a preserva como um mesmo indivíduo sob uma mesma denominação[79].

---

79. A quinta edição acrescenta, em nota de pé de página, citações da "Terceira carta ao bispo de Worcester", de Locke, p. 165 e ss., precedidas pelo seguinte texto: "O Bispo de *Worcester* pretende que a doutrina da identidade e diversidade, contida neste capítulo, é inconsistente com a doutrina da fé cristã acerca da ressurreição dos mortos. Seu modo de argumentar a esse respeito é o seguinte. Ele diz que *A razão de acreditar na ressurreição do mesmo corpo, segundo as bases do sr. Locke, deriva da* ideia *de identidade*. A isso, nosso autor responde:". [N. D. E.]

CAPÍTULO XXVIII
De outras relações

Relações proporcionais.

§ 1. Ao lado das supramencionadas ocasiões (de tempo, lugar e causalidade) para comparar ou remeter as coisas umas às outras, há ainda, como já foi dito, infinitas outras, das quais mencionarei algumas.

Em primeiro lugar, a primeira que mencionarei é 349
uma *ideia* simples qualquer que, sendo suscetível de partes ou graus, dê ocasião para que os objetos em que se encontre sejam comparados entre si com respeito a essa *ideia* simples, p. ex.: *mais branco, mais doce, maior, igual, mais* etc. Essas relações, uma vez que dependem da igualdade ou do excesso da mesma *ideia* simples em diferentes objetos, podem ser chamadas, se assim se quiser, *proporcionais.* E que elas digam respeito unicamente às *ideias* simples recebidas da sensação ou da reflexão é coisa tão evidente que nada precisa ser dito para prová-lo.

Relações naturais.

§ 2. *Em segundo lugar,* outra ocasião para comparar coisas entre si, ou para considerar uma só coisa de maneira a incluir nessa consideração alguma outra coisa, é a circunstância de sua origem ou início, que, como não se altera posteriormente, torna as relações que dela dependem tão duradouras quanto os objetos aos quais pertencem. P. ex., *pai* e *filho, irmãos, primos* etc., que têm relações por comunidade de sangue, que compartilham em diversos graus, ou *conterrâneos, i. e.*, aqueles que nasceram num mesmo país ou numa mesma região. E a essas eu chamo de *relações naturais.* Nelas podemos observar que os homens adequaram suas noções e palavras ao uso na vida comum, e não à verdade e extensão das coisas. Pois é certo que, na realidade, a relação entre os progenitores e seus descendentes é a mesma nos homens e nas diversas raças dos outros animais, mas dificilmente se

diz que este touro é o avô deste bezerro, e que dois pombos são primos. No caso dos homens, é muito conveniente que essas relações possam ser observadas e assinaladas por meio de nomes distintos, pois há oportunidade, tanto nas leis quanto em outras transações entre eles, para mencionar e notar os homens sob essas relações; delas também surgem as obrigações de diversos deveres entre os homens, ao passo que, como os homens não têm nenhum ou quase nenhum motivo para se importar com esse tipo de relações entre os animais, não pensaram ser adequado dar a elas nomes distintos e peculiares. Isso, aliás, pode lançar alguma luz sobre os diferentes estados e desenvolvimentos das línguas, que se ajustam unicamente à conveniência da comunicação e, por isso, são conformadas às noções que os homens têm e à troca de ideias que é usual entre eles; e não à realidade ou à extensão das coisas, nem às diversas relações
350 que se pode encontrar entre elas, nem às diferentes considerações abstratas que podemos tecer a seu respeito. Onde não há noções filosóficas, não há termos para as expressar: e não é de admirar que os homens não tenham concebido nomes para as coisas sobre as quais não têm oportunidade de discorrer. Isso posto, é fácil imaginar por que é possível que em alguns países não haja sequer um nome para um cavalo, ao passo que em outros, onde os homens dão mais atenção à linhagem dos cavalos do que a sua própria, não apenas há nomes para cavalos individuais, como também para as diversas relações de parentesco entre eles.

Relações instituídas.

§ 3. *Em terceiro lugar*, por vezes o fundamento para se considerar as coisas em referência umas às outras é um ato pelo qual alguém obtém um direito moral, um poder ou uma obrigação de fazer algo. É assim que um *general* é alguém que tem o poder para comandar um exército, e um exército subordinado a um general é um conjunto de homens armados obrigados a obedecer a um único homem. Um *cidadão*, ou um *burguês*, é alguém que tem direito a certos privilégios em determinados lugares. Todas as relações desse tipo, uma vez que dependem da vontade dos homens ou de seu acordo em sociedade, eu chamo de relações *instituídas* ou *voluntárias*. E elas podem ser distinguidas das relações naturais, uma vez que, em sua maior parte, se não em sua totalidade, elas são, de uma maneira ou de outra, alteráveis e separáveis das pessoas às quais uma vez pertenceram, ainda que nenhuma das substâncias assim relacionadas seja destruída. Agora, embora todas essas relações sejam recíprocas, assim como as outras, e contenham a mútua referência de duas coisas, no entanto, visto que muitas vezes falte um nome relativo a uma das duas coisas, que indique essa referência, os homens geralmente não a notam, e é comum que a relação seja ignorada. P. ex., *patrono* e *cliente* são facilmente reconhecidos como relações, mas *condestável* ou *ditador* não são considerados como tais tão prontamente, não basta para tanto ouvir essas palavras. Isso porque não há um nome peculiar para os que se encontram sob o comando de um *ditador* ou de um *condestável*, que expresse uma relação com um ou com o outro, ainda que seja certo que tanto um quanto o outro tenham um determinado poder sobre outras pessoas e, assim, estão relacionados a elas, tanto quanto um patrono a seu cliente, ou um general a seu exército.

Relações morais.

§ 4. *Em quarto lugar*, há um outro tipo de relação, a saber, a conformidade ou a discordância que as ações voluntárias dos homens têm com uma regra, à qual são remetidas e pela qual são julgadas. Esse tipo de relação, penso eu, pode ser chamado de *relação moral*, uma vez que é aquela que denomina nossas ações morais, e, portanto, merece ser bem examinada, não havendo outra parte do conhecimento em que devamos ser mais cuidadosos na aquisição de *ideias* determinadas, para evitar, na medida do possível, obscuridade e confusão. Como se mostrou, as ações humanas, quando concebidas, com seus fins, objetos, maneiras e circunstâncias, em *ideias* complexas distintas, constituem outros tantos *modos mistos*, grande parte dos quais têm nomes anexados a eles. Assim, supondo que gratidão seja a prontidão no reconhecimento e na retribuição de uma gentileza recebida, ou que poligamia seja ter mais esposas do que uma por vez, quando formulamos assim tais noções em nossa mente temos nela *ideias* determinadas de modos mistos correspondentes. Mas isso não é a totalidade do que diz respeito a nossas ações, pois não é suficiente ter *ideias* determinadas delas e saber quais nomes pertencem a estas ou aquelas combinações de *ideias*. Temos, para além disso, um interesse maior, qual seja, saber se essas ações assim constituídas são boas ou más.

Bem e mal moral.

§ 5. O bem e o mal, como se mostrou no Livro II, Capítulo XX, § 2, e Capítulo XXI, § 42, não são senão prazer e dor, ou aquilo que ocasiona ou produz prazer ou dor em nós. O *bem e o mal moral* são então unicamente a conformidade ou a discordância de nossas ações voluntárias com alguma lei, que faz com que o bem ou o mal nos advenham pela vontade e poder do legislador. Esse bem e mal, prazer e dor, que acompanham nossa observância ou violação da lei em virtude do decreto do legislador, é o que chamamos de *recompensa* e *punição*.

Regras morais.

§ 6. Essas *regras morais*, ou leis, às quais os homens geralmente remetem suas ações, julgando sua retidão ou depravação, parecem-me ser de *três tipos*, com três diferentes sanções, ou recompensas e punições. De fato, uma vez que seria inteiramente vão su-

por uma regra estabelecida para as ações livres dos homens sem anexar a ela a sanção de algum bem ou mal para determinar sua vontade, devemos, sempre que supusermos uma lei, supor também alguma recompensa ou punição anexada a essa lei. Seria vão, da parte de um ser inteligente, estabelecer uma regra para as ações de outro, se não se encontrasse em seu 35
poder recompensar o cumprimento dessa regra e punir seu desvio com algum bem ou mal que não seja o produto e a consequência natural da própria ação. Pois uma conveniência ou uma inconveniência natural operaria por si mesma, sem uma lei. Essa, se não me engano, é a verdadeira natureza de toda *lei* propriamente dita.

Leis.

§ 7. As *leis* às quais geralmente os homens remetem suas ações, para julgar sua retidão ou obliquidade, parecem-me ser estas três. 1. A lei *divina*. 2. A lei *civil*. 3. A lei da *opinião* ou da *reputação*, por assim dizer. Pela relação que suas ações mantêm com a primeira delas, os homens julgam se elas são pecados ou deveres; pela segunda, se são criminosas ou inocentes; e, pela terceira, se são virtudes ou vícios.

A lei divina, medida de pecado e dever.

§ 8. *Em primeiro lugar*, a lei *divina*, quero dizer, a lei que Deus estabeleceu para as ações dos homens, seja ela promulgada para eles pela luz da natureza, seja pela voz da revelação. Que Deus deu uma regra pela qual os homens se devem governar, não penso que ninguém seja tão embrutecido a ponto de negar. Ele tem o direito de fazê-lo, pois somos Suas criaturas, Ele dispõe de bondade e sabedoria para dirigir nossas ações ao que é melhor, e Ele tem o poder para sancionar essa regra com recompensas e punições de duração e peso infinitos, em outra vida, pois ninguém nos pode subtrair a Suas mãos. Essa é a única verdadeira pedra de toque da *retidão moral*, e é pela comparação com essa lei que os homens julgam o mais relevante *bem* ou *mal moral* de suas ações, quer dizer, julgam se, na qualidade de *deveres ou de pecados*, elas lhes trarão felicidade ou infelicidade das mãos do TODO-PODEROSO.

Lei civil, medida de crimes e de inocência.

§ 9. *Em segundo lugar*, a lei *civil*, a regra estabelecida pelo Estado para a ação daqueles que pertencem a ele é outra regra, à qual os homens remetem suas ações para julgar se são ou não *criminosas*. Essa lei ninguém despreza, pois as recompensas e punições que a sancionam estão ao alcance da mão do poder que faz essa lei e são apropriadas a ele; poder esse que é a força do Estado, engajado na proteção das vidas, liberdades e posses daqueles que vivem de
353 acordo com suas leis, e que tem o poder de tirar a vida, a liberdade ou os bens daquele que as desobedecem, como punição para as ofensas cometidas contra essa lei.

Lei filosófica, a medida de virtude e vício.

§ 10. *Em terceiro lugar*, a *lei da opinião ou da reputação*. Virtude e vício são nomes que por toda parte se supõe e se pretende que designem ações certas e erradas em sua própria natureza, e, na medida em que realmente são assim aplicadas, coincidem com a *lei divina* acima mencionada. Entretanto, não importa o que se pretenda, uma coisa é evidente: esses nomes, *virtude* e *vício*, são, nos casos particulares de sua aplicação nas diversas nações e sociedades de homens no mundo, constantemente atribuídos apenas às ações que em cada país e sociedade gozam de reputação ou descrédito. Nem se deve estranhar que os homens por toda parte deem o nome de *virtude* às ações que entre eles são julgadas dignas de elogio e chamem de *vício* o que têm na conta de reprovável: se assim não fosse, deveriam condenar a si mesmos ao considerarem *correto* algo que não recomendem, e *errado* algo que deixem passar sem reprovação.

Assim,[80] a medida daquilo que em toda parte é chamado e estimado como *virtude* e *vício* é essa aprovação ou desaprovação, elogio ou reprovação que, por um consentimento velado e tácito, se estabelece nas diversas sociedades, tribos e agremiações de homens no mundo, e desse modo diversas ações vêm a ganhar crédito ou descrédito entre eles, de acordo com o juízo, as máximas ou vogas desse lugar. De fato, ainda que os homens, ao se unirem em sociedades políticas, tenham delegado ao poder público o exercício de toda sua força, de maneira que não a podem empregar contra nenhum concidadão para além do que ordena o direito do país, no entanto, eles ainda retêm o poder de pensar boas ou más, de aprovar ou desaprovar as ações daqueles com quem convivem e se relacionam, 354
e, por essa aprovação e desaprovação, eles estabelecem entre si o que chamam de *virtude* e *vício*.

§ 11. Que essa é a *medida* comum *da virtude e do vício*, restará claro para todos que considerarem que, embora aquilo que passa por *vício* num país seja contado como *virtude* ou, pelo menos, não como *vício* em outro, no entanto, por toda parte, *virtude* e louvor, *vício* e reprovação vão sempre juntos. *Virtu-*

---

80. O início desta seção substitui, a partir da segunda edição, o seguinte texto: "A terceira (que chamo de *lei filosófica* não porque os filósofos a façam, mas porque foram os que mais se ocuparam em sua busca e os que mais discutiram sobre dela) é a lei da *virtude* e do *vício*. Ainda que esta possivelmente seja mais discutida do que qualquer uma das anteriores, no entanto, geralmente não se nota como ela venha a ser estabelecida com a autoridade de que dispõe para distinguir e denominar as ações dos homens, nem quais são seus verdadeiros critérios. Para compreender isso corretamente, devemos considerar que os homens, ao se unirem em sociedades políticas, embora tenham delegado ao poder público o exercício de toda sua força, de maneira que não a podem empregar contra nenhum concidadão para além do que ordena o direito do país, no entanto, eles ainda retêm o poder de pensar boas ou más, de aprovar ou reprovar as ações daqueles com quem convivem e se relacionam. Se, portanto, examinarmos isso corretamente, constataremos que [...]." [N. D. E.]

de é em toda parte aquilo que é considerado digno de louvor, e apenas aquilo que recebe o privilégio da estima pública é chamado de *virtude*[81]. *Virtude* e lou-

---

81. Nosso autor, ao dar-se conta de quanto os homens tendiam a não compreendê-lo, acrescentou o que se segue no prefácio à quarta edição: "O engenhoso autor do *Discourse Concerning the Nature of Man* apresentou-me um recente exemplo disso, para não mencionar outros. Pois a civilidade de suas expressões e o candor que é próprio de sua plana impedem-me de pensar que ele tenha encerrado seu prefácio com uma insinuação de que o que afirmei, no Capítulo XXVIII do Livro II, a respeito da terceira regra a que os homens remetem suas ações, implicaria em transformar *virtude em vício*, e *vício em virtude*, a não ser que não tenha compreendido o que eu quis dizer. O que não ocorreria se ao menos tivesse se dado ao trabalho de considerar qual era ali meu argumento e qual era o principal propósito desse capítulo, claramente determinado na quarta seção e nas seguintes. Pois ali eu não estava a estabelecer regras morais, mas a mostrar a origem e a natureza das *ideias* morais e a enumerar as regras que os homens utilizam nas relações morais, fossem essas regras verdadeiras ou falsas. E, com esse objetivo, eu digo ali o que é que em toda parte recebe a denominação que na língua do lugar corresponde a nossos *virtude* e *vício*, o que *não altera a natureza das coisas*, ainda que os homens geralmente julguem e denominem suas ações de acordo com a estima e os costumes do lugar ou da seita a que pertencem.

"Caso se tivesse dado ao trabalho de refletir sobre o que eu afirmo na § 18, do Capítulo III, do Livro I, e, no presente capítulo, nas seções 13, 14, 15 e 20, ele saberia o que penso a respeito da eterna e imutável natureza do certo e do errado, e o que chamo de *virtude* e de *vício*. E, caso tivesse observado que, no trecho que cita, apenas relato como fato o que os outros chamam de *virtude* e de *vício*, não a consideraria merecedora de nenhuma grande objeção. Pois penso não errar muito ao dizer que uma das regras utilizadas no mundo na qualidade de fundamento ou medida de relação moral é a estima e a reputação que diversos tipos de ação recebem, de formas variadas, nas diversas sociedades humanas, de acordo com a qual são chamadas de *virtude* e *vício*. E, por maior que seja a autoridade que o sr. *Lowe* atribui a seu *Old English Dictionary*, ouso afirmar que ele não leu em nenhuma parte dele (caso fosse preciso recorrer a ele) que não há uma mesma ação que, sendo apreciada, é chamada e considerada *virtude* num lugar, mas que num outro, sendo depreciada, é considerada *vício* e recebe esse nome. Observar que os homens atribuem os nomes de *virtude* e *vício* de acordo com essa regra de reputação foi tudo o que fiz e que me pode ser imputado como transformação do *vício em virtude*, e da *virtude em vício*. Mas o bom homem faz bem e

vor estão de tal maneira unidos que muitas vezes são 35
chamados pelo mesmo nome. *Sunt sua praemia Laudi*

---

responde a sua vocação ao se mostrar vigilante em pontos como esse, e ao disparar o alarme precisamente diante de expressões que, sozinhas e por si mesmas, podem soar mal e levantar suspeitas.

"É devido a esse zelo, permitido em sua função, que o perdoo por citar, como faz, estas palavras minhas da § 11, do presente capítulo, *As exortações de mestres inspirados não temeram apelar à reputação comum*: *O que quer que seja amável, de boa reputação, se há uma virtude qualquer, se há alguma recomendação etc.* (Filipenses, 4.8), sem notar as imediatamente precedentes, que as introduzem da seguinte maneira: *E assim, até mesmo em meio à corrupção de maneiras, as verdadeiras fronteiras da lei da natureza, que deve ser a regra do vício e da virtude, são muito bem preservadas: de maneira que até mesmo as exortações de mestres inspirados etc.* Por essas palavras e pelo restante da seção, resta claro que recorri a essa passagem de são Paulo não para provar que a medida geral do que os homens chamam de *virtude* e *vício* pelo mundo afora são a reputação e os costumes de cada sociedade particular, mas para mostrar que, mesmo que seja assim, no entanto, por razões que ali apresento, a maior parte dos homens, nesse modo de denominar suas ações, não se desvia muito da lei da natureza, que é a regra permanente e inalterável pela qual devem julgar a retidão moral e a depravação de suas ações e, de acordo com isso, denominá-las *virtudes* ou *vícios*. Tivesse o sr. *Lowe* considerado isso, teria percebido quão inútil para seu propósito é citar a passagem em questão num sentido que não dei a ela, e poderia ter evitado, imagino, a explicação que dá a ela, porquanto desnecessária. Mas espero que esta segunda edição lhe satisfaça quanto a esse ponto e que a questão esteja agora expressa de maneira a lhe mostrar que não há motivos para inquietação.

"Ainda que seja forçado a discordar dele quanto às interpretações que exprime no trecho final de seu prefácio a respeito do que eu disse sobre *virtude* e *vício*, no entanto, estou mais de acordo com ele do que ele possa imaginar a respeito do que afirma no capítulo 3, p. 78, sobre *inscrição natural* e *noções inatas*. Não lhe negarei o privilégio que reclama na p. 52 de apresentar a questão a sua maneira, especialmente quando o faz de modo tal que nada se encontra de contrário ao que eu disse, pois, de acordo com ele, *noções inatas são coisas condicionais, dependem da concorrência de muitas outras circunstâncias para que a alma as exerça*. Tudo o que ele afirma sobre as *noções inatas impressas* (pois ele não diz absolutamente nada sobre *ideias inatas*) se reduz, no final das contas, unicamente a isto: que há certas proposições que a alma de início, ou quando o homem nasce, não conhece; no entanto, *pela assistência dos sentidos exteriores e o*

[ao mérito seus prêmios], diz *Vergílio*[82], e, da mesma maneira, *Cícero*, *Nihil habet natura praestantius,*
356 *quam honestatem quam Laudem, quam Dignitatem, quam Decus* [nada é por natureza mais elevado do que a honestidade, o mérito, a dignidade, o decoro], que, como ele nos diz, são todos nomes para a mesma coisa, *Disputas Tusculanas*, Livro 2. Essa é a linguagem dos filósofos pagãos, que percebiam bem em que consistiam suas noções de *virtude* e de *vício*. E ainda que, devido a uma diferença de temperamento, educação, costumes, máximas ou interesses dos dife-

---

auxílio de algum cultivo prévio, ela pode posteriormente vir a conhecer certamente sua verdade. O que não é senão o que afirmei em meu primeiro livro. Pois suponho que por *a alma exercer as noções* ele quer dizer que ela começa a conhecê-las, ou então a alma *exercer noções* será para mim uma expressão bastante ininteligível e, no mínimo, bastante inapropriada para esse caso. De fato, ela desvia os pensamentos das pessoas com a insinuação de que essas noções se encontrariam na mente antes que a *alma as exerça*, *i. e.*, antes que elas sejam conhecidas, ao passo que, na verdade, antes que elas sejam conhecidas nada se encontra delas na mente, a não ser a capacidade de conhecê-las, quando a *concorrência dessas circunstâncias*, que esse engenhoso autor pensa necessárias *para que a alma as exerça*, as trouxer a nosso conhecimento.

"Na p. 52, constato que ele se expressa assim: *essas noções naturais não estão impressas na alma de modo tal que elas se exerçam naturalmente e necessariamente a si mesmas (até mesmo em crianças e em idiotas) sem qualquer assistência dos sentidos exteriores ou auxílio de algum cultivo prévio*. Aqui ele diz que elas *se exercem a si mesmas*, ao passo que, na p. 78, que a *alma as exerce*. Quando ele explicar a si mesmo e aos outros o que ele quer dizer com *a alma exercer noções inatas*, ou com *elas se exercerem a si mesmas*, ou o que são *o cultivo prévio e as circunstâncias para que ela seja exercida*, ele constatará, suponho eu, que nesse ponto haja tão pouca controvérsia entre ele e eu a esse respeito, pondo de lado ele chamar de *exercer noções* o que eu mais vulgarmente chamo de *conhecer*, que tenho motivos para suspeitar que tenha invocado meu nome nessa ocasião unicamente pelo prazer de se referir a mim amavelmente, o que reconheço agradecidamente que ele fez em toda parte em que me menciona, não sem ter conferido a mim, como outros fizeram, um título ao qual não tenho nenhum direito". [N. D. E.]

82. *Eneida*, I, 461. [N. D. A.]

rentes tipos de homens, talvez tenha ocorrido que aquilo que se considera digno de louvor num lugar não escape à censura num outro, e, assim, que *virtudes* e *vícios* mudem em diferentes sociedades, no entanto, quanto ao principal, estes em sua maior parte se mantêm os mesmos em qualquer lugar. De fato, como nada pode ser mais natural do que encorajar com estima e reputação aquilo em que todos encontram vantagem, e reprovar e desencorajar o contrário, não é de espantar que estima e descrédito, virtude e vício, correspondam, em grande medida, e por toda parte, à inalterável regra do certo e errado que a lei de Deus estabeleceu. De fato, não há nada que tão direta e visivelmente assegure e promova o bem geral dos homens neste mundo quanto a obediência às leis que Ele estabeleceu para eles, e nada gera tantos malefícios e confusão quanto a negligência delas. E, portanto, os homens, a menos que renunciassem a todo senso e razão e a seu próprio interesse, ao qual são tão constantemente fiéis, de um modo geral não poderiam cometer o engano de situar o louvor e a reprovação do lado que realmente não os mereça. Mais ainda, até mesmo os homens cuja prática é outra não deixam de dar aprovação ao que é correto, e poucos são depravados a ponto de não condenar, ao menos nos outros, as faltas de que eles mesmos são culpados. E assim, até mesmo em meio à corrupção de maneiras, as verdadeiras fronteiras da lei de natureza, que deve ser a regra da virtude e do vício, são muito bem preservadas. De maneira que até mesmo as exortações de mestres inspirados não temeram apelar à reputação comum: *O que quer que seja amável, de boa reputação, se há uma virtude qualquer, se há alguma recomendação etc.* (Filipenses, 4.8).

Sua sanção: louvor e desonra.

§ 12. Caso alguém imagine que eu me esqueci de minha própria noção de lei, por fazer que a *lei* pela

qual os homens julgam *a virtude e o vício* não seja nada além do consenso de indivíduos particulares, que não dispõem de autoridade suficiente para fazer uma lei – carecendo especialmente do que é tão necessário e essencial a uma lei, o poder para sancioná-la –, penso poder afirmar que parece ser pouco
357 versado na natureza ou na história dos homens aquele que considera que louvor e desonra não são motivos poderosos para que os homens se adaptem às opiniões e regras daqueles com quem convivem. De fato, podemos constatar que os homens, em sua maior parte, governam-se principalmente, quando não unicamente, por essa lei dos costumes, e assim fazem o que mantém sua reputação em sua comunidade, pouco considerando as leis de Deus ou da magistratura. Alguns homens, aliás, talvez a maioria deles, raramente refletem seriamente sobre as penalidades que se seguem à violação das leis de Deus, e, dentre aqueles que o fazem, muitos, enquanto violam a lei, nutrem pensamentos a respeito de uma reconciliação futura e de fazer as pazes acerca de tais violações. E, quanto às punições devidas pela lei do Estado, eles frequentemente alimentam a esperança de impunidade. Mas nenhum homem escapa à punição da censura e da desaprovação quando ofende e vai contra os costumes e a opinião daqueles com quem convive e dos quais gostaria de ter a estima. E não se encontra um só em meio a dez mil que seja duro e insensível a ponto de suportar a constante desaprovação e condenação de seu próprio círculo. Deve ter uma constituição estranha e incomum aquele que se contente em viver em constante desgraça e desonra em sua própria sociedade. Muitos homens procuraram a solidão, e com ela se acomodaram, mas ninguém que tenha algum pensamento ou percepção próprios de um homem pode viver em sociedade sob a constante repro-

vação e o conceito desfavorável de seus familiares e daqueles com quem se relaciona. Esse é um fardo pesado demais para que um homem possa suportá-lo. E deve ser composto de contradições irreconciliáveis aquele que extraia prazer da companhia e, no entanto, permaneça insensível ao desprezo e à falta de estima de seus companheiros.

Estas três leis são as regras do bem e do mal moral.

§ 13. Dessa forma, estas três leis – *primeiro*, a lei de Deus; *segundo*, a lei das sociedades políticas; *terceiro*, a lei dos costumes ou a censura privada – são aquelas às quais os homens comparam de diversas formas suas ações; e é pela conformidade de tais ações a uma dessas leis que os homens obtêm as medidas pelas quais julgam sua retidão moral e denominam suas ações boas ou más.

Moralidade é a relação entre as ações e essas regras.

§ 14. Quando a regra à qual remetemos nossas ações voluntárias, como a uma pedra de toque, para por meio dela examiná-las e aferir sua bondade, e, de acordo com isso, nomeá-las – nome que é por assim dizer a marca do valor que lhes atribuímos –, quando, 358
digo, tomamos essa regra dos costumes de um país, ou da vontade de um legislador, é fácil para a mente observar a relação que uma ação qualquer tenha com essa regra e julgar se a ação concorda com ou discorda dela; e, dessa forma, ela tem uma noção de *bondade ou maldade moral*, que é a conformidade ou a não conformidade de qualquer ação com aquela regra, que, portanto, muitas vezes é chamada de retidão moral. Como essa regra não é senão uma coleção de diversas *ideias* simples, a conformidade a ela reside tão somente em ordenar a ação de tal modo que as *ideias* simples pertencentes a essa ação possam corresponder àquelas requeridas pela lei. E assim vemos como seres e ações morais se fundam e terminam nessas *ideias* simples que recebemos da sensação ou da reflexão. Por exemplo, consideremos a *ideia* complexa

que significamos pela palavra assassinato. Uma vez que a tenhamos tomado separadamente e examinado todos os seus pormenores, constataremos que estes se resumem a uma coleção de *ideias* simples derivadas da sensação e da reflexão. Isto é, *primeiro*, a partir da reflexão sobre as operações de nossa própria mente, obtemos as *ideias* de querer, considerar, premeditação, malícia ou desejar mal a outrem, e, também, de vida ou percepção e de autolocomoção. *Segundo*, a partir da sensação obtemos a coleção daquelas *ideias* simples sensíveis que se encontram num homem, e de alguma ação pela qual pomos fim à percepção e ao movimento no homem. Todas essas *ideias* simples estão compreendidas na palavra assassinato. Constatando que essa coleção de *ideias* simples se concilia ou não se concilia com a estima no país em que fui criado, e que é considerada pela maior parte dos homens dali como digna de louvor ou de reprovação, eu chamo a ação de virtuosa ou viciosa. Se a vontade de um legislador supremo e invisível for minha regra, então, conforme supuser que a ação seja ordenada ou proibida por Deus, chamá-la-ei de bem ou mal, pecado ou dever. E, se a comparo à lei civil, a regra feita pelo poder legislativo de um país, chamo-a ou não de crime, de legal ou ilegal. Assim sendo, quando quer que consideremos regras de ações morais ou, a partir de um modelo qualquer, formulemos em nossa mente as *ideias* de vício e de virtude, elas só podem consistir e ser compostas de coleções de *ideias* simples que recebemos originalmente dos sentidos ou da reflexão, e sua retidão ou obliquidade consiste no acordo ou no desacordo com os padrões prescritos por alguma lei.

359 § 15. Para conceber corretamente as *ações morais*, devemos observá-las sob essa dupla consideração. *Primeiro*, na medida em que cada uma delas é,

em si mesma, composta por uma determinada coleção de *ideias* simples. Assim, *embriaguez* e *mentira* significam esta ou aquela coleção de *ideias* simples que chamo de modos mistos, e, nesse sentido, elas são *ideias* tão *positivas e absolutas* quanto aquelas referentes ao ato de um cavalo beber ou de um papagaio falar. *Segundo*, uma vez que nossas ações são consideradas boas, más *ou* indiferentes, são, nesse aspecto, *relativas*, pois é sua conformidade ou discordância com alguma regra que faz com que sejam regulares ou irregulares, boas ou más e, assim, na medida em que são comparadas com uma regra, e denominadas a partir disso, elas se incluem entre as relações. Assim, desafiar um homem e lutar com ele, na medida em que é um determinado modo positivo, ou tipo particular de ação, distinguido de todos os outros por *ideias* particulares, isso é chamado *duelar*; o que, quando considerado em relação à lei de Deus, merece o nome de pecado, e, em relação à lei dos costumes de alguns países, de valor e virtude, e, em relação à lei nacional de alguns governos, de crime capital. Nesse caso, quando o modo positivo tem um nome e recebe outro conforme sua relação com a lei, a distinção pode ser observada sem dificuldade, como no caso das substâncias, em que um nome, p. ex., *homem*, é utilizado para significar a coisa, e outro, p. ex., *pai*, para significar a relação.

As denominações das ações muitas vezes nos enganam.

§ 16. Mas, como frequentemente a *ideia* positiva da ação e de sua relação moral são compreendidas conjuntamente sob um único nome, e a mesma palavra é usada para expressar tanto o modo ou ação quanto sua retidão ou obliquidade moral, então, a própria relação é o que menos se nota e, muitas vezes, não se faz *distinção entre a ideia positiva* da ação *e sua referência a uma regra*. Em consequência dessa confusão entre duas considerações distintas sob um

único termo, aqueles que com excessiva facilidade dão sua aquiescência às impressões causadas pelos sons, e que tomam prontamente nomes por coisas, são frequentemente enganados em seu julgamento sobre as ações. Assim, subtrair de alguém o que lhe pertence sem seu conhecimento ou permissão é propriamente chamado de *roubar*; mas, como geralmente se entende que esse nome significa também a depravação moral da ação e denota seu desacordo com a lei, os homens tendem a condenar qualquer coisa que ouçam ser chamada de roubar na qualidade de uma má ação
360 que discorda da regra do direito. E, no entanto, retirar secretamente das mãos de um louco sua espada para prevenir o mal que este faria, ainda que isso possa ser propriamente denominado *roubar*, pois tal é o nome desse *modo misto*, no entanto, quando comparado à lei de Deus e considerado em sua relação com essa regra suprema, não é um pecado ou uma transgressão, mesmo que o nome *roubar* ordinariamente traga consigo tal implicação.

§ 17. Isso é o que basta quanto às relações das ações humanas com uma lei, que, portanto, chamo de *relações morais*. *As relações são inumeráveis.*

Seria necessário um livro para dar conta de todos os tipos de *relação*: não se deve, portanto, esperar que eu aqui mencione todas elas. É suficiente, para nosso presente propósito, mostrar, a partir das que percorremos, o que são as *ideias* que temos *dessa* consideração abrangente chamada *relação*. A qual é tão *variada*, e são *tantas* as ocasiões para ela (tantas quantas pode haver para comparar coisas umas às outras), que não é muito fácil reduzi-las a regras, ou a tópicos apropriados. Aquelas que mencionei estão, penso eu, entre as mais consideráveis, e são tais que podem servir para nos mostrar onde adquirimos nossas *ideias* de relações e no que elas se fundam. Mas, antes de abandonar essa questão, cabe ainda observar, a partir do que eu disse:

Todas as relações terminam em ideias *simples.*

§ 18. *Primeiro,* é evidente que *todas as relações terminam*, e em última instância se fundam, nessas *ideias simples* que *adquirimos pela sensação ou pela reflexão.* De maneira que tudo quanto nós mesmos temos em nossos pensamentos (se pensamos ou queremos dizer alguma coisa) ou queremos significar para os outros, quando utilizamos palavras designando relações, nada mais é do que algumas *ideias* simples ou coleções de *ideias* simples comparadas umas às outras. Naquelas chamadas *proporcionais*, nada pode ser mais manifesto do que isso. De fato, quando um homem diz que o mel é mais doce do que a cera, resta claro que seus pensamentos, nessa relação, terminam na *ideia* simples de doçura, o que vale para todas as demais, ainda que, quando são compostas ou bicompostas, as *ideias* simples de que são feitas dificilmente sejam notadas. P. ex., quando a palavra *pai* é mencionada, ela expressa, *primeiro*, aquela espécie particular, ou *ideia* coletiva, significada pela palavra homem, *segundo*, as *ideias* simples sensíveis significadas pela palavra geração e, *terceiro*, os efeitos dessa geração e todas as *ideias* simples significadas pela palavra criança. Assim, a palavra amigo, entendida como um homem que gosta de outro e está pron- 361
to a promover seu bem, contém todas as seguintes *ideias* em sua composição. *Primeiro*, todas as *ideias* simples compreendidas na palavra homem, ou ser inteligente. *Segundo*, a *ideia* de gostar. *Terceiro*, a ideia de prontidão ou disposição. *Quarto*, a *ideia* de ação, que consiste em qualquer tipo de pensamento ou movimento. *Quinto*, a *ideia* de bem, que significa qualquer coisa que possa favorecer sua felicidade – e que, se examinada, resolve-se finalmente em *ideias* simples particulares –, qualquer uma das quais é signifi-

cada pela palavra *bem* em geral, a qual, no entanto, se inteiramente afastada de todas as ideias simples, não significa absolutamente nada. E assim também todas as palavras morais, no final das contas, terminam numa coleção de *ideias* simples, ainda que talvez mais remotamente, pois o significado imediato de palavras relativas consiste, muitas vezes, em outras relações supostamente conhecidas que, se formos seguindo de uma à outra, terminam sempre em *ideias* simples.

Temos geralmente uma noção tão (ou mais) clara da relação quanto de seu fundamento.

§ 19. *Segundo*, é evidente que, no caso das relações, temos o mais das vezes, senão sempre, *uma noção tão clara da relação quanto temos das* ideias *simples em que ela se funda*. Isso porque a concordância ou a discordância, das quais a relação depende, são coisas das quais geralmente temos *ideias* tão claras quanto de qualquer outra coisa, pois envolvem apenas a distinção entre *ideias* simples ou entre seus graus, distinção sem a qual não poderíamos ter absolutamente nenhum conhecimento distinto. De fato, se eu tenho uma *ideia* clara de doçura, luz ou extensão, tenho também a de uma mesma quantidade, de uma quantidade maior ou menor de cada uma delas. Se eu sei o que significa para um homem ter nascido de uma mulher, *i. e.*, *Semprônia*, eu sei o que significa para outro homem ter nascido da mesma mulher, *Semprônia*, e, assim, tenho uma noção tão clara de irmãos quanto de nascimentos, ou, quem sabe, ainda mais clara. De fato, caso eu acreditasse que *Semprônia* extraiu *Tito* de um pé de repolho (como é costume contar às crianças), e assim se tornou sua mãe, e que, depois, da mesma maneira, extraiu *Caio* do mesmo pé de repolho, teria uma noção tão clara da relação dos irmãos entre si quanto se eu tivesse toda a experiência de uma parteira; pois teria fundamentado a relação na noção de que uma mesma mulher contribuiu igualmente, enquanto mãe, para seus partos

(mesmo que eu ignorasse ou me equivocasse sobre a maneira como isso se deu), e de que ambos concordam quanto às circunstâncias do parto, quaisquer que sejam elas. A comparação entre eles quanto ao fato de que descendem da mesma pessoa, sem que se saibam as circunstâncias particulares dessa descendência, é suficiente para fundamentar minha noção de que eles têm ou não têm a relação de irmãos. Mas, 362
ainda que as *ideias* de relações *particulares* sejam capazes de ser tão claras e distintas, nas mentes daqueles que as consideram devidamente, quanto as de modos mistos, e de ser mais determinadas do que as de substâncias, no entanto, os nomes pertencentes a *relações* são frequentemente de um significado tão dúbio e incerto quanto os das substâncias ou dos modos mistos, e muito mais que os das *ideias* simples. Isso porque, como palavras relativas são as marcas dessa comparação que é feita unicamente pelo pensamento dos homens e é uma *ideia* que está apenas na mente dos homens, eles frequentemente as aplicam a diferentes comparações de coisas, de acordo com sua própria imaginação, que nem sempre correspondem às de outros que utilizam os mesmos nomes.

A noção da relação permanece a mesma, quer seja verdadeira ou falsa a regra à qual alguma ação é comparada.

§ 20. *Terceiro*, é evidente que nas *relações* que chamo de *morais* eu tenho uma noção verdadeira de relação, pela comparação entre a ação e a regra, seja esta última verdadeira ou falsa. Com efeito, se meço uma coisa qualquer por uma jarda, eu sei se a coisa que meço é mais longa ou mais curta do que essa suposta jarda, ainda que a jarda pela qual meço não corresponda exatamente ao modelo; o que, na verdade, é uma outra investigação. Pois mesmo que a regra seja errada e eu me engane a seu respeito, no entanto, o acordo ou desacordo observável em relação àquilo com o que a comparo me permite perceber a relação. É verdade que, se eu avaliar uma ação por uma regra errada, serei por isso levado a julgar equivocadamente a respeito de sua retidão moral, visto que a aferi por ela, que não é a verdadeira regra; mas, mesmo assim, não me enganarei quanto à relação que essa ação mantém com a regra à qual a comparei, relação que é de acordo ou desacordo.

CAPÍTULO XXIX
Das ideias *claras e obscuras, distintas e confusas.*

Algumas ideias *são claras e distintas, outras obscuras e confusas.*

§ 1. Após ter mostrado a origem de todas nossas
363 *ideias*, visto seus diversos tipos, considerado a diferença entre as simples e as complexas e observado como as complexas se dividem em *ideias* de modos, substâncias e relações – o que, penso eu, deve ser feito por qualquer um que se queira familiarizar a fundo com o progresso da mente em sua apreensão e conhecimento das coisas –, pode parecer que já me estendi o bastante no exame das *ideias*. Peço licença, no entanto, para oferecer mais algumas poucas considerações a seu respeito. A primeira é que algumas são *claras*, e outras, *obscuras*; algumas *distintas*, outras *confusas*.

As ideias *claras e obscuras explicadas pela visão.*

§ 2. Como a percepção da mente é mais adequadamente explicada por palavras relativas à visão, poderemos entender melhor o que se quer dizer por *claro* e *obscuro* em nossas *ideias* refletindo sobre o que chamamos de *claro* e *obscuro* nos objetos da visão. Sendo a luz aquilo que nos mostra os objetos visíveis, damos o nome de *obscuro* àquilo que não se encontra sob luz suficiente para nos mostrar minuciosamente a figura e as cores que nele são observáveis, as quais seriam discerníveis em uma luz melhor. Da mesma maneira, nossas *ideias simples* são *claras* quando são tais que os próprios objetos dos quais são obtidas as apresentam, ou podem apresentá-las, numa sensação ou percepção bem constituída. Enquanto a memória assim as retém e é capaz de produzi-las para a mente quando quer que esta tenha ocasião para considerá-las, elas são *ideias claras*. Na medida em que careçam de algo daquela exatidão original, ou tenham perdido algo de seu frescor inicial e estiverem como que desvanecidas ou embaçadas pelo tempo, nessa mesma medida elas são *obscuras*. Uma vez que as *ideias complexas* são compostas de *ideias* simples, elas são *claras* quando as *ideias* que participam de sua composição são claras, e o número e a ordem dessas *ideias* simples, que são os ingredientes de qualquer *ideia* complexa, é determinado e certo.

Causas da obscuridade.

§ 3. A *causa da obscuridade* em *ideias* simples parece residir em órgãos obtusos ou impressões muito frágeis e transitórias feitas pelos objetos, ou então uma fraqueza na memória, que não é capaz de retê-las tal como as recebeu. Retornemos ainda uma vez aos objetos visíveis para nos ajudar a compreender essa questão. Se os órgãos ou as faculdades da percepção, como a cera endurecida pelo frio, não recebem a impressão do selo com o movimento usual necessário para imprimi-la ou, como a cera muito mole, não a retêm bem ainda que bem impressa, ou 364
ainda supondo uma cera de consistência adequada, mas na qual o selo não é aplicado com força suficiente para realizar uma impressão clara, em qualquer um desses casos, a marca deixada pelo selo será *obscura*. Isso, eu suponho, não requer exemplo ilustrativo para se tornar mais claro.

No que consistem a distinção e a confusão.

§ 4. Se uma *ideia clara* é aquilo de que a mente tem uma percepção plena e evidente como a que recebeu de um objeto exterior que opere devidamente sobre um órgão bem constituído, por sua vez uma *ideia distinta* é aquela na qual a mente percebe uma diferença em relação a todas as outras, e uma *ideia confusa* é aquela que não é suficientemente distinguível de outra da qual deveria ser diferente.

§ 5. Se nenhuma *ideia* é *confusa*, a não ser aquela que não é suficientemente distinguível de outra, da qual deveria ser diferente, será difícil, alguém poderia dizer, encontrar em alguma parte uma *ideia confusa*. Com efeito, não importa como seja uma *ideia*, ela não pode ser senão como a mente percebe que ela é, e essa própria percepção basta para distingui-la de todas as outras *ideias*, que não poderiam ser outras, *i. e.*, diferentes, sem que ela as perceba como tal. Nenhuma *ideia*, portanto, pode ser indistinguível de outra da qual deveria ser diferente, a não ser que ela seja diferente de si mesma, pois com relação a todas as outras ela é evidentemente diferente. *Objeção.*

§ 6. Para afastar essa dificuldade e contribuir para conceber corretamente o que provoca a *confusão* a que as ideias estão sempre sujeitas, devemos considerar que coisas classificadas sob nomes distintos supostamente são suficientemente diferentes para serem distinguidas entre si, de maneira tal que cada tipo possa ser marcado por seu nome peculiar e considerado à parte em qualquer ocasião: e não há nada mais evidente do que o fato de que, com relação à maior parte dos nomes diferentes, supomos que eles designem coisas diferentes. Ora, uma vez que cada uma das *ideias* que um homem tem é visivelmente o que é e se distingue de todas as outras *ideias* que não ela própria, o que a torna *confusa*, quando ela o é, é que ela pode com a mesma propriedade ser chamada por outro nome que não aquele pelo qual ela é expressa, porque se deixou de lado a diferença que mantém a distinção entre as coisas (que devem ser classificadas sob esses dois nomes diferentes) e que faz com que algumas pertençam a um desses nomes, e outras, a outro, e, assim, per- *A confusão, quando se trata de* ideias, *diz respeito aos seus nomes.*

deu-se inteiramente a distinção que se tencionava manter por meio desses nomes diferentes. 365

Defeitos que provocam a confusão.

§ 7. Os *defeitos que* geralmente *dão ocasião* a essa *confusão* são, penso eu, principalmente os seguintes.

Primeiro, ideias *complexas compostas de pouquíssimas* ideias *simples.*

Primeiro, quando uma *ideia* complexa qualquer (pois as *ideias* complexas são as mais sujeitas à confusão) é composta por um *número muito reduzido de ideias simples* que são comuns a outras coisas, de modo que as diferenças que fazem com que mereça um nome diferente são deixadas de lado. Assim, aquele que tem uma *ideia* composta meramente das *ideias* simples de um animal com manchas tem uma ideia confusa de um leopardo, que não se distingue suficientemente da ideia de um lince e de muitos outros tipos de animais com manchas. De maneira que uma tal *ideia,* ainda que tenham o nome peculiar de leopardo, não é distinguível daquelas designadas pelos nomes de lince ou pantera, e pode vir sob o nome de lince com a mesma propriedade que sob o de leopardo. Entrego à consideração de outros a questão de saber o quanto o costume de definir palavras por termos gerais contribua para tornar confusas e indeterminadas as *ideias* que queremos exprimir por meio delas. No entanto, isto permanece evidente, que as *ideias* confusas são tais que tornam o uso das palavras incerto e suprimem as vantagens dos nomes distintos. Quando as *ideias* para as quais utilizamos termos distintos não possuem uma diferença correspondente a esses nomes distintos, e, dessa forma, não podem ser distinguidas por eles, é então que elas são verdadeiramente confusas.

Segundo, quando as ideias *simples são amontoadas desordenadamente.*

§ 8. Segundo, outro defeito que torna nossas ideias confusas dá-se quando, embora os elementos que compõem uma ideia qualquer estejam em núme-

ro suficiente, eles estão, no entanto, amontoados de tal maneira que não seja fácil discernir se ela pertence mais ao nome que lhe é dado do que a qualquer outro. Nada é mais apropriado para nos levar a conceber essa confusão do que determinadas pinturas, geralmente mostradas como peças artísticas surpreendentes, cujas cores espalhadas pelo pincel na superfície do quadro compõem figuras muito estranhas e inusitadas, sem qualquer ordem discernível em sua disposição. Esse esboço, assim composto por partes em que não aparece nenhuma ordem ou simetria, não é em si mesmo algo mais confuso que a pintura de um céu nublado, a qual, no entanto, ninguém julga que seja uma pintura confusa, ainda que nela se encontre tão pouca ordenação de cores e de figuras quanto no caso anterior. O que faz então com que se considere confuso esse esboço, visto que não é a ausência de
366 simetria? Pois resta claro que não é essa ausência, uma vez que um outro esboço, que seja apenas uma imitação desse, não poderia ser chamado de confuso. A isso respondo que o que faz com que seja considerado confuso é o fato de o aplicarmos a um nome ao qual ele não pertença de modo mais discernível do que a qualquer outro. P. ex., quando se diz ser a pintura de um homem, ou de César, então qualquer um irá ter razão em contá-lo como confuso, porque não se pode discernir, nesse estado, se ele pertence mais ao nome homem ou César do que ao nome Babuíno ou Pompeu, que se supõe designarem ideias diferentes daquelas significadas por Homem ou César. Mas, quando um espelho cilíndrico, corretamente postado, reconduziu essas linhas irregulares no quadro para sua devida ordem e proporção, então cessa a confusão, e o olho imediatamente vê que é um homem ou César, *i. e.*, que ele pertence a esses nomes, e que ele é suficientemente distinguível de um babuíno ou de

Pompeu, *i. e.*, das ideias significadas por esses nomes. É exatamente o que se dá com nossas ideias, que são, por assim dizer, pinturas das coisas. Nenhum desses esboços mentais, seja lá como suas partes estiverem conjugadas, pode ser chamado confuso (pois eles são plenamente discerníveis tais como são) enquanto não for classificado sob um nome comum que seja tal que não se possa discernir se ele lhe pertence mais do que a algum outro nome que reconhecidamente possua uma significação diferente.

Ou então são mutáveis e indeterminadas.

§ 9. *Terceiro,* um terceiro defeito pelo qual frequentemente se dá o nome de confusas a nossas *ideias* ocorre quando qualquer uma delas é *incerta e indeterminada*. Assim, podemos observar alguns homens, que não evitam o uso das palavras comuns de sua língua antes que tenham aprendido seu significado preciso, alterarem a *ideia* que fazem este ou aquele termo designar quase toda vez que o utilizam. Considera-se que tenham uma *ideia* confusa de idolatria ou de igreja aquele que assim procede devido à incerteza em relação ao que deveria deixar de fora ou incluir em sua *ideia* de *igreja* ou de *idolatria* cada vez que pensa em uma delas, e não se atém a nenhuma combinação precisa das *ideias* que as comporiam. Mas isso se dá pela mesma razão anterior, *i. e.*, porque uma *ideia* mutável (se é que pode ser considerada uma única *ideia*) não pode pertencer a um nome mais do que a outro, e, assim, perde-se a distinção para a qual se criaram diferentes nomes.

Dificilmente se pode conceber a confusão sem referência a nomes.

§ 10. A partir do que foi dito, podemos observar o quanto os *nomes* – que se supõe serem signos invariáveis das coisas, que, por sua diferença, designam coisas distintas e preservam a distinção dessas coisas 36
que são em si mesmas diferentes – dão *ocasião para que as* ideias *sejam denominadas distintas ou confusas* por uma referência secreta ou desapercebida que

a mente faz de suas *ideias* a tais nomes. O que talvez seja mais plenamente compreendido após a leitura e a consideração do que eu disse sobre as palavras no Livro III. Mas, sem tomar conhecimento de uma tal referência de *ideias* a nomes distintos, na qualidade de signos de coisas distintas, será difícil dizer o que é uma *ideia confusa*. E, portanto, quando um homem indica, por meio de algum nome, um tipo de coisas, ou alguma coisa particular distinta de todas as outras, a *ideia* complexa que ele anexa a esse nome será tão mais distinta quanto mais particulares forem as *ideias*, e maior e mais determinado for o número e a ordem dessas *ideias* que a compõem. Com efeito, quanto mais *ideias* assim tiver essa *ideia* complexa, tanto mais terá também diferenças perceptíveis pelas quais ela é mantida separada e distinta de todas as *ideias* pertencentes a outros nomes, até mesmo das que dela mais se aproximam, e assim toda confusão com elas é evitada.

A confusão envolve sempre duas ideias.

§ 11. Como a *confusão* torna difícil separar duas coisas que devem ser separadas, ela *sempre envolve duas ideias*, e envolve mais aquelas que mais se aproximam uma da outra. Portanto, sempre que suspeitarmos que uma *ideia* seja *confusa*, devemos examinar com qual outra ela corra o risco de ser confundida, ou de qual não seja fácil separá-la. E esta será sempre uma *ideia* pertencente a outro nome e que, portanto, deve ser uma outra coisa, da qual, no entanto, ela não é suficientemente distinta: ou porque é a mesma que ela, ou porque faz parte dela, ou ainda porque é tão apropriadamente chamada por aquele nome quanto a outra que é classificada sob ele, e, assim, não mantém essa diferença em relação àquela outra *ideia*, diferença que os nomes diferentes implicam.

Causas de confusão.

§ 12. Essa, penso eu, é a *confusão* própria às *ideias*, a qual sempre traz consigo uma referência en-

coberta a nomes. Mesmo que exista algum outro tipo de confusão de *ideias*, esta é a que mais perturba o pensamento e o discurso dos homens, pois as *ideias* classificadas sob nomes são aquelas acerca das quais, no mais das vezes, os homens raciocinam consigo, e são sempre aquelas por meio das quais conversam com os outros. E, portanto, quando há supostamente duas *ideias* diferentes, marcadas por dois nomes diferentes que não sejam tão distinguíveis quanto os sons que as designam, não pode deixar de haver *confusão*; e, quando as *ideias* são tão distintas quanto as *ideias* 368
dos sons pelos quais são marcadas, não pode haver qualquer *confusão* entre elas. *O meio para prevenir confusão* é coletar e unir em nossa *ideia* complexa, tão precisamente quanto possível, todos os ingredientes pelos quais ela se diferencia de outras, e a eles, assim unidos num determinado número e ordem, sempre aplicar o mesmo nome. Mas, como isso não se ajusta nem à comodidade nem à vaidade dos homens, nem serve a outro desígnio senão ao da verdade nua, que nem sempre é o que se ambiciona, uma tal exatidão é mais de desejar do que de esperar. E, como a aplicação frouxa de nomes a *ideias* indeterminadas, variáveis, e quase que a *ideia* nenhuma, serve tanto para encobrir nossa própria ignorância quanto para atrapalhar e confundir os outros, pois passa por erudição e superioridade de conhecimento, não é de admirar que muitos homens a utilizem ao mesmo tempo em que a recriminam nos outros. E, embora eu considere que uma parte não desprezível da *confusão* que se encontra nas noções dos homens pode, com cuidado e sinceridade, ser evitada, longe de mim, no entanto, considerar que ela seja sempre voluntária. Algumas *ideias* são tão complexas, e compostas por tantas partes, que não é fácil para a memória reter exatamente a mesma combinação precisa de *ideias*

simples sob um único nome; e muito menos somos capazes de adivinhar sempre qual a *ideia* complexa que é designada por um determinado nome quando usado por outro homem. Do primeiro aspecto, segue-se a *confusão* nos raciocínios e nas opiniões que um homem sustenta consigo mesmo e, do segundo, segue-se a frequente *confusão* no discurso e na argumentação com outros. Mas, como tratei mais amplamente de palavras, seus defeitos e abusos no livro que se segue, nada mais direi aqui a esse respeito.

As ideias *complexas podem ser distintas numa parte e confusas em outra.*

§ 13. Por serem nossas *ideias complexas* feitas de coleções e, portanto, de uma variedade de *ideias* simples, elas *podem*, por isso mesmo, *ser muito claras e distintas numa parte, e muito obscuras e confusas em outra*. Para um homem que fala de um *quiliedro*, ou de um corpo com mil lados, a *ideia* da figura pode ser muito confusa, embora a de número seja muito distinta. Assim, como ele é capaz de discorrer e demonstrar a respeito da parte de sua *ideia* complexa que depende do número de um mil, ele é levado a pensar que tem uma *ideia* distinta de um *quiliedro*, embora reste claro que ele não tenha nenhuma *ideia* precisa de sua figura a ponto de distingui-lo, por essa figura,
369 de um corpo com 999 lados. Não observar tal coisa traz erros nada desprezíveis para o pensamento dos homens e confusão para seus discursos.

Isso, se não é evitado, causa confusão em nossos argumentos.

§ 14. Quem porventura se considerar de posse da *ideia* distinta da figura de um *quiliedro* poderá, a título de experiência, tomar outra parcela de uma mesma matéria uniforme, *i. e.*, cera ou ouro, de um mesmo volume, e transformá-la numa figura de 999 lados. Não tenho dúvidas de que conseguirá distinguir entre essas duas *ideias* pelo número de lados e raciocinar e argumentar distintamente a seu respeito enquanto mantiver seu pensamento e raciocínio unicamente na parte dessas *ideias* que está contida em seus números. Por exemplo, que os lados de uma podem ser divididos por dois números iguais, e os da outra, não etc. Mas quando tentar distingui-las por sua figura, então se verá imediatamente perdido, sem ser capaz, penso eu, de formar em sua mente duas *ideias*, uma distinta da outra, pela mera figura desses dois pedaços de ouro; o que ele poderia fazer, se uma das parcelas de ouro fosse transformada num cubo, e a outra, numa figura de cinco lados. Em relação a essas *ideias* incompletas estamos bastante inclinados a nos enganar e a discutir com os outros, especialmente quando elas têm nomes particulares e familiares. De fato, como nos satisfazemos com a parte da *ideia* que temos claramente, e como o nome que nos é familiar é aplicado ao todo, que contém também aquela parte que é imperfeita e obscura, tendemos a utilizá-lo para essa parte confusa, e dele tirar deduções para a parte obscura de seu significado, com tanta confiança quanto fazemos com a outra parte.

Exemplo: eternidade.

§ 15. Tendo com frequência em nossa boca o nome *eternidade*, somos levados a pensar que temos uma *ideia* positiva e abrangente dela, que é o mesmo que dizer que não há nenhuma parte dessa duração que não esteja claramente contida em nossa *ideia*. É verdade que aquele que assim pensa pode ter uma *ideia* clara de duração, pode também ter uma *ideia* muito clara de um comprimento de duração muito grande e também uma *ideia* muito clara da comparação desse comprimento muito grande com outro ainda maior; mas, como não lhe é possível, em sua *ideia* de uma duração qualquer, por maior que ela seja, incluir conjuntamente toda a extensão de uma duração à qual ele não atribui nenhum fim, essa parte de sua *ideia* que se encontre para além dos limites daquela duração imensa que ele representa em seus próprios pensamentos é muito obscura e indeterminada. E é assim que, em disputas e raciocínios concernentes à eternidade, ou a qualquer outro *infinito*, tendemos facilmente a cometer erros e nos envolver em absurdos manifestos.

Divisibilidade da matéria.

370 § 16. Quanto à matéria, não temos nenhuma *ideia* clara da pequenez de suas partes muito além da menor que possa ocorrer a qualquer um de nossos sentidos. Portanto, quando falamos da divisibilidade da matéria *in infinitum*, ainda que tenhamos *ideias* claras de divisão e de divisibilidade, e tenhamos também *ideias* claras de partes obtidas de um todo por divisão, no entanto, não temos, acerca de corpúsculos ou corpos diminutos a serem assim divididos, senão *ideias* muito obscuras e confusas quando, por divisões anteriores, eles são reduzidos a uma pequenez que em muito exceda a capacidade de qualquer um de nossos sentidos. Desse modo, temos *ideias* claras e distintas apenas do que é a divisão em geral, ou abstratamente tomada, e da relação entre *totum* e *pars* [todo e parte], mas, em relação ao volume do corpo a ser assim dividido infinitamente, penso não termos, após certas progressões, absolutamente nenhuma *ideia* clara ou distinta. Pois eu pergunto a qualquer um se, tomando o menor átomo de poeira que alguma vez viu, ele tem qualquer *ideia* distinta (excetuando novamente o número, que não concerne à extensão) entre a centésima de milésima ou milionésima parte dele. Ou, caso pense poder refinar suas *ideias* até esse grau, sem perdê-las de vista, que ele adicione dez algarismos a cada um desses números. Não é insensato supor um tal grau de pequenez, visto que a divisão até então efetuada não se aproxima mais do fim da divisão infinita do que a divisão em duas metades. De minha parte, devo confessar que não tenho qualquer *ideia* clara e distinta do volume ou da extensão diferentes desses corpos, não tendo

senão uma *ideia* muito obscura de ambos. De maneira que, penso eu, quando falamos em divisão de corpos *in infinitum*, nossa *ideia* de seus volumes distintos, que é o objeto e o fundamento da divisão, vem, após uma certa progressão, a confundir-se e praticamente a se perder na obscuridade. E a *ideia* que representa apenas a grandeza deve ser muito obscura e confusa para que não a distingamos de outra dez vezes maior, a não ser por números. De maneira que podemos dizer que temos *ideias* claras e distintas de dez e de um, mas não *ideias* distintas dessas duas extensões. Assim sendo, resta claro que, quando falamos em divisibilidade infinita do corpo ou da extensão, nossas *ideias* claras e distintas são apenas as dos números, pois as *ideias* claras e distintas da extensão se perdem inteiramente após certo progresso na divisão e não temos absolutamente quaisquer *ideias* distintas de tais partes diminutas. Ela se resolve finalmente,
como é o caso de todas nossas *ideias* de infinito, na 371
ideia de número que é constantemente adicionado; mas, assim, nunca redunda em qualquer *ideia* distinta de partes atuais infinitas. Temos, é verdade, uma *ideia* clara de divisão, sempre que pensemos nela; mas não temos, por causa disso, uma *ideia* das infinitas partes da matéria mais clara do que a que temos de um número infinito por podermos sempre adicionar novos números a qualquer número determinado. Com efeito, a divisibilidade infinita não nos propicia uma *ideia* mais clara e distinta de infinitas partes atuais do que a infinita adicionabilidade (com o perdão da expressão) nos propicia uma *ideia* clara e distinta de um número infinito atual. Ambas residem unicamente num poder de sempre aumentar o número, seja ele de saída tão grande quanto se queira. De maneira que, daquilo que resta para adicionar (no que consiste a infinitude), não temos senão uma *ideia* obscura, im-

perfeita e confusa, a partir da qual, ou sobre a qual, não podemos argumentar ou raciocinar com nenhuma certeza ou clareza, assim como não podemos fazê-lo na aritmética acerca de um número do qual não temos qualquer *ideia* tão distinta quanto a que temos de quatro ou de cem, mas apenas essa *ideia* relativa e obscura de que, se ele for comparado a qualquer outro, ele será sempre maior. E não temos uma *ideia* mais clara e positiva dele se dissermos ou concebermos que é maior ou mais do que quatrocentos milhões do que se dissermos que é maior do que quarenta ou quatro: de fato, quatrocentos milhões não está proporcionalmente mais próximo do fim da adição ou do fim do número do que quatro. Pois aquele que sucessivamente adiciona quatro a quatro chegará ao fim de toda adição tão cedo quanto aquele que adiciona quatrocentos milhões a quatrocentos milhões. E o mesmo se dá em relação à eternidade: aquele que tem a *ideia* de apenas quatro anos tem uma *ideia* de eternidade tão positiva e completa quanto outro que tem a *ideia* de quatrocentos milhões de anos: o que resta de eternidade para além de qualquer um desses números de anos é tão claro para um quanto para outro, *i. e.*, nenhum deles tem absolutamente qualquer *ideia* clara e positiva disso. Aquele que apenas adiciona quatro anos a quatro anos, e assim por diante, alcançará a eternidade tão cedo quanto aquele que somar sucessivamente quatrocentos milhões de anos ou, caso queira, dobrar esse acréscimo quantas vezes quiser: o abismo restante estará sempre tão longe do termo de todas essas progressões quanto está longe da duração de um dia ou uma hora. Pois nada de finito tem qualquer proporção com o infinito, e, portanto, nossas *ideias*, que são todas finitas, não podem ter qualquer proporção com o infinito. O mesmo se passa com nossa *ideia* de *extensão*, tanto quando

a aumentamos por adição quanto quando a diminuímos por divisão, querendo ampliar nosso pensamento até o espaço infinito. Após dobrarmos algumas vezes essas *ideias* de extensão que são as maiores que estamos acostumados a ter, perdemos a *ideia* clara e distinta desse espaço: ela se torna imensa e confusa, com o suplemento de ser ainda maior, e, quando argumentarmos ou raciocinarmos sobre ela, sempre nos encontraremos perdidos; pois *ideias* confusas, quando 372
nossos argumentos e deduções versam sobre a parte delas que seja confusa, sempre nos levam a confusão.

Capítulo XXX
Das ideias *fantásticas e das reais.*

As ideias *reais são conformes aos seus arquétipos.*

§ 1. Ao lado do que já mencionamos a respeito de *ideias*, outras considerações lhes dizem respeito no que se refere às coisas das quais são obtidas, ou que se pode supor que representem, e, assim, penso que elas podem ser classificadas de forma tríplice: elas são

Primeiro, ou reais ou fantásticas.

Segundo, adequadas ou inadequadas.

Terceiro, verdadeiras ou falsas.

Primeiro, por *ideias reais*, entendo aquelas que têm um fundamento na natureza, que têm uma conformidade com o ser real e a existência das coisas, ou com seus arquétipos. *Fantásticas ou quiméricas*, eu chamo aquelas que não tenham nenhum fundamento na natureza nem qualquer conformidade com a realidade do ser ao qual são tacitamente referidas como a seu arquétipo. Se examinarmos os diversos tipos de *ideias* anteriormente mencionados, constataremos que,

Todas as ideias *simples são reais.*

§ 2. *Primeiro*, nossas ideias *simples são todas reais*, todas concordam com a realidade das coisas. Não que todas sejam as imagens ou representações do que existe, pois já se mostrou o contrário disso em relação a

todas, exceto as qualidades primárias dos corpos. Mas, ainda que a brancura e o frio não se encontrem na neve mais do que a dor, no entanto, como essas *ideias* de brancura, frio, dor etc. são em nós os efeitos de poderes nas coisas fora de nós, determinados por nosso Criador para produzir em nós tais sensações,
373 elas são *ideias* reais em nós, pelas quais distinguimos as qualidades que realmente se encontram nas coisas mesmas. De fato, como essas diversas aparências são designadas para serem marcas pelas quais devemos conhecer e distinguir as coisas com as quais lidamos, nossas *ideias* são igualmente úteis para esse propósito e são igualmente caracteres distintivos, quer elas sejam apenas efeitos constantes ou semelhanças exatas de algo nas coisas mesmas, uma vez que a realidade reside na correspondência permanente que elas mantêm com as diferentes constituições dos seres reais. Mas, se elas correspondem a essas constituições como a causas ou modelos, não importa: é suficiente que sejam constantemente produzidas por elas. E assim nossas *ideias* simples são todas reais e verdadeiras, porque respondem a e concordam com esses poderes das coisas que as produzem em nossa mente, pois isso é tudo o que é necessário para que sejam reais e não ficções arbitrárias. De fato, quando se trata das *ideias* simples (como foi mostrado), a mente encontra-se inteiramente confinada à operação das coisas sobre ela, e não pode fazer para si mesma nenhuma *ideia* simples além das que recebeu.

§ 3. Ainda que a mente seja inteiramente passiva no que respeita a suas *ideias* simples, no entanto, penso que podemos dizer que ela não o é com respeito a suas *ideias* complexas: como estas são combinações de *ideias* simples, conjugadas e unidas sob um único nome geral, resta claro que a mente do homem tome uma certa liberdade ao formar essas *ideias* complexas. De que maneira a *ideia* de ouro ou de justiça

Ideias *complexas são combinações voluntárias.*

que um homem tem poderia ser diferente das que outro tenha, a não ser pelo fato de que ele incluiu ou deixou de fora alguma *ideia* simples, e o outro, não? A questão resume-se então a saber quais dentre essas combinações são reais, e quais são meramente imaginárias, quais coleções concordam com a realidade das coisas, e quais, não. A isso, respondo que

Os modos mistos compostos por ideias *compatíveis são reais.*

§ 4. *Segundo*, uma vez que os *modos mistos e as relações* não têm nenhuma outra *realidade* a não ser aquela que têm na mente dos homens, nada mais é requerido para que esse gênero de *ideias* se torne real senão que sejam moldadas de maneira que haja a possibilidade de uma existência em conformidade a elas. Essas *ideias*, sendo elas mesmas arquétipos, não podem diferir de seus arquétipos e, assim, *não podem ser quiméricas*, a não ser que alguém misture nelas *ideias* incompatíveis. Na verdade, na medida em que qualquer uma delas tenha um nome de uma língua conhecida atribuído a ela, por meio do qual aquele que a pensa possa expressá-la para os outros, então a mera possibilidade de existência não é suficiente, e ela deve estar em conformidade com o significado usual do 374
nome que lhe é dado para não ser julgada fantástica, como se alguém desse o nome de justiça à *ideia* que, no uso comum, é chamada de liberalidade. Mas esse caráter fantástico aqui se refere mais à propriedade da palavra do que à realidade das *ideias*. Pois um homem que se mantenha impassível em meio ao perigo, serenamente considere a coisa mais adequada a ser feita e a execute sem perturbação, é um modo misto ou uma *ideia* complexa de uma ação que pode existir. Mas manter-se impassível em meio ao perigo, sem recorrer a sua razão ou engenhosidade, é também algo possível, e, desse modo, é uma *ideia* tão real quanto a outra. Ainda que a primeira delas, recebendo o nome de *coragem*, possa, com respeito a este nome, ser uma

ideia correta ou errada, ao passo que a outra, não tendo recebido nenhum nome comum em qualquer língua conhecida, não é suscetível a qualquer deformidade, pois é feita sem nenhuma referência a nada além de si própria.

As ideias de substâncias são reais quando concordam com a existência das coisas.

§ 5. *Terceiro*, uma vez que todas nossas ideias *complexas de substâncias* são feitas com referência a coisas existentes fora de nós, com a pretensão de que sejam representações das substâncias tal como elas realmente são, tais *ideias* são reais tão somente na medida em que são combinações de *ideias* simples que se encontram realmente unidas e coexistem em coisas fora de nós. Ao contrário, são *fantásticas* aquelas que são feitas por coleções de *ideias* simples que nunca se encontraram realmente unidas, que nunca foram encontradas juntas em qualquer substância. P. ex.: uma criatura racional consistindo numa cabeça de cavalo conjugada a um corpo de formato humano, ou tal como são descritos os *centauros*, ou então um corpo amarelo, muito maleável, fusível e dotado de fixidez[83], mas mais leve do que a água comum, ou ainda um corpo uniforme e não organizado, consistindo inteiramente, tanto quanto se possa perceber, de partes similares, com percepção e movimento voluntário a ele anexados. Se substâncias como essas poderiam ou não existir, é provável que não possamos sabê-lo; mas, seja como for, essas *ideias* de substâncias, por serem feitas sem conformidade com qualquer modelo existente que conheçamos e consistindo em coleções de *ideias* que nenhuma substância nos mostrou assim unidas entre si, devem ser tidas por nós como meramente imaginárias. Mas bem mais ainda aquelas *ideias* complexas que contenham qualquer incompatibilidade ou contradição entre suas partes.

83. Termo de origem alquímica (mas empregado por Boyle), que significa a resistência à evaporação ou volatilização pelo fogo. [N. Ed. Br.]

CAPÍTULO XXXI 375

Das ideias *adequadas e inadequadas.*

As ideias *adequadas são aquelas que representam seus arquétipos perfeitamente.*

§ 1. Dentre nossas *ideias* reais, algumas são adequadas, e outras são inadequadas. Chamo de *adequadas* àquelas que representam perfeitamente os arquétipos dos quais a mente supõe que elas sejam obtidas, arquétipos que a mente pretende que essas *ideias* designem e aos quais ela as refere. *Ideias inadequadas* são aquelas que constituem apenas uma representação parcial ou incompleta dos arquétipos aos quais são referidas. Dessa explicação resta evidente que

As ideias *simples são todas adequadas.*

§ 2. *Primeiro, todas nossas* ideias *simples são adequadas*. Isso porque, uma vez que elas não são mais do que os efeitos de certos poderes nas coisas, ajustados e determinados por DEUS para produzir tais sensações em nós, elas não podem senão ser correspondentes e adequadas a esses poderes, e temos a certeza de que elas concordam com a realidade das coisas. Com efeito, se o açúcar produz em nós as *ideias* que chamamos de brancura e doçura, temos a certeza de que há um poder no açúcar para produzir essas *ideias* em nossa mente, ou então elas não poderiam ter sido produzidas por ele. E, desse modo, como cada sensação corresponde ao poder que opere em algum de nossos sentidos, a *ideia* assim produzida é uma *ideia* real (e não uma ficção da mente, que não tem poder para produzir qualquer *ideia* simples) e não pode ser senão adequada, visto que só precisa corresponder a esse poder. Sendo assim, todas as *ideias* simples são adequadas. É verdade que poucas dentre as coisas que produzem em nós essas *ideias* simples são por nós nomeadas como se fossem apenas as causas dessas *ideias*, e não como se fossem seres reais nas coisas. De fato, ainda que o fogo seja chamado de doloroso para o tato, pelo que se

expressa o poder de produzir em nós a *ideia* de dor, entretanto, ele também é denominado luminoso e quente, como se a luz e o calor realmente fossem no fogo algo mais do que um poder de excitar essas *ideias* em nós; e por isso são chamadas de *qualidades* no fogo ou do fogo. Mas, como na verdade elas
376 nada são além de poderes para excitar tais *ideias* em nós, é nesse sentido que devo ser entendido quando falo em *qualidades* secundárias como existindo nas coisas, ou quando falo em suas *ideias* como existindo nos objetos que as excitam em nós. Essa maneira de falar, ainda que se ajuste às noções comuns, sem as quais ninguém pode ser corretamente compreendido, no entanto, em verdade nada mais significa a não ser os poderes que existem nas coisas para provocar certas sensações ou *ideias* em nós. De fato, caso não existissem órgãos adequados para receber as impressões que o fogo realiza na visão e no tato nem uma mente conjugada a esses órgãos para receber as *ideias* de luz e calor pelas impressões do fogo ou do sol, não haveria luz ou calor no mundo, da mesma forma que não haveria dor se não existisse uma criatura sensível para senti-la, ainda que o sol continuasse a ser exatamente como é agora, e o monte *Etna* lançasse suas chamas mais alto do que jamais o fez. Solidez, extensão e seus limites, forma, com movimento e repouso, dos quais temos as *ideias*, continuariam realmente no mundo tal como são, houvesse ou não um ser sensível para percebê-los; e, por isso, temos razão para considerá-los como modificações reais da matéria, que são as causas que provocam todas nossas diversas sensações provenientes dos corpos. Mas, como não cabe aqui este tipo de investigação, não me deterei mais nela, mas passarei a mostrar quais *ideias* complexas são *adequadas*, e quais não o são.

Os modos são todos adequados.

§ 3. *Segundo*, nossas ideias *complexas de modos*, sendo coleções voluntárias de *ideias* simples que a mente reúne sem referência a quaisquer arquétipos reais ou modelos fixos que se encontrem em qualquer parte, *são*, e não podem senão ser, *ideias adequadas*. De fato, como não se pretende que sejam cópias de coisas realmente existentes, mas sim arquétipos feitos pela mente para classificar e denominar as coisas, nada lhes pode faltar, pois cada um deles tem aquela combinação de *ideias* e, portanto, aquela perfeição que a mente pretende que tenham, de maneira que a mente se satisfaz com eles e não pode achar nada faltando ali. Assim, ao ter a *ideia* de uma figura com três lados que se encontram em três ângulos, tenho uma *ideia* completa em relação à qual nada mais exijo para que seja perfeita. Que a mente se veja satisfeita com a perfeição dessa *ideia* é o que se manifesta no fato de que ela não concebe que qualquer entendimento tenha ou possa ter uma *ideia* mais completa ou mais perfeita dessa coisa que ela significa pela palavra *triângulo*, supondo que essa coisa exis- 377
ta, do que aquela que ela mesma tem nessa *ideia* complexa de três lados e três ângulos, na qual está contido tudo que é ou lhe pode ser essencial ou necessário para torná-la completa quando e onde existir. Mas em nossas *ideias de substâncias* não se passa o mesmo. Com efeito, como essas *ideias* visam a copiar as coisas tal como elas realmente existem e nos representar a constituição da qual dependem todas suas propriedades, percebemos que nossas *ideias* não alcançam a perfeição que pretendíamos: constatamos que ainda carecem de algo que gostaríamos que se encontrasse nelas e, assim, que são todas *inadequadas*. Mas *modos mistos* e *relações*, uma vez que são arquétipos sem modelos e, desse modo, nada têm para representar a não ser a si mesmos, não podem deixar

de ser adequados, pois cada coisa é adequada a si mesma. O homem que em primeiro reuniu a *ideia* de percepção do perigo, de ausência dos distúrbios causados pelo medo, de consideração impassível do que seria preciso fazer, e de execução disso sem perturbação ou sem se deixar paralisar pelo perigo, certamente tinha em sua mente essa *ideia* complexa feita dessa combinação. Como ele não pretendia que ela fosse nada senão aquilo que ela é, nem que tivesse outras *ideias* simples além das que tem, ela também não poderia ser senão uma *ideia adequada*. Ao estabelecê-la em sua memória, com o nome *coragem* a ela anexado para expressá-la aos outros e assim denominar qualquer ação que, segundo sua observação, concordasse com ela, esse homem obteve por esse meio um padrão para medir e denominar ações na medida em que elas concordassem com ele. Essa *ideia* assim feita, e estabelecida como padrão, deve necessariamente ser *adequada*, pois não se refere a nada além de si mesma e não é feita a partir de nenhum outro original a não ser o bel-prazer e a vontade daquele que primeiramente fez essa combinação.

Por referência aos nomes estabelecidos, os modos podem ser inadequados.

§ 4. Na verdade, um outro homem, que viesse depois e que aprendesse a palavra *coragem* ao conversar com o primeiro, poderia fazer uma *ideia,* à qual daria o nome de *coragem*, diferente daquela a que seu primeiro autor aplica tal nome e tem em mente quando o utiliza. E, nesse caso, se ele tenciona que, quando pensa nela, sua *ideia* seja conforme à *ideia* do outro, assim como quando fala dela o nome que utiliza é conforme, quanto ao som, ao daquele de quem o aprendeu, sua *ideia* pode ser muito errada e *inadequada*. Isso porque, nesse caso, ao fazer da *ideia* do outro homem o padrão para a sua quando pensa nela, assim como a palavra ou o som do outro homem é o padrão do seu quando fala nela, então sua *ideia* será

defeituosa e *inadequada* na medida em que se distanciar do arquétipo e do padrão ao qual ele a refere e que ele pretende expressar e significar pelo nome que utiliza para ela; nome que ele pretende que seja o signo da *ideia* do outro homem (à qual, em seu uso próprio, ele é primeiramente anexado) e de sua pró- 378
pria *ideia* como conforme à do outro. Se sua própria *ideia* não corresponde exatamente à do outro, ela é imperfeita e inadequada.

§ 5. Portanto, essas ideias *complexas de modos podem ser* bastante imperfeitas, erradas e *inadequadas* quando a mente as remete às *ideias* na mente de algum outro ser inteligente, expressas pelos nomes que a elas aplicamos, e pretende que lhes correspondam. Isso porque não concordam com aquilo que a mente designa como seu arquétipo e padrão: essa é a única forma pela qual alguma *ideia* de *modo* pode ser errada, imperfeita ou *inadequada*. Segundo essa explicação, nossas *ideias de modos mistos* são mais sujeitas a falhas do que quaisquer outras. Mas isso diz respeito mais à propriedade com que se fala do que à correção do conhecimento.

Ideias *de substâncias, na medida em que são referidas a essências reais, não são adequadas.*

§ 6. *Terceiro*, mostrei acima que *ideias temos de substâncias*. Ora, essas *ideias* têm uma dupla referência na mente: 1. Por vezes são referidas a uma suposta essência real de cada espécie de coisas. 2. Por vezes elas são destinadas unicamente a ser quadros e representações na mente de coisas que existem, por meio de *ideias* daquelas qualidades que se pode descobrir nessas coisas. Em ambos os casos, essas cópias desses originais e arquétipos *são* imperfeitas e *inadequadas*.

Primeiro, é comum que os homens façam com que os nomes de substâncias designem as coisas na suposição de que tenham determinadas essências reais, pelas quais sejam desta ou daquela espécie; e, como os nomes não designam senão as *ideias* que se encon-

tram na mente dos homens, eles devem, consequentemente, referir suas *ideias* a tais essências reais como a seus arquétipos. O fato de que os homens (especialmente os que foram educados no saber que se ensina nesta parte do mundo) supõem efetivamente certas essências específicas das substâncias, que cada um dos indivíduos, em seus diversos gêneros, partilha e a elas se conforma, é algo que está tão longe de exigir alguma prova, que se estranharia que alguém procedesse de outra maneira. E é assim que os homens comumente aplicam às coisas os nomes específicos, sob os quais classificam as substâncias particulares, na medida em que essas coisas se distinguiriam por tais essências reais específicas. Quem não consideraria estranho que se colocasse em dúvida se ele chama a si mesmo de homem com outro significado que não o de possuir a essência real do homem? E, no entanto, se indagarmos o que são essas essências reais, resta claro que os homens as ignoram e desconhecem. Disso
379 se segue que as *ideias* que eles têm em sua mente, sendo referidas a essências reais na qualidade de arquétipos que são desconhecidos, devem encontrar-se tão longe de serem *adequadas* que não se pode absolutamente supor que sejam uma representação dessas essências. As *ideias* complexas que temos das substâncias são, como foi mostrado, certas coleções de *ideias* simples que se observa ou se supõe existirem constantemente juntas. Mas uma tal *ideia* complexa não pode ser a essência real de nenhuma substância, pois então as propriedades que descobrimos nesse corpo dependeriam dessa *ideia* complexa, seriam dela dedutíveis, e sua conexão necessária com ela seria conhecida, assim como todas as propriedades de um triângulo dependem e, na medida em que podem ser descobertas, são dedutíveis da *ideia* complexa de três linhas delimitando um espaço. Mas é patente que

nossas *ideias* complexas de substâncias não contêm tais *ideias*, das quais dependeriam todas as outras qualidades que nelas se encontram. A *ideia* comum que os homens têm do *ferro* é a de um corpo de certa cor, peso e dureza, e uma propriedade que consideram pertencente a ele é a maleabilidade. No entanto, essa propriedade não tem nenhuma conexão necessária com aquela *ideia* complexa, nem com qualquer parte dela, e não há mais razão para pensar que a maleabilidade dependa daquela cor, peso e dureza do que para pensar que aquela cor ou aquele peso dependam de sua maleabilidade. Entretanto, ainda que nada saibamos dessas essências reais, não há nada mais comum do que os homens atribuírem os tipos de coisas a tais essências. Essa parcela particular de matéria que faz o anel que tenho em meu dedo, a maioria dos homens supõe sem titubear que ela tem uma essência real, pela qual ela é *ouro* e da qual se seguem as qualidades particulares que nela encontro, *i. e.*: a cor, peso, dureza, fusibilidade e fixidez que lhe são peculiares, a mudança de cor ao menor contato 380
com o mercúrio etc. Essa essência, da qual derivam todas essas propriedades, quando a investigo e a procuro, percebo claramente que não posso descobri-la. O máximo que eu posso fazer é tão somente presumir que, como ela não é nada além de um corpo, sua essência real ou constituição interna, das quais essas qualidades dependem, não pode ser senão a figura, tamanho e conexão de suas partes sólidas; e, como de nenhuma destas tenho absolutamente qualquer percepção distinta, não posso ter nenhuma *ideia* de sua essência, que é a causa que faz com que ela tenha esse amarelo brilhante particular, um peso maior do que o de qualquer coisa do mesmo volume que eu conheça e uma aptidão para ter sua cor alterada por um toque de *mercúrio*. Caso alguém diga que a es-

sência real e a constituição interna das quais dependem essas propriedades não são a figura, o tamanho e o arranjo ou a conexão de suas partes sólidas, mas algo mais, chamado sua *forma* particular, estarei ainda mais longe de ter qualquer *ideia* de sua essência real do que antes. Pois eu tenho uma *ideia* da figura, do tamanho e da situação das partes sólidas em geral, ainda que não tenha nenhuma *ideia* da figura, tamanho e reunião de partes que são peculiares àquela parcela particular de matéria que está em meu dedo e pelos quais as qualidades supramencionadas são produzidas, qualidades que eu encontro nela, e não nessa outra parcela de matéria com a qual corto a pena com que escrevo. Mas, quando me dizem que algo além de figura, tamanho e postura das partes sólidas de um corpo é sua essência, algo chamado *forma substancial*, confesso que disso não tenho absolutamente nenhuma *ideia*, a não ser a do som *forma*, que está bem distante de uma *ideia* de sua essência real ou constituição. A mesma ignorância que tenho a respeito da essência real dessa substância particular também tenho a respeito da essência real de qualquer outra substância natural. Dessas essências, confesso, não tenho absolutamente nenhuma *ideia* distinta e estou inclinado a supor que outros, se examinarem seu próprio conhecimento, encontrarão em si mesmos, quanto a esse ponto, o mesmo tipo de ignorância.

§ 7. Ora, então, quando os homens aplicam a essa parcela particular de matéria em meu dedo um nome geral já em uso, denominando-a *ouro*, acaso não é fato que comumente eles lhe dão esse nome (ou se entende que eles lhe dão esse nome) como pertencente a uma espécie particular de corpo, que tem uma essência interna real (e seria por ter essa essência que essa substância particular viria a ser dessa espécie e a ser chamada por esse nome)? Se assim é, como parece evidente, o nome pelo qual as coisas são assinaladas como tendo essa essência deve ser referido primeiramente a essa essência, e, consequentemente, a *ideia* à qual esse nome é dado deve também ser referida a essa essência, com a pretensão de representá-la. E, uma vez que aqueles que assim usam os nomes não conhecem essa essência, suas ideias *de substâncias* devem ser *todas inadequadas* quanto a isso, por não conterem em si a essência real que, para a mente, elas deveriam ter.

As ideias *de substâncias, como coleções de suas qualidades, são todas inadequadas.*

§ 8. *Segundo,* aqueles que deixam de lado essa inútil suposição de essências reais desconhecidas pelas quais as substâncias seriam distinguidas e tentam copiar as substâncias que existem no mundo conjugando as *ideias* das qualidades sensíveis que se des- 381
cobre coexistirem nelas, embora se aproximem muito mais de algo semelhante a essas substâncias do que aqueles que imaginam, sem saber o que sejam, essências específicas reais, não chegam, no entanto, a *ideias* perfeitamente adequadas dessas substâncias que gostariam de copiar dessa forma em sua mente. E essas cópias tampouco contêm, exata e completamente, tudo o que se pode encontrar em seus arquétipos. Isso porque essas qualidades e esses poderes das substâncias com os quais fazemos suas *ideias* complexas são tantos e tão diversos que nenhuma *ideia* complexa de um homem pode conter todos. Que nossas *ideias* abstratas de substâncias não contêm em si todas as *ideias* simples que estão unidas nas coisas mesmas é evidente, uma vez que raramente os homens põem em sua *ideia* complexa de qualquer substância todas as *ideias* simples que eles saibam que existem nela. Isso porque, na tentativa de tornar o significado de seus nomes específicos tão claro e livre de complicação quanto possível, no mais das vezes fazem suas *ideias* específicas dos tipos de substâncias a partir de

poucas dessas *ideias* simples que se encontram nelas. Mas, como estas não têm nenhuma precedência original nem têm mais direito a serem incluídas na composição de *ideias* específicas do que outras que são deixadas de fora, resta claro que, por esses dois meios, *nossas* ideias *de substâncias* são deficientes e *inadequadas*. As *ideias* simples com as quais fazemos nossas *ideias* complexas de substâncias são, todas elas (excetuando-se apenas a figura e o volume de alguns tipos), poderes. Mas, uma vez que estes são relações com outras substâncias, segue-se que nunca poderemos estar certos de que conhecemos todos os poderes que se encontram em um corpo qualquer antes que tenhamos testado as mudanças que ele é capaz de produzir em outras substâncias, ou de receber delas, nos seus diversos meios de aplicação. Uma vez que é impossível testá-las em um único corpo, e muito menos em todos, é impossível termos *ideias* adequadas de qualquer substância feitas a partir de uma coleção de todas suas propriedades.

§ 9. Quem quer que primeiro se tenha deparado com uma parcela desse tipo de substância que denotamos pela palavra *ouro* não poderia, racionalmente, tomar o volume e a figura que observa naquele pedaço como dependente de sua essência real ou constituição interna. Portanto, estes nunca entraram em sua *ideia* daquela espécie de corpo. Mas, talvez, sua cor peculiar e seu peso foram os primeiros a serem abstraídos dele para fazer a *ideia* complexa daquela espécie. E ambos não passam de poderes: um deles, de afetar nossos olhos de uma maneira tal que produz em nós essa *ideia* que chamamos de amarelo; e, o outro, de forçar para cima qualquer outro corpo de volume igual, quando postos cada um deles num dos pratos de uma balança em equilíbrio. Alguém poderia
382 talvez acrescentar a essas as *ideias* de fusibilidade e

fixidez, dois outros poderes passivos, relativos à operação do fogo sobre ele. Outro ainda, sua ductilidade e solubilidade em água-régia, dois outros poderes relacionados à operação de outros corpos, na alteração de sua figura externa ou em sua separação em partes imperceptíveis. Essas *ideias*, ou parte delas, reunidas, usualmente constituem na mente dos homens a *ideia* complexa do tipo de corpo a que chamamos de *ouro*.

§ 10. Mas ninguém que tenha considerado as propriedades dos corpos em geral, ou desse tipo em particular, poderia duvidar que este, ao qual chamamos de *ouro*, tem infinitas outras propriedades que não estão contidas nessa *ideia* complexa. Aqueles que examinaram essa espécie mais acuradamente poderiam, creio, enumerar dez vezes mais propriedades no *ouro*, todas elas tão inseparáveis de sua constituição interna quanto sua cor ou seu peso; e é provável que, se alguém conhecesse todas as propriedades que diferentes homens conhecem desse metal, haveria cem vezes mais *ideias* nessa *ideia* complexa de *ouro* do que as que qualquer homem já tem na sua e, no entanto, talvez isso não fosse a milésima parte daquilo que pode ser nele descoberto. As mudanças que esse corpo particular é capaz de receber e de produzir em outros corpos, quando de uma aplicação devida, excedem em muito não apenas o que conhecemos, mas o que somos capazes de imaginar. Isso não parecerá tão paradoxal para quem quer que considere o quão distante os homens ainda estão do conhecimento de todas as propriedades daquela figura não muito complexa, o *triângulo*, ainda que não seja pequeno o número das que já foram descobertas pelos matemáticos.

§ 11. De maneira que *todas nossas* ideias *complexas de substâncias são* imperfeitas e *inadequadas*. O que também ocorreria em relação às figuras matemáticas, caso tivéssemos de obter nossa *ideias* complexas delas apenas coletando suas propriedades em relação a outras figuras. Quão incerta e imperfeita não seria nossa *ideia* de uma *elipse*, se não tivéssemos nenhuma outra *ideia* dela a não ser as de algumas poucas de suas propriedades? Ao passo que, tendo em nossa *ideia* clara a essência inteira dessa figura, a partir dela descobrimos essas propriedades e demonstrativamente vemos como elas derivam e são inseparáveis dela.

Ideias *simples, εκτυπα, e adequadas.*

§ 12. Assim, a mente tem três tipos de *ideias* abstratas, ou essências nominais:

383 *Primeiro, as* ideias *simples*, que são εκτυπα, ou *cópias*, e, no entanto, certamente *adequadas*. Pois não sendo destinada a expressar nada além do poder nas coisas de produzir na mente uma tal sensação, esta sensação, quando produzida, não pode senão ser o efeito desse poder. De maneira que o papel em que escrevo, tendo o poder de, na luz (falo aqui de acordo com a noção comum de luz), produzir em mim a sensação que chamo de branco, esta última não pode ser senão o efeito de um tal poder em algo fora da mente. Uma vez que a mente não tem o poder de produzir nenhuma *ideia* como essa por si mesma, e como essa *ideia* simples é pensada apenas como o efeito de um tal poder, ela é real e *adequada*: a sensação de branco em minha mente, sendo o efeito desse poder que está no papel para produzi-la, é perfeitamente adequada a esse poder, ou então esse poder produziria uma *ideia* diferente.

As ideias *de substâncias são ektupa, e inadequadas.*

§ 13. *Segundo*, as ideias *complexas de substâncias* também *são éctipos, cópias,* mas não perfeitas, não *adequadas*, o que é bastante evidente para a mente, que pode plenamente perceber que, qualquer que seja a coleção de *ideias* simples que ela faz para qualquer substância existente, ela não pode estar certa de que essa coleção corresponda exatamente a tudo que existe na substância. De fato, como não testou todas as operações de todas as outras substâncias sobre ela para constatar todas as alterações que receberia delas ou que ela causaria em outras substâncias, não pode ter uma coleção exata e *adequada* de todas suas capacidades ativas e passivas; e, assim, *não* pode ter uma *ideia* complexa *adequada* dos poderes de qualquer substância existente e de suas relações, que é o tipo de *ideia* complexa de substância que temos. E, por fim, se pudéssemos ter e efetivamente tivéssemos em nossa *ideia* complexa uma coleção exata de todas as qualidades secundárias ou poderes de uma substância qualquer, nem por isso teríamos uma *ideia* da essência dessa coisa. De fato, como os poderes e qualidades que são observáveis por nós não são a essência real dessa substância, mas dependem dessa essência e derivam dela, nenhuma coleção dessas qualidades pode ser a essência da coisa. Desse modo, resta claro que nossas *ideias* de substâncias não são *adequadas*, não são o que a mente pretende que elas sejam. Além disso, o homem não tem nenhuma *ideia* de substância em geral nem sabe o que a substância é em si mesma.

As ideias *de modos e relações são arquétipos, e não podem senão ser adequadas.*

§ 14. *Terceiro,* ideias *complexas de modos e relações são* originais e *arquétipos*. Não são cópias, nem 384
são feitas segundo o padrão de qualquer existência real com a qual a mente pretenda que sejam conformes ou ao qual ela pretenda que correspondam exatamente. Uma vez que são coleções de *ideias* simples que a própria mente conjuga, e coleções tais que cada uma delas contenham em si precisamente tudo que a mente pretenda que contenham, elas são arquétipos e essências de modos que podem existir e, assim, são destinadas unicamente aos modos (e a eles pertencem unicamente) que, quando existem, têm uma conformidade exata com essas *ideias* complexas. Portanto, as *ideias* de modos e relações não podem senão ser *adequadas*.

CAPÍTULO XXXII
Das ideias *verdadeiras e falsas.*

Verdade e falsidade pertencem propriamente a proposições.

§ 1. Ainda que, propriamente falando, verdade e falsidade pertençam unicamente a proposições, no entanto, as *ideias* são muitas vezes denominadas *verdadeiras ou falsas* (mas que palavras não são utilizadas num sentido mais amplo e com algum desvio de seu significado estrito e apropriado?). Entretanto, quando as próprias *ideias* são denominadas verdadeiras ou falsas, penso que há sempre uma proposição secreta ou tácita que é o fundamento dessa denominação, como veremos se examinarmos as ocasiões particulares em que elas vêm a ser chamadas de verdadeiras ou falsas. Em todas essas ocasiões, encontraremos algum tipo de afirmação ou de negação que seja a razão para essa denominação. Pois nossas *ideias*, não sendo mais do que meras aparências ou percepções em nossa mente, não podem, própria e simplesmente, em si mesmas, serem ditas *verdadeiras* ou *falsas*, não mais do que um nome isolado de uma coisa qualquer pode ser dito *verdadeiro* ou *falso*.

A verdade metafísica contém uma proposição tácita.

§ 2. De fato, tanto de *ideias* quanto de palavras *podemos* dizer que são *verdadeiras num sentido metafísico* da palavra verdade, assim como dizemos que são verdadeiras todas as outras coisas que de algum modo existem, *i. e.*, dizemos que realmente são tal como existem. Mas, mesmo nas coisas chamadas *verdadeiras* nesse sentido, talvez haja uma referência secreta a nossas *ideias*, consideradas como os modelos dessa verdade, o que equivale a uma proposição mental, embora ela normalmente não seja notada.

Como aparência na mente, nenhuma ideia é verdadeira ou falsa.

§ 3. Mas não é acerca desse sentido metafísico que se dá aqui nossa investigação, quando examina-
385 mos se nossas *ideias* são passíveis de serem *verdadeiras* ou *falsas*, e sim acerca da acepção mais comum

dessas palavras. E, assim, afirmo que, uma vez que as *ideias* em nossa mente são apenas outras tantas percepções ou aparências ali, nenhuma delas é *falsa*. A *ideia* de um *centauro*, quando aparece em nossa mente, não tem mais falsidade em si do que o nome centauro quando é pronunciado por nossa boca ou escrito num papel. Com efeito, uma vez que verdade e falsidade residem sempre em alguma afirmação ou negação, mental ou verbal, nossas *ideias não* são *passíveis*, nenhuma delas, *de serem falsas* antes que a mente formule um juízo a seu respeito, ou seja, afirme ou negue algo a seu respeito.

As ideias *podem ser verdadeiras ou falsas quando são referidas a alguma coisa.*

§ 4. Sempre que a mente refere qualquer uma de suas *ideias* a alguma coisa estranha a elas, elas são então *suscetíveis de ser chamadas de verdadeiras ou falsas*. Porque a mente, numa tal referência, supõe tacitamente sua conformidade a essa coisa, e essa suposição, sendo *verdadeira* ou *falsa*, traz essa denominação para as próprias *ideias*. Os casos mais comuns em que isso ocorre são os seguintes:

Usualmente os homens referem suas ideias *às* ideias *de outros homens, à existência real e a supostas essências reais.*

§ 5. *Primeiro*, quando a mente supõe que alguma de suas *ideias* seja *conforme à ideia* na mente *de outros homens* que é chamada pelo mesmo nome comum; p. ex., quando a mente pretende, ou julga que suas *ideias* de *justiça, temperança* e *religião* sejam as mesmas que aquelas às quais outros homens dão esses nomes.

Segundo, quando a mente supõe que uma *ideia* que ela tem em si mesma seja *conforme a alguma existência real*. Assim, tomando as duas *ideias* de homem e de centauro, quando se supõe que elas sejam as *ideias* de substâncias reais, uma delas é *verdadeira* e a outra é *falsa*, pois uma está em conformidade ao que realmente existiu, e a outra não.

Terceiro, quando a mente *refere* qualquer uma de suas *ideias a* essa constituição *real* e *essência* de uma coisa, da qual todas as suas propriedades dependem; e, desse modo, a maior parte, se não a totalidade de nossas *ideias* de substâncias é *falsa*.

A causa de tais referências.

§ 6. A mente é bastante predisposta a realizar tacitamente essas suposições em relação a suas próprias *ideias*. E, no entanto, se examinarmos bem, veremos que é principalmente, se não unicamente, com respeito a suas *ideias* complexas abstratas. Pois a mente tende naturalmente para o conhecimento e constata que, se tivesse de percorrer e abordar apenas coisas particulares, seu progresso seria muito lento e sua obra infindável. Portanto, para encurtar seu caminho
386 na direção do conhecimento e tornar cada percepção mais abrangente, a primeira coisa que ela faz, como base para ampliar mais facilmente seu conhecimento pela contemplação das próprias coisas que ela gostaria de conhecer ou pela discussão com outros a seu respeito, é unir as coisas em feixes e assim classificá-las em tipos, de modo que todo conhecimento obtido sobre uma coisa possa, por esse meio, ser estendido com certeza a todas do mesmo tipo. E, assim, ela avança com passos mais largos em sua principal ocupação, o conhecimento. Tal é, como já mostrei alhures, a razão pela qual coligimos coisas sob *ideias* abrangentes, com nomes anexados a elas, em *genera* e *species*, *i. e.*, em classes e tipos.

§ 7. Se, portanto, atentarmos cuidadosamente para os movimentos da mente e observarmos o curso que usualmente ela toma em seu caminho para o conhecimento, penso que constataremos que a mente, tendo adquirido qualquer *ideia* que pense poder utilizar para a contemplação ou para o discurso, a primeira coisa que faz é abstraí-la e então dar-lhe um nome. A mente, assim, deposita-a em seu armazém, a memória, como contendo a essência de um tipo de coisas do qual aquele nome deverá ser sempre a marca. E é por isso que podemos observar com frequência que, quando qualquer um vê uma coisa nova de um gênero que desconheça, prontamente indaga o que ela seja, visando com essa indagação a nada além do nome. Como se o nome trouxesse consigo o conhecimento da espécie ou sua essência; e, de fato, ele é usado como sua marca e geralmente se supõe que esteja unido a ela.

§ 8. Mas, sendo essa *ideia* abstrata algo na mente entre a coisa que existe e o nome dado a ela, é em nossas *ideias* que residem tanto a retidão de nosso conhecimento quanto a propriedade ou inteligibilidade de nossa fala. E é por isso que os homens supõem tão facilmente que as *ideias* abstratas que têm em sua mente sejam tais que concordem com as coisas que existem fora dela e às quais são referidas, e também que sejam iguais às *ideias* que, pelo uso e pelas convenções da linguagem, pertencem aos nomes que lhes dão. Com efeito, sem essa *dupla conformidade* de suas *ideias*, constatam que não conseguiriam pensar sobre as coisas nem falar sobre elas com os outros de forma inteligível.

As ideias *simples podem ser falsas quando referidas a outras de mesmo nome, ainda que estejam menos sujeitas a isso.*

§ 9. *Primeiro*, afirmo que, *quando a verdade de nossas* ideias *é aferida pela conformidade que mostram com as* ideias *que outros homens têm e comumente significam pelo mesmo nome, elas podem, todas elas, ser falsas*. No entanto, as ideias *simples* são, dentre todas, *as menos sujeitas a esse equívoco*. Porque um 387
homem, por seus sentidos e pela observação diária, não tem dificuldade para decidir o que são as *ideias* simples que seus diversos nomes designam no uso comum, uma vez que são pouco numerosas e, caso surja dúvida ou engano, estes podem ser facilmente retificados pelos objetos em que são encontradas. Portanto, é raro que alguém se engane a respeito do nome que conceda às *ideias* simples, ou que aplique

o nome *vermelho* para a *ideia* de verde, ou o nome doce para a *ideia* de amargo; e os homens tendem menos ainda a confundir os nomes de *ideias* pertencentes a sentidos diferentes e chamar uma cor pelo nome de um gosto etc. Desse modo, é evidente que as *ideias* simples que são chamadas por algum nome são comumente as mesmas que outros homens têm e querem expressar quando utilizam os mesmos nomes.

As ideias *de modos mistos são as mais sujeitas a serem falsas nesse sentido.*

§ 10. As ideias *complexas estão muito mais sujeitas a serem falsas quanto a esse aspecto, e as* ideias *complexas de modos mistos mais ainda do que as de substâncias.* Com efeito, nas substâncias (especialmente naquelas a que se aplicam nomes comuns e usuais a uma determinada língua), algumas qualidades sensíveis notáveis, que usualmente servem para distinguir um tipo de outro, costumam impedir aqueles que tomam algum cuidado ao usar suas palavras de aplicá-las a tipos de substâncias aos quais absolutamente não pertencem. Mas, nos modos mistos, nossa incerteza é muito maior, pois não é fácil determinar, acerca de muitas ações, se elas devem ser chamadas *justiça* ou *crueldade, generosidade* ou *prodigalidade*. E, assim, ao referir nossas *ideias* àquelas que outros homens chamam pelo mesmo nome, as nossas podem ser *falsas*; e a *ideia* em nossa mente que expressamos pela palavra *justiça* pode, talvez, merecer outro nome.

Ou, ao menos, serem consideradas falsas.

§ 11. Mas não importa se nossas *ideias* de modos mistos estão ou não mais sujeitas do que outros tipos a serem diferentes das *ideias* dos outros homens que são marcadas pelos mesmos nomes: o certo é que *esse tipo de falsidade é muito mais familiarmente atribuído a* nossas *ideias* de *modos mistos do que a qualquer outro tipo.* Quando se considera que um homem tem uma *ideia* falsa de *justiça, gratidão* ou *glória*, não é por outra razão senão a de que a sua não concorda com as *ideias* que cada um desses nomes significa para outros homens.

E por quê.

§ 12. *A razão disso* parece-me ser o fato de que, uma vez que as *ideias* abstratas de modos mistos são combinações voluntárias de uma determinada coleção 388
de *ideias* simples, e, portanto, a essência de cada espécie é feita unicamente pelos homens, nós não temos nenhum modelo sensível dessa espécie, existindo em algum lugar, a não ser o próprio nome ou a definição desse nome. Não temos nenhum outro modelo ao qual referirmos essas nossas *ideias* de modos mistos como a algo ao qual poderíamos adequá-las, a não ser as *ideias* daqueles que supostamente utilizam esses nomes em seu significado mais próprio; e, na medida em que nossas *ideias* se conformem a elas ou delas difiram, passam por verdadeiras ou falsas. Isso é o suficiente no que concerne à *verdade* e à *falsidade* de nossas *ideias* com relação a seus nomes.

Por referência a existências reais, nenhuma de nossas ideias *pode ser falsa, a não ser as de substâncias.*

§ 13. *Segundo,* quanto à *verdade e à falsidade de nossas* ideias *com referência* à *existência real* das coisas, quando isso é tomado como o critério de sua verdade, nenhuma delas pode ser denominada falsa, excetuando-se apenas nossas *ideias* complexas de substâncias.

rimeiro, as ideias *simples não são falsas nesse sentido, e por quê.*

§ 14. *Primeiro*, uma vez que nossas *ideias* simples são apenas percepções tais que Deus nos fez aptos a receber, tendo dado aos objetos externos o poder de produzi-las em nós por leis e vias determinadas, convenientes a Sua sabedoria e bondade, embora incompreensíveis para nós, sua verdade não consiste em nada mais do que essas aparências, tal como são produzidas em nós, as quais devem ser convenientes aos poderes que ele colocou nos objetos externos, pois, de outra maneira, elas não poderiam ser produzidas em nós: assim, correspondendo a esses poderes, elas são o que deveriam ser, *ideias verdadeiras*. E tampouco estão sujeitas a qualquer imputação de *falsidade*, se a mente julga (como acredito que ocorra

na maioria dos homens) que essas *ideias* estejam nas coisas mesmas. De fato, uma vez que Deus, em Sua sabedoria, as estabeleceu como marcas distintivas nas coisas, pelas quais podemos discernir uma coisa da outra e, desse modo, escolher qualquer uma delas para nosso uso conforme a ocasião, a natureza de nossa *ideia* simples não será alterada se pensarmos que a *ideia* de azul se encontra na própria violeta ou se pensarmos que ela se encontra apenas em nossa mente e que não há na violeta senão o poder de produzir essa *ideia* pela textura de suas partes, que refletem as partículas de luz de uma determinada maneira. Com efeito, uma vez que essa textura no objeto produz em nós, por uma operação regular e constante, a mesma *ideia* de azul, ela serve para distinguirmos, por nossos olhos, essa coisa de toda outra, pouco importando se essa marca distintiva, tal como realmente se encontra na violeta, é apenas uma textura peculiar de suas
389 partes ou se é essa cor mesma, da qual a *ideia* (que se encontra em nós) seria a semelhança exata. E, a partir dessa aparência, a violeta deve ser igualmente denominada *azul*, quer seja realmente essa cor ou apenas uma textura peculiar nela que cause em nós essa *ideia*, visto que o nome *azul* não denota propriamente nada senão essa marca distintiva que se encontra na *violeta*, discernível apenas por nossos olhos. E não importa no que consista essa marca, pois se encontra para além de nossas capacidades um conhecimento distinto a esse respeito e, provavelmente, seria de menos utilidade para nós caso tivéssemos faculdades para discerni-lo.

Mesmo que a ideia *de azul de um homem seja diferente da de outro.*

§ 15. Tampouco se poderia imputar falsidade a nossas *ideias* simples *se*, pela diferente estrutura de nossos órgãos, se seguisse que *o mesmo objeto produzisse* ao mesmo tempo *na mente de homens diferentes* ideias *diferentes*; p. ex., se a *ideia* que uma *violeta* produz na mente de um homem, por meio de seus olhos, fosse a mesma que o girassol produz num outro, e vice-versa. De fato, como isso jamais poderia ser conhecido, uma vez que a mente de um homem não se pode instalar no corpo de um outro para perceber quais aparências são produzidas por aqueles órgãos, nem as *ideias* nem seus nomes se veriam por causa disso confundidos ou acometidos de *falsidade*. Com efeito, como todas as coisas que têm a textura de uma *violeta* produziriam constantemente a *ideia* que ele chama de *azul*, e aquelas que têm a textura de um girassol produziriam constantemente a *ideia* que ele com a mesma constância chama de *amarelo*, não importa o que sejam essas aparências em sua mente: ele seria capaz, por meio dessas aparências, de distinguir as coisas para seu uso e de compreender e significar essas distinções marcadas pelos nomes *azul* e *amarelo* tão regularmente quanto se as aparências ou *ideias* em sua mente, recebidas dessas duas flores, fossem exatamente as mesmas que as que se encontrem na mente de outros homens. Apesar disso, estou fortemente inclinado a pensar que as *ideias* sensíveis produzidas por um objeto qualquer na mente de diferentes homens sejam geralmente muito próximas e indistinguíveis. Uma opinião para a qual, penso, pode-se oferecer muitas razões, mas, como isso ultrapassa o meu assunto presente, não ocuparei meu leitor com elas. Lembro-lhe apenas de que a suposição contrária, caso se pudesse prová-la, seria de pouca utilidade, seja para o aperfeiçoamento de nosso conhecimento, seja para a conveniência da vida, e, assim, não precisamos dar-nos ao trabalho de examiná-la.

Primeiro, as ideias *simples não são falsas nesse sentido, e por quê.*

§ 16. Pelo que foi dito a respeito de nossas *ideias* 390
simples, penso ser evidente que *nenhuma de nossas* ideias *simples possa* ser *falsa com respeito às coisas* que existem fora de nós. Pois a verdade dessas apa-

rências ou percepções em nossa mente consiste unicamente, como foi dito, em corresponderem aos poderes existentes nos objetos externos para produzir, por meio de nossos sentidos, tais aparências em nós; e, como cada uma delas é, na mente, tal como é, ajustada ao poder que a produziu e que é a única coisa que ela representa, ela não pode, por esse lado, ou referida a um tal modelo, ser *falsa*. *Azul* ou *amarelo*, *amargo* ou *doce* nunca podem ser *ideias* falsas, pois essas percepções na mente são apenas tal como são ali, correspondendo aos poderes designados por Deus para produzi-las, e, assim, são verdadeiramente o que são e devem ser. Os nomes podem ser mal aplicados, mas isso não traz, nesse sentido, falsidade às *ideias*, como quando um homem que ignore *nossa* língua chama o *púrpura* de *escarlate*.

Segundo, modos não são falsos.

§ 17. *Segundo, tampouco nossas* ideias *complexas de modos podem ser falsas por referência a algo que realmente existe*. Com efeito, qualquer que seja a *ideia* complexa de modo que eu tenha, ela não tem nenhuma referência a nenhum modelo existente e feito pela natureza, e não tem de conter em si qualquer outra *ideia* além das que contenha, nem representar nada além do complexo de *ideias* que ali estão. Assim, quando tenho a *ideia* da ação de um homem que se abstenha de prover-se de tanta carne, bebida, vestimenta e outras conveniências da vida semelhantes quanto suas riquezas e condição lhe permitem e sua posição requeira, não tenho uma *ideia falsa*, mas uma *ideia* que represente uma ação tal como eu a encontro ou então como eu a imagino, e, portanto, não é capaz nem de *falsidade*, nem de *verdade*. Mas, quando dou o nome de *frugalidade* ou de *virtude* a essa ação, então ela poderá ser chamada de *ideia falsa*, caso se suponha com isso que ela concorde com a *ideia* à qual o nome *frugalidade* se aplica com propriedade, ou que seja conforme à lei que é o modelo da virtude e do vício.

Terceiro, quando as ideias *de substância são falsas.*

§ 18. *Terceiro*, nossas *ideias* complexas *de substâncias, sendo todas elas referidas a padrões existentes nas próprias coisas, podem ser falsas.* Que elas sejam todas falsas quando encaradas como representações da essência desconhecida das coisas é tão evidente que não é preciso dizer nada a esse respeito. Deixarei portanto de lado o exame dessa suposição quimérica para considerar essas *ideias* complexas de substâncias como coleções de *ideias* simples na mente, tomadas de combinações de *ideias* simples que existem 391
constantemente juntas nas coisas, modelos esses dos quais se supõe que sejam cópias. E, nessa sua referência à existência das coisas, elas *são* ideias *falsas*: 1. *Quando* conjugam *ideias* simples que, na existência real das coisas, não se encontrem unidas, como quando ao formato e ao tamanho que existem juntos num cavalo vem unir-se, em uma mesma *ideia* complexa, o poder de latir como um cão, três *ideias* que, embora na mente sejam reunidas numa só, jamais estiveram unidas na natureza; e isso pode, portanto, ser chamado de *falsa ideia* de um cavalo. 2. As *ideias* de substâncias também são *falsas,* sob esse aspecto, quando, de uma coleção qualquer de *ideias* simples que sempre existam juntas, é separada por negação direta qualquer outra *ideia* simples que constantemente as acompanhe. Assim, se à extensão, solidez, fusibilidade, peso específico e à cor amarela do ouro alguém une, em seus pensamentos, a negação de um grau maior de fixidez do que o que se encontra no chumbo ou no cobre, pode-se dizer que essa pessoa tem uma *ideia* complexa falsa, bem como quando acrescenta a essas *ideias* simples a *ideia* de uma fixidez absoluta e perfeita. Em ambos os casos, como a *ideia* complexa de ouro é composta de *ideias* simples que

não estão unidas na natureza, ela pode ser chamada de falsa. Mas se essa pessoa deixa inteiramente de fora de sua *ideia* complexa aquela de fixidez, sem a acrescentar nem a separar das outras em sua mente, penso que se deva considerá-la antes como uma *ideia* inadequada e imperfeita do que como uma *ideia falsa,* pois embora ela não contenha todas as *ideias* simples que se encontram unidas na natureza, entretanto, ela não reúne senão aquelas que realmente existem unidas.

Verdade ou falsidade sempre pressupõem afirmação ou negação.

§ 19. Ainda que eu tenha mostrado em que sentido, de acordo com a linguagem usual, e sobre qual fundamento nossas *ideias* podem, por vezes, ser chamadas de *verdadeiras* ou *falsas*, entretanto, se examinarmos a questão mais de perto, em todos os casos em que uma *ideia* é chamada de *verdadeira* ou *falsa*, ela o é a partir de um certo juízo que a mente faz, ou supostamente faça, e que é *verdadeiro* ou *falso*. Pois a *verdade* ou a *falsidade*, uma vez que não existem *sem alguma afirmação ou negação*, expressa ou tácita, só podem ser encontradas ali onde os signos estão reunidos ou separados, conforme a concordância ou a discordância das coisas que eles designam. Os signos que mais utilizamos são ou *ideias*, ou palavras, com as quais fazemos proposições mentais ou verbais. A *verdade* reside em reunir ou separar esses representantes conforme as coisas que eles designam concordem ou discordem em si mesmas, e a *falsidade*, no contrário, como mostraremos mais à frente.

As ideias *não são em si mesmas verdadeiras ou falsas.*

392 § 20. Sendo assim, qualquer *ideia* que tenhamos em nossa mente, seja ela conforme ou não à existência das coisas, ou a qualquer *ideia* na mente de outro homem, não pode, apenas por isso, ser propriamente chamada de *falsa*. Com efeito, se essas representações não têm nada nelas a não ser o que realmente existe nas coisas exteriores, não podem ser consideradas

falsas, pois são as representações exatas de algo. E, se têm algo nelas que difira da realidade das coisas, tampouco podem ser chamadas de falsas representações ou *ideias* de coisas que não representam. Mas o engano e a *falsidade se dão*:

Mas são falsas, primeiro, quando se considera que concordam com a ideia *de outro homem sem que isso ocorra.*

§ 21. *Primeiro, quando a mente* tem alguma *ideia* e *julga* e conclui que *é a mesma que se encontre na mente de outro homem, significada pelo mesmo nome*, ou que ela é conforme à significação ordinariamente aceita ou à definição daquela palavra quando em verdade não o seja: nisso consiste o engano mais usual quanto aos modos mistos, ainda que outras *ideias* também estejam sujeitas a ele.

Segundo, quando se julga que concordam com a existência real e esse não é o caso.

§ 22. *Segundo*, quando a mente tem uma *ideia* complexa composta de uma coleção de *ideias* simples tais que a natureza jamais ponha juntas *e julgue que essa* ideia *concorde com uma espécie de criatura realmente existente*, como quando ela junta o peso do estanho à cor, fusibilidade e fixidez do ouro.

Terceiro, quando se julga que são adequadas sem que o sejam.

§ 23. *Terceiro*, quando, em sua *ideia* complexa, ela une um certo número de *ideias* simples que realmente existem juntas em alguns tipos de criatura, mas ao mesmo tempo deixa de fora outras igualmente inseparáveis *e julga que essa é uma* ideia *completa e perfeita de um tipo de coisas, o que na verdade ela não é.* P. ex., tendo juntado as *ideias* de substância, amarelo, maleável, muito pesado e fusível, ela toma essa *ideia* complexa como a *ideia* completa do ouro, quando, no entanto, sua fixidez peculiar e sua solubilidade em água-régia são tão inseparáveis dessas outras *ideias*, ou qualidades desse corpo, quanto estas últimas são inseparáveis umas das outras.

Quarto, quando se julga que representam a essência real.

§ 24. *Quarto*, o engano é ainda maior *quando eu julgo que essa* ideia *complexa contém em si a essência real de qualquer corpo existente*, ao passo que ela não contenha mais do que umas poucas propriedades

que fluem de sua real essência e constituição. Digo poucas porque, como essas propriedades consistem,
393 no mais das vezes, em poderes ativos e passivos que o corpo tem com relação a outras coisas, todas as propriedades que são comumente conhecidas de um corpo qualquer e das quais as *ideias* complexas desse gênero de coisas são geralmente feitas, são muito poucas em comparação àquilo que um homem que de diversas maneiras testou e examinou esse corpo conheça acerca desse tipo particular de coisa. E todas as que o homem mais experimentado conheça são ainda muito poucas em comparação às que realmente se encontram naquele corpo e dependem de sua constituição interna ou essencial. A essência de um triângulo jaz em limites estreitos, consiste em muito poucas *ideias*; três linhas que incluem um espaço compõem essa essência; mas as propriedades que fluem dessa essência são mais numerosas do que as que se poderia facilmente conhecer ou enumerar. Penso que o mesmo ocorra nas substâncias: sua essência jaz em limites estreitos, ainda que as propriedades que fluem dessa constituição interna sejam intermináveis.

Ideias, *quando são falsas.*

§ 25. Para concluir, uma vez que o homem não tem noção de qualquer coisa que lhe seja exterior a não ser pela *ideia* dessa coisa que tem em sua mente (e ele tem o poder de chamar essa *ideia* como bem entender), ele pode fazer uma *ideia* que nem corresponda à realidade das coisas, nem concorde com as *ideias* significadas comumente pelas palavras de outras pessoas, mas não pode fazer uma *ideia* errada ou *falsa* de uma coisa que ele só conhece por meio da *ideia* que ele tem dessa coisa. P. ex., quando eu formo uma *ideia* das pernas, braços e tronco de um homem, e acrescento a isso a cabeça e o pescoço de um cavalo, não faço uma *ideia falsa* de coisa alguma, pois ela não representa nada fora de mim. Mas, quando a chamo de *homem* ou de *tártaro* e imagino que ela represente algum ser real fora de mim ou que seja a mesma *ideia* que outros chamam pelo mesmo nome, em ambos esses casos eu posso errar. E é por isso que ela vem a ser chamada de *ideia falsa*, ainda que, de fato, a *falsidade* não resida na *ideia,* mas na proposição mental tácita pela qual se atribui a ela uma conformidade e semelhança que ela não tem. No entanto, se eu, tendo formado uma tal *ideia* em minha mente sem pensar que a existência ou o nome *homem* ou *tártaro* pertença a ela, quiser chamá-la de *homem* ou de *tártaro*, posso, com justiça, ser considerado fantasioso na nomeação, mas não equivocado em meu juízo, nem a *ideia* pode de alguma maneira ser considerada *falsa*.

É mais apropriado chamá-las de certas ou erradas.

§ 26. No balanço geral, penso que nossas *ideias*,
quando são consideradas pela mente, seja em referência
à significação própria de seus nomes, seja em referên-
cia à realidade das coisas, *podem* muito apropriada- 394
mente *ser chamadas* ideias *certas ou erradas*, segundo concordem ou discordem dos padrões aos quais são referidas. Mas, se alguém preferir chamá-las de *verdadeiras* ou *falsas*, é justo que se valha da liberdade que todos têm para chamar as coisas pelos nomes que considerar melhores; não obstante, *verdade* ou *falsidade*, propriamente falando, penso que dificilmente se adéquem às *ideias*, a não ser na medida em que, de alguma maneira, contenham virtualmente alguma proposição mental. As *ideias* que se encontram na mente de um homem, se consideradas simplesmente, não podem ser erradas, a não ser as complexas, nas quais partes incompatíveis entre si são misturadas umas às outras. Todas as outras *ideias* são, em si mesmas, corretas, e o conhecimento acerca delas é correto e verdadeiro conhecimento. Mas, quando as referimos a alguma coisa como a seu padrão ou arquétipo,

então elas são suscetíveis de serem erradas, na medida em que discordarem de tais arquétipos[84].

CAPÍTULO XXXIII
Da associação das ideias.

Algo insensato na maioria dos homens.

§ 1. É difícil encontrar alguém que não observe algo que lhe pareça estranho e seja em si mesmo bastante extravagante, nas opiniões, raciocínios e ações dos outros homens. Uma mínima falha desse tipo, desde que seja minimamente diferente de suas próprias, qualquer um tem o olhar suficientemente aguçado para espiar nos outros e prontamente a condenará pela autoridade da razão, mesmo que ele mesmo seja culpado de uma insensatez muito maior em seus próprios princípios e conduta, coisa de que jamais se dê conta e da qual seria muito difícil, se não impossível, convencê-lo.

O que não se deve inteiramente ao amor-próprio.

§ 2. Isso não procede inteiramente do amor-próprio, ainda que ele tenha frequentemente grande parte nisso. Homens de espírito franco, não afeitos à vaidade dos autoelogios, são frequentemente culpados disso e, em muitos casos, ouvimos com assombro, atônitos diante de sua obstinação, as argumentações de um homem de valor que recuse a evidência da razão quando ela se apresenta diante dele clara como a luz do dia.

Nem à educação.

§ 3. Esse tipo de insensatez é usualmente atribuí-
do à educação e ao preconceito e, no mais das vezes,
395 com bastante razão, mas isso não atinge o fundo do
distúrbio, nem mostra de modo suficientemente dis-
tinto de onde surge ou no que consiste. A educação

84. O capítulo seguinte foi acrescentado a partir da quarta edição. Até a terceira, o Livro II terminava no presente capítulo com o que veio a ser a última seção do capítulo seguinte. [N. D. E.]

é de fato muitas vezes corretamente apontada como causa, e preconceito é um bom nome geral para a própria coisa. No entanto, penso que seja preciso olhar um pouco além para poder rastrear esse tipo de loucura até a raiz da qual brota e explicá-la de tal modo que se possa mostrar de onde provém essa falha em mentes muito sóbrias e racionais e no que ela consiste.

É um certo grau de loucura.

§ 4. Creio que me será desculpado o fato de chamar isso por um nome tão duro quanto *loucura* quando se considerar que a oposição à razão merece esse nome e é realmente loucura. E dificilmente se encontrará um homem tão livre disso que, se argumentasse e agisse em todas as ocasiões como o faz constantemente em certos casos, não seria considerado mais adequado para *Bedlam*[85] do que para a conversação civilizada. Não me refiro aqui aos casos em que ele se encontre sob o poder de uma paixão desregrada, mas ao que ocorre durante o curso regular e pacífico de sua vida. O que desculpará ainda mais a aplicação de um nome tão duro e uma imputação tão desagradável para a maioria da humanidade é o fato de que, ao investigar brevemente e de passagem a natureza da loucura, no Livro II, Capítulo XI, § 13, constatei que ela brota da mesmíssima raiz e depende da mesmíssima causa de que falamos aqui. Essa consideração da própria coisa, num momento em que não me ocupava de forma alguma de minha questão presente, sugeriu-me isso. E, caso se trate mesmo de uma fraqueza a que todos os homens estão sujeitos, caso essa seja uma mazela que infecta a humanidade tão universalmente, dever-se-á tomar o maior cuidado para deixá-la visível sob seu nome apropriado, infundindo assim o maior cuidado em sua prevenção e cura.

---

85. Hospital psiquiátrico. [N. Ed. Br.]

Deve-se a uma conexão errada de ideias.

§ 5. Algumas de nossas *ideias* têm uma correspondência e conexão natural umas com as outras: é obrigação e mérito de nossa razão rastrear tais ideias e mantê-las juntas nessa união e correspondência que se funda em seus seres peculiares. Além dessa, há uma outra conexão de *ideias* inteiramente devida ao acaso ou ao costume. *Ideias* que em si mesmas não têm qualquer afinidade, tornam-se de tal maneira unidas na mente de alguns homens que é muito difícil separá-las: acompanham-se sempre mutuamente e, tão logo uma venha ao entendimento, com ela aparece a que lhe esteja associada; e, se mais de duas *ideias* se encontram assim unidas, o bando completo, sempre inseparável, apresenta-se em conjunto.

Como essa conexão é feita.

396 § 6. Não sendo essa forte combinação entre *ideias* uma aliança feita pela natureza, a mente a faz nela mesma, seja voluntariamente, seja por acaso, e é assim que ela é diferente para diferentes homens, segundo suas diferentes inclinações, educação, interesses etc. O costume estabelece hábitos de pensamento no entendimento, assim como de determinação na vontade e de movimentos no corpo, todos os quais parecem apenas cursos de movimentos dos espíritos animais, que, uma vez iniciados, continuam pelo mesmo rastro a que foram acostumados, o qual, por ter sido palmilhado muitas vezes, aplainou-se num caminho suave, e o movimento nele se tornou fácil e como que natural. Tanto quanto podemos compreender o pensamento, as *ideias* parecem ser dessa forma produzidas em nossa mente; ou, se não o são, isso poderia servir para explicar porque se seguem umas às outras num curso habitual, uma vez tenham sido postas nesse caminho, de forma tão adequada quanto serve para explicar tais movimentos do corpo. Um músico acostumado a uma determinada canção constatará que basta ela despontar em sua mente, e as *ideias*

das suas diversas notas se seguirão umas às outras ordenadamente em seu entendimento, sem cuidado ou atenção de sua parte, de modo tão regular quanto seus dedos se movimentam ordenadamente pelo teclado do órgão para executar a canção iniciada, mesmo que seus desatentos pensamentos estejam devaneando em outro lugar. Não determinarei se a causa natural dessas *ideias*, bem como a da dança regular de seus dedos, deve-se ao movimento de seus espíritos animais, por mais plausível que isso possa parecer pelo exemplo dado, mas isso nos pode ajudar a entender um pouco melhor os hábitos intelectuais e o entrelaçamento de *ideias*.

Algumas antipatias são efeito disso.

§ 7. Que haja na mente da maioria dos homens tais associações de *ideias* feitas pelo costume é algo que, penso eu, ninguém que tenha considerado a si mesmo e aos outros irá negar. E a isso talvez se possa atribuir com justiça a maior parte das simpatias e antipatias observáveis nos homens. Estas operam tão poderosamente e produzem efeitos tão regulares quanto se fossem naturais, e, por isso, são assim chamadas, ainda que inicialmente não tivessem outra origem além da conexão acidental de duas *ideias* que a força da primeira impressão ou a indulgência posterior uniram de tal maneira que subsequentemente mantêm-se sempre juntas na mente do homem, tal como se fossem uma só *ideia*. Digo a maior parte das antipatias, e não todas, pois algumas delas são verdadeiramente naturais, dependem de nossa constituição original e nascem conosco. Mas, com relação a uma grande parte 39
das que são tidas na conta de naturais, caso elas tivessem sido mais cuidadosamente observadas, reconhecer-se-ia que elas provêm de impressões inadvertidas, embora talvez precoces, ou daquilo que inicialmente era uma fantasia gratuita, e que tal é sua origem. Um adulto que se enfartou de mel, mal escuta essa pala-

vra, e sua fantasia imediatamente leva náusea e espasmos a seu estômago, e ele não pode suportar nem mesmo a *ideia* do mel: outras *ideias* de desprazer, de mal-estar e de vômito acompanham-na imediatamente, e ele se vê perturbado; mas ele sabe de quando datar essa fraqueza e pode contar como adquiriu essa indisposição. Por outro lado, caso isso lhe tivesse acontecido, por uma dose excessiva de mel, quando ainda era uma criança, todos os mesmos efeitos se seguiriam, mas ele se enganaria acerca da causa e consideraria a antipatia como natural.

§ 8. Menciono isso não porque seja estritamente necessário ao presente argumento distinguir precisamente entre antipatias naturais e adquiridas, mas noto-o com outro propósito: para que aqueles que têm filhos ou são responsáveis pela educação de crianças possam ver que vale a pena vigiar diligentemente e impedir cuidadosamente a conexão indevida de *ideias* na mente dos jovens. Esse é o período mais suscetível a impressões duradouras e, ainda que as relacionadas à saúde do corpo sejam vigiadas e combatidas por pessoas judiciosas, no entanto, estou inclinado a suspeitar que as que se relacionam de forma mais particular à mente e que dizem respeito ao entendimento, ou às paixões, foram bem menos notadas do que o requerido. Mais que isso, suspeito que aquelas que se referem puramente ao entendimento foram inteiramente negligenciadas pela maioria dos homens.

Uma grande causa de erros.

§ 9. Em nossa mente, essa conexão equivocada de *ideias* (que, nelas mesmas, são soltas e independentes umas das outras) exerce uma influência tal, e seu poder é tamanho para nos desviar em nossas ações, tanto morais como naturais, e em nossas paixões, raciocínios e mesmo em nossas noções, que provavelmente não existe nada que requeira mais cuidado.

Exemplos.

§ 10. As *ideias* de *gnomos e fantasmas* realmente não têm maior relação com a escuridão do que com

a claridade. No entanto, que se deixe uma babá tola inculcá-las com frequência na mente de uma criança, 398
e ali firmá-las juntas, e provavelmente essa criança jamais será capaz de separá-las novamente durante toda sua vida. A escuridão, a partir de então, sempre trará consigo essas *ideias* assustadoras, que lhe estarão de tal maneira unidas que ela não poderá suportá-la mais do que suporta as outras.

§ 11. Um homem recebe uma injúria dolorosa de outro, pensa neste homem e em sua ação vez após vez e, ruminando sobre eles forte ou frequentemente em sua mente, cimenta essas *ideias* uma à outra de tal maneira que se tornam praticamente uma só: e ele jamais pensa no homem sem que ao mesmo tempo venha a sua mente a dor e o desprazer que sofreu, de modo que dificilmente distingue uma coisa da outra, e nutre uma aversão tão grande por uma quanto pela outra. É assim que os ódios frequentemente nascem de motivos ligeiros e quase inocentes, e as querelas se propagam e se disseminam pelo mundo.

§ 12. Um homem sofreu dor e mal-estar num lugar qualquer, ele viu seu amigo falecer num determinado aposento: embora por natureza essas coisas nada tenham a ver uma com a outra, no entanto, quando a *ideia* do lugar vem a sua mente, ela traz consigo (uma vez realizada a impressão) aquela de dor e desprazer, e o homem as confunde em sua mente e suporta tão mal uma quanto a outra.

Por que o tempo cura alguns distúrbios da mente que a razão não pode curar.

§ 13. Quando essa combinação se estabelece, e enquanto ela dure, não se encontra no poder da razão nos auxiliar e nos livrar de seus efeitos. Uma vez que estejam em nossa mente, as *ideias* operam de acordo com sua natureza e circunstâncias; e aqui vemos por que o tempo cura certas afecções que a razão, ainda que reconhecidamente correta, não domina nem é capaz de, contra elas, convencer aqueles que

lhe dão ouvidos em outras ocasiões. A morte de uma criança, que era todo o prazer dos olhos de sua mãe e a alegria de sua alma, subtrai a seu coração todo o conforto de sua vida e lhe traz todo tormento imaginável: as consolações da razão, nesse caso, são tão eficientes quanto pregar tranquilidade a alguém na mesa de tortura e esperar aliviar, por considerações racionais, a dor de suas juntas sendo dilaceradas. Antes que o tempo, pelo desuso, tenha separado da sensação daquele desfrute e de sua perda a *ideia* da criança voltando em sua memória, todos os argumentos, por mais razoáveis que sejam, são vãos. E, assim,
99 aqueles para quem a união dessas *ideias* jamais é dissolvida passam sua vida em luto, levando uma tristeza incurável para o túmulo.

Exemplos suplementares do efeito da associação das ideias.

§ 14. Um amigo meu conheceu alguém que fora completamente curado de sua loucura por uma operação muito dura e agressiva. O cavalheiro que assim fora curado, com grande senso de gratidão e reconhecimento, admitiu, pelo resto de sua vida, que essa cura fora o maior favor que poderia ter recebido. Mas, não importa o que a gratidão e a razão lhe sugerissem, ele não suportava a visão do cirurgião: essa imagem trazia-lhe de volta a *ideia* da agonia por que passara em suas mãos, excessivamente forte e intolerável para que pudesse suportar.

§ 15. Muitas crianças, que culpam por seu sofrimento na escola os livros a respeito dos quais foram corrigidos, juntam essas *ideias* de tal maneira que passam a ter aversão por livros, sem jamais se reconciliarem com o estudo e com seu uso por todo o resto de suas vidas, e, assim, a leitura torna-se para elas um tormento, ao passo que, de outra maneira, poderia ter sido o maior prazer de suas vidas. Há aposentos muito convenientes nos quais alguns homens não conseguem estudar, e tipos de copos nos quais, por mais limpos e práticos que sejam, eles não conseguem beber, e isso em razão de algumas *ideias* que são acidentalmente anexadas a essas coisas, tornando-as desagradáveis. E quem já não observou um homem encolher diante da presença ou na companhia de uma pessoa que não lhe é superior a não ser pelo fato de ter tido uma ascendência sobre ele em uma determinada ocasião? A *ideia* de autoridade e de distância acompanha, desde então, a *ideia* dessa pessoa, e quem uma vez foi assim subjugado não é capaz de as separar.

§ 16. Exemplos desse tipo são tão abundantes por toda parte que, se acrescento mais um, é apenas devido a sua prazerosa estranheza. Trata-se de um jovem cavalheiro que aprendeu a dançar, e muito bem. Ocorre que havia um velho baú no aposento onde aprendera a dançar. A *ideia* dessa notável peça de mobília se misturara de tal maneira aos passos e volteios de sua dança que, embora naquele aposento ele conseguisse dançar muitíssimo bem, isso se dava somente quando o baú ali se encontrava, e ele não conseguia desempenhar-se bem em qualquer outro lugar, a não ser que esse ou algum outro baú estivesse em sua devida posição no aposento. Caso se suspeite de uma tintura cômica acrescentada a essa anedota 40
em detrimento da precisão, respondo por mim mesmo que a ouvi há alguns anos de um homem inteiramente sério e digno, que a testemunhara tal como a relato. E ouso dizer que, dentre meus leitores, há muito poucas pessoas investigativas que não se depararam com relatos ou mesmo com exemplos dessa natureza, que podem igualar ou, pelo menos, justificar essa história.

Sua influência nos hábitos intelectuais.

§ 17. Hábitos e defeitos intelectuais assim contraídos não são menos frequentes e poderosos, embora sejam menos notados. Se as *ideias* de ser e matéria forem poderosamente unidas – seja pela educação ou por muito pensamento –, enquanto estiverem combinadas na mente, que noções e raciocínios poderiam haver sobre os espíritos separados? Se o costume, desde a primeira infância, tiver unido figura e formato à *ideia* de Deus, a que absurdos tal mente não se exporá a respeito da Deidade?

Se a *ideia* de infalibilidade for unida inseparavelmente a uma pessoa qualquer, e essas duas *ideias*, constantemente juntas, apoderarem-se da mente, então a afirmação de que dois corpos ocupam um único lugar, será engolida sem exame como verdade certa, por uma fé implícita, quando quer que essa suposta pessoa infalível o afirme e exija assentimento sem exame.

Observável em diferentes seitas.

§ 18. Tais combinações errôneas e não naturais de *ideias* são o que estabelece a oposição irreconciliável entre diferentes seitas da filosofia e da religião, pois não podemos supor que cada um de seus seguidores se engane voluntariamente a si mesmo e, sabendo o que faz, renuncie à verdade oferecida pela simples razão. Ainda que o interesse tenha grande peso nesse caso, não se pode pensar que leve associações inteiras de homens a uma perversidade tão universal a ponto de todos os homens, até o último, manterem consabidamente a falsidade. É preciso reconhecer que pelo menos alguns deles fazem o que todos afirmam fazer, *i. e.*, procuram sinceramente pela verdade, e, portanto, deve haver algo que cega seu entendimento e faz com que não vejam a falsidade daquilo que abraçam como verdade efetiva. Caso se examine a questão, ver-se-á que o que assim cativa sua razão e afasta homens sinceros cegamente do senso comum é aquilo de que falamos: algumas *ideias* independentes, sem nenhuma liga entre si, são, pela educação, o costume e o alarido constante de seus partidários, de tal maneira acopladas em suas mentes que sempre

aparecem ali unidas e lhes é tão impossível separá-las em seus pensamentos quanto se fossem uma só *ideia,* 40
pois operam como se fossem de fato uma só. Isso dá sentido para o *jargão*, demonstrações para os absurdos e coerência para o contrassenso, e é o fundamento da maior parte, eu quase diria de todos, os erros no mundo. Ou, se ele não tem tão longo alcance, é ao menos o erro mais perigoso, pois quando é bem-sucedido impede os homens de ver e examinar. Quando duas coisas em si mesmas desligadas aparecem à vista constantemente unidas, se o olhar vê atreladas essas coisas que são soltas, por onde poderíamos começar a retificar os equívocos que se seguem de duas *ideias* que os homens se acostumaram a juntar em sua mente a ponto de substituir uma pela outra e, como estou inclinado a pensar, sem que eles mesmos o percebam? Enquanto se encontram sob esse equívoco, os homens são incapazes de serem convencidos e aplaudem a si mesmos como zelosos paladinos da verdade, quando, de fato, defendem o erro. E a confusão de duas *ideias* diferentes, que uma conexão costumeira em sua mente fez com que se tornassem para eles uma única *ideia,* alimenta sua mente com falsas perspectivas e seu raciocínio com falsas consequências.

Conclusão. § 19. Tendo assim apresentado uma exposição da origem, dos tipos e da extensão de nossas *ideias*, além de muitas outras considerações sobre esses instrumentos ou materiais de nosso conhecimento, se é que posso falar assim, o método a que inicialmente me propus requereria que agora eu passasse a mostrar o uso que o entendimento faz delas e qual o conhecimento que com elas obtemos. Na primeira visão geral que tive a respeito dessa questão, isso é tudo o que eu pensava que me fosse preciso fazer. Mas uma reflexão mais detida me mostrou que há uma conexão tão íntima entre *ideias* e palavras, e que nossas *ideias* abstratas e palavras gerais têm uma relação tão constante entre si que é impossível falar clara e distintamente a respeito de nosso conhecimento, que consiste inteiramente em proposições, sem primeiro considerar a natureza, o uso e o significado da linguagem, o que, por essa razão, é a tarefa do próximo livro.

LIVRO III

402 CAPÍTULO I

Das palavras ou da linguagem em geral.

O homem É apto a formar sons articulados.

§ 1. Tendo DEUS destinado o homem a ser uma criatura sociável, não somente o criou com a inclinação para estabelecer associação com aqueles de seu gênero e com a necessidade de fazê-lo, mas forneceu-lhe ainda a linguagem, que viria a ser o principal instrumento de sociedade e seu vínculo comum. O *homem*, portanto, teve seus órgãos moldados pela natureza de modo tal a serem *aptos a formar sons articulados*, os quais chamamos de palavras. Mas isso não era o suficiente para produzir linguagem, pois papagaios e muitas outras aves podem ser ensinados a fazer sons articulados suficientemente distintos e, no entanto, não são, de nenhuma maneira, capazes de linguagem.

Para fazer deles signos de ideias.

§ 2. Portanto, além de sons articulados, foi ainda necessário que o homem fosse *capaz de usar esses sons como signos de concepções internas* e de fazer com que designem, como marcas, as *ideias* do interior de sua própria mente, de modo que elas possam ser dadas ao conhecimento de outros e que os pensamentos da mente dos homens possam ser transmitidos de um para o outro.

Para fazer signos gerais.

§ 3. Mas isso tampouco foi suficiente para tornar as palavras tão úteis quanto elas devem ser. Para a perfeição da linguagem, não basta que os sons possam tornar-se signos de *ideias*, a não ser que esses *signos* possam ser usados de tal modo que *abranjam diversas coisas particulares*, pois, se cada coisa particular precisasse de um nome distinto para significá-la, a multiplicação das palavras embaraçaria seu uso[1]. Para remediar essa inconveniência, a linguagem recebeu ainda um outro aperfeiçoamento pelo uso de termos gerais, graças ao qual se fez com que uma única palavra marcasse uma multidão de existências particulares. Esse uso vantajoso dos sons foi obtido unicamente pela diferença das *ideias* das quais são signos: tornam-se gerais os nomes feitos para designar *ideias* gerais, e permanecem particulares aqueles que são usados para *ideias* particulares.

§ 4. Além desses nomes que designam *ideias*, há 403
ainda outras palavras que os homens usam não para significar uma *ideia*, mas a falta ou ausência de *ideias*, simples ou complexas, ou então de todas as *ideias* juntas. Assim são *nihil*, em latim, e *ignorância* e *esterilidade*, em nossa língua. Acerca de todas essas palavras privativas ou negativas, não se pode dizer com propriedade que elas não signifiquem ou que não lhes corresponda nenhuma *ideia*, pois então seriam sons completamente insignificantes, mas elas remetem a *ideias* positivas e significam sua ausência.

As palavras derivam, em última instância, de palavras que significam ideias sensíveis.

§ 5. Para que nos aproximemos um pouco mais da origem de todas nossas noções e de nosso conhecimento, pode ser útil observar o quanto nossas *palavras* dependem das *ideias* sensíveis comuns, e como as que são usadas para designar ações e noções muito afastadas dos sentidos *surgem dali e são transferi-*

1. O final desta seção foi acrescentado a partir da segunda edição. [N. D. E.]

das de ideias *sensíveis óbvias para significações mais abstrusas,* fazendo-se com que designem *ideias* que não caem sob o conhecimento de nossos sentidos. P. ex., *imaginar, apreender, compreender, aderir, conceber, instilar, desgosto, perturbação, tranquilidade* etc. são todas elas palavras tomadas das operações de coisas sensíveis e aplicadas a certos modos de pensamento. *Espírito* é, em seu significado primeiro, sopro, e *anjo*, um mensageiro; e não duvido que, se pudéssemos seguir seus rastros até suas fontes, constataríamos que, em todas as línguas, os nomes que designam coisas que não caem sob nossos sentidos surgem primeiro de *ideias* sensíveis. O que permite que nos arrisquemos a dizer de que gênero eram e de onde derivavam as noções que ocupavam a mente dos primeiros iniciadores das línguas, e como a natureza, até mesmo na nomeação das coisas, inadvertidamente sugeriu aos homens as origens e princípios de todo seu conhecimento. Quando escolheram nomes que pudessem dar aos outros conhecimento de alguma operação que sentiam em si mesmos, ou alguma outra *ideia* que não se encontrasse diante de seus sentidos, viram-se obrigados a tomar de empréstimo palavras que designavam *ideias* conhecidas da sensação para, por esse meio, permitir aos outros conceber mais facilmente as operações que experimentavam em si mesmos e que não produziam nenhuma aparência sensível externa. Uma vez de posse de nomes conhecidos e aceitos para significar as operações internas de suas próprias mentes, os homens
404 estavam suficientemente munidos para dar a conhecer, por palavras, todas suas outras *ideias*; de fato, elas não podem consistir senão em percepções sensíveis externas ou em operações internas de suas mentes sobre essas percepções, uma vez que, como ficou provado, não temos absolutamente nenhuma *ideia*

além das que originalmente vêm de objetos sensíveis fora de nós ou das que sentimos dentro de nós mesmos, pelas atividades internas de nosso próprio espírito, das quais internamente temos consciência perante nós mesmos.

Distribuição das matérias.

§ 6. Para entender melhor o uso e a força da linguagem na medida em que pode servir à instrução e ao conhecimento, será conveniente considerar,

Primeiro, *a que os nomes se aplicam imediatamente no uso da linguagem.*

Segundo, uma vez que todos os nomes (exceto os nomes próprios) são gerais e, assim, não designam particularmente esta ou aquela coisa singular, mas tipos e classes de coisas, será necessário considerar, em seguida, o que são tipos e classes, ou, caso se prefiram os nomes latinos, *o que são* species *e* genera *das coisas*, no que consistem e como vêm a ser feitos. Uma vez bem investigado (como deve ser) esse ponto, será mais fácil descobrir o uso correto das palavras, as vantagens e defeitos naturais da linguagem, e os remédios que devem ser usados para evitar as inconveniências da obscuridade ou incerteza na significação das palavras. Sem isso, torna-se impossível discursar com alguma clareza ou ordem sobre o conhecimento, que, por lidar com proposições, e mais comumente com as universais, talvez tenha uma conexão mais íntima com as palavras do que se suspeita.

Tais são, portanto, as considerações de que se ocuparão os capítulos seguintes.

CAPÍTULO II
Da significação das palavras.

Palavras são signos sensíveis necessários para a comunicação.

§ 1. Ainda que o homem tenha uma grande variedade de pensamentos, dos quais ele, assim como os

405 outros, pode receber proveito e deleite, no entanto, todos seus pensamentos estão dentro de seu peito, invisíveis e escondidos dos outros, e não podem aparecer por si mesmos. Como o conforto e as vantagens provenientes da sociedade não podem ser obtidos sem a comunicação de pensamentos, foi necessário para o homem descobrir alguns signos externos pelos quais essas *ideias* invisíveis, de que seus pensamentos são compostos, pudessem ser dadas ao conhecimento dos outros. Nada era tão apropriado para esse propósito, seja pela fartura, seja pela prontidão, quanto esses sons articulados que com tanta facilidade e variedade ele constata ser capaz de produzir. Assim, podemos conceber como as *palavras*, que eram por sua natureza tão bem adaptadas a esse propósito, vieram a ser usadas pelos homens como *os signos de* suas *ideias*: não por alguma conexão natural existente entre sons articulados particulares e certas *ideias*, pois então haveria uma única língua para todos os homens, mas por uma imposição voluntária mediante a qual uma palavra se torna arbitrariamente a marca de uma dada *ideia*. A utilidade das palavras consiste, então, em serem marcas sensíveis de *ideias*, e as *ideias* que elas designam são sua significação própria e imediata.

Palavras são signos sensíveis das ideias *daquele que as usa.*

§ 2. Como o uso que os homens fazem dessas marcas consiste em registrar seus próprios pensamentos, em auxílio a sua própria memória, ou, por assim dizer, em trazer suas *ideias* para fora e dispô-las à vista de outros, então *as palavras, em sua significação primária ou imediata, nada designam senão as* ideias *na mente daquele que as usa*, por mais imperfeita ou descuidadamente que essas *ideias* sejam coletadas nas coisas que supostamente representam. Quando um homem fala para um outro, é para que possa ser entendido, e a finalidade da fala é que esses sons, na

qualidade de marcas, possam dar a conhecer suas *ideias* ao ouvinte. As palavras são marcas, portanto, das *ideias* do falante. Um homem não pode aplicá-las imediatamente, na qualidade de marcas, a nenhuma outra coisa além das *ideias* que ele mesmo tem, pois isso seria torná-las signos de suas próprias concepções e, no entanto, aplicá-las a outras *ideias*, o que equivaleria a torná-las, ao mesmo tempo, signos e não signos de suas *ideias*, com o que não teriam de fato absolutamente nenhuma significação. Como as palavras são signos voluntários, elas não podem ser signos voluntários que alguém imponha a coisas que não conheça. Isso seria torná-las signos de nada, sons 406
sem significação. Um homem não pode tornar suas palavras signos nem de qualidades existentes nas coisas, nem de concepções na mente de um outro, das quais não tem *ideias* em sua própria mente. Antes que tenha algumas *ideias* próprias, ele não pode supor que elas correspondam às concepções de outro homem nem pode usar qualquer signo para elas, pois estes seriam signos de não se sabe o que, o que é o mesmo que ser signo de nada. Mas, quando representa para si mesmo *ideias* de outros homens por meio de suas próprias *ideias*, se ele consente em dar a elas os mesmos nomes que lhes dão outros homens, ele os dá ainda a suas próprias *ideias*, a *ideias* que ele tem, e não a *ideias* que não tenha.

§ 3. Isso é tão necessário no uso da linguagem, que, a esse respeito, todos os homens, o sábio e o ignorante, o erudito e o iletrado, usam da mesma maneira as *palavras* que pronunciam (com algum significado). Elas *designam, na boca de todo homem, as* ideias *que ele tem* e quer expressar por elas. Quando uma criança não nota nada, no metal que ouve ser chamado de ouro, a não ser a cor amarelo brilhante, ela aplica a palavra ouro unicamente a sua própria *ideia* dessa cor, e a nada mais, e assim chama à mesma cor, na cauda de um pavão, de ouro. Alguém que observou melhor acrescenta ao amarelo brilhante um grande peso, e então o som ouro, quando ele o usa, designa uma *ideia* complexa de uma substância amarelo brilhante e muito pesada. Um outro acrescenta a essas qualidades a fusibilidade, e então a palavra ouro significa, para ele, um corpo, brilhante, amarelo, fusível e muito pesado. Um outro acrescenta maleabilidade. Cada um deles usa igualmente a palavra ouro, quando tem a oportunidade, para expressar a *ideia* a que aplica essa palavra: mas é evidente que cada um só pode aplicar essa palavra a sua própria *ideia*, e não pode fazer com que ela seja signo de uma *ideia* complexa que ele não tenha.

Com frequência, as palavras são tacitamente referidas, primeiro, às ideias *na mente de outros homens.*

§ 4. Mas, ainda que as palavras, tal como são usadas pelos homens, não possam significar própria e imediatamente nada a não ser as *ideias* que se encontrem na mente de quem fala, no entanto, os homens as referem tacitamente, em seus pensamentos, a duas outras coisas.

Primeiro, supõem que suas palavras são também marcas das ideias *nas mentes de outros homens com quem se comunicam*: pois falariam em vão e não se poderiam fazer entender se os sons que aplicam a uma *ideia* fossem tais que o ouvinte os aplicasse a outra,
407 o que seria falar duas línguas diferentes. Mas, ao fazê-lo, não é usual que os homens se detenham para examinar se a *ideia* que têm em suas mentes é a mesma daqueles com quem falam. Ao contrário, consideram suficiente usar a palavra no que imaginam ser sua acepção comum nessa língua, e supõem, portanto, que a *ideia* que significam pela palavra é precisamente a mesma que aquela à qual os homens de entendimento desse país aplicam esse nome.

Segundo, à realidade das coisas.

§ 5. *Segundo*, porque os *homens* não gostariam que se pensasse que falam *meramente* de suas próprias imaginações, mas sim das coisas tal como realmente são, *muitas vezes eles supõem que suas palavras também designem a realidade das coisas*. Mas, como isso diz respeito mais particularmente às substâncias e seus nomes, assim como o anterior talvez diga respeito mais particularmente às *ideias* simples e aos modos, falaremos mais desses dois meios diferentes de aplicar as palavras quando tratarmos especificamente dos nomes de modos mistos e dos de substâncias. Mas que me seja permitido aqui dizer que, sempre que fazemos as palavras designarem qualquer outra coisa que não as *ideias* que temos em nossa mente, pervertemos o uso das palavras e inevitavelmente trazemos obscuridade e confusão a sua significação.

Com o uso, as palavras prontamente suscitam as ideias.

§ 6. Sobre as palavras, deve-se ainda considerar que, *primeiro*, sendo elas signos imediatos das *ideias* dos homens e, por esse meio, os instrumentos pelos quais os homens comunicam suas concepções e expressam uns aos outros os pensamentos e imaginações que têm dentro de seu próprio peito, *passa a haver, pelo uso constante, uma tal conexão entre certos sons e as* ideias *que eles designam* que os nomes que são ouvidos suscitam certas *ideias* quase tão prontamente quanto se os próprios objetos aptos a produzi-las afetassem os sentidos efetivamente. Isso é manifesto no que diz respeito a todas as qualidades sensíveis evidentes e a todas as substâncias com que nos deparamos de modo frequente e familiar.

As palavras são muitas vezes usadas sem significação.

§ 7. *Segundo*, ainda que a significação própria e imediata das palavras consista nas *ideias* na mente de quem fala, no entanto, como o uso recorrente desde o berço nos leva a aprender perfeitamente certos sons articulados e a tê-los prontamente em nossa língua e sempre à mão na memória, sem que tenhamos sempre

o cuidado de examinar e decidir sua significação perfeitamente, *frequentemente* ocorre que, mesmo quando
408 querem aplicar-se a uma atenta consideração, *os homens fixam seus pensamentos mais nas palavras do que nas coisas*. Mais ainda, como muitas palavras são aprendidas antes que se conheçam as *ideias* que designam, alguns homens, não apenas crianças, mas adultos, falam muitas palavras de um modo que não é diferente do dos papagaios, unicamente porque as aprenderam e acostumaram-se a esses sons. Mas, até onde as palavras têm utilidade e significação, há uma conexão constante entre som e *ideia* e a destinação de um para designar o outro. Fora dessa aplicação, as palavras não passam de um amontoado de ruídos insignificantes.

Sua significação é inteiramente arbitrária.

§ 8. Como já foi dito, o uso prolongado e corriqueiro faz com que as palavras suscitem certas *ideias* nos homens com tanta constância e rapidez que eles são levados a supor uma conexão natural entre elas. Mas que as palavras *significam* unicamente as *ideias* peculiares a cada homem, e isso devido a *uma imposição inteiramente arbitrária*, é o que se evidencia pelo fato de que muitas vezes elas não conseguem suscitar em outros (mesmo nos que usam a mesma língua) as mesmas *ideias* que nós pensamos que elas significam. E todo homem tem uma liberdade tão inviolável para fazer com que as palavras designem as *ideias* que bem entender, que nenhum tem o poder de fazer com que os outros tenham em suas mentes as mesmas *ideias* que ele quando usam as mesmas palavras que ele. E é assim que até mesmo o grande *Augusto* reconheceu, quando detinha aquele poder que governava o mundo, que não poderia criar uma nova palavra latina: o que equivale a dizer que não poderia indicar arbitrariamente de qual *ideia* um som deveria ser o signo na boca e na linguagem comum de seus súditos. É verdade que, em todas as línguas, o uso comum torna, por um consenso tácito, certos sons próprios a certas *ideias*, limitando nessa medida a significação do som, de maneira que quando um homem não o aplica à mesma *ideia* ele não fala apropriadamente. A isso acrescento que um homem não fala inteligivelmente a menos que suas palavras suscitem no ouvinte as mesmas *ideias* que ele faz essas palavras designarem em sua fala. Mas, qualquer que seja a consequência de um homem usar palavras que difiram seja de seu significado comum, seja do sentido particular dado a elas pela pessoa a quem ele as dirija, o certo é que sua significação se limita, no uso que faz das palavras, a suas próprias *ideias*, e que elas não podem ser signos de nada mais.

CAPÍTULO III 409

Dos termos gerais.

A palavras, na sua maioria, são gerais.

§ 1. Como todas as coisas que existem são particulares, talvez pareça razoável pensar que as palavras, que devem ser conformes às coisas, também devam ser particulares – isto é, em sua significação. No entanto, constatamos que é exatamente o contrário. A imensa *maioria das palavras* que compõem todas as línguas *são termos gerais*, o que não é efeito de negligência ou do acaso, mas da razão e necessidade.

Pois é impossível que cada coisa particular tenha um nome.

§ 2. Primeiro, *é impossível que cada coisa particular tenha um nome peculiar e distinto*. Com efeito, como a significação e o uso das palavras dependem da conexão que a mente cria entre suas *ideias* e os sons que usa como signos delas, é necessário que, na aplicação de nomes às coisas, a mente tenha *ideias* distintas das coisas, e que retenha ainda o nome particular que pertence a cada uma delas, com sua peculiar apropriação a essa *ideia*. Mas está para além do poder da capacidade humana formar e reter *ideias* distintas de todas as coisas particulares com que nos deparamos: todos os pássaros e quadrúpedes que vemos, todas as árvores e plantas que afetaram os sentidos não poderiam encontrar lugar nem mesmo no entendimento mais amplo. Visto que se considera como exemplo de memória prodigiosa alguns generais que são capazes de chamar cada soldado de seu exército por seu nome próprio, não há dificuldade em encontrar a razão pela qual os homens nunca tentaram dar nomes para cada ovelha de seu rebanho, ou para cada corvo que sobrevoe sua cabeça, e muito menos chamar por um nome peculiar cada folha de planta ou cada grão de areia com que se deparam.

E também inútil.

§ 3. *Segundo*, mesmo se isso fosse possível, *seria inútil*, porque não serviria ao principal fim da linguagem. Seria vão que os homens amontoassem nomes de coisas particulares que não lhes servissem para comunicar seus pensamentos. Os homens aprendem nomes e usam-nos na fala com outros unicamente para se fazer entender, e isso só ocorre quando, pelo uso ou consenso, o som que produzo pelos órgãos da fala suscita na mente de outro homem, que o ouve, a *ideia* à qual aplico esse som em minha mente quando o
410 pronuncio. Isso não é possível com nomes aplicados a coisas particulares das quais somente eu tenho as *ideias* em minha mente, pois esses nomes não podem ser significantes ou inteligíveis para um outro que não tenha conhecido todas as coisas extremamente particulares que me tenha sido dado observar.

§ 4. *Terceiro*, mesmo supondo que isso fosse factível (e penso que não seja), *um nome distinto para cada coisa particular não seria de nenhuma grande utilidade para o aprimoramento do conhecimento*, que, embora fundado em coisas particulares, amplia a si mesmo por meio de concepções gerais. E, para isso, as coisas reduzidas a tipos sob nomes gerais servem apropriadamente. Os tipos, com os nomes a eles pertencentes, não extrapolam certos limites, e não se multiplicam a todo momento para além do que a mente pode conter ou do que requer o uso. Portanto, os homens em grande parte se atêm a eles, mas não a ponto de que isso os impeça de distinguir coisas particulares por nomes apropriados, quando a conveniência o exige. E, portanto, em sua própria espécie, com a qual têm de lidar mais, e muitas vezes têm a oportunidade de mencionar pessoas particulares, os homens usam nomes próprios e, nesse caso, indivíduos distintos recebem denominações distintas.

Quais coisas têm nomes próprios.

§ 5. Além de pessoas, também países, cidades, rios, montanhas e outras semelhantes distinções de lugar usualmente recebem nomes peculiares, e isso pela mesma razão, pois são tais que frequentemente os homens têm uma ocasião para marcá-los particularmente e, por assim dizer, colocar diante dos outros quando conversam com eles. E não tenho dúvidas de que, se tivéssemos razões para mencionar cavalos particulares com tanta frequência como temos para mencionar homens particulares, teríamos *nomes próprios* para os primeiros tão familiares quanto os dos últimos, e *Bucéfalo* seria uma palavra tão usada quanto *Alexandre*. E é assim que, entre os negociantes de cavalos, estes últimos têm nomes próprios pelos quais são conhecidos e distinguidos entre si tanto quanto seus serviçais, pois entre eles há muitas ocasiões para mencionar este ou aquele cavalo em particular quando ele não se encontre à vista.

Como as palavras gerais são feitas.

§ 6. A próxima coisa a ser considerada é *como as palavras gerais vêm a ser feitas*. De fato, dado que todas as coisas que existem são tão somente particulares, como chegamos aos termos gerais ou onde encontramos aquelas naturezas gerais que se supõe que

eles designem? As palavras tornam-se gerais quando
411 se faz delas signos de *ideias* gerais, e as *ideias* tornam-se gerais quando se separam delas as circunstâncias de tempo e lugar, bem como toda outra *ideia* que possa determiná-las para esta ou aquela existência particular. Por essa via da abstração, elas tornam-se capazes de representar mais do que um indivíduo, cada um dos quais, tendo em si uma conformidade àquela *ideia* abstrata, é (como dizemos) daquele tipo.

§ 7. Mas, para deduzir isso um pouco mais distintamente, talvez não seja despropositado acompanhar nossas noções e nomes desde seu início, e observar por quais etapas procedemos e por quais passos ampliamos nossas *ideias* desde a primeira infância. Não há nada tão evidente quanto o fato de que as *ideias* que as crianças têm das pessoas com quem conversam (para nos restringirmos a elas) são, como as próprias pessoas, tão somente particulares. As *ideias* da babá e da mãe estão bem formadas em sua mente e, como se ali fossem retratos delas, só representam esses indivíduos. Os nomes que primeiro lhes dão estão limitados a esses indivíduos, e os nomes *babá* e *mamãe* que a criança usa destinam-se a essas pessoas. Mais tarde, quando o tempo e a maior familiaridade as fez observar que há muitas outras coisas no mundo que se assemelham, em certas concordâncias de formato e diversas outras qualidades, a seu pai, sua mãe e às pessoas com quem se acostumaram, elas formam uma *ideia* que elas percebem compartilhada por esses diversos particulares, e, como os outros, dão a ela o nome de *homem*, por exemplo. E *assim elas passam a ter um nome geral* e uma *ideia* geral. No que não fazem nada de novo, mas apenas excluem da *ideia* complexa que têm de *Pedro* e *Tiago*, de *Maria* e *Joana* o que é peculiar a cada um, retendo apenas o que é comum a todos.

§ 8. Da mesma maneira pela qual as crianças obtêm o nome e a *ideia* geral de *homem*, *avançam* sem dificuldade *para nomes* e noções *mais gerais*. Observando que muitas coisas que diferem de sua *ideia* de *homem*, e que não podem portanto ser compreendidas sob esse nome, têm, no entanto, certas qualidades acerca das quais concordam com *homem*, as crianças, ao reter apenas essas qualidades e uni-las numa única *ideia*, obtêm novamente uma outra *ideia* mais geral, e, tendo-lhe dado um nome, fazem um termo de extensão mais abrangente. *Ideia* nova essa que é feita não por qualquer nova adição, mas apenas, como antes, pela exclusão do formato e de algumas outras propriedades significadas pelo nome 412
homem, e retendo apenas um corpo, com vida, sentidos e movimento espontâneo, compreendidos sob o nome *animal*.

Naturezas gerais nada mais são do que ideias *abstratas*.

§ 9. Que é esta a *via pela qual os homens formaram pela primeira vez* ideias *gerais e nomes gerais para elas*, considero coisa tão evidente que não é preciso outra prova, bastando que um homem considere a si mesmo ou aos outros e os procedimentos ordinários de suas mentes no conhecimento. E receio que quem pense que naturezas ou noções gerais sejam algo além de *ideias* abstratas e parciais de *ideias* mais complexas inicialmente tomadas de existências particulares não saberá onde encontrá-las. De fato, reflitam e me digam no que sua *ideia* de *homem* difere da *ideia* de *Pedro* ou de *Paulo*, ou no que sua *ideia* de *cavalo* difere daquela de *Bucéfalo*, a não ser por excluir algo peculiar a cada indivíduo e por reter, dessas *ideias* complexas particulares das diversas existências particulares, apenas aquilo em que elas concordam entre si. Excluindo das *ideias* complexas significadas pelos nomes *homem* e *cavalo* as particularidades em que elas diferem e retendo unicamente aquelas em que concordam, e com estas fazendo uma nova *ideia* complexa distinta e dando-lhe o nome de *animal*, obtém-se um termo mais geral que compreende, além do homem, muitas outras criaturas. Que se exclua da *ideia* de *animal* os sentidos e o movimento espontâneo, e a *ideia* complexa remanescente, composta pelas *ideias* simples remanescentes de corpo, vida e nutrição, torna-se uma *ideia* mais geral, sob o termo mais abrangente *vivens*. E, para não nos determos em demasia neste particular, tão evidente em si mesmo, pela mesma via a mente passa a *corpo*, *substância* e, por fim, a *ser*, *coisa* e termos universais que tais, que designam toda e qualquer uma de nossas *ideias*. Concluindo, todo o *mistério* sobre *genera* e *species*, que tanto alarido causa nas Escolas e é, com justiça, tão pouco considerado fora delas, resume-se a *ideias* abstratas mais ou menos abrangentes, com nomes anexados a elas. E em todos esses nomes isto é coisa constante e invariável: cada termo mais geral designa uma *ideia* que é apenas uma parte de qualquer uma das ideias contidas sob ele.

Por que o genus *é ordinariamente usado em definições.*

§ 10. Isso poderá mostrar-nos a razão pela qual, *na definição das palavras*, que não é nada além da declaração de sua significação, *usamos o* genus ou a palavra geral mais próxima que o compreenda. O
413 que não deriva de uma necessidade, mas serve unicamente para poupar o trabalho de enumerar as muitas *ideias* simples que a palavra geral mais próxima, ou *genus*, designa; ou talvez, por vezes, para poupar a vergonha de não ser capaz de fazê-lo. Mas, ainda que definir por *genus* e *differentia* (permitam-me que eu utilize esses termos da arte das Escolas, embora originalmente latinos, pois são os mais propriamente adequados para as noções a que são aplicados) seja o caminho mais curto, penso que se pode pôr em dúvida se é o melhor. Disto estou certo: não é o único

caminho e, assim, não é absolutamente necessário. De fato, como definir nada mais é do que fazer um outro entender, por meio de palavras, que *ideia* o termo definido designa, seria melhor definir pela enumeração das *ideias* simples que se encontram combinadas na significação do termo definido. E, se em lugar de uma tal enumeração os homens se acostumaram a usar o termo geral mais próximo, não foi por necessidade ou para maior clareza, mas visando à rapidez e prontidão. Pois considero que, se alguém quisesse saber que *ideia* o termo *homem* designa, e lhe fosse dito que *homem* é uma substância sólida extensa, com vida, sentidos, movimento espontâneo e a faculdade de raciocinar, não duvido que o significado do termo *homem* seria tão bem entendido, e a *ideia* que ele designa se daria a conhecer ao menos tão claramente quanto se o definíssemos como um *animal racional*, o que, através das definições de *animal*, *vivens* e *corpus*, resolve-se nessas *ideias* enumeradas. Na explicação do termo *homem*, segui a definição ordinária das Escolas, que, embora talvez não seja a mais exata, serve bem a meu presente propósito. E esse exemplo deixa ver o que deu ocasião para a regra segundo a qual uma definição deve consistir em *genus* e *differentia*, e mostra-nos quão pouco essa regra é necessária ou vantajosa a sua observação estrita. Com efeito, uma vez que as definições são, como já foi dito, unicamente a explicação de uma palavra por muitas outras para que o significado, ou a *ideia* que ela designa, possa ser conhecido corretamente, as línguas não são sempre feitas em acordo com as regras da lógica de tal modo que cada termo tenha sua significação exata e claramente expressa por dois outros. A experiência nos convence à saciedade do contrário; ou então aqueles que criaram essa regra fizeram mal em nos apresentar tão poucas definições conformes a elas. Mas voltaremos às definições no próximo capítulo.

414 § 11. Retornando às palavras gerais, o que foi dito deixa manifesto que *geral e universal* não pertencem à existência real das coisas, mas *são invenções e criaturas do entendimento*, feitas por ele para seu próprio uso, *e dizem respeito unicamente a signos*, quer palavras, quer *ideias*. As palavras são gerais, como foi dito, quando usadas como signos de *ideias* gerais, e, assim, são indiferentemente aplicáveis a muitas coisas particulares. E as *ideias* são gerais quando são estabelecidas como representantes de várias coisas particulares. Mas a universalidade não pertence às próprias coisas, que são todas elas particulares em sua existência, até mesmo essas palavras e *ideias* que, em sua significação, são gerais. Quando, portanto, abandonamos os particulares, os gerais que restam são simplesmente criaturas de nossa própria fabricação, e sua natureza geral não é senão a capacidade, que lhes é conferida pelo entendimento, de significar ou representar muitos particulares. Pois a significação que possuem é apenas uma relação que lhes é adicionada pela mente do homem[2].

Geral e universal são criaturas do entendimento.

§ 12. A próxima coisa a ser considerada é, portanto, *qual gênero de significação têm as palavras gerais*. De fato, assim como é evidente que elas não significam apenas uma única coisa particular, pois então elas não seriam termos gerais, mas nomes próprios, também é evidente, por outro lado, que elas não significam uma pluralidade de coisas, pois então homem e homens significariam o mesmo, e a distinção numérica (como dizem os gramáticos) seria supérflua e inútil. Aquilo então que as palavras gerais significam

Ideias *abstratas são a essência dos genera e* species.

2. A quinta edição acrescenta, em nota de pé de página, uma citação da "Primeira carta ao Bispo de Worcester", de Locke, p. 189 e ss. [N. D. E.]

é um tipo de coisas, e cada uma delas o faz ao tornar-se signo de uma *ideia* abstrata na mente, e, na medida em que se constata que as coisas existentes concordem com essa *ideia*, essas coisas são classificadas sob seu nome ou, o que é o mesmo, passam a ser desse tipo. Desse modo, resta evidente que as *essências dos tipos*, ou (caso se prefira a palavra latina) *species* de coisas, nada mais são do que essas *ideias*
abstratas. De fato, como ter a essência de uma espé- 415
cie é o que faz com que algo seja dessa espécie, e como a conformidade à *ideia* à qual o nome é anexado é o que faz com que algo tenha direito a esse nome, então, ter a essência e ter essa conformidade são necessariamente uma só e a mesma coisa, pois ser de uma espécie e ter direito ao nome dessa espécie é o mesmo. Assim, por exemplo, é a mesma coisa ser um *homem* ou ser da espécie *homem* e ter a essência de um *homem*. Ora, como nada pode ser um *homem* ou ter direito ao nome *homem*, a não ser o que está em conformidade com a *ideia* abstrata que o nome *homem* designa, e como nada pode ser um *homem* ou ter direito a ser da espécie *homem*, a não ser o que tenha a essência dessa espécie, segue-se que a *ideia* abstrata que o nome designa e a essência da espécie são uma só e mesma coisa. A partir disso, é fácil observar que as essências dos tipos de coisas e, consequentemente, a tipificação das coisas é obra do entendimento, pois é ele que abstrai e faz essas *ideias* gerais.

São obra do entendimento, mas fundam-se na similitude entre as coisas.

§ 13. Que ninguém pense que eu esqueça, e muito menos que eu negue, que, na produção das coisas, a natureza faz muitas delas parecidas: nada é mais óbvio, especialmente nas raças de animais e em todas as coisas propagadas por sementes. Mas considero, no entanto, que podemos dizer que sua *tipificação* sob nomes é *obra do entendimento, que se aproveita da similitude* que observa entre elas para fazer *ideias*

gerais abstratas e estabelecê-las na mente, com nomes a elas anexados, como padrões ou formas (pois, nesse sentido, a palavra forma tem uma significação muito apropriada), e as coisas existentes, na medida em que concordam com tais padrões, vêm a ser dessa espécie, a receber essa denominação ou a ser colocadas nessa *classis*. Quando dizemos isto é um *homem*; aquilo, um *cavalo*; isto é *justiça*, e aquilo, *crueldade*; isto é um *relógio*, e aquilo, uma *cremalheira*; o que fazemos senão classificar as coisas sob nomes específicos na medida em que concordem com as *ideias* abstratas das quais tornamos esses nomes signos? E o que são as essências dessas espécies distinguidas e marcadas por nomes senão as *ideias* abstratas na mente, que são como que os laços que atam as coisas particulares que existem aos nomes sob os quais devem ser classificadas? Quando nomes gerais têm alguma conexão com seres particulares, as *ideias* abstratas são o *medium* que os une, de tal maneira que as essências de espécies, na medida em que são distinguidas e denominadas por nós, não são nem podem ser
416 nada além dessas precisas *ideias* abstratas que temos em nossa mente. Portanto, se as supostas essências reais das substâncias são diferentes de nossas *ideias* abstratas, não podem ser as essências das espécies nas quais classificamos as coisas. Pois é tão razoável que duas espécies sejam uma única quanto que duas essências diferentes sejam a essência de uma única espécie. E pergunto: quais alterações poderiam ou não ser feitas num *cavalo* ou no *chumbo* sem que cada um deles se torne de outra espécie? Na determinação da espécie das coisas por nossas *ideias* abstratas, isso é fácil de decidir; mas, se alguém quiser regular-se, a esse respeito, por supostas essências reais, suponho que não saberá o que fazer, e jamais conseguirá saber quando precisamente uma coisa deixa de ser da espécie *cavalo* ou *chumbo*.

Cada ideia *abstrata distinta é uma essência distinta.*

§ 14. Tampouco causará espanto minha afirmação de que as *essências* ou *ideias* abstratas (que são a medida dos nomes e o limite das espécies) são *obra do entendimento,* caso se atente para o fato de que ao menos as *ideias* complexas são frequentemente, em homens diversos, coleções diferentes de *ideias* simples, e que aquilo que é *cobiça* para um homem, não o é para outro. Mais ainda, as próprias *ideias* abstratas de substâncias, que parecem ser tomadas das coisas mesmas, não são constantemente as mesmas nem sequer no caso dessa espécie que nos é mais familiar e da qual temos o mais íntimo conhecimento. De fato, mais de uma vez se questionou se um *feto* nascido de uma *mulher* era *humano*, a ponto de se debater se deveria ou não ser amamentado e batizado: o que não seria possível se a *ideia* abstrata ou essência à qual pertence o nome *humano* fosse criação da natureza, e não uma coleção incerta e variável de *ideias* simples que o entendimento compõe e, abstraindo-a, lhe afixa um nome. De maneira que, em verdade, *cada* ideia *abstrata distinta é uma essência distinta*, e os nomes que designam essas *ideias* distintas são nomes de coisas essencialmente diferentes. Assim, um círculo é tão essencialmente diferente de uma oval quanto uma cabra o é de uma ovelha, e a chuva é tão essencialmente diferente da neve quanto a água o é da terra, pois a *ideia* abstrata que é essência de cada um deles não é comunicável ao outro. Assim, quaisquer duas *ideias* abstratas que em qualquer ponto difiram uma da outra e com dois nomes distintos a elas anexados constituem dois tipos distintos, ou, caso se preferira, duas 417
species tão essencialmente diferentes quanto as mais distantes ou opostas entre si.

Essência real e essência nominal.

§ 15. Mas, como alguns pensam (não sem razão) que a *essência* das coisas seja inteiramente desconhecida, talvez não seja descabido considerar as *muitas significações da palavra essência*.

Primeiro, a palavra *essência* pode ser tomada como o próprio ser de uma coisa qualquer, pelo qual ela é o que é. Assim, pode-se chamar de *essência* de uma coisa a constituição interna real, mas geralmente desconhecida nas substâncias, da qual dependam suas qualidades perceptíveis. Essa é a significação original própria da palavra, como é manifesto por sua formação, pois *essentia* significa propriamente, em sua notação primária, *ser*. E nesse sentido ainda é usada quando falamos na *essência* de coisas particulares sem lhes darmos nome nenhum.

Segundo, como a erudição e as disputas das Escolas estiveram sempre muito ocupadas com *genus* e *species*, a palavra *essência* praticamente perdeu sua significação primária, e, em lugar da constituição real das coisas, tem sido quase que inteiramente aplicada à constituição artificial de *genus* e *species*. É verdade que comumente se supõe uma constituição real dos tipos de coisas, e não resta dúvida que deve existir uma constituição real da qual dependa toda coleção de *ideias* coexistentes. Mas, como é evidente que as coisas só são classificadas sob nomes em tipos ou *species* na medida em que concordem com certas *ideias* abstratas às quais anexamos esses nomes, a *essência* de cada *genus* ou tipo não vem a ser outra coisa além da *ideia* abstrata designada pelo nome geral, ou *tipal* (seja-me permitido assim chamá-lo, derivando de *tipos*, assim como derivo *geral* de *genus*). E veremos que é isso que implica a palavra *essência* em seu uso mais familiar. Suponho que não seria inadequado chamar um desses dois tipos de *essência* de *essência real*, o outro, de *essência nominal*.

Conexão constante entre nome e essência nominal.

§ 16. *Entre a essência nominal e o nome* há uma *conexão* tão *estreita* que o nome de um tipo qualquer de coisas só pode ser atribuído a um ser particular que tenha a *essência* correspondente à *ideia* abstrata da qual o nome é o signo.

É inútil a suposição de que as espécies se distinguem por sua essência real.

§ 17. Quanto às essências reais de substâncias corpóreas (para mencionar apenas estas), existem, se não me engano, duas opiniões. Uma é a daqueles 418 que, ao usar a palavra *essência* para não sabem bem o quê, supõem que haja um certo número de essências de acordo com as quais todas as coisas naturais são feitas, que compartilham todas exatamente e assim tornam-se desta ou daquela *espécie*. A outra opinião, mais razoável, é a daqueles que consideram que todas as coisas naturais tenham uma constituição real, mas desconhecida, de suas partes insensíveis, da qual fluem as qualidades sensíveis que nos servem para distingui-las umas das outras conforme temos motivos para classificá-las em tipos sob denominações comuns. Acredito que a primeira dessas opiniões, que supõe serem essas *essências* um certo número de formas ou moldes nos quais todas as coisas que existem seriam vazadas e dos quais participariam igualmente, em muito confundiu o conhecimento das coisas naturais. A frequente produção de monstros em todas as espécies animais, e de idiotas e outros resultados estranhos de nascimentos humanos, apresentam dificuldades incompatíveis com essa *hipótese*, pois é tão impossível que duas coisas partilhem exatamente da mesma *essência* real e tenham propriedades diferentes quanto que duas figuras partilhem da mesma *essência* real de um círculo e tenham propriedades diferentes. Mas, ainda que não houvesse nenhuma outra razão contra essa opinião, *supor que haja essências que não possam ser conhecidas* e fazer delas, não obstante, aquilo que distingue as espécies das coisas *é tão inteiramente inútil* e imprestável para qualquer parte de nosso conhecimento que isso por si só já seria motivo suficiente para a descartarmos, contentando-nos com as *essências* de tipos ou espécies de coisas que se encontram ao alcance de nosso conhecimento, as quais, quando devidamente consideradas, revelam-se, como eu já disse, apenas essas *ideias* abstratas complexas às quais anexamos nomes gerais distintos.

A essência real e a essência nominal são iguais em ideias *simples e modos, mas diferem em substâncias.*

§ 18. Tendo assim distinguido as *essências nominais* das *reais*, podemos observar ainda que *nas* espécies de ideias *simples e modos* elas *são sempre iguais*, mas, *em substâncias, sempre inteiramente diferentes*. Assim, uma figura que inclua um espaço entre três linhas é a *essência* real, bem como a nominal, de um triângulo, pois não somente é a *ideia* abstrata à qual está anexado o nome geral, mas a própria *essentia* ou ser da coisa mesma, o fundamento do qual todas suas propriedades fluem e ao qual estão todas
419 inseparavelmente anexadas. Mas o caso é bem diferente quando se trata da parcela de matéria que compõe o anel em meu dedo, na qual essas duas *essências* são manifestamente diferentes. Pois é da constituição real de suas partes insensíveis que dependem todas essas propriedades de cor, peso, fusibilidade, fixidez etc. que nela encontramos. Essa constituição, não a conhecemos e, assim, como não temos dela nenhuma *ideia* particular, não temos nenhum nome que seja seu signo. Ao contrário, são sua cor, peso, fusibilidade, fixidez etc. que fazem com que seja *ouro*, ou que lhe dão o direito a esse nome, e constituem, portanto, sua *essência* nominal. Pois nada pode ser chamado de *ouro* a não ser que tenha uma conformidade de qualidades com essa *ideia* complexa abstrata à qual esse nome é anexado. Da distinção de *essências*, que é particularmente atinente a substâncias, teremos ocasião de tratar mais exaustivamente quando considerarmos os nomes destas últimas.

Essências não podem ser geradas nem corrompidas.

§ 19. Que essas ideias *abstratas com nomes para si* de que falamos *são essências* é o que pode ficar ainda mais claro pelo que nos afirmam sobre *essências*, *i. e.*, que nenhuma delas possa ser gerada ou corrom-

pida. O que não pode ser verdadeiro com relação à constituição real das coisas, que começa e perece com elas. Todas as coisas que existem são, com exceção do Autor delas, passíveis de mudança, especialmente as coisas com que estamos familiarizados e que classificamos em feixes sob diferentes nomes ou insígnias. Aquilo que hoje é capim, amanhã é a carne da ovelha, e, poucos dias depois, torna-se parte de um homem. Em todas essas mudanças e afins, é evidente que a *essência* real das coisas, *i. e.*, a constituição da qual dependem as propriedades dessas diversas coisas é destruída e perece com elas. Mas, tomando as *essências* por *ideias* estabelecidas na mente com nomes anexados a elas, supõe-se que permaneçam sempre as mesmas, independentemente das mutações a que as substâncias particulares estejam sujeitas. Não importa o que aconteça a *Alexandre* e a *Bucéfalo*, supõe-se que, apesar disso, as *ideias* a que estão anexados os nomes *homem* e *cavalo* permanecem as mesmas. E, assim, as *essências* dessas espécies são preservadas inteiras e ilesas, não importa que mudanças ocorram a qualquer um ou a todos os indivíduos dessas *species*. Por esse meio, a *essência* de uma *species* permanece sã e salva, mesmo sem a existência de sequer um único indivíduo desse tipo. Com efeito, se agora não existisse nenhum círculo em nenhuma
parte do mundo (e talvez essa figura não exista em 420
nenhum lugar traçada exatamente), a *ideia* anexada a esse nome não deixaria de ser o que é nem de ser um padrão para determinar qual, dentre as figuras particulares com as quais nos deparamos, tem ou não direito ao nome *círculo*, mostrando assim qual delas, por ter essa essência, é daquela *species*. E mesmo que não exista nem tenha existido na natureza um animal como um *unicórnio*, ou um peixe como uma *sereia*, se supusermos que esses nomes designam *ideias*

complexas abstratas que não contenham em si nenhuma incompatibilidade, a essência de uma *sereia* é tão inteligível quanto a de um *homem*, e a *ideia* de um *unicórnio* é tão certa, constante e permanente quanto a de um *cavalo*. Pelo que foi dito, é manifesto que a doutrina da imutabilidade das *essências* prova que elas não são mais do que *ideias* abstratas, e essa doutrina funda-se na relação estabelecida entre essas *ideias* abstratas e certos sons como seus signos, que será sempre certa enquanto o nome mantiver a mesma significação.

Recapitulação.

§ 20. Para concluir, eu diria que toda essa grande questão a respeito de *genera* e *species* e de suas *essências* se resume a isto: os homens, fazendo *ideias* abstratas e as estabelecendo em suas mentes com nomes a elas anexados, capacitam-se por esse meio a considerar as coisas e a falar sobre elas aos feixes, por assim dizer, para o mais fácil e mais rápido aperfeiçoamento e comunicação de seu conhecimento, que avançaria lentamente caso suas palavras e pensamentos se confinassem a particulares.

CAPÍTULO IV
Dos nomes de ideias *simples*.

Nomes de ideias *simples, de modos e de substâncias têm, cada um deles, algo peculiar.*

§ 1. Ainda que, como mostrei, todas as palavras não signifiquem imediatamente nada além das *ideias* na mente de quem as fale, um exame mais detido mos-
421 trará que os *nomes de* ideias *simples*, de *modos mistos* (entre os quais incluo também relações) e de *substâncias naturais têm, cada um deles, algo de peculiar* e diferente do outro. Por exemplo:

Primeiro, Nomes de ideias *simples e de substâncias implicam existência real.*

§ 2. *Primeiro*, os *nomes de* ideias *simples e substâncias*, com as *ideias* abstratas na mente que eles significam imediatamente, *implicam* também *alguma existência real* da qual se derivou seu padrão original. Mas os *nomes de modos mistos terminam na* ideia que se encontra na mente, sem levar mais longe os pensamentos, como veremos com mais detalhes no capítulo seguinte.

Segundo, Nomes de ideias *simples e de modos sempre significam tanto a essência real quanto a nominal.*

§ 3. *Segundo*, os *nomes de* ideias *simples e de modos sempre significam tanto a essência real quanto a essência nominal de sua espécie*. Mas *os nomes de substâncias naturais* raramente, ou talvez nunca, *significam* algo além *da mera essência nominal* das espécies, como mostraremos no capítulo que trata de nomes de substâncias em particular.

Terceiro, nomes de ideias *simples são indefiníveis.*

§ 4. *Terceiro*, os *nomes de* ideias *simples não são suscetíveis de nenhuma definição*, ao contrário dos nomes de todas as *ideias* complexas. Até aqui não se notou, que eu saiba, quais palavras são suscetíveis de definição, e quais não o são, e (como estou inclinado a pensar) a falta disso muitas vezes dá ocasião para muita altercação e obscuridade nos discursos dos homens, pois enquanto alguns exigem definições de termos que não podem ser definidos, outros pensam dever-se satisfazer com uma explicação feita por uma palavra mais geral e sua restrição (ou, para falar nos termos da arte das Escolas, pelo gênero e pela diferença), mesmo quando, após uma definição feita de acordo com a regra, aqueles que a escutem muitas vezes não tenham uma concepção mais clara do significado da palavra do que tinham antes. Penso que não é alheio a nosso presente propósito mostrar no que consiste uma boa definição, e quais palavras são e quais não são suscetíveis de definição, pois isso provavelmente lançará tanta luz sobre a natureza desses signos e a de nossas *ideias* que merece uma consideração mais detida.

Se todas as palavras fossem definíveis, a definição seria um processo in infinitum.

§ 5. Não me darei aqui ao trabalho de provar isto, que nem todos os termos são definíveis, a partir do progresso *in infinitum* em que inevitavelmente nos

enredaríamos se concedêssemos que todos os nomes possam ser definidos. De fato, se os termos de uma
422 definição devessem sempre ser definidos por um outro, quando deveríamos parar? Mas mostrarei, a partir da natureza de nossas *ideias* e da significação de nossas palavras, *por que alguns nomes podem ser definidos, e outros, não*, e quais são eles.

O que é uma definição.

§ 6. Penso que todos concordam que uma *definição* nada mais *é* do que *mostrar o significado de uma palavra por meio de vários outros termos não sinônimos*. Como o significado das palavras reside unicamente nas *ideias* que aquele que use essas palavras faz com que designem, o significado de um termo qualquer é mostrado, ou a palavra é definida, quando a *ideia* da qual ela é signo e à qual é anexada na mente de quem fala se encontra como que representada ou posta à vista de outro homem mediante outras palavras, informando assim sua significação. Esse é o único uso e o único fim das definições, e é, portanto, a única medida de uma boa ou má definição.

Ideias *simples, por que indefiníveis.*

§ 7. Posto isso, digo que *os nomes de* ideias *simples*, e unicamente eles, *não são suscetíveis de ser definidos*. A razão disso é esta: como os diversos termos de uma definição significam diversas *ideias,* eles não podem, de nenhuma maneira, representar conjuntamente uma *ideia* que não tenha absolutamente nenhuma composição. E, portanto, no caso das *ideias* simples, não há lugar para uma definição, a qual, propriamente falando, não é nada além de mostrar o significado de uma palavra por muitas outras que não significam, cada uma delas, a mesma coisa.

Exemplos, movimento.

§ 8. O fato de não perceber essa diferença em nossas *ideias* e em seus nomes produziu eminente verborragia nas Escolas, tão facilmente observável nas definições que elas nos dão de algumas poucas dessas *ideias* simples. Pois até mesmo esses mestres de

definições viram-se obrigados a deixá-las, em sua maior parte, intocadas, meramente por constatarem a impossibilidade de defini-las. O engenho do homem não poderia inventar *jargão* mais requintado do que esta definição, *O ato de um ser em potência, na medida em que o é em potência*, a qual confundiria qualquer homem racional que ainda não a conhecesse por seu famoso caráter absurdo e que tentasse adivinhar de qual palavra ela poderia ser a explicação. Se *Túlio* perguntasse a um *holandês* o que é *Beweeginge* e recebesse, em sua própria língua, a explicação de que é *Actus entis in potentia quatenus in potentia* [ato de um ser em potência, na medida em que o é em potência]*, poderia alguém imaginar que ele conse- 423
guiria desse modo entender o que a palavra *Beweeginge* significa, ou adivinhar qual *ideia* um *holandês* tem ordinariamente em sua mente e significa para outros quando usa esse som?

§ 9. E os filósofos modernos, que tentaram se livrar do *jargão* das Escolas e falar inteligivelmente, não foram mais bem-sucedidos em definir as *ideias* simples, seja ao explicar suas causas, seja de qualquer outra maneira. O que fazem os *Atomistas*, que definem movimento como a *passagem de um lugar para o outro*, a não ser apresentar uma palavra sinônima da outra? Pois o que é *passagem* senão *movimento*? E, se lhes fosse perguntado o que significa passagem, como poderiam defini-la melhor senão pelo *movimento*? De fato, acaso não se falaria de modo pelo menos tão próprio e significativo ao dizer que *passagem é um movimento de um lugar para o outro* quanto ao dizer que *movimento é a passagem* etc.? O que se faz é traduzir, e não definir, quando se troca uma palavra por outra de mesma significação. Quando uma

---

* *E. g.* Tomás de Aquino, *In* III *Física*, Leitura 2, § 285 (*sobre* Aristóteles, *Física*, 201ª 10). [N. D. E.]

delas é mais bem entendida do que a outra, isso pode servir para revelar que *ideia* a palavra desconhecida designa, mas ainda estamos muito longe de uma *definição*, a não ser que se afirme que cada palavra vernácula no dicionário seja a definição da palavra latina pela qual responde, e que Movimento é uma definição de *Motus*. A definição de movimento que nos oferecem os *cartesianos*, *a sucessiva aplicação das partes da* superfície *de um corpo às de outro*, se bem examinada, não se mostra uma definição muito melhor de movimento.

§ 10. *O ato do perspícuo, na medida em que é* Luz.
perspícuo, é outra definição peripatética de uma *ideia* simples que, apesar de não ser mais absurda do que aquela de *movimento*, trai mais plenamente sua inutilidade e insignificância, porque a experiência pode facilmente convencer qualquer um de que tal definição absolutamente não pode fazer com que o significado da palavra *luz* (que pretende definir) seja entendido por um homem cego, ao passo que a definição de *movimento* não parece ser, à primeira vista, tão inútil, pois ela se furta a esse tipo de teste. De fato, como a *ideia* simples de movimento adentra tanto pelo tato quanto pela visão, é impossível mostrar um exemplo de alguém que não disponha de nenhuma outra via além da definição desse nome para adquirir tal *ideia*. Aqueles que[3] nos dizem que a *luz* é um grande número de pequenos glóbulos que percutem vivamente o fundo dos olhos falam mais inte-
424 ligivelmente do que as Escolas, mas essas palavras, por melhor que sejam entendidas, não tornam a *ideia* que a palavra *luz* designa mais bem conhecida para um homem que não a entendia antes do que se lhe fosse dito que *luz* não é mais do que um conjunto de

3. Até a terceira edição, esta frase começava do seguinte modo: "Quando os cartesianos [nos dizem etc.]". [N. D. E.]

pequenas bolas de tênis que fadas lançam com raquetes durante o dia contra a testa de alguns homens, mas não contra a de outros. Mesmo supondo que essa explicação da coisa fosse verdadeira, a *ideia* da causa da *luz*, por mais exata que a tivéssemos, não nos daria a *ideia* da *luz* mesma, na medida em que ela é essa percepção particular em nós, do mesmo modo que a *ideia* de figura e movimento de uma peça de aço afiado não nos daria a *ideia* dessa dor que ela é capaz de causar em nós. Pois a causa de uma sensação qualquer e a própria sensação, em todas as *ideias* simples de um único sentido, são duas *ideias*, e duas *ideias* tão diferentes e distantes uma da outra quanto poderiam sê-lo. Portanto, por mais que os glóbulos de *Descartes* percutissem a *retina* de um homem cego por *gota-serena*, ele não teria com isso nenhuma *ideia* de *luz* nem algo que se aproxime disso, ainda que entendesse muito bem o que são pequenos glóbulos e o que é percutir um outro corpo. Sendo assim, os *cartesianos* distinguem muito bem entre a luz, que é a causa da sensação em nós, de um lado, e, de outro, a *ideia* que é produzida em nós por ela e que é propriamente a luz[4].

Por que as ideias *simples são indefiníveis, explicações suplementares.*

§ 11. *Ideias simples*, como foi mostrado, *são adquiridas unicamente por* essas *impressões* que os objetos mesmos fazem em nossa mente, através das entradas apropriadas indicadas para cada tipo. Quando não são recebidas por essa via, nem mesmo todas as *palavras* do mundo, *usadas para explicar ou definir qualquer um de seus nomes, serão capazes de produzir em nós a* ideia *que esse nome designe*. De fato, como as palavras são sons, não podem produzir em nós nenhuma outra *ideia* simples que não a desses sons mesmos nem suscitar nenhuma *ideia* em nós a não ser pela conexão voluntária que se sabe haver

4. Esta última frase é um acréscimo da quarta edição. [N. D. E.]

entre elas e as *ideias* simples das quais o uso comum as tornou signos. Se alguém pensa de outra maneira, que faça o teste para ver se quaisquer palavras lhe podem dar o gosto de um abacaxi e fazer com que tenha a verdadeira *ideia* do sabor dessa festejada fruta deliciosa. Na medida em que lhe é dito que esse sabor é semelhante a outros dos quais já tenha as *ideias* em sua memória, ali impressas por objetos sensíveis não estranhos a seu paladar, nessa medida ele
425 pode aproximar-se dessa semelhança em sua mente. Mas isso não é dar-nos a *ideia* por meio de uma *definição*, mas suscitar em nós outras *ideias* simples, por seus nomes conhecidos, que ainda serão muito diferentes do verdadeiro sabor da fruta mesma. Passa-se o mesmo com luz, cores e todas as outras *ideias* simples, pois a significação dos sons não é natural, mas meramente imposta e arbitrária. E nenhuma definição de *luz* ou de *vermelhidão* é mais apropriada ou capaz de produzir em nós qualquer uma dessas *ideias* do que o som *luz* ou *vermelho* por si mesmos. Pois querer produzir uma *ideia* de luz ou de cor por um som, não importa como este seja formado, é esperar que sons sejam visíveis, ou que cores sejam audíveis, entregando aos ouvidos o ofício de todos os outros sentidos. O que é o mesmo que dizer que podemos provar, cheirar e ver com os ouvidos: um tipo de filosofia digno de *Sancho Pança*, que tinha a faculdade de ver *Dulcineia* pelo ouvir-dizer. Portanto, quem não recebeu previamente em sua mente, pela entrada apropriada, a *ideia* simples que alguma palavra designa, jamais poderá saber a significação dessa palavra por meio de quaisquer outras palavras ou sons, seja lá qual for o modo pelo qual forem reunidos, sejam lá quais forem as regras de definição. O único meio consiste em aplicar a seus sentidos o objeto apropriado, produzindo assim a *ideia* para a qual

já aprendeu o nome. Um cego estudioso, que quebrou sua cabeça o quanto pôde acerca dos objetos visíveis e recorreu às explicações de seus livros e amigos para entender os nomes de luz e cores que frequentemente cruzam seu caminho, vangloriou-se um dia de entender o que significa *escarlate*. Ao ser indagado por seus amigos, o que é *escarlate*, respondeu que era como o som de um trompete. Um tal entendimento do nome de qualquer *ideia* simples é o que terá aquele que espera adquiri-lo apenas por meio de uma definição ou de outras palavras usadas para explicá-lo.

Mostra-se o contrário em ideias *complexas, através dos exemplos de uma estátua e do arco-íris.*

§ 12. O caso é bem diferente quando se trata de *ideias complexas*. Por serem compostas de muitas *ideias* simples, as palavras podem, designando as diversas *ideias* que entram naquela composição, imprimir na mente *ideias* complexas que nunca estiveram ali antes, fazendo assim com que seus nomes sejam entendidos. Em tais coleções de *ideias* que são transmitidas sob um só nome, há lugar para *definições*, *i. e.*, para o ensino da significação de uma palavra por meio de muitas outras, *o que pode fazer com que entendamos os nomes* de coisas que nunca se encontraram ao alcance de nossos sentidos e com que formemos *ideias* correspondentes àquelas presentes na mente 426
dos outros homens quando usam aqueles nomes, desde que nenhum dos termos da definição designe *ideias* simples que aquele a quem a explicação é dada nunca teve em seus pensamentos. Assim, a palavra *estátua* pode ser explicada a um cego por meio de outras palavras, ao passo que a palavra *quadro*, não, pois seus sentidos lhe deram a *ideia* de figura, mas não a de cores, que assim não pode ser suscitada nele por meio de palavras. Isso deu o prêmio ao pintor em detrimento do escultor, quando disputavam pela excelência da arte de cada um, vangloriando-se o escul-

tor de que sua arte era preferível por ir mais longe, pois até mesmo aqueles desprovidos de visão poderiam perceber sua excelência. O pintor concordou em submeter-se ao juízo do cego, que foi trazido ao local onde se encontrava a estátua criada por um, e o quadro pintado pelo outro. Primeiro foi levado à estátua, na qual acompanhou com as mãos todos os lineamentos da face e do corpo, aplaudindo, com grande admiração, a habilidade do artesão. Mas, ao ser levado ao quadro e ter pousado suas mãos sobre ele, à medida que estas se moviam pelas várias partes da pintura na tela, era informado de que ora tocava a cabeça, ora a testa, os olhos, o nariz etc., sem que percebesse a menor diferença. Diante disso, declarou que certamente devia ser uma obra admirável e divina essa que lhes podia representar todas essas partes, ali onde nada conseguia sentir ou perceber.

§ 13. Quem usar a palavra *arco-íris* com alguém que conheça todas suas cores, mas que ainda não tenha visto esse *fenômeno*, poderia, pela enumeração da figura, grandeza, posição e ordem das cores definir tão bem essa palavra, que ela seria perfeitamente entendida. E, no entanto, essa *definição*, por mais exata e perfeita, jamais faria com que um cego entendesse essa palavra, pois, como ele nunca recebeu por sensação e experiência muitas das *ideias* simples que compõem a complexa, nenhuma palavra é capaz de suscitá-las em sua mente.

Quando os nomes de ideias *complexas podem se tornar inteligíveis por meio de palavras.*

§ 14. Como foi mostrado, *ideias* simples só podem ser adquiridas pela experiência, junto aos objetos que são próprios para produzir em nós essas percepções. *Quando*, por esse meio, nossa mente é abastecida com elas e sabe os nomes para elas, então *estamos em condição de definir* e de, pela *definição*,
427 entender os nomes de *ideias* complexas que são feitas a partir delas. Mas, quando um termo qualquer

designa uma *ideia* simples que até então um homem nunca teve em sua mente, é impossível dar-lhe a conhecer seu significado por meio de palavras, quaisquer que sejam. Quando um termo qualquer designa uma *ideia* com a qual um homem está familiarizado, embora ignore que esse termo seja o signo dessa ideia, então um outro nome da mesma *ideia* à qual está acostumado pode fazer com que entenda seu significado. Mas em absolutamente nenhum caso um nome de *ideia* simples é suscetível de definição.

Quarto, Nomes de ideias *simples são menos dúbios.*

§ 15. *Quarto*, ainda que os nomes de *ideias simples* não contem com o auxílio da *definição* para determinar sua significação, isso não impede que *geralmente sejam menos dúbios e incertos do que aqueles de modos mistos e substâncias.* Como eles designam uma única percepção simples, não há muita margem para equívocos e discussões a respeito de seu significado, e, no mais das vezes, os homens não têm dificuldade para obter um perfeito acordo sobre sua significação. Uma vez que um homem saiba que brancura é o nome daquela cor que observou na neve ou no leite, não será capaz de aplicar mal essa palavra, enquanto retiver essa *ideia,* e, quando a tiver perdido inteiramente, não será capaz de se equivocar sobre o significado da palavra, mas perceberá que não a entende. Não há nem uma multiplicidade de *ideias* simples a serem postas juntas, o que faz a dubiedade dos nomes de modos mistos, nem uma suposta mas desconhecida essência real com propriedades que dela dependam, propriedades cujo número preciso também se desconhece, o que faz a dificuldade dos nomes de substâncias. Mas, ao contrário, nas *ideias* simples, a significação inteira do nome é conhecida de uma vez e não consiste de partes que, se acrescentadas ou subtraídas, poderiam alterar a *ideia* e tornar a significação de seu nome obscura ou incerta.

Quinto, Ideias *simples têm poucos ascendentes* in linea praedicamentali.

§ 16. *Quinto*, pode-se ainda observar, a respeito de *ideias simples* e de seus nomes, que elas *têm apenas uns poucos ascendentes* in linea praedicamentali (como é chamada), *desde as espécies mais inferiores até o* summum genus. A razão para isso é a seguinte: como a espécie mais inferior é uma única *ideia* simples, nada pode ser excluído dela de tal maneira que, eliminando-se a diferença, ela pudesse concordar com alguma outra coisa numa só *ideia* comum a ambas essas coisas, que, tendo um só nome, seria o *genus* das duas outras *ideias*. P. ex., não há nada que se possa excluir das *ideias* de branco e de vermelho para fazer com que concordem numa só aparência que lhes seja comum e tenham um só nome geral,
428 como a exclusão de *racionalidade* da *ideia* complexa de *homem* faz com que ela concorde com a bestiagem na *ideia* mais geral e no nome de *animal*. Portanto, quando, para evitar enumerações cansativas, os homens querem abarcar sob um só nome geral *branco*, *vermelho* e muitas outras *ideias* simples que tais, são obrigados a fazê-lo por uma palavra que denota unicamente a via pela qual elas adentram a mente. De fato, quando *branco*, *vermelho* e *amarelo* são todos compreendidos sob o *genus* ou nome *cor*, isso significa tão somente que tais *ideias* são produzidas na mente apenas pela visão, e só adentram pelos olhos. Quando os homens querem formar um termo ainda mais geral para abarcar *cores*, *sons* e outras *ideias* simples que tais, fazem-no por uma palavra que significa tudo que adentra a mente por um único sentido. E assim o termo geral *qualidade*, em sua acepção ordinária, abarca cores, sons, gostos, odores e qualidades tangíveis, por oposição a extensão, número, movimento, prazer e dor, que introduzem suas *ideias* e realizam impressões na mente por mais de um sentido.

Sexto, Nomes de ideias simples designam ideias *que absolutamente não são arbitrárias.*

§ 17. *Sexto*, os nomes de *ideias* simples, substâncias e modos mistos têm ainda esta diferença: os *de modos mistos* designam *ideias* totalmente *arbitrárias*, os de *substâncias* não são inteiramente assim, mas *referem-se a um padrão, ainda que com alguma latitude, e os de* ideias *simples são* inteiramente tomados da existência das coisas, e *absolutamente não* são *arbitrários*. Veremos a diferença que isso traz à significação de seus nomes nos capítulos seguintes.

Os nomes de modos simples pouco diferem daqueles de *ideias* simples.

CAPÍTULO V
Dos nomes de modos mistos e de relações.

Designam ideias *abstratas, assim como os outros nomes gerais.*

§ 1. Como os nomes de modos mistos são gerais, eles designam, como foi mostrado, tipos ou espécies de coisas, cada um dos quais com sua essência peculiar. As essências dessas espécies, como se mostrou, também não são senão *ideias* abstratas às quais o nome é anexado. Nisso tudo, os nomes e essências de modos mistos nada têm além do que é comum a 429
eles e a outras *ideias*. Mas, se os examinarmos mais de perto, constataremos que eles têm algo peculiar que talvez mereça nossa atenção.

Primeiro, as ideias *que designam são feitas pelo entendimento.*

§ 2. A primeira particularidade que neles observarei é que a *ideia* abstrata, ou, caso se prefira, a essência das diversas espécies *de modos mistos* é feita *pelo entendimento*, no que difere daquela das *ideias* simples: com relação aos tipos destas últimas, a mente não tem poder para fazer nenhum, mas limita-se a receber os que lhe são apresentados pela existência real das coisas que operam sobre ela.

Segundo, são feitas arbitrariamente e sem padrões.

§ 3. Em segundo lugar, essas *essências das espécies de modos mistos* não apenas *são feitas* pela mente, mas são feitas *muito arbitrariamente*, são feitas sem padrões nem referência a qualquer existência real. Nisso, diferem das de substâncias, que trazem consigo a suposição de algum ser real do qual são tomadas e ao qual são conformes. Mas em suas *ideias* complexas de modos mistos a mente toma a liberdade de não seguir com exatidão a existência das coisas. Ela une e retém certas coleções, na qualidade de outras tantas *ideias* específicas distintas, enquanto negligencia e deixa sem nome particular ou especificação outras que ocorrem na natureza com a mesma frequência e são sugeridas tão claramente quanto as primeiras pelas coisas exteriores. A mente não examina esses modos mistos como examina as *ideias* complexas de substâncias, pela existência real das coisas, nem os verifica por padrões que contenham tais composições peculiares na natureza. Para saber se sua *ideia* de *adultério* ou de *incesto* é correta, iria alguém procurá-la em alguma parte entre as coisas existentes? Ou seria ela verdadeira porque houve uma testemunha de uma dessas ações? Não: basta aqui que os homens tenham reunido uma tal coleção numa única *ideia* complexa, a qual faz o *arquétipo* e a *ideia* específica, tenha essa ação sido ou não cometida algum dia *in rerum natura*.

Como isso é feito.

§ 4. Para entender isso corretamente devemos considerar em *que consiste essa feitura de* ideias *complexas*: não consiste em fazer nenhuma *ideia* nova, mas em pôr juntas aquelas que a mente já tenha. No que a mente faz três coisas. Primeiro, ela escolhe um certo número delas. Segundo, dá-lhes uma conexão e faz delas uma única *ideia*. Terceiro, liga-as umas às outras por
430 meio de um nome. Se examinarmos como a mente procede nisso, e qual liberdade toma, observaremos facilmente que essas essências das espécies de modos mistos são obra da mente e, consequentemente, que as próprias espécies são fabricação do homem.

É evidente que são feitas arbitrariamente, porque a ideia *muitas vezes precede a existência.*

§ 5. Ninguém duvidará que essas *ideias* de modos mistos são feitas por uma coleção voluntária de *ideias* conjugadas na mente, independentemente de quaisquer padrões originais na natureza, caso reflita no fato de que esse tipo de *ideia* complexa pode ser feito, abstraído e receber nomes, constituindo assim uma espécie, antes que tenha existido qualquer indivíduo dessa espécie. Quem haveria de duvidar que as *ideias* de *sacrilégio* ou de *adultério* podem ser formadas na mente dos homens, com nomes dados a elas, e essas espécies de modos mistos serem assim constituídas antes que um dos dois tenha sido praticado? Quem haveria de duvidar que, quando ainda não tinham nenhuma existência fora do entendimento, era possível falar, raciocinar sobre elas e descobrir a seu respeito verdades certas tanto quanto agora, em que elas têm com demasiada frequência uma existência real? Assim sendo, é manifesto o quanto *os tipos de modos mistos são criaturas do entendimento*, no qual têm uma existência tão propícia a todos os fins da verdade e do conhecimento reais quanto nos casos em que realmente existem. E não resta dúvida de que os legisladores muitas vezes criaram leis sobre espécies de ação que eram unicamente criaturas de seu próprio entendimento, seres que não tinham existência a não ser em sua própria mente. E ninguém poderia negar, penso eu, que a *ressurreição* já era uma espécie de modo misto na mente antes que realmente existisse.

Exemplos: assassinato, incesto, estocada.

§ 6. Para ver *o quão arbitrariamente essas essências de modos mistos são feitas* pela mente, basta examinar praticamente qualquer uma delas. Um rápido exame nos convencerá de que é a mente que combina muitas *ideias* independentes dispersas numa só *ideia* complexa e, pelo nome comum que lhes dá, faz delas a essência de uma certa espécie, sem se regular

a si mesma por alguma conexão que essas *ideias* tenham na natureza. Pois que conexão maior haveria, na natureza, entre as *ideias* de homem e de matar, do que entre as de matar e de ovelha, para que das primeiras se faça uma espécie particular de ação, significada pela palavra *assassinato*, mas não das últimas? Ou que união maior há, na natureza, entre as *ideias*
431 de relação paternal e de matar, do que entre as *ideias* de filho ou vizinho e a de matar, para que as primeiras sejam combinadas numa única *ideia* complexa, tornando-se assim a essência da espécie distinta *Parricídio*, ao passo que as outras não constituem nenhuma espécie distinta? Mas, ainda que tenham tornado o assassinato do pai ou da mãe de um homem uma espécie distinta do assassinato de um filho ou filha, em alguns outros casos filho e filha são também incluídos, tanto quanto pai e mãe, sendo todos igualmente compreendidos na mesma espécie, como na de *incesto*. Assim, nos modos mistos, a mente une arbitrariamente numa *ideia* complexa as *ideias* que acredita conveniente unir, enquanto outras, que têm ao menos tanta união na natureza, são deixadas soltas, sem nunca ser combinadas numa só *ideia*, porque não precisam de um nome único. É evidente então que a mente, por sua livre escolha, estabelece uma conexão entre um certo número de *ideias* que, na natureza, não têm mais união entre si do que outras que ela deixa de fora. Por que outro motivo a parte da arma com que se fere vem a ser notada para criar a espécie distinta chamada de *estocada*[5], ao passo que a figura e o material da arma são deixados de fora? Não afirmo que não haja uma razão para isso, como

5. *Stabbing*: a tradução francesa de Coste, contemporânea de Locke, mantém o termo inglês, indicando que a lei inglesa punia diferentemente os golpes desferidos com a ponta e com o fio da espada. [N. Ed. Br.]

veremos a seguir, mas sim que isso é feito por uma escolha livre da mente, perseguindo seus próprios fins, e que, portanto, essas espécies de modos mistos são obra do entendimento. E não há nada mais evidente do que o fato de que, na maioria das vezes, para formar essas *ideias*, a mente não busca seus padrões na natureza nem refere as *ideias* que faz à existência real das coisas, mas conjuga aquelas que melhor servem a seus próprios propósitos, sem se prender a uma imitação precisa de qualquer coisa realmente existente.

Não obstante, servem ao fim da linguagem.

§ 7. Mas, ainda que essas *ideias* complexas, ou *essências de modos mistos*, dependam da mente e sejam feitas por ela com grande liberdade, elas *não são feitas ao acaso* nem desordenadamente amontoadas sem nenhuma razão. Embora essas *ideias* complexas nem sempre sejam copiadas da natureza, elas são sempre adequadas ao fim para o qual *ideias* abstratas são feitas e, embora sejam combinações de *ideias* que são soltas e têm nelas mesmas tão pouca união quanto muitas outras às quais a mente nunca dá uma conexão que as combine numa única *ideia*, elas são sempre feitas para a conveniência da comunicação, 432
que é o fim principal da linguagem. A utilidade da linguagem consiste em significar com facilidade e presteza, por meio de sons breves, concepções gerais, nas quais não apenas uma abundância de particulares pode ser contida, mas também uma grande variedade de *ideias* independentes, coligidas numa só *ideia* complexa. Ao fazerem as espécies de modos mistos, portanto, os homens consideram unicamente as combinações que têm ocasião de mencionar uns para os outros. Combinam-nas em *ideias* complexas distintas às quais dão nomes, ao passo que deixam soltas e desconsideradas outras que são tão intimamente unidas na natureza quanto aquelas. De fato, mesmo nos

limitando às ações humanas, se os homens quisessem fazer *ideias* abstratas distintas de todas as variedades que se pode ali observar, seu número seria infinito, e a memória, inutilmente sobrecarregada, se confundiria em meio à abundância de *ideias*. É suficiente que os homens façam e nomeiem tantas *ideias* complexas desses modos mistos quantas encontrem ocasião para nomear nas circunstâncias ordinárias de seus afazeres. Se juntam à *ideia* de assassinato a *ideia* de pai ou de mãe, fazendo assim uma espécie de assassinato distinta daquela do assassinato de um filho ou de um vizinho, isso se deve à diferente atrocidade do crime e à distinção entre a punição devida ao assassinato de um pai ou de uma mãe e aquela que se deve infligir ao assassinato de um filho ou vizinho. Por isso veem como necessário mencioná-la com um nome distinto, e tal é a finalidade pela qual essa combinação distinta é feita. Mas, ainda que as *ideias* de mãe e de filha sejam tratadas de forma tão diferente em referência à *ideia* de assassinato, a ponto de a primeira ser-lhe acrescentada para fazer uma *ideia* abstrata distinta com um nome, e assim uma espécie distinta, ao passo que isso não ocorre com a segunda, no entanto, com respeito ao conhecimento carnal ambas são tomadas sob o nome *incesto*, e isso sempre pela mesma conveniência de expressar sob um só nome, e reconhecer numa só espécie, essas misturas espúrias que têm uma torpeza peculiar e maior que as outras, e para evitar circunlocuções e descrições tediosas.

Do que são prova as palavras intraduzíveis entre diferentes línguas.

§ 8. Uma proficiência mediana *em diferentes línguas* facilmente convence qualquer um dessa verdade, pois é tão fácil observar que há uma grande quantidade de *palavras em uma* língua *para as quais não há nenhuma que lhe corresponda em outra*. O que mostra plenamente que os homens de um país, por
433 seus costumes e modo de vida, encontraram oportu-

nidade para fazer muitas *ideias* complexas, e dar nomes a elas, que os homens de outros países nunca coligiram em *ideias* específicas. Isso não poderia acontecer se essas espécies fossem obra constante da natureza, e não coleções feitas e abstraídas pela mente para a nomeação e para a conveniência da comunicação. Os termos de nosso direito, que não são sons vazios, dificilmente encontrarão palavras que lhes correspondam em espanhol ou em italiano, línguas que não são pobres. Muito menos se poderia, penso eu, traduzi-los na língua dos *caribenhos* ou de *Westoe*[6]. E o *versura*[7] dos *romanos* e o *corban*[8] dos *judeus* não têm palavras que lhes correspondam em outros idiomas. A razão disso resta clara pelo que acabei de dizer. Mais ainda, se observarmos essa questão mais de perto e compararmos com exatidão línguas diferentes, constataremos que, embora elas tenham palavras que, em traduções e em dicionários, supostamente correspondem umas às outras, mal se encontra uma em dez dentre os nomes de *ideias* complexas e especialmente de modos mistos que designe precisamente a mesma *ideia* que é designada pela palavra para a qual é vertida nos dicionários. Não há *ideias* mais comuns e menos compostas do que as medidas de tempo, extensão e peso, e não há dificuldade em verter os nomes latinos *hora, pes* e *libra* pelos nomes *ingleses hour, foot* e *pound* [hora, pés e libra]. Mas não há nada mais evidente do que o fato de que as *ideias* que um *romano* anexava a esses nomes latinos eram muito diferentes daquelas que um *inglês* expressa com esses nomes ingleses. E, se um deles usasse as

6. Locke provavelmente se refere ao dialeto especial dos habitantes de *Westoe*, lugarejo no nordeste da Inglaterra. [N. Ed. Br.]

7. Empréstimo para pagar uma dívida. [N. Ed. Br.]

8. O que é dedicado a Deus e, portanto, retirado do uso comum. [N. Ed. Br.]

medidas que o outro indica pelos nomes de sua língua, estaria completamente equivocado em seus cálculos. Essas são provas patentes demais para que se duvide delas, e constataremos que são ainda mais indubitáveis em relação aos nomes de *ideias* mais abstratas e compostas, como são a maior parte das *ideias* que compõem raciocínios morais. De fato, quando a curiosidade dos homens os leva a comparar os nomes de *ideias* morais com aqueles que os traduzem numa outra língua, constatam que muito poucos se correspondem exatamente em toda a extensão de sua significação.

Isso mostra que espécies são feitas para a comunicação.

§ 9. Se eu dou atenção tão especial a esse fato, é para não cometermos o equívoco de tratar *gêneros* e *espécies* e suas *essências* como se fossem feitos pela
434 natureza com regularidade e constância e tivessem uma existência real nas coisas. Pois um exame mais cuidadoso mostra que elas nada mais são do que um artifício do entendimento para significar com maior facilidade as coleções de *ideias* que ele tem frequentemente a oportunidade de comunicar por meio de um só termo geral, sob o qual particulares diversos possam ser compreendidos na medida em que correspondem a essa *ideia* abstrata. E, se a significação dúbia da palavra *species* pode fazer com que soe mal para alguns minha afirmação de que as *espécies* de modos mistos são feitas pelo entendimento, no entanto penso que ninguém poderia negar que é a mente que faz essas *ideias* complexas abstratas às quais são dados nomes específicos. E, se é verdade (como o é) que a mente faça os padrões para tipificar e nomear as coisas, deixo à consideração do leitor a questão de saber quem faz as fronteiras do tipo ou da *species*, pois, para mim, *species* e *tipo* não têm nenhuma outra diferença além daquela entre o *idioma* latino e o nosso.

Nos modos mistos é o nome que amarra a combinação e a torna uma espécie.

§ 10. *A estreita relação* que há *entre* species, *essências e* seus *nomes gerais*, ao menos nos modos mistos, ficará mais patente se considerarmos que é o nome que parece preservar essas *essências* e dar a elas sua permanência duradoura. De fato, como a conexão entre as partes soltas dessas *ideias* complexas é feita pela mente, essa união, que não tem uma fundação particular na natureza, desfar-se-ia novamente se não fosse por algo que, por assim dizer, as mantivesse juntas e impedisse que as partes se dispersassem. Portanto, embora seja a mente que faça a coleção, é o nome que, como um nó, as amarra firmemente. Quão vasta não é a variedade de diferentes *ideias* que a palavra *triumphus* mantém juntas e nos oferece como uma única *species*! Se esse nome jamais tivesse sido criado, ou se tivesse sido inteiramente esquecido, poderíamos, sem dúvida, ter tido descrições do que se passava naquela solenidade. No entanto, a meu ver, o que realmente mantém juntas essas diferentes partes na unidade de uma só *ideia* complexa é justamente essa palavra que lhe é anexada. Sem ela, não se pensaria que suas diversas partes constituam uma única coisa, não mais do que qualquer outro espetáculo que, não tendo sido realizado mais do que uma única vez, nunca teve suas partes unidas numa só *ideia* complexa sob uma só denominação. Portanto, nos modos mistos, o quanto a unidade necessária para qualquer essência depende da mente, e o quanto a continuação e a fixação dessa unidade depende do nome que no uso comum lhe é anexado, é algo que deixo à consideração daqueles que encaram *essências* e *espécies* como coisas reais estabelecidas na natureza. 435

§ 11. Consoante a isso, constatamos que, *ao falarem de modos mistos, dificilmente os homens* imaginam ou *tomam por uma espécie alguma outra* ideia *de modo misto, além das que são demarcadas por um nome.* De fato, como são algo feito exclusivamente pelos homens com o intuito de nomear, nenhuma dessas *espécies* é notada, nem se supõe que exista, a não ser que um *nome* esteja unido a ela como sinal de que um homem combinou numa única *ideia* diversas *ideias* soltas e, com esse *nome*, conferiu uma união duradoura às partes que, de outra maneira, deixariam de ter qualquer união tão logo a mente pusesse de lado essa *ideia* abstrata e parasse de pensar efetivamente nela. Mas, uma vez que um nome lhe é anexado, no qual as partes dessa *ideia* complexa têm uma união fixada e permanente, então a essência é como que estabelecida, e a *espécie* é vista como completa. Pois com que propósito a memória se sobrecarregaria com tais composições senão para torná-las gerais por abstração? E com que propósito torná-las gerais, a não ser para que possam ter *nomes* gerais para a conveniência do discurso e da comunicação? Assim, vemos que matar um homem com uma espada ou com uma machadinha não são consideradas ações de espécies distintas: mas se a ponta da espada penetra primeiro o corpo, tal ação é encarada como uma *espécie* distinta ali onde tem um *nome* distinto, como na *Inglaterra*, onde é chamada de *stabbing* [*estocada*][9], ao passo que num outro país, onde não lhe aconteceu de ser especificada por um *nome* peculiar, não é considerada uma *espécie* distinta. Mas, nas *espécies* de substâncias corpóreas, embora seja a mente que faça a essência nominal, como se supõe que as *ideias* nelas combinadas têm uma união na natureza quer a mente as junte ou não, elas são vistas como *espécies* distintas, sem nenhuma operação da mente, seja a de abstrair, seja a de dar um *nome* para essa *ideia* complexa.

No que diz respeito aos originais dos modos mistos, não procuramos para além da mente, o que também mostra que são obra do entendimento.

§ 12. Também conforme ao que foi dito sobre as *essências* das *espécies* de *modos mistos* – que são cria-

9. Cf. nota 5, logo acima. [N. Ed. Br.]

turas do entendimento, mais do que obras da natureza –, constatamos que *seus nomes levam nossos pensamentos à mente, e não além dela*. Quando falamos de *justiça* ou de *gratidão*, não formamos para nós mesmos a imaginação de nenhuma coisa existente que deveríamos conceber, mas nossos pensamentos terminam nas *ideias* abstratas daquelas virtudes, e 436
não olham além, ao contrário do que ocorre quando falamos num *cavalo* ou no *ferro*, cujas *ideias* específicas não consideramos que estejam simplesmente na mente, mas sim nas coisas mesmas, as quais fornecem os padrões originais dessas *ideias*. Mas, nos modos mistos, pelo menos em sua parte mais importante, que são seres morais, nós consideramos que seus padrões originais estão na mente, e a estes nos referimos para distinguir os seres particulares por seus nomes. E penso que é por isso que essas *essências* das *espécies* de modos mistos são chamadas, por um nome mais particular, de *noções*, na medida em que pertencem ao entendimento por um direito peculiar.

Que elas sejam feitas pelo entendimento sem padrões mostra a razão de serem tão compostas.

§ 13. Isso pode ainda mostrar *por que as* ideias *complexas de modos mistos são comumente mais compostas e bicompostas do que as de substâncias naturais*. De fato, como são obra do entendimento, perseguindo apenas seus próprios fins e a conveniência de expressar com brevidade as *ideias* que gostaria de dar ao conhecimento de outrem, muitas vezes o entendimento une com muita liberdade em uma única *ideia* abstrata coisas que, em sua natureza, não tenha nenhuma coesão, e com isso enfeixa, sob um único termo, uma grande variedade de *ideias* compostas e bicompostas. Tome-se, por exemplo, o nome *procissão*: que grande mistura de *ideias* independentes, de pessoas, hábitos, círios, ordens, movimentos, sons ele inclui nessa *ideia* complexa, reunidas arbitrariamente pela mente do homem para serem expressas por aquele nome! As *ideias* complexas dos tipos de substâncias, por outro lado, são usualmente feitas apenas de um pequeno número de *ideias* simples e, nas *espécies* de animais, duas apenas, formato e voz, normalmente constituem a essência nominal inteira.

Nomes de modos mistos sempre designam suas essências reais.

§ 14. Outra coisa que podemos observar a partir do que foi dito é que *os nomes de modos mistos* (quando têm alguma significação determinada) *sempre significam as essências reais de suas espécies.* Como essas *ideias* abstratas são obra da mente e não são referidas à existência real das coisas, não se supõe que esse nome signifique coisa alguma além dessa mera *ideia* complexa que a própria mente formou, que é tudo que a mente quer expressar por meio dele e que é aquilo de que todas as propriedades da *espé-*
437 *cie* dependem e de onde fluem exclusivamente. Aqui, portanto, a *essência real* é a mesma que a *nominal.* Veremos a seguir a importância disso para o conhecimento certo de verdades gerais.

Por que seus nomes são usualmente adquiridos antes de suas ideias.

§ 15. Isso também nos pode mostrar *por que, no mais das vezes, os nomes de modos mistos são adquiridos antes de serem conhecidas perfeitamente as* ideias *que designam.* Porque, como não há nenhuma *espécie* desses modos mistos que seja usualmente notada a não ser as que têm nomes, e como essas *espécies,* ou melhor, suas essências, são *ideias* abstratas complexas arbitrariamente feitas pela mente, é conveniente, para não dizer necessário, conhecer seus nomes antes que se tente formar essas *ideias* complexas. A não ser, é claro, que um homem queira encher sua cabeça com um conjunto de *ideias* complexas abstratas, com as quais, uma vez que os outros homens não dispõem de nomes para elas, ele não terá o que fazer a não ser deixá-las de lado e tornar a esquecê-las. Reconheço que, na aurora das línguas, era necessário ter a *ideia* antes de lhe dar um nome, e continua a ser assim quando alguém, ao fazer uma nova *ideia* complexa, também faz uma nova palavra, ao dar-lhe um nome. Mas isso não diz respeito às línguas já feitas, que geralmente apresentam uma excelente provisão dessas *ideias* que os homens têm frequente ocasião para ter e comunicar. Nessas línguas, eu pergunto: não é o método costumeiro que as crianças aprendam os nomes de modos mistos antes de terem *ideias* deles? Acaso haveria um em mil que formasse a *ideia* abstrata de *glória* ou de *ambição* antes de ter ouvido seus nomes? O caso das *ideias* simples e das substâncias é, confesso, diferente, pois, sendo *ideias* tais que têm existência e união reais na natureza, verifica-se que as *ideias* são adquiridas antes dos nomes.

Razão pela qual me detive tanto nesse assunto.

§ 16. O que aqui se disse sobre modos mistos também se aplica, com diferenças mínimas, a relações. Como qualquer um pode observar isso por si mesmo, posso poupar-me o trabalho de me estender sobre esse tópico, sobretudo porque o que eu disse acerca das palavras neste Livro III talvez seja considerado por alguns como muito mais do que requereria um assunto tão insignificante. Reconheço que isso poderia ter sido reduzido a dimensões mais modestas, mas minha intenção foi deter meu leitor num argumento que me parece novo e um tanto insólito (garanto que ele não me ocorrera quando me pus a escrever), de tal modo que, investigando-o a fundo e examinando-o por todos os lados, ele pudesse coincidir, neste ou naquele 438
ponto, com os pensamentos de todos, e dar ocasião para que mesmo o homem mais avesso ou negligente reflita sobre um equívoco generalizado, que é pouco notado apesar de suas importantes consequências. Talvez se venha a pensar oportuno expor de ponta a ponta esse equívoco, caso se considere todo o alvoroço que se faz em torno de *essências*, e o quanto todos os tipos de conhecimento, discurso e conversação são

emperrados e perturbados pelo uso e a aplicação descuidada e confusa das palavras. E hão de me perdoar o fato de me deter num argumento que, pelas razões acima, penso ser necessário inculcar, pois as faltas que os homens costumam cometer nesse campo não são apenas o maior impedimento ao verdadeiro conhecimento, mas são tidas em tão boa conta que passam por conhecimento. Os homens veriam amiúde quão pequena, ou mesmo nula, é a porção de razão ou de verdade que se mistura às pomposas opiniões com as quais se incham, caso olhassem para além dos sons em voga e observassem quais *ideias* são, quais não são, compreendidas sob essas palavras com as quais estão sempre armados e que com tanta confiança empregam para se atacarem. Imagino que terei prestado algum serviço à verdade, à paz e ao saber se, ao me demorar um tanto nesse assunto, conseguir levar os homens a refletirem sobre seu próprio uso da linguagem, e a dar-lhes razão para suspeitar que, uma vez que isso é frequente nos outros, também é possível que eles tenham, em sua boca e em seus escritos, palavras muito boas e acreditadas, mas com uma significação muito incerta, reduzida ou inexistente. E, portanto, que não seria irracional da parte deles precaverem-se a esse respeito e não se furtarem a ter suas palavras examinadas por outrem. Com esse desígnio, portanto, prosseguirei com o que ainda tenho a dizer sobre essa questão.

CAPÍTULO VI
Dos nomes de substâncias.

§ 1. *Os nomes comuns de substâncias*, assim como outros termos gerais, *designam tipos*, o que quer dizer tão somente que se tornam signos de *ideias* com- *Os nomes comuns de substâncias designam tipos.*

plexas com as quais muitas substâncias particulares concordam ou podem concordar e graças às quais 439 são suscetíveis de serem compreendidas em uma única concepção comum e serem significadas por um só nome. Disso concordam ou podem concordar porque, mesmo que só exista um único sol no mundo, sua *ideia* sendo abstraída de maneira que mais substâncias (caso houvesse várias) pudessem, cada uma delas, concordar com ela, ela é tanto um tipo quanto se houvesse tantos sóis quantas estrelas há. Não faltam razões para aqueles que pensam que os há, e que cada estrela fixa corresponderia à *ideia* designada pelo nome *sol* para alguém que estivesse postado à devida distância. Isso, diga-se de passagem, pode nos mostrar o quanto os tipos, ou, caso se prefira, os *genera* e *species* de coisas (pois esses termos latinos não significam para mim nada além do que a nossa palavra *tipo*) dependem de coleções de *ideias* feitas pelo homem, e não da natureza real das coisas: pois não é impossível que, falando com toda propriedade, o que para um é uma estrela seja, para outro, um sol.

A essência de cada tipo é a ideia *abstrata.*

§ 2. A medida e a demarcação de cada tipo ou *espécie*, que constitui esse tipo particular e o diferencia de outros, é o que chamamos de sua *essência*, que nada mais *é* do que a ideia *abstrata à qual o nome é anexado*, de tal maneira que tudo que esteja contido nessa *ideia* é essencial ao tipo. Ainda que isso seja toda a *essência* que conhecemos das substâncias naturais ou pela qual as distinguimos em tipos, chamo-a por um nome peculiar, o de *essência nominal*, para distingui-la dessa real constituição das substâncias da qual dependem essa *essência nominal* e todas as propriedades que esse tipo tem, e que pode, portanto, como dissemos, ser chamada de *essência real*. P. ex., a *essência nominal* do *ouro* é a *ideia* complexa designada pela palavra *ouro*, que pode ser, por exemplo, um corpo amarelo, de certo peso, maleável, fusível e dotado de fixidez. Mas a *essência real* é a constituição das partes insensíveis desse corpo, da qual dependem essas qualidades e todas as outras propriedades do *ouro*. O quanto essas duas *essências* são diferentes, ainda que sejam chamadas pelo mesmo nome, é o que facilmente se revela à primeira vista.

A essência nominal e a essência real são diferentes.

§ 3. De fato, mesmo que a *ideia* complexa à qual eu (assim como outros) anexo o nome *homem* seja, talvez, a de movimento voluntário com sentidos e razão, ligados a um corpo de um certo formato, e seja, portanto, a *essência nominal* da *espécie* assim chama-
440 da, ninguém afirmaria que essa *ideia* complexa é a *essência real* e a fonte de todas essas operações que podem ser encontradas em qualquer indivíduo desse tipo. O fundamento de todas as qualidades que são os ingredientes de nossa *ideia* complexa é algo inteiramente diferente. E, se tivéssemos um conhecimento como os anjos possivelmente têm, e nosso Criador, certamente da constituição do *homem*, da qual fluem suas faculdades de movimento, sensação, raciocínio e outros poderes, e da qual depende seu formato tão regular, teríamos então uma *ideia* de sua *essência* inteiramente diferente daquela contida em nossa atual definição (seja ela qual for) dessa *espécie*; e nossa *ideia* de qualquer *homem* individual seria tão diferente do que é atualmente quanto a *ideia* que um homem tem do famoso relógio de *Estrasburgo*, se ele conhece todas as alavancas e engrenagens e os outros mecanismos de seu interior, é diferente daquela que um camponês tenha desse mesmo relógio, do qual tão somente vê o movimento dos ponteiros e ouve a marcação das horas e nota apenas algumas das aparências externas.

Nada é essencial aos indivíduos.

§ 4. Que *essência*, no uso ordinário dessa palavra, se refira a *tipos*, e que só seja considerada nos seres

particulares na medida em que estes são classificados em *tipos*, é o que fica claro pelo seguinte: basta retirar as *ideias* abstratas pelas quais tipificamos indivíduos e os classificamos sob nomes comuns, e então o pensamento de qualquer coisa *essencial* a qualquer um deles esvai-se instantaneamente. Não temos nenhuma noção de uma coisa sem a outra: o que mostra plenamente sua relação. É necessário para mim ser como eu sou, DEUS e a natureza fizeram-me assim: mas nada do que tenho me é essencial. Um acidente ou uma doença podem alterar muito minha cor ou meu formato, uma febre ou um tombo podem levar minha razão, minha memória, ou ambas, e uma apoplexia não poupa sentidos e entendimento, nem mesmo a vida. Outras criaturas com o mesmo formato que o meu podem ser criadas com faculdades mais ou menos numerosas, melhores ou piores do que as minhas, ao passo que outras criaturas com formato e corpo muito diferentes dos meus podem ter razão e sentidos. Nada disso é essencial para nenhum desses indivíduos nem para qualquer outro até que seja referido, pela mente, a algum tipo ou *espécie* de coisas; e, então, imediatamente se encontra algo de *essencial*, conforme a *ideia* abstrata desse tipo. Se um homem examinar seus próprios pensamentos, constatará que, tão logo suponha ou fale em algo *essencial*, a consideração de alguma *espécie* ou a *ideia* complexa significada por algum nome geral virá a sua mente, e 441
é em referência a isso que esta ou aquela qualidade é dita *essencial*. De maneira que, caso me perguntem se é *essencial* para mim ou para qualquer outro ser corpóreo ser dotado de razão, responderei que não, não mais do que é *essencial* para esta coisa branca em que escrevo ter palavras nela. Mas, para que um ser particular seja incluído no tipo *homem* e receba esse nome, então a razão lhe é *essencial*, supondo

que razão seja uma parte da *ideia* complexa que o nome *homem* designa, assim como é *essencial* para esta coisa em que escrevo conter palavras caso queira dar-lhe o nome de *Tratado* e classificá-la sob essa *espécie*. De maneira que *essencial* e *não essencial remetem unicamente a nossas ideias abstratas e aos nomes a elas anexados*, o que se resume ao seguinte: uma coisa particular qualquer que não tenha em si as qualidades contidas na *ideia* abstrata que um termo geral qualquer designa não pode ser classificada sob essa *espécie* nem ser chamada por esse nome, pois a *ideia* abstrata é a *essência* mesma dessa *espécie*.

§ 5. Assim, se para algumas pessoas a *ideia* de *corpo* é a mera extensão ou espaço, então a solidez não é *essencial* ao corpo. Se outros fazem com que a *ideia* à qual dão o nome *corpo* seja solidez e extensão, então solidez é essencial a *corpo*. Portanto, só *é* considerado *essencial aquilo que faça parte da* ideia *complexa designada pelo nome de um tipo* e sem o que nenhuma coisa particular possa ser reconhecida como sendo desse tipo nem ter direito a esse nome. Caso se encontrasse uma parcela de matéria que tivesse todas as outras qualidades que se encontram no *ferro*, mas fosse desprovida da obediência ao imã, que não a atrairia nem lhe imprimiria uma direção, poderia alguém perguntar se ela é desprovida de algo *essencial*? Seria absurdo perguntar se uma coisa realmente existente é desprovida de algo que lhe seja *essencial*. Nem se poderia indagar se isso é ou não uma diferença *essencial* ou *específica*, pois não temos nenhuma outra medida do *essencial* ou do *específico* além de nossas *ideias* abstratas, e falar em diferenças específicas na natureza sem referência a *ideias* ou nomes gerais é falar ininteligivelmente. Pois eu pergunto: o que é suficiente para fazer uma diferença *essencial* na natureza entre dois seres particulares quaisquer,

caso não se tenha de modo nenhum em vista alguma *ideia* abstrata que seja considerada como essência e modelo de uma *espécie*? Se pusermos inteiramente de lado todos esses padrões e modelos e considerarmos os seres particulares puramente em si mesmos, constataremos que todas suas qualidades lhes são igualmente *essenciais*, e tudo o que há em cada indivíduo 442
lhe será *essencial*, ou, o que é mais correto, absolutamente nada lhe será essencial. Com efeito, ainda que possa ser razoável indagar se a obediência ao ímã é *essencial* ao *ferro*, seria bem impróprio e sem sentido indagar se ela é *essencial* à parcela de matéria particular com que corto minha pena sem considerá-la sob o nome de *ferro* ou como pertencente a uma certa *espécie*. E, se for verdade, como foi dito, que nossas *ideias* abstratas com nomes anexados a elas são os limites das *espécies*, nada pode ser *essencial* além do que esteja contido nessas *ideias*.

§ 6. É verdade que muitas vezes mencionei uma *essência real* distinta, nas substâncias, de suas *ideias* abstratas, que chamo de *essências nominais* dessas substâncias. Por essa *essência real* entendo aquela constituição real de uma coisa qualquer que é o fundamento de todas essas propriedades que estão combinadas nelas e que constantemente se observa coexistirem com a *essência nominal*; aquela constituição particular que cada coisa tem em si mesma, sem nenhuma relação com qualquer coisa que lhe seja exterior. Mas, mesmo nesse sentido, *essência remete a um tipo* e pressupõe uma *espécie*; de fato, sendo aquela constituição real da qual dependem as propriedades, ela necessariamente pressupõe um tipo de coisas, pois propriedades pertencem apenas a *espécies*, não a indivíduos: p. ex., supondo que a essência nominal de *ouro* seja um corpo de uma cor e peso peculiares, com maleabilidade e fusibilidade, então a essência real é aquela constituição das partes da matéria da qual dependem essas qualidades e sua união, e é também o fundamento de sua solubilidade em *água-régia* e de outras propriedades que acompanham essa *ideia* complexa. Eis aí *essências* e *propriedades,* mas todas elas pressupondo um tipo ou *ideia* geral abstrata que é considerada como imutável: ao passo que não há nenhuma parcela individual de matéria à qual alguma dessas propriedades seja anexada a ponto de ser *essencial* a ela ou inseparável dela. O que é *essencial* é o que lhe pertence como condição para que seja deste ou daquele tipo, mas, se não a considerarmos como classificada sob o nome de alguma *ideia* abstrata, então não existe nada que lhe seja necessário, nada que seja inseparável dela. Na verdade, no que diz respeito às *essências reais* de substâncias, apenas supomos sua existência, sem saber precisamente o que sejam, mas o que permite anexá-las à *espécie* é novamente a essência nominal, da qual são o suposto fundamento e causa.

É a essência nominal que demarca a espécie.

443 § 7. A próxima coisa a ser considerada é: mediante qual dessas essências as *substâncias são determinadas em* tipos ou *espécies*? E é evidente que é *pela essência nominal*. Pois é apenas isso que o nome, que é a marca do tipo, significa. E é impossível, portanto, que alguma outra coisa possa determinar os tipos de coisas que classificamos sob nomes gerais, além dessa *ideia* para a qual esse nome é apontado como marca, *ideia* que, como se mostrou, é o que chamamos de *essência nominal*. Por que dizemos que isto é um *cavalo*, e aquilo, uma *mula*; isto é um *animal*, e aquilo uma *erva*? Como alguma coisa vem a ser deste ou daquele *tipo* a não ser porque tem essa essência nominal ou, o que dá no mesmo, porque concorda com essa *ideia* abstrata à qual esse nome é anexado? Para que um homem saiba que tipo de *es-*

sência é designado por esses e outros nomes de substância, bastará refletir sobre seus próprios pensamentos quando os ouve ou pronuncia.

§ 8. Que as *espécies de coisas, para nós, não sejam mais do que sua classificação sob nomes distintos de acordo com as* ideias *complexas em nós*, e não de acordo com *essências* precisas, distintas e reais nelas, é manifesto pelo seguinte: constatamos que muitos indivíduos classificados num único tipo e chamados por um único nome comum, e assim reconhecidos como pertencentes a uma única *espécie*, têm, no entanto, qualidades que dependem de sua constituição real que são tão diferentes, nesses diversos indivíduos, quanto são diferentes das qualidades de outros indivíduos que se considera que difiram *especificamente* deles. Isso é facilmente observável por todos que lidam com corpos naturais, e os químicos em particular são frequentemente convencidos disso por uma amarga experiência, quando procuram, por vezes em vão, numa parcela de enxofre, antimônio ou vitríolo as mesmas qualidades que encontraram em outras parcelas. Com efeito, ainda que estes sejam corpos de uma mesma *espécie*, com uma mesma *essência* nominal e sob um mesmo nome, eles frequentemente revelam, quando submetidos a exames rigorosos, qualidades tão diferentes de um para o outro que frustram as expectativas e os esforços de químicos muito cuidadosos. Mas, se as coisas fossem distinguidas em *espécies* de acordo com suas essências reais, seria tão impossível encontrar propriedades diferentes em duas substâncias individuais quaisquer de uma mesma *espécie* quanto é impossível encontrar propriedades diferentes em dois círculos ou em dois triângulos equiláteros. O que é propriamente a *essência*, para nós, é aquilo que determina cada coisa particular para esta ou aquela *classis*, ou, o que dá no mesmo,

444 para este ou aquele nome geral – e o que mais isso poderia ser além dessa *ideia* abstrata à qual o nome é anexado? Portanto, ela se refere, na verdade, não tanto à existência de coisas particulares quanto às suas denominações gerais.

§ 9. Tampouco *podemos* classificar e *tipificar coisas* nem, consequentemente, denominá-las (o que é o objetivo da tipificação) *por suas essências reais*, dado que não as conhecemos. No conhecimento e na distinção de substâncias, nossas faculdades não nos levam além de uma coleção dessas *ideias* sensíveis que nelas observamos, coleção que, por mais que seja feita com toda a diligência e exatidão de que somos capazes, está no entanto mais afastada da verdadeira constituição interna da qual fluem essas qualidades do que, como eu disse, a *ideia* de um camponês está distante do mecanismo interno do famoso relógio de *Estrasburgo*, do qual apenas vê a figura e os movimentos externos. Não há planta ou animal, por mais desprezível que seja, que não confunda o mais amplo entendimento. Ainda que o trato familiar com as coisas a nossa volta suprima nosso espanto, não cura nossa ignorância. Quando nos dedicamos a examinar as pedras em que pisamos, ou o ferro que manuseamos diariamente, constatamos prontamente que não sabemos como são feitos e não conseguimos atribuir nenhuma razão para as diferentes qualidades que neles encontramos. É evidente que a constituição interna da qual dependem suas propriedades nos é desconhecida. Para não ir além das coisas mais grosseiras e óbvias que podemos imaginar, qual é a textura das partes, qual a *essência* real que torna o chumbo e o antimônio fusíveis, mas não a madeira e as pedras? O que torna o chumbo e o ferro maleáveis, mas não o antimônio e as pedras? E, no entanto, quão distantes

E não a essência real, que não conhecemos.

não estão essas coisas dos belos dispositivos e das inconcebíveis *essências reais* de plantas e animais que todos conhecem! A obra do onisciente e todo-poderoso Deus na grande maquinaria do universo, e em cada uma de suas partes, ultrapassa em muito a capacidade e a compreensão do mais inquiridor e inteligente dos homens, muito mais do que o melhor mecanismo do mais engenhoso homem ultrapassa as concepções da mais ignorante das criaturas racionais. É vão, portanto, querermos agrupar as coisas em tipos e dispô-las em determinadas classes, sob nomes, segundo suas *essências* reais, tão distantes de nossa descoberta ou compreensão. Um homem cego é tão capaz de tipificar coisas por suas cores, e um outro, 445
que perdeu o olfato, de distinguir entre um lírio e uma rosa por seus odores, quanto por essas constituições internas que eles não conhecem. Um homem que pense ser capaz de distinguir entre ovelhas e cabras por suas essências reais, que lhe são desconhecidas, pode aprazer-se testando suas habilidades nas espécies chamadas *Cassiowary* [casuar] e *Querenchinchio* [tatu], e determinar, por suas essências internas reais, os limites dessas *espécies* sem conhecer as *ideias* complexas de qualidades sensíveis que cada um desses nomes designam nos países em que esses animais são encontrados.

Nem as formas substanciais, que conhecemos menos ainda.

§ 10. Aqueles, portanto, a quem se ensinou que as diversas *espécies* de substâncias têm suas distintas *formas substanciais* internas, e que são essas *formas* que distinguem as substâncias em suas verdadeiras *species* e *genera*, foram ainda mais afastados do caminho por concentrarem suas mentes em investigações infrutíferas na busca de *formas substanciais* inteiramente ininteligíveis e das quais não temos nem mesmo uma concepção geral obscura ou confusa.

Que a essência nominal é aquela pela qual distinguimos espécies é ainda mais evidente em relação aos espíritos.

§ 11. Que nossa *classificação* e distinção de *substâncias* naturais *em espécies consiste nas essências nominais* que a mente faz, e não nas essências nominais que se encontram nas coisas mesmas, é algo que se mostra ainda mais evidente em nossas *ideias* de *espíritos*. De fato, como a mente só adquire as *ideias* simples que atribui aos *espíritos* quando reflete sobre suas próprias operações, ela não tem nem pode ter outra noção de *espírito* senão a que obtém pela atribuição de todas essas operações que encontra em si mesma a um tipo de seres, sem que a matéria seja considerada. E mesmo a noção mais avançada de Deus consiste apenas em lhe atribuir, em grau ilimitado, as mesmas *ideias* simples que adquirimos pela reflexão sobre o que encontramos em nós e que concebemos como tendo mais perfeição nelas do que haveria em sua ausência. Assim, tendo adquirido pela reflexão sobre nós mesmos a *ideia* de existência, conhecimento, poder e prazer, cada uma das quais constatamos ser melhor ter do que não ter, e quanto mais as tivermos, melhor, ao conjugar todas elas e a *ideia* de infinitude a cada uma delas, temos a *ideia* complexa de um ser eterno, onisciente, onipotente, infinitamente sábio e feliz. E, ainda que se afirme existirem diferentes *espécies de anjos*, não sabemos como formar distintas *ideias* específicas deles, e isso não porque
446 concebamos que seja impossível existir mais de uma *espécie* de *espírito*, mas sim porque, não tendo outras *ideias* simples (nem podendo formar outras) aplicáveis a tais seres além dessas poucas que tomamos de nós mesmos e das ações de nossa própria mente ao pensar, ao deleitar-se e ao mover as muitas partes de nosso corpo, não temos outra maneira para distinguir em nossas concepções as diversas *espécies de espíritos* entre si a não ser atribuindo a elas essas operações e poderes que encontramos em nós mesmos em maior

ou menor grau. Portanto, não temos nenhuma *ideia* específica muito distinta de *espíritos,* com exceção da *ideia* de DEUS, a quem atribuímos duração e todas essas outras *ideias* acrescidas de infinitude, ao passo que a outros *espíritos* as atribuímos com limitação. Em minha humilde concepção, não estabelecemos, em nossas *ideias*, uma diferença entre esses *espíritos* e DEUS por meio de algum número de *ideias* simples que teríamos de um, e não dos outros, mas unicamente por meio da *ideia* de infinitude. Uma vez que todas as *ideias* particulares de existência, conhecimento, vontade, poder, movimento etc. são derivadas das operações de nossa mente, atribuímos todas elas a todos os tipos de *espírito*, com diferença apenas de graus, até o máximo que conseguimos imaginar, e até o infinito quando queremos formar, tão bem quanto possamos, uma *ideia* do ser primeiro. O qual, isso é certo, é infinitamente mais distante, na efetiva excelência de sua Natureza, do mais elevado e perfeito de todos os seres criados, do que o maior homem, e até mesmo o mais puro serafim, é distante da mais desprezível parte da matéria; e deve, assim, exceder infinitamente o que nossos estreitos entendimentos podem conceber a Seu respeito.

Dos quais há provavelmente inúmeras espécies.

§ 12. Não é impossível, nem repugna à razão, conceber que possam existir muitas *espécies de espíritos*, tão separadas e diferenciadas umas das outras por propriedades distintas, das quais não temos nenhuma *ideia*, quanto as *espécies* de coisas sensíveis são distinguidas umas das outras por qualidades que conhecemos e nelas observamos. Que deva haver mais *espécies* de criaturas inteligentes acima de nós do que há de criaturas sensíveis e materiais abaixo de nós é o que me parece provável pelo fato de que, em todo o mundo corpóreo visível, não vemos lacunas ou hiatos. Até o fim, para baixo de nós, a descida se dá por passos suaves, numa série contínua de coisas

447 que, em cada trecho, diferem muito pouco umas das outras. Há peixes que possuem asas e não são estranhos à região aérea, e há alguns pássaros que habitam a água, cujo sangue é tão frio quanto o dos peixes, e a carne tem um gosto tão semelhante à deles que se permitem aos devotos seu consumo em dias de abstinência. Há animais a tal ponto aparentados tanto a pássaros quanto a quadrúpedes que se encontram a meio caminho entre eles, animais anfíbios ligam os terrestres e aquáticos, *as focas* vivem na terra e no mar, os marsuínos têm o sangue quente e as entranhas de um porco, sem mencionar o que se diz sobre sereias e homens-marinhos. Há alguns animais irracionais que parecem ter tanto conhecimento e razão quanto alguns animais que são chamados de homens, e os reinos animal e vegetal são tão estreitamente conjugados, que, caso se tome o mais inferior do primeiro e o mais superior do segundo, dificilmente se perceberá grande diferença entre eles. E assim por diante, até chegar às partes mais inferiores e inorgânicas da matéria: por todo lugar constatamos que as muitas *espécies* estão ligadas entre si e diferem apenas em graus quase insensíveis. E, se considerarmos o infinito poder e sabedoria do Criador, teremos razão para pensar que está de acordo com a magnífica harmonia do universo e com o grande desígnio e infinita bondade do Arquiteto que as *espécies* de criaturas também devam, por graus suaves, ascender a partir de nós rumo a sua infinita perfeição, assim como vemos descenderem gradualmente a partir de nós. Se isto for aceito, teremos então razão para nos persuadirmos de que haja muito mais *espécies* de criaturas acima do que abaixo de nós, visto nos encontrarmos num grau de perfeição muito mais distante do ser infinito DEUS do que do estado mais baixo de existência, daquele que mais se aproxima do nada. E, no entanto, pelas razões

acima mencionadas, não temos nenhuma *ideia* clara e distinta de todas essas espécies distintas.

Que a essência nominal é a essênc

§ 13. Retornemos às *espécies* de substâncias corpóreas. Se eu perguntasse a alguém se o *gelo* e a *água* são duas *espécies* distintas de coisas, não tenho dúvidas que se responderia com a afirmativa: e não se pode negar acerto a quem diz serem duas *espécies* distintas. Mas, se um *inglês* criado na *Jamaica*, que talvez nunca tenha visto nem ouvido falar em *gelo*, viesse à *Inglaterra* no inverno e encontrasse congelada, pela manhã, a água que pôs na bacia à noite, e, sem conhecer nenhum nome peculiar para ela, a chamasse 448
de água endurecida, então eu pergunto: seria essa, para ele, uma nova *espécie,* diferente da água? Penso que a isso se responderia não, não seria essa uma nova *espécie,* não mais do que a geleia congelada, quando fria, seria uma *espécie* distinta da mesma geleia fluida e quente, ou o ouro líquido na fornalha seria uma *espécie* distinta do ouro sólido nas mãos de um trabalhador. E, se assim for, é manifesto que nossas *espécies distintas não são mais do que* ideias *complexas com nomes distintos a elas anexados*. É verdade que cada substância que existe tem sua constituição peculiar, da qual dependem essas qualidades sensíveis e poderes que nela observamos, mas a classificação de coisas em *espécies*, que não é mais do que sua tipificação sob diversos títulos, é feita por nós de acordo com as *ideias* que delas temos. E, ainda que isso seja suficiente para distingui-las por nomes, de modo que possamos falar sobre elas quando não as temos presentes diante de nós, no entanto nos exporemos a grandes equívocos se supusermos que isso é feito segundo sua constituição interna real, e que a natureza distingue em espécies as coisas existentes por essências reais, em conformidade ao modo pelo qual as distinguimos em *espécies* por nomes.

Dificuldades contra um certo número de essências reais.

§ 14. Para distinguir seres substanciais em *espécies* de acordo com a suposição usual de que há certas precisas *essências* ou *formas* das coisas, pelas quais todos os indivíduos existentes são distinguidos pela natureza em *espécies*, algumas coisas são necessárias:

§ 15. *Primeiro*, estar certo de que a natureza, na produção das coisas, sempre as destine a compartilhar certas *essências* estabelecidas e regulares que devem ser os modelos de todas as coisas a serem produzidas. Isso, nesse sentido mais cru em que é usualmente proposto, requereria melhores explicações antes que lhe possamos dar pleno assentimento.

§ 16. *Segundo*, seria necessário saber se a natureza sempre alcança a *essência* que almeja na produção das coisas. Os nascimentos irregulares e monstruosos que se observam em diversos tipos de animais sempre nos darão razão para que se duvide de uma ou de ambas essas coisas.

§ 17. *Terceiro*, deve-se determinar se, de acordo com a noção escolástica da palavra *espécie*, os que chamamos de *monstros* realmente são uma *espécie* distinta. De fato, embora seja certo que cada coisa que existe tem sua constituição particular, constatamos que alguns desses resultados monstruosos têm
449 poucas ou nenhuma das qualidades que supostamente acompanham e se seguem da *essência* da *espécie* da qual obtêm seus originais e à qual, por descendência, parecem pertencer.

§ 18. *Quarto*, as *essências reais* das coisas que distinguimos em *espécies*, e que assim distinguidas nomeamos, devem ser conhecidas, *i. e.*, devemos ter *ideias* delas. Mas, como somos ignorantes acerca desses quatro pontos, *a suposta essência real das coisas não nos põe em posição de distinguir substâncias em espécies*.

Nossas essências nominais de substâncias não são coleções perfeitas de propriedades.

§ 19. *Quinto*, o único auxílio que se poderia imaginar nesse caso seria o seguinte: uma vez formadas *ideias* complexas perfeitas das *propriedades* das coisas que fluem de suas diferentes essências reais, poderíamos, por esse meio, distingui-las em *espécies*. Mas nem mesmo isso pode ser feito. De fato, como ignoramos a essência real mesma, é impossível conhecer todas as propriedades que dela fluem e que estão tão anexadas a ela que, na ausência de qualquer uma delas, podemos concluir com certeza que esta essência não está ali e que, assim, a coisa não é dessa *espécie*. Nunca poderemos saber qual é o número preciso de propriedades que dependem da essência real do *ouro* e que, qualquer uma delas faltando, a essência real do ouro e, consequentemente, o ouro, não estaria ali, a não ser que conheçamos a essência real mesma do ouro e por ela determinemos essa *espécie*. Pela palavra *ouro*, aqui, quero que entendam que indico uma porção particular de matéria, p. ex., o último guinéu que foi cunhado. Pois se ela devesse ser tomada aqui em sua significação ordinária, como designando a *ideia* complexa que eu ou qualquer outra pessoa chama de *ouro*, *i. e.*, pela essência nominal do ouro, isso seria *jargão*: quão difícil é mostrar os variados significados e imperfeições das palavras quando não dispomos senão de palavras para fazê-lo.

§ 20. Por tudo isso, é manifesto que nossa *distinção de substâncias em espécies* por nomes *não é* absolutamente *fundada em suas essências reais*, nem podemos pretender *agrupá-las* e determiná-las exatamente em espécies de acordo com diferenças internas essenciais.

Mas uma coleção tal que é designada pelo nome que usamos.

§ 21. Mas, se, como já foi observado, precisamos de palavras gerais, embora não conheçamos as essências reais das coisas, tudo que podemos fazer é juntar aquele número de *ideias* simples que o exame nos mostra estarem reunidas nas coisas existentes, para, a

450 partir delas, fazer uma única *ideia* complexa. E, ainda que esta última não seja a essência real de nenhuma substância que exista, ela é *a essência específica* à qual pertence o nome que usamos, e é conversível com ele, o que nos permite ao menos testar a verdade dessas essências nominais. Por exemplo, há quem diga que a essência de *corpo* é extensão. Se assim for, como jamais nos enganaremos ao colocar a essência de uma coisa pela coisa mesma, coloquemos agora, num discurso, *extensão* no lugar de *corpo* e, quando queremos dizer que o corpo se move, digamos que a extensão se move, e vejamos como isso fica. Quem dissesse que uma extensão move outra por impulso mostraria suficientemente, pela mera expressão, o absurdo de uma tal noção. A *essência* de uma coisa é, para nós, a *ideia* complexa inteira compreendida e marcada por esse nome, e, como além das muitas *ideias* simples e distintas que compõem as de substâncias há sempre a *ideia* confusa de substância ou de um suporte e causa desconhecida de sua união, a essência de corpo não é a mera extensão, mas uma coisa sólida extensa. Portanto, dizer que uma coisa sólida extensa se move ou impele uma outra é o mesmo que dizer que o *corpo* se move e impele e é tão inteligível quanto. Da mesma maneira, dizer que um animal racional é capaz de conversação é o mesmo que dizer que um *homem* o é. Mas ninguém irá dizer que a racionalidade é capaz de conversação, pois ela não compõe a essência inteira à qual damos o nome homem.

Nossas ideias *abstratas são para nós a medida da espécie; exemplo disso no homem.*

§ 22. Há criaturas no mundo que têm o formato semelhante ao nosso, mas são cobertos de pelos e carecem de linguagem e de razão. Há entre nós idiotas que têm exatamente nosso formato, mas carecem de razão e, alguns deles, também de linguagem. Há criaturas que, segundo se diz (*sit fides penes Authorem* [a acreditar no autor], mas sua existência não parece envolver contradição), têm linguagem, razão e

um formato em outros aspectos como o nosso, exceto por suas caudas peludas, outras em que os machos não têm barba, e outras em que as fêmeas a têm. Caso se pergunte se todos esses são ou não *homens*, da *espécie* humana ou não, resta claro que a questão se refere unicamente à essência nominal, pois aqueles aos quais convém a definição da palavra *homem*, ou a *ideia* complexa significada por esse nome, são homens, e os outros, não. Mas, se a interrogação versa sobre a suposta essência real, e o que se pergunta é se a constituição e formação internas dessas diversas 451
criaturas é especificamente diferente, é-nos inteiramente impossível respondê-la, pois absolutamente nada disso entra em nossa *ideia* específica. Temos apenas razão para pensar que, quando as faculdades ou a formação externa diferem muito, a constituição interna não é exatamente a mesma, mas em vão investigaremos que diferença na constituição interna real cria uma diferença específica enquanto *nossas medidas das espécies* forem, como o *são*, *as ideias abstratas* que conhecemos, e não a constituição interna, que absolutamente não entra na composição dessas *ideias*. A mera diferença de ter pelos na pele seria uma marca de uma diferente constituição interna específica entre um *imbecil* e um *bugio*, quando concordam no formato e na carência de razão e fala? E não seria a carência de razão e fala um sinal para nós de diferentes constituições reais e *espécies* num *imbecil* e num homem racional? O mesmo vale para o resto, caso se pretenda que a distinção de *espécies* ou tipos é estabelecida de forma fixa pela real formação e constituição secreta das coisas.

Espécies não são distinguidas pela geração.

§ 23. E que ninguém venha dizer que o poder de reprodução nos animais, pela mistura entre macho e fêmea, e nas plantas, pelas sementes, mantém distinta e intacta a suposta *espécie* real. Pois, concedendo que

isso seja verdade, não nos ajudaria na distinção das *espécies* de coisas para além das tribos de animais e de vegetais. O que faríamos com o resto? Mas isso não é suficiente nem mesmo para aquelas: com efeito, se a História não mente, houve mulheres que conceberam de bugios. O que leva a uma nova questão, a saber, que *espécie* real corresponderia a uma progenitura como essa na natureza, se usarmos essa medida? E temos razão para pensar que isso não é impossível, visto que mulas e onotauros, um caso, a mistura de um jumento com uma égua, e, o outro, de um touro com uma égua, são tão frequentes no mundo. Vi uma vez uma criatura que era o resultado do cruzamento entre gato e rato, e trazia marcas claras de ambos, e no qual a natureza parecia não ter seguido o padrão de apenas um tipo, mas ter misturado os dois[10]. Ora, aquele que a isso acrescentar as produções monstruosas que com tanta frequência se encontram na
452 natureza, constatará ser difícil determinar pela cepa, mesmo na raça dos animais, de qual *espécie* é cada cria, e estará no escuro acerca da real essência que acredita ser certamente transmitida pela geração e ter direito exclusivo ao nome específico. Além do mais, se as *espécies* de animais e plantas devem ser distinguidas unicamente pela reprodução, deveria eu ir até às *Índias* para conhecer pai e mãe de um e a planta da qual se extraiu a semente do outro para saber se isto é um tigre, ou aquilo, um chá?

Não são distinguidas por formas substanciais.

§ 24. Tudo considerado, é evidente que são suas próprias coleções de qualidades sensíveis que os homens tornam as essências de seus diversos tipos de substâncias, e que a maior parte dos homens não considera, em sua tipificação, a real estrutura interna delas. E muito menos quaisquer *formas substanciais*,

10. O restante desta seção foi acrescentado a partir da segunda edição. [N. D. E.]

nas quais ninguém pensaria, se não fosse por aqueles que nesta parte do mundo aprenderam o linguajar das Escolas. No entanto, os homens ignorantes, que não pretendem nenhuma penetração nas essências reais, nem se preocupam com formas substanciais, mas contentam-se em discernir as coisas umas das outras por suas qualidades sensíveis, estão frequentemente mais a par das diferenças entre elas, conseguem distingui-las mais sutilmente a partir de seus usos e saber melhor o que esperar de cada uma delas do que aqueles eruditos perspicazes, que as perscrutam tão profundamente e com tanta confiança falam de algo mais recôndito e essencial.

As essências específicas são feitas pela mente.

§ 25. Mas, mesmo supondo que as *essências reais* das substâncias pudessem ser descobertas por aqueles que se aplicassem com dedicação a essa investigação, não seria razoável pensar que a *classificação das coisas sob nomes gerais foi regulada por* essas constituições internas reais ou por qualquer outra coisa além de *suas óbvias aparências*. Pois as línguas foram estabelecidas em todos os países muito antes das ciências, de modo que não foram filósofos, lógicos ou homens ocupados com *formas* e *essências* os que fizeram os nomes gerais que são usados nas diversas nações dos homens. Pelo contrário, em todas as línguas, a maior parte desses termos mais ou menos abrangentes deve seu nascimento e sua significação a pessoas ignorantes e iletradas, que tipificaram e de- 453
nominaram as coisas pelas qualidades sensíveis que nelas encontraram, para desse modo significá-las, quando ausentes, aos outros, quer tenham ocasião de mencionar um tipo ou uma coisa particular.

São portanto muito variadas e incertas.

§ 26. Visto então ser evidente que tipificamos e nomeamos substâncias por suas *essências nominais*, e não pelas reais, a próxima coisa a ser considerada é como e por quem essas *essências* vieram a ser feitas.

Quanto à última questão, é evidente que *são feitas pela mente*, e não pela natureza: de fato, fossem elas obra da natureza, não poderiam ser tão variadas e diferentes em diversos homens, como a experiência nos diz que elas o são. Com efeito, se examinarmos a essência nominal de uma *espécie* de substância qualquer, veremos que ela não é a mesma em todos os homens, nem mesmo aquela, dentre todas, com a qual estamos mais intimamente familiarizados. Se a *ideia* abstrata à qual se dá o nome *homem* fosse feita pela natureza, não seria possível que ela fosse diferente em diversos homens, sendo, para uns, *Animal rationale*, e, para outros, *Animal implume bipes latis unguibus* [animal bípede com unhas largas e sem penas]. Aquele que anexa o nome *homem* a uma *ideia* complexa composta de sentidos e movimento espontâneo, ligados a um corpo de certo formato, obtém assim uma essência da *espécie homem*; e aquele que, após maior exame, acrescenta racionalidade obtém outra essência da *espécie* que chama de *homem*, de modo que o mesmo indivíduo será, para um, um verdadeiro *homem*, e, para o outro, não. Penso que dificilmente alguém concederia que essa figura ereta tão conhecida seja a diferença essencial da *espécie homem*; e, no entanto, o quanto os homens determinam os tipos de animais antes por seu formato do que por sua descendência é coisa bem visível, pois mais de uma vez se debateu se muitos *fetos* humanos deveriam ou não ser preservados ou receber batismo unicamente devido à diferença entre sua configuração externa e o feitio ordinário das crianças, sem saber se eram ou não tão capazes de raciocínio quanto as crianças vazadas em outro molde. Algumas dessas crianças, embora tenham o formato aprovado, jamais são capazes, em toda sua vida, nem mesmo de dar mostras de tanta razão quanto a que se encontra num macaco ou

num elefante, e nunca dão sinais de ser comandadas por uma alma racional. Desse modo, resta evidente que é a figura exterior, que era a única coisa que se via faltar, e não a faculdade da razão, que ninguém poderia saber se iria faltar na idade devida, que foi tornada essencial para a *espécie* humana. O erudito 454
teólogo e jurista deve, nessa ocasião, renunciar a sua sagrada definição de *Animal rationale* e substituí-la por uma outra essência da *espécie* humana[11]. *Monsieur Ménage* fornece-nos um exemplo digno de nota a esse respeito.

Quando o abade de Saint-Martin nasceu, diz ele, *tinha tão pouco a figura de um homem que se mostrava antes como um monstro. Deliberou-se durante algum tempo se ele deveria ou não ser batizado. Foi por fim batizado, e provisoriamente declarado um homem* [até que o tempo decidisse a questão]. *A natureza moldara-o de maneira tal que foi chamado por toda vida de abade Malotru, i. e.*, malformado. *Ele era de* Caen. Menagiana 278/430.

Podemos ver como essa criança quase foi excluída da *espécie homem* meramente por seu formato. Escapou por muito pouco, e é certo que uma figura um pouco mais estranha o teria condenado, e ele teria sido executado como uma coisa que não se admitiria que passasse por um homem. E, no entanto, não se pode oferecer nenhuma razão pela qual, caso os lineamentos de sua face fossem ligeiramente alterados, uma alma racional não poderia ser alojada nele, ou pela qual um rosto algo mais alongado ou um nariz mais amassado ou uma boca maior não se poderiam harmonizar, tanto quanto o resto de sua má figura, com uma

11. O restante desta seção foi acrescentado a partir da quarta edição. [N. D. E.]

alma e com aptidões tais que o tornaram, desfigurado como era, capaz de ser um dignitário da Igreja.

§ 27. Em que consistem então, gostaria eu de saber, os precisos e *imóveis limites* dessa *espécie*? É evidente, caso se examine a questão, que *não* haja tal coisa feita *pela natureza* e estabelecida por ela nos homens. É evidente que não conhecemos a essência real desse ou de qualquer outro tipo de substância e, portanto, que somos tão indeterminados em nossas essências nominais, feitas por nós mesmos, que, caso se perguntasse a muitos homens se um *feto* de formato estranho, recém-nascido, é ou não um homem, não resta dúvida que haveria muitas respostas diferentes. O que não poderia acontecer, se as essências nominais pelas quais limitamos e distinguimos *espécies* de substâncias não fossem feitas pelo homem, com alguma liberdade, mas sim copiadas com exatidão de limites precisos estabelecidos pela natureza, pelos quais ela teria distinguido todas as substâncias em certas *espécies*. Quem tentaria decidir de que espécie era o monstro mencionado por *Licetus*, *Livro* 1,
455 *Cap*. 3, com a cabeça de um homem e o corpo de um *porco*? Ou então aqueles outros que, com corpos de homens, tinham cabeças de animais como cães, cavalos etc.? Se qualquer uma dessas criaturas tivesse vivido e pudesse falar, aumentaria a dificuldade. Se a metade superior fosse de formato humano, e a inferior, de suíno, seria assassinato destruí-lo? Ou deveria o bispo ser consultado para determinar se era suficientemente homem para ser admitido na pia batismal, como, segundo me disseram, aconteceu na *França* há alguns anos, num caso algo similar? Eis o grau em que são incertos os limites das *espécies* de animais para nós, que não temos outras medidas além das *ideias* complexas que nós mesmos coletamos, eis o grau em que estamos distantes de saber certamente o que é

um *homem*, embora talvez venha a ser julgado imensa ignorância levantar qualquer dúvida sobre isso. E, no entanto, penso poder afirmar que os limites certos dessa *espécie* estão tão longe de ser determinados, e que o número preciso de *ideias* simples que compõem a essência nominal está tão longe de ser estabelecido e perfeitamente conhecido que podem surgir dúvidas muito sérias a esse respeito. E imagino que nenhuma das definições da palavra *homem* de que hoje dispomos, ou das descrições desse tipo de animal, é tão perfeita e exata a ponto de satisfazer uma pessoa cuidadosa e inquiridora e, menos ainda, de obter um consenso geral e ser aquilo pelo qual os homens em toda parte se pautariam na decisão de casos e na determinação de vida ou de morte, de batismo ou não batismo acerca de procriações que possam acontecer.

Mas não são tão arbitrárias quanto os modos mistos.

§ 28. Mas, ainda que essas *essências nominais de substâncias* sejam feitas pela mente, elas *não são feitas tão arbitrariamente quantos as de modos mistos*. Para fazer uma essência nominal é necessário, *primeiro*, que as *ideias* das quais é composta tenham uma união tal que perfaçam uma única *ideia*, por mais composta que ela seja. *Segundo*, que as *ideias* particulares assim unidas sejam exatamente as mesmas, nem mais nem menos. De fato, se duas *ideias* abstratas complexas diferirem, seja em número, seja no tipo de suas partes componentes, elas irão perfazer duas essências diferentes, não uma e a mesma. Na primeira dessas essências nominais, a mente, ao fazer suas *ideias* complexas de substâncias, apenas segue a natureza, e não reúne o que não se supõe ter uma união na natureza. Ninguém une a voz de uma ovelha ao formato de um cavalo nem a cor do chumbo ao peso e à fixidez do ouro para constituir as *ideias* complexas de quaisquer substâncias reais, a não ser que esteja disposto a encher sua cabeça de *quimeras* e sua 456 fala de palavras ininteligíveis. Os homens, observando certas qualidades sempre juntas e coexistentes, copiam nisso a natureza e, de *ideias* assim unidas, fazem suas *ideias* complexas de substâncias. De fato, ainda que os homens possam fazer as *ideias* complexas que quiserem e dar-lhes os nomes que bem entenderem, no entanto, se quiserem se fazer entender quando falam de coisas realmente existentes, eles devem, em algum grau, conformar suas *ideias* às coisas de que falam. Ou então a língua dos homens seria como a de *Babel*, e as palavras de cada homem, sendo inteligíveis apenas para ele mesmo, não mais serviriam para a conversação e para os assuntos ordinários da vida, se as *ideias* que designam não correspondessem de nenhuma maneira às aparências e conformidades usuais das substâncias, tal como realmente existem.

Mas são muito imperfeitas.

§ 29. *Segundo*, ainda que a mente do homem, *ao fazer* suas *ideias complexas de substâncias*, jamais reúna aquelas que não coexistam realmente, ou que não se suponha que coexistam, e assim em verdade tome de empréstimo essa união à natureza, *o número* delas que combina *depende do diferente cuidado, diligência ou fantasia daquele que as faz*. Geralmente, os homens contentam-se com algumas poucas e óbvias qualidades sensíveis e frequentemente, senão sempre, deixam de lado outras tão importantes e firmemente unidas quanto as que eles tomam. Há dois tipos de substância sensível. O primeiro é o dos corpos organizados que se propagam por semente. Nesses, o formato é aquilo que, para nós, é a qualidade principal e a parte mais característica, que determina a *espécie*, e, portanto, em vegetais e animais, uma substância extensa sólida com um certo formato usualmente é o que basta. Com efeito, por mais que alguns homens pareçam prezar sua definição de *Animal Rationale*, no entanto, caso se encontrasse alguma criatura com

linguagem e razão, mas que não compartilhasse o formato usual dos homens, creio que dificilmente passaria por um *homem*, por mais que fosse *Animal Rationale*. E mesmo que o asno de *Balaão* tivesse conversado por toda sua vida tão racionalmente quanto o fez uma vez com seu senhor, duvido que alguém o considerasse digno do nome *homem* ou o reconhecesse como de sua própria *espécie*. Do mesmo modo que nos vegetais e animais é o formato, na maior parte dos outros corpos que não se propagam por semente é a cor que mais fixa nossa atenção e que mais nos guia. Assim, quando deparamos com a cor do ouro, somos propensos a imaginar que todas as outras qualidades compreendidas em nossa *ideia* complexa também estejam ali. E normalmente tomamos essas duas qualidades óbvias, *i. e.*, formato e cor, por *ideias* tão pro- 457
vavelmente indicativas de muitas *espécies*, que, diante de um bom quadro, prontamente dizemos, isso é um leão, aquilo é uma rosa; isso é uma taça de ouro, aquilo, uma de prata, apenas pelas diferentes figuras e cores que o pincel apresenta para os olhos.

E no entanto servem para o discurso comum.

§ 30. Mas, ainda que isso sirva suficientemente bem para concepções grosseiras e confusas e maneiras imprecisas de falar e pensar, *os homens estão bem distantes de um acordo quanto ao número preciso de* ideias *simples* ou qualidades *que pertençam a um tipo qualquer de coisas significadas por seu nome*. O que não é de espantar, pois se requer muito tempo, esforço e habilidade, investigação estrita e longo exame para que se descubra quais e quantas são as *ideias* simples que estão constante e inseparavelmente unidas na natureza, e que serão sempre encontradas juntas no mesmo objeto. A maioria dos homens, na falta de tempo, inclinação ou diligência para isso, mesmo num grau tolerável, contenta-se com algumas poucas e óbvias aparências externas das coisas para distin-

gui-las e classificá-las com prontidão para os afazeres comuns da vida. E assim, sem maiores exames, dão-lhes nomes ou tomam aqueles já em uso. E, se é verdade que tais nomes passam, na conversação comum, por signos de algumas poucas qualidades óbvias coexistentes, estão ainda bem longe de compreender, numa significação estabelecida, um número preciso de *ideias* simples, e muito menos todas aquelas que estão unidas na natureza. Quem quer que considere, após tanto alvoroço sobre *genus* e *species* e tanta discussão sobre diferenças específicas, quão poucas são as palavras para as quais dispomos de definições estabelecidas, poderá com razão imaginar que essas *formas*, que provocaram tanto alarido, não passam de *quimeras* que não lançam luz alguma sobre a natureza específica das coisas. E quem considerar o quão longe estão os nomes de substâncias de ter significações sobre as quais concordem todos que os usam terá razão para concluir que, embora as essências nominais de substâncias sejam todas supostamente copiadas da natureza, elas são no entanto todas ou quase todas muito imperfeitas. Pois a composição dessas *ideias* complexas é diferente em diferentes homens, e, portanto, esses limites das *espécies* são como os homens os fizeram, e não como a natureza os fez, supondo que existam na natureza tais limites prefixados. É verdade que muitas substâncias particulares são feitas pela natureza de tal maneira que concordam e se assemelham umas às outras, fornecendo assim um
458 fundamento para serem classificadas em tipos. Mas, como a tipificação de coisas por nós, ou a criação de determinadas *espécies*, serve para nomeá-las e compreendê-las sob termos gerais, não posso ver como se poderia dizer com propriedade que a natureza estabeleça os limites das *espécies* de coisas. Ou, se assim for, então nossos limites de *espécies* não são exata-

mente conformes àqueles na natureza. Com efeito, como nós precisamos de nomes gerais para o uso imediato, não aguardamos uma perfeita descoberta de todas as qualidades que melhor nos mostrariam as mais importantes diferenças e concordâncias entre as coisas, mas nós as dividimos nós mesmos em *espécies* a partir de certas aparências óbvias para, sob nomes gerais, poder comunicar mais facilmente nossos pensamentos sobre elas. De fato, como não dispomos de nenhum outro conhecimento de substâncias a não ser o das *ideias* simples que estão unidas nelas, e como observamos que diversas coisas particulares concordam entre si em muitas dessas *ideias* simples, fazemos dessa coleção nossa *ideia* específica e damos a ela um nome geral para que, ao registrar nossos próprios pensamentos e ao falar com os outros, possamos designar, com uma única palavra curta, todos os indivíduos que concordem com aquela *ideia* complexa, sem precisar enumerar as *ideias* simples que a componham. Poupamos assim o tempo e o fôlego que se gastaria com descrições tediosas tais como as que vemos serem necessárias para aqueles que nos que falam de um novo tipo qualquer de coisas para o qual ainda não têm um nome.

Essências de espécies muito diferentes sob um mesmo nome.

§ 31. Mas, por mais que as *espécies* de substâncias sirvam bastante bem na conversação ordinária, é manifesto que essa *ideia* complexa, na qual os homens observam que muitas substâncias individuais concordam, é feita de maneira diferente por diferentes homens, por alguns com maior, e por outros com menor precisão. Para alguns, essa *ideia* complexa contém um número maior, e, para outros, um número menor de qualidades, e assim parece ser tal como a mente a faz. A cor amarelo brilhante faz o *ouro* para as crianças, ao passo que outros acrescentam peso, maleabilidade e fusibilidade, e outros ainda acrescentam mais

qualidades que encontram unidas a essa cor amarela tão constantemente quanto a maleabilidade e a fusibilidade: de fato, dentre todas essas qualidades e outras afins, uma tem um direito tão legítimo quanto as outras de ser posta na *ideia* complexa dessa substância, na qual todas estão reunidas. Como, portanto, *homens diferentes* deixam de fora ou incluem muitas *ideias* simples, ao passo que outros não o fazem, se-
459 gundo seus diferentes exames, habilidades ou observações desse objeto, eles *obtêm essências diferentes do ouro*, o que mostra que são sua própria criação, e não da natureza.

Quanto mais gerais nossas ideias, *mais incompletas e parciais elas são.*

§ 32. Se o *número de* ideias *simples que compõem a essência nominal* da *espécie* mais inferior, ou da primeira tipificação de indivíduos, *depende da mente* do homem, que as coleta de formas diversas, é muito mais evidente que isso ocorre nas *classes* mais compreensivas que os mestres da lógica chamam de *gêneros*. *Gêneros* são *ideias* complexas propositadamente imperfeitas: e é visível, à primeira vista, que muitas das qualidades que podem ser encontradas nas coisas mesmas são propositadamente deixadas de fora das *ideias genéricas*. De fato, assim como a mente, para fazer *ideias* gerais que compreendam muitos particulares, deixa de fora as *ideias* de tempo, lugar e tais outras que as tornariam incomunicáveis para mais do que um único indivíduo, do mesmo modo, para fazer *ideias* ainda mais gerais, que possam compreender diferentes tipos, ela deixa de fora as qualidades que as distinguem, e só põe em sua nova coleção as *ideias* que são comuns a muitos tipos. A mesma razão de conveniência que levou os homens a expressar muitas parcelas de matéria amarela vinda da *Guiné* e do *Peru* sob um só nome também os determinou a fazer um único nome que compreenda tanto ouro e prata quanto alguns outros corpos de

diferentes tipos. Isso é feito deixando de fora as qualidades peculiares a cada tipo e retendo uma *ideia* complexa composta por aquelas que são comuns a todos eles. Ao se anexar a ela o nome *metal*, constitui-se um *gênero,* cuja essência, sendo essa *ideia* abstrata que contém apenas maleabilidade e fusibilidade com certos graus de peso e fixidez nos quais concordam certos corpos de diversos tipos, deixa de fora a cor e outras qualidades peculiares ao ouro, à prata e a outros tipos compreendidos sob o nome *metal*. Desse modo é manifesto que os homens, quando fazem suas *ideias* gerais de substâncias, não seguem exatamente os padrões que a natureza estabeleceu para elas, pois não se pode encontrar nenhum corpo que contenha meramente maleabilidade e fusibilidade sem outras qualidades tão inseparáveis quanto essas. Mas, como os homens, ao fazerem suas *ideias* gerais, buscam mais a conveniência da linguagem e comunicação rápida por signos breves e abrangentes do que a 460
verdadeira e precisa natureza das coisas tal como existem, ao formarem suas *ideias* abstratas eles perseguiram principalmente aquele propósito, que era o de se abastecer com um estoque de nomes gerais e variamente abrangentes. De maneira que, em toda essa estória de *gêneros* e *espécies*, o *gênero*, ou o que é mais abrangente, não é senão uma concepção parcial do que se encontra na *espécie*, e esta é apenas uma *ideia* parcial do que pode ser encontrado em cada indivíduo. Se, portanto, alguém pensar que um *homem* e um *cavalo*, um animal e uma planta etc. são distinguidos por essências reais feitas pela natureza, deve pensar que a natureza foi muito pródiga quanto a essas essências reais, criando uma para o corpo, uma para o animal, e outra para o cavalo, todas elas generosamente atribuídas a *Bucéfalo*. E, se considerarmos corretamente o que é feito em todos esses *gêneros* e

espécies, ou tipos, constataremos que nenhuma coisa nova é feita, mas apenas signos mais ou menos abrangentes pelos quais conseguimos expressar, com poucas sílabas, grande número de coisas particulares, na medida em que concordam em concepções mais ou menos gerais que nós formamos com esse propósito. Pode-se observar, nisso tudo, que o termo mais geral é sempre o nome de uma *ideia* menos complexa, e que cada *gênero* não é mais do que uma concepção parcial da *espécie* compreendida sob ele. De maneira que, caso se pense que essas *ideias* abstratas gerais são completas, só pode ser em referência a uma certa relação estabelecida entre elas e certos nomes que são usados para significá-las, e não em referência a qualquer coisa existente, tal como feita pela natureza.

Isso tudo se acomoda ao fim da fala.

§ 33. *Isso se ajusta ao verdadeiro fim da fala*, que é ser a via mais simples e curta para comunicar nossas noções. Com efeito, desse modo, aquele que quiser discorrer sobre as coisas na medida em que concordem na *ideia* complexa de extensão e solidez não precisa de mais do que a palavra *corpo* para denotar todas elas. Um outro que a estas quiser juntar outras, significadas pelas palavras vida, sentidos e movimento espontâneo, precisa apenas usar a palavra *animal* para significar todas as coisas que partilham dessas *ideias*. E aquele que fez uma *ideia* complexa de um corpo com vida, sentidos e movimento, com a faculdade de raciocínio unidos a um certo formato, precisa apenas usar o curto dissílabo *homem* para expressar todos os particulares que correspondem a essa *ideia*
461 complexa. Esse é o ofício próprio do *gênero e da espécie*, e isso os homens fazem sem considerar nenhuma *essência real* ou *forma substancial,* as quais não se encontram ao alcance de nosso conhecimento quando pensamos nessas coisas, nem no âmbito da significação de nossas palavras quando conversamos com outros.

Exemplo do Casuar.

§ 34. Se eu quisesse falar com alguém sobre um tipo de pássaros que vi recentemente em St. *James's* Park, com três ou quatro pés de altura, revestido por algo intermediário entre penas e cabelos, da cor marrom escuro, sem asas, no lugar das quais tinha dois ou três ramos que desciam como as espigas da giesta-das-vassouras, com grandes pernas compridas, pés com apenas três garras e sem rabo, preciso fazer essa sua descrição, e assim posso fazer com que outros me entendam. Mas, ao ser informado de que seu nome é *Casuar*, posso então usar essa palavra para designar, no discurso, minha *ideia* complexa inteira mencionada na descrição, ainda que, mediante essa palavra, que agora se tornou um nome específico, não conheça melhor a essência ou a constituição real desse tipo de animal do que antes. E é provável que conhecesse tanto a respeito da natureza dessa *espécie* de pássaro antes de ter aprendido seu nome, quanto muitos *ingleses* conhecem acerca de cisnes e garças, nomes específicos bem conhecidos de tipos de pássaro comuns na *Inglaterra*.

Os homens determinam os tipos.

§ 35. Pelo que foi dito, é manifesto que os *homens fazem os tipos das coisas*. De fato, como apenas essências diferentes dão *espécies* diferentes, resta claro que aqueles que fazem essas *ideias* abstratas, que são as essências nominais, fazem, por isso mesmo, a *espécie*, ou tipo. Caso se encontrasse um corpo com todas as qualidades do ouro, com exceção da malea- 462
bilidade, sem dúvida se colocaria a questão de se ele é ou não ouro, *i. e.*, se ele é ou não dessa *espécie*. O que só poderia ser determinado pela *ideia* abstrata à qual todos anexam o nome *ouro*. De modo que esse corpo seria ouro de verdade, e pertenceria a essa *espécie*, para todo homem que não inclua maleabilidade em sua essência nominal significada pelo som *ouro*, e, por outro lado, não seria ouro de verdade, nem

seria dessa *espécie*, para todo homem que inclua maleabilidade em sua *ideia* específica. E quem, eu pergunto, faz essas *espécies* divergentes, até mesmo sob um único e mesmo nome, senão os homens que criam duas *ideias* abstratas diferentes que não consistem exatamente na mesma coleção de qualidades? E não é mera suposição imaginar que possa existir um corpo no qual as outras qualidades óbvias do ouro possam existir sem a maleabilidade, pois é certo que o próprio ouro é por vezes tão friável (como dizem os artífices) que suporta tão pouco o martelo quanto o próprio vidro. O que dissemos sobre incluir ou deixar de fora a maleabilidade na *ideia* complexa à qual o nome *ouro* é anexado por qualquer um também pode ser dito de seu peso e fixidez peculiares e de muitas outras qualidades que tais. De fato, não importa o que se inclua ou se deixe de fora, é sempre a *ideia* complexa à qual o nome é anexado que faz a *espécie*, e, na medida em que uma parcela de matéria particular qualquer responde a essa *ideia*, o nome do tipo lhe pertence verdadeiramente, e ela é dessa *espécie*. E é assim que uma coisa qualquer é *ouro* verdadeiro, *metal* perfeito. Determinação essa da *espécie* que, resta claro, depende inteiramente do entendimento do homem, que faz esta ou aquela *ideia* complexa.

A natureza faz a similitude.

§ 36. A questão resume-se então a isto: *a natureza faz muitas coisas particulares que concordam* entre si em muitas qualidades sensíveis e, provavelmente também, em sua formação e constituição internas, mas não é essa essência real que as distingue em *espécies*. São os *homens* que, valendo-se das qualidades que nelas encontram unidas e nas quais eles observam que frequentemente muitos indivíduos concordam, *agrupam essas coisas em tipos para nomeá-las* tendo em vista a utilidade de signos abrangentes, sob os quais os indivíduos, de acordo com sua conformidade a esta ou aquela *ideia* abstrata, vêm a ser classificadas como sob insígnias, de modo que esta é do regimento azul, aquela, do vermelho; isto é um homem, aquilo, um *bugio*. A isso se resume, penso, toda essa questão acerca de *gênero* e *espécie*.

§ 37. Não nego, muito pelo contrário, que, na produção constante de seres particulares, a natureza não os faz sempre novos e variados, mas muitíssimo semelhantes e afins uns aos outros. Mas penso que não é menos verdade que *os limites das espécies pelos quais os homens as tipificam são feitos pelos homens*, pois as essências das *espécies* distinguidas por nomes diferentes são, como foi provado, fabricação do homem e raramente se adéquam à natureza interna das coisas de que são tomadas. De modo que podemos dizer com verdade que uma tal maneira de tipificar as coisas é obra do homem.

Cada ideia *abstrata é uma essência.*

§ 38. Não tenho dúvidas de que uma coisa parecerá estranha nesta doutrina, a saber: a partir do que 463
se disse, segue-se que *cada* ideia *abstrata com um nome para ela faz uma espécie distinta*. Mas como evitar isso, se a verdade quer assim? E assim sempre será, até que alguém nos mostre as *espécies* delimitadas e distinguidas por alguma outra coisa, e nos faça ver que os termos gerais não significam nossas *ideias* abstratas, mas algo diferente delas. Eu gostaria muito de saber por que o *poodle* e o *hound* não são *espécies* tão distintas quanto um *spaniel* e um elefante. Não temos nenhuma *ideia* da diferença entre a essência de um elefante e de um *spaniel* que seja diversa da que temos da diferença entre a essência de um *poodle* e de um *hound*: toda a diferença essencial, pela qual conhecemos e distinguimos um do outro, consiste apenas nas diferentes coleções de *ideias* simples às quais damos esses diferentes nomes.

Gêneros e espécies *existem para nomear.*

§ 39. O quanto *a fabricação de* espécies *e* gêneros *tem em vista os nomes gerais*, e o quanto os nomes gerais são necessários – senão para a existência de uma *espécie*, ao menos para completá-la e fazer com que passe por tal – ficará claro, para além do que já foi dito acima sobre gelo e água, com outro exemplo familiar. Um *relógio* silencioso e outro que bate as horas são uma única *espécie* para aqueles que têm um único nome para eles, mas são *espécies* diferentes para aquele que tem o nome *relógio*, para um, e *carrilhão*, para o outro, com *ideias* complexas distintas às quais esses nomes pertencem. Talvez se diga que o dispositivo e a constituição internas é diferente nos dois, e que o relojoeiro tem disso uma *ideia* clara. E, no entanto, é manifesto que são uma única espécie para ele, caso ele tenha apenas um único nome para eles. Pois o que se requer do dispositivo interno para fazer uma nova *espécie*? Há *relógios* feitos com quatro engrenagens, outros, com cinco: seria essa uma diferença específica para o artesão? Alguns têm cordas e fusos, outros, não; em alguns, o pêndulo é solto, em outros, é regulado por uma mola espiral, em outros ainda, por cerdas de porco: seria algum desses dispositivos, ou mesmo todos, o suficiente para constituir uma diferença específica nas constituições internas de *relógios* para o artesão, que conhece cada um deles, além de muitos outros dispositivos diferentes? É certo que cada um deles tenha uma diferença real com relação aos restantes: mas se essa é ou não uma diferença específica, essencial, é algo que diz respeito unicamente à *ideia* complexa à qual se dá o nome *relógio*. E,
464 desde que todos eles concordem na *ideia* que esse nome designa, e esse nome não compreenda sob si, na qualidade de nome genérico, *espécies* diferentes, eles não são essencialmente ou especificamente diferentes. Mas, se alguém fizer divisões menores, a partir

das diferenças que conheça na formação interna dos relógios, e a essas *ideias* complexas precisas der nomes que vinguem, elas serão então *espécies* novas para aqueles que têm essas *ideias*, com nomes para elas, e que podem, por essas diferenças, distinguir relógios nesses diversos tipos. E então *relógio* será um nome genérico. No entanto, não seriam *espécies* distintas para homens ignorantes da relojoaria e dos dispositivos internos de relógios, que não tenham nenhuma outra *ideia* a não ser a do formato externo e do tamanho e também a da marcação das horas pelos ponteiros. De fato, para eles, todos os outros nomes seriam apenas termos sinônimos para a mesma *ideia*, e não teriam significado mais amplo ou diferente do que o de um *relógio*. E é exatamente isso, penso eu, que ocorre com as coisas naturais. Ninguém duvidará que as engrenagens e molas (por assim dizer) do interior são diferentes num *homem racional* e num *idiota*, nem tampouco que exista uma diferença de constituição entre um *bugio* e um *idiota*. Mas, se uma dessas diferenças, ou ambas, é essencial ou específica, é o que só pode ser conhecido por nós a partir de sua concordância ou discordância com a *ideia* complexa que o nome *homem* designa, pois só por esse meio se pode determinar se um, ambos, ou nenhum deles é ou não é um homem.

As espécies de coisas artificiais são menos confusas do que as de coisas naturais.

§ 40. Pelo que se disse antes, podemos ver o *porquê de geralmente haver nas espécies de coisas artificiais menos confusão e incerteza do que nas naturais*. Porque, como uma coisa *artificial* é uma produção do homem, cujo artífice projetou e, portanto, conhece bem sua *ideia*, não se supõe que seu nome designe nenhuma outra *ideia* nem implique nenhuma outra essência além da que se pode conhecer com certeza e apreender com bastante facilidade. De fato, como a *ideia*, ou a essência dos diversos tipos de coisas *arti-*

ficiais, não consiste, no mais das vezes, em nada além da figura determinada de partes sensíveis e, por vezes, no movimento que depende dela, figura que o artista molda na matéria do modo que lhe parece convir para seus propósitos, não está para além do alcance de nossas faculdades alcançar uma *ideia* certa dela. E, assim, podemos estabelecer a significação dos nomes
465 pelos quais as espécies de coisas *artificiais* são distinguidas com menos dúvida, obscuridade e equívoco do que o podemos fazer no caso das coisas naturais, cujas diferenças e operações dependem de dispositivos para além do alcance de nossas descobertas.

Coisas artificiais de espécies distintas.

§ 41. Hão de me perdoar o fato de pensar que as *coisas artificiais*, tanto quanto as naturais, *são de espécies distintas*, pois constato que elas são tão plena e ordenadamente classificadas em tipos por *ideias* abstratas diferentes com nomes gerais anexados e tão distintas umas das outras quanto as de substâncias naturais. Por que não deveríamos pensar que um relógio e uma pistola são espécies tão distintas entre si quanto um cavalo e um cão, se são expressas, em nossa mente, por *ideias* distintas e, para os outros, por denominações distintas?

Só as substâncias têm nomes próprios.

§ 42. Quanto a *substâncias,* deve-se ainda observar que, de todos nossos diversos tipos de *ideia*, *só* elas *têm* nomes particulares ou *próprios*, pelos quais uma única coisa particular é significada. Isso porque, em *ideias* simples, modos e relações, dificilmente os homens têm ocasião para mencionar com frequência este ou aquele particular, quando ausente. Além disso, como os modos mistos são, no mais das vezes, ações, que perecem quando nascem, eles não são suscetíveis de uma permanência duradoura como as substâncias, que são os agentes, e nas quais as *ideias* simples que compõem a *ideia* complexa denotada pelo nome têm uma união duradoura.

Dificuldade ao tratar das palavras.

§ 43. Devo pedir desculpas a meu leitor por me ter detido tanto nessa questão e, talvez, com alguma obscuridade. Mas gostaria que se considerasse quão *difícil* é *levar alguém, por palavras, até o pensamento das coisas despidas daquelas diferenças específicas* que lhes damos. Se não nomeio essas coisas, nada digo, e, se as nomeio, classifico-as por isso mesmo num tipo ou noutro, e sugiro à mente a *ideia* abstrata usual dessa *espécie*, contrariando assim meu propósito. Pois falar de um *homem* e, ao mesmo tempo, deixar de lado a significação ordinária do nome homem, que é a *ideia* complexa que usualmente anexamos a ele, pedindo ao leitor que considere o *homem* tal como é em si mesmo e como realmente se distingue de outros por sua constituição interna ou essência 466
real, ou seja, por algo que o leitor não conhece, pode parecer uma pilhéria. Entretanto, é isso que deve fazer quem quiser falar das supostas essências e *espécies* reais das coisas, que se pensa terem sido feitas pela natureza, mesmo que seja apenas para dar a entender que não há uma tal coisa que seja significada pelos nomes gerais pelos quais as substâncias são chamadas. Mas, uma vez que é difícil fazer isso com nomes conhecidos e familiares, que me seja permitido, com um exemplo, tentar tornar mais claras as maneiras diferentes pelas quais a mente considera nomes e *ideias* específicas, e mostrar como as *ideias* complexas de modos são por vezes referidas a arquétipos na mente de outros seres inteligentes, ou seja, à significação anexada por outros a seus nomes vigentes, ao passo que, outras vezes, não são referidas a absolutamente nenhum arquétipo. Que me seja permitido ainda mostrar como a mente sempre refere suas *ideias* de substâncias quer às substâncias mesmas, quer à significação de seus nomes, na qualidade de *arquétipos*; que me seja também permitido deixar

clara a natureza das *espécies* ou classificação das coisas, tal como apreendidas e usadas por nós, bem como a natureza das essências que pertencem a essas *espécies*, o que talvez seja mais importante do que imaginamos para descobrir a extensão e a certeza de nosso conhecimento.

Exemplo de modos mistos: kinneah e niouph

§ 44.[12] Suponhamos *Adão* na condição de um homem crescido e com um bom entendimento, mas num país estrangeiro, inteiramente cercado de coisas novas e desconhecidas, e sem nenhuma outra faculdade para alcançar o conhecimento dessas coisas além daquelas que alguém de sua idade tem hoje em dia. Ele observa que *Lameque* está mais melancólico do que usualmente, e imagina que isso se deva à suspeita de que sua esposa *Ada* (que ama ardorosamente) seja excessivamente gentil para com outro homem. *Adão* narra tais pensamentos para *Eva*, pedindo-lhe para que cuide para que *Ada* não cometa uma loucura. E, nessas conversas, ele usa duas palavras novas, *kinneah* e *niouph*. Com o tempo, *Adão* percebe que estava enganado, pois constata que as preocupações de *Lameque* advinham de este ter assassinado um homem. No entanto, os dois nomes, *kinneah* e *niouph*, um designando a suspeita que um marido tem da infidelidade de sua esposa, o outro designando o ato de cometer uma infidelidade, não perderam suas distin-
467 tas significações. É portanto manifesto que há aqui duas *ideias* complexas distintas de modos mistos, com nomes para elas, duas espécies distintas de ação essencialmente diferentes. Ora, eu pergunto: no que consistem as essências dessas duas espécies distintas de ações? É claro que consistem numa combinação precisa de *ideias* simples, diferentes numa e na outra. Pergunto ainda: seria ou não adequada a *ideia* com-

12. Termos hebreus, assim como *Zahab*, um pouco à frente; mantivemos a transliteração do texto de Locke. [N. Ed. Br.]

plexa na mente de *Adão* à qual ele chamava *kinneah*? É claro que sim. De fato, essa *ideia* é uma combinação de *ideias* simples que ele, sem considerar nenhum arquétipo, sem obedecer nenhum padrão, voluntariamente reuniu, abstraiu e à qual deu o nome de *kinneah* para expressar brevemente para outros, por meio desse único som, todas as *ideias* simples contidas e unidas naquela *ideia* complexa: assim, segue-se necessariamente que ela era uma *ideia* adequada. Uma vez que sua própria escolha fez aquela combinação, ela continha tudo o que ele pretendia que ela contivesse, e, portanto, não podia senão ser perfeita, não podia senão ser adequada, não estando referida a nenhum outro arquétipo que ela devesse representar.

§ 45. Essas palavras, *kinneah* e *niouph*, gradualmente se tornaram de uso comum, e então a situação de alguma maneira se alterou. Os filhos de *Adão* tinham as mesmas faculdades e, desse modo, o mesmo poder que ele para fazer em suas mentes as *ideias* complexas de modos mistos que lhes aprouvessem, para abstraí-las e fazer com que os sons que quisessem fossem signos para elas. Mas a utilidade dos nomes reside em dar ao conhecimento de outros as *ideias* que estão dentro de nós, e isso só pode ser feito quando o mesmo signo designa a mesma *ideia* em dois homens que queiram comunicar seus pensamentos e conversar entre si. Portanto, os filhos de *Adão* que se depararam com essas duas palavras, *kinneah* e *niouph*, em uso corrente, não poderiam tomá-las por sons insignificantes, mas necessariamente concluíram que designavam algo, certas *ideias*, *ideias* abstratas, pois são nomes gerais, e *ideias* abstratas que eram as essências das espécies que são distinguidas por esses nomes. Se, portanto, quisessem usar essas palavras como nomes de espécies já estabelecidas e sobre as quais havia um acordo, seriam obriga-

dos a conformar as *ideias* que em suas mentes eram significadas por esses nomes às *ideias* que esses nomes designam na mente de outros homens, na qualidade de seus padrões e *arquétipos*. E então, de fato, suas *ideias* desses modos complexos estavam expostas a serem inadequadas, por serem (especialmente as que consistem em combinações de muitas *ideias* simples) bastante suscetíveis de não serem exatamente conformes às *ideias* na mente de outros homens
468 que usam os mesmos nomes. Mas, para evitar que isso aconteça, há normalmente um remédio a nosso alcance, que é o de perguntar o significado de qualquer palavra que não entendemos àquele que a use. Pois é tão impossível saber com certeza o que designam as palavras ciúme e adultério (que penso responderem por קנאה e נאוף) na mente de outro homem com o qual eu converse sobre elas quanto era impossível, nos primórdios da linguagem, saber, sem explicação, o que designavam *kinneah* e *niouph* na mente de outro homem, pois que são signos voluntários para todo e qualquer um.

Exemplo de substâncias: zahab.

§ 46. Consideremos agora, da mesma maneira, os nomes de substâncias em sua primeira aplicação. Um dos filhos de *Adão*, passeando pelas montanhas, depara-se com uma substância brilhante que apraz seus olhos. Leva-a para casa e mostra-a para *Adão*, que, examinando-a, constata que é dura, tem cor amarela brilhante e é extremamente pesada. Essas provavelmente são, de início, todas as qualidades que nota nela, e, abstraindo essa *ideia* complexa, que consiste numa substância que tem essa peculiar cor amarelo brilhante e um peso muito grande em proporção ao seu volume, dá-lhe o nome *zahab,* para denominar e marcar todas as substâncias que tenham nelas essas qualidades sensíveis. Ora, é evidente que, nesse caso, *Adão* age de modo inteiramente diferente do que anteriormente, quando formou as *ideias* de modos mistos que nomeou *kinneah* e *niouph*. Pois então reunira, apenas por sua própria imaginação, *ideias* que não foram tomadas da existência de nenhuma coisa, e a elas dera nomes para denominar todas as coisas que porventura concordassem com essas suas *ideias* abstratas, sem considerar se tais coisas existiam ou não: o modelo, ali, era de sua fabricação. Mas, ao formar sua *ideia* dessa nova substância, ele toma o caminho exatamente oposto: aqui, ele tem um modelo feito pela natureza. E, portanto, para representar essa coisa para si mesmo, pela *ideia* que tem dela, mesmo quando ela não esteja presente, ele não inclui em sua *ideia* complexa nenhuma *ideia* simples senão as que percebe a partir da coisa mesma. Ele cuida para que sua *ideia* seja conforme a esse *arquétipo*, e pretende que o nome designe uma *ideia* que também lhe seja conforme.

§ 47. Como esse pedaço de matéria, assim denominado *zahab* por *Adão*, é bem diferente de qualquer outro que tenha visto antes, penso que ninguém negará que ele é uma espécie distinta com sua essência 469
peculiar, e que o nome *zahab* é a marca da espécie e um nome que pertence a todas as coisas que compartilham dessa essência. Mas aqui fica claro que a essência que *Adão* fez o nome *zahab* designar não é mais do que um corpo duro, brilhante, amarelo e muito pesado. No entanto, a mente inquiridora do homem não se contenta em conhecer essas qualidades, por assim dizer, superficiais, e leva *Adão* a um exame ulterior da matéria. Ele então a bate e golpeia com pederneiras para ver o que se pode descobrir dentro dela, e constata que ela cede aos golpes, mas que não é fácil separá-la em pedaços: constata que ela entorta sem quebrar. Não deveria agora a ductilidade ser acrescentada a sua *ideia* anterior e fazer parte da essência da espécie que o nome *zahab* designa? Testes

posteriores descobrem fusibilidade e fixidez. Não deveriam elas também, pela mesma razão que as outras, ser incluídas na *ideia* complexa significada pelo nome *zahab*? Se não, qual razão se poderia oferecer para que umas fossem incluídas, e as outras, não? Se essas precisam sê-lo, então todas as outras propriedades que quaisquer testes ulteriores revelassem nessa matéria deveriam, pela mesma razão, fazer parte dos ingredientes da *ideia* complexa que o nome *zahab* designa e, portanto, ser a essência da espécie marcada por esse nome. Sendo essas propriedades intermináveis, resta claro que a *ideia* feita dessa maneira a partir desse *arquétipo* será sempre inadequada.

Suas ideias *são imperfeitas e, portanto, variadas.*

§ 48. Mas isso não é tudo. Segue-se ainda que os *nomes de substâncias* não apenas teriam (como na verdade têm), mas cumpriria também supor que tenham *diferentes significações quando usados por diferentes homens*, o que em muito atravancaria o uso da linguagem. De fato, caso se suponha que cada qualidade distinta que se descubra em qualquer matéria é uma parte necessária da *ideia* complexa significada pelo nome comum que lhe é dado, necessariamente se seguiria que os homens deveriam supor que a mesma palavra significa coisas diferentes para homens diferentes, pois não teriam dúvida de que diferentes homens podem ter descoberto diversas qualidades, em substâncias com a mesma denominação, das quais os outros nada saibam.

Portanto, para fixar suas espécies, supõe-se uma essência real.

§ 49. Para evitar, portanto, que isso acontecesse, os homens *supuseram uma essência real que pertence a cada espécie* e da qual todas suas propriedades
470 fluem, pretendendo que o nome que deram à espécie designe essa essência. Mas, como eles não têm nenhuma *ideia* dessa essência real nas substâncias, e como suas palavras não significam nada além das *ideias* que tenham, essa tentativa resume-se a pôr o

nome ou o som no lugar e na posição da coisa que tenha essa essência real, sem que se saiba qual é essa essência real. Isso é o que fazem os homens quando falam em espécies de coisas supondo-as feitas pela natureza e distinguidas por essências reais.

Suposição que não tem nenhuma utilidade.

§ 50. De fato, consideremos o seguinte: quando afirmamos que todo *ouro* é dotado de fixidez, podemos querer dizer com isso que fixidez é uma parte da definição, parte da essência nominal que a palavra *ouro* designa, e, assim, a afirmação *todo ouro é dotado de fixidez* só contém a significação do termo *ouro*. Ou então podemos querer dizer que a fixidez, não sendo parte da definição da palavra *ouro*, é uma propriedade da substância mesma e, nesse caso, seria manifesto que a palavra *ouro* está no lugar de uma substância que tem a essência real de uma espécie de coisas feita pela natureza. Nessa substituição, sua significação torna-se tão confusa e incerta que, ainda que a proposição *o ouro é dotado de fixidez* seja, nesse sentido, uma afirmação de algo real, no entanto trata-se de uma verdade que sempre nos escapará em sua aplicação particular, não tendo assim nenhuma utilidade ou certeza reais. Com efeito, supondo que seja a mais pura verdade que todo *ouro*, *i. e.*, tudo que tenha a essência real do *ouro*, é dotado de fixidez, para que serve isso, se não sabemos, nesse sentido, o que é e o que não é *ouro*? De fato, se não conhecemos a essência real do *ouro*, é-nos impossível saber qual parcela de matéria tem ou não essa essência, e, portanto, se é ou não *ouro* verdadeiro.

Conclusão.

§ 51. Para concluir: a mesma liberdade que *Adão* tinha, no início, para fazer quaisquer *ideias* complexas de modos mistos sem seguir nenhum outro padrão além de seus próprios pensamentos, todos os homens também a tiveram desde então. E a mesma necessidade que *Adão* tinha, de conformar suas *ideias*

de substâncias a coisas exteriores a ele, na qualidade de *arquétipos* feitos pela natureza, caso não quisesse enganar-se voluntariamente, impõe-se desde então a todos os homens. A mesma liberdade, também, que *Adão* tinha para afixar qualquer nome novo a qualquer *ideia*, qualquer um ainda a tem (especialmente os iniciadores de línguas, se pudermos imaginar que existam), mas com apenas esta diferença: onde os
471 homens em sociedade já estabeleceram entre si uma língua, o significado das palavras deve ser alterado de forma muito cuidadosa e parcimoniosa. De fato, como os homens já estão providos de nomes para suas *ideias*, e o uso comum já apropriou nomes conhecidos a certas *ideias*, uma deliberada aplicação equívoca desses nomes seria bastante ridícula. Aquele que tiver novas noções talvez se arrisque por vezes a cunhar novos termos para expressá-las, mas os homens consideram isso presunçoso, e é incerto se o uso comum algum dia irá consagrá-las como correntes. E, na comunicação com os outros, é necessário que conformemos as *ideias* que fazemos serem designadas pelas palavras vulgares de qualquer língua às significações conhecidas e apropriadas destas últimas (o que já expliquei extensamente) ou, então, que tornemos conhecida a nova significação à qual as aplicamos.

CAPÍTULO VII
Das partículas.

Partículas conectam entre si partes de sentenças, ou então sentenças inteiras.

§ 1. Além das palavras que são nomes de *ideias* na mente, muitas outras são usadas para significar a *conexão* que a mente dá a *ideias ou proposições entre si*. Para comunicar seus pensamentos a outros, a mente não precisa apenas de signos das *ideias* que tenha diante de si, mas também de outros signos para mostrar ou sugerir uma sua ação particular, num determinado momento, sobre essas *ideias*. Isso ela o faz de diversas maneiras: assim, *é* ou *não é* são as marcas gerais da mente afirmando ou negando. Mas, além da afirmação ou da negação, sem as quais não há nas palavras verdade nem falsidade, a mente, ao declarar seus sentimentos para outrem, conecta não apenas as partes de proposições, mas também sentenças inteiras umas às outras, com suas diversas relações e dependências, para, assim, formar um discurso coerente.

Nelas consiste a arte de bem falar.

§ 2. As palavras com as quais a mente significa a conexão que dá às diversas afirmações e negações, que ela une num único raciocínio ou relato contínuo, são geralmente chamadas de *partículas*, e é em seu uso correto que consistem principalmente a clareza e a 472
beleza de um bom estilo. Para pensar bem, não basta que um homem tenha em seu pensamento *ideias* claras e distintas, nem que observe o acordo ou desacordo de algumas delas, mas deve pensar em sequência, e observar a interdependência de seus pensamentos e raciocínios. E, para bem expressar esses pensamentos metódicos e racionais, ele deve ter palavras para *mostrar* qual a *conexão*, *restrição*, *distinção*, *oposição*, *ênfase* etc. que dá a cada uma das respectivas *partes de seu discurso*. Enganar-se numa delas é confundir ao invés de informar seu ouvinte. E é por isso que essas palavras, que na verdade não são por si mesmas nomes de nenhuma *ideia*, têm um uso tão constante e indispensável na linguagem e tanto contribuem para que os homens se expressem bem.

Mostram a relação que a mente dá a seus próprios pensamentos.

§ 3. É provável que esta parte da gramática tenha sido tão negligenciada quanto outras foram cultivadas com excessiva diligência. É fácil para os homens, uns após os outros, escrever sobre *casos* e *gêneros* gramaticais, *modos* e *tempos*, *gerúndios* e *supinos*: nesses e em outros semelhantes, utilizou-se grande diligência e, em algumas línguas, até mesmo as partículas foram classificadas, com demonstração de grande exatidão, em suas diversas ordens. Mas, ainda que *preposições*, *conjunções* etc. sejam nomes bem conhecidos em gramática, e as partículas contidas sob esses nomes sejam cuidadosamente classificadas em suas respectivas subdivisões, quem quiser mostrar o uso correto das partículas, bem como sua força e significado, precisará esforçar-se um pouco mais, adentrar seus próprios pensamentos e observar com precisão as muitas posturas de sua mente no discursar.

§ 4. Nem tampouco é suficiente, para explicar essas palavras, traduzi-las, como é usual nos dicionários, pelas palavras de uma outra língua que mais se aproximam de sua significação, pois geralmente é tão difícil entender o que significam numa língua quanto na outra. Todas elas são *marcas de alguma ação ou sugestão da mente*, e, portanto, para entendê-las corretamente, deve-se estudar com diligência as diversas perspectivas, posturas, disposições, inflexões, limitações, exceções e muitos outros pensamentos da mente para os quais não temos nenhum nome ou nomes muito deficientes. Sua variedade é imensa e excede em muito o número de partículas que a maior parte das línguas têm para expressá-los. Não é, portanto, de espantar que muitas dessas partículas tenham significações diversas e, muitas vezes, opostas. Na língua
473 hebraica, há uma partícula que consiste numa única letra para a qual se computa, se bem me lembro, setenta, ou, com certeza, mais de cinquenta significações diferentes.

§ 5. BUT [mas] é uma partícula das mais familiares em nossa língua, e pensam explicá-la suficientemente os que afirmam ser uma conjunção adversativa que corresponda ao *sed* em latim e ao *mais* em francês. Parece-me, no entanto, que ela sugere diversas rela- *Exemplo: But [mas].*

ções que a mente dá às diferentes proposições, ou a partes delas, que une por esse monossílabo.

Primeiro, BUT *to say no more* [mas, para não dizer mais]: aqui ela sugere uma parada da mente no curso que seguia, antes de ter chegado a seu fim.

Segundo, *I saw* BUT *two planets* [não vi mais planetas, mas apenas dois]: aqui ela mostra que a mente limita o sentido ao que é expressado, negando-o a todo o resto.

Terceiro, *You pray,* BUT *it is not that* GOD *would bring you to the true religion* [*Rezais, mas não para que* DEUS *vos leve à verdadeira religião*].

Quarto, BUT *that it would confirm you in your own* [mas sim para que ele vos confirme em vossa própria religião]: O terceiro BUT [mas] sugere uma suposição na mente de algo diferente do que deveria ser, o quarto mostra que a mente faz uma oposição direta entre o que afirma e o que vem antes da afirmação.

Quinto, *All animals have sense;* BUT *a dog is an animal* [Todos os animais são dotados de sensibilidade; mas um cachorro é um animal]: Aqui a partícula significa pouco mais do que a união da última proposição à primeira na qualidade de premissa *menor* de um silogismo.

Toca-se nesse assunto, aqui, mas apenas de leve.

§ 6. Não duvido que a essas significações dessa partícula poderiam ser acrescentadas muitas outras, fosse minha ocupação examiná-la em sua plena latitude e considerá-la em todos os lugares em que pode ser encontrada. E, se isso fosse feito, duvido que em todas as maneiras em que é usada ela mereceria o título de *adversativa* que lhe dão os gramáticos. Mas não é minha intenção explicar aqui completamente esse tipo de signo. Os exemplos que apresentei acerca dessa partícula podem dar ocasião para refletir sobre seu uso e sua força na linguagem e levar-nos à contemplação das diferentes ações de nossa mente ao discursar, ações que ela encontrou um meio de sugerir a outros por meio dessas partículas, algumas das quais contêm em si constantemente, e outras, em algumas construções o sentido de uma sentença inteira.

474 ## CAPÍTULO VIII

Dos termos abstratos e concretos.

Termos abstratos não podem ser predicados uns dos outros; razão disso.

§ 1. As palavras ordinárias da linguagem, bem como nosso uso comum delas, poderiam ter lançado luz sobre a natureza de nossas *ideias*, bastaria apenas tê-las considerado com atenção. A mente, como foi mostrado, tem um poder para abstrair suas *ideias*, e assim elas se tornam essências, essências gerais pelas quais são distinguidos os tipos de coisas. Ora, uma vez que cada *ideia* abstrata é distinta, de maneira que, dadas duas delas, uma jamais pode ser a outra, a mente percebe, mediante seu conhecimento intuitivo, a diferença entre elas e, portanto, nas proposições, duas ideias inteiras nunca podem ser afirmadas uma da outra. É o que vemos no uso comum da linguagem, que *não* permite *que duas palavras abstratas, ou nomes de ideias abstratas,* sejam *afirmadas uma da outra*. Com efeito, por mais afins que pareçam, e por mais certo que seja que o homem é um animal, ou que é racional, ou que é branco, mesmo assim todos percebem, logo que as ouvem, a falsidade das seguintes proposições: *humanidade é animalidade*, ou *racionalidade*, ou *brancura*. Falsidade tão evidente quanto qualquer uma das máximas mais consagradas. Todas nossas afirmações, então, se dão em concreto, o que é afirmar não que uma *ideia* abstrata seja uma outra, mas que uma *ideia* abstrata é unida a outra. Essas *ideias* abstratas, nas substâncias, podem ser de qualquer tipo, ao passo que, em todas as outras, não são muito mais do que ideias de relações. Nas substâncias, é mais frequente que sejam *ideias* de poderes, p. ex.: *um homem é branco* significa que a coisa que tem a essência de um homem tem também em si a essência da brancura, que nada mais é do que o poder de produzir a *ideia* de brancura em alguém cujos olhos enxerguem objetos ordinários; *um homem é racional* significa que a mesma coisa que tem a essência de homem tem também em si a essência da racionalidade, *i. e.*, o poder de raciocinar.

Mostram a diferença entre nossas ideias.

§ 2. Essa distinção entre nomes mostra-nos também a diferença entre nossas *ideias*. De fato, se observarmos nossas *ideias simples*, constataremos que *todas elas têm tanto nomes abstratos quanto nomes concretos*, um dos quais (para falar na língua dos gramáticos) é um substantivo, e o outro, um adjetivo: como brancura e branco, doçura e doce. O mesmo também vale para nossas *ideias* de *modos* e de relações, como justiça e justo, igualdade e igual, mas com esta diferença: alguns dos nomes concretos de relações, principalmente de relações entre os homens, 475 são substantivos, como *paternitas* e *pater*, coisa de que não é difícil dar a razão. Mas, quanto a nossas *ideias* de *substâncias*, temos muito poucos *nomes abstratos* para elas, ou mesmo absolutamente *nenhum*. De fato, embora as Escolas tenham introduzido *animalitas*, *humanitas*, *corporeitas* e alguns outros, eles não guardam nenhuma proporção com o infinito número de nomes de substâncias, para os quais as Escolas nunca chegaram ao ridículo de tentar cunhar nomes abstratos. E os poucos nomes que as Escolas forjaram e puseram na boca de seus seguidores nunca conseguiram ser admitidos no uso comum, nem ser aceitos pela aprovação pública. O que me parece pelo menos sugerir a confissão, por parte de toda a humanidade, de que ninguém tem de modo algum as *ideias* das reais essências de substâncias, visto não terem nomes para essas *ideias*, nomes que sem dúvida teriam, se a consciência que têm perante eles próprios de sua ignorância quanto a essas essências não os tivesse afastado de uma empreitada tão vã. E, portanto, mesmo dispondo de *ideias* suficientes para distinguir o ouro da pedra, o metal da madeira, eles apenas receosamente se arriscaram em termos como *aurietas* e *saxietas*, *metallietas* e *lignietas* ou nomes que tais, que pretenderiam significar as essências reais dessas substâncias, das quais eles sabiam não ter nenhuma *ideia*. E, na verdade, foi apenas a doutrina das *formas substanciais*, e a segurança de equivocados pretendentes a um conhecimento que não possuíam, que de início cunhou e depois introduziu *animalitas*, *humanitas* e que tais. Mas esses termos mal saíram de suas próprias escolas, e não se conseguiram tornar correntes junto a homens de entendimento. É bem verdade, *Humanitas* era uma palavra familiar entre os *romanos*, mas num sentido inteiramente diferente, e não designava a essência abstrata de nenhuma substância, mas era o nome abstrato de um modo, e seu concreto era *humanus*, e não *homo*.

CAPÍTULO IX
Da imperfeição das palavras.

Palavras são usadas para registrar e comunicar nossos pensamentos.

§ 1. A partir do que foi dito nos capítulos precedentes, é fácil perceber que imperfeição há na lingua-
476 gem, e como a própria natureza das palavras torna quase inevitável que muitas delas tenham significação incerta e duvidosa. Para examinar a perfeição ou a imperfeição das palavras, é necessário, primeiro, considerar seu uso e seu fim: de fato, na medida em que sejam mais ou menos apropriadas para atingi-los,

serão mais ou menos perfeitas. Na parte precedente deste livro, frequentemente mencionamos, conforme a ocasião se apresentava, *um duplo uso das palavras*.

Primeiro, para registrar nossos próprios pensamentos.

Segundo, para comunicar nossos pensamentos aos outros.

Qualquer palavra serve para registrar.

§ 2. Quanto ao primeiro desses usos, *registrar nossos próprios pensamentos* para ajudar nossa memória, graças ao qual conversamos, por assim dizer, com nós mesmos, qualquer palavra serve. De fato, como os sons são signos voluntários e indiferentes de *ideias* quaisquer, um homem pode usar as palavras que quiser para significar suas próprias *ideias* para si mesmo, e não haverá nelas nenhuma imperfeição enquanto ele usar constantemente o mesmo signo para a mesma *ideia*, pois então não poderá fracassar em fazer com que aquilo que ele significa seja entendido, e é nisso que consiste o uso correto e a perfeição da linguagem.

Comunicação por palavras, civil ou filosófica.

§ 3. *Segundo*, quanto à comunicação por palavras, esta também parece *ter um duplo uso*.

I. *Civil*.

II. *Filosófico*.

Primeiro, por seu *uso civil*, entendo aquela comunicação de pensamentos e *ideias* por palavras que serve para manter a comunicação e o trato comuns entre os homens, em sua sociedade, acerca das questões ordinárias e das conveniências da vida civil.

Segundo, pelo *uso filosófico*, entendo o uso das palavras que serve para transmitir noções precisas de coisas e para expressar, em proposições gerais, verdades certas e indubitáveis, nas quais a mente pode confiar e com as quais pode contar em sua busca pelo conhecimento verdadeiro. Esses dois usos são bastante distintos e, como veremos a seguir, requer-se muito menos exatidão no primeiro do que no último.

§ 4. Como o principal fim da linguagem na comunicação é fazer-se entender, as palavras não servem
477 bem a esse fim, nem no discurso civil, nem no filosófico, quando alguma palavra não suscite no ouvinte a mesma *ideia* que ela designe na mente de quem fala. Ora, como os sons não têm uma conexão natural com nossas *ideias*, mas recebem toda sua significação da imposição arbitrária dos homens, a *dubiedade* e a incerteza *de sua significação*, que é *a imperfeição* de que aqui falamos, têm sua causa antes nas *ideias* que designam do que em qualquer incapacidade que um som tenha, mais do que outro, para significar uma *ideia* qualquer, pois, a esse respeito, todas elas são igualmente perfeitas.

A imperfeição das palavras é a dubiedade de sua significação.

Portanto, o que cria mais dubiedade e incerteza na significação de algumas palavras do que na de outras é a diferença entre as *ideias* que designam.

§ 5. Como as palavras não têm naturalmente nenhuma significação, a *ideia* que cada uma delas designa deve ser aprendida e retida por aqueles que queiram trocar pensamentos e manter diálogos inteligíveis com os outros, não importa em qual língua. Mas isso é muito mais difícil de fazer quando:

Causas de sua imperfeição.

Primeiro, as *ideias* que designam são muito complexas e compostas por um grande número de *ideias* conjugadas.

Segundo, quando as *ideias* que designam não têm nenhuma conexão certa na natureza nem, portanto, nenhum modelo estabelecido que exista algures na natureza para retificá-las e ajustá-las.

Terceiro, quando a significação da palavra é referida a um modelo, mas a um modelo difícil de conhecer.

Quarto, quando a significação da palavra e a essência real da coisa não são exatamente o mesmo.

Essas são dificuldades que acompanham a significação de diversas palavras que são inteligíveis. Não é preciso mencionar as que não são de modo algum inteligíveis, tais como nomes que passam por quaisquer *ideias* simples que o interlocutor não possa, por carência de órgãos ou de faculdades, alcançar, como os nomes das cores para um homem cego ou de sons para um surdo.

Em todos esses casos encontraremos uma imperfeição nas palavras, imperfeição que explicarei mais detidamente quando tratar de sua aplicação particular a nossos diferentes tipos de *ideias*. Seu exame mostrará que os *nomes de modos mistos são mais passíveis de dubiedade e de imperfeição devido às duas primeiras razões acima. Ao passo que os nomes de substâncias o são principalmente devido às duas últimas*.

Os nomes de modos mistos são dúbios.

§ 6. *Primeiro*, os nomes de *modos mistos* são, muitos deles, passíveis de muita incerteza e obscuridade em sua significação.

Primeiro, porque as ideias *que designam são muito complexas.*

I. *Devido a* essa *grande composição* de que essas 478
ideias complexas frequentemente são feitas. Para fazer com que as palavras sirvam ao fim da comunicação é preciso (como foi dito) que elas suscitem, no ouvinte, exatamente a mesma *ideia* que designam na mente de quem fala. Sem isso, os homens enchem a cabeça uns dos outros com ruído e sons, mas não transmitem por esse meio seus pensamentos nem expõem uns diante dos outros suas *ideias*, o que é a finalidade do discurso e da linguagem. Mas, quando uma palavra designa uma *ideia* muito complexa, que é composta e bicomposta, não é fácil para os homens formar e reter essa *ideia* tão exatamente a ponto de fazer com que o nome de uso comum designe a mesma *ideia* precisa, sem nenhuma variação. Daí vem que os nomes dados pelos homens para *ideias* muito compostas (como é o caso da maior parte das palavras morais) raramente tenham, para dois homens diferentes, a mesma significação precisa, pois a *ideia*

complexa de um homem raramente concorda com as de outros, e muitas vezes difere de sua própria, da que tinha ontem, ou da que terá amanhã.

Segundo, porque elas não têm modelos.

§ 7. II. *Devido ao fato de que os nomes de modos mistos carecem*, no mais das vezes, de *modelos* na natureza pelos quais os homens possam retificar e ajustar suas significações; e, assim, eles são variáveis e dúbios. São agrupamentos de *ideias* reunidas ao bel-prazer da mente, que persegue seus próprios fins no discurso, agrupamentos adequados a suas próprias noções, pelas quais ela não pretende copiar nenhuma coisa realmente existente, mas denominar e classificar coisas na medida em que lhes suceda concordar com os arquétipos ou formas que ela fez. Aquele que, pela primeira vez, pôs em uso as palavras *engodo*, *adulação* ou *troça* juntou, conforme julgava apropriado, aquelas *ideias* que fez serem designadas por essas palavras: e, com quaisquer novos nomes de modos que são hoje introduzidos em qualquer língua, ocorre o mesmo que ocorreu com os antigos quando foram usados pela primeira vez. Portanto, os nomes que designam coleções de *ideias* que a mente faz a seu bel-prazer têm necessariamente uma significação dúbia, pois tais coleções não podem ser encontradas constantemente unidas em nenhuma parte na natureza, nem se pode mostrar nenhum padrão pelo qual os homens possam ajustá-las. Jamais poderemos saber o que significa a palavra *assassinato* ou *sacrilégio* a partir das coisas mesmas: há muitas partes dessas *ideias* complexas que não são visíveis na própria ação, como a intenção da mente ou a relação com as coisas
479 sagradas, que fazem parte de *assassinato* ou de *sacrilégio* e não têm uma conexão necessária com a ação exterior e visível daquele que comete um deles. E o puxar o gatilho da arma, com o qual se comete o assassinato, e que provavelmente é tudo que há de vi-

sível na ação, não tem nenhuma conexão natural com aquelas outras *ideias* que compõem a *ideia* complexa nomeada *assassinato*. Recebem sua união e combinação unicamente do entendimento, que as une sob um só nome. Mas, ao uni-las sem nenhuma regra ou padrão, é inevitável que a significação do nome que designa tais coleções voluntárias seja muitas vezes diversa na mente de diferentes homens, os quais, em se tratando de *ideias* arbitrárias como essa, dificilmente têm uma regra estabelecida para regular a si mesmos e a suas noções.

Propriedade de linguagem não é remédio suficiente.

§ 8. É verdade que se pode supor que o *uso comum*, a regra da propriedade de linguagem, ofereça aqui algum auxílio para decidir a significação da linguagem, e não se pode negar que o faça em alguma medida. O uso comum *regula* muito bem *o significado das palavras* para a conversação comum, mas, como ninguém tem autoridade para estabelecer a significação precisa das palavras nem para determinar a quais *ideias* todo e qualquer um deve anexá-las, o uso comum não é suficiente para ajustá-las nos discursos filosóficos. De fato, mal há um nome, de qualquer *ideia* muito complexa (para não falar em outras), que, em seu uso comum, não admita uma grande latitude e que não se possa, nos limites da propriedade de linguagem, fazer com que seja o signo de *ideias* muito diferentes. Além disso, como a regra e a medida da propriedade de linguagem não está ela própria estabelecida em nenhum lugar, muitas vezes é matéria de disputa se este ou aquele uso de uma palavra se dá ou não com propriedade de linguagem. É evidente então que os nomes desse gênero de *ideia* muito complexa são naturalmente suscetíveis a essa imperfeição que é a de ter uma significação dúbia ou incerta, e, mesmo em homens dispostos a compreender um ao outro, nem sempre designam a mesma *ideia* no ouvinte e no falante. Ainda que os nomes *glória* e *gratidão* sejam os mesmos na boca de todos os homens num país inteiro, a *ideia* complexa coletiva em que cada um pensa ou que entende por esse nome é, ao que tudo indica, muito diferente em homens que usam a mesma língua.

A forma pela qual se aprendem esses nomes também contribui para sua dubiedade.

§ 9. *A forma pela qual os modos mistos são ordinariamente aprendidos* também *contribui* deveras *para a dubiedade de sua significação*. Se observarmos como as crianças aprendem as línguas, constata-
480 remos que, para fazê-las entender o que designam os nomes de ideias simples ou de substâncias, o que normalmente se faz é, primeiro, mostrar-lhes a coisa cuja *ideia* se quer que elas tenham e, depois, repetir para elas o nome que a designa, como *branco*, *doce*, *leite*, *açúcar*, *gato* ou *cão*. Mas, nos modos mistos, especialmente nos mais importantes, as palavras morais, os sons são normalmente aprendidos primeiro e, depois, para saber que *ideias* complexas eles designam, as crianças ou dependem da explicação de outrem, ou (o que acontece o mais das vezes) são entregues a sua própria observação e diligência, pouco exercitada na procura do verdadeiro e preciso significado de nomes. Por isso, essas palavras morais são, na boca dos homens, pouco mais do que meros sons, ou, quando têm alguma significação, no mais das vezes ela é muito frouxa e indeterminada, e, consequentemente, obscura e confusa. E mesmo aqueles que dedicaram maior atenção no estabelecimento de suas noções dificilmente escapam, apesar disso, à inconveniência de tomar esses nomes como designando *ideias* complexas diferentes das que outros homens, mesmo inteligentes e estudiosos, fazem com que sejam significadas por essas palavras. Onde poderíamos nós encontrar algum *debate controverso,* ou mesmo uma *conversa* corriqueira acerca da *honra*, *fé*, *graça*,

religião, *Igreja* etc., na qual não se veja facilmente as diferentes noções que os homens têm a seu respeito? O que significa apenas que eles não estão de acordo acerca da significação dessas palavras nem têm em suas mentes as mesmas *ideias* que fazem essas palavras significarem, e, assim, todas as contendas que disso se seguem são unicamente sobre o significado de um som. O que nos permite ver que a interpretação de leis, divinas ou humanas, não tem fim: comentários geram comentários, e explicações oferecem nova matéria para explicações, sem que haja um fim para as atividades de limitar, distinguir e variar a significação dessas palavras morais. Essas *ideias*, de fabricação humana, são multiplicadas *ad infinitum* pelos homens, que sempre guardam o poder de fazê-las. Mais de um homem, que se encontrava bastante satisfeito quanto ao significado de um texto da Escritura ou de uma cláusula no Código quando de sua primeira leitura, deixou inteiramente de entendê-los ao consultar comentadores e, graças a essas elucidações, viu surgirem ou aumentarem suas dúvidas e tudo ser mergulhado na obscuridade. Não digo isso por pensar que os comentários sejam desnecessários, mas para mostrar o quanto os nomes de modos mistos são naturalmente incertos, mesmo na boca daqueles que têm tanto a intenção quanto a faculdade de falar com toda a clareza que a linguagem permita na expressão de seus pensamentos.

De onde a inevitável obscuridade de autores antigos.

§ 10. Não é necessário notar a obscuridade que 481
isso inevitavelmente trouxe aos escritos de homens que viveram em épocas remotas e em países diferentes. Os numerosos volumes de homens eruditos que dedicaram seus pensamentos à busca do verdadeiro significado dos *autores antigos* são prova mais do que suficiente de toda a atenção, estudo, sagacidade e raciocínio que isso requer. Mas, como não há escri-

tos com relação aos quais tenhamos grande interesse em ser muito zelosos acerca de seu sentido afora aqueles que contenham verdades nas quais se requer que acreditemos, ou então leis que devemos obedecer e que nos trazem inconvenientes quando as entendemos mal ou as transgredimos, podemos afligir-nos menos com relação ao sentido de outros autores que, uma vez que só escrevem suas próprias opiniões, temos tão pouca necessidade de conhecê-las quanto eles de conhecer as nossas. Nosso bem ou mal não dependendo de seus decretos, podemos tranquilamente desconhecer suas noções e, portanto, se sua leitura mostra que não usam as palavras com a devida clareza e perspicuidade, podemos deixá-los de lado e, sem fazer-lhes nenhuma ofensa, decidir por nós mesmos,

> *Si non vis intelligi, debes negligi*
> [se não queres ser entendido, deves ser ignorado].[13]

§ 11. Se a significação dos nomes de modos mistos é incerta por não existirem modelos reais na natureza aos quais essas *ideias* sejam referidas e pelos quais possam ser ajustadas, os *nomes de substâncias têm uma significação dúbia* por uma razão contrária, *i. e.*, *porque* se supõe que as *ideias* que designam sejam conformes à realidade das coisas e porque são *referidas a modelos* feitos pela natureza. Em nossas *ideias* de substâncias, não temos a mesma liberdade de que dispomos nos modos mistos para formar quaisquer combinações que pensemos apropriadas para serem as notas características pelas quais se pode classificar e denominar as coisas. Nessas, devemos seguir a natureza, adequando nossas *ideias* complexas a existências reais e regulando a significação de seus nomes pelas coisas mesmas, se quisermos que

13. Fonte não identificada. [N. D. E.]

os nomes que usamos sejam signos dessas coisas e as designem. Aqui, é verdade, temos padrões para seguir, mas padrões que tornam a significação de seus nomes muito incerta, pois os nomes têm necessariamente um significado muito instável e variável quando as *ideias* que designam são referidas a modelos 482
fora de nós *que ou não podem absolutamente ser conhecidos, ou só podem ser conhecidos de maneira imperfeita e incerta.*

Nomes de substâncias são referidos, primeiro, a essências reais que não podem ser conhecidas.

§ 12. Em seu uso ordinário, os *nomes de substâncias têm*, como se mostrou, uma dupla *referência.*

Primeiro, às vezes se faz com que esses nomes designem *a constituição real das coisas*, da qual fluem todas suas propriedades e na qual todas encontram seu centro, e com a qual se supõe, portanto, que sua significação concorde. Mas, como essa constituição real ou essência (como é chamada) nos é inteiramente desconhecida, qualquer som que seja posto para designá-la será necessariamente muito incerto em sua aplicação; e, quando palavras como *cavalo* ou *antimônio* são postas para significar essências reais, das quais não temos absolutamente nenhuma *ideia*, é impossível saber quais coisas são ou devem ser chamadas por esses nomes. E, portanto, como nessa suposição os nomes de substâncias são referidos a modelos que não podem ser conhecidos, suas significações nunca podem ser ajustadas e estabelecidas por esses modelos.

Segundo, são referidos a qualidades coexistentes que só são conhecidas imperfeitamente.

§ 13. *Segundo*, como as *ideias simples* que se descobre *coexistirem em substâncias* são aquilo que os nomes destas últimas significam imediatamente, elas, na medida em que estão unidas nos diversos tipos de coisas, *são* o *modelo* legítimo ao qual os nomes de substâncias são referidos e pelo qual sua significação pode ser melhor retificada. Mas nem mesmo esses *arquétipos* servem tão bem a esse propósito a ponto

de não permitir que seus nomes tenham significações muito variadas e incertas. De fato, como essas *ideias* simples que coexistem e estão unidas num mesmo objeto são muito numerosas e têm todas o mesmo direito a entrar na *ideia* complexa específica que o nome específico deve designar, os homens, mesmo que se proponham a considerar exatamente o mesmo objeto, formam no entanto *ideias* muito diferentes a seu respeito e, assim, é inevitável que o nome que usam para ele tenha significações muito diferentes para homens diferentes. As qualidades simples que compõem as *ideias* complexas são, em sua maioria, poderes relativos a mudanças que elas são capazes de fazer em outros corpos ou de receber deles, e, assim, seu número é quase infinito. Aquele que observar a grande variedade de alterações que qualquer um dos metais menos nobres é capaz de receber apenas pelas diferentes aplicações do fogo, e quão maior ainda é o número de mudanças que qualquer um deles pode receber nas mãos de um químico pela aplicação de outros corpos, não achará estranho que
483 eu não considere fácil coletar as propriedades e conhecê-las completamente pelas vias de investigação de que nossas faculdades são capazes. Assim, como essas propriedades são pelo menos suficientemente numerosas para que nenhum homem possa saber seu número preciso e definido, elas são diferentemente descobertas por diferentes homens (de acordo com suas diferentes habilidades, atenção e maneiras de proceder), os quais não podem, portanto, deixar de ter diferentes *ideias* da mesma substância, tornando, em consequência, a significação de seu nome comum muito variada e incerta. Como as *ideias* complexas de substâncias são compostas das *ideias* simples que se supõe coexistirem na natureza, cada um tem o direito de incluir em sua *ideia* complexa aquelas qualidades

que descobriu estarem unidas umas às outras. Com efeito, tomando-se a substância *ouro*, ainda que um se satisfaça com cor e peso, um outro pensa que a solubilidade em *água-régia* deve tão necessariamente ser unida àquela cor em sua *ideia* de ouro quanto aquele que pensa na fusibilidade, pois a solubilidade em *água-régia* é uma qualidade tão constantemente unida a sua cor e peso quanto a fusibilidade ou qualquer outra. E outros acrescentam ductilidade ou fixidez, etc., conforme tenham sido instruídos pela tradição ou pela experiência. Quem, dentre todos esses, estabeleceu a significação correta da palavra *ouro*? Ou quem deveria ser o juiz para determiná-lo? Cada um deles tem seu modelo na natureza, para o qual apela, e com razão pensa ter todo o direito de incluir em sua *ideia* complexa significada pela palavra ouro as qualidades que, examinando, descobriu estarem unidas, tanto quanto um outro, que não examinou tão bem, tem todo o direito de deixá-las de fora, ou ainda, quanto um terceiro, que fez outros exames, tem todo o direito de incluir outras qualidades. De fato, como a união dessas qualidades na natureza é o verdadeiro fundamento de sua união numa única *ideia* complexa, quem poderia afirmar que um deles tem mais razão do que o outro para incluir esta ou excluir aquela qualidade? De onde inevitavelmente se segue que as *ideias* complexas de substâncias serão sempre muito variadas para homens que usam o mesmo nome para elas, e que, assim, a significação desses nomes será muito incerta.

§ 14. Além do mais, praticamente não há coisa particular existente que, em algumas de suas *ideias* simples, não se comunique com um maior ou menor número (conforme as *ideias* simples) de seres particulares: quem poderia determinar, nesse caso, quais deveriam compor a coleção precisa a ser significada

pelo nome específico? Ou quem poderia, com legítima autoridade, prescrever quais qualidades óbvias e comuns devem ser deixadas de fora, quais qualidades mais secretas ou mais particulares devem ser incluídas na significação do nome de uma substância qual-
484 quer? Todos *esses fatores* juntos raramente, ou nunca, deixam de *produzir* essa *significação* variável e *dúbia nos nomes de substâncias*, que causa tantas incertezas, disputas e enganos quando passamos a seu uso filosófico.

Essa imperfeição não impede que sirvam para o uso civil, mas sim para o filosófico.

§ 15. É verdade que, na *conversação civil e comum*, os *nomes* gerais *de substâncias*, regulados em sua significação ordinária por algumas qualidades óbvias (como o formato e a figura em coisas de reprodução seminal conhecida, e, na maioria das outras substâncias, a cor, unida a outras qualidades sensíveis), *servem bastante bem* para indicar as coisas que os homens querem que se entenda serem o tema de sua fala, e assim em geral concebem as substâncias significadas pelas palavras *ouro* e *maçã* suficientemente bem para distingui-las uma da outra. *Mas, em investigações e debates filosóficos*, quando verdades gerais *devem* ser estabelecidas, e consequências, extraídas de teses apresentadas, constata-se que a significação precisa de nomes de substâncias *não* só não é *bem estabelecida*, como também é muito difícil que o seja. Por exemplo, aquele que fizer da maleabilidade ou de um certo grau de fixidez uma parte de sua *ideia* complexa de *ouro* pode formular proposições a respeito do ouro e delas extrair consequências que verdadeira e claramente se sigam de *ouro* tomado nessa significação, mas tais que um outro homem nunca será forçado a admitir nem a se convencer de sua verdade, se para ele a *ideia* complexa que designa o nome *ouro* não incluir maleabilidade nem o mesmo grau de fixidez.

Exemplo: líquido.

§ 16. Essa é uma imperfeição natural e quase inevitável em praticamente todos os nomes de substâncias, em toda e qualquer língua. E os homens facilmente a descobrirão assim que deixarem noções frouxas ou confusas para passar para investigações mais estritas e detalhadas: pois então os homens se convencerão de quão dúbia e obscura é a significação dessas palavras que, no uso ordinário, pareciam muito claras e determinadas. Presenciei certa feita uma reunião de médicos muito eruditos e engenhosos na qual, por acaso, levantou-se a questão de saber se através dos filamentos dos nervos passa ou não algum líquido. Após muito debate, com diversos argumentos de ambos os lados, eu (que já há muito suspeitava que a maior parte das disputas versa antes 485
sobre a significação de palavras do que sobre uma diferença real na concepção das coisas) pedi que, antes que prosseguissem na disputa, examinassem e estabelecessem entre si o significado da palavra *líquido*. De início, ficaram um pouco surpresos com a proposta, e, caso se tratasse de pessoas de espírito menos nobre, provavelmente a considerariam muito frívola e extravagante, pois não havia ali ninguém que não pensasse entender muito perfeitamente o que a palavra *líquido* designa – palavra que também não penso estar entre os nomes de substâncias mais complicados. Aprouve-lhes, no entanto, considerar minha moção, e o exame mostrou-lhes que a significação dessa palavra não era tão estabelecida e certa quanto eles todos imaginavam, e que cada um deles a tomava como signo de uma *ideia* complexa diferente. Isso fez com que percebessem que a maior parte de sua disputa era sobre a significação desse termo, e que diferiam muito pouco em suas opiniões a respeito de alguma matéria fluida e sutil passando pelos dutos dos nervos, ainda que não fosse tão fácil chegar a um acordo

quanto a se essa matéria deveria ou não ser chamada de *líquido*, questão que, uma vez considerada, nenhum deles considerou ser digna de contenda.

Exemplo: ouro.

§ 17. Mais à frente espero ter oportunidade para mostrar em que medida esse é o caso na maior parte das disputas em que os homens se envolvem tão acaloradamente. Basta-nos, aqui, considerar com um pouco mais de exatidão o exemplo já mencionado da palavra *ouro* para ver como é difícil determinar precisamente sua significação. Penso que todos concordam em fazê-la designar um corpo com uma certa cor amarela brilhante. Sendo essa a *ideia* à qual as crianças anexaram esse nome, para elas a parte amarela brilhante da cauda de um pavão é propriamente ouro. Outros, que encontram fusibilidade unida à cor amarela em certas parcelas de matéria, fazem dessa combinação uma *ideia* complexa à qual dão o nome *ouro* para denotar um certo tipo de substância e, assim, rejeitam, como não sendo *ouro*, todos os corpos amarelos brilhantes que o fogo reduz a cinzas, e só
486 admitem como sendo dessa espécie, ou como compreendidas sob o nome *ouro*, as substâncias que, tendo essa cor amarela brilhante, são pelo fogo levadas à fusão e não reduzidas a cinzas. Outro, pela mesma razão, acrescenta o peso, que, sendo uma qualidade tão estreitamente unida àquela cor quanto sua fusibilidade, ele crê ter o mesmo direito a ser incluída na *ideia* de ouro e a ser significada por esse nome; e, portanto, ele crê que a outra *ideia*, composta por essa cor e fusibilidade, é imperfeita; e assim por diante, com relação a todas as outras qualidades. Em todos esses casos, ninguém pode oferecer uma razão pela qual algumas das qualidades inseparáveis, que estão sempre unidas na natureza, devam ser incluídas na essência nominal, ao passo que outras são deixadas de fora. Nenhuma pessoa pode tampouco oferecer a

razão pela qual a palavra *ouro*, significando aquele tipo de corpo de que é feito o anel que está em seu dedo, deve determinar esse tipo por sua cor, peso e fusibilidade, antes que por sua cor, peso e solubilidade em *água-régia*, pois sua solubilidade nesse líquido é tão inseparável dele quanto sua fusão pelo fogo, e ambos não são mais do que a relação que essa substância tem com dois outros corpos, dotados do poder de operar diferentemente sobre ela. Pois por qual direito a fusibilidade se tornaria parte da essência significada pela palavra *ouro*, e a solubilidade, apenas uma propriedade dela? Por que a cor seria parte da essência, e a maleabilidade, apenas uma propriedade? O que eu quero dizer é que, como todas elas são apenas propriedades, dependentes da constituição real do *ouro*, e não são mais que poderes, ativos ou passivos, que remetem a outros corpos, ninguém tem autoridade para determinar a significação da palavra *ouro* (enquanto referida a um determinado corpo existente na natureza) antes por uma coleção de *ideias* que podem ser encontradas nesse corpo do que por outra. E, desse modo, a significação desse nome deve inevitavelmente ser muito incerta. De fato, como já foi dito, diferentes pessoas observam diferentes propriedades na mesma substância, e penso poder dizer que ninguém as observe todas. Nossas descrições das coisas são, portanto, muito imperfeitas, e nossas palavras têm uma significação muito incerta.

Os nomes de ideias *simples são os menos dúbios.*

§ 18. O que foi dito deixa claro o que já assinaláramos, *i. e.*, que, dentre todos os *nomes*, *os de* ideias *simples são* os *menos passíveis de equívoco*, e isso pelas seguintes razões. *Primeiro*, como as *ideias* que 487
eles designam são, cada uma delas, uma única percepção, é mais fácil adquiri-las, e elas são retidas com mais clareza do que as mais complexas, não se expondo assim à incerteza que usualmente acompanha

as *ideias* complexas de *substâncias e modos mistos*, nas quais não é fácil chegar a um acordo quanto ao número preciso de *ideias* simples que as compõem, nem é cômodo retê-lo na mente. *Segundo*, eles nunca são referidos a nenhuma outra essência, mas apenas a essa percepção que significam imediatamente, e é essa referência a uma outra essência que naturalmente torna a significação dos nomes de substâncias tão complicados e ocasiona muitas disputas. Homens que não usam de forma perversa as palavras nem propositadamente se dedicam a cavilações, dificilmente se equivocam, numa língua com a qual estão familiarizados, acerca do uso e da significação de nomes de *ideias* simples: *branco* e *doce*, *amarelo* e *amargo* trazem consigo um significado muito óbvio que cada um compreende precisamente ou facilmente percebe que ignora e então procura informar-se. Mas não se pode conhecer com tanta certeza qual a precisa coleção de *ideias* simples que os nomes *modéstia* ou *frugalidade* designam quando usados por outros. E, por mais que sejamos propensos a pensar que sabemos perfeitamente o que se entende pelas palavras *ouro* ou *ferro*, não é tão certa a *ideia* complexa precisa da qual os outros as fazem signos, e acredito que é muito raro que elas designem exatamente a mesma coleção no falante e no ouvinte. O que inevitavelmente produz equívocos e disputas quando elas são usadas em discursos nos quais os homens lidam com proposições universais, procurando estabelecer verdades universais em sua mente e considerar as consequências que delas se seguem.

Em seguida vêm os de modos simples.

§ 19. Pela mesma regra, os *nomes de modos simples seguem-se àqueles de* ideias *simples como menos passíveis de dúvida ou incerteza*, especialmente os de figura e número, dos quais os homens têm *ideias* tão claras e distintas. Quem algum dia se enganou, dentre os que se dispuseram a tentar entendê-los, quanto ao significado ordinário de *sete* ou de *um triângulo*? E, de um modo geral, as *ideias* menos compostas de cada gênero são as que têm os nomes menos dúbios.

Os mais dúbios são os nomes de modos mistos e substâncias muito compostos.

§ 20. Portanto, os modos mistos compostos ape- 488
nas por umas poucas e óbvias *ideias* simples usualmente têm nomes de significação não muito incerta. Mas, como se mostrou, os nomes de *modos mistos* que compreendem um grande número de *ideias* simples comumente têm um significado muito dúbio e indeterminado. Como os nomes de substâncias são anexados a *ideias* que não são nem as essências reais, nem representações exatas dos padrões aos quais são referidos, eles estão expostos a uma ainda maior imperfeição e incerteza, especialmente em seu uso filosófico.

Por que as palavras são responsabilizadas por essa imperfeição.

§ 21. Como a grande desordem que ocorre em nossos nomes de substâncias no mais das vezes provém de nossa falta de conhecimento e de nossa inabilidade para penetrar em suas constituições reais, talvez se possa indagar *por que eu lanço essa acusação de imperfeição sobre nossas palavras*, e não sobre nosso entendimento. Esse reparo parece ser tão justo que me sinto obrigado a dar a razão pela qual segui esse método. Devo confessar que, logo que iniciei este discurso sobre o entendimento, e por um bom tempo depois, em nenhum momento imaginei que lhe seria necessária qualquer consideração sobre as palavras. Mas, uma vez tendo passado pela origem e composição de nossas *ideias*, quando comecei a examinar a extensão e a certeza de nosso conhecimento, constatei que estes tinham conexão tão íntima com as palavras que, a não ser que se começasse por observar atentamente sua força e maneira de significação, muito pouco se poderia dizer de claro e pertinente sobre o conhecimento, que, dizendo respeito à verdade, lida constantemente com proposições. E, ainda que

termine nas coisas, em grande parte isso se deve de tal forma à intervenção das palavras que estas pareciam dificilmente separáveis de nosso conhecimento geral. Ou, pelo menos, as palavras interpõem-se tanto entre nosso entendimento e a verdade (que ele quer apreender e contemplar) que, tal como o *medium* que os objetos sensíveis atravessam, sua obscuridade e desordem não raras vezes lançam uma névoa sobre nossos olhos e iludem nosso entendimento. Se considerarmos o quanto as falácias em que os homens envolvem a si mesmos e aos outros, assim como os equívocos em suas disputas e noções, devem-se às
489 palavras e a suas significações incertas ou equivocadas, teremos razões para pensar que se trata de um obstáculo nem um pouco desprezível no caminho para o conhecimento. Obstáculo contra o qual concluo que nos devemos acautelar com o máximo cuidado, uma vez que isso tem sido tão pouco percebido como uma inconveniência que a arte de seu aprimoramento se transformou no objetivo do estudo dos homens e angariou reputação de erudição e sutileza, como veremos no próximo capítulo. Mas estou propenso a pensar que, se as imperfeições da linguagem, como instrumento do conhecimento, fossem mais cabalmente sopesadas, boa parte das controvérsias que tanto alarido causaram no mundo cessariam por si mesmas, e o caminho para o conhecimento, e talvez também para a paz, estaria muitíssimo mais desobstruído do que está.

Isso deveria nos ensinar a ter moderação na imposição de nossa própria interpretação a autores antigos.

§ 22. Disto estou certo: como a significação das palavras depende muito, em todas as línguas, dos pensamentos, noções e *ideias* daquele que as usa, é inevitável que ela seja muito incerta para homens de uma mesma língua e país. Isso é tão evidente nos autores gregos que aquele que examinar seus escritos encontrará em quase todos eles uma linguagem distinta, ainda que com as mesmas palavras. Mas, quando a essa dificuldade natural a cada país, acrescentarmos países diferentes e épocas remotas em que os oradores e escritores tinham noções, temperamentos, costumes, ornamentos e figuras de linguagem muito diferentes, cada um dos quais, embora para nós inacessíveis e desconhecidos, influenciava naquela época a significação de suas palavras, *isso nos levará a ser complacentes uns com os outros em nossas interpretações ou equívocos acerca* desses *escritos antigos*. Ainda que para nós seja muito importante entendê-los, estão expostos às inevitáveis dificuldades da fala, que (com exceção dos nomes de *ideias* simples e de algumas coisas muito óbvias) não é capaz, sem uma constante definição dos termos, de transmitir o sentido e a intenção do falante para o ouvinte sem nenhum resquício de dúvida e de incerteza. A dificuldade é tanto maior em discursos de religião, direito e moralidade, por serem matéria da maior importância.

§ 23. Os volumes de intérpretes e comentadores do Antigo e do Novo Testamento são provas por demais manifestas disso. Ainda que tudo que se diz no texto seja infalivelmente verdadeiro, no entanto, o leitor pode ser, aliás, não pode escapar de ser senão 490
muito falível no entendimento do texto. Nem é de espantar que a vontade de DEUS, quando revestida em palavras, seja passível daquela dúvida e incerteza que inevitavelmente acompanha esse tipo de transmissão, pois até mesmo seu filho, enquanto revestido em carne, estava sujeito a todas as fraquezas e inconveniências da natureza humana, com exceção do pecado. E devemos magnificar Sua bondade, que espalhou perante o mundo todo caracteres tão legíveis de Suas obras e de Sua providência, e deu a todos os homens uma luz da razão tão suficiente que aqueles que nunca receberam essa palavra escrita não podem duvidar

da existência de DEUS (desde que se ponham em tal busca) nem da obediência a Ele devida. Então, como os preceitos de religião natural são claros e muito inteligíveis para todos os homens, e raramente vêm a ser controversos, e como outras verdades reveladas, que nos são transmitidas por livros e línguas, estão expostas às obscuridades e dificuldades comuns e naturais que incidem sobre as palavras, parece-me que nos devemos tornar mais cuidadosos e diligentes na observação dos primeiros preceitos e menos doutorais, afirmativos e imperiosos na imposição de nosso próprio sentido e interpretação aos últimos.

CAPÍTULO X
Do abuso das palavras.

Abuso das Palavras.

§ 1. Além da imperfeição que naturalmente se encontra na linguagem e da obscuridade e confusão que é tão difícil evitar no uso das palavras, há diversas *faltas e negligências voluntárias* de que os homens são culpados nessa via de comunicação, pelas quais tornam esses signos menos claros e distintos em sua significação do que naturalmente deveriam ser.

Primeiro, palavras sem ideia *alguma, ou sem* ideias *claras.*

§ 2. *Primeiro*, o primeiro e mais palpável abuso desse gênero é o uso de palavras sem *ideias* claras e distintas, ou, o que é pior, o uso de signos sem nenhuma coisa significada. Desse abuso, há dois tipos:

I. Podemos observar, em todas as línguas, algumas palavras que, se as examinarmos, veremos que, em sua primeira origem e uso próprio, não designam
491 nenhuma *ideia* clara e distinta. A maior parte delas foi introduzida pelas diferentes *seitas* da filosofia e da religião. Pois seus autores ou promotores, quer para aparentarem algo singular e fora do alcance das apreensões comuns, quer para sustentarem alguma opinião

estranha, quer para encobrir alguma fraqueza de sua hipótese, raramente deixaram de *cunhar* novas palavras, e palavras tais que, quando examinadas, podem com justiça ser chamadas de *termos insignificantes*. De fato, quando foram primeiro inventadas, não havia nenhuma coleção determinada de *ideias* anexada a elas, ou, pelo menos, nenhuma coleção tal que, se bem examinada, não se mostrasse inconsistente; e assim não é de admirar se, posteriormente, no uso vulgar do mesmo partido, permanecem sons vazios com pouca ou nenhuma significação entre aqueles que pensam bastar tê-las sempre na boca como caracteres distintivos de sua Igreja ou Escola, sem se dar muito ao trabalho de examinar quais são as *ideias* precisas que elas designam. Não é preciso aqui amontoar exemplos disso, que podem ser suficientemente oferecidos pela leitura e conversação de cada um. Ou, se alguém quiser ser mais bem abastecido, os grandes mestres-moedeiros desse gênero de termos, refiro-me aos escolásticos e metafísicos (entre os quais penso que podem ser incluídos os filósofos naturais e morais polemistas destes tempos mais recentes), têm com que satisfazê-lo abundantemente.

§ 3. II. Há outros que levam esse abuso ainda mais longe. Tomam tão pouco cuidado em deixar de lado palavras que, em sua primeira notação, mal têm alguma *ideia* clara e distinta anexada a elas, que chegam ao ponto de, por uma negligência imperdoável, *usar* com familiaridade, *sem* absolutamente *nenhum significado distinto*, *palavras* que com propriedade de linguagem foram afixadas a *ideias* muito importantes. *Sabedoria*, *glória*, *graça* etc. são palavras bastante frequentes na boca de todos os homens, mas, se lhes perguntarmos o que entendem por tais palavras, muitos daqueles que as usam ficariam perplexos e não saberiam o que responder. Prova clara de que, embora tenham aprendido esses sons e os tenham na ponta da língua, não há, armazenada em sua mente, nenhuma *ideia* determinada para ser expressa a outros por essas palavras.

Isso é ocasionado pelo aprendizado de nomes antes das ideias *aos quais pertencem.*

§ 4. Como os *homens* se *acostumaram* desde o berço *a aprender palavras* que adquirem e retêm com facilidade *antes que conheçam* ou tenham formado *as ideias complexas* às quais elas são anexadas,
492 ou que podem ser encontradas nas coisas que se pensava que *elas designassem*, eles *normalmente continuam a proceder assim* por toda sua vida. Assim, sem se dar ao trabalho necessário para estabelecer em sua mente *ideias* determinadas, usam suas palavras para as noções instáveis e confusas que têm, e contentam-se em usar as mesmas palavras que as outras pessoas, como se o próprio som delas necessariamente trouxesse consigo constantemente o mesmo significado. Ainda que os homens consigam dar um jeito nisso nas ocorrências ordinárias da vida em que constatam ser necessário fazerem-se entender, produzindo assim signos até conseguir essa compreensão, no entanto, quando passam a raciocinar seja sobre seus princípios, seja sobre seus interesses, essa insignificância em suas palavras manifestamente preenche seu discurso com uma abundância de ruídos e jargões vazios e ininteligíveis; isso ocorre especialmente em matéria moral, onde as palavras, em sua maior parte, designam coleções arbitrárias e numerosas de *ideias* que não estão unidas regular e permanentemente na natureza; e, assim, muitas vezes, é somente em seus meros sons que eles pensam, ou, no máximo, lhe anexam noções muito obscuras e incertas. Os homens tomam as palavras que veem ser usadas por seus vizinhos e, para não parecer ignorantes acerca daquilo que elas designam, usam-nas confiadamente, sem quebrar muito a cabeça com um

significado certo e fixo. Tal procedimento, além de sua facilidade, oferece-lhes ainda a seguinte vantagem: como eles raramente estão certos nesses discursos, também raramente podem ser convencidos de estarem errados: tentar arrancar de seus erros esses homens que não têm noções constantes é o mesmo que tentar expulsar de sua habitação um andarilho que não tenha residência fixa. Penso que isso é assim, e cada um poderá observar em si mesmo e em outros se é mesmo ou não.

Segundo, aplicação instável das palavras.

§ 5. *Segundo,* outro grande abuso das palavras é a *inconstância* em seu uso. É difícil encontrar um discurso redigido sobre qualquer assunto, especialmente se controverso, no qual não se observe, lendo-o atentamente, as mesmas palavras (e comumente as mais relevantes para o discurso, e em torno das quais gira o argumento), ora usadas para uma coleção de *ideias* simples, ora para outra, o que se configura como um perfeito abuso da linguagem. De fato, como as palavras se destinam a ser signos de minhas *ideias* para dá-las ao conhecimento de outros, não por alguma significação natural, mas por uma imposição voluntária, é trapaça e abuso descarado de minha parte fazê-las designar ora uma coisa, ora outra. E fazer isso propositadamente só pode ser imputado a uma gran- 49
de tolice ou então a uma desonestidade ainda maior. E um homem pode com tanta honestidade, ao acertar suas contas para um outro, fazer com que os caracteres de números ora designem uma, ora uma outra coleção de unidades, p. ex., o caractere 3 ora designar três, ora quatro, ora oito, quanto, em seu discurso ou raciocínio, fazer a mesma palavra designar coleções diferentes de *ideias* simples. Se os homens assim procedessem em seus cálculos, eu me pergunto, quem gostaria de ter de tratar com eles? Alguém que falasse assim, nos afazeres e negócios do mundo, e

ora chamasse 8 de sete, ora de nove, conforme isso lhe propiciasse maior vantagem, prontamente veria atribuído a si um dentre os dois nomes que mais repugnam os homens[14]. E, no entanto, em argumentações e contendas eruditas, é comum que esse mesmo tipo de procedimento passe por engenho e erudição, embora isso me pareça desonestidade ainda maior do que trocar sinais no cálculo de um débito, e uma trapaça tanto maior quanto a verdade é mais importante e valiosa do que o dinheiro.

Terceiro, afetar obscuridade por meio de uma aplicação errada.

§ 6. *Terceiro*, outro abuso da linguagem é uma *afetada obscuridade*, seja por aplicar palavras antigas a significações novas e inusuais, seja por introduzir termos novos e ambíguos, sem defini-los em nenhum desses casos, seja ainda por reuni-los de maneira tal a confundir seu significado ordinário. Ainda que a filosofia peripatética tenha sido a mais eminente nessa via, há outras seitas que não ficaram inteiramente isentas desse abuso. Mal há uma delas que não esteja emaranhada em algumas dificuldades (tal é a imperfeição do conhecimento humano) que de bom grado encobriu com a obscuridade dos termos e a confusão na significação das palavras para, como uma névoa diante dos olhos das pessoas, impedir que se descobrissem suas fraquezas. Que *corpo* e *extensão*, no uso comum, designam duas *ideias* distintas, é o que é claro para quem quer que reflita um pouco. De fato, se sua significação fosse precisamente a mesma, seria tão apropriado e inteligível dizer *o corpo de uma extensão* quanto *a extensão de um corpo*; e, no entanto, não faltam os que acham necessário confundir essas significações. Esse abuso e os malefícios de confundir
94 a significação das palavras ganharam prestígio com a

14. A tradução francesa de Coste, que recebeu o aval de Locke, indica "louco" e "desonesto" como sendo tais dois nomes; cf. duas frases acima. [N. Ed. Br.]

lógica e as ciências liberais tal como têm sido tratadas nas Escolas, e a tão admirada arte da disputa muito acrescentou à natural imperfeição das línguas, pois foi mais usada e ajustada para complicar a significação das palavras do que para a descoberta do conhecimento e da verdade das coisas. Quem perscrutar esse tipo erudito de escrita constatará que ali as palavras têm um significado muito mais obscuro, incerto e indeterminado do que na conversação ordinária.

A lógica e as disputas contribuíram muito para isso.

§ 7. É inevitável que assim seja quando os talentos e a erudição de um homem são estimados por sua destreza no *disputar*. E, quando a reputação e a recompensa acompanham essas conquistas, que dependem principalmente das finuras e sutilezas das palavras, não é de espantar que, assim empregado, o engenho do homem complique, intrique e rebusque tanto a significação dos sons, a ponto de nunca faltar algo a dizer na oposição ou na defesa de qualquer questão, e de a vitória ser atribuída não àquele que tenha a verdade a seu lado, mas sim à última palavra na disputa.

Ao chamar tal coisa de sutileza.

§ 8. Ainda que essa seja uma destreza muito inútil e, segundo penso, diretamente oposta às vias do conhecimento, até hoje ela circula sob os estimados e louváveis nomes de *sutileza* e *agudeza*, e recebe o aplauso das Escolas e o encorajamento de uma parte dos homens eruditos do mundo. O que não é de espantar, visto que os filósofos de antigamente (quer dizer, os filósofos disputadores e polemistas, tal como *Luciano* espirituosamente e com razão os taxa[15]) e os homens de Escola depois deles, almejando a glória e a estima por seu importante e universal conhecimento – muito mais fácil de fingir do que de realmente adquirir –, constataram ser bom expediente encobrir sua ignorância com uma curiosa e inexplicável rede

15. Luciano, p. ex.: *Bis accusatus, Vitarum auctio, Convivium.* [N. D. E.]

de palavras complicadas, atraindo para si a admiração de outros com termos ininteligíveis, tanto mais aptos a produzir espanto quanto não podem ser entendidos. Mas a história em sua totalidade mostra que esses profundos doutos não eram mais sábios nem mais úteis do que seus vizinhos e trouxeram pouco benefício para a vida humana ou para a sociedade em que viveram. A não ser que a cunhagem de novas palavras sem a produção de coisas novas às quais possam ser apli-
495 cadas, ou a complicação ou o obscurecimento da significação de palavras antigas, que tudo põe em questão e torna alvo de disputa, seja algo proveitoso para a vida do homem e merecedor de louvor e recompensa.

Essa erudição beneficia muito pouco a sociedade.

§ 9. Apesar desses eruditos disputadores, desses doutos oniscientes, foi ao nada escolástico estadista que os governos do mundo deveram sua paz, defesa e liberdades, e foi do iletrado e desprezado mecânico (um nome em desgraça) que receberam os aprimoramentos das artes úteis. Nem por isso deixou essa ignorância artificial, essa *algaravia erudita*, de prevalecer poderosamente nas épocas mais recentes, devido ao interesse e ao artifício daqueles que não encontraram caminho mais fácil até o cume de autoridade e domínio que alcançaram do que pasmar homens ocupados e ignorantes com palavras difíceis, ou empregar os engenhosos e ociosos em intricadas disputas sobre termos ininteligíveis, aprisionando-os para sempre nesse labirinto sem saída. Além disso, não há meio mais eficaz para obter a aceitação e garantir a defesa de doutrinas estranhas e absurdas do que cercá-las de legiões de palavras obscuras, dúbias e indefinidas. Mas isso assemelha esses refúgios mais a covis de ladrões ou a buracos de raposas do que a fortalezas de honrados cavaleiros: se é difícil tirá-los dali, não é devido a sua força, mas aos arbustos e espinheiros e à obscuridade do bosque fechado que cerca esse refúgio. De fato, como a inverdade é inaceitável para a mente do homem, não resta outra defesa para o absurdo além da obscuridade.

Mas, ao contrário, destrói os instrumentos de conhecimento e comunicação.

§ 10. E assim a erudita ignorância, e essa arte de afastar até mesmo homens inquiridores do verdadeiro conhecimento, propagou-se pelo mundo e muito confundiu o entendimento, ao mesmo tempo em que pretendia informá-lo. Pois vemos que outros homens bem intencionados e sábios, cuja educação e talento não adquiriu essa *agudeza*, conseguem expressar-se inteligivelmente uns para os outros, beneficiando-se da linguagem em seu uso simples. Mas, ainda que homens não eruditos entendam suficientemente bem as palavras *branco* e *preto* etc., e tenham noções constantes de *ideias* significadas por essas palavras, há filósofos com erudição e *sutileza* suficiente para provar que a *neve* é preta, *i. e.*, para provar que o *branco* é *preto*. Por esse meio, obtinham o benefício de destruir os instrumentos e meios do discurso, da conversação, instrução e sociedade, quando, com grande arte *e sutileza*, não fizeram mais do que emaranhar e confundir a
significação das palavras, tornando assim a linguagem 49
menos útil do que seus defeitos reais a fizeram, uma dádiva que os iletrados não puderam oferecer.

É tão útil quanto confundir o som das letras.

§ 11. Esses homens eruditos instruíram tanto o entendimento dos homens e trouxeram tanto proveito a sua vida quanto alguém que alterasse a significação de caracteres conhecidos e, por um sutil expediente de erudição que em muito ultrapassa a capacidade dos iletrados, tolos e vulgares, mostrasse que pode substituir *A* por *B*, *D* por *E etc.*, em sua escrita, para grande admiração e benefício de seu leitor. Pois faz tanto sentido pôr *preto*, uma palavra que se concorda que designa uma determinada *ideia* sensível, por uma *ideia* diferente ou contrária, *i. e.*, chamar a *neve* de *preta*, quanto pôr a marca *A*, um caractere que se concorda que designa uma modificação de som feita por um determinado movimento dos órgãos da fala, por *B*, que se concorda designar outra modificação de som feita por outro movimento determinado dos órgãos da fala.

Essa arte emaranhou a religião e a justiça.

§ 12. Esse malefício não se deteve em sutilezas lógicas ou especulações curiosas e vazias, mas invadiu os grandes interesses da vida e sociedade humanas, obscurecendo e emaranhando as importantes verdades do direito e da teologia, trazendo confusão, desordem e incerteza aos afazeres do gênero humano, e, se não chegou a destruir, tornou em grande medida inúteis essas duas regras importantes, a religião e a justiça. Para que serviu a maior parte dos comentários e disputas sobre as leis de DEUS e do homem, além de tornar mais dúbio seu significado e emaranhar seu sentido? Qual foi o efeito da multiplicação das curiosas distinções e agudas sutilezas, além da obscuridade e da incerteza, tornando as palavras mais ininteligíveis e deixando o leitor mais desnorteado? Como é possível que príncipes, ao enunciar ou ao redigir suas ordens corriqueiras a seus servos, sejam bem entendidos, mas não quando falam a seu povo por meio de suas leis? E, como já assinalei antes, muitas vezes acontece que um homem de capacidade ordinária entenda muito bem um texto ou uma lei que ele leia, até que venha a consultar um comentador ou ir a um conselho, cuja explicação das palavras ou faz com que não signifiquem absolutamente nada, ou com que signifiquem o que bem lhes aprouver.

E não deve passar por erudição.

97 § 13. Não examinarei aqui se isso se deu por determinados interesses particulares a essas profissões, mas deixo à consideração do leitor se não seria bom para os homens – a quem concerne conhecer as coisas como são, fazer o que se deve, e não passar sua vida falando sobre elas e revolvendo as palavras para

lá e para cá – que o uso das palavras se tornasse claro e direto, e que a linguagem, que nos foi dada para o aprimoramento do conhecimento e para a coesão da sociedade, não fosse empregada para obscurecer a verdade e desestabilizar os direitos das pessoas, para erguer névoa e tornar ininteligíveis tanto a moralidade quanto a religião. Ou, se é inevitável que seja assim, não seria melhor que não fosse considerado erudição e conhecimento fazer tal coisa?

Quarto, tomá-las por coisas.

§ 14. *Quarto*, outro grande *abuso das palavras é tomá-las por coisas*. Ainda que, em algum grau, isso diga respeito a todos os nomes em geral, afeta mais particularmente os nomes de substâncias. A esse abuso estão mais sujeitos os homens que confinam seus pensamentos a um sistema qualquer e se entregam à firme crença da perfeição de alguma hipótese aceita, vindo assim a se persuadir de que os termos dessa seita são tão adequados à natureza das coisas que correspondam perfeitamente a sua existência real. Dos que foram educados pela filosofia peripatética, haveria alguém que não pense que os dez nomes sob os quais são classificados os dez predicamentos são exatamente conformes à natureza das coisas? Haveria alguém dessa escola que não estaria persuadido de que *formas substanciais*, *almas vegetativas*, *horror ao vácuo*, *espécie intencional* etc. são coisas reais? Tais palavras os homens aprenderam logo que foram apresentados ao conhecimento, com mestres e sistemas que dão muita importância a elas, e assim não conseguem abandonar a opinião de que elas são conformes à natureza e representam algo que realmente exista. Os *platonistas* têm sua *alma do mundo*; os *epicuristas*, sua *tendência ao movimento* em seus átomos quando em repouso; e mal há seita em filosofia que não tenha um conjunto de termos próprios que as outras não entendam. E, no entanto, essa algaravia

que, dada a fraqueza do entendimento humano, tão bem serve como paliativo para a ignorância dos homens e para acobertar seus erros, torna-se, por seu uso habitual entre os de uma mesma tribo, o que
498 parece ser a parte mais importante da linguagem, e seus termos, os mais significantes de todos. Se *veículos aéreos* e *etéreos*, caso se difundisse tal doutrina, viessem algum dia a ser geralmente aceitos em toda parte, não resta dúvida de que esses termos deixariam impressões na mente dos homens a ponto de estabelecer neles a persuasão da realidade de tais coisas, assim como já aconteceu com as *formas* e *espécies intencionais peripatéticas*.

§ 15. O quanto *nomes tomados por coisas* são propícios a *desencaminhar o entendimento* é o que a leitura atenta de autores filosóficos pode revelar abundantemente, e isso talvez até mesmo em palavras pouco suspeitas desse mau uso. Tomarei como exemplo uma única e bem familiar. Quantas disputas intricadas não houve sobre *matéria*, como se realmente existisse uma tal coisa na natureza, distinta do *corpo*, assim como é evidente que a palavra *matéria* designa uma *ideia* distinta da *ideia* de corpo? Pois, se as *ideias* que esses dois termos designam fossem precisamente a mesma, eles poderiam ser substituídos indiferentemente, um pelo outro, em todos os lugares. Mas bem vemos que, embora seja apropriado dizer que *há uma única matéria de todos os corpos*, não se pode dizer que *há um único corpo de todas as matérias*, e dizemos habitualmente que um *corpo* é maior do que outro, mas soa mal dizer (e não penso que se diga) que uma *matéria* é maior do que outra. De onde vem isso, então? Do seguinte: ainda que *matéria* e *corpo* não sejam realmente distintos, mas onde há um sempre há o outro, *matéria* e *corpo* designam duas concepções diferentes, uma das quais é

Exemplo: matéria.

incompleta, e é apenas uma parte da outra. Pois *corpo* designa uma substância extensa, sólida e figurada, da qual a *matéria* é apenas uma concepção parcial e mais confusa, que me parece ser usada para a substância e a solidez dos corpos, sem incluir sua extensão e figura. Por isso, quando falamos de *matéria*, sempre falamos dela como una, pois na verdade ela expressamente não contém nada além da *ideia* de uma substância sólida, que em toda parte é a mesma e é sempre uniforme. Como essa é a nossa *ideia* de *matéria*, não concebemos nem falamos em diferentes *matérias* no mundo, assim como não o fazemos com diferentes solidezes, mas tanto falamos como concebemos diferentes corpos, porque extensão e figura são suscetíveis de variação. Mas, como não pode existir solidez sem extensão
e figura, tomar *matéria* pelo nome de uma coisa real- 499
mente existente precisamente como tal é o que sem dúvida produziu esses discursos e disputas obscuros e ininteligíveis que encheram a cabeça e os livros de filósofos a respeito de *materia prima*. Deixo à consideração do leitor em que medida tal imperfeição e abuso atingem outros termos gerais. Mas o mínimo que se pode dizer é que teríamos muito menos disputas no mundo se as palavras fossem tomadas pelo que são, apenas signos de nossas *ideias*, e não pelas coisas mesmas. Com efeito, quando argumentamos sobre *matéria* ou qualquer outro termo semelhante, só argumentamos, em verdade, sobre a *ideia* que expressamos por esse som, quer essa ideia precisa concorde ou não com algo realmente existente na natureza. E, se os homens dissessem quais as *ideias* que eles fazem com que suas palavras designem, não poderia haver nem mesmo metade da obscuridade ou querela que há na busca ou na defesa da verdade.

Isso torna os erros duradouros.

§ 16. Não importa qual inconveniência se siga desse equívoco nas palavras, estou certo de que, pelo uso constante e familiar, elas seduzem os homens para noções muito distantes da verdade das coisas. Seria tarefa bem difícil persuadir alguém de que as palavras que seu pai, seu mestre da escola, o pastor da paróquia ou determinado douto venerável usaram não significavam nada que realmente exista na natureza. Essa é talvez *uma das principais causas de ser tão difícil levar os homens a abandonar seus equívocos*, mesmo em opiniões puramente filosóficas e quando não têm outro interesse além da verdade. As palavras às quais estão há muito acostumados, permanecendo firmes em sua mente, não é de espantar que não se consiga remover as noções erradas a elas anexadas.

Quinto, colocá-las no lugar de coisas que não podem significar.

§ 17. *Quinto*, um outro *abuso das palavras é colocá-las no lugar de coisas que não significam ou que não podem, por nenhum meio, significar*. Podemos observar que, quando os nomes gerais das substâncias, das quais apenas as essências nominais são conhecidas por nós, são postos em proposições, e se afirma ou nega algo sobre eles, é muito comum supormos ou pretendermos tacitamente que eles designem a essência real de um certo tipo de substância. Quando um homem diz "*o ouro é maleável*", ele quer dizer e gostaria de sugerir algo mais do que *o que eu chamo de ouro é maleável* (ainda que, na verdade, não passe disso), mas gostaria que se entendesse o seguinte, que o *ouro, i. e., aquilo que tem a essência real de ouro, é maleável*, o que equivale a tanto: que
500 a *maleabilidade depende e é inseparável da essência real do ouro*. Mas, como um homem não sabe em que consista essa essência real, a conexão que ele estabelece em sua mente não se dá, na verdade, entre a maleabilidade e uma essência que ele desconhece, mas somente entre a maleabilidade e o som ouro que ele põe no lugar daquela. Assim, quando dizemos que *animal rationale* é uma boa definição de ho-

mem, ao passo que *animal implume bipes latis unguibus* não o é, resta claro que supomos que, nesse caso, o nome *homem* designa a essência real de uma espécie, e queremos dizer que *um animal racional* descreve melhor essa essência real do que *um animal bípede com unhas largas e sem penas*. Por que não poderia *Platão* fazer a palavra ανθρωποζ, ou *homem*, designar sua *ideia* complexa, composta pelas *ideias* de um corpo distinguido de outros por um certo formato e outras aparências externas, com tanta propriedade quanto *Aristóteles* compõe a *ideia* complexa à qual dá o nome ανθρωποζ, ou *homem*, pela reunião de corpo e da faculdade de raciocinar, a não ser porque se supõe que o nome ανθρωποζ, ou *homem*, designe algo diferente daquilo que ele significa, e é posto no lugar de alguma outra coisa que não a *ideia* que um homem professa expressar por ele?

P. ex., pondo-as pela essência real de substâncias.

§ 18. É verdade que os nomes de substâncias seriam muito mais úteis, e as proposições formuladas com eles, muito mais certas, se as essências reais de substâncias fossem as *ideias* em nossa mente que são significadas pelas palavras. E é pela falta dessas essências reais que nossas palavras transmitem tão pouco conhecimento ou certeza em nossos discursos sobre elas. Sendo assim, para remover essa imperfeição tanto quanto possível, a mente, mediante uma suposição secreta, faz com que elas designem uma coisa que tenha essa essência real, como se por esse meio se aproximasse em alguma medida dela. De fato, ainda que as palavras *homem* ou *ouro* não signifiquem em verdade mais do que uma *ideia* complexa de propriedades reunidas num só tipo de substância, mal se encontra alguém que, no uso dessas palavras, não suponha frequentemente que cada um desses nomes designe uma coisa que tenha essa essência real da qual dependem aquelas propriedades. O que está tão longe de diminuir a imperfeição de nossas palavras que, por um patente abuso, só a agrava, na medida em que queremos fazê-las designar uma coisa que não se encontra em nossa *ideia* complexa, e da qual o nome que usamos não pode absolutamente ser o signo.

Por isso pensamos que uma mudança qualquer de nossa ideia *de substância não muda a espécie.*

§ 19. Isso nos mostra a razão pela qual, nos *mo-*
501 *dos mistos*, ao se deixar fora ou mudar qualquer uma das *ideias* que tomam parte na composição da *ideia* complexa, reconhecemos que se trata de uma outra coisa, *i. e.*, de uma outra espécie, como é manifesto em *chance-medley* [homicídio culposo], *man-slaughter* [homicídio doloso], *murther* [assassinato], *parricídio* etc. Isso se dá porque a *ideia* complexa significada por esse nome é tanto a essência real quanto a nominal, e não há nenhuma referência secreta desse nome a nenhuma outra essência a não ser essa. Mas não é assim com *substâncias*. De fato, embora um homem ponha em sua ideia complexa da substância chamada *ouro* aquilo que outro deixa de fora, e *vice-versa*, os homens não costumam pensar que, por causa isso, a espécie seja mudada, porque em sua mente secretamente referem esse nome e supõem-no anexado a uma essência real imutável de uma coisa existente, da qual aquelas propriedades dependem. Se alguém acrescenta à sua *ideia* complexa de *ouro* a de fixidez ou de solubilidade em *água-régia*, que antes não incluía nessa *ideia* complexa, ninguém pensa que ele tenha mudado a espécie, mas apenas que ele tem uma *ideia* mais perfeita pelo acréscimo de outras *ideias* simples que, de fato, sempre estiveram conjugadas às outras que compunham sua *ideia* complexa anterior. Mas essa referência do nome a uma coisa da qual não temos a *ideia* está tão longe de nos ajudar, um mínimo que seja, que serve apenas para nos envolver em ainda mais dificuldades. De fato, com essa referência tácita à essência real daquela espécie de corpos, a

palavra *ouro* (que, designando uma coleção de *ideia* simples mais ou menos perfeita, serve muito bem para indicar esse tipo de corpo no discurso civil) acaba por não ter absolutamente nenhuma significação, pois é posta por algo de que não temos absolutamente nenhuma *ideia* e, assim, não pode significar absolutamente nada quando o corpo mesmo não está presente. Com efeito, por mais que se pense que dê no mesmo, se bem considerarmos, constataremos que é coisa bem diferente argumentar sobre *ouro* no nome e sobre uma parcela do corpo mesmo, p. ex., uma lâmina de ouro diante de nós, ainda que no discurso sejamos obrigados a substituir o nome pela coisa.

A causa desse abuso é a suposição de que a natureza opera sempre regularmente.

§ 20. O que, em minha opinião, muito predispõe os homens a substituir seus nomes por essências reais de *espécies* é a já mencionada suposição de que a natureza opera regularmente na produção das coisas e estabelece os limites de cada uma dessas *espécies* ao dar exatamente a mesma real constituição interna a cada indivíduo que classificamos sob um único nome geral. Mas qualquer um que observar suas diferentes qualidades dificilmente poderá duvidar de que muitos
dos indivíduos chamados pelo mesmo nome são, em 502
sua constituição interna, tão diferentes uns dos outros quanto muitos dos que são classificados sob diferentes nomes específicos. E, mesmo assim, *tal suposição, de que precisamente a mesma constituição interna sempre acompanha* o *mesmo nome específico, predispõe os homens a tomar* esses *nomes por representantes* dessas *essências* reais, ainda que, de fato, não signifiquem nada além das *ideias* complexas que tenham em suas mentes quando os usam. De modo que, por assim dizer, quando os nomes significam uma coisa e supõem por ou são postos no lugar de outra, é inevitável que, num uso desse gênero, esses nomes causem uma boa dose de incerteza nos discursos dos

homens, especialmente nos daqueles que se embeberam profundamente da doutrina das *formas substanciais* e imaginam firmemente que elas determinem e distingam as diferentes espécies de coisas.

Esse abuso contém duas suposições falsas.

§ 21. Mas, por mais despropositado e absurdo que seja fazer nossos nomes designarem *ideias* que não temos ou (o que dá no mesmo) essências que não conhecemos – pois isso é, com efeito, fazer de nossas palavras signos de nada –, é evidente, para qualquer um que reflita minimamente sobre o uso que os homens fazem de suas palavras, que nada é mais corriqueiro. Quando um homem pergunta se esta ou aquela coisa que vê (quer se trate de um bugio, quer de um *feto* monstruoso) é ou não um *homem*, é evidente que a questão não é saber se aquela coisa particular concorda com sua *ideia* complexa expressada pelo nome *homem*, mas se ela tem em si a essência real de uma espécie de coisas que ele supõe designada pelo nome *homem*. Nesse modo de usar os nomes de substâncias estão contidas duas falsas suposições.

Primeira, que existem certas essências precisas de acordo com as quais a natureza cria todas as coisas particulares e pelas quais elas são distinguidas em *espécies*. Não resta dúvida de que cada coisa tem uma constituição real pela qual ela é o que é, e da qual dependem suas qualidades sensíveis; mas penso já estar provado que isso não faz a distinção em *espécies* tal como as classificamos nem os limites de seus nomes.

Segunda, isso também sugere tacitamente que temos *ideias* dessas essências. Pois qual seria o propósito de inquirir se esta ou aquela coisa tem a essência real da espécie *homem*, se não supuséssemos que haja uma tal essência específica que é conhecida? O que é, no entanto, inteiramente falso. E, portanto, tal aplicação de nomes, que os fazem designar *ideias* que
503 não temos, inevitavelmente causa grande desordem

em discursos e raciocínios sobre eles e é uma grande inconveniência em nossa comunicação por palavras.

Sexto, a suposição de que as palavras têm uma significação certa e evidente.

§ 22. Resta ainda um outro *abuso das palavras*, mais geral, mas talvez menos observado. Como o longo e corriqueiro uso levou os homens a anexar a elas certas *ideias*, eles são dados a *imaginar uma conexão tão estreita e necessária entre os nomes e a significação* com a qual são usados que não hesitam em supor que não se possa deixar de entender qual seu significado; e, portanto, qualquer um deve satisfazer-se com as palavras enunciadas, como se estivesse fora de dúvida que, ao usarem esses sons comuns adotados, o falante e o ouvinte têm necessariamente as mesmas precisas *ideias*. E assim presumem que, quando usam um termo no discurso, eles, por assim dizer, põem diante dos outros a coisa mesma de que falam. E, da mesma maneira, tomando as palavras dos outros como designando naturalmente exatamente aquilo a que se acostumaram a aplicá-las, nunca se dão ao trabalho de explicar seu próprio significado nem ao de entender claramente o dos outros. Isso geralmente resulta em alarido e querelas, sem cultivo nem informação, na medida em que os homens tomam palavras por marcas constantes e regulares de noções consensuais que em verdade não são mais do que signos voluntários e instáveis de suas próprias *ideias*. E mesmo assim os homens estranham quando, no discurso ou na disputa (caso em que frequentemente isso é absolutamente necessário), ocorre de alguém lhes perguntar qual o significado de seus termos; ao passo que os argumentos que se pode observar diariamente na conversação deixam evidente que poucos nomes de *ideias* complexas são usados por dois homens diferentes para a mesma coleção precisa e exata. É difícil nomear uma palavra que não seja exemplo claro disso. Nenhum termo é tão familiar quanto *vida*. Qualquer

um consideraria quase que uma afronta ser indagado o que significa por meio desse termo. E, no entanto, se a questão é saber se uma planta que está pré-formada na semente tem vida, se o embrião num ovo antes da incubação, ou um homem num desmaio, sem senso nem movimento, estão ou não vivos, fica fácil perceber que nem sempre uma *ideia* clara, distinta e determinada acompanha o uso de uma palavra tão conhecida quanto *vida*. De fato, os homens têm ordinariamente algumas concepções grosseiras e confusas às quais aplicam as palavras comuns de sua língua, e um tal uso frouxo de suas palavras serve-lhes
504 suficientemente bem em seus discursos e afazeres ordinários. Mas isso não é suficiente para investigações filosóficas. Conhecimento e raciocínio requerem *ideias* precisas e determinadas. E ainda que os homens não queiram ser tão desafortunadamente tolos a ponto de não conseguir entender o que os outros dizem sem ter de pedir uma explicação de seus termos, nem tão inoportunamente críticos a ponto de corrigir os outros no uso das palavras que estes lhes endereçam, no entanto, quando verdade e conhecimento estão envolvidos no caso, não vejo por que seria uma falta desejar a explicação de palavras cujo sentido pareça dúbio, nem por que um homem deveria envergonhar-se de reconhecer sua própria ignorância quanto ao sentido em que outro homem usa suas palavras, pois não há outro meio para sabê-lo com certeza, a não ser quando isso lhe é informado. Esse abuso, de aceitar as palavras em confiança, em nenhuma parte foi tão longe, nem teve efeitos tão maléficos quanto entre os homens de letras. A multiplicação e tenacidade das disputas que tanto devastaram o mundo intelectual não se deve a outra coisa além desse mau uso das palavras. Geralmente, acredita-se que haja uma grande diversidade de opiniões nos variados volumes

e controvérsias que perturbam o mundo, mas o máximo que consigo observar no que fazem os eruditos dos diferentes partidos em contenda, ao argumentarem uns com os outros, é que falam línguas diferentes. Pois estou inclinado a imaginar que, quando deixam os termos de lado e pensam sobre as coisas, e sabem o que pensam, pensam todos iguais, embora o que querem talvez seja diferente.

Os fins da linguagem: primeiro, transmitir nossas ideias.

§ 23. Para concluir a consideração da imperfeição e do abuso da linguagem, os *fins da linguagem em nosso discurso com os outros* são principalmente três: *primeiro, fazer com que os* pensamentos ou *ideias* de um homem sejam conhecidos por outro; *segundo*, fazê-lo *com* tanta facilidade e *rapidez* quanto possível; *terceiro, transmitir* o *conhecimento* das coisas. A linguagem sofre abuso ou é deficiente quando falha num desses três fins.

Primeiro, as palavras falham quanto ao primeiro fim e não expõem abertamente à vista de um outro as *ideias* de um homem: *em primeiro lugar*, quando os homens têm nomes em sua boca sem quaisquer *ideias* determinadas em sua mente das quais sejam signos; *em segundo lugar*, quando aplicam nomes comumente adotados de uma língua qualquer a *ideias* às quais não são aplicados no uso comum dessa língua; *em terceiro lugar*, quando os aplicam muito ins- 505
tavelmente, fazendo com que ora designem uma *ideia*, ora, outra.

Segundo, fazê-lo com rapidez.

§ 24. *Segundo*, os homens fracassam na transmissão de seus pensamentos com toda rapidez e facilidade possível quando têm *ideias* complexas sem ter nomes distintos para elas. Essa é, por vezes, uma falta da própria língua, que não tem um som já aplicado a tal significação, e, outras vezes, do homem, quando este ainda não aprendeu o nome da *ideia* que gostaria de mostrar para um outro.

Terceiro, para assim transmitir o conhecimento das coisas.

§ 25. *Terceiro*, não se transmite o conhecimento das coisas pelas palavras dos homens quando suas *ideias* não são conformes à natureza das coisas. Ainda que a origem desse defeito se encontre nas nossas *ideias* que não são tão conformes à natureza das coisas quanto a atenção, o estudo e a aplicação podem torná-las, ele não deixa de se estender também a nossas palavras, quando as usamos como signos de seres reais que no entanto nunca tiveram realidade ou existência.

Como as palavras dos homens falham nesses três fins.

§ 26. *Primeiro*, aquele que disponha de palavras de uma língua qualquer, mas que não as aplique a *ideias* distintas em sua mente, não faz mais, ao usá-las em seu discurso, do que produzir um ruído sem sentido nem significação. E, por mais erudito que possa parecer pelo uso de palavras difíceis ou de termos eruditos, por esse meio progride no conhecimento tão pouco quanto progride em erudição aquele que só tenha em seu escritório os títulos de livros, mas não possua seu conteúdo. Pois palavras assim, mesmo quando inseridas no discurso de acordo com a correta construção das regras gramaticais ou a harmonia de períodos bem torneados, são meros sons, e nada mais.

§ 27. *Segundo*, aquele que tenha *ideias* complexas sem nomes particulares para elas não se encontra em melhor situação do que um livreiro que tenha em seu depósito volumes que ali jazem não encadernados e sem títulos, e, portanto, só possa dar a conhecê-los aos outros mostrando-lhes suas folhas soltas, e transmiti-los a retalho. Tal homem vê-se tolhido, em seu discurso, pela falta de palavras para comunicar suas *ideias* complexas e, para torná-las conhecidas, é forçado a recorrer à enumeração das *ideias* simples que as compõem, frequentemente vendo-se obrigado a usar vinte palavras para expressar o que um outro significa numa só.

§ 28. *Terceiro*, aquele que não ponha constantemente o mesmo signo para a mesma *ideia*, mas use as 506
mesmas palavras ora em uma, ora em outra significação, deve passar, nas escolas e na conversação, por um homem tão honesto quanto aquele que, no mercado ou na bolsa, vende diferentes coisas sob um mesmo nome.

§ 29. *Quarto*, aquele que aplique as palavras de uma língua qualquer a *ideias* diferentes daquelas às quais o uso comum da língua no país as aplica não conseguirá, por mais que seu entendimento esteja repleto de verdade e luz, transmitir muito dessa verdade e dessa luz por meio de tais palavras se não definir seus termos. De fato, por mais que esses sons sejam familiarmente conhecidos e entrem sem dificuldade nos ouvidos dos que estejam acostumados a eles, no entanto, ao designarem outras *ideias* que não aquelas às quais estejam usualmente anexados e que costumam suscitar na mente dos ouvintes, não podem dar a conhecer os pensamentos daquele que os use.

§ 30. *Quinto*, aquele que imagine para si mesmo substâncias tais que nunca existiram e encha sua cabeça de *ideias* que não tenham nenhuma correspondência com a natureza real das coisas, mas para as quais dá nomes estáveis e definidos, pode preencher seu discurso e talvez a cabeça de outro homem com imaginações fantásticas de seu próprio cérebro, mas, por esse meio, estará muito longe de avançar uma polegada no conhecimento real e verdadeiro.

§ 31. Aquele que tenha nomes sem *ideias* se vê desprovido de significado em suas palavras, e pronuncia apenas sons vazios. Aquele que tenha *ideias* complexas sem nomes para elas se vê desprovido de liberdade e prontidão em suas expressões e obrigado a usar perífrases. Aquele que use suas palavras frouxa e instavelmente ou não será escutado, ou não será compreendido. Aquele que aplique seus nomes a *ideias* diferentemente do uso comum carece de propriedade em sua linguagem e fala algaravia. E aquele que tenha *ideias* de substâncias que não concordem com a existência real das coisas, nessa medida carece, em seu entendimento, dos materiais para o conhecimento e tem, em lugar disso, *quimeras*.

Como elas falham em substâncias.

§ 32. Nossas noções de substâncias estão expostas a todas essas inconveniências, p. ex.: 1. Aquele que use a palavra *tarântula* sem ter nenhuma imagi-
507 nação ou *ideia* daquilo que ela designa pronuncia uma bela palavra, mas nada significa por seu meio. 2. Aquele que veja, num país recém-descoberto, muitos tipos de animais e vegetais que antes desconhecia, pode ter deles *ideias* tão verdadeiras quanto as de um cavalo ou de um cervo, mas só pode falar deles por meio de uma descrição, até que tome os nomes dados a eles por nativos, ou então lhes dê nomes ele próprio. 3. Aquele que use a palavra *corpo* ora para a pura extensão, ora para extensão e solidez juntas, fala muito falaciosamente. 4. Aquele que dê o nome *cavalo* à *ideia* que o uso comum chama de *mula* fala impropriamente e não é entendido. 5. Aquele que pense que o nome *centauro* designe algum ser real ilude a si mesmo e equivoca palavras com coisas.

Como elas falham em modos e relações.

§ 33. Em modos e relações geralmente só estamos expostos às quatro primeiras inconveniências, *i.e.*: 1. Posso ter em minha memória nomes de modos, como *gratidão* ou *caridade*, sem ter em meus pensamentos nenhuma *ideia* precisa anexada a esses nomes. 2. Posso ter *ideias* e não conhecer os nomes que pertençam a elas: posso ter a *ideia* de um homem que beba até que se altere sua cor e seu humor, sua língua se enrole, seus olhos fiquem vermelhos e seus pés falhem, sem no entanto saber que isso se chama *embriaguez*. 3. Posso ter as *ideias* de virtudes

ou de vícios, e também seus nomes, mas aplicá-los erradamente; p. ex., quando aplico o nome *frugalidade* à *ideia* que outros chamam e significam pelo som *avareza*. 4. Posso usar qualquer um desses nomes com inconstância. 5. Mas, em modos e relações, não posso ter *ideias* que não concordem com a existência das coisas, pois, como os modos são *ideias* complexas feitas pela mente a seu bel-prazer, e como a relação é somente meu jeito de considerar ou comparar duas coisas uma com a outra, e, portanto, também uma *ideia* feita por mim, dificilmente se poderia encontrar discordância entre essas *ideias* e qualquer coisa existente; de fato, estão na mente não como cópias de coisas regularmente feitas pela natureza nem como propriedades que fluam inseparavelmente da constituição interna ou da essência de uma substância qualquer, mas sim como padrões, por assim dizer, alojados em minha memória, com nomes anexados a eles para denominar ações e relações na medida em que venham a existir. Mas o equívoco comumente consiste em que eu dê um nome errado a minhas concepções, e, assim, ao usar palavras num sentido diferente do de outras pessoas, não seja entendido e leve os outros a pensar que tenho *ideias*
erradas quando lhes dou nomes errados. Mas, quan- 508
do incluo *ideias* incompatíveis entre si em minhas *ideias* de modos mistos e relações, encho minha cabeça de *quimeras*, pois, se bem examinadas, essas *ideias* não podem nem mesmo existir na mente, e muito menos se pode denominar qualquer ser real com elas.

Sétimo, o discurso figurativo também é um abuso da linguagem.

§ 34. Como o engenho e a fantasia encontram maior receptividade no mundo do que a seca verdade e o real conhecimento, *os discursos figurativos* e a alusão dificilmente serão tidos como *uma* imperfeição ou *abuso* da linguagem. Reconheço que, em discursos nos quais buscamos mais prazer e deleite do que informação e cultivo, os ornamentos que obtemos dos discursos figurativos e da alusão dificilmente podem ser considerados faltas. Entretanto, se quisermos falar das coisas tal como são, é preciso aceitar que toda a arte da retórica, com exceção de ordem e clareza e toda aplicação figurativa e artificial das palavras inventada pela eloquência não servem senão para insinuar *ideias* erradas, para mover as paixões e, desse modo, desencaminhar o juízo, e são, na verdade, perfeita trapaça. Portanto, por mais louváveis ou aceitáveis que a oratória possa torná-las em arengas e pronunciamentos populares, o certo é que devem ser inteiramente evitadas em todos os discursos que pretendem informar ou instruir; e, quando o que importa é a verdade e o conhecimento, não podem senão ser consideradas grave falta da linguagem ou da pessoa que as use. Quais e quantas elas são seria desnecessário indicar aqui: os livros de retórica, tão abundantes no mundo, instruirão aqueles que quiserem ser informados. Só não posso deixar de observar o quão pouco a preservação e o aprimoramento da verdade e do conhecimento preocupa e interessa os homens, pois adotam e preferem as artes da falácia. É evidente que agrada muito aos homens enganar e ser enganados, pois a retórica, esse poderoso instrumento de erro e engano, tem seus professores instituídos, é ensinada publicamente e sempre foi tida em grande reputação. E não tenho dúvidas de que se pensará ser grande atrevimento, senão brutalidade de minha parte dizer tantas coisas contra ela. A *eloquência*, como o belo sexo, tem belezas excessivamente imponentes para consentir que alguma vez se fale contra ela, e seria vão apontar faltas nessas artes do enganar, nas quais os homens encontram prazer em serem enganados.

CAPÍTULO XI 509

Dos remédios para as imperfeições e abusos precedentes.

Vale a pena procurá-los.

§ 1. Vimos acima amplamente quais são as imperfeições da linguagem, as naturais e as cultivadas; e, como a fala é o principal laço que mantém unida a sociedade, o conduto comum pelo qual se transmitem os aprimoramentos do conhecimento de um homem para outro, de uma geração para outra, é bem digno de nossos mais sérios pensamentos considerar quais *remédios* se pode encontrar *para as inconveniências* acima mencionadas.

Não são simples.

§ 2. Não sou tão tolo a ponto de pensar que alguém possa pretender uma perfeita *reforma* das *línguas* do mundo, nem mesmo daquela de seu próprio país, sem se expor ao ridículo. Exigir que os homens usem suas palavras constantemente no mesmo sentido, e somente para *ideias* determinadas e uniformes, seria pensar que todos os homens devem ter as mesmas noções, e só falar daquilo de que tenham *ideias* claras e distintas. O que ninguém deve esperar, a não ser que tenha tanta fatuidade a ponto de imaginar que possa impor aos homens que sejam muito sábios ou muito calados. E mostra ser muito inexperiente nas coisas desse mundo aquele que pense que uma língua fluente só deve acompanhar um bom entendimento, ou que falar mais ou menos deve ser proporcional ao conhecimento que se tenha.

Mas são necessários para a filosofia.

§ 3. Ainda que se deva deixar ao mercado e à bolsa suas maneiras próprias de falar e não destituir o falatório de seu ancestral privilégio, e mesmo que as Escolas e os argumentadores possam levar a mal que se ofereça algo para abreviar suas disputas e diminuir-lhes o número, penso que *aqueles* que pretendem *seriamente procurar* ou defender a *verdade* devem sentir-se obrigados ao estudo de como se poderiam exprimir sem a obscuridade, dubiedade ou equívoco a que as palavras dos homens estão naturalmente expostas quando não se toma o devido cuidado.

O mau uso das palavras é causa de grandes erros.

§ 4. Pois aquele que bem considerar os *erros* e a obscuridade, os equívocos e confusões que se *espa-*
510 *lham no mundo por um mau uso das palavras* encontrará razão para duvidar se a língua, tal como tem sido empregada, contribuiu mais para o cultivo ou para o impedimento do conhecimento dos homens. Quantos não são os que, quando querem pensar em coisas, fixam seus pensamentos apenas em palavras, especialmente quando querem aplicar sua mente a matérias morais? E quem poderia então se espantar de que os resultados de tais contemplações e raciocínios, que versam sobre pouco mais do que sons – uma vez que as *ideias* a eles anexadas ou são muito confusas, ou instáveis, ou mesmo inexistentes –, não terminem em mais do que obscuridade e equívoco, sem nenhum juízo ou conhecimento claro?

Obstinação.

§ 5. Dessa inconveniência, o mau uso das palavras, os homens se ressentem em suas próprias meditações privadas; mas muito mais manifestas são as desordens que dela se seguem na conversação, no discurso e no argumentar com outros. De fato, como a linguagem é o principal conduto pelo qual os homens transmitem suas descobertas, raciocínios e conhecimento uns para os outros, aquele que faz mau uso dela, ainda que não corrompa as fontes do conhecimento, que estão nas coisas mesmas, quebra ou interrompe, na medida em que isso depende dele, os canais pelos quais o conhecimento é distribuído para o uso público e a vantagem dos homens. O que faz um homem que use palavras sem nenhum sentido claro e estável, senão levar a si mesmo e aos outros a erros? E quem o faça propositadamente deve ser visto como um inimigo da verdade e do conhecimento. Mas quem se poderia espantar de que todas as ciências e todas as partes do conhecimento tenham sido tão sobrecarregadas com termos obscuros e equívocos, com expressões insignificantes e dúbias, que são muito pouco capazes (ou mesmo totalmente incapazes) de fazer com que até mesmo o homem mais atento e penetrante se torne minimamente mais sapiente ou mais provido de opiniões corretas? Seria isso de espantar, quando a sutileza passa por uma virtude entre aqueles que professam ensinar ou defender a verdade, e uma virtude que, no mais das vezes, consiste apenas no uso ilusório e falacioso de *termos obscuros* e *enganosos*, apropriados apenas para *tornar os homens* ainda mais opiniáticos em sua ignorância e *obstinados* em seus erros?

E querela.

§ 6. Se olharmos qualquer gênero de livro de controvérsia, veremos que o efeito de termos obscuros, instáveis ou equívocos não passa de barulho e querelas sobre sons, que não convencem nem melhoram o entendimento de um homem. Pois se ouvinte e falante não concordam quanto à *ideia* que as palavras designam, a discussão não será sobre coisas, mas sobre nomes. Todas as vezes em que é utilizada uma palavra cuja significação não é acordada entre eles, seus 511
entendimentos não têm nenhum outro objeto a respeito do qual concordem além do mero som, pois as coisas em que pensam naquele momento e que são expressas por essas palavras são bem diferentes.

Exemplo: morcego e pássaro.

§ 7. A questão de saber se um *morcego* é ou não um *pássaro* não é uma questão acerca de se um morcego é outra coisa do que é em verdade, ou se tem outras qualidades do que as que em verdade tem, pois duvidar disso seria extremamente absurdo. A questão é ou: 1. Uma questão que se põe entre aqueles que reconhecem ter apenas *ideias* imperfeitas de um ou

de ambos esses tipos de coisas, que supõem serem designados por esses nomes; e então se trata de uma investigação real, sobre a natureza de um *pássaro* ou de um *morcego*, que pode tornar suas *ideias*, ainda imperfeitas, mais completas, examinando se todas essas *ideias* simples (que, combinadas entre si, recebem de ambos o nome *pássaro*) se encontram num *morcego* – mas isso é uma questão de investigadores (não de disputantes), que nem afirmam nem negam, mas examinam –; ou, 2. Uma questão entre disputantes, um dos quais afirma, e outro nega, que um *morcego* seja um *pássaro*; e então a questão é apenas sobre a significação de uma ou de ambas essas palavras, porque, não tendo ambos as mesmas *ideias* complexas às quais dão esses dois nomes, um sustenta enquanto outro nega que esses dois nomes possam ser afirmados um do outro. Se concordassem quanto à significação desses dois nomes, seria impossível que disputassem a seu respeito. Pois então veriam pronta e claramente (se isso estivesse acertado entre eles) se todas as *ideias* simples do nome mais geral *pássaro* se encontram ou não na *ideia* complexa de um *morcego*, e então não poderia haver dúvida quanto a se um *morcego* é ou não um *pássaro*. E aqui peço que considerem e examinem cuidadosamente se a maior parte das disputas no mundo não é meramente verbal e sobre a significação das palavras; e se, caso os termos em que são formuladas fossem definidos e tivessem sua significação reduzida a coleções determinadas de *ideias* que designam ou deveriam designar (como devem ser, caso signifiquem alguma coisa), essas dis-
512 putas não cessariam por si mesmas e esvaneceriam imediatamente. Deixo então que o leitor considere o que é a arte da disputa, e com que benefício, para si mesmos e para os outros, empregam-se aqueles cuja única ocupação é a vã ostentação de sons, *i. e.*, aque-

les que gastam suas vidas em disputas e controvérsias. Somente quando vir um desses combatentes despir todos seus termos de ambiguidade e obscuridade (o que qualquer um pode fazer com as palavras que ele próprio usa) poderei considerá-lo um promotor de conhecimento, verdade e paz, e não um escravo da vanglória, ambição ou de um partido.

Primeiro remédio, não usar palavras sem ideias.

§ 8. *Para remediar* em algum grau *os defeitos de fala* acima mencionados e prevenir as inconveniências que deles se seguem, imagino que a observação das seguintes regras possa ser útil até que alguém mais capaz se digne a pensar nessa matéria de forma mais amadurecida e gratifique o mundo com seus pensamentos a esse respeito.

Primeiro, um homem deve ter o cuidado de *não usar nenhuma palavra sem uma significação*, nenhum nome sem uma *ideia* que ele o faça designar. Essa regra não parecerá inteiramente desnecessária para quem quer que se dê ao trabalho de lembrar quantas vezes deparou com palavras tais como *instinto*, *simpatia*, *antipatia* etc., usadas nos discursos de outrem de maneira tal que se pode facilmente concluir que aqueles que as usam não têm *ideias* na mente às quais as aplicam, mas as dizem unicamente como sons, que usualmente lhes serviram como razões em situações semelhantes. Não que essas palavras e outras como elas não tenham significações bem próprias segundo as quais se pode usá-las, mas, como não há nenhuma conexão natural entre quaisquer palavras e *ideias*, essas e quaisquer outras palavras podem ser decoradas e pronunciadas ou escritas por homens que não têm quaisquer *ideias* na mente às quais as tenham anexado e que façam com que designem, o que é necessário, caso os homens queiram falar inteligivelmente até mesmo com eles próprios quando estão sozinhos.

Segundo remédio, ter ideias *distintas anexadas aos nomes de modos.*

§ 9. *Segundo*, não é suficiente que um homem *use* suas *palavras como signos de ideias* quaisquer. Se
513 estas forem *simples*, devem ser claras e distintas, se *complexas*, *determinadas*, *i. e.*, coleções precisas de *ideias* simples estabelecidas na mente com aquele som a elas anexado na qualidade de signo dessa precisa coleção determinada e de nenhuma outra. Isso é extremamente necessário nos nomes de modos, especialmente nas palavras morais, que, não tendo quaisquer objetos fixados na natureza dos quais suas *ideias* seriam tomadas como de sua origem, são propensos a serem muito confusos. *Justiça* é palavra que se encontra na boca de todos, mas muito comumente com uma significação muito frouxa e indeterminada; o que é inevitável, a menos que o homem tenha em sua mente uma compreensão distinta das partes componentes nas quais essa *ideia* complexa consista e, caso essa *ideia* seja bicomposta, consiga analisá-la ainda mais até que, por fim, chegue às *ideias* simples que a perfaçam. A não ser que faça isso, um homem faz um mau uso da palavra, seja ela *justiça*, por exemplo, ou qualquer outra. Não quero dizer que um homem deva parar para retomar e empreender a análise completa cada vez que se deparar com a palavra *justiça*, mas ao menos é necessário que tenha examinado a significação desse nome e estabelecido a *ideia* de todas suas partes em sua mente de um modo tal que possa fazê-lo quando quiser. Tome-se alguém que faça sua *ideia* complexa de *justiça* ser o tratamento de uma pessoa ou de seus bens em conformidade à lei: se essa pessoa não tiver uma *ideia* clara e distinta do que é a *lei*, *ideia* que faz parte de sua *ideia* complexa de justiça, é manifesto que sua própria *ideia* de justiça será confusa e imperfeita. Talvez se julgue essa exatidão um grande incômodo; e, portanto, os homens, em sua maioria, se considerarão eximidos de

estabelecer a *ideia* complexa de modos mistos com tanta precisão em sua mente. Mas mesmo assim afirmo que, antes que se faça tal coisa, não será de espantar que haja muita obscuridade e confusão em suas próprias mentes e muita querela em seus discursos com outros.

E conformes em substâncias.

§ 10. Para o uso correto dos nomes de *substâncias*, requer-se algo mais do que tão somente *ideias determinadas*: aqui, *os nomes devem também ser conformes às coisas* tal como existem – mas terei oportunidade para discutir essa questão mais detidamente em outra parte. Essa exatidão é absolutamente necessária em investigações relativas ao conhecimento filo- 514
sófico e em controvérsias em torno da verdade. E, ainda que também fosse bom estendê-la à conversação comum e aos afazeres corriqueiros da vida, penso que realmente não se deve esperar tal coisa. Noções vulgares convêm a discursos vulgares, e ambos, embora bastante confusos, servem muito bem ao mercado e às quermesses. Mercadores e amantes, cozinheiros e alfaiates, todos eles têm palavras para lidar com seus afazeres ordinários, como também teriam, penso, os filósofos e disputantes, se tivessem inclinação para entender e para ser claramente entendidos.

Terceiro remédio, propriedade de linguagem.

§ 11. *Terceiro*, não é suficiente que os homens tenham *ideias*, *ideias* determinadas, que eles fazem esses signos designar: também *devem* ter o cuidado de *aplicar suas palavras* de forma tão estrita quanto possível àquelas ideias *às quais o uso comum as anexou*. De fato, como as palavras, e especialmente as de línguas já formadas, não são posse privada dos homens, mas a medida comum de suas relações e de sua comunicação, não cabe a qualquer um mudar a seu bel-prazer a cunhagem sob a qual circulam nem alterar as *ideias* que a elas estão afixadas; ou, pelo menos, quando isso se faz necessário, deve anunciá-lo.

A intenção dos homens ao falar deve, ou deveria ser, fazer-se entender, o que não é possível sem frequentes explicações, perguntas e outras interrupções incômodas como essas, toda vez que os homens não seguem o uso comum. A propriedade de linguagem é o que permite a nossos pensamentos entrar na mente de outros homens com o máximo de facilidade e proveito, e merece, portanto, algum quinhão de nosso cuidado e estudo, especialmente quando se trata das palavras morais. Aprende-se melhor a significação e o uso próprio de termos daqueles que, em seus escritos e discursos, parecem ter as noções mais claras e aplicar os termos segundo a mais exata escolha e aptidão. Ainda que essa forma de os homens usarem suas palavras, de acordo com a propriedade de linguagem, nem sempre tenha a boa fortuna de se fazer entender, no entanto, o mais das vezes faz com que a culpa recaia naquele que tenha tão pouca destreza na sua língua a ponto de não a entender quando usada como devido.

Quarto remédio, dar a conhecer seu significado.

§ 12. *Quarto.* Mas, porque o uso comum não anexa tão visivelmente uma significação às palavras a ponto de fazer com que os homens sempre saibam
515 certamente o que elas designam precisamente, e porque os homens, no cultivo de seu conhecimento, vêm a ter *ideias* diferentes das ordinária e vulgarmente recebidas, e portanto precisam fazer novas palavras para elas (coisa a que dificilmente se arriscam, pois receiam que pensem tratar-se de afetação ou de novidade) ou então *precisam* usar palavras antigas numa nova significação, a observação das regras precedentes não é suficiente. Portanto, às vezes é necessário, para tornar certa a significação das palavras, *declarar seu significado*, quer quando o uso comum as deixe incertas e frouxas (como no caso da maioria dos nomes de *ideias* complexas), quer quando um

homem as use num sentido que lhe seja de algum modo peculiar, quer ainda quando o termo for muito importante no discurso, e aquilo sobre o que verse principalmente é em alguma medida suscetível a dubiedade ou equívoco.

E isso por três vias.

§ 13. Como as *ideias* que as palavras dos homens designam são de três tipos diferentes, a via para dar a conhecer as *ideias* que designam, quando a ocasião se apresenta, também é diferente. Com efeito, ainda que se pense que definir seja a *via* própria *para dar a conhecer a significação própria das palavras*, há no entanto algumas palavras que não podem ser definidas, assim como há outras cujo significado preciso não se pode dar a conhecer senão por meio de uma definição, e talvez existam ainda algumas outras que partilhem algo de ambos os outros casos, como veremos ao tratar dos nomes de *ideias* simples, de modos e de substâncias.

Primeiro, nas ideias *simples, por meio de termos sinônimos ou mostrando.*

§ 14. *Primeiro*, quando um homem faz uso do *nome* de uma *ideia simples qualquer* que perceba não ser entendido ou correr o risco de ser mal compreendido, ele é obrigado, pelas leis da franqueza e pela finalidade da linguagem, a declarar seu significado e dar a conhecer qual é a *ideia* que ele faz o nome designar. Como se mostrou, isso não pode ser feito por meio de uma definição e, assim, quando não se pode fazê-lo por uma palavra sinônima, só resta um dos seguintes caminhos. *Primeiro*, às vezes a *nomeação do objeto em que essa* ideia *simples* pode ser encontrada fará com que seu nome seja entendido por aqueles que estejam familiarizados com o objeto e o conheçam por esse nome. Assim, para que um homem do campo entenda o que significa a cor *feuillemorte*[16], pode ser suficiente dizer-lhe que essa é a cor das folhas secas

16. De "*feuille morte*", "folha morta" em francês. [N. Ed. Br.]

que caem no *outono*. *Segundo*, o único caminho certo, no entanto, para fazer com que alguém venha a conhecer a significação do nome de qualquer *ideia* simples consiste em *apresentar a seus sentidos o objeto que pode produzi-la em sua mente* e fazer com que ele realmente tenha a *ideia* que a palavra designe.

516 § 15. *Segundo*, como os *modos mistos*, especialmente os que pertencem à moralidade, são, em sua maior parte, combinações de *ideias* que a mente reúne segundo sua própria escolha e para as quais nem sempre há padrões estáveis existentes, não se pode dar a conhecer a significação de seus nomes, como no caso das *ideias* simples, simplesmente mostrando algo: mas, em compensação, podem ser perfeita e exatamente *definidos*. De fato, como eles são combinações de diversas *ideias* que a mente do homem arbitrariamente reuniu, sem nenhuma referência a arquétipos, os homens podem, se quiserem, conhecer exatamente as *ideias* que entram em cada composição e, assim, podem não só usar essas palavras numa significação certa e indubitável, mas também declarar, quando a ocasião se apresente, o que elas designam. Se bem considerada, tal coisa faz recair grande desonra sobre aqueles que não formulam seus discursos sobre as coisas da moral com muita clareza e distinção. De fato, como a significação precisa dos nomes de modos mistos ou, o que é o mesmo, a essência real de cada espécie pode ser conhecida (de fato, eles não são feitos pela natureza, mas pelo homem), constitui grande negligência e perversidade discursar sobre coisas morais com incerteza e obscuridade, coisa muito mais desculpável quando se trata de substâncias naturais, com relação às quais dificilmente se pode evitar termos duvidosos, e isso por uma razão contrária, como veremos no momento oportuno.

Segundo, nos modos mistos, por meio de uma definição.

A moralidade é suscetível de demonstração.

§ 16. É a partir desse fundamento que me atrevo a pensar que a *moralidade é suscetível de demonstração*, tanto quanto a matemática, pois a essência real precisa das coisas que as palavras morais designam pode ser perfeitamente conhecida, e, assim, a congruência ou incongruência das coisas mesmas pode ser descoberta com certeza, que é aquilo que constitui o conhecimento perfeito. Nem poderia alguém objetar que muitas vezes os nomes de substâncias são usados em relação à moralidade, tanto quanto os de modos, e que deles surgiria obscuridade. Pois no que diz respeito às substâncias, quando elas são consideradas nos discursos morais, suas naturezas diversas não são tanto investigadas quanto supostas: p. ex., quando dizemos que *o homem está sujeito à lei*, nada significamos por *homem* além de uma criatura corpórea racional, sem considerar, nesse caso, qual a essência real ou as outras qualidades dessa criatura. Portanto, por mais que os naturalistas disputem se uma criança ou um idiota é um *homem* em sentido físico, isso absolutamente não diz respeito ao *homem moral*, como se pode chamá-lo, que é essa *ideia* imutável e inalterável, a de *um ser corpóreo racio-* 517
nal. Pois caso se pudesse encontrar um macaco, ou qualquer outra criatura que tivesse o uso da razão num grau tal que fosse capaz de entender signos gerais e de deduzir consequências acerca de *ideias* gerais, não resta dúvida de que estaria sujeito à lei e seria, nesse sentido, um *homem*, por mais que diferisse no formato de outras criaturas com esse nome. Os nomes de substâncias, se usados em moral como se deve usá-los, podem perturbá-la tão pouco quanto perturbam discursos matemáticos: nos quais, quando os matemáticos falam de um *cubo* ou *globo* de *ouro* ou de qualquer outro corpo, têm sua *ideia* clara e estabelecida, que não varia, ainda que possa, por engano, ser aplicada a um corpo particular ao qual não pertença.

Definições podem tornar claros os discursos morais.

§ 17. Mencionei isso aqui de passagem para mostrar o quanto é importante para o homem definir suas palavras, quando a ocasião se apresente, no que diz respeito aos nomes que dão para os modos mistos e, consequentemente, em todos seus discursos morais: pois isso permite levar o conhecimento moral a essa tão grande clareza e certeza. E é preciso muita falta de franqueza (para não dizer coisa pior) para recusar-se a fazê-lo: pois uma *definição é a única via pela qual se pode conhecer o significado preciso de palavras morais*, e uma via pela qual seu significado pode ser conhecido *certamente*, sem deixar nenhuma margem para contestação. Portanto, não se pode desculpar a negligência ou perversidade dos homens se seus discursos em moralidade não são muito mais claros do que em filosofia natural, uma vez que versam sobre *ideias* na mente que não são, nenhuma delas, falsas ou desproporcionais, pois não possuem seres exteriores como *arquétipos* aos quais sejam referidas e devam corresponder. É bem mais fácil para os homens formar em sua mente uma *ideia* que será o modelo ao qual será dado o nome de *justiça*, de tal modo que todas as ações que concordarem com o padrão assim feito receberão essa denominação, do que, tendo visto *Aristides*, formar uma *ideia* que seja em todos os aspectos exatamente igual a ele, que é como é, façam os homens a *ideia* dele que bem entenderem. Com efeito, no primeiro caso, só precisam conhecer a combinação de *ideias* que são reunidas dentro de sua própria mente, ao passo que, no segundo, devem investigar a natureza inteira e a constituição abstrusa e secreta e as várias qualidades de uma coisa que existe fora delas.

E esse é o único meio.

518 § 18. Outra razão que torna a *definição de modos mistos* tão necessária, *especialmente no caso de palavras morais*, é aquilo que mencionei agora há pouco,

i. e., que esse é *o único meio pelo qual a significação da maior parte* deles pode ser conhecida com certeza. De fato, como as *ideias* que eles designam são, em sua maior parte, tais que suas partes componentes não existem juntas em nenhuma parte, mas estão dispersas e misturadas a outras, é apenas a mente que as reúne e lhes dá a união de uma única *ideia*, e é somente por meio de palavras, enumerando as diversas *ideias* simples que a mente uniu, que podemos dar ao conhecimento dos outros aquilo que seus nomes designam. De fato, nesse caso, a assistência dos sentidos não nos ajuda, pelo oferecimento de objetos sensíveis, a mostrar as *ideias* que nossos nomes desse tipo designam, ao contrário do que frequentemente acontece com nomes de *ideias* simples sensíveis e também, em algum grau, com os nomes de substâncias.

Terceiro, em substâncias, mostrando e definindo.

§ 19. *Terceiro*, *para explicar* a significação *dos nomes de substâncias*, na medida em que designam as *ideias* que nós temos de suas espécies distintas, em muitos casos, *é preciso* usar ambos os meios acima mencionados, *i. e.*, *mostrar e definir*. De fato, como ordinariamente há em cada tipo algumas qualidades diretoras às quais supomos estarem anexadas as outras *ideias* que compõem nossa *ideia* complexa dessa espécie, não hesitamos em dar o nome específico à coisa na qual se encontra a marca característica que tomamos como a *ideia* mais distintiva dessa espécie. Essas *ideias* diretoras ou características (como se pode chamá-las) são, nos tipos dos animais e dos vegetais (como já se observou, *Capítulo* VI, § 29, e *Capítulo* IX, § 15), principalmente a figura e, nos tipos de corpos inanimados, a cor, e, em alguns, ambos juntos. Ora,

As ideias *das qualidades diretoras de substâncias são mais bem adquiridas pelo mostrar.*

§ 20. Essas *qualidades sensíveis diretoras* são aquelas que constituem *os principais ingredientes de nossas ideias específicas* e são, consequentemente, a parte mais observável e invariável nas definições dos no-

mes específicos que atribuímos aos tipos *de substâncias* que se encontram ao alcance de nosso conhecimento. Com efeito, ainda que o som *homem* seja, em sua própria natureza, tão apto a significar uma *ideia* complexa composta de animalidade e racionalidade uni-
519 das no mesmo objeto quanto a significar qualquer outra combinação, no entanto, quando usado como marca para designar um tipo de criatura que contamos como sendo de nosso próprio tipo, talvez seja tão necessário incluir seu formato exterior em nossa *ideia* significada pela palavra *homem* quanto qualquer outra que encontremos nela. Portanto, não é muito fácil mostrar porque a definição de *Platão*, *Animal implume bipes latis unguibus*, não seria uma definição igualmente boa do nome *homem*, designando esse tipo de criatura: pois é o formato, tomado como qualidade diretora, que parece determinar mais essa espécie do que uma faculdade de raciocínio, que não aparece em primeiro e, em alguns casos, nunca. E, se não for assim, não sei como se poderia eximir de assassinato aqueles que matem rebentos monstruosos (como os chamamos) devido a um formato inusual, sem saber se têm ou não uma alma racional, o que, logo após o nascimento, não se pode perceber de forma mais clara numa criança bem formada do que numa de mau formato. E quem é que nos mostrou que uma alma racional não poderia habitar nenhuma morada a não ser que esta tenha exatamente esse tipo de frontispício nem se unir a nenhum tipo de corpo e enformá-lo a não ser aquele com exatamente essa estrutura externa?

As ideias *das qualidades diretoras de substâncias são mais bem adquiridas pelo mostrar.*

§ 21. Ora, *mostrar é a melhor maneira de dar a conhecer essas qualidades diretoras*, e dificilmente elas podem ser dadas a conhecer de outra maneira. Com efeito, ao passo que o formato de um *cavalo* ou de um *casuar* só é impresso na mente de forma rude e imperfeita por meio de palavras, a visão dos animais o faz mil vezes melhor; e a *ideia* da cor particular do *ouro* não pode ser adquirida por nenhuma descrição, mas só com o exercício frequente dos olhos aplicado nele, como fica evidente naqueles acostumados a esse metal, que frequentemente conseguem, pela visão, distinguir o verdadeiro da falsificação, o puro do adulterado, ao passo que outros (com olhos igualmente bons, mas que não adquiriram pelo hábito a *ideia* precisa e sutil desse amarelo peculiar) não percebem nenhuma diferença. O mesmo pode ser dito das outras *ideias* simples peculiares, em seu tipo, a uma substância qualquer, quando não há nomes peculiares para essas *ideias* precisas. O som da ressonância particular que há no *ouro*, distinto do som de outros corpos, não tem nenhum nome particular anexado a ele, como tampouco o amarelo particular que pertence a esse metal.

As ideias *de seus poderes são mais bem adquiridas por meio de definições.*

§ 22. Mas, porque muitas das *ideias* simples que compõem nossas *ideias* específicas de substâncias
são poderes que não são óbvios para nossos sentidos 520
nas coisas tais como normalmente aparecem, *na* significação de nossos *nomes de substâncias uma parte da significação será dada a conhecer de forma melhor pela enumeração dessas* ideias *simples do que mostrando a substância mesma*. Pois um homem que, à cor amarela brilhante do *ouro* adquirida pela visão, acrescente ainda, pelo fato de eu enumerá-las, as *ideias* de ductilidade, fusibilidade, fixidez e solubilidade em *água-régia* terá uma *ideia* mais perfeita do *ouro* do que aquela que possa ter um outro que esteja vendo um pedaço de *ouro* e, desse modo, imprimindo em sua mente apenas suas qualidades óbvias. Mas, se a constituição formal dessa coisa brilhante, pesada e dúctil (da qual todas essas propriedades fluem) estivesse tão exposta a nossos sentidos quanto a

constituição formal ou a essência de um triângulo, a significação da palavra *ouro* poderia ser assegurada com tanta facilidade quanto a da palavra *triângulo*.

Uma reflexão sobre o conhecimento dos espíritos.

§ 23. Isso permite notar o quanto a fundação de todo *nosso conhecimento das coisas corpóreas reside em nossos sentidos*. Pois não temos absolutamente nenhuma noção ou *ideia* de como os espíritos separados de corpos (cujo conhecimento e *ideias* dessas coisas é certamente muito mais perfeito do que o nosso) os conhecem. A extensão inteira de nosso conhecimento ou de nossa imaginação não vai além de nossas próprias *ideias*, limita-se a nossas vias de percepção. É certo que não se pode duvidar que espíritos de classe superior à daqueles imersos na carne possam ter *ideias* tão claras da constituição radical das substâncias quanto nós temos daquela de um triângulo, percebendo assim como todas suas propriedades e operações fluem dali; mas a maneira pela qual chegam a esse conhecimento está para além de nossas concepções.

Também as ideias *de substâncias devem ser conformes às coisas.*

§ 24. Ainda que as definições sirvam para explicar os nomes de substâncias na medida em que designam nossas *ideias*, não os deixam sem grande imperfeição na medida em que designam coisas. De fato, como nossos nomes de substâncias não são postos meramente por nossas *ideias*, mas são usados, em última instância, para representar coisas, sendo assim postos no lugar delas, sua significação deve concordar tanto com a verdade das coisas quanto com as *ideias* dos homens. Portanto, no caso das substâncias não devemos sempre nos contentar com a *ideia* complexa comum habitualmente aceita como significação daquela palavra, mas devemos ir um pouco além e investigar a natureza e as propriedades das coisas mesmas, aperfeiçoando assim, tanto quanto puder-
521 mos, nossas *ideias* de suas espécies distintas; ou en-

tão aprendê-las daqueles que estejam acostumados a esse tipo de coisa e são experientes nelas. De fato, como a intenção é que seus nomes designem não só as coleções de *ideias* simples tais que realmente existem nas coisas mesmas, mas também a *ideia* complexa na mente dos outros homens (que é o que esses nomes designam em sua acepção comum), *para definir corretamente seus nomes é preciso investigar a história natural*, para que suas propriedades possam, com cuidado e exame, ser encontradas. Com efeito, para evitar inconveniências nos discursos e argumentos sobre corpos naturais e coisas substanciais, não é suficiente ter aprendido, da propriedade da linguagem, a *ideia* comum, mas confusa ou muito imperfeita, à qual cada palavra é aplicada, e manter cada palavra unida a essa *ideia* ao usá-la: devemos, familiarizando-nos com a história [natural] desse tipo de coisas, retificar e estabelecer nossa *ideia* complexa pertencente a cada nome específico, e, no discurso com outros (se constatamos que não nos entendam), devemos dizer que *ideia* complexa fazemos um nome designar. Isso é ainda mais necessário para aqueles que buscam o conhecimento e a verdade filosófica. De fato, sendo as palavras ensinadas às crianças quando estas têm tão somente noções muito imperfeitas das coisas, aplicam-nas ao acaso e sem muito pensar, e dificilmente formam *ideias* determinadas para serem significadas por aquelas palavras. Um costume que (sendo cômodo e suficientemente conveniente para os afazeres ordinários da vida e da conversação) tendem a manter quando se tornam adultos: assim, começam pelo lado errado, aprendendo primeiro as palavras, e perfeitamente, mas formam muito vagamente as noções às quais posteriormente aplicam essas palavras. É por isso que homens que falam apropriadamente a língua de seu país, *i. e.*, de acordo com as regras gramaticais da língua, falam no entanto muito impropriamente das coisas mesmas e realizam, argumentando uns com os outros, um progresso ínfimo na descoberta de verdades úteis e no conhecimento das coisas tal como são em si mesmas e não em nossa imaginação: com efeito, para o aprimoramento de nosso conhecimento, pouco importa como são chamadas.

§ 25. Seria então desejável que os homens versados em investigações físicas e conhecedores dos di- *Não é fácil fazê-lo.*
522 versos tipos de corpos naturais registrassem as *ideias* simples nas quais percebem que os indivíduos de cada tipo sempre concordam. Isso remediaria uma grande parcela da confusão que advém do fato de diversas pessoas aplicarem o mesmo nome a coleções maiores ou menores de qualidades sensíveis, na medida em que tenham maior ou menor familiaridade, ou maior ou menor rigor no exame das qualidades de qualquer tipo de coisas que recebem uma única denominação. Mas um dicionário desse tipo, que contivesse, por assim dizer, a história natural, requer mais mãos, e também mais tempo, custo, esforço e sagacidade do que se possa esperar. E, antes que isso seja feito, devemo-nos contentar com as definições dos nomes de substâncias que expliquem o sentido em que os homens os usam. E seria bom se, dada a ocasião, ao menos com isso pudéssemos contar. No entanto, não é usualmente o que ocorre, pois os homens falam uns com os outros e disputam acerca de palavras sobre cujo significado não concordam, e isso por um equívoco, o de que a significação das palavras comuns estaria certamente estabelecida e de que as *ideias* precisas que designam seriam perfeitamente conhecidas, e que seria vergonhoso ignorá-las. Todas suposições falsas: pois nenhum nome de *ideias* complexas tem uma significação determinada tão estável a ponto de ser constantemente usado para as mesmas *ideias*

precisas. Nem é vergonhoso para um homem não ter um conhecimento certo de algo, a não ser pelas vias necessárias para alcançá-lo; e, portanto, não implica nenhum descrédito não saber que *ideia* precisa algum som designe na mente de outro homem quando este não o declare por alguma outra via além do que meramente usar esse som, pois não há nenhum outro meio para sabê-lo certamente além de uma declaração como essa. É verdade que a necessidade de comunicação pela linguagem leva os homens a um acordo quanto à significação das palavras comuns nos limites de uma latitude tolerável, que possa servir à conversação ordinária: e assim não se pode supor que um homem ignore inteiramente as *ideias* que são anexadas às palavras pelo uso comum numa língua que lhe seja familiar. Mas o uso comum, como é uma regra muito incerta, e que se limita, em última instância, às *ideias* de homens particulares, mostra-se frequentemente ser um padrão muito variável. E, ainda que um dicionário como o que mencionei acima requeira tempo, custo e esforço demais para que se possa nutrir alguma esperança a seu respeito nesta época, penso ser razoável propor que as palavras que designam coisas que são conhecidas e distinguidas por seus formatos exteriores sejam expressas por pequenos desenhos e gravuras que as representem. Um vocabulário feito nesse estilo talvez ensine com maior 523
facilidade e em menos tempo a verdadeira significação de muitos termos, especialmente em línguas de países ou de épocas remotas, e estabeleça na mente dos homens *ideias* mais verdadeiras de muitas coisas cujos nomes lemos em autores antigos do que todos os imensos e laboriosos comentários de críticos eruditos. Naturalistas que tratam de plantas e de animais constataram os benefícios disso: e aquele que tiver ocasião de consultá-los terá razão para confessar que

tem uma *ideia* mais clara de *apium* ou de *ibex* com uma pequena gravura dessa erva ou desse animal do que poderia ter com uma extensa definição de um desses nomes. E, sem dúvida, seria assim no caso de *strigil* [estrígil] e *sistrum* [sistro] se, em lugar de *curry-comb* [brussa] e *cymbal* [címbalo], os nomes ingleses dados a eles nos dicionários, viessem estampadas na margem pequenas figuras desses instrumentos usados pelos antigos. *Toga*, *tunica* e *pallium* são palavras facilmente traduzíveis por *gown* [toga], *coat* [túnica] e *cloak* [manto], mas nem por isso temos *ideias* mais verdadeiras do estilo dessas vestimentas entre os *romanos*, não mais do que temos das faces dos alfaiates que as fizeram. Coisas como essas, que os olhos distinguem por seus formatos, entrariam melhor na mente dos homens por meio de seu desenho, que determinaria melhor a significação dessas palavras do que qualquer palavra posta no lugar delas ou usada para defini-las. Mas isso apenas de passagem.

Quinto, pela constância em sua significação.

§ 26. *Quinto*, se os homens não se derem ao trabalho de declarar o significado de suas palavras, e não se puder contar com definições de seus termos, o mínimo que se pode esperar é que, nos discursos com que um homem pretenda instruir ou convencer um outro, ele *use a mesma palavra constantemente no mesmo sentido*. Se isso fosse feito (e a isso ninguém pode recusar-se sem muita desonestidade), muitos livros existentes seriam dispensáveis, muitas controvérsias em disputa teriam fim, muitos dos imensos volumes repletos de palavras ambíguas, que ora são usadas num sentido, ora num outro, encolheriam até dimensões bem menores, e muitas das obras de filósofos e poetas caberiam numa casca de noz.

Quando se deve explicar a variação.

§ 27. Mas, no final das contas, a provisão de palavras é tão escassa (se comparada à infinita variedade de pensamentos) que os homens, carecendo de
524

termos para ajustar suas noções precisas, muitas vezes são forçados, por mais cautelosos que sejam, a usar uma mesma palavra em sentidos algo diferentes. E, ainda que na continuação de um discurso ou no desenvolvimento de um argumento dificilmente haja espaço para fazer uma digressão sobre uma definição particular a cada vez que se varia a significação de um termo, o sentido do discurso, caso não haja nenhuma falácia intencional, será, no mais das vezes, suficiente para levar leitores cândidos e inteligentes ao verdadeiro significado do termo. Mas, quando isso não é suficiente para guiar o leitor, então cumpre ao autor explicar seu significado e mostrar em qual sentido usa ali aquele termo.

LIVRO IV

525 ## CAPÍTULO I
Do conhecimento em geral

Nosso conhecimento versa sobre nossas ideias.

§ 1. Como a *mente*, em todos seus pensamentos e raciocínios, não tem nenhum outro objeto imediato além de suas próprias *ideias* – é apenas isso que ela contempla ou pode contemplar –, é evidente que nosso conhecimento versa apenas sobre elas.

Conhecimento é a percepção da concordância ou discordância entre duas ideias.

§ 2. Parece-me então que o *conhecimento* não é mais do que *a percepção da conexão e da concordância, ou da discordância e da contrariedade entre quaisquer de nossas ideias*. Ele consiste tão somente nisso. Onde essa percepção existe, existe conhecimento, e ali onde ela não existe, por mais que imaginemos, conjecturemos ou creiamos, não alcançamos o conhecimento. Com efeito, quando sabemos que *branco não é preto*, o que percebemos além da discordância entre essas duas *ideias*? Quando nos convencemos com a certeza máxima da demonstração de que os *três ângulos de um triângulo são iguais a dois ângulos retos*, o que fazemos nós além de perceber que a igualdade com dois ângulos retos necessariamente está em concordância com os três ângulos de um triângulo e é deles inseparável[1]?

1. A quinta edição acrescenta, em nota de pé de página, uma citação da "Segunda carta ao Bispo de Worcester", de Locke, p. 83 e ss.,

Essa concordância é quádrupla.

§ 3. Mas, para entender um pouco melhor no que consiste essa concordância ou discordância, penso que se pode reduzi-las a quatro tipos:

1. *Identidade* ou *diversidade.*
2. *Relação.*
3. *Coexistência ou conexão necessária.*
4. *Existência real.*

Primeiro, da identidade ou diversidade.

§ 4. Em *primeiro lugar*, vejamos o primeiro tipo de concordância ou discordância, *i. e.*, *identidade* ou *diversidade*. O primeiro ato da mente, quando ela tem qualquer sentimento ou *ideia*, é perceber suas *ideias*, 526
e, na medida em que as perceba, conhecer o que é cada uma, e assim também perceber sua diferença, e que uma não é outra. Isso é tão absolutamente necessário que, sem isso, não poderia haver absolutamente nenhum conhecimento, raciocínio, imaginação ou pensamento distinto. Por esse meio a mente percebe clara e infalivelmente que cada *ideia* concorda consigo mesma e é o que é, e que todas as *ideias* distintas discordam entre si, *i. e.*, que uma não é a outra. E faz isso tudo sem nenhum esforço, trabalho ou dedução, mas sim à primeira vista, por seu poder natural de percepção e distinção. E, ainda que a arte das Escolas tenha reduzido isso a estas regras gerais – *o que é, é*, e *é impossível que a mesma coisa seja e não seja* – para a pronta aplicação em todos os casos em que se ofereça ocasião para refletir sobre elas, é certo, no entanto, que essa faculdade primeiro se exerce em *ideias* particulares. Um homem sabe infalivelmente, tão logo as tenha em sua mente, que as *ideias* que chama de *branco* e *redondo* são exatamente as *ideias*

---

precedida pelo seguinte texto: "O bispo de Worcester suspeita que colocar a certeza na percepção da concordância ou discordância entre nossas ideias, como o faz o sr. Locke, pode ter consequências perigosas para aquele artigo de fé que ele procurou defender. A isso o sr. *Locke* responde:" [N. D. E.]

que são, e que elas não são outras *ideias* que ele chama de *vermelho* e *quadrado*. Nem há no mundo máxima ou proposição que possa fazê-lo saber isso com mais clareza ou certeza do que já o sabia antes e sem qualquer regra geral como essa. Essa é então a primeira concordância ou discordância que a mente percebe em suas *ideias*, e sempre a percebe à primeira vista. E, se alguma vez surgirem dúvidas quanto a isso, se constatará serem sempre em relação aos nomes, não às próprias *ideias*, cuja identidade e diversidade serão sempre percebidas, tão pronta e claramente sejam percebidas as próprias *ideias*, nem poderia ocorrer de outra forma.

Segundo, Relativa.

§ 5. Acredito que o próximo tipo de concordância ou discordância que a mente percebe em quaisquer *ideias* suas pode ser chamado de *relativa*, e não é nada mais do que *a percepção da relação entre duas ideias quaisquer*, não importa de que tipo, se de substâncias, de modos ou qualquer outro. De fato, como todas as *ideias* distintas devem ser perpetuamente conhecidas como não sendo a mesma e, desse modo, ser universal e constantemente negadas umas das outras, não poderia haver espaço para absolutamente nenhum conhecimento positivo se não pudéssemos perceber nenhuma relação entre nossas *ideias* e descobrir a concordância ou discordância entre uma e outra nas muitas maneiras pelas quais a mente as compara.

Terceiro, da coexistência.

§ 6. *Terceiro*, o terceiro tipo de concordância ou discordância que pode ser encontrado nas *ideias* em
527 cuja percepção a mente se emprega é a *coexistência* ou *não coexistência* no mesmo objeto, e isso diz respeito particularmente às substâncias. Assim, quando enunciamos acerca do *ouro* que ele é dotado de fixidez, nosso conhecimento dessa verdade não passa disto, que a fixidez ou poder de permanecer sob o fogo sem ser consumido é uma *ideia* que sempre acompanha e

está unida àquele tipo particular de amarelo; peso, fusibilidade, maleabilidade e solubilidade em *água-régia* que fazem nossa *ideia* complexa significada pela palavra *ouro*.

Quarto, da existência real.

§ 7. O *quarto* e último tipo é o da *existência atual e real* que concorda com alguma *ideia*. Nesses quatro tipos de concordância ou discordância estão contidos, segundo suponho, todo o conhecimento que temos e que somos capazes de ter. Portanto, toda investigação que podemos fazer sobre qualquer uma de nossas *ideias*, tudo que conhecemos e podemos afirmar a respeito de qualquer uma delas resume-se a que ela é ou não é a mesma que alguma outra, que ela sempre coexiste ou não coexiste com alguma outra *ideia* no mesmo objeto, que ela tem esta ou aquela relação com alguma outra *ideia*, ou, ainda, que ela tem uma existência real fora da mente. Dessa forma, *azul não é amarelo* diz respeito à identidade. *Dois triângulos de base igual entre duas paralelas são iguais* diz respeito à relação. *O ferro é suscetível a impressões magnéticas* diz respeito à coexistência. *Deus é* diz respeito à existência real. Ainda que identidade e coexistência em verdade não sejam mais do que relações, são modos tão peculiares de concordância ou discordância entre nossas *ideias* que bem merecem ser considerados como tópicos distintos, e não sob a relação em geral; de fato, como perceberá qualquer um que reflita sobre o que se diz em muitas partes deste *Ensaio*, elas são fundamentos muito diferentes de afirmação e de negação. Passarei agora ao exame dos diversos graus de nosso conhecimento, para o que será necessário primeiro examinar as diferentes acepções da palavra *conhecimento*.

Conhecimento atual ou habitual.

§ 8. Muitos são os modos pelos quais a mente toma posse da verdade, e cada um deles é chamado de *conhecimento*.

1. Há o *conhecimento atual*, que é a visão presente que a mente tem da concordância ou discordância entre quaisquer de suas *ideias*, ou da relação que elas mantêm umas com as outras.

2. Diz-se que um homem conhece uma proposição quando, tendo ela sido alguma vez posta diante de seus pensamentos, ele percebeu com evidência a
528 concordância ou a discordância entre as *ideias* nas quais ela consiste e a alojou de tal maneira em sua memória que, toda vez que reflita novamente sobre aquela proposição, ele sem dúvida nem hesitação adota a posição correta, dá a ela seu assentimento e tem certeza de sua verdade. Penso que a isso podemos chamar de *conhecimento habitual*. E, sendo assim, pode-se dizer que um homem conhece cada uma das verdades guardadas em sua memória por uma percepção anterior clara e completa, da qual a mente não tem qualquer dúvida sempre que se ofereça a ocasião para refletir sobre ela. De fato, como nosso entendimento finito só consegue pensar clara e distintamente em uma única coisa de cada vez, se os homens não tivessem conhecimento de nada além do que atualmente pensam, eles seriam todos muito ignorantes, e mesmo o que mais conhecesse só poderia conhecer uma única verdade, pois seria tudo o que conseguiria pensar em um único momento.

O conhecimento habitual é duplo.

§ 9. Do conhecimento habitual há também, vulgarmente falando, dois graus:

Em primeiro lugar, aquele das *verdades guardadas na memória de tal maneira que, quando quer que ocorram à mente, ela imediatamente percebe a relação existente entre tais ideias*. E isso ocorre em todas as verdades das quais temos um *conhecimento intuitivo*, quando as próprias *ideias* desvelam, para uma visão imediata, a concordância ou a discordância entre elas.

Em *segundo lugar*, aquele das *verdades que são tais que a mente, uma vez se tendo convencido delas, retém a memória de sua convicção sem as provas*. Assim, um homem que se lembre com certeza de uma vez ter percebido a demonstração de que os três ângulos de um triângulo são iguais a dois ângulos retos, está certo de que sabe isso[2], porque não pode duvidar dessa verdade. Ainda que se possa pensar que, em sua adesão a uma verdade que se deu a conhecer por uma demonstração que foi esquecida, um homem antes acredite em sua memória do que realmente conheça (como me pareceu antigamente que esse meio de possuir uma verdade era algo entre a opinião e o conhecimento, uma espécie de segurança que ultrapassa a mera crença, porque esta última depende do testemunho de outrem), no entanto, como o devido exame me mostrou, essa adesão não está distante da perfeita certeza, e é efetivamente conheci- 529
mento verdadeiro. O que nos pode levar a nos enganar num primeiro momento em nossas reflexões

---

2. Até a terceira edição, no restante desta seção o texto continuava da seguinte maneira: "comumente se concede que ele saiba isso, porque não pode duvidar dessa verdade. No entanto, tendo esquecido a demonstração, estritamente falando ele antes acredita em sua memória do que sabe da coisa, ou antes se trata de algo entre opinião e conhecimento, uma espécie de segurança que ultrapassa nossa crença, a qual depende do testemunho de outrem, e no entanto está longe do perfeito conhecimento. De fato, uma vez que o conhecimento consiste numa clara percepção da relação entre duas *ideias* quaisquer, seja por uma imediata *justaposição*, como no conhecimento intuitivo, ou pela intervenção de outras *ideias* que revelam imediatamente sua relação uma para com a outra, como na demonstração, não se pode dizer estritamente que a mente tenha sequer um conhecimento habitual se ela não tem uma visão habitual das provas, se ela não tem uma lembrança tal da demonstração que ela possa, quando a proposição é novamente reevocada por ela, perceber a conexão entre essas *ideias* graças à intervenção de outras *ideias* que sejam tais que sua conexão imediata, ou relação uma com a outra, mostre a relação dos extremos. E é por isso que o *conhecimento* demonstrativo é muito mais imperfeito do que o intuitivo, como veremos no próximo capítulo." [N. D. E.]

acerca desse assunto é que, nesse caso, a concordância ou a discordância entre as *ideias* não é percebida, como o fora de início, por uma visão atual de todas as *ideias* intermediárias pelas quais se percebia a concordância ou a discordância das *ideias* da proposição, mas por outras ideias intermediárias que mostrem a concordância ou a discordância entre as ideias contidas na proposição de cuja certeza nos lembramos. Por exemplo, alguém que viu e claramente percebeu a demonstração da verdade dessa proposição "os três ângulos de um triângulo são iguais a dois ângulos retos" sabe que a proposição é verdadeira quando a demonstração desapareceu de sua mente e não se encontra no momento atualmente a sua vista e talvez não possa ser lembrada, mas sabe que ela é verdadeira de um jeito diferente do que sabia antes. A concordância das duas *ideias* reunidas nessa proposição é percebida, mas pela intervenção de outras *ideias*, e não daquelas que primeiro produziram tal percepção. Ele lembra, *i. e.*, ele sabe (pois lembrar não é mais do que reviver algum conhecimento passado) que uma vez estivera certo da verdade da proposição "os três ângulos de um triângulo são iguais a dois ângulos retos." A imutabilidade das mesmas relações entre as mesmas coisas imutáveis é agora a *ideia* que lhe mostra que, se os três ângulos de um triângulo foram uma vez iguais a dois ângulos retos, eles sempre serão iguais a dois ângulos retos. E é assim que ele tem certeza de que o que foi verdade num caso é sempre verdade, que as *ideias* que uma vez concordaram sempre concordarão e, em consequência, que, aquilo que uma vez ele soube ser verdadeiro, ele sempre saberá ser verdadeiro, por tanto tempo quanto conseguir lembrar que uma vez o soube. É com base nesse fundamento que as demonstrações matemáticas particulares permitem um conhecimento geral. Se, então,

a percepção de que as mesmas *ideias* terão perpetua-
mente os mesmos hábitos e relações não fosse funda-
mento suficiente para o conhecimento, não poderia
haver nenhum conhecimento de proposições gerais na
matemática, pois toda demonstração matemática seria
sempre particular. E, quando um homem tivesse de-
monstrado uma proposição acerca de um triângulo ou
de um círculo, seu conhecimento não iria além desse
diagrama particular. Se quisesse estendê-lo mais, preci- 530
saria refazer sua demonstração em um outro exemplo
antes que pudesse saber se ela é verdadeira para um
outro triângulo semelhante, e assim por diante, por
meio do que ninguém jamais poderia chegar ao co-
nhecimento de nenhuma proposição geral. Imagino
que ninguém poderia negar que o sr. *Newton* certa-
mente sabe que cada uma das proposições que se
pode a qualquer momento ler em seu livro são verda-
deiras, embora não tenha naquele momento diante de
sua visão a admirável cadeia de *ideias* intermediárias
pela qual ele inicialmente descobriu que eram verda-
deiras. É bastante plausível que uma memória como
essa, capaz de reter uma tal sucessão de elementos,
esteja além do alcance das faculdades humanas, pois
constatamos que até mesmo a descoberta, a percepção
e a junção dessa maravilhosa conexão de *ideias* ultra-
passam a compreensão da maior parte dos leitores. E,
no entanto, é evidente que o próprio autor saiba que a
proposição é verdadeira, ao se lembrar de uma vez ter
visto a conexão dessas *ideias,* com tanta certeza quan-
to sabe que um homem feriu a outro ao se lembrar de
que o viu quando o transpassava. Mas, como a memó-
ria nem sempre é tão clara quanto a percepção atual e,
em todos os homens, se deteriora em maior ou menor
grau com o passar do tempo, essa diferença, entre ou-
tras, é uma que mostra que o *conhecimento demons-
trativo* é muito mais imperfeito do que o *intuitivo*,
como veremos no próximo capítulo.

CAPÍTULO II
Dos graus de nosso conhecimento.

Intuitivo.

§ 1. Como todo nosso conhecimento consiste, segundo afirmei, na visão que a mente tem de suas próprias *ideias* e que é o máximo de luz e a maior certeza de que somos capazes com nossas faculdades e maneira de conhecer, não parece despropositado considerar um pouco os graus de sua evidência. As diferenças de clareza em nosso conhecimento parecem-me residir nas diferentes maneiras em que a mente percebe a concordância ou discordância entre quaisquer de suas *ideias*. Com efeito, se refletirmos sobre nossas próprias maneiras de pensar, constataremos que, por vezes, a mente percebe a concordância ou a discordância entre duas *ideias* imediatamente
531 por elas mesmas, sem a intervenção de nenhuma outra. A isso penso que se pode chamar de *conhecimento intuitivo*. Pois aqui a mente não se esforça em provar nem examinar, pois percebe a verdade como os olhos percebem a luz, apenas voltando-se em sua direção. É assim que a mente percebe que *branco* não é *preto*, que um *círculo* não é um *triângulo*, que *três* é mais do que *dois* e é igual a *um* mais *dois*. Esse tipo de verdade é percebido pela mente logo que vê as *ideias* reunidas, por mera *intuição*, sem a intervenção de nenhuma outra *ideia*, e esse é, dos tipos de conhecimento, o mais claro e certo de que a fraqueza humana é capaz. Essa parte do conhecimento é irresistível e, como os raios do sol, impõe imediatamente sua percepção, tão logo a mente se volte em sua direção, sem dar lugar para hesitação, dúvida ou exame, pois de pronto preenche a mente com sua luz. É dessa *intuição* que depende toda a certeza e evidência de todo nosso conhecimento, certeza que todos constatam ser tão grande que ninguém pode imaginar (nem,

portanto, requerer) uma maior. Pois nenhum homem pode-se conceber capaz de certeza maior do que a de saber que uma *ideia* qualquer em sua mente é tal como ele percebe que ela seja, e que duas *ideias* nas quais ele perceba uma diferença são diferentes, e não exatamente a mesma. Quem reivindica certeza maior do que essa não sabe o que reivindica e mostra uma disposição de espírito para ser cético sem ser capaz de sê-lo. A certeza é tão inteiramente dependente dessa intuição que, no segundo grau de conhecimento, que chamo de *demonstrativo*, ela é necessária em todas as conexões das *ideias* intermediárias, sem o que não podemos atingir conhecimento e certeza.

Demonstrativo. § 2. O próximo grau de conhecimento dá-se quando a mente percebe a concordância ou discordância entre quaisquer *ideias*, mas não imediatamente. Embora sempre que a mente perceba a concordância ou a discordância entre suas *ideias* haja conhecimento certo, no entanto, nem sempre acontece de a mente ver a concordância ou a discordância que há entre elas, mesmo quando ela pode ser descoberta; e, nesse caso, permanece na ignorância, ou, no máximo, não vai além de uma conjectura provável. A razão pela qual a mente não consegue perceber sempre de imediato a concordância ou a discordância entre duas de suas *ideias* é que essas *ideias*, a respeito das quais se investiga sua concordância ou discordância, não podem ser reunidas pela mente de modo tal que possa mostrar sua concordância ou discordância. Nesse 532
caso, então, quando a mente não consegue reunir suas *ideias* de tal modo que, por meio de sua comparação imediata e, por assim dizer, justaposição ou aplicação de uma à outra, perceba sua concordância ou discordância, ela é obrigada a descobrir a concordância ou a discordância que procura pela intervenção de outras *ideias* (uma ou mais, conforme o caso),

e isso é o que chamamos *raciocínio*. Assim, quando a mente quer conhecer a concordância ou a discordância de grandeza entre os três ângulos de um triângulo e dois ângulos retos, não pode fazê-lo por uma visão e comparação imediata deles, pois os três ângulos de um triângulo não se podem apresentar de uma só vez e serem comparados com um ou dois outros ângulos; e, portanto, disto, a mente não tem nenhum conhecimento imediato ou intuitivo. Nesse caso, a mente é obrigada a encontrar outros ângulos com os quais os três ângulos do triângulo mantenham uma relação de igualdade e, ao constatar que estes são iguais a dois ângulos retos, vem a conhecer sua igualdade em relação a dois ângulos retos.

Depende de provas.

§ 3. Essas *ideias* intervenientes, que servem para mostrar a concordância entre duas outras quaisquer, são chamadas de *provas*. Quando a concordância ou a discordância é plena e claramente percebida por esse meio, a isto se chama *demonstração*, pois ela é *mostrada* ao entendimento e a mente vê que é assim. A rapidez da mente para encontrar essas *ideias* intermediárias (que devem revelar a concordância ou a discordância entre duas outras *ideias*) e para aplicá-las com correção é, suponho, o que se chama de *sagacidade*.

Mas não tão fácil.

§ 4. Ainda que o *conhecimento por provas intervenientes* seja certo, a evidência dele *não* é *tão* inteiramente *clara* e brilhante, nem o assentimento a ele é tão pronto *quanto* no conhecimento *intuitivo*. Com efeito, embora na *demonstração* a mente acabe por perceber a concordância ou discordância das *ideias* que considere, não o faz sem esforço e atenção. Para descobri-la, é preciso mais que uma única visão fugaz. A descoberta requer dedicação e busca continuadas e é preciso um progresso por passos e degraus antes que a mente chegue por esse meio à certeza e venha a perceber a concordância ou a contrariedade entre duas *ideias* que precisam de provas e do uso da razão para mostrá-la.

Não sem uma dúvida precedente.

§ 5. *Outra diferença entre o conhecimento intuitivo e o demonstrativo* é que, embora no último toda dúvida seja removida quando, pela intervenção das 533 *ideias* intermediárias, percebe-se a concordância ou a discordância, no entanto, antes da demonstração havia uma dúvida, a qual não pode ocorrer no conhecimento intuitivo para uma mente que preserva sua faculdade perceptiva num grau suscetível de *ideias* distintas, assim como não pode haver dúvida para os olhos (que veem distintamente preto e branco) se esta tinta e este papel são todos de uma mesma cor. Se há visão nos olhos, eles perceberão à primeira vista, sem hesitação, que as palavras impressas neste papel são de cor diferente daquela do papel. E, do mesmo modo, se a mente tem a faculdade de perceber distintamente, ela perceberá a concordância ou a discordância entre essas *ideias* que produzem conhecimento intuitivo. Se os olhos perderam a faculdade de ver, ou a mente a de perceber, em vão procuraremos prontidão de visão ali, ou clareza de percepção aqui.

Não tão claro.

§ 6. É verdade que a percepção produzida por *demonstração* é também bastante clara. No entanto, ela se dá frequentemente com uma grande redução daquele evidente brilho e plena certeza que sempre acompanham a percepção que chamo de *intuitiva*. É como um rosto refletido por muitos espelhos, de um passando para o outro, e que, enquanto retém a similitude e a concordância com o objeto, produz um conhecimento; mas, em cada reflexo sucessivo, sempre com a diminuição daquela perfeita clareza e distinção que há no primeiro, até que, por fim, após muitos reflexos sucessivos, o rosto se encontra de tal forma embaçado que não se pode mais tão facilmente conhecê-lo à primeira vista, especialmente quando se trata de olhos débeis. Assim também é o conhecimento extraído de uma longa série de provas.

Cada passo deve ter evidência intuitiva.

§ 7. Ora, *em cada passo que a razão dá no conhecimento demonstrativo, há um conhecimento intuitivo* daquela concordância ou discordância (que a razão busca) com a próxima *ideia* intermediária a que recorre como prova. Com efeito, não fosse assim, esta última concordância ou discordância ainda precisaria de prova. Como sem a percepção de uma tal concordância ou discordância não se produz nenhum conhecimento, então, se ela é percebida por si mesma, é conhecimento intuitivo, e, se não é percebida por si mesma, é preciso alguma *ideia* interveniente como medida comum para mostrar a concordância ou a discordância entre as ideias. Em razão disto, resta claro que cada passo no raciocínio que produz conhecimento possui certeza intuitiva; certeza que,
534 uma vez percebida pela mente, não requer senão sua lembrança para tornar visível e certa a concordância ou a discordância entre as *ideias* que inquirimos. Assim, para fazer algo como uma *demonstração*, é necessário perceber a imediata concordância das *ideias* intervenientes, pela qual se descobre a concordância ou a discordância das duas *ideias* em exame (das quais uma é sempre a primeira, e a outra, a última na explicação). Essa percepção intuitiva da concordância ou da discordância das ideias intermediárias, em cada passo e progresso da *demonstração*, deve ser conservada com exatidão na mente, e deve-se estar certo de que nenhuma parte é deixada de fora. Como a memória nem sempre as retenha com tanta prontidão e exatidão em deduções muito longas em que se recorra a muitas provas, dá-se que esse conhecimento seja mais imperfeito do que o intuitivo, e os homens frequentemente abraçam falsidades como se fossem demonstrações.

Daí o equívoco, ex praecognitis, et praeconcessis

§ 8.[3] A necessidade desse conhecimento intuitivo em cada passo do raciocínio científico ou demonstrativo foi, imagino, o que deu oportunidade para o *equivocado axioma segundo o qual todo raciocínio se dá* ex praecognitis et praeconcessis. O quanto isso é equivocado é o que terei oportunidade de mostrar mais detidamente quando considerar as proposições e, particularmente, essas proposições que são chamadas de máximas; ocasião em que mostrarei também que é por um equívoco que se suponha que elas sejam o fundamento de todos nossos conhecimentos e raciocínios.

A demonstração não se limita à quantidade.

§ 9. Geralmente se dá por garantido que só a matemática seja capaz de certeza demonstrativa. Mas, como a concordância ou a discordância que pode ser intuitivamente percebida não é, segundo imagino, privilégio exclusivo das *ideias* de *número*, *extensão* e *figura*, é possível que seja por nossa carência de um método adequado e por nossa falta de dedicação, e não pela falta de uma evidência suficiente nas coisas, que se tenha considerado que a demonstração tem tão pouco a fazer nas outras partes do conhecimento e que quase ninguém a tenha sequer ambicionado, a não ser os matemáticos. Com efeito, não importa as *ideias* que temos, se a mente consegue perceber a imediata concordância ou discordância entre elas, a seu respeito a mente é capaz de conhecimento intuitivo. E onde ela consegue perceber a concordância ou a 535
discordância entre duas *ideias* quaisquer por uma percepção intuitiva da concordância ou da discordância que elas têm com quaisquer *ideias* intervenientes, ali a mente é capaz de demonstração, o que não se limita a *ideias* de extensão, de figura, de número e de seus modos.

3. "A partir do previamente conhecido e previamente aceito." [N. Ed. Br.]

§ 10. A razão pela qual geralmente só se procurou demonstração nessas ideias e se supôs que ela só poderia existir nelas foi, imagino, não apenas a utilidade geral dessas ciências, mas o fato de que, ao comparar sua igualdade e excesso, os modos dos números têm suas mínimas diferenças muito claras e perceptíveis. E ainda que na extensão as mínimas diferenças não sejam tão perceptíveis, a mente encontrou maneiras de examinar e descobrir demonstrativamente a perfeita igualdade de dois ângulos, ou extensões, ou figuras; e ambos – números e figuras – podem ser registrados por sinais visíveis e duráveis[4], nos quais as *ideias* em consideração são perfeitamente determinadas, o que na maioria das vezes não acontece quando são assinaladas apenas por nomes e palavras. *Por que se pensou ser assim.*

§ 11. No entanto, em outras *ideias* simples cujos modos e diferenças são feitos e contados por graus, e não por quantidade, não temos uma distinção tão sutil e exata de suas diferenças a ponto de perceber ou encontrar meios para medir sua perfeita igualdade ou ínfimas diferenças. De fato, como essas outras *ideias* simples são aparências ou sensações produzidas em nós pelo tamanho, figura, número e movimento de corpúsculos minúsculos individualmente imperceptíveis, seus diferentes graus também dependem da variação de alguma ou de todas essas causas. E, como não podemos observar essas causas em partículas de matéria que são, cada uma delas, demasiadamente sutis para serem percebidas, é-nos impossível ter qualquer medida exata dos diferentes graus dessas *ideias* simples. Com efeito, supondo que a sensação ou a *ideia* que chamamos de *brancura* seja produzida em nós por um certo número de glóbulos que, tendo um determinado vórtice em torno de seus próprios centros, atingem a *retina* dos olhos com um certo grau

4. O final desta frase é um acréscimo da quarta edição. [N. D. E.]

de rotação e progressiva rapidez, seguir-se-ia disso que, quanto mais as partes superficiais de um corpo qualquer são ordenadas de maneira a refletir o maior número de glóbulos de luz e a dar-lhes aquela rotação adequada para produzir a sensação de branco em nós, tanto mais branco parecerá esse corpo que, de 536
um espaço igual, envia à retina um número maior desses corpúsculos com esse tipo peculiar de movimento. Não quero com isso afirmar que a natureza da luz consista em glóbulos redondos muito pequenos, nem que a brancura consista na textura de partes que dê uma certa rotação a esses glóbulos quando os reflete, pois não trato aqui da luz e das cores fisicamente. Mas penso poder afirmar que não posso conceber (e ficaria feliz se alguém me fizesse compreender como possa concebê-lo) como os corpos fora de nós podem afetar nossos sentidos a não ser pelo contato imediato dos próprios corpos perceptíveis, como no saborear e no tatear, ou pelo impulso de algumas partículas imperceptíveis vindas desses corpos, como no ver, no ouvir, no cheirar, que, pelos diferentes impulsos de suas partes, causados por seus diferentes tamanhos, figuras e movimentos, produzem em nós uma variedade de sensações.

§ 12. Portanto, quer sejam ou não glóbulos aquilo que produz em nós a *ideia* de *brancura*, e quer o façam ou não em razão de um vórtice em torno de seus próprios centros, o certo é que quanto mais partículas de luz forem refletidas de um corpo que é próprio para dar-lhes aquele movimento peculiar que produz em nós a sensação de brancura e, possivelmente também, quanto mais rápido for esse peculiar movimento, tanto mais branco parecerá esse corpo a partir do qual o maior número dessas partículas é refletido. O que fica evidente quando se põe uma mesma folha de papel sob os raios do sol, na sombra e numa cavidade escura, pois em cada uma dessas situações ela produzirá em nós a *ideia* de brancura em graus bastante diferentes.

§ 13. Como não sabemos, portanto, qual o número de partículas ou qual movimento delas é próprio para produzir qualquer grau preciso de *brancura*, não podemos demonstrar a igualdade entre dois graus quaisquer de *brancura*, pois não dispomos de nenhum modelo determinado para medi-los nem de meios para distinguir cada mínima diferença real, o único auxílio que temos sendo o de nossos sentidos, que não nos serve neste ponto. Mas, quando a diferença é grande o suficiente para produzir na mente *ideias* claramente distintas, cujas diferenças possam ser perfeitamente retidas, então, essas *ideias* de cores, como as vemos em diferentes tipos, como o azul e o vermelho, são tão passíveis de demonstração quanto as *ideias* de número e de extensão. O que eu disse aqui sobre a *brancura* e as cores é também verdade, penso, para todas as qualidades secundárias e seus modos.

Conhecimento sensível de existências particulares.

§ 14. Intuição e demonstração são os graus de nosso conhecimento, e o que quer que se distancie
537 deles, não importa a confiança com que seja assumido, é fé ou opinião, mas não conhecimento, ao menos em todas as verdades gerais. Há, entretanto, uma outra *percepção* da mente, que se aplica à *existência particular de seres finitos* fora de nós, e que, estando para além da mera probabilidade sem, no entanto, atingir perfeitamente nenhum dos mencionados graus de certeza, recebe o nome de conhecimento. Não pode haver nada mais certo do que o fato de que a *ideia* recebida de um objeto exterior está em nossa mente: isso é conhecimento intuitivo. Mas se há algo mais do que simplesmente essa *ideia* em nossa mente, se a partir disso podemos inferir com certeza a existência de alguma coisa fora de nós que corresponda a essa

ideia, é coisa que alguns homens pensam ser passível de questionamento, pois os homens podem ter essas *ideias* em sua mente quando nenhuma coisa assim existe, quando nenhum objeto assim afeta seus sentidos. Mas penso que aqui nos é fornecida uma evidência que nos põe além de toda dúvida: pois eu pergunto se alguém não estaria indiscutivelmente consciente diante de si mesmo da diferença de percepção quando olha o sol durante o dia e quando pensa nele à noite, quando prova a losna ou cheira uma rosa e quando pensa nesse sabor e odor. Constatamos a diferença que existe entre uma *ideia* revivida em nossa mente por nossa própria memória e uma *ideia* entrando efetivamente em nossa mente por meio dos sentidos, tão plenamente quanto constatamos a diferença entre duas *ideias* distintas. Se alguém disser que o sonho pode fazer o mesmo e que todas essas *ideias* podem ser produzidas em nós sem nenhum objeto exterior, pedir-lhe-ei que sonhe que lhe dou a seguinte resposta: 1. Pouco importa se afasto ou não essa dúvida, pois quando tudo é sonho, raciocínio e argumentos não têm utilidade, verdade e conhecimento nada são; e, 2. Creio que reconhecerá uma diferença bem manifesta entre sonhar estar no fogo e estar realmente no fogo. Mas, se estiver decidido a parecer tão cético a ponto de manter que aquilo a que chamo estar realmente no fogo não passe de sonho e que por isso não podemos saber certamente se uma coisa como o fogo existe realmente fora de nós, eu respondo que, como constatamos com certeza que prazer e dor se seguem da aplicação de certos objetos a nós, objetos cuja existência percebemos ou sonhamos perceber por nossos sentidos, então, essa certeza é tão grande quanto nossa felicidade ou infelicidade, para além do que não nos concerne saber nem existir. E, assim, penso que podemos adicionar aos dois

tipos precedentes de *conhecimento* também o conhe-
538 cimento da existência de objetos externos particulares por meio da percepção e da consciência que temos da entrada efetiva de *ideias* vindas deles, e, desse modo, reconhecer *três graus de conhecimento, i. e., intuitivo, demonstrativo e sensível*, cada um deles com diferentes graus e maneiras de evidência e certeza.

O conhecimento nem sempre é claro quando as ideias *que o compõem o são.*

§ 15. Ora, visto que nosso conhecimento se funde em *ideias* e só se aplique a elas, não se seguiria então que ele é conforme a nossas *ideias* e que, quando nossas *ideias* são claras e distintas, ou obscuras e confusas, nosso conhecimento também o será? Ao que respondo: não, pois, como nosso conhecimento consiste na percepção da concordância ou discordância entre duas *ideias* quaisquer, sua clareza ou obscuridade consiste na clareza ou obscuridade dessa percepção, não na clareza e obscuridade das próprias *ideias*. P. ex., um homem que tenha *ideias* tão claras dos ângulos de um triângulo e da igualdade de dois ângulos retos quanto qualquer matemático do universo pode, no entanto, ter tão somente uma percepção bem obscura e, assim, ter um conhecimento bem obscuro dessa concordância entre elas. Mas *ideias* que sejam confusas, seja em razão de sua obscuridade, seja por qualquer outra razão, não podem produzir nenhum conhecimento claro ou distinto; com efeito, na mesma medida em que quaisquer *ideias* são confusas, nessa mesma medida a mente não consegue perceber claramente se elas concordam ou não. Ou, para expressar a mesma coisa de maneira talvez menos sujeita a mal-entendidos, aquele que não determinou as *ideias* para as palavras que use não pode com elas formular proposições de cuja verdade possa ter certeza[5].

---

5. Esta última frase foi acrescentada a partir da quarta edição. [N. D. E.]

CAPÍTULO III
Da extensão do conhecimento humano.

§ 1. Uma vez que o conhecimento, como já foi dito, reside na percepção da concordância ou discordância entre nossas *ideias*, segue-se que,

Primeiro, não vai além das ideias *que temos.*

Primeiro, não temos conhecimento para além das *ideias* que temos.

Segundo, não vai além da concordância ou discordância que podemos perceber entre elas.

§ 2. *Segundo*, não podemos ter nenhum *conheci-* 539
mento para além da *percepção* que podemos ter dessa concordância ou discordância. Percepção que se dá: 1. Por *intuição*, ou comparação imediata entre duas *ideias*; 2. Por *razão*, examinando a concordância ou a discordância entre duas *ideias* graças à intervenção de algumas outras; ou 3. Por *sensação*, percebendo a existência de coisas particulares. Do que também se segue que:

Terceiro, o conhecimento intuitivo não se estende a todas as relações entre todas nossas ideias.

§ 3. *Terceiro*, não podemos ter *conhecimento intuitivo* que se estenda a todas nossas *ideias* e a tudo quanto gostaríamos de conhecer a seu respeito, pois não conseguimos examinar e perceber, por justaposição ou comparação imediata entre elas, todas as relações que elas mantêm umas com as outras. Assim, se tenho *ideia* de um triângulo de ângulo obtuso e de um outro de ângulos agudos, ambos traçados a partir de bases iguais e entre paralelas, posso, por conhecimento intuitivo, perceber que um não é o outro, mas não consigo por esse meio saber se são iguais ou não, pois sua concordância ou discordância na igualdade nunca pode ser percebida por uma comparação imediata entre eles. A diferença de figura torna impossível a aplicação exata e imediata das partes de um às do outro e, portanto, há necessidade de algumas quantidades intervenientes para medi-los, o que constitui demonstração ou conhecimento racional.

Quarto, nem tampouco o conhecimento demonstrativo.

§ 4. *Quarto*, segue-se ainda, do que se observou acima, que nosso *conhecimento racional* não consegue alcançar a extensão total de nossas *ideias*. Com efeito, se examinarmos duas *ideias* diferentes, nem sempre conseguiremos encontrar termos médios tais que os possamos conectar um ao outro com conhecimento intuitivo em todas as partes da dedução e, quando isso não é possível, estamos longe do conhecimento e da demonstração.

Quinto, o conhecimento sensível está dentro de limites mais estreitos do que ambos os outros.

§ 5. *Quinto*, como o *conhecimento sensível* não vai além da existência das coisas atualmente presentes a nossos sentidos, ele é ainda mais restrito do que os precedentes.

Sexto, nosso conhecimento é, portanto, mais restrito que nossas ideias.

§ 6. De tudo isso resta evidente que *a extensão de nosso conhecimento* não só está bastante aquém da extensão da realidade das coisas como também da extensão de nossas próprias *ideias*. Embora nosso conhecimento seja limitado a nossas *ideias* e não possa excedê-las nem em extensão, nem em perfeição – e ainda que esses limites sejam bastante estreitos quando comparados à extensão do ser-total e estejam bem distantes do que podemos certamente imaginar estar em alguns entendimentos, mesmo criados, que não estejam atados à grosseira e escassa informação recebida por umas poucas e não muito aguçadas vias de percepção como nossos sentidos –, não seria mal para nós que nosso conhecimento fosse tão amplo quanto nossas *ideias*, e que não houvesse tantas dúvidas e questões sobre as *ideias* que temos, dúvidas e questões que não conseguimos, nem creio eu que neste mundo conseguiremos, resolver. Não obstante, não duvido que o conhecimento humano, sob as atuais circunstâncias de nosso ser e constituição, poderia chegar muito mais longe do que chegou até aqui, se os homens quisessem, com sinceridade e mente aberta, empregar no aprimoramento dos meios para descobrir a verdade toda essa diligência e esforço de pensamento que têm empregado para disfarçar ou defender falsidades, em nome de um sistema, interesse ou partido que adotem. Entretanto, tudo considerado, penso que posso, sem ofensa para a perfeição humana, estar certo de que nosso conhecimento jamais alcançará tudo o que desejamos saber sobre as *ideias* que temos nem será capaz de sobrepujar todas as dificuldades e resolver todas as questões que possam surgir sobre qualquer uma delas. Temos as *ideias* de *quadrado*, de *círculo*, de *igualdade* e, no entanto, talvez nunca consigamos encontrar um círculo igual a um quadrado e saber com certeza que sejam iguais. Temos as *ideias* de *matéria* e de *pensamento*[6], mas possivelmente jamais conseguiremos saber se um ser meramente material pensa ou não, pois nos é impossível descobrir, pela contemplação de nossas

---

6. A quinta edição acrescenta, em nota de pé de página, citações da "Primeira carta ao Bispo de Worcester", de Locke, p. 64 e ss., e de sua "Terceira carta", p. 396 e ss., precedidas pelo seguinte texto: "Contra essa asserção do sr. Locke, de *que possivelmente jamais conseguiremos saber se um ser meramente material pensa ou não*, etc., o bispo de Worcester argumenta como segue: *se for verdade, então por tudo quanto podemos saber por nossas ideias de* matéria *e* pensamento, *a matéria pode ter um poder de pensar; e, se isso vale, então é impossível provar que há uma substância espiritual em nós a partir da* ideia de pensamento*: pois como podemos estar assegurados por nossas ideias de que Deus não deu tal poder de pensamento à matéria disposta tal como nossos corpos estão dispostos? Especialmente uma vez que vem dito* (Livro 4, Cap. III, § 6), 'que não está muito mais longe de nossa compreensão, no que tange a nossas noções, conceber que Deus possa acrescentar a nossa ideia de matéria uma faculdade de pensar, se lhe aprouver, do que conceber que ele lhe acrescente uma outra substância com uma faculdade de pensar.' *Quem quer que afirme isso nunca poderá provar que haja uma substância espiritual em nós a partir de uma faculdade de pensar, pois não poderá saber, a partir da ideia de matéria e de pensamento, que a matéria assim disposta não possa pensar. E ele não poderá estar certo de que Deus não conformou a matéria de nossos corpos de modo que ela seja capaz disso.* [parágrafo] A isso, o sr. Locke responde como segue:" [N. D. E.]

próprias *ideias*, sem revelação, se a Onipotência não deu a alguns sistemas de matéria apropriadamente dispostos o poder de perceber e pensar, ou então se
541 juntou e fixou à matéria assim disposta uma substância imaterial pensante. Pois não está muito mais longe de nossa compreensão, no que tange a nossas noções, conceber que DEUS possa acrescentar à matéria a faculdade de pensar, se lhe aprouver, do que conceber que ele acrescente à matéria uma outra substância com a faculdade de pensar; de fato, não sabemos no que consiste o pensamento nem a que tipo de substância aprouve o Todo-Poderoso dar esse poder, o qual não pode existir em nenhum ser criado a não ser pelo beneplácito e generosidade do Criador. De fato, não vejo nenhuma contradição em que o primeiro e eterno Ser pensante possa, se quiser, dar a certos sistemas de matéria criada insensível, reunidos como lhe parecer apropriado, alguns graus de sensação, percepção e pensamento, ainda que, como penso ter provado no Capítulo X do Livro IV, é pura e simplesmente uma contradição supor que a matéria (que é, evidentemente, em sua própria natureza, vazia de sensação e pensamento) possa ser o primeiro ser eterno pensante[7]. Que conhecimento certo poderia alguém ter de que algumas percepções, como, p. ex., prazer e dor, não possam existir em alguns dos corpos eles próprios, modificados e movidos de uma certa maneira, tanto quanto podem existir na substância imaterial em consequência dos movimentos de partes do corpo? Com efeito, até onde possamos conceber, corpos só conseguem atingir e afetar corpos, e o movimento, até onde nossas *ideias* possam alcançar, só consegue produzir movimento, de tal maneira que, quando concedemos que o corpo produz prazer e dor ou a *ideia* de uma cor ou de um som, somos obrigados a aban-

7. Frase acrescentada a partir da segunda edição. [N. D. E.]

donar nossa razão, a ir além de nossas *ideias* e a atribuir isso inteiramente ao beneplácito de nosso Criador. De fato, uma vez que é preciso reconhecer que ele anexou ao movimento efeitos que de nenhuma maneira podemos conceber que o movimento seja capaz de produzir, que razão teríamos nós para concluir que ele não poderia dispor esses efeitos de modo que fossem produzidos num objeto que não concebamos capaz deles tanto quanto em um objeto que seja tal que não consigamos conceber que o movimento da matéria possa agir sobre ele? Não digo isso para enfraquecer de modo nenhum a crença na imaterialidade da alma: não falo aqui de probabilidade, mas de conhecimento, e não somente penso que caiba à modéstia da filosofia não se pronunciar de forma doutoral quando falte aquela evidência que possa produzir conhecimento, mas também que nos 542
é útil discernir quão longe se estende nosso conhecimento. De fato, como nossa presente condição não é a da visão, devemos, em muitos assuntos, contentar-nos com a fé e a probabilidade, e não devemos estranhar se, quanto à presente questão – a imaterialidade da alma –, nossas faculdades não consigam chegar a uma certeza demonstrativa. Todos os grandes fins da moralidade e da religião estão suficientemente bem assegurados sem provas filosóficas da imaterialidade da alma, pois é evidente que Aquele que primeiro nos fez começar a subsistir aqui, como seres sensíveis inteligentes, e por muitos anos nos manteve nessa condição, pode e irá devolver-nos a uma semelhante condição de sensibilidade num outro mundo, bem como nos tornar capazes de receber ali a retribuição que prescreveu para os homens de acordo com seus feitos nesta vida[8]. E, portanto, não é de

8. Todo o trecho seguinte desta seção, com a exceção das duas últimas frases ("Retornando agora etc."), é um acréscimo da quarta edição. [N. D. E.]

tão premente necessidade determinar isso em um sentido ou em outro, como alguns, por um excesso de zelo a favor ou contra a imaterialidade da alma, quiseram que o mundo acreditasse. Por um lado, os que concedem demais a seus pensamentos inteiramente imersos na matéria não conseguem reconhecer a existência de nada que não seja material; por outro, os que, não encontrando a *cogitação* entre os poderes naturais da matéria, examinada e reexaminada com a máxima aplicação da mente, concluem confiadamente que nem mesmo a própria Onipotência possa dar percepção e pensamento a uma substância que tenha a modificação da solidez. Quem considerar como é difícil conciliar, em nossos pensamentos, sensação e matéria extensa, ou então existência e algo sem absolutamente nenhuma extensão, reconhecerá estar bem longe do conhecimento certo do que é sua alma. Este é um ponto que me parece encontrar-se para além do alcance de nosso conhecimento, e quem se permitir considerar livremente e examinar as partes obscuras e intricadas de cada hipótese dificilmente pensará ser sua razão capaz de determiná-lo de uma vez por todas a favor ou contra a materialidade da alma. Pois não importa a perspectiva pela qual se veja a alma, seja como substância não extensa, seja como matéria extensa pensante, a dificuldade de conceber qualquer uma das hipóteses o levará, quando tiver apenas uma delas em seus pensamentos, para a posição oposta. É um modo iníquo pelo qual alguns homens procedem consigo mesmos: devido à incompreensibilidade de algo que encontram numa hipótese, abraçam abruptamente a contrária, mesmo que ela seja igualmente ininteligível para um entendimento imparcial. Isso serve não só para mostrar a fraqueza e a indigência de nosso conhecimento, mas também para
43 mostrar como é insignificante o triunfo desse tipo de

argumento, que, extraído de nossas próprias noções, pode convencer-nos de que não é possível encontrar nenhuma certeza em um lado da questão, mas que de forma alguma nos ampara no caminho da verdade ao precipitar-se na opinião oposta, cujo exame mostra estar comprometida com dificuldades equivalentes. Com efeito, para quem quer evitar os aparentes absurdos e obstáculos, a seu ver intransponíveis, com as quais se depare em uma opinião, que segurança, que vantagem pode haver em refugiar-se na contrária, construída a partir de algo que seja, da mesma maneira, inteiramente inexplicável e distante de sua compreensão? É certo que temos em nós algo que pensa, pois nossas próprias dúvidas em relação ao que seja esse algo confirmam a certeza de sua existência, embora tenhamos de nos contentar com a ignorância sobre o tipo de *ser* de que se trate. E de nada serve ser cético em relação a isso, do mesmo modo que não é razoável, na maioria dos outros casos, negar decididamente que uma coisa exista só porque não compreendemos sua natureza. Pois gostaria de saber se existe alguma substância que não tenha algo em si que manifestamente confunda nosso entendimento. O quanto outros espíritos que veem e conhecem a constituição interna das coisas não devem exceder a nós em conhecimento! Se a isso acrescentarmos uma compreensão mais ampla que lhes permite, num só relance, ver a conexão e a concordância de muitíssimas *ideias*, e que prontamente lhes fornece as provas intermediárias (que nós somente a passos lentos, dados um de cada vez, perscrutando longamente a escuridão, finalmente encontramos com muita dificuldade, e que frequentemente logo esquecemos antes de ter desemboscado outra), então poderemos ter alguma noção da felicidade das classes superiores de espíritos que têm uma visão mais rápida e penetrante e dispõem de um campo mais amplo de conhecimento. Retornando agora ao argumento em questão, afirmo que nosso *conhecimento* não só tem como limites a escassez e imperfeição das *ideias* de que dispomos e às quais o aplicamos, como nem mesmo chega a alcançar plenamente esses limites. Investigaremos agora quão longe ele chega.

§ 7. As afirmações ou negações que fazemos sobre as *ideias* que temos podem, como acima sugeri de um modo geral, serem reduzidas a quatro tipos, *i. e.*, identidade, coexistência, relação e existência real. Examinarei quão longe nosso conhecimento se estende em cada um deles.

Quão longe chega nosso conhecimento.

§ 8. *Primeiro, no que diz respeito à identidade* e *à diversidade*, nesse modo de concordância ou discordância entre nossas *ideias, nosso conhecimento intui-*
544 *tivo se estende tão longe quanto nossas ideias* elas próprias, e não pode haver nenhuma *ideia* na mente que ela não perceba imediatamente, por um conhecimento intuitivo, ser o que é e ser diferente de qualquer outra.

Primeiro, nosso conhecimento da identidade e da diversidade vai tão longe quanto nossas ideias.

§ 9. *Segundo, quanto* ao segundo tipo de conhecimento, a *concordância ou discordância* de nossas *ideias na coexistência*, nosso conhecimento é bastante restrito, embora nisso consista a maior e mais importante parte de nosso conhecimento sobre as substâncias. Isso porque nossas *ideias* das espécies de substâncias são, como mostrei, apenas certas coleções de *ideias* simples unidas num só objeto, e que portanto coexistem juntas; p. ex.: nossa *ideia* de *chama* é a de um corpo quente e luminoso que se move para cima, nossa ideia de *ouro* é a de um corpo pesado em uma determinada medida, amarelo, maleável e fusível. Sendo assim, esses dois nomes das diferentes substâncias *chama* e *ouro* designam essas *ideias* complexas ou outras tais como essas na mente dos homens. E, quando quisermos saber algo mais sobre

Segundo, nosso conhecimento da coexistência não vai muito longe.

essas ou sobre qualquer outro tipo de substância, o que investigaremos a não ser quais outras qualidades ou poderes essas substâncias possuem ou não? O que é o mesmo que saber quais outras *ideias* simples coexistem ou não com aquelas que compõem sua *ideia* complexa.

Isso porque se desconhece a conexão entre a maior parte das ideias *simples.*

§ 10. Essa parte da ciência humana, por mais significativa e considerável que seja, é, no entanto, bastante restrita, quase nula. A razão disso é que a maior parte das *ideias* simples das quais nossas *ideias* complexas de substâncias são compostas não trazem consigo, em sua própria natureza, nenhuma conexão ou incompatibilidade necessária e visível com outras *ideias* simples de cuja *coexistência* com elas gostaríamos de ser informados.

Especialmente de qualidades secundárias.

§ 11. As *ideias* de que são compostas nossas *ideias* complexas de substâncias e das quais se ocupa principalmente nosso conhecimento das substâncias são as de suas *qualidades secundárias*. Como estas últimas dependem todas (como foi mostrado) das qualidades primárias de suas partes diminutas e insensíveis, ou então de algo ainda mais afastado de nossa compreensão, torna-se impossível para nós saber quais têm entre si união ou incompatibilidade necessária. De fato,
como não conhecemos a fonte da qual se originam, 545
nem sabemos qual o tamanho, a extensão e a textura de partes das quais dependem e resultam aquelas qualidades que compõem nossa *ideia* complexa de *ouro*, é impossível saber quais outras qualidades resultam de ou são incompatíveis com a mesma constituição das partes insensíveis do *ouro*, e que, consequentemente, devem sempre *coexistir* ou então ser *incompatíveis* com a *ideia* complexa que temos de *ouro*.

E isso porque não conseguimos descobrir nenhuma conexão necessária entre as qualidades secundárias e as qualidades primárias.

§ 12. Além dessa ignorância com relação às qualidades primárias das partes insensíveis dos corpos, das quais dependem todas suas qualidades secundárias, há ainda uma outra e mais incurável parcela de ignorância que nos deixa ainda mais longe de um conhecimento certo da *coexistência* ou da *incoexistência* (por assim dizer[9]) de diferentes *ideias* num mesmo objeto, a saber: não se pode descobrir nenhuma conexão entre qualquer *qualidade secundária e aquelas qualidades primárias* de que ela depende.

§ 13. Que o tamanho, a figura e o movimento de um corpo causem alteração no tamanho, na figura e no movimento de outro corpo é coisa que compreendemos, assim como a separação das partes de um corpo pela intrusão de outro corpo e a passagem do repouso para o movimento a partir de um impulso. Essas e coisas que tais nos parecem ter uma *conexão* entre si. E, se conhecêssemos essas qualidades primárias dos corpos, teríamos razão para esperar chegar a saber muito mais sobre essas operações de um corpo sobre o outro. Mas, como nossa mente não consegue descobrir nenhuma *conexão* entre essas qualidades primárias dos corpos e as sensações que elas produzem em nós, jamais poderemos estabelecer regras certas e indubitáveis da consequência ou da *coexistência* de quaisquer qualidades secundárias, mesmo que pudéssemos descobrir o tamanho, a figura ou movimento dessas partes invisíveis que as produzem imediatamente. Tão longe estamos de conhecer qual figura, tamanho ou movimento de partes produza uma cor amarela, um gosto doce ou um som agudo que não conseguimos de modo nenhum conceber como é possível que qualquer *tamanho*, *figura* ou *movimento* de quaisquer partículas possa produzir em nós a *ideia* de qualquer *cor*, *gosto* ou *som*, sejam lá quais forem, pois não há nenhuma *conexão* concebível entre uns e outros.

---

9. O termo inglês *incoexistence* não existia, e foi aqui cunhado por Locke. [N. Ed. Br.]

§ 14. É vão, portanto, tentarmos descobrir por meio de nossas *ideias* (que são o único caminho verdadeiro para o conhecimento universal e certo) quais outras *ideias* podem ser encontradas constantemente 546
unidas a nossa *ideia* complexa de qualquer substância, pois não conhecemos a constituição real das partes diminutas das quais dependem suas qualidades e, mesmo que a conhecêssemos, não descobriríamos nenhuma *conexão* necessária entre ela e qualquer uma das *qualidades secundárias*, o que seria necessário fazer antes de ter um conhecimento certo de sua *coexistência necessária*. Assim, não importa qual seja nossa *ideia* complexa de uma espécie qualquer de substância, dificilmente poderíamos determinar com certeza, a partir das *ideias* simples nela contidas, a *coexistência necessária* de qualquer outra qualidade. Nosso conhecimento nessas investigações não vai muito além da nossa experiência. É verdade que há umas poucas qualidades primárias que necessariamente dependam e estejam visivelmente conectadas umas às outras, como a figura necessariamente pressupõe a extensão, e receber ou transmitir movimento por impulso pressupõe a solidez. Mas, embora essas e algumas outras de nossas *ideias* tenham uma *conexão visível* entre si, elas são tão *poucas* que, pela intuição ou pela demonstração, conseguimos descobrir a existência de bem poucas das qualidades que podem ser encontradas unidas nas substâncias, e assim só nos resta a assistência de nossos sentidos para nos dar a conhecer as qualidades que elas contêm. De fato, dentre todas as qualidades que coexistem em algum objeto, sem essa dependência e evidente conexão mútua entre suas *ideias*, não podemos saber com certeza da *coexistência* de duas quaisquer delas para além daquilo que a experiência, por meio de nossos sentidos, nos informa. Assim, nós vemos a cor amare-

la e encontramos, por meio de experimentos, o peso, a maleabilidade, a fusibilidade e a fixidez que estão unidos num pedaço de *ouro*; mas, como nenhuma dessas *ideias* tem qualquer *dependência* evidente ou conexão necessária com as outras, não podemos saber com certeza que, onde houver quatro delas, sejam quais forem, a quinta também estará presente, por mais provável que isso seja. De fato, a mais alta probabilidade não equivale à certeza e, sem esta, não pode haver verdadeiro conhecimento. Pois esta *coexistência* só pode ser conhecida na medida em que é percebida, e só pode ser percebida em objetos particulares pela observação de nossos sentidos, ou em geral pela *conexão* necessária entre as próprias *ideias*.

O conhecimento da contrariedade a coexistir vai mais longe.

§ 15. *Quanto à incompatibilidade com ou contrariedade à coexistência*, podemos saber que cada objeto só pode ter, de cada tipo de qualidade primária,
547 apenas uma por vez, p. ex., cada particular extensão, figura, número de partes e movimento exclui todos os outros de mesmo tipo. O que também é certo para toda *ideia* sensível peculiar a cada sentido; de fato, seja lá o que for que, de cada tipo, estiver presente em um objeto exclui tudo o mais de mesmo tipo; p. ex., nenhum objeto pode ter dois cheiros ou duas cores ao mesmo tempo. A isso se poderia objetar: uma *opala* ou a infusão de *lignum nephriticum* não têm duas cores ao mesmo tempo? Ao que respondo: esses corpos podem, para olhos diferentemente posicionados, apresentar duas cores diferentes ao mesmo tempo; mas também peço licença para dizer que, para olhos assim localizados em diferentes lugares, são partes diferentes do objeto que refletem as partículas de luz e que, portanto, não é a mesma parte do objeto e, portanto, não é exatamente o mesmo objeto que aparece, ao mesmo tempo, amarelo e azul. Pois é tão impossível que exatamente a mesma partícula de um

corpo qualquer possa, ao mesmo tempo, modificar ou refletir de modo diferente os raios de luz quanto ter, ao mesmo tempo, duas diferentes figuras e texturas.

O da coexistência de poderes não vai muito longe.

§ 16. Mas, *quanto aos poderes de substâncias* para mudar as qualidades sensíveis de outros corpos, o que corresponde a grande parte de nossa investigação sobre eles e constitui um ramo nada desprezível de nosso conhecimento, duvido que *nosso conhecimento vá* muito *além* de nossa experiência, ou que venhamos a descobrir a maior parte desses poderes e ter a certeza de que estejam num objeto pela conexão com qualquer das *ideias* que, para nós, compõem sua essência. Porque, como os poderes passivos e ativos dos corpos e seus meios de operação consistem numa textura e em um movimento de partes que não podemos de modo algum descobrir, é apenas em alguns muito poucos casos que somos capazes de perceber sua dependência ou contrariedade em relação a qualquer uma dessas *ideias* que compõem nossa *ideia* complexa desse tipo de coisas. Dei esse exemplo seguindo a hipótese corpuscular, uma vez que se considera que é ela que vai mais longe em uma explicação inteligível das qualidades dos corpos, e receio que a fraqueza do entendimento humano dificilmente possa substituí-la por outra que nos ofereça uma revelação mais plena e clara da conexão e *coexistência* necessárias dos poderes que se pode observar unidos em diversos tipos de corpos. O certo, pelo menos, é 548
que, independentemente de qual seja a hipótese mais clara e verdadeira (o que não me cabe determinar), nosso conhecimento relativo às substâncias corpóreas avançará bem pouco por meio de qualquer uma delas enquanto não nos fizerem ver que qualidades e poderes dos corpos têm entre si *conexão ou contrariedade necessária*. Acerca disso, sabemos bem pouco no presente estado da filosofia, e tenho dúvidas de

que, com as faculdades que temos, possamos algum dia levar muito longe nosso conhecimento geral (não digo a experiência particular) nesse campo[10]. Aqui devemo-nos apoiar na experiência, e seria desejável que ela fosse mais cultivada, uma vez que são manifestas as vantagens que o generoso esforço de alguns homens que seguiram essa via trouxeram para o conjunto de nosso conhecimento natural. E, se outros que aspiram a tanto, especialmente os filósofos do fogo[11], fossem tão cuidadosos em suas observações e sinceros em seus relatos como deveriam ser os que se denominam filósofos, nossa familiaridade com os corpos a nossa volta e nossa penetração em seus poderes e operações seria muito maior do que é.

O de espíritos é ainda mais estreito.

§ 17. Se tal é nossa situação com relação aos poderes e operações dos corpos, penso não ser difícil concluir *que estamos muito mais no escuro com referência aos espíritos*, dos quais não temos de modo natural nenhuma *ideia* além das que extraímos de nosso próprio espírito ao refletir sobre as operações interiores de nossa alma na medida em que podem cair sob nossa observação. Mas quão insignificante é o nível dos espíritos que habitam nossos corpos em meio a esses muitos, possivelmente inumeráveis, tipos de seres mais nobres e quão longe estão dos dotes e perfeições de querubins, serafins e infinitos tipos de espíritos acima de nós é o que brevemente sugeri alhures, de passagem, à consideração de meu leitor.

Terceiro, não é fácil dizer quão longe nosso conhecimento de outras relações se estende.

§ 18. Quanto ao terceiro tipo de nosso conhecimento, *i. e.*, a *concordância ou discordância de quaisquer dentre nossas* ideias *em qualquer outra relação*, uma vez que ele constitui o mais amplo campo de nosso conhecimento, é difícil determinar quão

10. O final desta seção foi acrescentado a partir da segunda edição. [N. D. E.]

11. Alquimistas. [N. Ed. Br.]

longe ele se pode estender. Porque, como os avanços que são feitos nessa esfera do conhecimento dependem de nossa sagacidade para encontrar *ideias* intermediárias que possam mostrar as *relações* e *hábitos* de *ideias,* sem consideração de sua coexistência, é difícil dizer onde terminam tais descobertas, e onde a 549
razão dispõe de todos os auxílios de que é capaz para encontrar provas e examinar a concordância ou discordância entre *ideias* remotas. Os que ignoram a *álgebra* não podem imaginar as maravilhas que se pode, por meio dela, obter nesse tipo de conhecimento, e não é fácil determinar quais ulteriores aprimoramentos e auxílios vantajosos para outras partes do conhecimento a sagaz mente do homem poderá vir a encontrar. Mas, pelo menos, creio que as ideias de quantidade não são as únicas passíveis de demonstração e conhecimento, e que outras esferas de contemplação, talvez ainda mais úteis, poderiam trazer-nos a certeza, se vícios, paixões e interesses tirânicos não se opusessem ou ameaçassem tal empenho.

A moralidade pode ser demonstrada.

Uma vez que são claras para nós tanto a *ideia* de um ser supremo, com poder, bondade e sabedoria infinitos, do qual somos a obra e do qual dependemos, quanto a *ideia* de nós mesmos como seres racionais dotados de entendimento, suponho que, se devidamente consideradas e perquiridas, essas *ideias* poderiam oferecer fundamentos para nosso dever e regras de ação que permitissem pôr a *moralidade entre as ciências que são suscetíveis de demonstração*. Não duvido de que, dessa ciência, a partir de proposições autoevidentes e por meio de consequências necessárias tão incontestáveis quanto as da matemática, pode-se extrair as medidas do certo e do errado, desde que nos apliquemos a ela com a mesma imparcialidade e atenção com que nos dedicamos às outras ciências. A *relação* pode ser percebida de forma certa

em outros *modos*, tanto quanto nos de número e extensão, e não vejo por que não poderiam ser suscetíveis de demonstração, desde que se cogitassem métodos adequados para examinar ou perquirir a concordância ou a discordância entre eles. *Onde não há propriedade, não há injustiça* é uma proposição tão certa quanto qualquer demonstração de *Euclides*; de fato, como a *ideia* de *propriedade* é a do direito a uma coisa, e a *ideia* à qual se dá o nome *injustiça* é a invasão ou violação desse direito, é evidente que, estando essas *ideias* assim estabelecidas e com esses nomes a elas anexados, posso saber com tanta certeza que esta proposição é verdadeira quanto que um
550 triângulo tem três ângulos iguais a dois ângulos retos. O mesmo vale para a proposição *Nenhum governo permite liberdade absoluta*: a *ideia* de governo é o estabelecimento de sociedade a partir de certas regras ou leis que requerem conformidade a elas, e como a *ideia* de liberdade absoluta é a de que qualquer um pode fazer o que quiser, posso ter tanta certeza da verdade dessa proposição quanto de qualquer proposição matemática.

Duas coisas levaram a pensar que as ideias *morais não seriam suscetíveis de demonstração: sua complexidade e a falta de representação sensível delas.*

§ 19. O que, a esse respeito, concedeu vantagem para as *ideias* de quantidade e levou os homens a pensarem que fossem mais suscetíveis de certeza e demonstração foi:

Primeiro, que elas podem ser registradas e representadas por sinais sensíveis que têm maior e mais estreita correspondência com elas do que qualquer palavra ou som. Diagramas traçados em papel são cópias das *ideias* na mente e não se expõem à incerteza que as palavras trazem em sua significação. Um ângulo, círculo ou quadrado traçado em linhas se dá inteiramente à visão e se subtrai ao equívoco, permanece imutável e pode ser considerado e examinado à vontade, sua demonstração pode ser revisada, e se pode reconstituir mais de uma vez todas suas partes sem nenhum perigo da menor mudança nas *ideias*. O que não pode ser feito dessa maneira em relação às *ideias morais*, pois não temos nenhum sinal sensível que se assemelhe a elas, pelo qual possamos registrá-las; temos apenas palavras para expressá-las, e, embora estas permaneçam as mesmas uma vez escritas, as *ideias* que elas designam podem mudar num mesmo homem, e é muito raro que não sejam diferentes em pessoas diferentes.

Segundo, outra coisa que traz mais dificuldade para a *ética* é que as *ideias morais* são comumente mais complexas do que as das figuras ordinariamente consideradas na matemática. Do que se seguem duas inconveniências. *Primeiro*, a significação de seus nomes é mais incerta, pois não é fácil estabelecer um acordo sobre a coleção precisa de *ideias* simples que eles designam. E, portanto, o signo que é sempre usado para uma *ideia* moral na comunicação, e quase sempre no pensamento, não traz constantemente consigo a mesma *ideia*. Disso se seguem a mesma desordem, confusão e erro que se seguiriam se um homem, para demonstrar algo de um *heptágono*, deixasse um ângulo de fora do diagrama de demonstração, ou então, por inadvertência, fizesse a figura com um ângu- 551
lo a mais do que normalmente implica o nome ou do que era sua intenção quando pensara em fazer a demonstração. Isso acontece muitas vezes e dificilmente pode ser evitado em *ideias* morais muito complexas: mantendo-se um mesmo nome, um único ângulo, *i. e.*, uma única *ideia* simples é deixada de fora ou incluída na *ideia* complexa (ainda chamada pelo mesmo nome) em uma hora e não em outra. *Segundo*, da complexidade dessas *ideias* morais se segue outra inconveniência, a saber, que a mente não consegue reter facilmente essas combinações precisas com tanta

exatidão e perfeição quanto seria necessário para o exame dos hábitos e correspondências, das concordâncias e discordâncias de muitas delas entre si; especialmente quando isso deve ser julgado por meio de longas deduções e pela intervenção de muitas outras *ideias* complexas, para mostrar a concordância ou discordância entre duas *ideias* distantes entre si.

O principal recurso contra isso, que os matemáticos encontram nos diagramas e figuras que permanecem inalteradas em seus desenhos, é bastante evidente e, não fosse por ele, a memória teria frequentemente muita dificuldade para retê-las com tanta exatidão enquanto a mente percorre passo a passo suas partes para examinar as diversas correspondências entre elas. E, ainda que, na consecução de um cálculo extenso, em *adição*, *multiplicação* ou *divisão*, cada parte seja apenas uma progressão da mente que veja suas próprias *ideias* e considere a concordância ou discordância entre elas, e ainda que a resolução da questão nada mais seja do que o resultado do todo, composto desses elementos dos quais a mente tenha uma clara percepção, no entanto, sem registrar as diversas partes com sinais cuja significação precisa seja conhecida, e com sinais duradouros que permaneçam visíveis uma vez que a memória os tenha deixado ir, seria praticamente impossível manter na mente tantas *ideias* diferentes sem confundir ou deixar escapar algumas partes da contagem, tornando assim inúteis todos nossos raciocínios sobre elas. Aqui, as cifras ou os sinais absolutamente não ajudam a mente a perceber a concordância entre dois ou mais números, suas igualdades e proporções: isso, a mente só alcança pela intuição de suas próprias *ideias* dos números eles mesmos. Mas os caracteres numéricos ajudam a memória a registrar e reter as diversas *ideias* das quais a demonstração é feita, permitindo que um homem

saiba até onde foi seu conhecimento intuitivo no exame de muitos dos elementos, para assim prosseguir, sem confusão, até o que é ainda desconhecido e, por 552
fim, ter diante de si, em um só golpe de vista, o resultado de todas suas percepções e raciocínios.

Remédios para essas dificuldades.

§ 20. Parte *dessas desvantagens* das *ideias* morais, que fez com que se pensasse que elas não fossem suscetíveis de demonstração, pode em grande medida ser *remediada* por definições, estabelecendo a coleção de *ideias* simples que cada termo deve significar, e então usando os termos estável e constantemente para essa coleção precisa. E é difícil prever quais métodos a *álgebra* ou algo do gênero poderia sugerir para remover as outras dificuldades. Tenho confiança de que, se os homens buscarem as verdades morais pelo mesmo método e com a mesma imparcialidade com que buscam as verdades matemáticas, constatarão que elas mantêm entre si uma conexão mais forte, que se seguem mais necessariamente de nossas *ideias* claras e distintas e que estão mais próximas de uma perfeita demonstração do que comumente se imagina. Mas não se deve esperar muito nesse sentido enquanto o desejo de estima, riquezas ou de poder levar os homens a esposar, de olho no dote, as opiniões em voga, e então buscar argumentos seja para dar valor a sua beleza, seja para engrinaldar ou encobrir sua deformidade. De fato, nada é tão belo para os olhos como a verdade o é para a mente, nada é tão deformado e inaceitável para o entendimento como a mentira. Com efeito, ainda que muitos homens consigam, com bastante satisfação, ter em seu lar uma esposa não muito bela, quem seria impudente o bastante para reconhecer abertamente ter esposado uma falsidade e ter acolhido em seu peito coisa tão feia como a mentira? Enquanto cada seita dos homens forçar suas doutrinas goela abaixo de todos aqueles que consigam pôr sob seu domínio, sem permitir que examinem sua verdade ou falsidade, e não tolerar que a verdade tenha livre curso neste mundo, nem que os homens tenham liberdade para procurá-la, como esperar algum aprimoramento nesse gênero de conhecimento? Como esperar mais luz nas ciências morais? A parte submissa do gênero humano, em muitos lugares, poderia, em vez disso, esperar, com a escravidão egípcia pelas trevas *egípcias*, não fosse a lâmpada do Senhor, que ele próprio colocou na mente de cada homem e que nenhum sopro ou poder humano pode extinguir inteiramente.

Quarto, acerca da existência real, nós temos um conhecimento intuitivo da nossa própria existência, demonstrativo da existência de Deus e sensível daquela de algumas outras poucas coisas.

§ 21. Quanto ao quarto tipo de nosso conhecimento, *i. e.*, da *existência real*, *efetiva*, das coisas, temos um
553 conhecimento intuitivo de nossa própria *existência*, um conhecimento demonstrativo da *existência* de um Deus e, quanto à existência de qualquer outra coisa, só temos um conhecimento sensível que não vai além dos objetos presentes a nossos sentidos.

É grande nossa ignorância.

§ 22. Sendo nosso conhecimento, como mostrei, tão restrito, talvez possamos lançar alguma luz sobre o presente estado de nossa mente se olharmos um pouco para o lado escuro e examinarmos *nossa ignorância*. Como esta última é infinitamente maior do que nosso conhecimento, poderá ser-nos de grande valia, para apaziguar as disputas e para aprimorar o conhecimento útil, se, descobrindo até onde podemos ter *ideias* claras e distintas, confinarmos nossos pensamentos à contemplação das coisas que se encontrem ao alcance de nosso entendimento e não nos lançarmos nesse abismo de trevas (onde não temos olhos para ver nem faculdades para perceber o que quer que seja) com a presunção de que nada estaria para além de nossa compreensão. Não é preciso ir muito longe para nos convencermos da tolice dessa pretensão. Aquele que saiba alguma coisa sabe isto em primeiro lugar: que não precisa procurar muito para encontrar exemplos de sua ignorância. Mesmo as coisas mais ordinárias e óbvias que encontramos em nosso caminho têm seu lado obscuro, impenetrável para a mais aguda visão. Mesmo os entendimentos mais claros e amplos dos pensadores se confundem e se perdem diante de qualquer partícula da matéria. Isso nos espantará menos quando considerarmos as *causas de nossa ignorância*; as quais, pelo que já foi dito, são principalmente estas três:

Primeiro, falta de *ideias*.

Segundo, falta de uma conexão passível de ser descoberta entre as *ideias* que temos.

Terceiro, falta de um rastreamento e de um exame de nossas *ideias*.

Primeiro, uma das causas de nossa ignorância é a falta de ideias, *seja daquelas que não temos nenhuma concepção, seja daquelas de que particularmente não dispomos.*

§ 23. *Primeiro*, há algumas coisas, e não são poucas, que ignoramos por *falta de ideias*.

Primeiro, todas as *ideias* que temos estão confinadas (como mostrei) àquelas que recebemos dos objetos corpóreos pela *sensação* e das operações de nossa própria mente como objetos de *reflexão*. Mas aqueles que não são tolos a ponto de considerar a palma de sua mão como a medida de todas as coisas irão facilmente se convencer do quanto esses poucos e estreitos portais são desproporcionais à vasta exten- 554
são completa de todos os seres. Não cabe a nós determinar que outras *ideias* simples criaturas de outras partes do universo talvez possam ter pela assistência de sentidos e de faculdades mais numerosos ou mais perfeitos do que os que temos ou diferentes dos nossos. Mas dizer ou pensar que não haja tais *ideias* só porque nada concebemos delas é um argumento tão ruim como o de um cego que afirmasse não existirem visão e cores porque ele não tenha nenhuma forma de *ideia* de coisas como essas nem consiga de modo algum formar para si mesmo nenhuma noção acerca

da visão. A ignorância e as trevas que há em nós não impedem nem restringem o conhecimento que há em outros seres, assim como a cegueira da toupeira não é argumento contra a visão aguçada da águia. Quem considerar o infinito poder, sabedoria e bondade do Criador de todas as coisas terá razão para pensar que o conhecimento inteiro não foi depositado numa criatura tão insignificante, ordinária e impotente como o homem, que muito provavelmente é dos seres intelectuais mais inferiores. Não sabemos, portanto, quais faculdades outras espécies de criaturas teriam para penetrar na natureza e na constituição mais recôndita das coisas, nem quais *ideias*, muito diferentes das nossas, recebem delas. O que nós sabemos e constatamos com certeza é que nos faltam muitas outras visões das coisas, além das que temos, para realizar descobertas mais perfeitas sobre as coisas. Para nos convencermos de que as *ideias* que podemos alcançar com nossas faculdades estão muito mal proporcionadas às coisas mesmas, basta lembrar que nos é vedada uma *ideia* positiva, clara e distinta da própria substância, que é fundamento de tudo o mais. Mas, como a falta de *ideias* desse gênero é tanto parte quanto causa de nossa ignorância, ela não pode ser descrita. Posso apenas dizer com segurança, creio eu, que, quanto a isso, o mundo intelectual e o mundo sensível são perfeitamente semelhantes, e que a parte que vemos de cada um deles não mantém nenhuma proporção com a que não vemos, e que tudo que alcançamos com nossos olhos ou com nossos pensamentos não passa, em ambos, de um ponto, quase um nada em comparação ao resto.

Por sua longinquidade, ou....

§ 24. *Segundo*, outra importante causa de ignorância é a *falta de* ideias *de que somos capazes*. Assim como a falta de *ideias* que nossas faculdades não são capazes de nos oferecer nos impede inteiramente de

ver coisas que é razoável pensar que sejam vistas por 555
outros seres mais perfeitos do que nós, e dos quais nada sabemos, a falta de *ideias* de que falo agora também nos mantém na ignorância de coisas que concebemos como cognoscíveis por nós. Temos *ideias* de *volume*, *figura* e *movimento*. Mas, embora não sejamos desprovidos de *ideias* dessas qualidades primárias dos corpos em geral, no entanto, como não conhecemos o *volume*, a *figura* e o *movimento* particulares da maior parte dos corpos do universo, ignoramos os inúmeros poderes, capacidades e vias de operação pelos quais são produzidos os efeitos que vemos a todo momento. Em algumas coisas, escondem-se de nós por serem *muito remotos*, em outras, por serem muito *diminutos*. Quando consideramos a vasta distância das partes conhecidas e visíveis do mundo, quando consideramos as razões que temos para pensar que o que se encontre em nosso horizonte é só uma pequena parte do imenso universo, descobrimos um gigantesco abismo de ignorância. Quais são as maquinarias particulares das grandes massas de matérias que compõem a assombrosa estrutura total dos seres corpóreos, qual sua extensão, em que consiste seu movimento, como se mantém ou é transmitido, qual a influência de um desses corpos sobre o outro: eis contemplações nas quais, tão logo a elas se entregue, nosso pensamento se perde. Se estreitarmos nossa contemplação e confinarmos nossos pensamentos a este modesto cantão – ou seja, o sistema de nosso Sol, com as massas de matéria que vemos se moverem em torno dele –, que diversidade de tipos de vegetais, de animais e de seres corpóreos inteligentes provavelmente não haverá em muitos outros planetas, infinitamente diferentes daqueles existentes neste pequeno ponto que é nosso globo e cujo conhecimento de modo algum conseguiremos alcançar nem

sequer de suas figuras e partes externas enquanto estivermos confinados a este globo, uma vez que não há meios naturais, seja por sensação, seja por reflexão, para introduzir suas *ideias* determinadas em nossa mente? Encontram-se fora do alcance desses portais de todo nosso conhecimento e nem sequer podemos adivinhar, que dirá ter *ideias* distintas e claras, dos tipos de mobília e habitantes que ocupam essas mansões.

Ou por causa de seu tamanho diminuto.

§ 25. Se uma grande parte, mesmo a maior parte das diversas classes de *corpos* no universo escapam a nossa observação por estarem muito distantes, há outros não menos escondidos de nós por seu tamanho diminuto. Esses corpúsculos insensíveis sendo as par-
556 tes ativas de matéria e os grandes instrumentos da natureza, dos quais dependem não só todas suas qualidades secundárias como ainda muitas de suas operações naturais, nossa falta de *ideias* distintas e precisas de suas qualidades primárias nos mantém numa incurável ignorância acerca do que gostaríamos de saber sobre eles. Não tenho dúvidas de que, se pudéssemos descobrir qual a figura, o tamanho, a textura e o movimento das diminutas partes constituintes de dois corpos quaisquer, conheceríamos, sem experimento, muitas dentre as operações de um sobre o outro, assim como agora conhecemos as propriedades de um quadrado ou de um triângulo. Se conhecêssemos as afecções mecânicas das partículas do *ruibarbo*, da *cicuta*, do *ópio* e de um *homem* como o relojoeiro conhece as de um relógio (graças às quais este executa suas operações) e as de uma lima que por fricção alterará a figura de qualquer uma das engrenagens, conseguiríamos dizer de antemão que o *ruibarbo* purgará, que a *cicuta* matará e que o *ópio* sedará um homem, assim como o relojoeiro pode dizer de antemão que um pedaço de papel posto no pêndulo

impedirá o relógio de funcionar enquanto não for removido, ou que alguma de suas partes menores, sendo friccionada por uma lima, o mecanismo perderá inteiramente seu movimento, e o relógio não irá mais funcionar. Que a prata se dissolve em *água-forte*, e o ouro, em *água-régia*, e não *vice-versa*, seria então coisa tão fácil de saber como é para um ferreiro entender por que o girar de uma chave, e não o de outra, abrirá o cadeado. Mas, enquanto formos destituídos de sentidos suficientemente agudos para descobrir as partículas diminutas dos corpos e para nos dar *ideias* de suas afecções mecânicas, devemo-nos conformar em permanecer ignorantes de suas propriedades e modos de operação; nem poderemos ter certeza de nada sobre eles para além daquilo que os poucos experimentos que com eles fazemos conseguem alcançar. Mas não podemos ter certeza de que eles serão novamente bem-sucedidos numa outra vez. Isto impossibilita nosso conhecimento certo de verdades universais sobre corpos naturais, e nossa razão nos leva muito pouco além da questão de fato.

Por isso não há ciência dos corpos.

§ 26. Portanto, por mais que o engenho humano promova a filosofia útil e *experimental* em *coisas físicas*, sou dado a pensar que a filosofia *científica* permanecerá fora de nosso alcance, porque nos faltam *ideias* perfeitas e adequadas até mesmo dos corpos que estão mais próximos de nós, muitos do quais sob 557
nosso comando. Mesmo daqueles que distribuímos em classes sob nomes e pensamos nos serem mais familiares nós só temos *ideias* muito imperfeitas e incompletas. Talvez tenhamos *ideias* distintas dos diversos tipos de corpos que se oferecem ao exame de nossos sentidos, mas suspeito que entre elas não exista nenhuma *ideia* adequada. E, ainda que *ideias* distintas nos possam servir para o uso e discurso comuns, enquanto nos faltarem *ideias* adequadas não seremos

capazes de *conhecimento científico* nem nunca conseguiremos descobrir verdades gerais, instrutivas e incontestáveis a seu respeito. *Certeza* e *demonstração* são coisas que não devemos, nessa matéria, ambicionar. Pela cor, figura, gosto, cheiro e outras qualidades sensíveis, temos *ideias* tão claras e distintas da sálvia e da cicuta quanto as que temos de um círculo e de um triângulo; mas, como não temos nenhuma *ideia* das qualidades primárias particulares das partes diminutas de nenhuma dessas plantas, nem de outros corpos aos quais poderíamos aplicá-las, não podemos dizer quais efeitos essas qualidades produzirão. E, quando vemos os efeitos, não podemos sequer adivinhar, quanto mais conhecer, a maneira pela qual foram produzidos. E assim, como não temos nenhuma *ideia* das afecções mecânicas particulares das partes diminutas dos corpos que se encontram a nossa vista e alcance, nós ignoramos sua constituição, poderes e operações; e, acerca dos corpos mais remotos, estamos em ainda maior ignorância, pois nem mesmo conhecemos seu formato exterior ou as partes sensíveis e mais grossas de sua constituição.

Muito menos dos espíritos.

§ 27. Isso nos mostra, de imediato, como nosso conhecimento é mal proporcionado a toda a extensão dos seres materiais. Se a isso acrescentarmos a consideração desse infinito número de *espíritos* que podem existir, e provavelmente existem, que estão ainda mais distantes de nosso conhecimento e dos quais não temos nenhuma cognição, nem podemos formar para nós mesmos nenhuma *ideia* distinta de suas diversas classes e tipos, então constataremos que essa causa da ignorância esconde de nós em uma impenetrável obscuridade quase todo o mundo intelectual, certamente maior e mais belo do que o material. De fato, com exceção de algumas poucas e superficiais,
558 por assim dizer, *ideias* de espírito, que por reflexão

adquirimos de nosso próprio e das quais extraímos, tão bem quanto nos é possível, a *ideia* do Pai de todos os espíritos, eterno e independente autor deles, de nós e de todas as coisas, não temos nenhuma informação certa, nem sequer da existência de outros espíritos, a não ser por revelação. Anjos de todo tipo estão naturalmente fora do alcance de nossa descoberta, e todas essas inteligências, das quais é provável haver mais ordens do que de substâncias corpóreas, são coisas acerca das quais nossas faculdades naturais não oferecem absolutamente nenhuma notícia certa. Todo homem tem razão para se convencer, a partir das palavras e das ações dos outros homens, de que, assim como nele próprio, há neles mentes e seres pensantes; e o conhecimento de sua própria mente não permitiria a um homem refletido ignorar que há um DEUS. Mas quem é que, por sua própria pesquisa e habilidade, pode chegar a conhecer que há graus de seres espirituais entre nós e o grande DEUS? Menos ainda temos *ideias* distintas de suas diferentes naturezas, condições, estados, poderes e diversas constituições, nas quais concordam ou diferem entre si e de nós. Portanto, permanecemos em absoluta ignorância no que concerne a suas diferentes espécies e propriedades.

Segundo, a impossibilidade de se descobrir conexão entre as ideias *que temos.*

§ 28. *Segundo*; já vimos quão pequena é a parte dos seres substanciais no universo que nossa falta de *ideias* franqueia para nosso conhecimento; em seguida, outra causa de ignorância, não menos relevante, é a falta de uma *conexão passível de ser descoberta* entre as *ideias* que temos. Pois sempre que nos falte isso somos inteiramente incapazes de conhecimento universal e certo, e somos entregues, como no caso precedente, apenas à observação e ao experimento; os quais, nem é preciso dizê-lo, são bem estreitos e limitados e muito distantes do conhecimento geral. Darei alguns exemplos dessa causa de nossa ignorân-

cia, para então abandonar esse assunto. É evidente que o volume, a figura e o movimento de diversos corpos a nossa volta produzem em nós diversas sensações, tais como as de cores, sons, gostos, cheiros, prazer, dor etc. Como essas afecções mecânicas dos corpos não têm absolutamente nenhuma afinidade com as
559 ideias que produzam em nós (pois não há conexão concebível entre nenhum impulso de nenhum tipo de corpo e qualquer percepção de uma cor ou cheiro que encontremos em nossa mente), não podemos ter nenhum conhecimento distinto de tais operações, que estão além de nossa experiência; e não podemos raciocinar sobre elas senão como efeitos produzidos por indicação de um agente infinitamente sábio que ultrapassa inteiramente nossa compreensão. Assim como as *ideias* de qualidades secundárias sensíveis que temos em nossa mente não podem de modo algum ser deduzidas de causas corpóreas, nem se pode encontrar qualquer correspondência ou conexão entre elas e as qualidades primárias que (como mostra a experiência) as produzem em nós, assim também, por outro lado, é igualmente inconcebível a operação de nossas mentes sobre nossos corpos. Está tão distante da natureza de nossas *ideias* o modo pelo qual um pensamento pode produzir um movimento num corpo quanto o modo pelo qual um corpo pode produzir um pensamento na mente. Se a experiência não fosse suficiente para nos convencer disso, a consideração das coisas elas próprias jamais seria, em grau algum, apta a nos revelá-lo. Ainda que essas *ideias* e outras do mesmo tipo tenham uma conexão constante e regular no curso ordinário das coisas, como essa conexão não é passível de ser descoberta nas próprias *ideias*, que não parecem ter nenhuma dependência necessária entre si, só podemos atribuir sua conexão à determinação arbitrária do sapientíssimo

Agente que as fez existirem e operarem assim, de maneira inteiramente acima do que nosso débil entendimento pode conceber.

Exemplos. § 29. Há, em algumas de nossas *ideias*, certas relações, hábitos e conexões tão visivelmente incluídos na natureza das próprias *ideias* que não podemos concebê-las como separáveis delas por nenhum poder. Só nelas somos capazes de conhecimento certo e universal. Assim, a *ideia* de um triângulo retilíneo necessariamente traz consigo a igualdade de seus ângulos com dois ângulos retos. Nem podemos conceber essa relação, essa conexão entre essas duas *ideias*, como possivelmente mutável ou como dependente de qualquer poder arbitrário que a fez assim por sua escolha, ou que a poderia fazer de outra maneira. Mas, uma vez que a coerência e a continuidade das partes da matéria, a produção da sensação, em nós, de cores e sons etc., por impulso e movimento, 560
e até mesmo as regras originais e a transmissão do movimento são tais que não podemos nelas descobrir nenhuma conexão natural com nenhuma de nossas *ideias*, só nos resta atribuí-las à vontade arbitrária e ao bel-prazer do sábio Arquiteto. Não é necessário mencionar aqui, penso eu, a ressurreição dos mortos, o estado futuro deste globo terrestre e outras coisas semelhantes, que todos reconhecem depender inteiramente da determinação de um agente livre. As coisas que, tão longe quanto nossa observação alcance, vemos sucederem-se regularmente, podemos concluir que agem por uma lei que lhes é dada; mas por uma lei que desconhecemos: assim, embora as causas operem de modo estável, e os efeitos fluam constantemente delas, no entanto, como sua *conexão* e *dependência* não são passíveis de serem descobertas em nossas *ideias*, não podemos ter a seu respeito senão um conhecimento experimental. A partir disso tudo, é fácil perceber em que escuridão estamos en-

volvidos, e quão pouco podemos conhecer do ser e das coisas que existem. E, portanto, não traremos nenhum desdouro a nosso conhecimento se nos dissermos a nós mesmos modestamente que estamos tão longe de sermos capazes de compreender a natureza inteira do universo e de todas as coisas nele contidas que não somos capazes de um *conhecimento* filosófico nem mesmo dos corpos que estão a nosso redor e dos que constituem uma parte de nós, pois não podemos ter nenhuma certeza universal acerca de suas qualidades secundárias, poderes e operações. Muitos são os efeitos que, a cada dia, se fazem notar por nossos sentidos e dos quais temos, nessa medida, *conhecimento sensível*; mas, pelas duas razões precedentes, devemo-nos conformar com a ignorância das causas, da maneira e da certeza de sua produção. Nisso não podemos ir além do que nos informa a experiência particular acerca dos fatos, e só podemos conjecturar, por analogia, quais efeitos os corpos semelhantes provavelmente produzirão em outros experimentos. Mas, quanto a uma *ciência* perfeita de corpos naturais (sem mencionar os seres espirituais), estamos, penso eu, tão longe de sermos capazes de algo assim que concluo ser esforço inútil buscar por isso.

Terceiro, por não rastrearmos nossas ideias.

§ 30. *Terceiro*, mesmo quando temos *ideias* adequadas e quando há uma conexão certa e passível de ser descoberta entre elas, é frequente permanecermos ignorantes por não *rastrearmos* as *ideias* que temos ou podemos ter e por não encontrarmos as *ideias* intermediárias que nos mostrem qual hábito de
561 concordância ou discordância elas têm entre si. Por isso, muitos ignoram as verdades matemáticas, não por uma imperfeição de suas faculdades ou pela falta de certeza das próprias coisas, mas por falta de aplicação na aquisição, no exame e na devida comparação entre as *ideias*. O que mais contribuiu para impedir o devido *rastreamento* de nossas *ideias* e a descoberta

de suas relações e da concordância ou discordância entre elas foi, suponho eu, o mau uso das *palavras*. É impossível que os homens verdadeiramente busquem ou descubram com certeza a concordância ou discordância entre as *ideias* elas próprias enquanto seus pensamentos voltearem em torno de sons de significação duvidosa e incerta ou se fixarem apenas neles. Os matemáticos, abstraindo seus pensamentos dos nomes e acostumando-se a pôr diante de sua mente as próprias *ideias* que querem considerar, e não os sons no lugar delas, evitaram assim boa parte da perplexidade, emaranhamento e confusão que tanto impediram o progresso dos homens em outras partes do conhecimento. De fato, enquanto se apegam a palavras de significação indeterminada e incerta, são incapazes de distinguir, em suas próprias opiniões, o verdadeiro do falso, o certo do provável, o coerente do incoerente. Como esse foi o destino ou a infelicidade de grande parte dos homens de letras, o incremento trazido ao estoque de conhecimento real foi muito pequeno em proporção ao número de escolas, disputas e escritos de que o mundo foi abarrotado; ao passo que os estudiosos, perdidos na imensa floresta das palavras, não sabem onde estão, nem quão longe foram em suas descobertas, nem o que falta ao estoque geral de conhecimentos ou a seu próprio. Tivessem os homens, nas descobertas sobre o mundo material, procedido como o fizeram nas do mundo intelectual, envolvendo tudo na obscuridade de modos de falar incertos e obscuros, então os volumes escritos sobre navegação e viagens e as teorias e relatos multiplicados e disputados sobre regiões e marés, e mesmo os navios construídos e as frotas mandadas ao mar não nos teriam ensinado o caminho para além da linha equinocial, e os antípodas ainda seriam tão desconhecidos como quando se declarou heresia sustentar sua existência. Mas, como já falei suficientemente das palavras e do mau uso ou do uso descuidado que comumente se faz delas, não direi aqui mais nada sobre isso.

Extensão com respeito à universalidade.

562 § 31. Até aqui examinamos a *extensão* de nosso conhecimento com relação aos diversos tipos de seres existentes. Há uma *outra extensão dele, com relação à universalidade,* que também merece ser considerada. Quanto a isso, nosso conhecimento segue a natureza de nossas *ideias*. Se as *ideias* cuja concordância ou discordância percebemos forem abstratas, então o conhecimento será universal. Pois o que for conhecido acerca de tais *ideias gerais* será verdadeiro de cada coisa particular na qual se encontre aquela essência, *i. e.*, aquela *ideia* abstrata; e o que uma vez se conhece de tais *ideias* será perpetuamente e para sempre verdade. De tal maneira que, com relação a todo conhecimento geral, temos de buscá-lo e encontrá-lo apenas em nossa própria mente, e só o exame de nossas próprias *ideias* nos poderá fornecê-lo. As verdades pertencentes à essência das coisas (ou seja, às *ideias* abstratas) são eternas e só se encontram pela contemplação dessas essências, assim como a existência das coisas só se conhece pela experiência. Como retornarei a esse ponto nos capítulos em que discutirei o conhecimento geral e real, isto é o suficiente, aqui, quanto à universalidade de nosso conhecimento em geral.

CAPÍTULO IV
Da realidade de nosso conhecimento.

Objeção: o conhecimento assentado em ideias *pode ser pura fantasia.*

§ 1. Não duvido de que, a esta altura, meu leitor poderá estar inclinado a pensar que estive todo esse tempo construindo um castelo no ar, dispondo-se a me dizer: qual o propósito de todo esse alvoroço? O

conhecimento, dizes, é só a percepção da concordância ou discordância entre nossas próprias *ideias* – mas quem sabe o que podem ser essas *ideias*? Há coisa mais extravagante do que a imaginação do cérebro dos homens? Onde achar uma cabeça na qual não se encontrem *quimeras*? Ou, se há algum homem sábio e sensato, qual diferença haveria, segundo tuas regras, entre o conhecimento dele e o do mais extravagante fantasioso do mundo? Ambos têm suas *ideias* e percebem a concordância ou discordância entre elas. Se há diferença entre um homem e outro, a vantagem deveria ser daquele de cabeça ardente, pois tem mais *ideias* e mais vivas. E, assim, segundo tuas 563
regras, ele seria o mais sábio. Se é verdade que todo conhecimento resida unicamente na percepção da concordância ou discordância entre nossas *ideias*, são igualmente certas as visões de um entusiasta e os raciocínios de um homem sensato. Não se trata de como sejam as coisas: se um homem observa a concordância entre suas próprias imaginações e fala em conformidade com isso, é tudo verdade, é tudo certeza. Tais castelos no ar serão sustentáculos tão fortes da verdade quanto as demonstrações de *Euclides*. Que uma harpia não é um centauro é, por essa via, um conhecimento tão certo e é tão verdade quanto que um quadrado não é um círculo.

Mas *qual a utilidade de todo esse* belo *conhecimento das imaginações próprias dos homens* para um homem que inquira sobre realidade das coisas? Não importa o que sejam as fantasias dos homens, só o conhecimento das coisas merece ser prezado, só ele dá um valor para nossos raciocínios e torna preferível o conhecimento de um homem ao de outro quando verse sobre as coisas como realmente são, e não sobre sonhos e fantasias.

Resposta: Não, quando as ideias *concordam com as coisas.*

§ 2. Ao que eu respondo: se nosso conhecimento de nossas *ideias* termina nelas e não vai mais além, ali onde se visa a algo mais, nossos pensamentos mais sérios serão pouco mais úteis do que os devaneios de um cérebro louco, e as verdades construídas a partir deles não terão mais peso do que os discursos de um homem que veja coisas com clareza num sonho e as afirme com a maior segurança. Mas espero ainda tornar evidente que este modo de certeza, pelo conhecimento de nossas próprias *ideias*, vai um pouco além da mera imaginação; e creio que ficará claro que toda a certeza das verdades gerais que um homem tenha reside apenas nisso.

§ 3. É evidente que a mente não conhece as coisas imediatamente, mas só pela intervenção das *ideias* que delas tenha. *Nosso conhecimento*, portanto, só é *real* quando há conformidade entre nossas *ideias* e a realidade das coisas. Mas qual seria aqui o critério? Como saberá a mente, quando não percebe senão suas próprias *ideias*, que elas concordam com as coisas mesmas? Embora isso pareça não ser desprovido de dificuldades, creio haver dois tipos de *ideias* que podemos estar certos de concordarem com as coisas.

Primeiro, todas as ideias *simples concordam com as coisas.*

§ 4. *Primeiro*, as primeiras são as *ideias* simples. Como se mostrou, a mente não pode, de modo algum, criá-las para si mesma, e, sendo assim, as *ideias*
564 simples devem necessariamente ser o produto de coisas que operam na mente por vias naturais, produzindo nela as percepções que a sabedoria e a vontade de nosso Criador ordenou e adaptou a elas. Disso se segue que as ideias *simples não são ficções* de nossa fantasia, mas produções naturais e regulares de coisas fora de nós realmente operando sobre nós; portanto, trazem consigo toda a conformidade pretendida ou que nosso estado requer. Pois elas nos representam as coisas sob as aparências que elas são aptas a pro-

duzir em nós, e, graças a isso, somos habilitados a distinguir os tipos de substâncias particulares, a discernir os estados em que se encontram e assim a tomá-las segundo nossas necessidades e aplicá-las para nosso uso. Desse modo, as *ideias* de brancura ou de amargura, tal como estão na mente, respondendo exatamente ao poder que haja num corpo para produzi-las ali, têm toda a conformidade real que podem ou devem ter com as coisas fora de nós. E essa conformidade entre nossas *ideias* simples e a existência das coisas é suficiente para um conhecimento real.

Segundo, todas as ideias *complexas, exceto as de substâncias.*

§ 5. *Segundo*, como *todas nossas* ideias *complexas, exceto as de substâncias*, são *arquétipos* de fabricação da própria mente, que não são destinados a serem cópias de alguma coisa, nem são referidas à existência de coisa alguma como a seu original, *não podem carecer de nenhuma conformidade necessária ao conhecimento real*. Pois o que não é destinado a representar nada além de si mesmo nunca pode ser suscetível de representar erradamente nem de nos desviar da verdadeira apreensão de alguma coisa por sua dessemelhança com ela: e assim, com exceção das de substâncias, são todas nossas *ideias* complexas; as quais, como mostrei em outro lugar, são combinações de *ideias* que a mente conjuga por sua livre escolha sem considerar nenhuma conexão que elas tenham na natureza. É por isso que, em todos esses tipos, as próprias *ideias* são consideradas como *arquétipos*, e as coisas não são consideradas a não ser na medida em que sejam conformes a elas. De maneira que não podemos senão estar infalivelmente certos de que todo conhecimento que alcançamos acerca dessas *ideias* é real e alcança as coisas mesmas. Isso porque, em todos nossos pensamentos, raciocínios e discursos desse tipo, não visamos às coisas senão na medida em que sejam conformes a nossas *ideias*. Desse modo, nessas *ideias*, não nos pode escapar uma realidade certa e indubitável.

565 § 6. Não me resta dúvida de que se concederá facilmente que o *conhecimento* que podemos ter *das verdades matemáticas* é *conhecimento* não apenas certo, mas também *real*; e não é a mera visão vazia de *quimeras* do cérebro, vãs e insignificantes. Mas, se bem considerarmos, constataremos que esse conhecimento é apenas sobre nossas próprias *ideias*. O matemático considera a verdade e as propriedades pertencentes a um retângulo ou a um círculo apenas na medida em que sejam *ideias* em sua própria mente. Pois é possível que nunca, em sua vida, tenha encontrado nenhum dos dois existindo matematicamente, *i. e.*, precisamente verdadeiros. E, no entanto, o conhecimento que ele tem de quaisquer verdades ou propriedades pertencentes a um círculo ou a outra figura matemática qualquer é verdadeiro e certo, mesmo de coisas reais existentes; pois tais proposições não concernem ou pretendem significar as coisas reais senão na medida em que as coisas realmente concordem com esses *arquétipos* em sua mente. É verdade, acerca da *ideia* de um *triângulo*, que seus três ângulos são iguais a dois ângulos retos? É verdade também para um *triângulo*, onde quer que ele realmente exista. Qualquer outra figura que exista sem corresponder exatamente a essa *ideia* de um *triângulo* em sua mente não é de modo algum concernida por essa proposição. Por isso o matemático tem certeza de que todo seu conhecimento acerca de tais *ideias* é conhecimento real: porque, como não visa às coisas senão na medida em que concordem com essas suas *ideias*, pode estar certo de que aquilo que ele sabe sobre essas figuras, quando elas têm apenas *uma existência ideal* em sua mente, também será verdadeiro quando tiverem uma existência real na matéria,

Daí a realidade do conhecimento matemático.

uma vez que considera tão somente essas figuras, que são as mesmas onde quer e como quer que existam.

E do conhecimento moral.

§ 7. Disso se segue que o *conhecimento moral é* tão *suscetível de certeza real* quanto a matemática. De fato, como a certeza não é mais do que a percepção da concordância ou discordância entre nossas *ideias*, como a demonstração não é mais do que a percepção de uma tal concordância mediante a intervenção de outras *ideias* ou termos médios, e como nossas *ideias morais*, tanto quanto as matemáticas, são elas próprias *arquétipos*, e, portanto, *ideias* completas e adequadas, toda concordância ou discordância que nelas encontrarmos produzirá um conhecimento tão real quanto o das figuras matemáticas.

A existência não é requerida para torná-lo real.

§ 8. Para que se alcance *conhecimento* e certeza, é preciso que tenhamos *ideias* determinadas, e, para tornar nosso conhecimento *real*, é preciso que as *ideias* correspondam a seus *arquétipos*. Nem é de surpreen- 566
der que eu ponha a certeza de nosso conhecimento na consideração de nossas *ideias* com tão pouco cuidado e consideração (como pode parecer) com a existência real das coisas; pois um exame mais cuidadoso mostraria, creio eu, que a maior parte dos discursos que se apoderam do pensamento e desencadeiam as disputas daqueles que pretendem ter por ofício investigar a verdade e a certeza versa sobre *proposições gerais* e noções em que a existência não está absolutamente em questão. Todos os discursos dos matemáticos sobre a quadratura de um círculo, seções cônicas ou qualquer outra parte da matemática *não dizem respeito* à *existência* de nenhuma dessas figuras; mas, ao contrário, suas demonstrações, que dependem de suas *ideias*, são as mesmas, quer exista ou não no mundo um quadrado ou um círculo. Da mesma maneira, a verdade e a certeza dos discursos *morais* abstraem da vida dos homens e da existência, no mundo,

dessas virtudes de que tratam. Os *Ofícios* de *Cícero* não são menos verdadeiros só porque ninguém no mundo pratica exatamente suas regras nem vive à altura do padrão de um homem virtuoso que ele nos ofereceu e que não existia em nenhum lugar quando ele o escreveu, a não ser em *ideia*. Se é verdade em especulação, *i. e.*, em *ideia*, que *o assassinato merece a morte*, também será verdade na realidade acerca de toda ação que exista em conformidade a essa *ideia* de *assassinato*. Quanto a outras ações, a verdade dessa proposição não lhes diz respeito. E o mesmo vale para toda outra espécie de coisas que não tenha outra essência a não ser essas *ideias* que se encontram na mente dos homens.

Nem é menos verdadeiro ou certo só porque as ideias *morais são feitas e nomeadas por nós.*

§ 9. Mas então se dirá que, se o *conhecimento moral* for colocado na contemplação de nossas próprias *ideias morais*, e se estas, a exemplo de outros modos, são de nossa própria fabricação, teremos noções muito estranhas de *justiça* e *temperança*, e imensa será a confusão entre as virtudes e os vícios, quando cada um faz deles as *ideias* que bem entender. Mas não há nenhuma confusão ou desordem, nem nas próprias coisas nem nos raciocínios sobre elas, não mais do que (na matemática) haveria perturbação numa demonstração ou mudança nas propriedades das figuras e nas relações entre elas se um homem quisesse fazer um triângulo com quatro ângulos ou um *trapézio* com quatro ângulos retos, ou seja, falando claramente, se ele mudasse os nomes das figuras e chamasse por um nome a figura que os matemáticos costumam chamar por outro. Que um homem fabrique para si mesmo a *ideia* de uma figura
567 com três ângulos, um deles reto, e a chame, caso queira, de *equilátero* ou de *trapézio* ou por qualquer outro nome: as propriedades da *ideia* e as demonstrações a seu respeito seriam as mesmas do que se a chamas-

se de *triângulo retângulo*. Reconheço que a mudança do nome, por impropriedade da linguagem, de início confundiria aquele que não saiba que *ideia* ele designe; mas, tão logo se trace a figura, as consequências e a demonstração são simples e claras. Exatamente o mesmo acontece no conhecimento *moral*. Que um homem considere a *ideia* de tirar de outros, sem o consentimento destes, aquilo que conseguiram pelo trabalho honesto, e que ele chame a isso, caso queira, de justiça. Aquele que aqui toma o nome sem a *ideia* que lhe foi dada enganar-se-á ao juntar outra *ideia* por sua conta a esse nome. Mas que ele dispa a *ideia* desse nome, ou que a tome tal como ela for na mente de quem a fale, e concordarão com ela as mesmas coisas que no caso em que é chamada de *injustiça*. É bem verdade, nomes errados em discursos morais usualmente fomentam mais desordem, pois não são tão facilmente retificáveis quanto na matemática, na qual a figura, uma vez traçada e vista, torna o nome inútil e sem força. Para que um signo, quando a coisa significada está presente e visível? Mas, com os nomes morais, não é possível fazer o mesmo com tanta facilidade e rapidez, devido às sucessivas composições de composições que entram na feitura das *ideias* complexas desses modos. Isso não obstante a *nomeação equivocada* de qualquer uma dessas *ideias*, contrariando a significação usual das palavras de uma língua, não impedir que possamos ter conhecimento certo e demonstrativo de suas muitas concordâncias e discordâncias, desde que, como na matemática, mantenhamos precisamente as mesmas *ideias* e as rastreemos em suas diversas relações entre si sem nos deixarmos levar por seus nomes. Basta que separemos a *ideia* em consideração do signo que a designa, e nosso conhecimento prosseguirá sempre na descoberta da verdade e certeza reais, não importa quais sons usemos.

A nomeação equivocada não perturba a certeza do conhecimento.

§ 10. Devemos notar ainda uma coisa. Quando DEUS ou qualquer outro legislador definiu quaisquer nomes morais, fez assim deles a essência da espécie à qual o nome pertence, e então não é seguro aplicá-los ou usá-los de outra maneira. Mas, em outros casos, é mera impropriedade da linguagem aplicá-los contraria-
568 mente ao uso comum do país. Mas nem mesmo isso perturba a certeza desse conhecimento, que sempre deve ser obtido pela devida contemplação e comparação de *ideias*, mesmo quando receberam uma alcunha.

As ideias *de substâncias têm seus arquétipos fora de nós.*

§ 11. *Terceiro*, há um outro tipo de *ideias complexas* que, sendo referidas a *arquétipos* fora de nós, podem diferir destes, e, assim, nosso conhecimento a seu respeito pode estar longe de ser real. Assim são nossas *ideias* de substâncias, que, consistindo numa coleção de *ideias* simples supostamente tomadas das obras da natureza, podem, no entanto, diferir delas por reunirem mais *ideias* ou *ideias* diferentes das que se encontrem unidas nas próprias coisas. Daí vem que elas possam não ser exatamente conformes às coisas mesmas, como frequentemente não o são.

Nosso conhecimento a seu respeito é real apenas na medida em que concordam com esses arquétipos.

§ 12. Eis então o que digo: para ter *ideias* de *substâncias* que, por serem conformes às coisas, possam fornecer-nos conhecimento *real*, não é suficiente, como no caso dos modos, unir *ideias* tais que, embora nunca tenham existido assim antes, não tenham nenhuma incompatibilidade entre si (p. ex., as *ideias* de *sacrilégio* ou de *perjúrio* eram *ideias* tão reais e verdadeiras antes como depois da existência de qualquer fato como esse). Mas *nossas ideias de substâncias*, por se supor que sejam cópias e por serem referidas a *arquétipos* fora de nós, devem sempre ser tomadas de algo que existe ou existiu, e não podem consistir de *ideias* reunidas ao bel-prazer de nosso pensamento, sem nenhum padrão real do qual sejam tomadas, mesmo que não percebamos nenhu-

ma incompatibilidade em tal combinação. E isso porque, como não conhecemos a real constituição das substâncias da qual dependem nossas *ideias* simples e que é realmente a causa da estrita união entre algumas delas e da exclusão de outras, acerca de bem poucas *ideias* simples podemos ter a certeza de que sejam ou não sejam incompatíveis na natureza para além do que a experiência e a observação sensível alcançam. Nisso se funda, portanto, a *realidade* de nosso conhecimento acerca das *substâncias*: todas nossas *ideias* complexas delas devem ser necessariamente compostas de *ideias* simples que se descobriu coexistirem na natureza. E, como, dessa forma, nossas *ideias* são verdadeiras, ainda que talvez não sejam cópias muito exatas, são, no entanto, objeto de *conhecimento real* (tanto quanto o temos) a seu respeito. Conhecimento que (como já se mostrou) se constatará não ir muito longe, mas que, tão longe quanto vai, é ainda *conhecimento real*. Sejam quais forem as *ideias* que tenhamos, a concordância que constatarmos entre 569
elas e outras será sempre conhecimento. Se as *ideias* forem abstratas, o conhecimento será geral. Mas, para torná-lo *real* no que concerne às substâncias, as *ideias* devem ser tomadas da existência real das coisas. Quaisquer *ideias* simples que tivermos constatado coexistirem em alguma substância podem, sem temor, ser novamente reunidas para compor *ideias* abstratas de substâncias, pois o que uma vez teve uma união na natureza pode ser unido novamente.

Em nossas investigações sobre as substâncias devemos considerar as ideias *e não restringir nossos pensamentos a nomes, ou a espécies supostamente estabelecidas por nomes.*

§ 13. Se considerarmos corretamente isso, e *não restringirmos nossos pensamentos* e *ideias* abstratas a nomes, tal como se só houvesse ou só pudesse haver *os tipos* de coisas já determinados e, por assim dizer, estabelecidos por nomes conhecidos, então poderemos talvez pensar com mais liberdade e menos confusão do que o fazemos. Talvez se considere um gritante paradoxo, se não uma falsidade bastante perigosa, dizer que alguns *idiotas* que viveram quarenta anos seguidos sem nenhuma mostra de razão sejam algo entre um homem e um animal. Mas esse é um preconceito que se funda apenas na falsa suposição de que esses dois nomes, *homem* e *animal*, designam espécies distintas de tal modo estabelecidas por essências reais que não possa haver nenhuma outra espécie entre elas. Ao passo que, se abstrairmos desses nomes e da suposição de tais essências específicas feitas pela natureza, das quais partilhariam exata e igualmente todas as coisas de mesma denominação, se não fantasiarmos a existência de um certo número dessas essências, nas quais todas as coisas foram vazadas e formadas como em moldes, constataremos que a *ideia* do formato, do movimento e da vida de um homem desprovido de razão é uma *ideia* tão distinta e faz um *tipo* de coisas tão distinto do homem e do animal quanto a *ideia* do formato de um *burro* acompanhado de razão seria diferente tanto da *ideia* de homem quanto da de animal, e seria uma espécie de animal intermediária ou distinta de ambos.

Resposta à objeção a que um idiota seja algo entre o homem e o animal.

§ 14. Mas então todos perguntarão: se é correto supor que os *idiotas* são algo entre o homem e o animal, o que são eles? Eu respondo: eles são *idiotas*, palavra tão apta a significar algo diferente da significação de *HOMEM OU* de *ANIMAL* quanto esses nomes são aptos a ter significações diferentes uma da outra. Se bem considerado, isso resolverá a questão e mostrará
570 sem mais o que quero dizer. Mas estou suficientemente a par do zelo de alguns homens, que lhes permite urdir consequências e ver a religião ameaçada sempre que alguém se aventura a abandonar a forma de falar deles para prever os epítetos que serão lançados contra uma proposição como essa. E, sem dúvida, perguntar-se-á ainda: se os *idiotas* são algo entre

o homem e o animal, o que será deles no outro mundo? Ao que respondo. 1. Isso é algo que não me cabe saber ou investigar. Para seu próprio Senhor ele está em pé ou cai[12]. Não melhorará nem piorará seu estado se determinamos ou não algo sobre ele. Eles estão nas mãos de um Criador fiel e bondoso Pai, que não dispõe de Suas criaturas segundo nossas estreitas opiniões e pensamentos, nem as distingue por nomes e espécies inventadas por nós. E nós, que tão pouco sabemos deste mundo em que presentemente estamos, podemo-nos contentar, a meu ver, em não sermos peremptórios na definição dos diferentes estados que atingirão as criaturas uma vez tenham deixado este palco. Deve-nos bastar que Ele tenha dado a saber, a todos capazes de instrução, de discurso e de raciocínio, que terão de prestar contas e receberão de acordo com o que fizeram neste corpo[13].

§ 15. *Segundo*, respondo que a força da questão posta por esses homens (a saber, privarás os *idiotas* de um estado futuro?) se funda em uma dentre duas suposições, ambas falsas. A primeira é que todas as coisas que têm formato exterior e aparência de homem devem necessariamente ser destinadas a uma existência imortal futura após esta vida. Ou então, em segundo, que tudo que nasce do homem tem de ser homem. Basta pôr de lado essas imaginações, e tais questões se tornam ridículas e sem fundamento. Pediria então àqueles que pensam não haver mais do que diferença acidental entre eles próprios e um *idiota*, a essência sendo exatamente a mesma, que procurassem ver se conseguem imaginar a imortalidade anexada a qualquer formato externo do corpo. Tal proposição por si mesma, creio eu, é suficiente para que o neguem. Nunca ouvi falar de alguém que, por

12. Cf. Rm 14, 4. [N. D. E.]

13. Cf. 2 Cor 5, 10. [N. D. E.]

mais que esteja absorvido pelas coisas materiais, tenha concedido tamanha excelência a qualquer figura das partes externas grosseiras e perceptíveis a ponto de afirmar que a vida eterna lhe seja devida ou seja sua consequência necessária, ou mesmo que qualquer
571 massa de matéria possa, após sua dissolução aqui, ser novamente restabelecida em um estado permanente de sensibilidade, percepção e conhecimento só porque foi moldada nesta ou naquela figura e tem tal formação particular de suas partes visíveis. Uma opinião como essa, que põe a imortalidade numa certa figura superficial, joga pela janela todas as considerações sobre a alma ou o espírito, que, até agora, foi a única base para se concluir que alguns seres corpóreos eram imortais, e outros, não. Ela equivale a atribuir mais ao que está fora do que ao que está dentro das coisas, e localiza a excelência do homem mais no formato externo de seu corpo do que na perfeição interna de sua alma, o que é pouco melhor do que anexar a grande e inestimável vantagem que o homem tem sobre os outros seres materiais, a da imortalidade e da vida eterna, ao corte de sua barba ou ao figurino de seu casaco. Pois esta ou aquela feição externa de nossos corpos traz consigo tanta esperança de uma duração externa quanto o figurino de suas vestes pode dar ao homem motivos razoáveis para imaginar que a roupa nunca se gastará ou que ela poderá torná-lo imortal. Talvez se diga que ninguém pense que o formato torne alguma coisa imortal, mas sim que o formato é signo de uma alma racional interior, que é imortal. Mas me pergunto quem fez do formato signo dessa coisa – pois, meramente afirmá-lo, não o fará tal. Seriam necessárias algumas provas para persuadir alguém disso. Nenhuma figura que eu conheça fala nenhuma linguagem desse tipo. Pois é tão razoável concluir, com base em seu formato, que

o corpo morto de um homem, no qual não se encontrarão mais mostras de ação ou de vida do que numa estátua, tenha não obstante em si uma alma viva quanto concluir que haja uma alma racional num *idiota* porque ele tem o exterior de uma criatura racional, mesmo se suas ações, no decorrer de toda sua vida, trazem consigo menos sinais de razão do que os que se encontram em muitos animais.

Monstros. § 16. Mas ele é o fruto de pais racionais, e assim, dizem, deve-se concluir que tenha uma alma racional. Não sei que lógica leva a essa conclusão. E tenho certeza de que as pessoas não aceitam tal conclusão em lugar algum. Caso contrário, não se atreveriam, como o fazem por toda parte, a destruir as procriações malformadas e disformes. Ah, mas eles são *monstros*! Que o sejam. Mas o que é um idiota babão, intratável e desprovido de inteligência? Poderia um defeito no corpo fazer um monstro, mas não um na mente (de longe a 572
parte mais nobre e, como se costuma dizer, mais essencial)? Seria a falta de um nariz ou pescoço suficiente para fazer um *monstro* e excluir uma tal criatura da classe dos homens, mas não a falta de razão e de entendimento? Isso é voltar ao que acabou de ser refutado, pois é pôr tudo no formato e só medir o homem por seu exterior. Para mostrar que as pessoas, seguindo o raciocínio comum sobre essa matéria, põem todo o peso na figura e reduzem a inteira essência da espécie homem (tal como a concebem) ao formato exterior, por mais que isso não seja razoável e por mais que não o admitam, basta seguir um pouco mais os rastros de seu pensamento e prática para que isso se revele claramente. O *idiota* bem-conformado é um homem e tem alma racional, embora ela não se revele, e, disso, dizes, não resta dúvida. Que as orelhas sejam um pouco mais longas e pontudas, e o nariz, um pouco mais achatado que de costume, começas a vacilar. Que a face seja ainda mais estreita, achatada e

longa, e estacas. E que se acrescente ainda mais e mais semelhança com os animais, e que a cabeça seja exatamente a de um outro animal, e nesse momento será um *monstro*, e isso será uma demonstração para ti de que ele não tenha alma racional e deva ser destruído. Eu pergunto, então: onde se encontra a medida justa? Quais são os limites últimos desse formato que traz consigo uma alma racional? De fato, como se produziram *fetos* humanos metade homem, metade animal, e outros com três partes de um, e uma parte de outro, e como, assim sendo, eles podem aproximar-se, dos mais variados modos, de um ou de outro formato, e ter diversos graus de mistura da semelhança com homens e da semelhança com animais, eu gostaria de saber quais são os lineamentos precisos que, de acordo com essa hipótese, são ou não suscetíveis de se juntar a uma alma racional. Que tipo de exterior seria sinal certo de que uma alma habite ou não o interior? Antes que isso seja feito, falamos a esmo de *homem*, e receio que continuaremos sempre a fazê-lo enquanto nos entregarmos a certos sons e às fantasias de espécies determinadas e estabelecidas na natureza, que não sabemos quais são. Gostaria, por fim, que se atentasse para o fato de que aqueles que pensam ter respondido à dificuldade ao nos dizerem que um *feto* disforme é um *monstro* cometem a mesma falta contra a qual argumentam, ao constituir uma espécie entre o
573 homem e o animal. Pois o que mais seria, eu indago, o monstro em questão (se é que a palavra *monstro* signifique alguma coisa) além de algo que não seja homem nem animal, mas que partilhe algo de ambos? E exatamente assim é o *idiota* em questão. É necessário abandonar a noção comum de espécies e essências se quisermos realmente olhar a natureza das coisas e examiná-las pelo que nossas faculdades podem descobrir nelas tal como existem, não por fantasias sem fundamento que se elaboram sobre elas.

Palavras e espécies.

§ 17. Mencionei isso aqui porque acredito que nunca nos precavemos suficientemente para que as *palavras* e as *espécies*, segundo as noções comuns delas a que nos acostumamos, não nos enganem. Pois estou inclinado a pensar que esse é um grande obstáculo para nosso conhecimento claro e distinto, especialmente no que se refere às substâncias, e que disso surgiu grande parte das dificuldades envolvendo verdade e certeza. Se nos acostumássemos a separar das palavras nossas contemplações e raciocínios, poderíamos, em grande medida, remediar essa inconveniência em nossos próprios pensamentos; mas ela continuaria a nos perturbar na conversação com os demais enquanto mantivéssemos a opinião de que as *espécies* e suas essências são algo além de nossas *ideias* abstratas (tais como são) com nomes a elas anexados para serem seus signos.

Recapitulação.

§ 18. Onde quer que percebamos concordância ou discordância entre quaisquer de nossas *ideias*, há conhecimento certo; e, onde quer que tenhamos certeza de que essas *ideias* concordam com a realidade das coisas, há conhecimento real certo. E, tendo dado aqui os sinais da concordância de nossas *ideias* com a realidade das coisas, penso ter mostrado no que consiste a *certeza*, a *certeza real*. A qual, não importa o que significasse para outros, era até então, para mim, confesso, um desses *desiderata* de que sentia grande falta.

CAPÍTULO V 574
Da verdade em geral.

O que é a verdade.

§ 1. O que é a *verdade* é coisa que se investiga há muitos séculos, e, sendo coisa que todos os homens ou buscam, ou pretendem buscar, não podemos deixar de examinar cuidadosamente no que consiste, nem de nos familiarizar de tal modo com sua natureza que possamos observar como a mente a distingue da falsidade.

Uma correta junção ou separação de signos, i.e., ideias ou palavras.

§ 2. *Verdade*, na acepção mais própria da palavra, então, parece-me não significar senão *a junção ou separação de signos na medida em que as coisas significadas por eles concordem ou discordem entre si.* A *junção* ou *separação* de signos aqui mencionada é aquilo que, por um outro nome, chamamos de proposição. Assim, a verdade só pertence propriamente a proposições, das quais há dois tipos, a saber, mentais e verbais, uma vez que há dois tipos de signos comumente utilizados, a saber, *ideias* e palavras.

Que constitui uma proposição mental ou verbal.

§ 3. Para formar uma noção clara da *verdade*, é extremamente necessário considerar a *verdade* do pensamento e a *verdade* das palavras, distinguindo-as uma da outra. No entanto, é muito difícil tratá-las separadamente, porque é inevitável usar palavras ao tratar das proposições mentais; e, em consequência, os exemplos que são dados de *proposições mentais* imediatamente deixam de ser meramente mentais *e* tornam-se *verbais*. De fato, como uma *proposição mental* não é mais do que a mera consideração das *ideias* tais como se encontram em nossa mente, despidas de nomes, essas *proposições* perdem sua natureza puramente *mental* tão logo sejam postas em palavras.

É muito difícil tratar de proposições mentais.

§ 4. O que torna ainda *mais difícil tratar das proposições mentais* e verbais *separadamente* é que a maioria dos homens, se não todos, usam palavras em lugar de *ideias* quando pensam e raciocinam consigo mesmos, pelo menos quando a matéria de sua meditação contém *ideias* complexas. O que constitui uma grande evidência da imperfeição e da incerteza de nossas *ideias* desse gênero, e pode, se usado com atenção, servir como sinal para nos mostrar de quais coisas temos *ideias* claras e perfeitas estabelecidas,

de quais, não. Com efeito, se observarmos cuidadosamente o modo pelo qual nossa mente pensa e racio- 575
cina, constataremos, suponho, que quando fazemos quaisquer proposições em nossos pensamentos sobre o *branco* ou o *preto*, o *doce* ou o *amargo*, um *triângulo* ou um *círculo*, nós podemos, como muitas vezes fazemos, formar em nossa mente as próprias *ideias*, sem refletir sobre os nomes. Mas, quando queremos considerar ou fazer proposições sobre *ideias* mais complexas, como as de *homem*, *vitríolo*, *fortitude* e *glória*, nós usualmente colocamos o nome no lugar da *ideia*; com efeito, uma vez que as *ideias* que esses nomes designam são, no mais das vezes, imperfeitas, confusas e indeterminadas, refletimos sobre os próprios nomes por serem eles mais claros, certos e distintos e ocorrerem mais prontamente a nosso pensamento do que as *ideias* puras. E, assim, utilizamos essas palavras no lugar das próprias *ideias*, mesmo quando queremos meditar e raciocinar com nós mesmos e fazer proposições mentais tácitas. No caso das *substâncias*, como já se notou, isso é ocasionado pela imperfeição de nossas *ideias*: pois fazemos o nome designar uma essência real da qual não tenhamos absolutamente nenhuma *ideia*. No caso dos *modos*, isso é ocasionado pelo grande número de *ideias* simples que entram em sua composição. De fato, como muitos deles são extremamente compostos, os *nomes* ocorrem com muito mais facilidade do que a própria *ideia* complexa, que requer tempo e atenção para ser relembrada e exatamente representada para a mente, mesmo para homens que já se houvessem dado ao trabalho de fazê-lo anteriormente; e é inteiramente impossível que isso seja feito por aqueles que, mesmo tendo prontas na memória a maior parte das palavras comuns de sua língua, nunca se importaram em toda a sua vida em considerar que *ideias* precisas

a maior parte delas designa. Algumas noções confusas ou obscuras lhes bastaram, e a muitos que tanto falam de *religião* e *consciência*[14], de *Igreja* e *fé*, de *poder* e *direito*, de *obstruções* e *humores*, de *melancolia* e *cólera* talvez lhes sobrasse pouca coisa em seus pensamentos e meditações se lhes fosse pedido que só pensassem nas coisas mesmas, deixando de lado as palavras com as quais tão frequentemente confundem os outros e, não raro, também a si mesmos.

Pois não são mais do que a junção ou a separação de ideias *sem palavras.*

§ 5. Retornando à consideração da *verdade*, digo que devemos notar dois tipos de proposição que somos capazes de fazer.

Primeiro, as *proposições mentais*, *nas quais* as *ideias* em nosso entendimento *são reunidas* ou *separadas* pela mente sem o uso de palavras, ao perceber ou ao julgar sua concordância ou discordância.

576 *Segundo*, as *proposições verbais*, que *são palavras*, signos de nossas *ideias, reunidas ou separadas em sentenças afirmativas ou em negativas*. Por meio desse afirmar ou negar, esses signos, feitos de sons, são por assim dizer reunidos ou separados uns dos outros. De maneira que uma proposição consiste em juntar ou em separar signos, e a verdade consiste em reunir ou separar esses signos conforme as coisas que eles designam concordem ou discordem.

Quando as proposições mentais contêm verdade real, quando contêm verdade verbal.

§ 6. A experiência de cada um basta para convencê-lo de que a mente, seja por perceber, seja por supor a concordância ou a discordância entre quaisquer *ideias* suas, tacitamente e para si mesma põe essas *ideias* num tipo de proposição afirmativa ou negativa, o que tentei expressar pelos termos *reunir* e *separar*. Mas essa ação da mente, tão familiar para todo homem de raciocínio e pensamento, é mais fácil de conceber pela reflexão sobre o que se passa em nós quando afirmamos ou negamos do que de explicar

14. "*Conscience*", *i. e.*, consciência moral. [N. Ed. Br.]

por palavras. Quando um homem tem em sua mente a *ideia* de duas linhas, p. ex., o *lado* e a *diagonal* de um quadrado, sendo a diagonal de uma polegada, é possível que ele tenha ainda uma *ideia* da divisão dessa linha num certo número de partes iguais, p. ex., em cinco, dez, cem, mil ou qualquer outro número, assim como é possível que tenha a *ideia* dessa polegada de linha ser ou não divisível em partes iguais tais que um certo número delas seja igual à linha lateral. Ora, quando ele percebe, crê ou supõe que uma divisão desse tipo concorde com sua *ideia* dessa linha ou dela discorde, ele, por assim dizer, reúne ou *separa* essas duas *ideias*, *i. e.*, a *ideia* dessa linha e a *ideia* desse tipo de divisibilidade, e assim faz uma proposição mental, que é verdadeira ou falsa consoante a linha realmente concorde ou não com um tipo de divisibilidade como esse em partes *alíquotas*. Quando *ideias* são reunidas ou separadas na mente de tal maneira que elas ou as coisas que designam, concordem ou discordem, então se trata, como me permito dizer, de *verdade mental*. Mas a *verdade das palavras* é algo mais, e é afirmar ou negar palavras umas das outras, conforme as *ideias* que designam concordem ou discordem. E isso, novamente, de dois modos: ou é *puramente verbal* e *fútil*, a respeito do que falarei no *Capítulo* x a seguir, *ou real* e instrutiva, o que é o alvo daquele conhecimento real do qual já falamos.

Objeção contra a verdade verbal: que assim ela pode ser inteiramente quimérica.

§ 7. Mas aqui novamente poderá ocorrer a mesma dúvida quanto à verdade que já ocorreu acerca do conhecimento; e se objetará que, se a verdade não é mais do que a junção ou separação de palavras em proposições, conforme as *ideias* que designam concordem ou discordem na mente dos homens, então o conhecimento da *verdade não é coisa tão valiosa* quanto se pensa nem digna dos esforços e do tempo que os homens empregam em sua busca, pois, *de acordo* 577 *com essa explicação*, a verdade não passa da conformidade das palavras às *quimeras* dos cérebros dos homens. Quem sabe de que excêntricas noções a cabeça de muitos homens não está repleta e de que *ideias* estranhas não é capaz o cérebro de todo homem? E, se ficarmos nisso, não conheceremos a verdade de nada, por essa regra, a não ser a do mundo visionário em nossa própria imaginação, nem teremos outra verdade além daquela que tanto diz respeito a *harpias* e *centauros* quanto a homens e cavalos. Pois essas e outras semelhantes podem ser *ideias* em nossa mente, e ali concordar ou discordar, do mesmo modo que podem ser *ideias* de seres reais, e, assim, podem ter proposições do mesmo modo verdadeiras feitas a seu respeito. E será uma proposição tão inteiramente verdadeira dizer *todos os centauros são animais* quanto dizer *todos os homens são animais*, e a certeza de uma será tão grande quanto a da outra. De fato, em ambas proposições, as palavras estão reunidas de acordo com a concordância das *ideias* em nossa mente, e a concordância da *ideia* de *animal* com a de *centauro* é tão clara e visível para a mente quanto a concordância da *ideia* de *animal* com a de *homem*; e, portanto, essas duas proposições são igualmente verdadeiras, igualmente certas. Mas de que serve toda essa verdade para nós?

Resposta: a verdade real se dá acerca de ideias *que concordam com as coisas.*

§ 8. O que se disse no capítulo precedente para distinguir o conhecimento real do imaginário bastaria aqui, em resposta a essa dúvida, para distinguir a *verdade real* da *quimérica* ou, caso se prefira, *meramente nominal*, pois ambas as distinções dependem do mesmo fundamento; no entanto, pode ser útil considerar aqui mais uma vez que, embora nossas palavras não signifiquem nada mais do que nossas *ideias*, por outro lado, como são destinadas por estas últimas a significar as coisas, a *verdade* que elas contêm, quan-

do postas em proposições, será meramente *verbal* quando elas designarem *ideias* na mente que não tenham concordância com a realidade das coisas. A verdade, portanto, tanto quanto o conhecimento, pode perfeitamente ser distinguida em *verbal* e *real*, sendo apenas *verdade verbal* aquela em que os termos são juntados de acordo com a concordância ou a discordância entre as *ideias* que designam, sem considerar se nossas *ideias* são tais que realmente tenham ou se- 578
jam capazes de ter existência na natureza. Mas contêm *verdade real* quando esses signos são juntados conforme nossas *ideias* concordem e quando nossas *ideias* são tais que sabemos que possam existir na natureza – o que, em substâncias, não podemos saber, a não ser pelo conhecimento de que tais substâncias existiram.

Falsidade é a junção de nomes diferentemente de como suas ideias *concordam.*

§ 9. A *verdade* consiste em assinalar em palavras a concordância ou a discordância entre as *ideias* tal como ela se dá. A *falsidade* consiste em assinalar em palavras a concordância ou a discordância entre as *ideias* diferentemente de como ela se dá. A *verdade* só é *real* na medida em que essas *ideias*, assim assinaladas por sons, concordem com seus arquétipos. O conhecimento dessa verdade consiste em saber que *ideias* as palavras designam e na percepção da concordância ou da discordância entre essas *ideias* tais como elas são assinaladas por essas palavras.

As proposições gerais serão tratadas mais detidamente.

§ 10. Mas, como as palavras são consideradas os principais condutos de verdade e conhecimento, e como, ao transmitir e receber a verdade e frequentemente ao raciocinarmos sobre elas, nós nos valemos de palavras e de proposições, investigarei mais detidamente no que consiste a certeza das verdades reais contidas nas proposições e quando é possível adquiri-las, tentando mostrar em que tipos de proposição universal podemos ter *certeza* de sua verdade ou de sua falsidade reais.

Começarei pelas proposições gerais, por serem aquelas que mais ocupam nosso pensamento e mais exercitam nossa contemplação. As *verdades gerais* são as mais procuradas pela mente, por serem as que mais ampliam nosso conhecimento e que, por sua abrangência, satisfazendo-nos de uma só vez acerca de muitos seres particulares, ampliam nossa visão e encurtam nosso caminho para o conhecimento.

Verdade metafísica e verdade moral.

§ 11. Além da verdade tomada no primeiro sentido acima mencionado, há outros tipos de verdade, tais como: 1. A *verdade moral*, que consiste em falar das coisas de acordo com a convicção de nossa própria mente, mesmo que a proposição que pronunciamos não concorde com a realidade das coisas. 2. A *verdade metafísica*, que nada mais é do que a existência real das coisas em conformidade às *ideias* às quais anexamos seus nomes. Ainda que ela pareça consistir no ser mesmo das coisas, basta que se a con-
579 sidere mais de perto para ver que ela inclui uma proposição tácita pela qual a mente junta aquela coisa particular à *ideia* que tinha antes estabelecido com um nome. Mas, como essas considerações sobre a verdade ou foram previamente indicadas, ou não dizem muito respeito ao presente propósito, é suficiente aqui apenas mencioná-las.

CAPÍTULO VI
Das proposições universais, de sua certeza e verdade

Tratar das palavras é necessário para o conhecimento.

§ 1. Embora examinar e julgar as *ideias* por elas mesmas, deixando seus nomes inteiramente de lado, seja o melhor e mais certo caminho para o conhecimento claro e distinto, no entanto, devido à prevalência do costume de usar sons pelas *ideias*, creio que ele seja muito raramente praticado. Cada um pode observar o quão comum é usar nomes em lugar das próprias *ideias*, até mesmo quando os homens pensam e raciocinam para si mesmos, especialmente se as *ideias* forem muito complexas e compostas de uma grande coleção de *ideias* simples. Isso torna a consideração *das palavras e das proposições* uma parte tão necessária de um *Tratado do conhecimento* que é muito difícil falar inteligivelmente de uma coisa sem explicar a outra.

Dificilmente se pode entender verdades gerais fora das proposições verbais.

§ 2. Versando todo conhecimento que temos apenas sobre *verdades* particulares ou *gerais*, é evidente que, não importa o que se possa fazer no caso das primeiras, as últimas, que são aquilo que com a razão mais se busca, nunca se podem fazer bem conhecidas e *raramente* são *apreendidas a não ser na medida em que sejam concebidas e expressas em palavras*. Não se encontra, portanto, fora de nosso percurso, no exame de nosso conhecimento, a investigação da verdade e da certeza das proposições universais.

A certeza é dupla, da verdade e do conhecimento.

§ 3. Para que não nos deixemos enganar aqui pelo mesmo perigo que está por toda parte, ou seja, a dubiedade dos termos, cabe observar que há duas certezas, a *certeza da verdade* e a *certeza do conhecimento*. A *certeza da verdade* dá-se quando as palavras são de tal modo postas em proposições que expressem exatamente a concordância ou a discordância entre as *ideias* que designam tal como ela realmente se dá. A *certeza do conhecimento* é perceber a concordância ou a discordância entre as ideias tal como ela é expressa em uma proposição qualquer. A isso usual- 580
mente chamamos conhecer ou ter certeza da verdade de uma proposição.

Nenhuma proposição pode ser conhecida como verdadeira quando não se conhece a essência de cada espécie mencionada.

§ 4. Ora, porque *não podemos ter certeza da verdade de nenhuma proposição geral a não ser que conheçamos os precisos limites e extensão das espécies que seus termos designam*, faz-se necessário conhecer a essência de cada *espécie*, o que a constitui e limita. Em todas as *ideias* e modos simples, isso não é difícil de fazer. De fato, neles, como a essência real e a nominal são iguais, ou, o que é o mesmo, como a *ideia* abstrata designada pelo termo geral é a única essência e limite que possa existir ou que se possa supor para a *espécie*, não pode haver dúvida sobre até onde se estenda a *espécie* ou sobre quais coisas forem compreendidas sob cada termo, estas últimas sendo, evidentemente, todas as que têm uma exata conformidade com a *ideia* designada pelo termo. Mas, em relação às substâncias, nas quais se supõe que uma essência real, distinta da nominal, constitua, determine e limite a espécie, a extensão da palavra geral é muito incerta; de fato, como não conhecemos essa essência real, não podemos saber o que é ou não dessa *espécie* nem, consequentemente, o que pode ou não ser com certeza afirmado a seu respeito. Assim, ao falar de *homem*, de *ouro* ou de qualquer outra *espécie* de substância natural, na medida em que seria supostamente constituída por uma essência real precisa que a natureza regularmente concede a todo indivíduo desse tipo e pela qual se faz com que ele seja dessa espécie, não podemos ter certeza da verdade de nenhuma afirmação ou negação a seu respeito. Pois *homem* ou *ouro*, se tomados nesse sentido e usados para *espécies* de coisas constituídas por essências reais diferentes da *ideia* complexa na mente de quem fale, designam não sabemos o que, e as extensões dessas espécies, com tais limites, são tão desconhecidas e indeterminadas que é impossível afirmar, com qualquer certeza, que todos os homens sejam racionais ou que todo ouro seja amarelo. Mas, quando a essência nominal é mantida como limite de cada espécie, e os homens não estendem a aplicação de um termo geral qualquer para além das coisas particulares nas quais

se encontra a *ideia* complexa que ele designa, então não há nenhum risco de errar os limites de cada *espécie*, nem pode restar dúvida, nessas condições, se uma proposição é verdadeira ou não. Escolhi explicar essa incerteza das proposições desse modo escolásti- 581
co e usei termos como *essências* e *espécies* propositadamente para mostrar o absurdo e a inconveniência de pensar nelas como qualquer outro tipo de realidade que não meras *ideias* abstratas ligadas a nomes. Supor que as *espécies* de coisas são alguma outra coisa além de sua classificação sob nomes gerais conforme sua concordância com diversas *ideias* abstratas que fazemos serem significadas por esses nomes é confundir a verdade e introduzir incerteza em todas as proposições gerais que se possa fazer sobre elas. Portanto, ainda que essas coisas talvez possam, para pessoas não imbuídas de erudição escolástica, ser tratadas de forma melhor e mais clara, no entanto, como essas noções equivocadas de *essência* e de *espécie* deitaram raízes na mente da maioria das pessoas que receberam alguma tinta da erudição que prevaleceu nesta parte do mundo, elas devem ser descobertas e removidas para abrir caminho para o uso de palavras que transmitam certeza.

Isso concerne mais particularmente às substâncias.

§ 5. Sendo assim, *sempre que fizermos com que os nomes de substâncias designem espécies que supomos serem constituídas por essências reais*, que desconhecemos, *eles não podem transmitir certeza ao entendimento*: não podemos estar certos da verdade de proposições gerais compostas por termos como esses[15]. A razão disso é óbvia. Pois como poderíamos ter certeza de que esta ou aquela qualidade esteja no *ouro* quando não sabemos o que é ou não é *ouro*? De fato, segundo essa forma de falar, só é *ouro* o que

15. O restante desta seção foi acrescentado a partir da segunda edição. [N. D. E.]

partilhe de uma essência que, por desconhecermos, não podemos saber onde se encontre ou não; e, portanto, tampouco podemos ter certeza se uma parcela qualquer de matéria no mundo é ou não é *ouro*, sendo incuravelmente ignorantes acerca de se ela tem ou não aquilo que faz com que algo seja chamado de *ouro*, *i. e.*, essa essência real do *ouro*, da qual absolutamente nenhuma *ideia* temos. É tão impossível para nós sabê-lo quanto é para um cego dizer em que flor a cor do *amor-perfeito* pode ou não ser encontrada, uma vez que ele não tem absolutamente nenhuma *ideia* da cor de um *amor-perfeito*. E, mesmo que pudéssemos (o que é inteiramente impossível) saber com certeza onde se encontre uma essência real que não conhecemos, p. ex., em quais parcelas de matéria se encontre a essência real do *ouro*, não poderíamos estar certos de que esta ou aquela qualidade possa ser afirmada com verdade do *ouro*, pois nos é
582 impossível saber que esta ou aquela qualidade ou *ideia* tem uma conexão necessária com uma essência real da qual não temos absolutamente nenhuma *ideia*, qualquer que seja a espécie que se imagine ser constituída por essa suposta essência real.

Poucas são as proposições universais sobre substâncias cuja verdade pode ser conhecida.

§ 6. Por outro lado, os *nomes de substâncias*, quando usados tal como se deve fazê-lo, para as *ideias* que os homens têm em sua mente, embora tragam consigo uma significação clara e determinada, ainda assim *não nos servirão para fazer muitas proposições universais de cuja verdade possamos ter certeza*. Não porque nesse uso de tais nomes tenhamos dúvidas acerca de que coisas eles significam, mas porque as *ideias* complexas que eles designam são combinações de *ideias* simples que não trazem consigo nenhuma conexão ou contrariedade passível de ser descoberta, a não ser com pouquíssimas outras *ideias*.

Pois são poucos os casos em que se pode conhecer a coexistência entre as ideias.

§ 7. As *ideias* complexas que nossos nomes das espécies de substâncias designam propriamente são coleções de qualidades tais que se observou coexistirem num *substratum* desconhecido que chamamos de *substância*, mas não podemos saber com certeza quais outras qualidades necessariamente coexistem com tais combinações, a não ser que possamos descobrir a dependência natural entre elas. Em suas qualidades primárias não podemos ir muito longe a esse respeito, e em todas suas qualidades secundárias não podemos descobrir absolutamente nenhuma conexão, pelas razões acima mencionadas no *Capítulo* III. A saber: 1. Porque não conhecemos a constituição real das substâncias, da qual depende particularmente cada *qualidade secundária*. 2. Se a conhecêssemos, isso nos serviria para o conhecimento experimental (não universal), e sua certeza não iria além desse simples caso particular. Pois nosso entendimento não consegue descobrir nenhuma conexão concebível entre quaisquer *qualidades secundárias* e as modificações, sejam elas quais forem, de quaisquer *qualidades primárias*. Portanto, há muito poucas proposições gerais sobre substâncias que podem trazer consigo *certeza indubitável*.

Exemplo do ouro.

§ 8. *Todo ouro é dotado de fixidez* é uma proposição de cuja verdade não podemos estar certos, por mais universalmente que se acredite nela. Com efeito, se alguém supuser, de acordo com a inútil imaginação das Escolas, que o termo *ouro* designe uma espécie de coisas estabelecida pela natureza mediante uma essência real que a ela pertença, é evidente que então não saberá quais substâncias particulares são dessa
espécie; e, portanto, não poderá, de modo certo, afir- 583
mar nada universalmente sobre o *ouro*. Mas, se alguém fizer com que *ouro* designe uma espécie determinada por sua essência nominal, tomando como essência no-

minal, por exemplo, a *ideia* complexa de um *corpo* com certa cor *amarela*, *maleável*, *fusível* e *mais pesado* do que qualquer outro corpo conhecido, então, segundo esse uso adequado da palavra *ouro*, não há qualquer dificuldade em saber o que é ou não é *ouro*. Mas não se pode afirmar ou negar do *ouro*, de modo certo, nenhuma outra qualidade além das que tenham uma conexão ou uma incompatibilidade, passível de ser descoberta, com essa essência nominal. Como, por exemplo, a *fixidez* não tem nenhuma conexão necessária, que possamos descobrir, com a cor, o peso ou qualquer outra *ideia* simples de nossa *ideia* complexa nem com o conjunto em sua totalidade, então nos é impossível saber com certeza a verdade dessa proposição de que *todo ouro é dotado de fixidez*.

§ 9. Como não se pode descobrir nenhuma conexão entre a *fixidez* e a cor, o peso e outras *ideias* simples daquela essência nominal do *ouro*, caso fizermos nossa *ideia* complexa de *ouro* ser um *corpo amarelo*, *fusível*, *dúctil*, *pesado* e *dotado de fixidez*, permaneceremos na mesma incerteza no que concerne à *solubilidade* em *água-régia*, e pela mesma razão. Pois nunca podemos, a partir da consideração das próprias *ideias*, afirmar ou negar com certeza de um corpo cuja *ideia* complexa é composta de amarelo, muito pesado, dúctil, fusível e dotado de fixidez que ele é solúvel em *água-régia*, e o mesmo vale para todas suas outras propriedades. Gostaria de me deparar com uma única afirmação geral sobre qualquer qualidade do *ouro* que alguém possa saber com certeza que seja verdadeira. Sem dúvida, de imediato se irá objetar que *todo ouro é maleável* é uma proposição universal certa. Ao que respondo que ela é uma proposição muito certa desde que *maleabilidade* seja parte da *ideia* complexa que a palavra *ouro* designe. Mas, assim, nada se afirma do *ouro* a não ser que esse som designa uma *ideia* na qual a *maleabilidade* está contida: certeza e verdade de mesmo tipo se obtêm ao dizer que *um centauro é quadrúpede*. Mas, se *maleabilidade* não faz parte da essência específica que o nome *ouro* designa, então é claro que *todo ouro é maleável* não é uma proposição certa. De fato, seja a *ideia* complexa de *ouro* composta por quaisquer outras suas qualidades que se escolher, a *maleabilidade* não se revelará depender dessa *ideia* complexa nem se seguir de nenhuma *ideia* simples nela contida. A conexão (se é que existe) entre *maleabilidade* e essas outras qualidades só se dá pela intervenção da constituição real de suas partes insensíveis, e, uma vez que não conhecemos tal constituição, é-nos impossível perceber tal conexão enquanto não pudermos descobrir o que as conecte umas às outras.

As proposições universais poderão ser certas na medida em que essa coexistência puder ser conhecida. Mas não se vai muito longe nessa direção, porque...

§ 10. De fato, quanto maior for o número dessas 584
qualidades coexistentes que unimos numa única *ideia* complexa sob um único nome, mais precisa e determinada tornamos a significação dessa palavra; mas nem por isso jamais a tornamos mais capaz de *certeza universal* com relação às outras qualidades, não contidas em nossa *ideia* complexa, pois não percebemos nem conexão nem dependência entre elas, ignorando tanto a real constituição na qual todas elas se fundam quanto o modo pelo qual elas fluem dessa constituição. A principal parte de nosso conhecimento sobre as substâncias não é, como em outras coisas, meramente o da relação entre duas *ideias* que possam existir separadamente, mas sim o da conexão e da coexistência necessária de muitas *ideias* distintas num mesmo objeto, ou então de sua incompatibilidade com uma coexistência como essa. Se pudéssemos partir da outra ponta e descobrir em que consiste uma cor, o que torna um corpo mais leve ou pesado, que textura de partes o torna maleável, fusível, dotado de

fixidez e apto a ser dissolvido nesse tipo de solução e não em outro, se tivéssemos uma *ideia* dos corpos como essa, e pudéssemos perceber no que consistem originalmente todas as qualidades sensíveis e como elas são produzidas, então poderíamos formar *ideias* abstratas deles que nos forneceriam matéria para um conhecimento mais geral e nos capacitariam a fazer proposições universais que trouxessem consigo *verdade* e *certeza gerais*. Mas, como nossas *ideias* dos tipos de substâncias estão tão distantes dessa constituição real interna, da qual dependem suas qualidades sensíveis, e são feitas apenas de uma coleção imperfeita das qualidades aparentes que nossos sentidos conseguem descobrir, só pode haver bem poucas proposições gerais sobre substâncias de cuja verdade real nos podemos assegurar com *certeza*; de fato, são poucas as *ideias* de cuja conexão e coexistência necessária podemos ter conhecimento certo e indubitável. Imagino que, dentre todas as *qualidades secundárias* das substâncias e os poderes que a elas se relacionam, não seja possível nomear duas sequer cuja coexistência necessária ou incompatibilidade para coexistir possa ser conhecida com certeza, a não ser aquelas referentes a um mesmo sentido, que se excluem necessariamente umas às outras, como mostrei em outro lugar. Penso que ninguém possa, a partir da cor que se encontre num corpo, conhecer certamente que cheiro, gosto, som ou qualidades tangíveis ele tenha, nem
585 quais alterações ele seria capaz de fazer em outros corpos ou de receber deles. O mesmo pode ser dito a respeito do som, do gosto etc. Como nossos nomes específicos de substâncias designam quaisquer coleções de *ideias* como essas, não é de admirar que, com elas, possamos fazer bem poucas proposições de *certeza real indubitável*. Mas, na medida em que qualquer *ideia* complexa de qualquer tipo de substância

contiver em si alguma *ideia* simples cuja coexistência necessária com qualquer outra possa ser descoberta, nessa mesma medida se poderá fazer *proposições universais certas* sobre ela: p. ex., se alguém conseguisse descobrir uma conexão necessária entre a *maleabilidade* e a *cor* ou o *peso* do *ouro* ou qualquer outra parte da *ideia* complexa significada por esse nome, ele poderia fazer uma proposição universal *certa* sobre o *ouro* a esse respeito, e a verdade real da proposição *todo ouro é maleável* seria tão *certa* quanto a de *os três ângulos de um triângulo retilíneo são iguais a dois ângulos retos*.

As qualidades que compõem nossas ideias *complexas de substâncias dependem, no mais das vezes, de causas externas, distantes e não percebidas.*

§ 11. Se tivéssemos *ideias* de substâncias que nos dessem a conhecer que constituição real produziria as qualidades sensíveis que encontramos nelas e como essas qualidades fluem dela, poderíamos, pelas *ideias* específicas de suas essências reais em nossas próprias mentes, encontrar com mais certeza suas propriedades e descobrir quais qualidades elas têm ou não do que o podemos atualmente com nossos sentidos. E, para conhecer as propriedades do *ouro*, seria tão pouco necessário que o *ouro* existisse e que fizéssemos experimentos com ele quanto é necessário, para conhecer as propriedades de um triângulo, que um triângulo exista em alguma matéria, pois a *ideia* em nossa mente serviria tão bem em um caso quanto no outro. Mas estamos tão distantes de ser admitidos nos segredos da natureza que mal nos aproximamos algum dia de seu vestíbulo. Não hesitamos em considerar as substâncias com que nos deparamos, cada uma delas, como uma coisa inteira por si mesma, tendo em si mesma todas suas qualidades, e independente de outras coisas, desconsiderando, no mais das vezes, as operações desses fluidos invisíveis que as circundam, e de cujos movimentos e operações depende a maior parte das qualidades que se note nelas

e que nós transformamos em marcas inerentes de distinção pelas quais as conhecemos e denominamos. Que se ponha um pedaço de *ouro* sozinho num lugar
586 qualquer, separado do alcance e da influência de todos os outros corpos, e imediatamente ele perderá toda sua cor e peso, e talvez também a maleabilidade, que se tornaria, tanto quanto eu saiba, perfeita friabilidade. A *água*, cuja *fluidez* é para nós uma qualidade essencial, se entregue a si mesma deixaria de ser fluida. Mas, se corpos inanimados devem tanto de seu estado presente a outros corpos fora deles, a tal ponto que deixariam de ser o que aparentam para nós se os corpos que os circundam fossem removidos, isso vale ainda mais para os *vegetais*, que são alimentados, crescem e produzem folhas, flores e sementes em sucessão constante. E, se olharmos o estado dos *animais* um pouco mais de perto, constataremos que, no que diz respeito à vida, ao movimento e às qualidades mais consideráveis que se observam neles, eles dependem tão inteiramente de causas extrínsecas e qualidades de outros corpos (que não fazem parte deles) que não conseguiriam subsistir um só momento sem esses corpos, mesmo que tais corpos, dos quais eles dependem, sejam pouco notados e não façam parte das *ideias* complexas que formamos desses animais. Que se retire o ar, por um só minuto, e a maioria das criaturas vivas logo perderá os sentidos, a vida, o movimento. Esse fato, a necessidade de respirar nos forçou a conhecê-lo. Mas de quantos outros corpos extrínsecos, e possivelmente muito distantes, não dependem as molas dessas admiráveis máquinas, molas que não são comumente observadas, nem sequer cogitadas, e que nem mesmo a mais severa investigação poderia descobrir? Os habitantes deste ponto do universo, ainda que a milhões de milhas do sol, dependem tanto do movimento devidamente dosado das

partículas provenientes do sol ou por ele agitadas que, por pouco que esta Terra fosse removida da distância na qual se encontra presentemente e posta um pouco mais longe ou mais perto dessa fonte de calor, é mais do que provável que a maior parte dos animais que estão nela pereceriam imediatamente; com efeito, muito frequentemente constatamos que são destruídos por um excesso ou uma falta de calor do sol ao qual os expõe uma posição acidental em algumas partes deste nosso pequeno globo. As qualidades observadas no *ímã* devem necessariamente ter sua fonte bem além dos confins desse corpo; e a frequente devastação em diversos tipos de animais por causas invisíveis, a morte inevitável de alguns deles (conforme relatos), meramente ao transporem a linha equinocial ou, como é certo com relação a outros, ao serem removidos para um país vizinho mostram evidentemente que a concorrência e a operação de diversos corpos, com os quais dificilmente se pense que tenham relação, são absolutamente necessárias para que eles sejam o que aparentam para nós e pre- 587
servem as qualidades pelas quais os conhecemos e os distinguimos. Extraviamo-nos completamente, portanto, quando pensamos que as coisas contêm dentro de si as qualidades que nelas aparecem para nós; e em vão procuramos dentro do corpo de uma mosca ou de um elefante por essa constituição da qual dependem as qualidades e os poderes que neles observamos. Para entendê-los corretamente, talvez precisássemos lançar o olhar não somente para além de nossa terra e atmosfera, mas mesmo para além do sol ou da mais distante estrela que nossos olhos até hoje descobriram. Pois o quanto o ser e a operação de substâncias particulares deste nosso globo dependem de causas que escapam inteiramente a nossa visão é algo que nos é impossível determinar. Vemos e percebemos

alguns dos movimentos e operações mais grosseiras das coisas a nossa volta; mas de onde vêm os fluxos que mantêm o movimento e o funcionamento dessas curiosas máquinas e como são transmitidos e modificados é coisa que escapa a nossa observação e apreensão; e as grandes peças e engrenagens, por assim dizer, desta estupenda estrutura do universo podem, pelo que sabemos, ter uma tal conexão e dependência em suas influências e operações umas sobre as outras que talvez as coisas nesta nossa morada assumissem outra face e deixassem de ser o que são se alguma das estrelas ou grandes corpos incompreensivelmente distantes de nós deixasse de existir ou de se mover tal como o faz. Certo é que as coisas, por mais absolutas e inteiras que pareçam em si mesmas, não passam de dependentes de outras partes da natureza no que diz respeito àquilo que nelas é mais notado por nós. Suas qualidades, ações e poderes observáveis devem-se a algo fora delas, e, daquilo que conhecemos, não há parte da natureza tão completa e perfeita que não deva seu ser, com todas suas excelências, a seus vizinhos. Assim, não devemos confinar nossos pensamentos dentro dos limites da superfície de um corpo, qualquer que ele seja, mas sim olhar além, se quisermos compreender perfeitamente as qualidades que estão nele.

§ 12. Assim sendo, não é de admirar que *tenhamos* ideias *muito imperfeitas de substâncias* e que nos sejam desconhecidas as essências reais das quais dependem suas propriedades e operações. Não conseguimos descobrir sequer o *tamanho*, a *figura* e a *textura* de suas partes ativas diminutas que se encon-
88 tram realmente nelas, quanto menos os diferentes movimentos e impulsos que dentro delas e sobre elas são ocasionados por corpos exteriores; desses movimentos e impulsos depende e por eles é formada a

maior parte, e a mais notável, dessas qualidades que observamos nelas e que compõem nossas *ideias* complexas dessas substâncias. Essa consideração por si mesma basta para pôr fim a toda nossa esperança de alguma vez obter as *ideias* de suas essências reais. E, enquanto nos faltarem, as essências nominais que usamos em seu lugar irão prover-nos apenas em uma medida muito parcimoniosa de qualquer *conhecimento geral* ou proposições universais capazes de *certeza* real.

O juízo pode ir além, mas isso não é conhecimento.

§ 13. Não devemos, portanto, admirar-nos de que a *certeza* possa ser encontrada em bem poucas proposições gerais sobre substâncias, pois nosso conhecimento de suas qualidades e propriedades muito raramente vai além do que nossos sentidos alcançam e nos informam. É possível que homens inquisitivos e observadores consigam, pela força do *juízo*, penetrar mais fundo e, a partir de probabilidades baseadas na observação cuidadosa e de indícios bem associados entre si, frequentemente conjecturar corretamente quanto ao que a experiência ainda não lhes mostrou. Mas isso é ainda apenas conjectura, não passa de opinião e não tem a *certeza* que se requer para o conhecimento. Pois todo *conhecimento geral* reside unicamente em nossos próprios pensamentos e consiste apenas na contemplação de nossas próprias *ideias* abstratas. Onde quer que percebamos qualquer concordância ou discordância entre elas, temos um *conhecimento geral*, e, juntando correspondentemente os nomes dessas *ideias* em proposições, podemos com certeza pronunciar *verdades gerais*. Mas, uma vez que as *ideias* abstratas de substâncias (que seus nomes específicos designam sempre que dotados de uma significação distinta e determinada) têm com pouquíssimas outras *ideias* uma conexão ou incompatibilidade passível de ser descoberta, então a *certeza de proposições universais sobre substâncias* é muito restrita e escassa no que tange a nossa mais importante investigação sobre elas. E dificilmente encontramos um nome de substância, seja lá qual for a *ideia* à qual ele se aplique, do qual possamos dizer com generalidade e certeza que tenha ou não esta ou aquela qualidade lhe pertencendo e constantemente coexistindo ou sendo incompatível com aquela *ideia*, onde quer que ela se encontre.

O que é requerido para nosso conhecimento de substâncias.

§ 14. Antes que possamos ter qualquer conheci-
589 mento aceitável desse tipo, devemos, primeiro, saber quais mudanças as *qualidades primárias* de um corpo regularmente produzem nas *qualidades primárias* de um outro e como isso acontece. Segundo, devemos saber quais *qualidades primárias* de um corpo qualquer produzem em nós determinadas sensações ou *ideias*. Isso seria, na verdade, nada menos que conhecer todos os efeitos da matéria sob suas diversas modificações de volume, figura, coesão de partes, movimento e repouso. Coisa que, penso eu, todos confessarão ser-nos inteiramente impossível conhecer sem revelação. E, ainda que nos fosse revelado que tipo de figura, volume e movimento de corpúsculos produzirá em nós a sensação da cor *amarela* e que tipo de figura, volume e textura das partes nas superfícies de um corpo qualquer será apto a dar a esses corpúsculos o devido movimento para produzir essa cor, nem mesmo isso seria suficiente para fazer proposições *universais* e *certas* sobre os diversos tipos de corpos, a menos que tivéssemos faculdades suficientemente agudas para perceber com precisão o volume, a figura, a textura e o movimento dos corpos nessas partes diminutas por meio das quais eles operam sobre nossos sentidos, e, com base nisso, formar nossas *ideias* abstratas deles. Mencionei aqui somente substâncias *corpóreas*, cujas operações parecem mais estar no nível de nosso entendimento; com efei-

to, diante das *operações do espírito*, tanto a de pensar quanto a de movimentar os corpos, de imediato nos vemos desnorteados; não obstante, se aplicarmos um pouco mais nossos pensamentos na consideração dos corpos e de suas operações e examinarmos em que medida, mesmo em relação a eles, nossas noções alcançam com um mínimo de clareza o que está além dos fatos sensíveis, talvez sejamos constrangidos a confessar que, mesmo aqui, nossas descobertas redundam em pouquíssimo mais do que perfeita ignorância e incapacidade.

Como nossas ideias *de substâncias não contêm a constituição real delas, só podemos fazer umas poucas proposições gerais a seu respeito.*

§ 15. Isto é evidente: como *as* ideias *complexas abstratas de substâncias*, que seus nomes gerais designam, não incluem sua constituição real, *elas só nos podem oferecer muito pouca certeza universal*. Pois nossas *ideias* delas não são compostas por aquilo de que dependem as qualidades que nelas observamos e sobre as quais gostaríamos de nos informar, nem tampouco por aquilo com que elas tenham qualquer conexão certa. P. ex., suponhamos que a *ideia* à qual damos o nome de *homem* seja, como costuma ser, um corpo com o formato comum, com sentidos e movimento voluntário associados à razão. Sendo essa a 590
ideia abstrata e, consequentemente, a essência de nossa espécie *homem*, só podemos fazer bem poucas proposições gerais e certas sobre o termo *homem* designando essa *ideia*. Com efeito, não conhecendo a constituição real da qual dependem sensação, poder de movimento e raciocínio adicionados àquele formato peculiar e pela qual estas qualidades estão unidas em um mesmo objeto, há bem poucas outras qualidades com as quais podemos perceber que aquelas têm conexão necessária. Portanto, não podemos afirmar com certeza que *todos os homens têm intervalos de sono*, que *nenhum homem se alimenta de pedras e de madeira*, nem que *a cicuta é venenosa para todos os*

homens, porque nenhuma dessas *ideias* tem nenhuma conexão ou incompatibilidade com essa nossa essência nominal *homem*, com essa *ideia* abstrata que esse nome designa. Nesses e em casos semelhantes, precisamos recorrer ao teste em objetos particulares, coisa que não vai muito longe. Quanto ao resto, devemo-nos contentar com probabilidades, pois não podemos ter nenhuma certeza geral quando nossa *ideia* específica de *homem* não contém a constituição real que é a raiz na qual se unem todas suas qualidades inseparáveis e da qual fluem. Como nossa *ideia*, que a palavra *homem* designa, é apenas uma coleção imperfeita de algumas qualidades e poderes sensíveis no homem, não há nenhuma conexão ou incompatibilidade discernível entre nossa *ideia* específica e a operação das partes da cicuta ou das pedras sobre sua constituição. Há animais que comem cicuta sem danos, e outros que são nutridos por pedras e por madeira. Mas, enquanto nos faltarem *ideias* dessas constituições reais dos diferentes tipos de animais de que dependem essas e outras qualidades semelhantes, não devemos esperar alcançar *certeza* em proposições universais sobre elas. Só as poucas *ideias* que têm uma conexão discernível com nossa essência nominal ou com alguma parte desta podem fornecer-nos tais proposições. Mas essas *ideias* são tão poucas e de tão pouca importância que podemos com justiça considerar nosso *conhecimento geral* e certo *de substâncias* como praticamente nulo.

No que reside a certeza geral das proposições.

§ 16. Para concluir, as *proposições gerais*, não importa de que tipo, só são suscetíveis de *certeza* quando os termos nelas usados designam aquelas *ideias* cuja concordância ou discordância, tal como ali expressa, é passível de ser descoberta por nós. E temos certeza de sua verdade ou falsidade quando percebemos que as *ideias* que os termos designam concor-

dam ou não concordam, conforme sejam afirmadas ou negadas uma da outra. Donde se pode observar que 591
a *certeza geral* nunca pode ser encontrada, a não ser em nossas *ideias*. Quando quer que procuremos por ela em experimentos ou em observações fora de nós, nosso conhecimento não vai além do particular. Somente a contemplação de nossas próprias *ideias* abstratas é capaz de nos fornecer *conhecimento geral*.

Capítulo VII
Das máximas

São autoevidentes.

§ 1. Há um tipo de proposições que, sob o nome de *máximas* e *axiomas*, têm passado por princípios da ciência, e, por serem *autoevidentes*, supôs-se que fossem inatas, sem que (ao que eu saiba) ninguém jamais se tenha dado ao trabalho de mostrar a razão e o fundamento de sua clareza e cogência. No entanto, talvez valha a pena investigar a razão de sua evidência, para ver se é peculiar apenas a elas, e também examinar até que ponto influenciam e governam nosso conhecimento restante.

No que consiste essa autoevidência.

§ 2. Como foi mostrado, o *conhecimento* consiste na percepção da concordância ou discordância entre *ideias*. Ora, quando a concordância ou a discordância é percebida imediatamente por si mesma, sem intervenção ou auxílio de nada mais, então nosso *conhecimento é autoevidente*. É o que perceberá qualquer um que se dignar a considerar qualquer uma dessas proposições às quais assinta à primeira vista, sem nenhuma prova: pois em todas elas constatará que a razão de seu assentimento vem da concordância ou da discordância que a mente, por comparação imediata, encontre nas *ideias* que correspondem à afirmação ou negação na proposição.

§ 3. Sendo assim, consideremos agora se essa *autoevidência* é peculiar às proposições que comumente passam pelo nome de máximas e às quais se concede a dignidade de axiomas. Quanto a isso, é patente que muitas outras verdades que não são reconhecidas como axiomas compartilham igualmente com elas dessa
592 *autoevidência*. É o que veremos, se repassarmos os vários tipos de concordância ou de discordância entre *ideias* mencionados acima, a saber, identidade, relação, coexistência e existência real; o que nos mostrará que são autoevidentes não apenas essas poucas proposições às quais se credita a qualidade de *máximas*, mas ainda um grande número, quase infinito mesmo, de *outras proposições*.

A autoevidência não é peculiar aos axiomas consagrados.

§ 4. De fato, *primeiro*, fundando-se a percepção imediata da concordância ou discordância de *identidade* no fato de a mente ter *ideias* distintas, obtemos assim tantas proposições *autoevidentes* quantas forem nossas *ideias* distintas. Todos que têm qualquer conhecimento têm, como seu fundamento, várias e distintas *ideias*; e o primeiro ato da mente (sem o qual ela nunca seria capaz de conhecimento) é conhecer cada uma de suas *ideias* por si mesma e distingui-la de outras. Cada um percebe em si mesmo que sabe quais *ideias* tem; que sabe também quando qualquer uma delas está em seu entendimento, e o que ela é; e que, quando há mais de uma delas ali, conhece cada uma distintamente e sem confusão com as outras. E, como isso sempre é assim (pois é impossível não perceber o que se percebe), um homem não pode estar em dúvida, quando há uma *ideia* qualquer em sua mente, se ela está ali e é a *ideia* que é, nem se duas *ideias* distintas, quando estão em sua mente, estão ali e não são uma e a mesma *ideia*. De tal maneira que todas as afirmações e negações como essas são feitas sem nenhuma possibilidade de dúvida, incerteza ou

Primeiro, são igualmente autoevidentes todas as proposições de identidade e diversidade.

hesitação, e devem necessariamente receber assentimento tão logo sejam entendidas: ou seja, tão logo tenhamos em nossa mente *ideias* determinadas que sejam designadas pelos termos da proposição. Portanto, sempre que a mente considera atentamente uma proposição qualquer de modo a perceber que as duas *ideias* significadas pelos termos e afirmadas ou negadas uma da outra são a mesma ou então são diferentes, ela está imediata e infalivelmente certa da verdade de tal proposição. E isso do mesmo modo quer a proposição tenha termos que designem *ideias* mais gerais, quer menos gerais, p. ex., quer a *ideia* geral de *ser* seja afirmada de si mesma, como na proposição *Tudo o que é, é*; quer uma *ideia* mais particular seja afirmada de si mesma, como *Um homem é um homem* ou *Tudo que é branco é branco*; ou, ainda, quer a *ideia* de *ser* em geral seja negada de *não ser* – que 593
é a única *ideia* (por assim dizer) diferente dela –, como na proposição *É impossível que a mesma coisa seja e não seja*; quer alguma outra ideia de um ser particular qualquer seja negada de uma outra diferente dela, como em *Um homem não é um cavalo* ou *O vermelho não é o azul*. A diferença entre as *ideias*, tão logo os termos são entendidos, torna a verdade da proposição imediatamente visível, e isso com a mesma certeza e facilidade nas proposições menos gerais que nas mais gerais, sempre pela mesma razão: porque a mente percebe, em quaisquer *ideias* que ela tenha, que a mesma *ideia* é a mesma que ela própria e que duas *ideias* diferentes são diferentes e não a mesma. E disso ela está igualmente certa, sejam essas *ideias* em maior ou menor grau gerais, abstratas e abrangentes. Portanto, não é só a essas duas proposições gerais *Tudo que é, é*, e *É impossível que a mesma coisa seja e não seja* que essa autoevidência cabe por algum direito peculiar. A percepção do ser ou do não

ser pertence tanto a essas *ideias* vagas significadas pelos termos *tudo* e *coisa* quanto a quaisquer outras *ideias*. Como essas duas máximas gerais não significam mais, em suma, do que *O mesmo é o mesmo* e *O mesmo não é diferente*, elas são verdades conhecidas tanto em casos mais particulares quanto nessas máximas gerais. Além disso, elas são conhecidas em casos mais particulares antes que se tenha alguma vez pensado nessas máximas gerais e extraem toda sua força do discernimento da mente aplicado em *ideias* particulares. Nada é mais visível do que isto: sem o auxílio de nenhuma prova ou reflexão sobre qualquer uma dessas proposições gerais, a mente percebe tão claramente e sabe tão certamente que a *ideia* de branco é a *ideia* de branco, e não a *ideia* de azul – ou que a *ideia* de branco, quando está na mente, está ali e não está ausente –, que a consideração desses axiomas nada pode acrescentar à evidência ou à certeza de seu conhecimento. Como cada um pode experimentar em si mesmo, exatamente o mesmo ocorre com todas as *ideias* que um homem tenha em sua mente: ele sabe que cada uma é ela mesma, e não outra, e sabe que, quando ela está em sua mente, está ali, e não fora dela, com uma certeza que não poderia ser maior; e, portanto, a verdade de nenhuma proposição geral pode ser conhecida com maior certeza nem acrescentar nada a essa certeza. Assim, com respeito à identidade, nosso conhecimento intuitivo vai
594 tão longe quanto nossas *ideias*, e somos capazes de fazer tantas proposições autoevidentes quantos forem nossos nomes para *ideias* distintas. E peço que cada um consulte sua própria mente para saber se esta proposição, *Um círculo é um círculo* não é tão autoevidente quanto aquela que consiste em termos mais gerais, *Tudo que é, é.* E também se a proposição *O azul não é o vermelho* não é uma proposição que a

mente, tão logo entenda as palavras, não pode pôr mais em dúvida do que aquele axioma, *É impossível que uma mesma coisa seja e não seja*. E assim por diante, em todos os casos semelhantes.

Segundo, temos poucas proposições autoevidentes de coexistência.

§ 5. *Segundo*, quanto à *coexistência,* ou a uma conexão necessária entre duas *ideias* tal que, no objeto em que se suponha estar uma delas, também deva estar necessariamente a outra, quanto a uma tal concordância ou discordância a mente tem uma percepção imediata em pouquíssimos casos. Temos, portanto, nesse tipo de concordância, apenas pouquíssimo conhecimento intuitivo, nem se pode aqui encontrar muitas proposições autoevidentes, ainda que algumas o sejam, p. ex., a *ideia* de preencher um lugar igual ao conteúdo de suas superfícies sendo anexada a nossa *ideia* de *corpo*, penso que é uma proposição autoevidente que *Dois corpos não podem estar no mesmo lugar*.

Terceiro, podemos ter proposições autoevidentes de outras relações.

§ 6. *Terceiro*, quanto às *relações* de modos, os matemáticos formaram inúmeros axiomas sobre a relação de igualdade, tal como *iguais sendo subtraídos de iguais, os restos serão iguais*; tais axiomas, assim como os restantes desse tipo, embora sejam aceitos como máximas pelos matemáticos e sejam verdades inquestionáveis, entretanto, penso que qualquer um que os considerar não encontrará neles uma autoevidência mais clara do que nestas outras proposições: *um mais um é igual a dois* e *caso, dos cinco dedos de uma mão, se tirem dois e, dos cinco da outra, se tirem dois, os números restantes serão iguais*. Essas e milhares de outras proposições desse tipo podem ser encontradas nos números, proposições que forçam o assentimento tão logo sejam ouvidas e trazem consigo clareza igual, senão maior, do que aqueles axiomas matemáticos.

§ 7. *Quarto*, com relação à *existência real*, como ela não tem conexão com nenhuma outra de nossas *ideias* além da *ideia* de nós mesmos e de um ser primeiro, não temos sequer um conhecimento demonstrativo da existência real de outros seres, quanto menos um conhecimento autoevidente. Portanto, não há nenhuma máxima sobre a existência real desses seres.

Quarto, quanto à existência real não temos nenhuma proposição autoevidente.

595 § 8. Consideremos a seguir qual *influência* essas *máximas* consagradas têm sobre as outras partes de nosso conhecimento. As regras, estabelecidas nas Escolas, de que todos os raciocínios são *ex praecognitis et praeconcessis* parecem estabelecer o fundamento de qualquer outro conhecimento nas máximas que seriam supostamente *praecognita*. Pelo que, penso eu, entendem-se duas coisas: primeiro, que esses axiomas são as verdades que a mente primeiro conhece e, segundo, que delas dependem as outras partes do conhecimento.

Esses axiomas não influenciam muito nossos demais conhecimentos.

§ 9. *Primeiro*, que elas não são as *primeiras verdades conhecidas* pela mente é evidente pela experiência, como mostramos acima, no *Livro* I, *Capítulo* II. Quem não percebe que uma criança sabe com certeza que uma estranha não é sua mãe e que sua mamadeira não é uma férula muito antes de saber que *é impossível que a mesma coisa seja e não seja*? E quantas não são as verdades sobre números com relação às quais constatamos obviamente que a mente está inteiramente a par delas e das quais está convencida antes que tenha alguma vez pensado nessas máximas gerais às quais os matemáticos por vezes as remetem em seus argumentos? A razão disso é bem clara. De fato, como o que leva a mente a dar assentimento a essas proposições nada mais é do que a percepção que ela tem da concordância ou da discordância entre suas *ideias*, conforme as veja serem afirmadas ou negadas uma da outra em palavras que ela compreen-

Pois não são as primeiras verdades conhecidas.

da, e como se sabe que cada *ideia* é o que é, e que duas *ideias* distintas não são a mesma, então se segue necessariamente que as *primeiras* verdades autoevidentes conhecidas devem ser aquelas que consistam em *ideias* que estejam presentes na mente *primeiro*. Ora, é evidente que as *primeiras ideias* na mente são as de coisas particulares, a partir das quais o entendimento procede de modo lento e gradativo até algumas poucas *ideias* gerais que, sendo tomadas de comuns e familiares objetos dos sentidos, são estabelecidas na mente com nomes gerais para elas. Portanto, as *ideias particulares* são recebidas e distinguidas *primeiro*, e assim se obtém conhecimento a seu respeito; e, em seguida, vêm as menos gerais ou específicas, que mais se aproximam das particulares. Pois *ideias* abstratas não são tão óbvias e fáceis para crianças, ou para a mente ainda pouco exercitada, quanto as particulares. Se assim parecem para homens adultos, é somente porque seu uso constante e familiar as 596
fez assim. Pois quando bem refletirmos sobre elas, constataremos que as *ideias gerais* são ficções e artifícios da mente que trazem consigo dificuldades e não se oferecem com a facilidade que estamos inclinados a imaginar. Por exemplo, não se requer algum esforço e habilidade para formar a *ideia geral* de um *triângulo* (que no entanto não é nem de longe das mais abstratas, abrangentes e difíceis), uma vez que ele não deve ser nem oblíquo, nem retângulo, nem equilátero, nem isósceles, nem escaleno, mas todos e nenhum deles ao mesmo tempo? Com efeito, trata-se de algo imperfeito que não pode existir, uma *ideia* na qual são reunidas algumas partes de várias *ideias* diferentes e incompatíveis entre si. É verdade que a mente, nesse seu estado imperfeito, precise de tais *ideias* e se precipite o quanto pode em sua direção, para a conveniência da comunicação e ampliação do

conhecimento, coisas para as quais está naturalmente muito inclinada. Mesmo assim, temos razão para suspeitar que essas *ideias* são marca de nossa imperfeição. Isso basta pelo menos para mostrar que as *ideias* mais abstratas e mais gerais não são aquelas com as quais a mente entra em contato *primeiro* e com mais facilidade, nem aquelas sobre as quais versa seu conhecimento mais precoce.

Pois as outras partes de nosso conhecimento não dependem delas.

§ 10. *Segundo*, a partir do que foi dito, segue-se patentemente que essas enaltecidas *máximas* não são os princípios e *fundamentos* de todo nosso *conhecimento* restante. Com efeito, se há muitas outras verdades que são tão autoevidentes quanto essas máximas, e muitas que conhecemos antes delas, é impossível que elas sejam os *princípios* a partir dos quais deduzimos todas as outras verdades. Acaso seria mesmo impossível saber que *um* mais *dois* é igual a *três* a não ser em virtude deste ou de outro axioma semelhante, a saber, *O todo é igual a todas suas partes tomadas em conjunto*? Não são poucos os que sabem que *um* mais *dois* é igual a *três* sem jamais ter ouvido ou pensado nesse ou em qualquer outro axioma pelo qual isso pudesse ser provado; e sabem-no com tanta certeza quanto qualquer outro homem sabe que *O todo é igual a todas suas partes*, ou qualquer outra máxima. E isso sempre pela mesma razão, a autoevidência: a igualdade entre essas *ideias* é-lhes tão visível e certa sem esse axioma (ou qualquer outro) quanto com ele, não requerendo nenhuma prova para se fazer perceber. Nem tampouco, após o conhecimento de que *o todo é igual a todas suas partes*, saberão melhor ou com mais certeza que *um mais dois é igual*
597 *a três* do que sabiam antes. De fato, se há alguma assimetria nessas *ideias*, então as de *todo* e *parte* são as mais obscuras ou, ao menos, mais difíceis de estabelecer na mente do que as de *um*, *dois* e *três*. Aliás,

creio que posso fazer a seguinte pergunta a esses homens que pretendem que, com exceção desses princípios gerais eles próprios, todo conhecimento *dependeria* de princípios gerais, inatos e autoevidentes: qual princípio é requerido para provar que *um* mais *um* é *dois*, *dois* mais *dois* são *quatro*, e *três* vezes *dois* são *seis*? Conhecimentos que, sendo obtidos sem nenhuma prova, evidenciam que ou todo conhecimento não *depende* de certos *praecognita* ou máximas gerais, chamadas princípios, ou então que esses conhecimentos são, eles próprios, princípios – e, se eles devem ser contados entre os princípios, então o mesmo deve ocorrer com grande parte das operações com números. Se a estas acrescentarmos todas as proposições autoevidentes que podem ser feitas sobre todas nossas *ideias* distintas, os princípios serão praticamente infinitos, ou ao menos inumeráveis; e serão conhecidos pelos homens em diferentes idades, e boa parte desses princípios inatos nunca serão conhecidos por eles em toda sua vida. Mas, não importa se esses princípios vêm a serem percebidos pela mente mais cedo ou mais tarde, o certo é que são todos conhecidos a partir de sua evidência nativa, são inteiramente independentes, não recebem nenhuma luz nem são suscetíveis de serem provados uns a partir dos outros. E menos ainda os mais particulares a partir dos mais gerais, ou os mais simples a partir dos mais compostos, pois os mais simples e menos abstratos são os mais familiares e os que são apreendidos com mais facilidade e mais cedo. Mas não importa quais são as *ideias* mais claras: a evidência e a *certeza* de todas essas proposições residem em que um homem veja que a mesma *ideia* é a mesma *ideia* e perceba infalivelmente que duas *ideias* diferentes são *ideias* diferentes. De fato, quando um homem tem em seu entendimento as *ideias* de *um* e de *dois*, a *ideia* de *amarelo* e a de *azul*, ele não pode deixar de saber com certeza que a *ideia* de um é a *ideia* de um, e não a *ideia* de dois, que a *ideia* de amarelo, é a *ideia* de amarelo e não a de azul. Pois um homem não pode confundir *ideias* em sua mente quando as tenha distintas, uma vez que desse modo as teria distintas e confusas ao mesmo tempo, o que constitui contradição; e não ter nenhuma *ideia* distinta é não usar nossas faculdades, é não ter absolutamente nenhum conhecimento. Portanto, não importa qual *ideia* seja afirmada de si mesma, quais duas *ideias* inteiramente distintas sejam negadas uma da outra, a mente não pode deixar de assentir a uma tal proposição como infalivelmente verdadeira, tão logo compreenda seus termos, sem hesitação, sem precisar de prova e sem recorrer a essas proposições que são compostas de termos mais gerais e são chamadas máximas.

Que utilidade têm essas máximas gerais.

598 § 11. O que dizer então dessas *máximas gerais*? Seriam elas inúteis?[16] De nenhuma maneira, ainda que talvez seu uso não seja aquele que comumente se pense. Dada a prontidão com que se ataca a menor dúvida levantada em relação àquilo que alguns homens atribuíram a essas *máximas*, como se isso solapasse o fundamento de todas as ciências, pode ser interessante considerá-las com respeito a outras partes do nosso conhecimento e examinar mais particularmente para qual propósito elas servem, e para qual, não.

1. Pelo que já foi dito, é evidente que elas não servem para provar ou confirmar proposições autoevidentes menos gerais.

2. É igualmente claro que elas não são nem nunca foram o fundamento para a construção de nenhuma ciência. Sei bem que, devido aos escolásticos,

16. Todo o longo trecho que segue, nesta seção, até o parágrafo que começa por "Portanto, essas *máximas gerais* são [...]", é um acréscimo da quarta edição. [N. D. E.]

muito se fala sobre as ciências e as *máximas* sobre as quais elas são construídas. Mas minha falta de sorte me impediu de jamais encontrar ciências como essas e, muito menos, de encontrar alguma construída sobre estas duas *máximas*, *Tudo que é, é*, e *É impossível que a mesma coisa seja e não seja*. Gostaria que me mostrassem onde se possa encontrar qualquer ciência erigida sobre esses ou outros *axiomas* gerais, e agradeceria àquele que pudesse pôr diante de meus olhos a estrutura e o sistema de qualquer ciência de tal modo construída sobre essas *máximas*, ou outras do mesmo tipo, que não se poderia mostrar que permaneceria igualmente firme sem nenhuma consideração delas. Eu pergunto: não têm essas *máximas* gerais, no estudo da divindade e de questões teológicas, o mesmo uso que elas têm em outras ciências? Aqui também elas servem para silenciar polemistas e pôr fim a disputas. Mas nem por isso, penso, alguém dirá que a religião *cristã* foi construída sobre essas *máximas,* ou que o conhecimento que dela temos derive desses *princípios*. É da revelação que o recebemos, e, sem a revelação, essas *máximas* jamais nos poderiam auxiliar no que lhes diz respeito. Quando encontramos uma *ideia* por cuja intervenção descobrimos a conexão entre duas outras *ideias*, trata-se de uma revelação de Deus para nós mediante a voz da razão, pois então passamos a conhecer uma verdade que não conhecíamos antes. Quando Deus declara qualquer verdade para nós, trata-se de uma revelação para nós mediante a voz de seu espírito, e nos vemos progredir em nosso conhecimento. Mas em nenhum desses casos recebemos nossa luz ou conhecimento de *máximas*. Num caso, são as próprias coisas que o propiciam, e vemos a verdade nelas ao perceber sua concordância ou discordância. No outro, o próprio Deus propi- 599
cia imediatamente para nós, e vemos a verdade do que Ele diz com sua veracidade infalível.

3. Elas não têm nenhuma utilidade para ajudar os homens no avanço das ciências nem para novas descobertas de verdades até então desconhecidas. O sr. *Newton*, em seu muito mais que admirável livro, demonstrou muitas proposições, que constituem inúmeras verdades novas antes desconhecidas pelo mundo e avanços profundos do conhecimento matemático. Mas, para a descoberta dessas verdades, não foram as máximas gerais *Tudo que é, é* e *O todo é maior que a parte*, ou outras do mesmo tipo, que o ajudaram. Não foram essas as pistas que o levaram à descoberta da verdade e da certeza de suas proposições, nem foi por elas que ele adquiriu o conhecimento de suas demonstrações, mas sim por ter encontrado as *ideias* intermediárias que mostraram a concordância ou a discordância entre as *ideias*, tal como expressa nas proposições por ele demonstradas. É esse o principal exercício e aprimoramento do entendimento humano na ampliação do conhecimento e no avanço das ciências, o qual está bem longe de receber qualquer ajuda pela contemplação dessas e de outras enaltecidas *máximas*. Se os que têm essa tradicional admiração por essas proposições a ponto de pensarem que não se possa dar nenhum passo no conhecimento sem o suporte de um *axioma* nem acrescentar nenhuma pedra ao edifício das ciências sem uma *máxima* geral, se os que pensam assim, digo, se dignassem a distinguir entre o método de aquisição de conhecimento e o método para comunicá-lo, entre o método de edificação de uma ciência e o método para ensiná-la a outros até o ponto em que ela avançou, então veriam que essas *máximas* gerais não são o fundamento sobre os quais as primeiras descobertas ergueram suas admiráveis estruturas nem a chave para destrancar e abrir tais segredos do conhecimento. Por outro lado, depois, quando foram fundadas escolas, e as ciências

obtiveram seus professores para ensinar o que outros tinham descoberto, esses professores frequentemente usaram *máximas*, *i. e.*, instituíram certas proposições, que eram autoevidentes ou que deviam ser aceitas como verdadeiras, as quais, uma vez estabelecidas na mente de seus alunos como verdades inquestionáveis, eram ocasionalmente usadas pelos professores para convencer os alunos de verdades em casos particulares, não tão familiares a sua mente quanto aqueles *axiomas* gerais que lhes haviam sido previamente inculcados e cuidadosamente estabelecidos em sua mente. Mas, refletindo bem, esses casos particulares não são menos autoevidentes para o entendimento do que as *máximas* gerais chamadas para confirmá-las, e foi mesmo nesses casos particulares que o primeiro 600
descobridor encontrou a verdade, sem a ajuda de *máximas* gerais, o que qualquer outra pessoa pode fazer, se considerar com atenção tais casos particulares.

Passemos, portanto, ao uso que é feito das *máximas*.

1. Elas são úteis, como se observou, nos métodos comuns de ensino das ciências até o ponto em que avançaram, mas pouco ou nada servem para promover esse avanço.

2. Elas têm utilidade em disputas para silenciar os polemistas obstinados e para pôr fim a essas contendas. Que me permitam indagar se a necessidade delas para tal fim não despontou da seguinte maneira. Como as Escolas fizeram das disputas a pedra de toque das habilidades dos homens e o *critério* do conhecimento, adjudicavam a vitória àquele que se mantivesse em campo, e aquele que tivesse a última palavra era considerado como o que vencia no argumento, senão na causa. Mas, como dessa forma é quase impossível haver decisão entre combatentes talentosos, na medida em que um nunca deixava de encontrar

um *medius terminus* para provar qualquer proposição, e o outro também podia incessantemente, com ou sem uma distinção, negar a *maior* ou a *menor*, para prevenir, tanto quanto possível, que as disputas se perdessem numa sequência interminável de silogismos, foram introduzidas nas Escolas algumas proposições gerais, a maior parte delas autoevidentes, que, por obterem o reconhecimento e o assentimento de todos os homens, foram consideradas os critérios gerais da verdade e faziam vezes de princípios (quando os disputantes não haviam estabelecido entre si nenhum outro), para além dos quais não se poderia ir, e que não poderiam ser repudiados por nenhum dos lados. E, assim, essas *máximas*, recebendo o nome de *princípios*, para além dos quais os homens em disputa não se podiam retirar, foram por engano tomadas como origem e fonte a partir da qual todo conhecimento se inicia, fundamentos nos quais todas as ciências são edificadas. Porque, quando em suas disputas chegavam a tais máximas, ali paravam e não seguiam adiante, e a questão estava resolvida. Mas o quanto isso é um equívoco é o que já foi mostrado.

Acredito que esse método das Escolas, que foi considerado o manancial do conhecimento, introduziu um uso semelhante dessas máximas em grande parte da conversação fora das escolas, para calar a boca de chicanistas, com os quais qualquer um se
601 eximiria de continuar discutindo quando eles negassem tais princípios gerais autoevidentes, aceitos por todos os homens razoáveis que alguma vez tenham pensado neles. Mas, aqui também, sua utilidade é apenas a de pôr fim às altercações. Quando invocados em casos como esses, em verdade eles nada ensinam, pois esse é o papel já desempenhado pelas *ideias* intermediárias utilizadas no debate; *ideias* cuja conexão pode ser vista sem o auxílio dessas máxi-

mas, de tal maneira que a verdade é conhecida antes que se apresente a máxima e que o argumento seja reconduzido a um princípio primeiro. Os homens abandonariam um argumento errado antes de chegar a esse ponto, caso se propusessem, em suas disputas, a encontrar e abraçar a verdade, e não a reclamar a vitória. Assim, a utilidade das máximas consiste em pôr fim à opiniaticidade de homens que deveriam ter sido detidos antes por sua própria sinceridade. Mas, como o método das Escolas permitiu e encorajou os homens a se oporem e a resistirem à verdade evidente até que se vissem desconcertados, *i. e.*, até que fossem reduzidos a contradizerem a si mesmos ou a algum princípio estabelecido, não é de admirar que, na conversação civil, os homens se envergonhem daquilo que nas Escolas se tem na conta de virtude e glória, *i. e.*, manter obstinadamente o lado da questão que escolheram até a última consequência, seja ele verdadeiro ou falso, mesmo após a refutação. Meio bem estranho para se alcançar a verdade e o conhecimento, e que, penso eu, a parcela racional dos homens, que não foi corrompida pela educação, dificilmente acreditaria que algum dia pudesse ser adotado pelos que amem a verdade e estudem a religião e a natureza, ou introduzido nos seminários daqueles que devem propagar as verdades da religião e da filosofia entre os ignorantes e descrentes. Não investigarei aqui o quanto esse modo de aprendizagem é propenso a desviar a mente dos jovens da sincera busca e amor pela verdade; e mesmo a fazê-los duvidar de que haja tal coisa, ou pelo menos de que valeria a pena se dedicar a ela. Mas, em minha opinião, pondo de lado os lugares que trouxeram a filosofia *peripatética* para suas Escolas, onde ela permaneceu por muito tempo sem nada ensinar ao mundo além da arte da polêmica, em nenhuma outra parte se pensou que essas máximas fossem o fundamento no qual se ergueram as ciências nem o grande auxílio para o avanço do conhecimento.

Portanto, essas *máximas gerais* são, como disse, de grande *utilidade* nas disputas *para calar a boca dos polemistas*, mas não têm muita *utilidade* para a descoberta de verdades desconhecidas ou para ajudar a
602 mente a avançar em sua busca pelo conhecimento. Quem alguma vez começou a construir seu conhecimento a partir desta proposição geral, *O que é, é*, ou desta, *É impossível que a mesma coisa seja e não seja*, e, a partir de qualquer uma delas, como de um princípio da ciência, deduziu um *sistema* de conhecimento útil? Uma vez que opiniões erradas frequentemente implicam contradições, uma dessas máximas pode *servir* bem para mostrar, como uma pedra de toque, para onde elas levam. Mas, por mais apropriadas para expor o absurdo ou o engano do raciocínio ou da opinião de um homem, são de bem pouca *utilidade* para esclarecer o entendimento; e constata-se que a mente recebe pouco auxílio delas em seu progresso no conhecimento, que não seria nem menor nem menos certo se nunca se tivesse pensado nessas duas *proposições gerais*. É verdade, como eu disse, que por vezes elas *servem* na argumentação para calar a boca de um polemista ao mostrar o absurdo do que ele diz e ao expô-lo à vergonha de contradizer o que todo o mundo conhece e que ele mesmo não pode deixar de reconhecer como verdadeiro. Mas uma coisa é mostrar a um homem que ele esteja errado, outra coisa é dar-lhe a posse da verdade; e eu gostaria muitíssimo de saber quais verdades essas duas proposições são capazes de ensinar e por sua influência nos dar a conhecer que antes não conhecíamos ou que não poderíamos conhecer sem elas. Raciocinemos a partir delas tão bem quanto pudermos, elas só dizem respeito

Que utilidade têm essas máximas gerais.

a predicações idênticas, e *influenciam*, se tanto, apenas elas. Cada proposição particular sobre identidade ou diversidade é tão clara e certamente conhecida em si mesma, para quem atenta para elas, quanto qualquer uma dessas proposições gerais, com a única ressalva de que as gerais servem para mais casos, e por isso são mais inculcadas e se insiste mais nelas. Quanto a outras máximas menos gerais, muitas delas não são mais do que meras proposições verbais e nada nos ensinam além da relação e da implicação de um nome para com o outro. *O todo é igual a todas suas partes*: qual verdade real, eu lhes pergunto, isso nos ensina? O que mais está contido nessa máxima, além do que implica por si mesma a significação da palavra *totum*, ou *todo*? E aquele que sabe que a palavra *todo* designa o que é composto de todas suas partes sabe bem pouco menos do que isso: o *todo* é igual a todas suas *partes*. E, pelas mesmas razões, penso que a proposição *Uma montanha é mais alta do que um vale*, assim como muitas outras semelhantes, também 603
pode passar por uma máxima. E, no entanto, os mestres da *matemática*, quando querem, na condição de professores do que conhecem, iniciar outros nessa ciência, colocam, não sem razão, essas e algumas outras máximas semelhantes na introdução de seus *sistemas*, para que seus alunos, tendo desde o início familiarizado seu pensamento com essas proposições feitas com tais termos gerais, possam acostumar-se a fazer reflexões desse tipo e dispor dessas proposições mais gerais como regras e sentenças prontas para serem aplicadas em todos os casos particulares. Porém, isso não quer dizer que, se igualmente sopesadas, elas sejam mais claras e evidentes do que os exemplos particulares que elas são chamadas a confirmar, mas apenas que, sendo mais familiares para a mente, a mera menção a elas é suficiente para satisfazer o en-

tendimento. Mas isso, eu afirmo, deve-se mais a nosso hábito de usá-las e ao fato de se terem estabelecido na mente por pensarmos com frequência nelas, do que por uma diferença na evidência das coisas. E tendo a pensar que, antes de o hábito ter estabelecido em nossa mente métodos de pensamento e raciocínio, ocorra exatamente o contrário, e que uma criança, ao se ver privada de parte de sua maçã, sabe disso melhor por esse exemplo particular do que mediante a proposição geral *O todo é igual a todas suas partes*. E, mais ainda, se uma dessas proposições precisasse ser confirmada pela outra, a geral precisaria mais da particular do que a particular da geral para entrar em sua mente. Pois é no particular que nosso conhecimento começa, disseminando-se gradualmente para o geral, embora posteriormente a mente tome o curso exatamente oposto e, tendo traçado seu conhecimento em proposições tão gerais quanto lhe for possível, torna-as familiares para seu pensamento e se acostuma a recorrer a elas como modelos de verdade e de falsidade. É devido a esse *uso* familiar delas, como regras para medir a verdade de outras proposições, que, com o tempo, se vem a pensar que as proposições mais particulares extraem sua verdade e evidência de sua conformidade a essas proposições mais gerais com tanta frequência invocadas e constantemente admitidas no discurso e na argumentação. Tal é, penso, a razão pela qual, dentre tantas proposições autoevidentes, só as mais gerais receberam o título de máximas.

Se não se tomar cuidado no uso das palavras, as máximas podem provar contradições.

§ 12. Há ainda mais uma coisa que me parece
604 preciso observar sobre essas máximas gerais. Elas estão tão distantes de aprimorar ou de estabelecer em nossa mente o verdadeiro conhecimento que, se nossas noções forem erradas, frouxas ou inconstantes e abandonarmos nossos pensamentos ao som das pala-

vras em vez de fixá-los em *ideias* estabelecidas e determinadas das coisas, então essas *máximas gerais servirão* para nos reforçar em nossos enganos e, nesse modo de uso das palavras, que é o mais comum, *servirão* para provar contradições. P. ex., aquele que, como *Descartes*, formar em sua mente uma *ideia* daquilo que ele chama de *corpo* como não sendo nada além de extensão, pode facilmente demonstrar que o *vácuo* não existe, *i. e.*, que não exista espaço sem corpo, e isso mediante a máxima *O que é, é*. De fato, como a *ideia* à qual ele anexa o nome *corpo* é mera extensão, seu conhecimento de que não possa existir espaço sem corpo é certo. Pois ele conhece clara e distintamente sua própria *ideia* de extensão e sabe que ela é *o que ela é*, e não alguma outra *ideia*, mesmo que ela possa ser chamada por estes três nomes: *extensão*, *corpo* e *espaço*. Três palavras que, significando uma única e mesma *ideia*, podem, sem dúvida, ser afirmadas umas das outras com a mesma evidência e certeza com que cada uma delas pode ser afirmada de si mesma. E é igualmente certo que, enquanto eu as usar para significarem todas a mesma *ideia,* a predicação *espaço é corpo* é tão verdadeira e idêntica em sua significação quanto a predicação *corpo é corpo* é idêntica e verdadeira não só na significação como também no som.

Exemplo: vácuo. § 13. Mas, se chegasse outro e fizesse para si mesmo uma outra *ideia*, diferente daquela de *Descartes*, que no entanto chamaria, como *Descartes*, de *corpo*, e fizesse sua *ideia*, que ele expressa pela palavra *corpo*, ser a de uma coisa que tenha tanto *extensão* quanto *solidez*, ele poderia então demonstrar que pode haver um *vácuo,* ou espaço sem corpo, com a mesma facilidade com que *Descartes* demonstrou o contrário. Porque, sendo a *ideia* à qual ele dá o nome *espaço* meramente a *ideia* simples de *extensão*, e sendo a

ideia à qual ele dá o nome *corpo* a *ideia* complexa de *extensão* e *resistência* ou *solidez* juntas num mesmo objeto, essas duas *ideias* não são exatamente uma e a mesma, mas são tão distintas no entendimento quanto as *ideias* de um e dois, preto e branco, ou de *corporeidade* e *humanidade*, se me for permitido usar termos
605 bárbaros como esses. Portanto, a predicação delas em nossa mente, ou em palavras que as designem, não é uma proposição idêntica, mas sim a negação uma da outra: a proposição *Extensão ou espaço não é corpo* é tão verdadeira e evidentemente certa quanto uma proposição pode sê-lo em virtude da máxima *É impossível que uma mesma coisa seja e não seja*.

Elas não provam a existência de coisas fora de nós.

§ 14. Mas, ainda que ambas essas proposições, *i. e.*, que pode haver um vácuo e que não pode haver um vácuo, sejam igualmente demonstráveis (como se pode ver) e isso a partir dos dois princípios, *O que é, é* e *A mesma coisa não pode ser e não ser*, no entanto, nenhum desses princípios servirá para nos provar que algum corpo exista ou qual corpo existe: quanto a isso, estamos entregues àquilo que nossos sentidos nos conseguem revelar. Como aqueles princípios universais e autoevidentes nada são senão nosso conhecimento constante, claro e distinto de nossas próprias *ideias*, mais ou menos gerais ou abrangentes, eles não nos podem assegurar de nada que se passe fora da mente, pois sua certeza se funda unicamente no conhecimento que temos de cada *ideia* por si mesma, e de sua distinção com relação às demais; acerca disso, não nos podemos enganar enquanto elas estiverem em nossa mente, mesmo que nos possamos equivocar, como acontece com frequência, quando retemos os nomes sem as *ideias* ou os usamos confusamente, ora para uma, ora para outra *ideia*. Como, nesses casos, a força desses *axiomas* só alcança o som, e não a significação das palavras, eles só *servem* para nos enredar em confusão, equívoco e erro[17]. Fiz essa observação para mostrar aos homens que essas máximas, por mais alardeadas como as grandes guardiãs da verdade, não os salvarão do erro no uso descuidado de suas palavras. Em tudo que aqui sugeri sobre sua pouca utilidade para o aprimoramento do conhecimento ou seu uso perigoso em *ideias* indeterminadas, nem por sombra afirmei ou insinuei que elas devessem ser *postas de lado*, como alguns apressadamente me acusam de fazer. Afirmo que são verdades, e verdades autoevidentes que, portanto, não podem ser *postas de lado*. Até onde se estende sua influência, é vão tentar reduzi-la, e nem é essa minha intenção. No entanto, sem qualquer desdouro para a verdade ou para o conhecimento, tenho razões para pensar que seu uso não corresponda à grande importância que lhe parece ser conferida e, por isso, permito-me advertir os homens a não fazer mau uso delas para não serem reforçados em seus erros.

Sua aplicação a ideias *complexas é perigosa.*

§ 15. Qualquer que seja seu *uso* nas proposições 606
verbais, elas não podem revelar ou provar para nós um conhecimento da natureza das substâncias tal como são encontradas e existem fora de nós, por menor que seja esse conhecimento, para além do que está fundado na experiência. E, ainda que as consequências dessas duas proposições chamadas de princípios sejam bem claras, e que seu *uso* não seja perigoso nem danoso ao provar coisas que absolutamente não precisam delas para serem provadas, pois são claras por si mesmas sem eles (*i. e.*, ali onde nossas *ideias* são determinadas e conhecidas pelos nomes que as designam), ainda assim, digo, ali onde os princípios *O que é, é* e *É impossível que a mesma coisa seja e não seja* são utilizados para provar proposições

17. O final desta seção é um acréscimo da quarta edição. [N. D. E.]

nas quais haja palavras que designem *ideias* complexas, p. ex., *homem*, *cavalo*, *ouro*, *virtude*, então o perigo de utilizá-las é imenso. E é muito comum que levem os homens a aceitar e reter o que é falso como se fosse verdade manifesta e a incerteza como se fosse demonstração; de onde se seguem erro, obstinação e todos os males que podem advir de raciocinar equivocadamente. A razão disso não é que esses princípios sejam menos verdadeiros ou tenham menos força para provar quando as proposições são compostas por termos que designem *ideias* complexas do que quando as proposições versem sobre *ideias* simples. O que ocorre é que os homens geralmente se enganam ao pensar que[18], ali onde os mesmos termos são preservados, as proposições versam sobre as mesmas coisas, quando na verdade as *ideias* que elas designam são diferentes; e, portanto, essas máximas são utilizadas para sustentar proposições que, no som e na aparência, são contraditórias, como resta claro nas demonstrações acima mencionadas sobre o *vácuo*. Dessa maneira, enquanto os homens tomarem as palavras pelas coisas, como usualmente o fazem, essas máximas podem servir, e comumente servem, para provar proposições contraditórias. O que se tornará mais manifesto pelo que se segue.

§ 16. Por exemplo, tomemos *homem* como aquilo em relação a que se queira demonstrar algo graças a esses princípios primeiros, e poderemos ver que, enquanto a demonstração se basear nesses princípios, ela será apenas verbal e não nos dará nenhuma proposição ou conhecimento universal verdadeiro certo *Exemplo: homem.*

18. Até a terceira edição, esta seção terminava como segue: "tais proposições sejam acerca da realidade das coisas, e não sobre a mera significação das palavras; como na verdade são, em sua maior parte, como fica claro na demonstração do vácuo, na qual a palavra *Corpo* ora designa uma *ideia*, ora uma outra. Mas isso ainda se tornará mais manifesto." [N. D. E.]

acerca de nenhum ser que exista fora de nós. Primeiro, é provável que a *ideia* de *homem* concebida por uma criança seja como o quadro que um pintor faz 607
das aparências visíveis conjugadas, e que essa compilação de *ideias* em seu entendimento componha a *ideia* complexa única que ela chama de *homem*. Assim, como na *Inglaterra* uma dessas *ideias* é o branco ou a carnação, uma criança poderia demonstrar que *um negro não é um homem*, uma vez que a cor branca é uma das *ideias* simples constantes na *ideia* complexa que ela chama de *homem*. Ela pode, portanto, demonstrar que *um negro não é um homem* a partir do princípio de que *É impossível que a mesma coisa seja e não seja*, e o fundamento de sua certeza não é essa proposição universal, que talvez nunca tenha passado por sua cabeça, mas a percepção clara e distinta que ela tem de suas próprias *ideias* simples de preto e branco, que ela não poderia ser persuadida a tomar uma pela outra nem jamais poderia confundi-las entre si, conhecendo ou não a máxima em questão. Para essa criança, ou para qualquer pessoa que tenha uma *ideia* semelhante, que chama de homem, nunca lhe poderia ser demonstrado que um *homem* tenha uma alma, porque em sua *ideia* de homem não está incluída essa noção ou *ideia*. Para ela, portanto, o princípio *O que é, é* não prova essa questão, que depende da compilação e da observação pela qual ela cria sua ideia complexa denominada homem.

§ 17. *Segundo*, outra pessoa, que foi além na formação e compilação da *ideia* que chama *homem*, acrescentando ao formato externo o *riso* e o *discurso racional*, pode demonstrar que bebês e idiotas não são homens a partir da máxima *É impossível que a mesma coisa seja e não seja*. Eu mesmo já conversei com homens bem razoáveis que efetivamente negaram que esses fossem *homens*.

§ 18. *Terceiro*, outra pessoa talvez componha a *ideia* complexa que chama de *homem* apenas a partir das *ideias* de corpo em geral e dos poderes da linguagem e da razão, deixando o formato inteiramente de fora. Essa pessoa é então capaz de demonstrar que um homem pode não ter mãos, mas ser *quadrúpede*, pois nenhuma dessas *ideias* está incluída em sua *ideia* de *homem*; e é também capaz de demonstrar que, em qualquer corpo no qual encontre reunidos linguagem e *razão*, ali estará um *homem*, pois, tendo um conhecimento claro dessa *ideia* complexa, ele está certo de que *O que é, é*.

Há pouco uso para essas máximas em provas quando temos ideias *claras e distintas.*

§ 19. De maneira que, se bem considerarmos, acredito que possamos dizer que, quando nossas *ideias* são determinadas em nossa mente e têm anexados a
608 elas nomes por nós conhecidos e estáveis sob essas determinações estabelecidas, há *pouca necessidade* ou absolutamente *nenhuma utilidade* nessas *máximas* para provar a concordância ou a discordância entre quaisquer dessas *ideias*. Aquele que não consegue discernir a verdade ou a falsidade dessas proposições sem o auxílio dessas e de máximas como essas não será *auxiliado* a fazê-lo por essas máximas, pois não se poderá supor que conheça a verdade dessas máximas sem uma prova se não puder conhecer sem uma prova a verdade de outras proposições que sejam tão autoevidentes quanto elas. É por isso que o conhecimento intuitivo nem requer, nem admite prova alguma em uma de suas partes mais do que em outra. Aquele que supõe o contrário solapa o fundamento de todo conhecimento e certeza, e aquele que precisa de alguma prova para ter certeza e dar assentimento à proposição *Dois é igual a dois* também precisará de uma para ser levado a admitir que *O que é, é*. Aquele que precisa de prova para ser convencido de que *Dois não é três*, *Branco não é preto*, *Um triângulo não*

é um círculo etc. ou de que quaisquer outras duas *ideias* determinadas distintas não são uma e a mesma, também precisará de uma demonstração para ser convencido de que *É impossível que a mesma coisa seja e não seja*.

Seu uso é perigoso quando nossas ideias *são confusas.*

§ 20. Assim como essas máximas são de *pouca utilidade* quando temos *ideias* determinadas, também são, como já mostrei, *de utilização perigosa* quando nossas ideias não são determinadas e quando usamos palavras que não estão anexadas a *ideias* determinadas, palavras que têm significação frouxa e variável, às vezes designando uma, às vezes designando outra *ideia*. Disso resultam equívocos e erros que essas máximas (trazidas como provas para estabelecer proposições nas quais seus termos designam *ideias* indeterminadas) confirmam e fixam por sua autoridade.

CAPÍTULO VIII 609

Das proposições fúteis.

Algumas proposições não aumentam nosso conhecimento.

§ 1. Deixo à consideração do leitor se as máximas tratadas no capítulo precedente têm tanta utilidade para o conhecimento real quanto se costuma supor. Penso que se pode afirmar sem medo, por outro lado, que há proposições universais que, mesmo sendo certamente verdadeiras, não acrescentam nenhuma luz a nosso entendimento nem aumentam nosso conhecimento. Refiro-me a:

Em primeiro lugar, proposições idênticas.

§ 2. *Primeiro, todas as proposições puramente idênticas.* Tais proposições, obviamente e à primeira batida de olhos, não parecem conter em si nenhuma instrução. Pois quando afirmamos um mesmo termo dele próprio, quer ele seja meramente verbal ou contenha alguma *ideia* clara e real, isso não nos mostra nada além do que já devíamos saber com certeza antes, quer essa proposição seja feita por nós, quer seja a nós apresentada. De fato, a proposição mais geral *O que é, é*, pode, por vezes, servir para mostrar a um homem o absurdo de que é culpado quando, devido a circunlocuções ou termos equívocos, ele negue, em casos particulares, uma mesma coisa dela própria – uma vez que ninguém desafiaria tão abertamente o senso comum a ponto de afirmar contradições visíveis e diretas em termos nus e crus, caso em que seria justificável que ninguém mais lhe dirigisse a palavra. Mesmo assim, penso que se possa dizer que nem essa reconhecida máxima nem qualquer outra proposição idêntica nos ensine nada. Ainda que se possa utilizar, como frequentemente se faz, essa grande e enaltecida máxima, apregoada como o fundamento da demonstração, para confirmar proposições desse gênero, tudo o que ela prova se resume a isto, que a mesma palavra pode, com muita certeza, ser afirmada de si mesma sem nenhuma dúvida acerca da verdade de qualquer proposição desse tipo e, permito-me acrescentar, sem nenhum conhecimento real.

§ 3. De fato, nessas condições, qualquer pessoa muito ignorante, que seja ao menos capaz de fazer uma proposição e saber o que quer dizer quando fale *Sim* e *Não*, pode fazer milhões de proposições de cuja verdade possa estar infalivelmente certa sem, no entanto, conhecer o que quer que seja sobre o mun-
610 do por meio delas, p. ex.: o que é uma alma é uma alma, ou *uma alma é uma alma*, *um espírito é um espírito*, *um fetiche é um fetiche* etc. Todas essas proposições equivalem a esta: *O que é, é*, *i. e.*, *O que tem existência, tem existência*; ou *Quem tem uma alma, tem uma alma*. Seria isso mais do que futilizar com as palavras? É como se um macaco passasse sua ostra de uma mão para outra, e caso tivesse palavras, poderia, sem dúvida, dizer “Ostra na mão direita é *sujeito*, Ostra

na mão esquerda é *predicado*", e poderia, com isso, fazer uma proposição autoevidente sobre a ostra, *i. e. Ostra é ostra*, sem que tudo isso lhe desse um naco sequer de sabedoria ou de conhecimento. Esse modo de agir serviria tanto para satisfazer a fome do macaco quanto o entendimento de um homem, aumentando tanto o conhecimento de um quanto o tamanho do outro.

Bem sei[19] que alguns têm em grande consideração as *proposições idênticas* pelo fato de serem autoevidentes, e pensam prestar grande serviço à filosofia ao alardeá-las, como se nelas estivesse contido todo conhecimento, e como se o entendimento só por elas fosse conduzido à verdade. Concordo, tão prontamente quanto qualquer um, que todas elas são verdadeiras e autoevidentes. Mais ainda, concedo que o fundamento de todo nosso conhecimento resida na faculdade que temos de perceber que a mesma *ideia* seja a mesma e de discerni-la de todas as que sejam diferentes, como mostrei no capítulo precedente. Mas não vejo como isso defenderia da imputação de futilidade o uso de *proposições idênticas* para o aprimoramento do conhecimento. Que alguém repita o quanto quiser que *a vontade é a vontade*, ou que insista nisso o quanto acreditar conveniente: qual a utilidade dessa e de infinitas proposições que tais para a ampliação de nosso conhecimento? Que um homem se delongue, tanto quanto lhe permitir a abundância de palavras que ele tiver em proposições como estas, *uma lei é uma lei*, *obrigação é obrigação*, *o certo é o certo*, e *o errado é o errado*: como tudo isso lhe poderia ajudar a aprender ética? Como poderia instruí-lo e a outros no conhecimento da *moralidade*? Aqueles que não sabem nem talvez jamais saberão o

19. O restante desta seção 3 foi acrescentado a partir da quarta edição. [N. D. E.]

que é *certo* e o que é *errado*, nem quais são suas normas, podem fazer essas e outras proposições do mesmo tipo com tanta certeza e conhecer sua verdade tão infalivelmente quanto outros bem instruídos em *moralidade*. Mas como essas proposições poderiam contribuir para o avanço no conhecimento das coisas necessárias ou úteis para a conduta dos homens?

611 Seria tomado por alguém que não faz senão futilizar aquele que, para esclarecer o entendimento numa parte qualquer do conhecimento, se ocupasse de *proposições idênticas* e insistisse em máximas tais como *Substância é substância*, *Corpo é corpo*, *Vácuo é vácuo*, *Vórtice é vórtice*, *Um centauro é um centauro*, *Uma quimera é uma quimera* etc. Tais proposições e todas do mesmo tipo são igualmente verdadeiras, igualmente certas e igualmente autoevidentes. Mas não podem senão ser contadas como futilidades quando são usadas como princípios para instrução e quando nelas se deposita a tarefa de auxiliar o conhecimento, pois não ensinam nada que qualquer pessoa capaz de discurso já não saiba antes que lhe seja dito: que o mesmo termo é o mesmo termo, que a mesma *ideia* é a mesma *ideia*. É por isso que considero mera futilidade apresentar e inculcar tais proposições com a intenção de dar ao entendimento alguma nova luz ou acesso ao conhecimento das coisas.

A instrução reside em algo muito diferente, e quem quiser expandir sua mente ou a de outros com verdades ainda desconhecidas deve encontrar *ideias* intermediárias e, então, ordená-las entre si numa disposição tal que permita ao entendimento ver a concordância ou discordância entre as *ideias* em questão. As proposições que fazem isso são instrutivas e estão muito distantes daquelas que afirmam um mesmo termo dele próprio, coisa que não é um meio para ajudar a si mesmo ou aos outros a avançar em nenhum tipo de conhecimento. Tal auxílio não seria melhor que aquele que alguém obteria, para aprender a ler, se lhe fossem inculcadas proposições como *um A é um A*, e *um B é um B,* as quais um homem pode conhecer tão bem quanto qualquer mestre-escola sem jamais conseguir ler sequer uma palavra ao longo de toda sua vida. Tais proposições, ou quaisquer outras proposições idênticas, tampouco o ajudariam a progredir uma polegada sequer na habilidade da leitura, não importa que uso ele faça delas.

Se os que me censuram por chamá-las de *proposições fúteis* tivessem tão somente lido e se dado ao trabalho de tentar entender o que disse aqui com todas as letras, não poderiam deixar de ver que por *proposições idênticas* entendo apenas aquelas em que o mesmo termo, denotando a mesma *ideia*, é afirmado de si mesmo, o que me parece ser a significação própria de *proposição idêntica*. E, acerca de todas as que assim forem, penso poder continuar a afirmar que propô-las como instrutivas não passa de futilidade. Pois
ninguém dotado do uso da razão pode enganar-se em 612
relação a elas quando lhe é necessário notá-las nem duvidar de sua verdade quando de fato as nota.

Mas, se alguns chamam de *idênticas* proposições em que o mesmo termo não é afirmado de si mesmo, que outra pessoa julgue se falam com mais propriedade do que eu. Certo é que tudo o que dizem acerca de proposições que não são *idênticas* no sentido em que as entendo não diz respeito nem a mim, nem a tudo o que eu disse acerca de proposições em que um mesmo termo é afirmado de si próprio. E muito me agradaria ver um exemplo em que qualquer proposição assim possa ser usada para o benefício e o aprimoramento do conhecimento de quem quer que seja. Exemplos de outros tipos de proposição, não importa seu uso, não me dizem respeito por não serem aquelas que eu chamo *idênticas*.

§ 4. *Segundo*, outro tipo de proposição fútil surge *quando uma parte da* ideia *complexa é predicada do nome do todo*, quando uma parte da definição é predicada da palavra definida. Assim são todas as proposições em que o *gênero* é predicado da *espécie*, ou o termo mais abrangente de termos menos abrangentes. De fato, qual informação, qual conhecimento traz em si esta proposição, *O chumbo é um metal*, para um homem que saiba que *ideia* complexa o nome *chumbo* designa? Todas as *ideias* simples que entram na *ideia* complexa significada pelo termo *metal* não são nada que ele anteriormente não compreendesse e significasse pelo nome *chumbo*. Por outro lado, se a um homem que conheça a significação da palavra *metal*, mas não a da palavra *chumbo*, quisermos explicar a significação da palavra *chumbo*, será muito mais rápido dizer-lhe que se trata de um *metal*, expressando assim, ao mesmo tempo, muitas de suas *ideias* simples, do que enumerá-las uma a uma, dizendo que se trata de um corpo muito *pesado*, *fusível* e *maleável*.

Segundo, quando uma parte de uma ideia complexa qualquer é predicada do todo.

§ 5. Igualmente fútil é *predicar do termo definido qualquer outra parte da definição*, ou afirmar do nome da *ideia* complexa inteira qualquer uma das *ideias* simples dessa *ideia* complexa, como *Todo ouro é fusível*. De fato, como *fusibilidade* é uma das *ideias* simples que entra na composição da *ideia* complexa que o som *ouro* designa, o que seria, além de brincar com os sons, afirmar do nome *ouro* aquilo que está compreendido em sua significação adotada? Seria considerado como não muito mais que ridículo afirmar solenemente, como importante verdade, que *o ouro é amarelo*, e não vejo porque seria minimamente mais
613 relevante dizer que *o ouro é fusível*, a menos que essa qualidade seja deixada de fora da *ideia* complexa da qual o som *ouro* seja sinal na linguagem usual. Como poderia instruir alguém dizer-lhe o que já lhe foi dito

Como parte da definição do que é definido.

ou que supostamente ele já saiba? De fato, supõe-se que eu conheça a significação da palavra que alguém me endereça, ou então ele deve contá-la para mim. Se eu sei que o nome *ouro* designa a *ideia* complexa de *corpo*, *amarelo*, *pesado*, *fusível*, *maleável*, não me instruirá muito colocar depois solenemente esse nome numa proposição e dizer, com gravidade, *todo ouro é fusível*. Proposições como essa só podem servir para mostrar a falta de franqueza de alguém que se quer afastar da definição de seus próprios termos lembrando-lhe de tempos em tempos essa definição; mas não trazem em si nenhum conhecimento que não o da significação das palavras, por mais certas que essas proposições sejam.

Exemplo: homem e palafrém.

§ 6. "Todo homem é um animal, ou um corpo vivo" é uma proposição tão certa quanto alguma possa sê-lo, mas não conduz mais ao conhecimento das coisas do que dizer que *um palafrém é um cavalo marchador* ou um *animal* que relincha e que marcha, pois ambas versam apenas sobre a significação das palavras. A primeira só me dá a conhecer que *corpo*, *sentidos* e *movimento* ou poder de sensação e de movimento são três das *ideias* sempre abarcadas e significadas pela palavra *homem*, nome que não cabe àquilo em que essas *ideias* não se encontrem reunidas. E, do mesmo modo, a segunda só me dá a conhecer que *corpo*, *sentidos* e *um certo jeito de se mover* com *um certo tipo de voz* são algumas das *ideias* que sempre são abarcadas e significadas pela palavra *palafrém*, nome que não cabe àquilo em que tais *ideias* não se encontrem reunidas. O mesmo se dá, com o mesmo resultado, quando se afirma do termo *homem* um termo qualquer que designe uma ou mais dentre as *ideias* simples que, juntas, compõem a *ideia* complexa chamada de *homem*. P. ex., suponha-se que um *romano* significava pela palavra *homo* todas as se-

guintes *ideias* reunidas em um único objeto, *corporeitas, sensibilitas, potentia se movendi, rationalitas, risibilitas*. Não resta dúvida de que ele poderia ter afirmado da palavra *homo*, universalmente e com grande certeza, uma, várias ou todas essas ideias reunidas, mas não teria feito mais do que dizer que, em seu país, a palavra *homo* compreendia em sua significação todas essas *ideias*. Também um cavaleiro *românico* que, pela palavra *palafrém*, significava estas *ideias* de *corpo com uma certa figura, de quatro pernas, com sentidos, movimento, que marcha, relincha, acostumado a ter uma mulher em seu dorso* poderia, com a mes-
614 ma certeza, afirmar universalmente qualquer uma ou todas essas *ideias* da palavra *palafrém*, mas teria desse modo ensinado apenas que, em na sua língua, ou língua românica, a palavra *palafrém* significava todas essas *ideias* e não devia ser aplicada a coisa alguma à qual faltasse uma dessas *ideias*. Mas aquele que me disser que qualquer coisa em que estejam unidos *sentidos, movimento, razão* e *riso* tem efetivamente uma noção de DEUS, ou que o *ópio* a mergulharia no sono, realmente terá feito uma proposição instrutiva; de fato, como *ter noção de Deus* e *ser mergulhado no sono pelo ópio* não estão contidos na *ideia* significada pela palavra *homem*, proposições assim nos ensinam alguma coisa a mais do que aquilo que a palavra *homem* designa e, portanto, o conhecimento contido nelas é mais do que *verbal*.

Pois isso só ensina a significação das palavras.

§ 7. Antes que um homem faça qualquer proposição, supõe-se que ele entenda os termos que use nela, ou então ele falará como um papagaio, que só emite ruídos por imitação e forma certos sons que aprendeu de outros, mas não como uma criatura racional, que os usa como signos de *ideias* que tenha em sua mente. Também se supõe que o ouvinte entenda os termos tal como o falante os usa, pois do contrário este falaria jargão, emitindo ruídos ininteligíveis. Portanto, futiliza com as palavras quem faz uma proposição tal que, uma vez feita, não contenha mais do que o conteúdo de um de seus termos, o que, supõe-se, um homem já deveria conhecer de antemão, p. ex., *um triângulo tem três lados*, ou *o açafrão é amarelo*. Isso é tão somente tolerável quando um homem vai explicar seus termos para alguém que ele suponha que não o entendeu, ou que assim o declare: e então *ele ensina apenas a significação daquela palavra* e o uso daquele signo.

Mas nenhum conhecimento real.

§ 8. Podemos então conhecer com perfeita *certeza* a verdade de dois tipos de proposição. Um deles é o dessas proposições fúteis, que têm uma certeza nelas, mas só uma *certeza verbal* e não instrutiva. Segundo, podemos conhecer a verdade, e assim estar *certos* de algumas proposições que afirmam de algo uma outra coisa que seja uma consequência necessária de sua *ideia* complexa precisa sem, no entanto, estar contida nela. Por exemplo, que *em todo triângulo o ângulo externo é maior do que qualquer um dos ângulos internos opostos*: como a relação entre o ângulo externo e qualquer um dos ângulos internos não faz parte da *ideia* complexa significada pelo nome triângulo, essa é uma verdade real que transmite consigo *conhecimento real* instrutivo.

As proposições gerais sobre substâncias são frequentemente fúteis.

§ 9. Como temos pouco ou nenhum conhecimento 615
acerca de quais combinações de *ideias* simples existem reunidas nas substâncias, a não ser por nossos sentidos, não podemos fazer nenhuma proposição universal *certa* sobre substâncias para além do ponto a que nos levam nossas essências nominais; ou seja, a muito poucas e insignificantes verdades em comparação com aquelas que dependem das constituições reais das substâncias. De modo que as *proposições* gerais que são feitas *sobre substâncias*, *quando são*

certas, são, em sua maior parte, tão somente fúteis, e, quando são instrutivas, são incertas e são tais que não podemos ter nenhum conhecimento de sua real verdade, por mais que a constante observação e analogia possam amparar nossos juízos em suas conjecturas. Por isso é frequente nos depararmos com discursos muito claros e coerentes que, no entanto, resultam em nada. Pois é claro que, do mesmo modo que os outros nomes, os nomes dos seres substanciais, na medida em que tenham significações relativas[20] anexadas a si, podem, com grande verdade, serem unidos negativa ou afirmativamente em proposições conforme suas definições relativas os tornem aptos a serem assim unidos; e as proposições compostas por tais termos podem ser deduzidas umas das outras com a mesma clareza que as que transmitem as verdades mais reais, e tudo isso sem nenhum conhecimento da natureza ou da realidade das coisas existindo fora de nós. Esse método permite que se façam em palavras demonstrações e proposições inquestionáveis sem avançar uma polegada sequer no conhecimento da verdade das coisas: aquele que tiver aprendido as seguintes palavras, com suas costumeiras acepções relativas a elas anexadas, *substância*, *animal*, *forma*, *alma*, *vegetativo*, *sensitivo*, *racional*, pode fazer diversas proposições indubitáveis sobre a alma sem absolutamente saber o que é realmente a alma. E um homem pode encontrar um número infinito de proposições, raciocínios e conclusões desse tipo nos livros de metafísica, teologia escolástica e um certo tipo de filosofia natural, e, após tudo isso, saber tão pouco acerca de DEUS, dos *espíritos* ou dos *corpos* quanto antes de começar.

---

20. O termo "relativo", aqui e nas suas duas outras ocorrências nesta seção, assim como a evocação das "várias referências e mútuas relações" da seção seguinte são um acréscimo da quarta edição. [N. D. E.]

E por quê.

§ 10. Aquele que tem liberdade para definir, *i. e.*, determinar a significação de seus nomes de substâncias (como certamente cada um tem ao fazê-los significarem suas próprias ideias), e que faz suas significações ao acaso, tomando-as de suas próprias fantasias ou das de outros homens, e não de um exame ou investigação da natureza das coisas mesmas, pode, 616 sem muito esforço, demonstrá-las umas das outras de acordo com as várias referências e mútuas relações que estabeleceu entre elas; e, nisso, concordem ou não as coisas em sua própria natureza, ele não precisa se preocupar com nada além de suas próprias noções, com os nomes que ele lhes conferiu. Mas, ao assim fazer, ele incrementa tanto seu próprio conhecimento quanto incrementa sua riqueza aquele que, tomando um saco de fichas, chama uma em determinada posição de uma *libra*, outra em outra posição de um *xelim*, e outra, numa terceira posição, de *pêni*, e, assim procedendo, pode indubitavelmente contar corretamente e juntar uma grande soma de acordo com a disposição dessas fichas, que as faz designar mais ou menos, como bem entender, sem se tornar minimamente mais rico ou mesmo sem saber quanto é uma *libra*, um *xelim* ou um *pêni*, mas apenas que um está contido no outro vinte vezes, e contém o outro doze. Um homem também pode fazer isso com a significação das palavras, tornando-as mais, menos ou igualmente abrangentes umas em relação às outras.

Terceiro, Usar as palavras de forma variável é futilizar com elas.

§ 11. No entanto, com relação à maior parte das palavras usadas em discursos, especialmente os argumentativos e de controvérsia, também há que se lamentar aquilo que é o pior tipo de *futilidade* e que nos desvia ainda mais da certeza de conhecimento que esperamos alcançar com elas: o fato de que a maioria dos autores está tão longe de nos instruir sobre a natureza e conhecimento das coisas que *usa palavras de forma frouxa* e incerta, e, por não as usar constante e invariavelmente com as mesmas significações, não deduz com clareza e evidência as palavras umas das outras, nem faz seus discursos coerentes e claros (por menos instrutivos que sejam). O que não seria difícil de fazer, caso não achasse conveniente esconder sua ignorância e obstinação sob a obscuridade e a complexidade de seus termos, para o que talvez muito contribuam a inadvertência e o mau costume de muitos homens.

Marcas das proposições verbais.

§ 12. Para concluir, as *proposições meramente verbais* podem ser reconhecidas pelas seguintes *marcas*:

Primeiro, predicação em abstrato.

Primeiro, todas as proposições em que dois termos abstratos são afirmados um do outro versam apenas sobre a significação de sons. De fato, como nenhuma *ideia* abstrata pode ser igual a qualquer ou-
617 tra além de si mesma, quando seu nome abstrato é afirmado de algum outro termo, isso significa apenas que ela pode ou deve ser chamada por aquele nome, ou então que esses dois nomes significam uma mesma *ideia*. Assim, se alguém disser que *parcimônia* é *frugalidade*, que *gratidão* é *justiça*, que esta ou aquela ação é ou não *temperança*, então, por mais atrativas que essas ou outras proposições de mesmo tipo possam parecer à primeira vista, quando escrupulosamente examinamos o que elas contêm constatamos que não resultam em nada além da significação desses termos.

Segundo, Uma parte da definição predicada de um termo qualquer.

§ 13. *Segundo*, todas as *proposições em que uma parte da* ideia *complexa* que um termo designa *é predicada desse termo são proposições meramente* verbais; p. ex.: dizer *que o ouro é um metal* ou *que é pesado*. E assim são meramente verbais todas as proposições em que palavras mais abrangentes, chamadas *gêneros*, são *afirmadas* de palavras subordinadas ou menos abrangentes, chamadas *espécies* ou *indivíduos*.

Quando tivermos, por meio dessas duas regras, examinado as proposições que compõem os discursos com que nos deparamos ordinariamente, em livros e fora deles, talvez constatemos que uma parte delas, maior do que se suspeita, verse unicamente sobre a significação das palavras e não contenha em si nada além do uso e da aplicação desses signos.

Penso que se pode estabelecer isto como uma regra infalível: que sempre que a *ideia* distinta que uma palavra designa não seja conhecida e considerada, e sempre que não se afirme ou negue da *ideia* algo que não esteja contido nela, então nossos pensamentos se atêm inteiramente a sons e não conseguem atingir nenhuma verdade ou falsidade. Se bem observado, talvez isso possa poupar-nos de uma quantidade considerável de divagações e disputas inúteis, diminuindo bastante nossas atribulações e andanças na busca do real e verdadeiro conhecimento.

CAPÍTULO IX 618

De nosso conhecimento da existência.

As proposições gerais certas não dizem respeito à existência.

§ 1. Até aqui, só consideramos as essências das coisas, que, sendo apenas *ideias* abstratas e, assim, estando afastadas, em nosso pensamento, da existência particular (pois nisso justamente consiste a operação própria da mente na abstração, não considerar a *ideia* sob nenhuma outra existência além da que ela tenha no entendimento), não nos dão absolutamente nenhum conhecimento de existência real. A esse respeito podemos notar, de passagem, que as *proposições universais* de cuja verdade ou falsidade podemos ter conhecimento certo não dizem respeito à *existência*, e, mais ainda, que todas as *afirmações ou negações particulares* que não seriam certas se fossem tornadas gerais dizem respeito tão somente à *existência*, pois declaram apenas a união ou a separação acidental de *ideias* em coisas existentes, as quais, em suas naturezas abstratas, não têm nenhuma conexão ou oposição necessárias que nos sejam conhecidas.

O tríplice conhecimento da existência.

§ 2. Mas deixemos a natureza das proposições e as diferentes maneiras de predicação para serem mais longamente consideradas em outro lugar, e passemos à investigação sobre nosso conhecimento da *existência* das coisas e como chegamos a ele. Afirmo então que temos o conhecimento de *nossa própria existência* por intuição, da *existência de* DEUS por demonstração e das outras coisas por sensação.

Nosso conhecimento de nossa própria existência é intuitivo.

§ 3. Quanto a *nossa própria existência*, percebemo-la tão plenamente e certamente que ela nem precisa nem é suscetível de qualquer prova. Pois nada pode ser mais evidente para nós do que nossa própria existência. *Eu penso, eu raciocino, eu sinto prazer e dor*: podem essas coisas ser mais evidentes para mim do que minha própria existência? Se eu duvidar de todas as outras coisas, essa dúvida mesma me faz perceber minha própria *existência* e não toleraria que eu duvidasse dela. De fato, se eu sei que *eu sinto dor*, é evidente que tenho uma percepção tão certa de minha própria existência quanto da existência da dor que eu sinto. Ou se eu sei que *eu duvido*, tenho uma percepção tão certa da existência da coisa que duvida quanto desse pensamento que eu chamo *dúvida*. A experiência então nos convence de que *temos um conhecimento intuitivo de nossa própria existência*,
619 uma percepção interna infalível de que somos. Em cada ato de sensação, raciocínio ou pensamento, somos conscientes diante de nós mesmos de nosso próprio ser, e, em relação a esse assunto, não nos falta o maior grau de *certeza*.

CAPÍTULO X
De nosso conhecimento da existência de um Deus.

Nós somos capazes de saber com certeza que há um deus.

§ 1. Mesmo que DEUS não nos tenha dado nenhuma ideia inata de Si, mesmo que Ele não tenha estampado nenhuns caracteres originais em nossa mente nos quais pudéssemos ler sua existência, no entanto, como nos forneceu as faculdades de que nossa mente é dotada, não se deixou sem testemunho, pois temos sentidos, percepção e razão, e não nos pode faltar uma prova clara d'Ele enquanto levarmos nós mesmos conosco. Nem é justo reclamarmos de nossa ignorância nesse ponto tão importante, pois Ele nos deu farta provisão de meios para descobri-Lo e conhecê-Lo, tanto quanto é necessário para a finalidade de nosso ser e para o grande interesse de nossa felicidade. Mas, ainda que essa seja a mais óbvia verdade descoberta pela razão, e ainda que sua evidência seja (se não engano) igual à certeza matemática, ela requer pensamento e atenção, e a mente deve-se aplicar a uma dedução regular para chegar a ela a partir de algum ponto de nosso conhecimento intuitivo. Do contrário, permaneceremos tão pouco certos e tão ignorantes dessa proposição quanto de outras que são em si mesmas suscetíveis de demonstração. Para mostrar, portanto, que somos capazes de *conhecer*, *i. e.* de *estarmos certos de que há um* DEUS, e como podemos chegar a essa certeza, creio que não precisamos ir além de nós mesmos e do conhecimento indubitável que temos de nossa própria existência.

O homem sabe que ele próprio existe.

§ 2. Penso estar fora de questão que *o homem tem uma percepção clara de seu próprio ser*, que ele sabe certamente que existe e que ele é algo. Àquele que possa duvidar se ele é algo ou não, eu não me endereço, como tampouco argumentaria com o puro nada nem tentaria convencer o não ser de que ele seja algo.

Se alguém pretende ser tão cético a ponto de negar
620 sua própria existência (pois duvidar realmente dela é manifestamente impossível), por mim, que ele desfrute de sua amada felicidade em ser nada, até que a fome ou alguma outra dor o convença do contrário. Penso então que isso pode ser tido como uma verdade da qual cada um se vê assegurado por um conhecimento certo, para além da possibilidade de qualquer dúvida, a saber, que ele é algo que efetivamente existe.

Sabe também que, como o nada não poderia produzir um ser, há, portanto, algo eterno.

§ 3. A seguir, o homem sabe por uma certeza intuitiva que o mero *nada é tão pouco capaz de produzir algum ser real quanto de ser igual a dois ângulos retos.* Se um homem não sabe que o não ser ou ausência de todo ser não pode ser igual a dois ângulos retos, é impossível que ele conheça qualquer demonstração de *Euclides.* Se, portanto, sabemos que existe um ser real, e que o não ser não pode produzir nenhum ser real, temos uma demonstração evidente de que desde *a eternidade* existiu algo, pois o que não é eterno teve um início, e o que teve um início deve ter sido produzido por alguma outra coisa.

Esse ser eterno deve ser o mais poderoso.

§ 4. A seguir, é evidente que aquilo que deve seu ser e seu início a outra coisa deve também tudo o que está em seu ser, e que a ele pertence, a uma outra coisa. Todos os poderes que tem devem-se e advêm necessariamente da mesma fonte. Sendo assim, essa fonte eterna de todo ser deve ser também a fonte e origem de todo poder, e assim *esse ser eterno deve ser também o mais poderoso.*

E o mais cognoscente.

§ 5. Da mesma maneira, um homem encontra em si mesmo *percepção* e *conhecimento.* Damos assim um passo a mais, pois agora estamos certos não apenas de que no mundo há um ser, mas um ser inteligente e cognoscente.

Houve um tempo, então, em que não existia nenhum ser cognoscente e em que o conhecimento veio

a existir; ou então também houve *um ser cognoscente desde a eternidade*. Caso se diga que houve um tempo em que nenhum ser tinha nenhum conhecimento, e no qual esse ser eterno era vazio de todo entendimento, eu respondo que então seria impossível que jamais tivesse havido conhecimento, pois é tão impossível que coisas inteiramente vazias de conhecimento, operando cegamente e sem nenhuma percepção produzam um ser cognoscente quanto é impossível que um triângulo faça a si mesmo com três ângulos maiores do que dois ângulos retos. Pois é tão incompatível com a ideia de matéria insensível que ela possa 621
dar a si mesma sentidos, percepção e conhecimento, quanto é incompatível com a ideia de um triângulo que ele possa dar a si mesmo ângulos maiores do que dois ângulos retos.

E é, portanto, deus. § 6. Assim, a partir da consideração de nós mesmos e do que infalivelmente encontramos em nossa própria constituição, nossa razão nos leva ao conhecimento desta verdade certa e evidente, que *existe um ser eterno, o mais poderoso e o mais cognoscente*, não importando se se quer chamá-lo ou não de DEUS. Isso é evidente, e é fácil deduzir dessa *ideia*, devidamente considerada, todos esses outros atributos que devemos atribuir a esse ser eterno[21]. Se, no entanto, houver alguém tão insensatamente arrogante a ponto de supor que só o homem é cognoscente e sábio, mesmo sendo produto da mera ignorância e casualidade, e que todo o resto do universo só age pelo cego acaso, entrego a sua consideração a reprovação muito racional e enfática de Cícero, l. 2. *de leg*.: "Poderia haver algo mais tolamente arrogante e inadequado do que um homem pensar que há nele uma mente e

21. O restante deste parágrafo é um acréscimo da segunda edição, a tradução do texto de Cícero sendo introduzida a partir da quarta edição. [N. D. E.]

um entendimento, mas que em todo resto do universo não haja tal coisa? Ou que essas coisas que com o esforço máximo de sua razão ele mal compreende são movidas e governadas sem absolutamente nenhuma razão?" *Quid est enim verius, quam neminem esse oportere tam stulte arrogantem, ut in se mentem et rationem putet inesse, in coelo mundoque non putet? Aut ea quae vix summa ingenii ratione comprehendat, nulla ratione moveri putet?*

A partir do que se disse, fica claro para mim que temos um conhecimento mais certo da existência de DEUS do que de qualquer coisa que nossos sentidos não nos tenham revelado imediatamente. Mais ainda, presumo que possa dizer que conhecemos mais certamente que há um DEUS do que qualquer outra coisa fora de nós. Quando digo que nós *conhecemos*, quero dizer que esse conhecimento está a nosso alcance, e que não poderemos deixar de tê-lo se tão somente nos dignarmos a aplicar nossa mente a essa pesquisa como a aplicamos a diversas outras investigações.

Nossa ideia de um ser mais perfeito de todos não é a única prova de que há um deus.

§ 7. Não examinarei aqui *em que medida a* ideia *do ser mais perfeito* que um homem possa formar em sua mente prove ou não a *existência de um* DEUS. Com efeito, dada a diferença nas conformações dos temperamentos dos homens e na aplicação que fazem de seus pensamentos, alguns argumentos se im-
622 põem mais a uma pessoa, e outros se impõem mais a outra para a confirmação da mesma verdade. E, no entanto, penso que posso dizer que não é um bom modo de estabelecer essa verdade, e de silenciar os ateus, fazer repousar um ponto tão importante quanto esse inteiramente sobre esse único fundamento, tomando o fato de que alguns homens têm essa *ideia* de DEUS em suas mentes (pois é evidente que alguns homens não têm nenhuma *ideia* como essa, que alguns têm uma *ideia* que é pior do que não ter nenhu-

ma, e que a maioria tem *ideias* muito diferentes) como a única prova de uma deidade, e, por excesso de apreço por essa invenção dileta, descartar ou ao menos tentar invalidar todos os outros argumentos e nos proibir de prestar ouvidos, na qualidade de fracas ou falaciosas, àquelas provas que nossa própria existência e as partes sensíveis do universo oferecem a nosso pensamento de modo tão claro e cogente que considero impossível que um homem refletido a elas resista. Pois julgo ser esta uma verdade tão clara e certa quanto qualquer outra que se possa encontrar: *as coisas invisíveis de* DEUS *são claramente visíveis desde a criação do mundo e são entendidas pelas coisas que são criadas, mesmo seu poder eterno e sua divindade*[22]. Ainda que nossa própria existência nos forneça, como mostrei, uma prova evidente e incontestável de uma deidade – e, creio, tão inescapavelmente cogente, para todo aquele que se dignar a considerá-la atentamente, quanto qualquer outra demonstração feita de tantas partes –, no entanto, sendo essa uma verdade tão fundamental e de tanta consequência que toda religião e moralidade genuína dela dependem, não duvido de que meu leitor me perdoará se eu repassar algumas partes desse argumento, detendo-me um pouco mais em cada uma delas.

Alguma coisa existe desde a eternidade.

§ 8. Não há verdade mais evidente do que esta: *alguma coisa* deve existir *desde a eternidade*. Nunca vi até hoje ninguém tão insensato a ponto de supor uma contradição tão manifesta quanto um tempo em que não havia absolutamente nada. De fato, esse é o maior de todos os absurdos, imaginar que o puro nada, a negação perfeita e a ausência de todos os seres possam jamais produzir alguma existência real.

É então inevitável que todas as criaturas racionais concluam que algo exista desde a eternidade. Vejamos agora que tipo de coisa deve ser esse algo.

---

22. Rm 1, 20. [N. D. E.]

§ 9. Só há dois tipos de seres no mundo que o homem conhece ou concebe.

Dois tipos de seres, cogitantes e não cogitantes.

623 *Primeiro*, os que são puramente materiais, sem sentidos, percepção ou pensamento, como as aparas de nossa barba e as lascas de nossas unhas.

Segundo, seres sensíveis, pensantes, percipientes, tal como constatamos sermos nós mesmos, e que, caso se prefira, chamaremos a partir de agora de seres *cogitantes* e *não cogitantes*, termos que para nosso propósito, senão por outras razões, são melhores do que material e imaterial.

§ 10. Se, então, deve haver algo eterno, vejamos de que tipo ele precisa ser. Quanto a isso, é bem óbvio para a razão que ele deve ser necessariamente um ser *cogitante*. Pois é tão impossível conceber que a matéria não cogitante possa jamais produzir um ser pensante inteligente quanto que o nada possa por si mesmo produzir matéria. Suponhamos que alguma parcela de matéria seja eterna, grande ou pequena, e constataremos que ela, por si mesma, não é capaz de produzir nada. Por exemplo, suponhamos que a matéria do primeiro seixo que encontrarmos seja eterna e intimamente unificada, com suas partes todas juntas firmemente em repouso: se não houvesse nenhum outro ser no mundo, não deveria ela permanecer eternamente assim, massa morta e inerte? Seria possível conceber que ela possa acrescentar movimento a si mesma, sendo puramente matéria, ou que produza alguma coisa? Portanto, a matéria, por sua própria força, não consegue produzir sequer movimento em si mesma: o movimento que ela tem deve ou existir também desde a eternidade, ou então ser produzido e acrescentado à matéria por algum outro ser mais poderoso do que ela; pois é evidente que a matéria não tem poder para produzir movimento em si mesma. Mas suponhamos que o movimento também seja

Um ser não cogitante não pode produzir um ser cogitante.

eterno. No entanto, a matéria, a *matéria não cogitante* e o movimento, quaisquer alterações de figura e volume que possam produzir, *nunca poderiam produzir pensamento*, e o conhecimento está tão além do poder de produção da matéria e do movimento quanto a matéria está além do poder de produção do *nada* ou *não ser*. E apelo aos pensamentos que cada um tem, para ver se ele não pode conceber tão facilmente a matéria produzida pelo *nada* quanto o pensamento produzido pela pura matéria sem que antes existisse algo como o pensamento ou um ser inteligente. Por mais que se divida a matéria em partes diminutas (o que tendemos a pensar como uma espécie de espiritualização da matéria ou a fabricação de uma coisa pensante a partir dela), por mais que se varie sua figura e movimento, seja um globo, um cubo, cone, prisma, cilindro etc., com diâmetros tão pequenos quanto a milionésima parte de um *gry**, ela não 624
operará sobre outros corpos de volume proporcional de modo diferente do que os corpos de uma polegada ou um pé de diâmetro, e seria tão razoável esperar a produção de sentidos, pensamento e conhecimento pela reunião, com determinada figura e movimento, de grandes partículas de matéria quanto das menores existentes. Elas se chocam, impelem e resistem umas às outras, exatamente como o fazem as grandes, e isso é

* Um *gry* é um décimo de uma linha; uma linha é um um décimo de polegada, uma polegada, um décimo de um pé filosófico; um pé filosófico, um décimo de um pêndulo cujas oscilações são, cada uma delas, na latitude de 45 graus, iguais a um segundo de tempo ou a um sexagésimo de minuto. Propositadamente fiz aqui uso dessa medida e de suas partes segundo divisões decimais, com nomes atribuídos a elas, porque penso que seria de conveniência geral se essa se tornasse a medida comum na República das Letras. [N. D. A.] [Coste acrescenta, no final desta nota: "a palavra '*gry*' é de invenção de Locke. Ele inventou-a para exprimir um décimo de linha, medida que até aqui não recebera nome, e que pode ser tão bem designada por esse nome quanto por qualquer outro." (N. D. E.)]

tudo que podem fazer. Assim, se não supusermos nada de inicial ou eterno, a *matéria* nunca poderia começar a existir; se supusermos eterna a mera matéria, sem movimento, o *movimento* jamais poderia começar a existir; se supusermos de início, ou eternamente, só a matéria e o movimento, o *pensamento* nunca poderia começar a existir[23]. Pois é impossível conceber que a matéria, com ou sem movimento, possa ter originalmente, em e por si mesma, sentidos, percepção e conhecimento, como resta evidente pelo fato de que, se assim o fosse, então sentidos, percepção e conhecimento deveriam ser propriedades eternamente inseparáveis da matéria e de cada uma de suas partículas. Sem mencionar que, mesmo que nossa concepção de matéria, geral ou específica, leve-nos a falar dela como uma única coisa, no entanto, na realidade a matéria não constitui uma única coisa individual, nem há uma tal coisa existindo como um só ser material ou um único corpo que conheçamos ou possamos conceber. Portanto, se a matéria fosse o primeiro ser eterno cogitante, não existiria um só ser eterno infinito cogitante, mas um número infinito de seres eternos finitos cogitantes, independentes uns dos outros, com força limitada e com pensamentos distintos, que nunca poderiam produzir a ordem, harmonia e beleza que se pode encontrar na natureza. Portanto, como o que quer que seja o primeiro *ser* eterno deve necessariamente ser cogitante, e como tudo que é primeiro que todas as coisas deve necessariamente conter em si, e ter efetivamente, ao menos todas as perfeições que possam vir a existir depois, e não pode dar para outra coisa nenhuma perfeição que não tenha, seja atualmente em si mesmo, seja, pelo menos, num grau mais elevado, segue-se necessariamente que o primeiro ser eterno não pode ser a matéria.

23. As três frases seguintes foram acrescentadas a partir da segunda edição. [N. D. E.]

Portanto, sempre existiu uma sabedoria eterna.

§ 11. *Se*, portanto, é evidente que *algo* deva necessariamente *existir desde toda a eternidade*, também é evidente que *esse algo deve* necessariamente *ser um ser cogitante*, pois é tão impossível que a matéria não cogitante produza um ser cogitante quanto o nada ou a negação de todo ser possa produzir um ser positivo ou matéria. 625

§ 12. É verdade que a descoberta da *existência necessária de uma mente eterna* é suficiente para nos levar ao conhecimento de DEUS, pois disso se segue que todos os outros seres cognoscentes que têm um começo devam depender dele, sem dispor de nenhum outro meio de conhecimento ou campo de poder além daqueles que ele lhes concede; e, portanto, se ele criou esses seres, também criou as peças menos excelentes deste universo, todos os seres inanimados: desse modo ficam demonstrados sua *onisciência*, *poder* e *providência*, e se seguem necessariamente todos os seus outros atributos. No entanto, para deixar isso um pouco mais claro, examinaremos as dúvidas que possam ser levantadas contra isso.

Se é ou não material.

§ 13. *Primeiro*, talvez se diga que, ainda que isso seja tão claro quanto uma demonstração possa torná-lo – que deva haver um ser eterno e que esse ser deva também ser cognoscente –, disso não se segue que esse ser pensante não possa ser material. Concedamos que assim seja, segue-se igualmente que haja um DEUS. Pois se há um ser eterno, onisciente e onipotente, é certo que há um DEUS, quer se imagine que ele seja material, quer não. Mas eis o perigo e o engano dessa suposição: uma vez que não há como evitar a demonstração de que existe um ser eterno cognoscente, os homens devotos da matéria de bom grado irão dar por suposto que esse ser cognoscente seja material, e então, deixando de lado, em sua mente ou em seu discurso, a demonstração pela qual se prova que exis-

te necessariamente um ser cognoscente eterno, argumentarão que tudo seja matéria, negando assim um DEUS, ou seja, um ser cogitante eterno. Assim fazendo, estão tão longe de estabelecerem sua própria hipótese que a destroem, pois, se em sua opinião pode haver matéria eterna sem nenhum ser cogitante eterno, eles manifestamente separam matéria e pensamento, e não supõem nenhuma conexão necessária entre um e outro, estabelecendo assim a necessidade de um espírito eterno, mas não a da matéria, uma vez que já havia sido provado anteriormente que é inevitável admitir a existência de um ser cogitante eterno. Ora, se
626 pensamento e matéria podem ser separados, então *a existência eterna da matéria não se segue da existência eterna de um ser cogitante*, ao contrário do que eles inutilmente supõem.

Não é material, primeiro, porque toda e qualquer partícula de matéria não é cogitante.

§ 14. Vejamos agora como poderiam persuadir a si mesmos ou a outrem de que esse *ser pensante eterno* é *material*.

Gostaria, *primeiro*, que me dissessem se imaginam que toda matéria, *que cada partícula de matéria*, *pense*. Suponho que dificilmente afirmariam tal coisa, pois então haveria tantos seres pensantes eternos quantas partículas de matéria, e assim haveria uma infinidade de deuses. E, no entanto, se não concederem que a matéria como matéria, ou seja, que cada partícula de matéria é tanto cogitante quanto extensa, terão diante de si a árdua tarefa de explicar, para sua própria razão, um ser cogitante feito de partículas não cogitantes, tão difícil de explicar quanto um ser extenso feito de partes, com o perdão da expressão, inextensas.

Segundo, uma só partícula de matéria não pode ser cogitante.

§ 15. *Segundo*, se nem toda matéria pensa, gostaria então que me dissessem se seria *um só átomo que pensa*. Isso implica tantos absurdos quanto a afirmação anterior, pois então ou apenas esse átomo de matéria seria eterno, ou não. Se apenas ele é eterno, então só ele, por seu poderoso pensamento ou vontade criou toda a matéria restante. E assim chegamos à criação da matéria por um pensamento poderoso, que é aquilo que os materialistas recusam. De fato, se supuserem que um único átomo pensante produziu toda a matéria restante, não lhe poderiam atribuir essa preeminência a não ser por isto, seu pensamento, a única coisa que supostamente o diferencia dos outros. Mas, concedendo que isso se dê de algum outro modo que esteja acima de nossa concepção, trata-se sempre de criação, e esses homens devem abdicar de sua principal máxima, *Ex nihilo nil fit*[24]. Por outro lado, caso se diga que toda a matéria restante é tão eterna quanto aquele átomo pensante, seria o mesmo que dizer qualquer coisa aleatoriamente, mesmo ela sendo absurda. Pois supor que toda matéria é eterna, e, ao mesmo tempo, que uma única pequena partícula é, em conhecimento e poder, infinitamente superior a todo resto, é formar uma hipótese sem nenhuma razão aparente. Cada partícula de matéria é, enquanto matéria, capaz das mesmas figuras e movimentos que qualquer outra, e desafio qualquer um a, em seu pensamento, acrescentar a uma delas algo que outra não tenha.

Terceiro, é impossível que seja cogitante um sistema de matéria não cogitante.

§ 16. *Terceiro*, se então um único átomo em par- 627
ticular não pode, sozinho, ser esse ser pensante eterno, nem tampouco a matéria toda enquanto matéria, *i. e.*, cada partícula de matéria, então só resta que esse *ser pensante eterno* seja *um determinado sistema de matéria* adequadamente unificado. Essa, imagino eu, é a noção de DEUS à qual mais se inclinam os homens que querem que Ele seja um ser material, pois é o que lhes é mais prontamente sugerido pela opinião que

24. "Do nada, nada se faz". Lucrécio, *De rerum natura* [Da natureza das coisas], Livro I, linha 150 e ss. [N. D. E.]

eles costumam ter de si mesmos e dos demais homens, que eles consideram como seres materiais pensantes. Mas esse devaneio, embora mais natural, não é menos absurdo do que o anterior. Com efeito, supor que o ser pensante eterno não seja mais do que uma composição de partículas de matéria, cada uma delas não cogitante, é o mesmo que atribuir toda sabedoria e conhecimento do Ser Eterno à mera *justaposição* de partes, e nada pode ser mais absurdo do que isso. Pois partículas de matéria que não pensam, não importa como sejam reunidas, não podem por esse meio ter nada acrescido a si mesmas, a não ser uma nova relação de posição que, por sua vez, não poderia conceder-lhes pensamento e conhecimento.

Seja em movimento, seja em repouso.

§ 17. Além disso, ou todas as partes desse *sistema corpóreo* estão em repouso, ou há um certo movimento das partes, no qual consista seu pensar. Se estiver em repouso perfeito, não passa de uma só massa, e, portanto, não pode ter nenhum privilégio sobre um único átomo.

Se sua capacidade de pensamento depende do movimento de suas partes, todos seus pensamentos devem ser inevitavelmente acidentais e limitados. De fato, como cada uma dessas partículas, que por meio do movimento causam o pensamento, é em si mesma desprovida de qualquer pensamento, ele não pode regular seus próprios movimentos e menos ainda ser regulada pelo pensamento do todo, uma vez que esse pensamento não é causa do movimento (pois então ele precisaria antecedê-lo e, portanto, existir sem ele), mas sua consequência. Assim sendo, liberdade, poder, escolha e todo pensamento e ação racionais e sábios seriam inteiramente descartados, de tal modo que um tal ser pensante não seria nem melhor nem mais sábio do que a pura matéria cega. Efetivamente, dá no mesmo reduzir tudo aos movimentos aciden-

tais e desgovernados da matéria cega ou a pensamentos dependentes dos desgovernados movimentos da matéria cega. Sem mencionar a estreiteza de um pensamento e conhecimento como esse, que precisa depender do movimento dessas partes. Não é preciso enumerar mais absurdos e impossibilidades nessa hipótese (por mais repleta que ela esteja deles) além dos já mencionados, pois não importa se esse sistema pensante constitui toda ou apenas uma parte da ma- 628
téria do universo: é impossível que qualquer partícula conheça seu próprio movimento ou o de qualquer outra; ou que o todo conheça o movimento de cada partícula e assim regule seus próprios pensamentos e movimentos; ou mesmo que tenha qualquer pensamento como resultado desse movimento.

Matéria não é coeterna com uma Mente eterna.

§ 18. Outros gostariam que a *matéria* fosse *eterna*, mesmo reconhecendo um ser imaterial, cogitante e eterno. Consideremos então essa opinião mais de perto, uma vez que, embora não suprima a existência de um DEUS, nega a primeira e a principal parte de sua obra, a criação. A *matéria* deve ser eterna: *por quê*? Porque é impossível conceber como ela poderia ser feita a partir do nada. Por que então você não se considera também eterno? Você talvez responda que é porque, há vinte ou quarenta anos atrás, você começou a existir. Mas se eu lhe perguntar o que é esse *você* que começou então a existir, dificilmente você me conseguiria responder. A matéria de que você é feito não começou então a existir (pois, se o tivesse, não seria eterna), mas começou a ser reunida naquele determinado feitio e formação que compõe seu corpo. No entanto, aquela formação de partículas não é você, ainda não constitui aquela coisa pensante que você é (pois agora lido com alguém que reconheça um ser pensante eterno e imaterial, mas que pretenda que a matéria também seja eterna). Quando, então, começou

a existir aquele ser pensante? Se ele nunca começou a existir, então você sempre foi uma coisa pensante desde a eternidade, absurdo que não preciso refutar enquanto não encontrar alguém que seja tão destituído de entendimento a ponto de sustentá-lo. Se, portanto, você admite que uma coisa pensante seja feita a partir do nada (como deve ser tudo que não seja eterno), por que então você não admite também que é possível que um ser material seja feito a partir do nada por um poder igual? Só porque você tem diante de si a experiência de um e não do outro? Mas a consideração atenta mostra que a criação de[25] um espírito não requer menos poder do que a criação da matéria. Aliás, é possível que, se nos emancipássemos das noções vulgares e elevássemos nossos pensamentos tão longe quanto eles alcancem para contemplar as coisas mais de perto, conseguiríamos então esboçar alguma concepção obscura e superficial[26] de como a matéria pode ter sido inicialmente feita e ter começado
629 do a existir pelo poder daquele ser primeiro e eterno. Mas dar início e existência a um espírito se revelaria um efeito ainda mais inconcebível do poder onipo-

25. A partir da segunda edição, o restante desta seção vem substituir o seguinte texto: "um, tanto quanto do outro, requer um poder igual. E não temos mais razão para recuar diante do efeito desse poder num caso do que no outro, pois o modo pelo qual isso se dá em ambos está igualmente além de nossa compreensão, pois, uma vez admitida a criação ou início de qualquer coisa a partir do nada, a criação de tudo o mais, exceto o próprio Criador, pode ser concebido com a mesma facilidade." [N. D. E.]

26. O texto traz "*dim and seeming*". Coste relata, numa nota, que, não entendendo bem essa expressão, traduziu, de modo um tanto livre, por "ainda que de maneira imperfeita" [*quoique d'une manière imparfaite*], e que Locke não teria desaprovado essa solução, por corresponder no fundo a seu pensamento. J. M. Vienne, de seu lado, traduz por "*difficile et vraisemblable*" [difícil e verossímil], provavelmente com base numa outra nota de Coste, em sua segunda edição, na qual relata que Newton lhe teria dito que a hipótese aqui evocada era sua (ele a teria apresentado a Locke e ao conde de Pembrocke). [N. Ed. Br.]

tente. No entanto, como isso talvez nos levasse longe demais das noções nas quais se construiu a atual filosofia, não seria perdoável nos desviarmos tanto delas, nem tampouco investigar, na medida em que autorize a própria gramática, se a opinião comumente estabelecida se opõe a ela; especialmente num lugar como este, em que a doutrina consagrada é perfeitamente adequada para o presente propósito e põe, para além de toda dúvida, que, uma vez admitida a criação ou início de qualquer SUBSTÂNCIA a partir do nada, a criação de toda as outras, exceto o próprio CRIADOR, pode ser concebida com a mesma facilidade.

§ 19. Mas, então você poderá dizer, acaso não é impossível admitir a *fabricação de algo a partir do nada*, uma vez que não é possível concebê-la? Eu respondo que não. 1. Porque não é razoável negar o poder de um ser infinito só porque não conseguimos compreender suas operações. Não negamos outros efeitos com base nesse motivo, *i. e.*, só porque não nos é possível conceber a maneira de sua produção. Não conseguimos conceber como algo além do impulso de um corpo possa mover um corpo; no entanto, isso não é razão suficiente para nos fazer negar que isso seja possível e nos contrapor à experiência constante que temos disso em nós mesmos, em todos nossos movimentos voluntários: esses são produzidos em nós apenas pela livre ação ou pensamento de nossa própria mente e não são nem podem ser efeitos do impulso ou determinação do movimento da matéria cega em nosso corpo ou sobre ele, pois então não estaria em nosso poder ou escolha alterá-lo. Por exemplo: minha mão direita escreve enquanto minha mão esquerda está parada: o que causa repouso em uma e movimento na outra? Nada além de minha vontade, de um pensamento de minha mente: basta meu pensamento mudar para que a mão direita descanse, e a esquerda se mova. Esse é um fato que não se pode

negar: explique-se isso, torne-se isso inteligível, e o próximo passo será o entendimento da criação[27]. Pois dar nova determinação ao movimento dos espíritos animais (que alguns usam para explicar o movimento voluntário) não esclarece minimamente a dificuldade. De fato, alterar a determinação do movimento não é, nesse caso, mais fácil nem equivale a menos do que produzir o próprio movimento; pois a nova determinação dada aos espíritos animais deve ou ser dada imediatamente pelo pensamento ou por algum outro corpo posto em seu caminho pelo pensamento, cor-
630 po que antes não estava ali e que, portanto, deve seu movimento ao pensamento; e, em ambos os casos, o movimento voluntário permanece tão ininteligível como antes. Entrementes, superestimamos a nós mesmos ao reduzir tudo à estreita medida de nossas capacidades e ao concluir que é impossível fazer qualquer coisa cuja maneira de produção exceda nossa compreensão. Isso equivale a tornar nossa compreensão infinita, e, DEUS, finito, se o que ele pode fazer é limitado àquilo que podemos conceber. Se você não entende as operações de sua própria mente finita, dessa coisa que pensa dentro de você, não considere estranho que não possa compreender as operações dessa mente eterna e infinita que fez e governa todas as coisas, e que o céu dos céus não pode conter.

CAPÍTULO XI
De nosso conhecimento da existência de outras coisas.

§ 1. Nós temos conhecimento de nosso próprio ser por intuição. A razão nos dá claramente a conhecer, como mostramos, a existência de um DEUS.

Só pode ser obtido por sensação.

27. As duas frases seguintes foram acrescentadas a partir da segunda edição. [N. D. E.]

Quanto a todas as outras coisas, o *conhecimento de sua existência* só nos é possível por *sensação*. De fato, como não há nenhuma conexão necessária entre *existência real* e qualquer outra *ideia* que um homem tenha em sua memória, nem entre qualquer outra existência, afora a de DEUS, e a existência de um homem particular, nenhum homem particular pode conhecer a *existência* de qualquer outro ser senão quando este, operando efetivamente sobre ele, faz-se por ele perceber. Pois ter a *ideia* de qualquer coisa em nossa mente prova tanto a existência dessa coisa quanto o retrato de um homem evidencia sua existência no mundo, ou as visões de um sonho fazem uma história verdadeira.

Exemplo: a brancura deste papel.

§ 2. É portanto a recepção atual de *ideias* vindas de fora que nos adverte da *existência* de outras coisas e nos faz conhecer que algo realmente exista naquele momento fora de nós e cause essa *ideia* em nós, embora talvez não saibamos nem consideremos como o faça. Pois em nada diminui a certeza de nossos sentidos, nem das *ideias* que por eles recebemos, o fato de não conhecermos a maneira pela qual elas são pro- 631
duzidas: enquanto escrevo isto, eu tenho, produzida em minha mente pelo papel que afeta meus olhos, a *ideia* que chamo de *branco*, não importa o objeto que a cause. A partir disso eu sei que aquela qualidade ou acidente (*i. e.*, cuja aparição diante de meus olhos sempre causa essa *ideia*) realmente existe e tem um ser fora de mim. E, disso, a maior garantia que posso ter e que minhas faculdades podem alcançar é o testemunho de meus olhos, únicos juízes apropriados para essa questão; e tenho razões para confiar nesse testemunho como sendo de tal modo certo que me é tão pouco possível duvidar de que, enquanto escrevo isto, vejo branco e preto, e de que algo realmente exista que cause essa sensação em mim quanto duvidar de

que escrevo e movo minha mão; o que é uma certeza tão grande quanto a natureza humana é capaz de ter acerca da existência de qualquer coisa, afora a de si mesmo e a de DEUS.

Ainda que isso não seja tão certo quanto uma demonstração, pode ser chamado de conhecimento, e prova a existência de coisas fora de nós.

§ 3. Ainda que *a informação que temos por nossos sentidos da existência de coisas fora de nós* não seja coisa tão certa quanto nosso conhecimento intuitivo ou quanto as deduções de nossa razão quando esta se ocupa das claras *ideias* abstratas de nossa própria mente, trata-se, mesmo assim, de uma segurança que *merece o nome de conhecimento*. Se nos persuadimos de que nossas faculdades agem e nos informam corretamente no que concerne à existência dos objetos que as afetam, isso não pode passar por uma confiança infundada, pois penso que ninguém poderia honestamente ser tão cético a ponto de não ter certeza da existência dessas coisas que sinta e veja. Pelo menos aquele que pode duvidar a esse ponto nunca terá controvérsia comigo (qualquer que seja aquela que ele possa ter com seus próprios pensamentos), pois nunca poderá estar certo de que eu diga algo contrário a sua opinião. De minha parte, penso que DEUS me deu segurança suficiente acerca da existência das coisas fora de mim: de fato, por meio de sua diferente aplicação, posso produzir em mim mesmo tanto prazer quanto dor, que é das coisas que mais me interessam em meu presente estado. Isto é certo: a confiança de que nossas faculdades não nos enganam a esse respeito é a maior garantia de que somos capazes no que diz respeito à existência dos seres materiais. Pois não podemos exercer nenhuma ação senão mediante nossas faculdades nem falar do próprio conhecimento a não ser com a ajuda dessas faculdades, que são apropriadas para apreender até mesmo o que é o conhecimento. Mas, além da segu-
632 rança que recebemos de nossos próprios sentidos de

que eles não erram na informação que nos dão acerca da existência de coisas fora de nós quando são afetados por elas, outras razões concorrem para nos confirmar nessa segurança.

Primeiro, porque só as podemos ter pelo conduto dos sentidos.

§ 4. *Primeiro*, resta claro que essas percepções são produzidas em nós por causas exteriores que afetam nossos sentidos, pois *os homens que carecem de órgãos de qualquer um dos sentidos nunca conseguem que as* ideias *que pertencem a esse sentido* sejam produzidas em sua mente. Isso é evidente demais para que se possa duvidar, e, portanto, não podemos senão estar certos de que elas entram pelos órgãos daquele sentido e por nenhuma outra via. Resta claro que não são os próprios órgãos que as produzem, pois então os olhos de um homem no escuro produziriam cores, e seu nariz sentiria rosas no inverno; mas vemos que ninguém sente o gosto de um abacaxi antes que tenha ido até as *Índias*, onde se pode encontrá-lo, e o tenha provado.

Porque uma ideia *de sensação efetiva é uma percepção muito distinta de uma* ideia *da memória.*

§ 5. *Segundo*, porque *às vezes constato que não consigo evitar que as* ideias *sejam produzidas em minha mente*. Quando meus olhos estão fechados, ou as cortinas cerradas, eu posso, a meu bel-prazer, invocar em minha mente as *ideias* de *luz* ou de *sol* alojadas por sensações prévias em minha memória, assim como posso, a meu bel-prazer, deixar de lado essa *ideia* e trazer para minha vista a do *odor* de uma rosa ou do *gosto* do açúcar. Mas, se volto meus olhos para o sol ao meio-dia, não posso evitar as *ideias* que a luz ou o sol então produzem em mim. Há, portanto, manifesta diferença entre as *ideias* armazenadas na memória (sobre as quais, se estivessem apenas ali, eu teria constantemente o mesmo poder de dispor delas e descartá-las a meu bel-prazer) e aquelas que à força se impõem a mim e que não posso evitar de ter. Portanto, deve necessariamente ser uma causa exterior e a ação enérgica de alguns objetos exteriores, a cuja eficácia não consigo resistir, que produzem aquelas *ideias* em minha mente, quer eu queira, quer não. Além disso, não há quem não perceba em si mesmo a diferença entre contemplar o sol quando se tem sua *ideia* na memória e efetivamente olhar para ele: duas coisas de que temos percepções tão distintas que poucas de nossas *ideias* são mais distinguíveis uma da outra. Portanto, temos conhecimento certo de que não são ambas memória, ou ações de nossa mente e fantasias apenas dentro de nós, mas que essa visão efetiva tem uma causa fora de nós.

Terceiro, o prazer ou a dor que acompanham a sensação efetiva não acompanham o retorno dessas ideias *sem os objetos externos.*

633 § 6. *Terceiro*, acrescente-se a isso que *muitas dessas* ideias *que são produzidas em nós com dor são posteriormente lembradas sem que soframos nada*. Assim, a dor do calor ou do frio, quando sua *ideia* é revivida em nossa mente, não nos perturba, mas, quando fora sentida, incomodava muito e volta a incomodar quando efetivamente repetida, o que é ocasionado pela desordem que os objetos exteriores causam em nosso corpo quando aplicados a ele. Lembramo-nos da dor da *fome*, da *sede* ou da *enxaqueca* sem sentir absolutamente nenhuma dor. Mas, se essas não fossem mais do que *ideias* flutuando em nossa mente e aparências que entretenham nossa fantasia, sem a existência real de coisas nos afetando do exterior, então elas ou nunca nos perturbariam ou o fariam constantemente sempre que pensássemos nelas. O mesmo pode ser dito do prazer que acompanha diversas sensações efetivas[28]. E, ainda que demonstrações matemáticas não dependam dos sentidos, o exame delas por meio de diagramas dá grande crédito à evidência de nossa visão, e parece conceder-lhe uma certeza que se aproxima a da própria demonstração. Pois seria muito estranho que um homem admitisse como

28. Frase acrescentada a partir da quarta edição. [N. D. E.]

verdade inegável que de dois ângulos de uma figura, que ele mede por linhas e ângulos de um diagrama, um fosse maior do que o outro e, ao mesmo tempo, duvidasse da existência daquelas linhas e ângulos que ele usa para medir isso.

Quarto, nossos sentidos assistem uns aos outros no testemunho da existência de coisas exteriores.

§ 7. *Quarto*, em muitos casos, cada um dos nossos *sentidos* dá *testemunho* da verdade do que os outros relatam sobre a existência das coisas sensíveis fora de nós. Aquele que vê um *fogo*, caso duvide se tratar de algo mais do que mera fantasia, pode também senti-lo e se convencer ao pôr a mão nele. Uma dor tão intensa certamente não poderia vir de uma mera *ideia* ou ilusão, a não ser que a dor também seja uma fantasia; fantasia que, no entanto, ele não consegue trazer de novo para si mesmo ao fazer surgir sua *ideia* depois que a queimadura sarou.

Assim, eu vejo, enquanto escrevo isto, que consigo mudar a aparência do papel, e, programando as letras, dizer de antemão qual nova *ideia* ele exibirá no momento imediatamente subsequente, meramente ao rabiscar com a pena sobre ele; a qual não aparecerá (por mais que eu fantasie) se minha mão ficar parada, ou se, embora eu mova a pena, meus olhos estiverem fechados. E, quando esses caracteres esti- 634
verem no papel, também não poderei posteriormente escolher vê-los senão tal como eles são, ou seja, não poderei deixar de ter as *ideias* das letras tal como as escrevi. Disso resulta manifesto que elas não são mero jogo e passatempo de minha própria imaginação, pois constato que os caracteres que foram feitos ao bel-prazer de meus próprios pensamentos não obedecem a estes últimos, tampouco deixam de existir quando quiser minha fantasia, mas continuam a afetar meus sentidos com constância e regularidade, de acordo com as figuras que lhes dei. Se a isso acrescentarmos que a visão delas por outros homens irá

suscitar os sons que eu de antemão tencionei que elas designassem, haverá pouca razão para duvidar de que essas palavras que escrevo realmente existam fora de mim quando fazem uma longa série de sons regulares afetar meus ouvidos, o que não poderia ser simples efeito de minha imaginação, nem minha memória conseguiria retê-los nessa mesma ordem.

Essa certeza é tão grande quanto requer nossa condição.

§ 8. Se mesmo depois de tudo isso alguém quiser ser tão cético a ponto de desconfiar de seus sentidos e afirmar que tudo quanto vemos e ouvimos, sentimos e provamos, pensamos e fazemos durante toda nossa existência é apenas a sucessão e as aparências ilusórias de um longo sonho sem nenhuma realidade, e, portanto, quiser questionar a existência de todas as coisas ou nosso conhecimento de qualquer coisa, gostaria que considerasse que, se tudo é sonho, então ele apenas sonha que questiona, e assim não é muito importante que um homem desperto lhe responda. Mas, se quiser, pode sonhar que lhe dou esta resposta: *a certeza de* coisas existindo *in rerum natura,* quando dispomos *do testemunho de nossos sentidos* a seu favor, é não somente *tão grande* quanto pode alcançar nossa constituição, mas também *quanto requer nossa condição*. De fato, como nossas faculdades não são ajustadas à plena extensão do ser, nem a um conhecimento das coisas perfeito, claro, compreensivo, livre de toda dúvida e escrúpulo, mas sim à preservação de nós homens, nos quais essas faculdades se encontram, elas servirão perfeitamente a nosso propósito se tão somente nos advertirem de modo certo das coisas que são convenientes ou inconvenientes para nós. Pois aquele que vê uma vela queimando e já experimentou a força de sua chama ao pôr o dedo nela não duvidará muito de que isso é algo existindo fora dele, que o machuca e lhe causa muita dor; e essa é uma segurança suficiente, porque o homem

não requer, para governar suas ações, certeza maior 635
do que aquilo que é tão certo quanto suas próprias ações. E, se nosso sonhador quiser tentar ver se o calor incandescente de uma fornalha para vidro não passa de mera imaginação divagante na fantasia de um homem adormecido, basta que ponha sua mão ali para despertar na certeza, provavelmente maior do que poderia querer, de que se trata de mais do que mera imaginação. Essa evidência é, portanto, tão grande quanto poderíamos querer, pois é tão certa para nós quanto nosso prazer ou dor, *i. e.*, nossa felicidade ou infelicidade; e, para além disso, não temos nenhum interesse, nem com relação ao conhecimento nem com relação ao ser. Uma tal garantia da existência das coisas fora de nós é suficiente para nos levar a alcançar o bem e evitar o mal que é causado por elas, que é o principal interesse que temos em travar conhecimento com elas.

Mas não vai além da sensação efetiva.

§ 9. Na verdade, então, quando nossos sentidos efetivamente transmitem uma *ideia* qualquer para nosso entendimento, não podemos senão estar convencidos de que naquele momento algo realmente exista fora de nós, que afete nossos sentidos e por meio deles se dê a conhecer a nossas faculdades de apreensão e efetivamente produza essa *ideia* que então percebemos. E não podemos desconfiar de seu testemunho a ponto de duvidar que as coleções de *ideias* simples que observamos por nossos sentidos estarem reunidas existam de fato reunidas. Mas *esse conhecimento se estende tão longe quanto o testemunho presente de nossos sentidos* aplicados a objetos particulares que os afetem, *e não mais além*. De fato, se um minuto atrás eu vi existindo juntas uma coleção de *ideias* que habitualmente é denominada homem, e agora estou só, não posso ter certeza de que o mesmo homem existe agora, pois não há nenhuma

conexão necessária entre sua existência um minuto atrás e sua existência agora. Ele pode ter deixado de existir por mil maneiras depois que meus sentidos me deram testemunho de sua existência. E, se eu não posso ter certeza que o último homem que vi hoje existe agora, menos ainda posso ter a certeza de que continue existindo um homem que há mais tempo foi afastado de meus sentidos, e que não vejo desde ontem ou há um ano, e muito menos ainda posso ter certeza da existência de homens que nunca vi. Portanto, ainda que seja altamente provável que milhões de homens existam agora, no entanto, enquanto estou sozinho escrevendo isto, não tenho a esse respeito aquela certeza que, estritamente falando, chamamos
636 conhecimento, embora sua grande plausibilidade não dê margem para dúvidas de minha parte e seja razoável que eu faça muitas coisas com base na confiança de que há agora homens no mundo (e também homens que conheço e com os quais me relaciono). Mas isso é só probabilidade, não conhecimento.

É tolice esperar demonstração de tudo.

§ 10. Isso nos permite notar o quão tolo e vão é, para um homem de conhecimento estreito, a quem foi dada a razão para julgar a diferente evidência e probabilidade das coisas, ser conduzido em conformidade, o quanto é *vão*, repito, *esperar demonstração* e certeza *em coisas que não sejam suscetíveis disso*, e recusar assentimento a proposições muito racionais e agir contrariamente a verdades óbvias e claras só porque elas não se podem tornar tão evidentes a ponto de superar até o mínimo pretexto (não direi razão) para duvidar. Um homem que, nos afazeres ordinários da vida, não admitir nada além da plena e direta demonstração não poderá ter certeza de nada neste mundo, a não ser de perecer rapidamente. A qualidade de sua comida e de sua bebida não lhe darão uma razão para que se arrisque com elas; e gostaria muito de saber o que ele conseguiria fazer baseado em fundamentos que não sejam suscetíveis de nenhuma dúvida, nenhuma objeção.

A existência passada é conhecida pela memória.

§ 11. Assim como sabemos, quando nossos sentidos são efetivamente aplicados a um objeto, que esse objeto existe, também podemos, *por nossa memória*, estar seguros de que as coisas que até aqui afetaram nossos sentidos existiram. Desse modo *nós temos conhecimento da existência passada* de muitas coisas das quais, nossos sentidos nos tendo informado a seu respeito, nossa memória ainda retém as *ideias*; e disso não temos nenhuma dúvida, a partir do momento em que lembramos bem. Mas esse conhecimento também não vai além daquilo de que nossos sentidos nos asseguraram antes. Assim, vendo água neste instante, é para mim verdade inquestionável que a água existe e, lembrando que a vi ontem, isso também será sempre verdade; e, enquanto minha memória retiver esse fato, será sempre uma proposição indubitável para mim que a água existia a 10 de *julho* de 1688, assim como também será igualmente verdadeiro que um certo número de cores muito belas existiu quando as vi, no mesmo momento, numa bolha daquela água. Mas, como agora absolutamente não se encontram à vista nem a água nem as bolhas, sei com tão pouca certeza que a água existe agora quanto que existam as bolhas 637
ou as cores; pois é tão pouco necessário que a água deva existir hoje porque existia ontem, quanto que as cores ou bolhas existam hoje porque existiam ontem, ainda que a primeira afirmação seja muitíssimo mais provável, porque se observou a água continuar a existir por muito tempo, ao passo que as bolhas e suas cores deixam de existir rapidamente.

A existência de espíritos não é cognoscível.

§ 12. Já mostrei que *ideias* temos dos espíritos e como chegamos a elas. Mas, embora tenhamos essas *ideias* em nossa mente e saibamos que as temos ali, ter *ideias* de espíritos não nos faz *conhecer* que algo como um espírito exista fora de nós, nem que *existem quaisquer espíritos finitos*, ou quaisquer outros seres espirituais além do DEUS eterno. Temos fundamento, pela revelação assim como por muitas outras razões, para crer com segurança que existam tais criaturas. Mas, como nossos sentidos não são capazes de descobri-las, faltam-nos os meios para conhecer suas existências particulares. Pois podemos tão pouco saber que haja espíritos finitos realmente existindo pela *ideia* que temos desses seres em nossa mente quanto alguém pode vir a saber, pela *ideia* que tenha de fadas ou de centauros, que coisas que correspondem a essas *ideias* realmente existam.

Portanto, acerca da existência de espíritos finitos, bem como de muitas outras coisas, devemo-nos contentar com a evidência da fé, pois proposições universais certas a esse respeito estão para além de nosso alcance. De fato, por mais verdadeiro que seja, p. ex., que todos os espíritos inteligentes que DEUS algum dia criou ainda existem, isso jamais poderá ser parte de nosso conhecimento certo. Podemos dar assentimento a essa e a outras proposições desse tipo como sendo altamente prováveis, mas não somos, receio, capazes de conhecê-las no estado atual em que nos encontramos. Não devemos, portanto, exigir dos outros demonstrações nem nos lançar em uma procura pela certeza universal em todas essas matérias, nas quais não somos capazes de nenhum outro conhecimento além do que nossos sentidos nos dão acerca de tal ou qual indivíduo.

§ 13. Desse modo, resta claro que há dois tipos de *proposição*. 1º. Há um tipo de proposição *sobre* a *existência* de qualquer coisa que corresponda a uma determinada *ideia*. Quando tenho em minha mente uma *ideia* de *elefante*, *fênix*, *movimento* ou *anjo*, na-

Proposições particulares sobre a existência são cognoscíveis.

turalmente, a primeira e a mais natural investigação consiste em determinar se uma tal coisa existe em algum lugar. Esse conhecimento se limita a *indivíduos*. 638
Nenhuma existência de alguma coisa fora de nós, a não ser DEUS, pode ser conhecida com certeza para além do que nossos sentidos nos informam. 2º. Há outro tipo de *proposição* em que se expressa a concordância ou a discordância entre nossas *ideias* abstratas, bem como a dependência entre elas. Tais proposições podem ser *universais* e certas. Assim, tendo as *ideias* de DEUS e de mim mesmo, de medo e de obediência, não posso senão estar certo de que DEUS deva ser temido e obedecido por mim. Proposição que será certa sobre os *homens* em geral se eu tiver feito uma *ideia* abstrata dessa espécie da qual sou um indivíduo. No entanto, esta proposição, "Os homens devem temer e obedecer a Deus", por mais certa que seja, não prova para mim a existência de homens no mundo, mas será verdadeira para todas essas criaturas, quando quer que elas existam. E essa *certeza* de proposições gerais como essa depende da concordância ou da discordância que se pode descobrir nessas *ideias* abstratas.

E proposições gerais sobre ideias *abstratas.*

§ 14. No primeiro caso, nosso conhecimento é consequência da existência de coisas que produzem *ideias* em nossa mente por meio de nossos sentidos. No último, o conhecimento é consequência das *ideias* (sejam lá o que forem[29]) que estão em nossa mente e que ali produzem proposições gerais certas. Muitas dessas são chamadas de *aeternae veritates*, e todas elas são mesmo verdades eternas; mas não porque estejam escritas, algumas ou todas, na mente de todos os homens, ou porque sejam proposições na mente de alguém antes que ele, tendo adquirido as *ideias* abstratas, junte-as ou separe por afirmação ou negação. Mas, onde quer que suponhamos que esteja uma

29. Parêntesis acrescentado a partir da segunda edição. [N. D. E.]

criatura como o *homem*, dotada de faculdades tais como as nossas e por elas suprida de *ideias* como as nossas, devemos concluir que essa criatura, quando aplica seu pensamento na consideração de suas *ideias*, deve necessariamente conhecer a verdade de certas proposições que surgirão da concordância ou da discordância que ela perceber entre suas próprias *ideias*. Tais proposições são, portanto, chamadas *verdades eternas* não porque sejam proposições eternas efetivamente formadas e antecedentes ao entendimento, que as faz em algum momento, nem porque sejam impressas na mente a partir de quaisquer padrões que esti-
639 vessem num lugar qualquer fora da mente e existissem antes; mas sim porque, uma vez feitas, acerca de *ideias* abstratas, de maneira a serem verdadeiras, elas sempre serão efetivamente verdadeiras quando quer que se suponha que sejam feitas outra vez, em qualquer momento, presente ou passado, por uma mente que tenha tais *ideias*[30]. De fato, como se supõe que os nomes designem perpetuamente as mesmas *ideias*, e as mesmas *ideias* tendo imutavelmente os mesmos hábitos umas para com as outras, as proposições concernentes a quaisquer *ideias* abstratas que algum dia são verdadeiras necessariamente são *verdades eternas*.

CAPÍTULO XII
Do aprimoramento de nosso conhecimento.

O conhecimento não vem de máximas.

§ 1. Uma vez que tem sido opinião comum e aceita entre os homens de letras que as *máximas* seriam o fundamento de todo conhecimento, e que cada uma das ciências seria edificada sobre certas *praecognita* a partir das quais o entendimento alçaria voo e pelas quais deveria guiar-se em suas investigações sobre ma-

30. Frase acrescentada a partir da segunda edição. [N. D. E.]

térias pertencentes a essa ciência, o caminho batido das escolas tem sido o de estabelecer, de início, uma ou mais proposições gerais como fundamento no qual se edificaria o conhecimento a ser obtido em um determinado assunto. As doutrinas assim estabelecidas como fundamento de qualquer ciência foram chamadas de *princípios*, na qualidade de origens das quais devemos partir, sem olhar mais para trás em nossas investigações, como já observei anteriormente.

(Ensejo para essa opinião).

§ 2. Uma das coisas que provavelmente pode ter ocasionado esse procedimento em outras ciências foi (suponho) o bom êxito que ele pareceu ter encontrado na *matemática*: de fato, observando-se que ali os homens conseguiram uma grande certeza de conhecimento, foi-lhes concedida a primazia de serem chamadas de Ματηματα e Ματησιζ, saber, ou coisas sabidas, perfeitamente sabidas, como tendo em si, dentre todas, a maior certeza, clareza e evidência.

Mas da comparação entre ideias *claras e distintas.*

§ 3. Mas basta (espero) um pouco de atenção 640
para constatar que *o grande avanço* e a certeza do *conhecimento real* a que os homens chegaram nessas ciências não se deveu à influência desses princípios nem derivou de alguma vantagem particular recebida de duas ou três máximas gerais estabelecidas de início; mas veio *das ideias claras*, *distintas*, *completas* com as quais seu pensamento se ocupou e da relação de igualdade e excesso que é tão clara entre algumas delas que propiciou um conhecimento intuitivo e, com este, um meio para descobrir a mesma relação em outras, e isso sem o auxílio dessas *máximas*. De fato, pergunto se acaso não seria possível a um jovem criado saber que seu corpo inteiro é maior do que seu dedo mínimo a não ser em virtude do axioma *o todo é maior do que a parte* nem estar seguro disso antes de ter aprendido essa *máxima*? E não pode uma camponesa saber que, ao receber um xelim de alguém

que lhe deve três, e um xelim de outra pessoa que também lhe deve três, os débitos remanescentes em cada uma de suas mãos são iguais, sem ir buscar essa certeza na máxima *iguais sendo subtraídos de iguais, os restos serão iguais*, máxima que a camponesa possivelmente nunca ouviu nem cogitou? A partir do que já foi dito, gostaria que cada um considerasse o que a maioria das pessoas conhece primeiro e com mais clareza, o caso particular ou a regra geral, e qual dá nascimento e vida ao outro. Essas regras gerais não passam da comparação entre nossas *ideias* mais gerais e abstratas, que são obra da mente, criadas e nomeadas para maior presteza de seus raciocínios e para abarcar em termos abrangentes e regras breves suas várias e múltiplas observações. Mas o conhecimento começou na mente e fundou-se em casos particulares, ainda que depois isso não seja notado, pois é natural que a mente (sempre pronta para ampliar seu conhecimento) armazene da forma mais cuidadosa essas noções gerais e faça o uso que lhes é apropriado, ou seja, aliviar a memória da carga incômoda dos casos particulares[31]. Peço que se examine qual certeza a mais é obtida por uma criança, ou quem quer que seja, acerca do fato de que seu corpo, dedo mínimo e o resto, é maior do que seu dedo mínimo apenas, depois que se dá a seu corpo o nome *todo* e a seu
641 dedo o nome *parte*, ou qual é o novo conhecimento sobre seu corpo que esses termos relativos lhe podem dar e que ele não poderia obter sem eles. Não poderia ele saber que seu corpo é maior do que seu dedo mínimo caso sua linguagem fosse tão imperfeita que não tivesse os termos relativos *todo* e *parte*? Pergunto ainda: uma vez que tenha adquirido esses nomes, como poderia estar mais certo de que seu corpo é um

31. O restante desta seção foi acrescentado a partir da quarta edição. [N. D. E.]

todo e de que seu dedo é uma *parte* do que estava ou poderia estar certo antes de aprender esses termos de que seu corpo é maior do que seu dedo mínimo? É tão razoável que alguém duvide ou negue que seu dedo mínimo é parte de seu corpo quanto que é menor do que seu corpo, e quem duvidar disto certamente duvidará daquilo. Assim, a máxima *o todo é maior do que a parte* nunca pode ser usada para provar que o dedo mínimo é menor do que o corpo a não ser quando ela é inútil, sendo evocada para convencer alguém de uma verdade que ele já saiba. Pois aquele que não sabe com certeza que uma parcela de matéria qualquer acrescida a outra é maior do que qualquer uma delas sozinha jamais poderá sabê-lo com o auxílio dos dois termos relativos *todo* e *parte*, não importa que máxima se faça a partir deles.

É perigoso edificar sobre princípios precários.

§ 4. Mas não importa o que é mais claro na matemática: o fato de que, tirando-se uma polegada de uma linha preta de duas polegadas, e uma polegada de uma linha vermelha de duas polegadas, as partes remanescentes das duas linhas serão iguais, ou então a proposição *subtraindo-se iguais de iguais os restos serão iguais*. Não me cabe aqui determinar qual dessas duas coisas é mais clara e em primeiro conhecida, o que entrego a quem interessar possa. O que me cabe aqui investigar é o seguinte: embora o caminho mais curto para o conhecimento seja começar com máximas gerais e edificar sobre elas, acaso seria um caminho seguro tomar os *princípios* estabelecidos em qualquer outra ciência como verdades inquestionáveis, aceitando-os sem exame e aderindo a eles sem tolerar que sejam submetidos a dúvida, só porque os matemáticos foram tão felizes ou corretos a ponto de não usar nenhum princípio além dos irrefutáveis e autoevidentes? Se assim for, não sei o que não poderia passar por verdade em moral nem o que não se poderia introduzir e provar em filosofia natural.

Que se tome o princípio de alguns antigos filósofos, de que tudo é matéria, e nada há além disso, e
642 que ele seja aceito como certo e indubitável, e não será difícil ver nos escritos de alguns que o revivificaram novamente nos dias de hoje a que consequências ele nos leva. Se aceitarmos, com *Polemo*, que Deus é o mundo, ou, com os *estoicos*, o *éter* ou o *sol*, ou, com *Anaxímenes*, o ar, que teologia, que religião, que culto teremos! *Nada* pode ser *tão perigoso quanto princípios* assim *tomados sem questionamento ou exame*, especialmente se eles dizem respeito à moralidade, que influencia a vida dos homens e dá uma direção a todas suas ações. Não se poderia com razão esperar por um tipo de vida diferente em *Aristipo*, que colocou a felicidade no prazer do corpo, do que em *Antístenes*, que fez da virtude condição suficiente para a felicidade? E aquele que, com *Platão*, puser a beatitude no conhecimento de DEUS terá seus pensamentos alçados a contemplações diferentes daquelas que ocupam os homens que não olham para além deste ponto terrestre e das coisas perecíveis que se encontram aqui. Aquele que, com *Arquelau*, estabelecer como princípio que certo e errado, honesto e desonesto são definidos apenas por leis, e não pela natureza, terá outras medidas de retidão e probidade moral do que aqueles que tomam por garantido que estamos sob obrigações que antecedem todas as constituições feitas pelos homens.

Não é uma via certa para a verdade.

§ 5. Se, portanto, o que passa por *princípio não* é *certo* (devemos ter um meio de saber isso para poder distingui-los dos que são duvidosos), mas só se torna assim devido a nosso cego assentimento, então estamos expostos a ser enganados por eles, e, em lugar de sermos guiados até a verdade, esses princípios só confirmarão nossos enganos e erros.

Apenas o é a comparação de ideias *claras e completas sob nomes estáveis.*

§ 6. Como o conhecimento da certeza dos princípios, bem como de toda outra verdade, só depende da percepção que temos da concordância ou discordância entre nossas *ideias*, *o caminho para aprimorar nosso conhecimento* não se encontra, estou certo, em cegamente e com fé implícita aceitar e engolir princípios, mas sim, penso eu, *em* adquirir *e fixar em nossa mente* ideias *claras, distintas, completas*, na medida que é possível tê-las, *e anexar a elas nomes apropriados e constantes*. E assim, talvez, sem nenhum outro princípio além da mera consideração dessas *ideias*, da *comparação entre elas* e da constatação de sua concordância, discordância e de suas diversas relações e hábitos, obteremos mais conhecimento verdadeiro e claro conduzidos por essa única regra do 643
que ao adotar princípios e, desse modo, deixar nossa mente à disposição dos outros.

O verdadeiro método para fazer o conhecimento progredir é considerar nossas ideias *abstratas.*

§ 7. Para proceder segundo o conselho da razão, *devemos*, portanto, *adaptar nossos métodos de investigação à natureza das* ideias *que examinamos* e à verdade que buscamos. Verdades gerais e certas fundam-se unicamente nos hábitos e nas relações entre *ideias* abstratas. Uma aplicação sagaz e metódica de nossos pensamentos para encontrar essas relações é a única via para descobrir tudo que se pode pôr com certeza e verdade em proposições gerais acerca delas. Os passos que devemos dar para isso devem ser aprendidos nas escolas dos matemáticos, que partem de inícios bem fáceis e óbvios para, gradualmente, e numa cadeia contínua de raciocínios, proceder à descoberta e demonstração de verdades que à primeira vista parecem estar além da capacidade humana. A arte de encontrar provas e os admiráveis métodos que os matemáticos inventaram para descobrir e ordenar as *ideias* intermediárias que exibem demonstrativamente a igualdade ou desigualdade entre quantidades não superponíveis é o que os levou tão longe e produziu descobertas tão maravilhosas e inesperadas. Não procurarei estabelecer se algo semelhante poderá acontecer, mais cedo ou mais tarde, em relação a outras *ideias* além das de magnitude. Mas creio que posso dizer que, se outras *ideias*, que são tanto as essências reais quanto as nominais de suas espécies, fossem rastreadas do modo familiar aos matemáticos, elas levariam nossos pensamentos mais longe e com mais evidência e clareza do que possivelmente estamos inclinados a imaginar.

Desse modo, a moralidade também pode se tornar mais clara.

§ 8. Isso me deu confiança para avançar a conjectura que sugeri no *Capítulo* III deste livro, segundo a qual *a moralidade é tão suscetível de ser demonstrada* quanto a matemática. De fato, como as *ideias* sobre as quais versa a ética são todas elas essências reais e são tais que permitem, imagino, que se descubram conexões e concordâncias entre elas, então, na medida em que pudermos encontrar seus hábitos e relações, nessa mesma medida estaremos de posse de verdades certas, reais e gerais. E não tenho dúvidas de que, se um método correto fosse adotado, grande parte da moralidade poderia ser formulada com uma clareza tal que deixaria a um homem refletido tantos motivos para duvidar dela quantos os que ele tem
644 para duvidar da verdade das proposições matemáticas que lhe foram demonstradas.

Mas o conhecimento das substâncias só pode ser aprimorado pela experiência.

§ 9. Em nossa busca pelo conhecimento das *substâncias*, nossa falta de *ideias* adequadas para um tal modo de proceder obriga-nos a um método bem diferente. Nesse caso, não avançamos como no outro (onde nossas *ideias* abstratas são tanto as essências reais quanto as nominais), pela contemplação de nossas *ideias* e pela consideração de suas relações e correspondências: isso nos ajuda muito pouco pelas razões que expusemos longamente em outro lugar.

Desse modo, penso, resta evidente que as substâncias fornecem bem pouca matéria de conhecimento geral, e a mera contemplação de suas *ideias* abstratas não nos leva muito longe na busca de verdade e certeza. O que fazer então para aprimorar nosso *conhecimento dos seres substanciais*? Aqui devemos tomar um caminho exatamente oposto, pois a falta de *ideias* de suas *essências* reais nos envia de nossos próprios pensamentos para as coisas mesmas, tal como elas existem. *Aqui a experiência deve ensinar-me* o que a razão não pode, e é só testando que posso saber certamente quais outras qualidades coexistem com aquelas de minha *ideia* complexa, p. ex.: se o corpo *amarelo*, *pesado* e *fusível* que chamo de *ouro* é ou não *maleável*. Experiência que (qualquer que seja seu resultado naquele corpo particular que examino) não me dá certeza de que seja assim em todos ou em quaisquer outros corpos *amarelos*, *pesados* e *fusíveis* além dos que eu testei. Porque nem uma coisa, nem a outra é consequência de minha *ideia* complexa: a necessidade ou a incompatibilidade da *maleabilidade* não tem nenhuma conexão visível com a combinação daquela *cor*, *peso* e *fusibilidade* em um corpo qualquer. O que eu disse aqui a respeito da essência nominal do *ouro*, supostamente consistindo num corpo de determinada *cor*, *peso* e *fusibilidade*, permanecerá verdadeiro se a ela for acrescentado *maleabilidade*, *fixidez* e *solubilidade* em água-régia. Nossos raciocínios a partir dessas *ideias* não nos levarão muito longe na descoberta certa das outras propriedades das massas de matéria nas quais podem ser encontradas. De fato, as outras propriedades de tais corpos não dependem dessas, mas sim da essência real desconhecida da qual essas propriedades também dependem. Portanto, não podemos, por meio delas, descobrir as restantes e não podemos ir além daquilo a que nos levam as *ideias*

645 simples de nossa essência nominal; o que vai bem pouco além dessas *ideias* simples elas próprias, e, assim, só nos fornece escassas verdades certas, universais e úteis. Uma vez que o teste me tenha mostrado que esta peça em particular (como todas as outras dessa cor, peso e fusibilidade que eu já tenha testado) é *maleável*, isso talvez agora faça parte de minha *ideia* complexa, de minha essência nominal de *ouro*: desse modo, embora eu faça com que minha *ideia* complexa à qual afixo o nome *ouro* consista de mais *ideias* simples do que antes, como ela continua a não conter a essência real de nenhuma espécie de corpo, ela não me ajuda a conhecer certamente (digo conhecer, porque talvez possa ajudar a conjecturar) quais são as propriedades remanescentes desse corpo além daquelas que têm uma conexão visível com alguma ou com todas as *ideias* simples que compõem minha essência nominal. Por exemplo, não posso ter certeza, a partir dessa *ideia* complexa, se o *ouro* é ou não dotado de fixidez, pois continua não sendo possível descobrir nenhuma conexão ou incompatibilidade necessária entre a *ideia* complexa de um corpo *amarelo*, *pesado*, *fusível*, *maleável* e a *fixidez*, o que me permitiria saber certamente que a *fixidez* seguramente se encontra em todo corpo onde se encontrem as primeiras. Aqui, novamente, para ter segurança, devo aplicar-me à *experiência*, pois até onde ela vai, posso ter conhecimento certo, mas não além.

Isso pode nos granjear conveniência, não ciência.

§ 10. Não nego que um homem acostumado a experimentos racionais e regulares consiga enxergar mais longe na natureza dos corpos e conjecturar mais corretamente sobre suas propriedades ainda desconhecidas do que alguém que não esteja familiarizado com tais experimentos. Mas, como eu já disse, isso não passa de juízo e opinião, não conhecimento e certeza. Esse *meio* de adquirir e *aprimorar nosso conhecimento das substâncias unicamente pela experiência* e pela história[32], que é tudo quanto a fraqueza de nossas faculdades permite alcançar nesse estado de *mediocridade* em que nos encontramos neste mundo, leva-me a suspeitar que a filosofia natural não é suscetível de se tornar uma ciência. Somos capazes, imagino eu, de obter um conhecimento geral bem reduzido sobre as espécies de corpos e suas muitas propriedades. De experimentos e observações históricas nós dispomos, e a partir deles podemos extrair melhorias em conforto e saúde, aumentando assim nosso estoque de conveniências para esta vida; mas receio que, para além desse ponto, nossos talentos não possam estender seu alcance, nem nossas faculdades, segundo penso, obter avanços.

Somos apropriados para o conhecimento moral e para aprimoramentos naturais.

§ 11. Do que é fácil concluir que, como nossas 646
faculdades não são apropriadas para penetrar na maquinaria interna e nas essências reais dos corpos, mas, por outro lado, revelam-nos claramente a existência de um DEUS, e como o conhecimento de nós mesmos é suficiente para nos levar a descobrir inteira e claramente nosso dever e principal interesse, cabe a nós, na qualidade de criaturas racionais, ocupar as faculdades que temos com aquilo para o que elas são mais adaptadas e seguir a direção da natureza quando quer que ela nos pareça indicar o caminho. Pois é racional concluir que nossa ocupação própria resida nas investigações e no tipo de conhecimento que seja mais condizente com nossas capacidades naturais e que traga consigo nosso maior interesse, *i. e.*, a condição de nosso estado eterno. Disso penso que se pode concluir que a *moralidade* é *a ciência e a ocupação próprias dos homens em geral* (que tanto estão interessados

32. "História", aqui (assim como, logo abaixo, a expressão "observações históricas") tem novamente a acepção evocada na expressão "história natural". [N. Ed. Br.]

em buscar seu *summum bonum* quanto estão capacitados para fazê-lo), assim como diversas artes, que versam sobre diversas partes da natureza, são o quinhão e talento exclusivo de homens particulares para o uso comum da vida humana e para a subsistência deles próprios neste mundo. Quão importante a descoberta de um único corpo natural e de suas propriedades pode ser para a vida humana é o que nos mostra convincentemente o exemplo de todo o imenso continente da *América*: num país em que abunda toda sorte de fartura natural, a ignorância nas artes úteis e a carência da maior parte das conveniências da vida pode ser atribuída, penso eu, à ignorância acerca do que pode ser encontrado em uma pedra bastante desprezível e ordinária, refiro-me ao minério de *ferro*. Não importa o que pensemos sobre nossas capacidades e sobre os aprimoramentos existentes nesta parte do mundo, onde conhecimento e fartura parecem rivalizar entre si; creio que quem quer que se limite a refletir seriamente sobre isso não terá dúvida de que, se o uso do *ferro* se perdesse entre nós, em pouco tempo nos veríamos inevitavelmente reduzidos à carência e ignorância dos antigos selvagens *americanos*, cujos dotes e provisões naturais nada ficam a dever aos da mais florescente e refinada nação. Assim, o homem que primeiro deu a conhecer o uso daquele desprezível mineral deve com justiça ser denominado o pai das artes e o autor da fartura.

647 § 12. *Não* quero *por isso* que se pense que eu despreze ou *desestimule o estudo da natureza*. Concordo prontamente que a contemplação de suas obras nos dá oportunidade para admirar, reverenciar e glorificar seu Autor, e, se corretamente direcionada, pode ser de maior benefício para os homens do que os monumentos de caridade exemplar que foram erguidos a tão grandes expensas por fundadores de hos-

Mas devemos ter cuidado com hipóteses e princípios errados.

pitais e asilos. Quem primeiro inventou a imprensa, descobriu o uso do compasso ou tornou público o uso da *kin kina* [quinina] fez mais pela propagação do conhecimento, pelo suprimento e incremento de bens úteis, e salvou mais pessoas da morte do que os que construíram faculdades, casas de trabalho[33] e hospitais. Tudo que digo é que não nos devemos deixar tomar afoitamente demais pela crença ou pela expectativa de conhecimento ali onde ele não possa ser obtido, ou por caminhos que não levem a ele, e que não devemos tomar sistemas duvidosos por ciências completas, nem noções ininteligíveis por demonstrações científicas. No conhecimento dos corpos, devemo-nos contentar em pegar quanto conseguirmos com experimentos particulares, pois não podemos, a partir da descoberta de sua essência real, captar de uma só vez ramos inteiros nem abarcar em feixes a natureza e as propriedades todas das espécies. Quando nossa investigação é sobre a coexistência ou contrariedade à coexistência, que não podemos descobrir pela contemplação de nossas *ideias*, então, a experiência, a observação e a história natural precisam dar-nos, mediante nossos sentidos, e a retalho, alguma penetração nas substâncias corpóreas. O conhecimento dos corpos, devemos adquiri-lo por nossos sentidos, cuidadosamente ocupados em tomar conhecimento de suas qualidades e das operações que exerçam uns sobre os outros; e, quanto ao que esperamos conhecer de *espíritos separados*, neste mundo, acredito que só possamos contar com a revelação. Aquele que considerar *quão pouco as máximas gerais*, os *princípios precários e as hipóteses estabelecidas ao bel-prazer promoveram o conhecimento verdadeiro* ou ajudaram a satisfazer as investigações de homens racionais bus-

---

33. Instituição destinada aos pobres, com variadas funções, de assistenciais a coercitivas. [N. Ed. Br.]

cando reais aprimoramentos, aquele que considerar, eu repito, quão pouco a delimitação desse fim fez avançar, ao longo de muitas eras somadas, o caminhar dos homens em direção ao conhecimento da filosofia natural, pensará que temos razão para agradecer aqueles que, nesta última época, tomaram um outro curso e bateram para nós não um caminho mais fácil, para a ignorância erudita, mas um mais certo, para o conhecimento útil.

O verdadeiro uso de hipóteses.

648 § 13. Isso não quer dizer que não possamos, para explicar quaisquer *fenômenos* da natureza, usar nenhuma *hipótese* provável, pois *hipóteses*, se bem feitas, são pelo menos grandes auxiliares da memória e muitas vezes nos levam a novas descobertas. O que quero dizer é que *não* devemos *adotar nenhuma hipótese de modo excessivamente afoito* (coisa que a mente, que sempre quer penetrar nas causas das coisas e ter princípios sobre os quais se apoiar, é muito dada a fazer) antes que tenhamos examinado muito bem os particulares e feito diversos experimentos com a coisa que queremos explicar por nossa hipótese para ver se ela concorda com todos eles e se nossos princípios nos sustentam de ponta a ponta e não são tão incompatíveis com um *fenômeno* da natureza quanto parecem ajustar-se a outro e explicá-lo. Ao menos seria bom ter cuidado para que o nome *princípio* não nos engane nem se imponha a nós ao nos fazer aceitar como verdade inquestionável aquilo que na realidade é, se muito, uma conjectura bem duvidosa, como é o caso da maioria (eu já ia dizendo: da totalidade) das *hipóteses* em filosofia natural.

Os meios para ampliar nosso conhecimento consistem nas ideias *claras e distintas com nomes estáveis e na descoberta de quais delas mostram concordância ou discordância entre si.*

§ 14. Sendo ou não a filosofia natural suscetível de certeza, os *meios para ampliar nosso conhecimento,* na medida em que somos capazes disso, parecem-me ser, em resumo, estes dois:

Primeiro. O *primeiro* é *adquirir e estabelecer em nossa mente ideias*[34] determinadas das coisas para as quais temos nomes gerais ou específicos, ao menos daquelas que queremos considerar, e cujo conhecimento queremos aprimorar, ou sobre as quais queremos raciocinar. E, caso sejam ideias *específicas* de *substâncias*, também devemos esforçar-nos para fazê-las tão completas quanto possível, no sentido de que devemos reunir tantas ideias simples quantas são as que, por observarmos que coexistam constantemente, permitem determinar perfeitamente a *espécie*. E cada uma dessas *ideias* simples, que são os ingredientes de nossa *ideia* complexa, deve ser clara e distinta em nossa mente. De fato, como é evidente que nosso conhecimento não pode exceder nossas *ideias*, então, na medida em que estas forem imperfeitas, confusas ou obscuras, não podemos esperar ter um conhecimento certo, perfeito ou claro.

Segundo. O outro é a arte de *encontrar* as *ideias intermediárias* que nos possam mostrar a concordância ou a contrariedade de outras *ideias* que não possam ser imediatamente comparadas.

A matemática é um exemplo disso.

§ 15. Que esses dois meios (e não os de confiar 649 em máximas e de extrair consequências a partir de proposições gerais) constituem o método correto para aprimorar nosso conhecimento nas *ideias* de outros modos além daqueles da quantidade é o que nos mostra sem dificuldade a consideração do conhecimento matemático. Aqui se observa, primeiro, que quem não tem *ideias* perfeitas e claras dos ângulos e figuras acerca dos quais quer saber algo vê-se, em virtude disso, inteiramente incapaz de qualquer conhecimento a seu respeito. Suponha-se um homem

34. A partir da segunda edição, o final desta frase e as duas seguintes substituem o texto: "*claras, distintas e constantes*, tanto quanto isso estiver a nosso alcance, das coisas que queremos considerar e conhecer." [N. D. E.]

que não tenha uma *ideia* perfeita e exata de um *ângulo reto*, de um *escaleno* ou de um *trapézio*, e nada é mais certo do que isto: em vão ele buscará qualquer demonstração a seu respeito. Além disso, é evidente que não foi a influência das máximas tomadas por princípios na matemática que levou os mestres dessa ciência às maravilhosas descobertas que realizaram. Que um homem de talento conheça, da maneira mais perfeita que seja possível, as máximas geralmente utilizadas na matemática, e que ele contemple, então, sua extensão e consequências tanto quanto quiser, ele dificilmente conseguirá por meio delas, suponho, chegar algum dia a saber que *o quadrado da hipotenusa num triângulo retângulo é igual aos quadrados dos dois outros lados*. O conhecimento de que *o todo é igual a todas suas partes* e *subtraindo-se iguais de iguais, os restos serão iguais* etc. não o terá ajudado, presumo eu, nessa demonstração, e um homem pode, creio eu, meditar um bom tempo sobre esses axiomas sem nunca ver uma polegada a mais de verdades matemáticas. Estas últimas foram descobertas por pensamentos aplicados numa outra via, a mente tinha outros objetos, outras perspectivas diante de si, muito diferentes daquelas máximas, quando primeiro adquiriu o conhecimento desse tipo de verdade na matemática; verdade que nunca será suficientemente admirada por aqueles que, embora suficientemente familiarizados com aqueles consagrados axiomas, ignoram o método dos que primeiro fizeram essas demonstrações. E quem sabe quais outros métodos não podem ainda ser inventados para ampliar nosso conhecimento em outras partes da ciência, que correspondessem ao da *álgebra* na matemática, a qual com tanta prontidão encontra *ideias* de quantidade para medir outras quantidades cuja igualdade ou proporção nós dificilmente viríamos a conhecer, ou talvez nunca, se não fosse por elas?

CAPÍTULO XIII 650

Algumas considerações ulteriores sobre nosso conhecimento.

Nosso conhecimento é em parte necessário, em parte voluntário.

§ 1. *Nosso conhecimento*, aqui como alhures, tem grande conformidade com nossa vista, pois *não é nem inteiramente necessário, nem inteiramente voluntário*. Se nosso conhecimento fosse inteiramente necessário, não somente o conhecimento de todos os homens seria o mesmo, como cada homem conheceria tudo que é cognoscível; e, se ele fosse inteiramente voluntário, alguns homens o consideram ou valorizam tão pouco que teriam pouquíssimo conhecimento, ou mesmo nenhum. Homens que tenham sentidos não podem escolher senão receber algumas *ideias* por meio deles; e, se têm memória, não podem deixar de reter algumas delas; e, se têm alguma faculdade para distinguir, não podem deixar de perceber a concordância ou a discordância entre algumas dessas *ideias*. Do mesmo modo, aquele que tenha olhos, se os abrir durante o dia, não poderá deixar de ver alguns objetos e de perceber diferença neles. Mas, mesmo que um homem com os olhos abertos à luz do dia não possa deixar de ver, há alguns objetos que ele pode escolher mirar ou não com seus olhos, pode haver um livro a seu alcance, contendo figuras e discursos capazes de deleitá-lo ou de instruí-lo que ele pode, no entanto, nunca querer abrir, nunca se dar ao trabalho de olhar.

A aplicação de nossas faculdades é voluntária, mas conhecemos as coisas como elas são, não como nos apraz.

§ 2. Há ainda uma outra coisa que está em poder de um homem, a saber: embora ele por vezes volte seus olhos na direção de um objeto, ele pode escolher se ele irá examiná-lo com curiosidade e procurar, com meticulosa aplicação, observar acuradamente tudo o que nele seja visível. Mas o que ele vê, não pode vê-lo senão como o vê. Não depende de sua vontade ver *preto* o que aparece *amarelo* nem persuadir a si

mesmo de que o que atualmente o *escalda* é *frio*; a terra não aparecerá pintada de flores, nem os campos cobertos de verdura toda vez que isso lhe vier ao espírito; no frio inverno, ele não poderá deixar de ver a terra branca e encanecida se olhar para fora. É justamente assim com nosso entendimento: tudo quanto há de *voluntário* em nosso conhecimento consiste em *empregar* ou deixar de empregar qualquer uma de *nossas faculdades* a esse ou àquele tipo de objetos para examiná-lo de forma mais ou menos acurada. Mas, essas faculdades sendo empregadas, *nossa vontade*
651 *não tem nenhum poder para determinar o conhecimento da mente* em uma ou em outra direção, pois isso só é feito pelos próprios objetos na medida em que sejam claramente descobertos. Portanto, na medida em que os sentidos do homem versem sobre objetos externos, a mente não pode senão receber as *ideias* apresentadas por eles e ser informada da existência de coisas fora dela; e, na medida em que os pensamentos dos homens versem sobre suas próprias *ideias* determinadas, eles não podem senão observar, em algum grau, a concordância ou a discordância que pode ser encontrada entre algumas delas, o que é, nessa mesma medida, conhecimento. E, se têm nomes para essas *ideias* que assim consideraram, devem necessariamente estar seguros da verdade das proposições que expressam a concordância ou a discordância que percebem nelas e estar indubitavelmente convencidos dessas verdades. Pois o que um homem vê, ele não pode deixar de ver, e o que ele percebe, ele não pode senão saber que percebe.

Exemplo: números.

§ 3. Assim, aquele que adquiriu as *ideias* de números e se deu ao trabalho de comparar *um*, *dois* e *três* a *seis* não tem escolha a não ser saber que são iguais; aquele que adquiriu a *ideia* de um triângulo e encontrou os meios para medir seus ângulos e suas grandezas tem certeza de que seus três ângulos são iguais a dois ângulos retos, e é tão pouco capaz de duvidar disso quando desta verdade, de que *é impossível que a mesma coisa seja e não seja*.

Exemplo: religião natural.

Também aquele que tenha a *ideia* de um ser inteligente, mas frágil e fraco, criado por outro e dependente de outro, que é eterno, onipotente e perfeitamente bom e sábio, saberá com tanta certeza que o homem deve honrar, temer e obedecer a DEUS quanto sabe que o sol está brilhando quando o vê. Com efeito, basta que tenha as *ideias* desses dois seres em sua mente e dirija seus pensamentos nessa direção e as considere, para constatar que o ser inferior, dependente e finito se encontra sob a obrigação de obedecer ao Ser Supremo e infinito, com a mesma certeza que ele tem de descobrir que *três*, *quatro* e *sete* são menos do que *quinze,* caso considere e conte esses números. Nem pode ele estar mais certo, numa manhã clara, de que o sol se levantou se ele abrir os olhos e voltá-los naquela direção. Mas, embora essas verdades não possam ser mais certas nem mais claras, pode ignorar uma delas ou todas elas aquele que nunca se der ao trabalho de empregar suas faculdades, como devido, para informar-se a seu respeito.

CAPÍTULO XIV 652

Do juízo

Porque nosso conhecimento é restrito, precisamos de algo mais.

§ 1. Uma vez que as faculdades de entendimento foram dadas ao homem não só para a especulação, mas também para a condução de sua vida, ele estaria fortemente desamparado caso só pudesse dispor, para dirigi-lo, daquilo que tenha a certeza do *conhecimento* verdadeiro. Sendo este, como vimos, muito restrito e escasso, se o homem não tivesse algo para guiá-lo na ausência de conhecimento claro e certo, ele se encontraria, no mais das vezes, inteiramente imerso em trevas e, na maior parte das ações de sua vida, perfeitamente paralisado. Aquele que não comer antes que obtenha uma demonstração de que isso o alimentará, que não se mexer antes de saber infalivelmente que a tarefa em que está para se envolver terá bom desfecho terá pouco a fazer além de ficar imóvel e perecer.

Que uso fazer desse estado de lusco-fusco.

§ 2. Portanto, assim como Deus pôs algumas coisas em plena luz do dia; assim como nos deu algum conhecimento certo, embora limitado a comparativamente poucas coisas, provavelmente para nos fazer sentir o gosto daquilo de que criaturas intelectuais são capazes e suscitar em nós o desejo e o esforço por um estado melhor; assim, na maioria das coisas que nos concernem, Ele só nos providenciou o lusco-fusco, por assim dizer, da *probabilidade*. O que, presumo, é adequado ao estado de mediocridade e provação em que Lhe aprouve colocar-nos aqui; no qual, para limitar nosso excesso de confiança e nossa presunção, podemos, pela experiência cotidiana, aperceber-nos de nossa miopia e de nossa suscetibilidade ao erro: o sentido disso pode ser o da constante admonição para que gastemos os dias desta nossa peregrinação com diligência e cuidado a buscar e seguir o caminho que nos pode levar a um estado de maior perfeição. Pois é altamente razoável pensar, mesmo se a revelação silenciasse a esse respeito, que, na medida em que os homens empregarem os talentos que Deus lhes deu aqui, nessa mesma medida receberão sua recompensa no final do dia, quando seu sol se puser e a noite vier dar fim a seu labor.

O juízo supre nossa falta de conhecimento.

653 § 3. A faculdade que Deus deu aos homens para suprir a falta de conhecimento certo e claro, nos casos em que este não seja possível, é o *juízo*, pelo qual o homem considera que suas *ideias* estão em acordo

ou em desacordo entre si, ou, o que é o mesmo, pelo qual considera uma proposição como verdadeira ou falsa, sem perceber evidência demonstrativa nas provas. Às vezes, a mente exerce esse *juízo* por necessidade, quando provas demonstrativas e conhecimento certo não são possíveis; e, às vezes, por preguiça, inabilidade ou pressa, mesmo quando é possível obter provas certas e conhecimento demonstrativo. Muitas vezes os homens não se detêm para examinar cuidadosamente a concordância ou a discordância entre duas *ideias* que gostariam de ou que lhes interessa conhecer; mas, quer por serem incapazes da atenção requerida para uma longa sucessão de passos, quer por serem impacientes diante da demora, passeiam levemente os olhos pelas provas, ou simplesmente passam a seu largo; e, assim, sem realizar a demonstração, determinam a concordância ou a discordância entre duas *ideias* vendo-as, por assim dizer, como estão, à distância, e assumem que se dê a discordância ou a concordância conforme lhes pareça mais verossímil em tal frouxo exame. Essa faculdade da mente, quando exercida imediatamente sobre as coisas, é chamada de *juízo*; quando sobre verdades apresentadas em palavras, é mais comumente chamada de *assentimento* ou *dissentimento*. E, por ser essa a via mais usual em que a mente tem ocasião de empregar essa faculdade, tratarei dela sob esses termos, na qualidade de menos suscetíveis a equívocos em nossa língua.

Juízo é presumir que as coisas são de certa maneira, sem perceber que são assim.

§ 4. Assim, a mente tem duas faculdades que versam sobre a verdade e a falsidade.

Primeiro, o *conhecimento*, pelo qual ela percebe com certeza a concordância ou a discordância entre quaisquer *ideias*, e é indubitavelmente convencida disso.

Segundo, o *juízo*, que consiste em reunir *ideias* ou as separar umas das outras na mente quando não se perceba uma concordância ou discordância certa entre elas, mas meramente se *presume* que assim seja, isto é, como indica a palavra, quando se toma como sendo assim antes que isso apareça com certeza. E, caso una ou separe as *ideias* tal como as coisas sejam na realidade, trata-se de *juízo correto*.

654

CAPÍTULO XV
Da probabilidade.

Probabilidade é a aparência de concordância baseada em provas falíveis.

§ 1. Se uma demonstração consiste em mostrar a concordância ou a discordância entre duas *ideias* pela intervenção de uma ou mais provas cuja conexão é constante, imutável e visível, a *probabilidade*, de seu lado, nada mais é do que a aparência de uma tal concordância ou discordância, pela intervenção de provas cuja conexão não seja constante e imutável, ou ao menos não seja percebida como tal, mas é ou parece ser na maioria dos casos assim e é suficiente para induzir a mente a *julgar* que a proposição seja verdadeira ou falsa, e não o contrário. Por exemplo: um homem percebe, numa demonstração, que há uma conexão certa e imutável de igualdade entre os três ângulos de um *triângulo* e os ângulos intermediários que são usados para mostrar sua igualdade a dois ângulos retos; e, assim, por um conhecimento intuitivo da concordância ou da discordância entre as *ideias* intermediárias em cada passo do progresso, a série inteira prossegue com uma evidência que mostra claramente a concordância ou a discordância entre esses três ângulos e a igualdade com dois ângulos retos; desse modo, ele tem um conhecimento certo de que isso é assim. Mas um outro homem que nunca se deu ao trabalho de observar a demonstração, ao ouvir um matemático, um homem de crédito, afirmar que os três ângulos de um triângulo são iguais a dois ângulos retos, *assente* a isso, *i. e.*, recebe isso como verdade. Nesse caso, o fundamento de seu assentimento é a probabilidade da coisa, pois a prova é tal que, no mais das vezes, traz verdade consigo, uma vez que o homem a partir de cujo testemunho ele aceita isso não costuma afirmar nada de contrário a seus conhecimentos nem nada que vá além deles, especialmente em matérias desse gênero. Assim, o que causa seu assentimento à proposição que os três ângulos de um triângulo são iguais a dois ângulos retos, o que o faz aceitar que essas *ideias* concordem sem saber se elas concordam mesmo é a veracidade habitual, em outras circunstâncias, daquele que fala, ou sua suposta veracidade na presente circunstância.

Ela serve para suprir nossa falta de conhecimento.

§ 2. Uma vez que, como foi mostrado, nosso conhecimento é muito estreito, e uma vez que nós não 655
temos a felicidade de encontrar verdade certa em cada uma das coisas que temos a oportunidade de considerar, a maioria das proposições sobre as quais pensamos, raciocinamos, discursamos e mesmo com base nas quais agimos, são tais que não podemos ter um conhecimento indubitável de sua verdade. No entanto, algumas delas acercam-se tanto da certeza que não levantamos nenhuma dúvida a seu respeito, mas a elas *assentimos* com tanta firmeza, e agimos em conformidade a esse assentimento com tanta resolução quanto se fossem infalivelmente demonstradas, e nosso conhecimento delas fosse perfeito e certo. Mas, como há graus de perfeição e de certeza, desde a mais estreita vizinhança da certeza e da demonstração, descendo até à improbabilidade e inverossimilhança, chegando mesmo aos limites da impossibilidade, e como há também graus de assentimento, desde a plena *segurança* e confiança, descendo até a *conjectura*, a *dúvida* e a *desconfiança*, passarei agora (tendo en-

contrado, creio eu, os limites do conhecimento e certeza humanos) a considerar *os diversos graus e bases da probabilidade e do assentimento ou fé*.

Pois nos faz presumir que as coisas são verdadeiras antes de sabermos se realmente o são.

§ 3. *Probabilidade* é a plausibilidade de ser verdadeiro, pois, na acepção, a palavra probabilidade significa uma proposição para a qual haja argumentos ou provas que a façam passar por verdadeira ou ser aceita como tal. O tratamento que a mente dá a esse tipo de proposição chama-se *crença*, *assentimento* ou *opinião*, e consiste na admissão ou aceitação de uma proposição qualquer como verdadeira a partir de argumentos ou de provas que nos consigam persuadir a recebê-la como verdadeira sem conhecimento certo de que é assim. E aqui reside a *diferença entre probabilidade* e *certeza*, *entre fé* e *conhecimento*: ao contrário do que acontece na crença, em todas as partes do conhecimento há intuição, e cada *ideia* imediata, cada passo, tem sua conexão visível e certa. O que me faz crer é algo estranho à coisa em que creio, algo que não se junte evidentemente por ambos os lados às *ideias* em consideração e, portanto, não mostre manifestamente a concordância ou discordância entre elas.

São duas as bases da probabilidade: conformidade com a nossa própria experiência, ou o testemunho da experiência de outrem.

§ 4. Como a *probabilidade* consiste, então, em suprir o defeito de nosso conhecimento e em nos guiar quando ele falta, ela versa sempre sobre proposições das quais não temos nenhuma certeza, mas apenas
656 alguns elementos que nos induzam a recebê-las como verdadeiras. As *suas bases* são, em resumo, estas *duas*:

Primeiro, a conformidade de uma coisa com nosso próprio conhecimento, observação e experiência.

Segundo, o testemunho de outrem, que invoca sua observação e experiência. No testemunho de outrem se deve considerar: 1. O número; 2. A integridade; 3. A perícia das testemunhas; 4. A intenção do autor, quando se cita um testemunho extraído de um livro; 5. A consistência das partes e das circunstâncias do relato; 6. Testemunhos contrários.

Para isso, deve-se examinar todos os consensos prós e contra antes de se chegar a um juízo.

§ 5. Como falta à probabilidade a evidência intuitiva que infalivelmente determina o entendimento e produz conhecimento certo, *se a mente quiser proceder racionalmente, deverá examinar todas as bases da probabilidade* e ver como elas pesam mais ou menos *a favor ou contra* uma proposição provável qualquer antes de assentir ou dissentir, e, sopesando devidamente o todo, rejeitá-la ou aceitá-la com assentimento mais ou menos firme, proporcionalmente à preponderância do maior grau de probabilidade de um lado ou de outro. Por exemplo:

Se eu vejo um homem andando no gelo, isto é mais do que *probabilidade*, trata-se de conhecimento. Mas, se alguém me diz ter visto um homem na Inglaterra, durante um inverno rigoroso, andando sobre a água endurecida pelo frio, isso possui uma tão grande conformidade com o que usualmente se observa acontecer, que a natureza mesma da coisa me dispõe a assentir a ela, a não ser que alguma manifesta suspeita acompanhe a narração desse fato. Mas, se a mesma coisa for dita a alguém que nasceu entre os trópicos e nunca viu nem ouviu falar antes de coisa assim, então a probabilidade inteira depende da testemunha, e conforme os que fazem o relato sejam mais numerosos, mais dignos de crédito e não tenham interesse em falar de modo contrário à verdade, é provável que o fato encontre maior ou menor crença. Mesmo assim, para um homem cuja experiência sempre foi inteiramente contrária ao que se relata, e que nunca ouviu falar de nada semelhante, o mais imaculado crédito que uma testemunha possa ter dificilmente será capaz de angariar sua crença. Foi isso que aconteceu ao embaixador holandês, que, ao entreter o rei do Sião 657
com particularidades da Holanda (que o interessavam), disse, entre outras coisas, que nesse país, durante o

inverno, a água por vezes ficava tão dura que os homens andavam sobre ela, e que ela suportaria o peso de um elefante, fosse esse o caso; ao que o rei respondeu, *até aqui acreditei nas estranhas coisas que me contastes porque vos vejo como homem sóbrio e justo, mas agora tenho certeza de que mentis*.

Pois são suscetíveis a grande variedade.

§ 6. Disso depende a *probabilidade* de toda proposição, e, na medida em que a conformidade com nosso conhecimento, a certeza de nossas observações, a frequência e constância da experiência e o número e credibilidade de testemunhos concorde ou discorde em maior ou menor grau com a proposição, ela será em si mesma mais ou menos provável. Há ainda, reconheço, uma outra base, que, embora não seja por si mesma uma verdadeira base de *probabilidade*, no entanto é frequentemente usada como se o fosse, pela qual os homens o mais das vezes regulam seus assentimentos, e sobre a qual depositam sua fé mais que em qualquer outra coisa: trata-se da *opinião dos outros*. Mas não pode haver coisa mais perigosa em que se confiar nem mais suscetível a nos extraviar, pois entre os homens há mais falsidade e erro do que verdade e conhecimento. E, se as opiniões e a persuasão de outras pessoas que conhecemos e que temos em boa conta fossem base para o assentimento, os homens estariam certos em serem pagãos no *Japão*, maometanos na *Turquia*, papistas na *Espanha*, protestantes na *Inglaterra* e luteranos na *Suécia*. Mas sobre essa fonte errônea de assentimento direi mais em outro lugar.

CAPÍTULO XVI

Dos graus de assentimento

Nosso assentimento deve ser regulado pelas bases da probabilidade.

§ 1. No capítulo precedente apresentamos as bases da probabilidade, na medida em que são o fundamento no qual se ergue nosso *assentimento*. Elas são,

portanto, também o critério pelo qual seus diversos graus são ou devem ser *regulados*. Devemos apenas notar que, quaisquer que sejam as bases da probabilidade, sua operação sobre a mente que busca pela verdade e se esforça em julgar corretamente só se dá 658
na medida em que essas bases se manifestam, ao menos quando se trate do primeiro juízo ou da primeira busca que a mente faz. Nem sempre, confesso, o *assentimento* dos homens às opiniões que tenham e às quais firmemente se apegam vem do fato de verem atualmente as razões que primeiramente os convenceram, pois em muitos casos é praticamente impossível, e, na maioria, é muito difícil, mesmo para os de memória prodigiosa, reter todas as provas cujo devido exame os levou a abraçar um lado da questão. É suficiente que uma vez tenham com cuidado e imparcialidade passado o assunto pelo crivo tanto quanto lhes foi possível; e que tenham esquadrinhado todos os pormenores que poderiam imaginar que lançassem alguma luz na questão; e que, com o melhor de suas capacidades, tenham feito suas contas com base na totalidade das evidências. E, assim, tendo uma vez encontrado em qual lado a probabilidade se mostrava para eles após investigação tão exaustiva e exata quanto poderiam fazer, guardam a conclusão em sua memória como uma verdade que descobriram; e, no futuro, permanecem satisfeitos com o testemunho de sua memória de que esta seja a opinião que mereça, pelas provas que uma vez viram dela, o *grau* de *assentimento* que dão a ela.

As bases da probabilidade nem sempre podem estar todas efetivamente diante da vista, e por vezes devemos nos contentar com a lembrança de que uma vez vimos bases para um determinado grau de assentimento.

§ 2. Isso é tudo quanto a maioria dos homens é capaz de fazer ao regular suas *opiniões* e juízos, a não ser que um homem exija deles uma das seguintes coisas: que retenham distintamente na memória todas as provas concernentes a qualquer verdade provável, e isso segundo a mesma ordem e dedução regular de consequências em que antes foram colocadas ou observadas, o que às vezes é suficiente para encher um livro inteiro respondendo a uma única questão; ou então que examinem todos os dias as provas para cada opinião que abracem. Ambas essas coisas são impossíveis. É inevitável, portanto, que se confie na memória a esse respeito e que os *homens sejam persuadidos de muitas opiniões cujas provas não se encontrem efetivamente em seus pensamentos*; aliás, das quais talvez nem mesmo consigam lembrar. Sem isso, a maior parte dos homens ou deverá ser muito cética, ou então mudar a cada momento, cedendo a quem quer que, tendo recentemente estudado a questão, lhes ofereça argumentos, os quais, por falta de memória, eles não conseguiriam de imediato refutar.

Má consequência disso quando nosso juízo anterior não foi corretamente formulado.

§ 3. Não posso deixar de confessar que muitas vezes o *apego* dos homens a seus *juízos prévios* e sua firme adesão a conclusões anteriormente extraídas é
659 frequentemente a causa de grande obstinação em erros e equívocos. A falta não se encontra em se fiarem em sua memória para o que antes julgaram bem, mas em terem examinado mal aquilo que julgaram antes. Não poderíamos nós, de fato, encontrar um grande número de homens (para não dizer a maior parte deles) que pensam ter formado juízos corretos sobre muitas matérias, e isso por nenhuma outra razão além de nunca terem pensado de outra maneira? Homens que imaginam terem julgado corretamente só porque nunca questionaram nem examinaram suas próprias opiniões? O que é o mesmo que pensar que julgaram corretamente porque nunca julgaram. E, no entanto, dentre todos os homens, são esses os que sustentam suas opiniões com mais inflexibilidade; pois os que estão a elas mais veemente e firmemente ligados geralmente são os que menos as examinaram. Aquilo que uma vez soubemos, temos certeza de ser assim,

e podemos estar seguros de que não haja provas latentes que não foram descobertas e que possam derrubar nosso conhecimento ou colocá-lo em questão. Mas, quando se trata de *probabilidade,* nem sempre podemos ter certeza de termos diante de nós todos os pormenores que por algum lado dizem respeito à questão e de que não haja evidência escondida, e ainda não vista, que possa levar a probabilidade para o lado oposto e ter mais peso do que tudo que agora para nós pareça preponderante. Quem jamais teria tempo, paciência e meios para recolher todas as provas concernentes à maioria de suas próprias opiniões para então concluir com segurança que veja plena e claramente e que nada mais há que poderia se apresentar para melhor informá-lo? E, no entanto, somos forçados a escolher um lado ou outro. A condução de nossa vida e a administração de nossos grandes interesses não pode esperar, pois essas coisas dependem, no mais das vezes, da determinação de nosso juízo sobre pontos em relação aos quais não podemos ter conhecimento demonstrativo e certo, e em relação aos quais nos é necessário abraçar um lado ou outro.

O seu uso correto é a mútua caridade e indulgência.

§ 4. Como, portanto, é inevitável que a maior parte dos homens, senão todos, tenha muitas *opiniões* sem provas certas e indubitáveis de sua verdade, e como receberia fortíssima acusação de ignorância, superficialidade ou tolice o homem que abandonasse e renunciasse a suas crenças anteriores logo que se oferecesse um argumento ao qual não pudesse imediatamente responder ou do qual não pudesse mostrar as deficiências, cabe aos homens, penso eu, manter a *paz*, assim como os deveres comuns da humanidade, e *a amizade em meio à diversidade de opiniões*; pois 660
não é razoável esperar que alguém abandone prontamente e de bom grado sua própria opinião para abraçar a nossa com cega resignação a uma autoridade

que o entendimento do homem não reconhece. De fato, por mais que o entendimento se engane, ele não pode admitir outro guia que não a razão, nem se pode submeter cegamente à vontade e aos ditados de um outro entendimento. Se aquele que queremos convencer de nossos pontos de vista for alguém que examine antes de assentir, devemos permitir-lhe que repasse a explicação à vontade e, relembrando o que lhe fugiu do espírito, examine todos os pormenores para ver em que lado se encontra a vantagem. E, caso não pense que nossos argumentos tenham peso suficiente para que volte a se dar tanto trabalho, então ele faz exatamente como frequentemente fazemos em casos semelhantes, e consideraríamos inoportuno que outros dissessem para nós quais pontos devemos estudar. Caso se trate de um homem que adote suas próprias opiniões em confiança, como poderíamos nós imaginar que ele vá renunciar àquelas crenças que o tempo e o costume assentaram de tal modo em sua mente que ele as toma como evidentes em si mesmas e inquestionavelmente certas, ou como impressões que recebeu de DEUS Ele próprio ou de homens por Ele enviados? Como poderíamos nós esperar que opiniões assim estabelecidas possam ceder aos argumentos ou à autoridade de um estranho ou de um adversário, especialmente se há suspeita de interesse ou de armadilha, como sempre é o caso quando os homens se veem destratados? Faríamos bem em nos comiserar de nossa mútua ignorância e nos esforçar para removê-la por todos os meios gentis e justos de informação, em lugar de imediatamente destratar os outros como obstinados e perversos só porque não renunciam às próprias opiniões para receber as nossas, ou pelo menos as opiniões que lhes queremos impor, uma vez que provavelmente mostramos a mesma obstinação em não adotar algumas de suas opiniões.

Onde se encontra o homem que disponha da incontestável evidência da verdade de tudo que sustenta, ou da falsidade de tudo que condena, ou que possa dizer ter examinado a fundo todas as suas próprias opiniões e as dos outros homens? A necessidade de acreditar sem conhecimento, aliás, frequentemente sob bases muito exíguas, deveria, dado nosso passageiro estado de ação e cegueira, levar-nos a ser mais empenhados e cuidadosos em nossa própria informação antes de tentar constranger os outros. Pelo menos, os que não examinaram exaustivamente todas suas próprias crenças devem confessar que não lhes cabe prescrever o que quer que seja a outros homens; e que não seriam razoáveis ao impor como uma verdade para a crença dos outros homens aquilo que eles próprios não examinaram, como tampouco pesaram os argumentos de probabilidade a partir dos quais se deveria 661
aceitá-la ou rejeitá-la. Os que examinaram com franqueza e verdade e assim superaram toda dúvida quanto a todas as doutrinas que professam e pelas quais se governam poderiam ter uma mais justa pretensão de exigir que os outros os seguissem; mas seu número é tão pequeno e encontram tão pouca razão para serem doutorais em suas opiniões que não se deve esperar deles nenhuma insolência ou arrogância. E há boas razões para pensar que, fossem os homens em geral mais instruídos, seriam menos impositivos diante dos outros.

A probabilidade ou versa sobre questões de fato, ou é matéria de especulação.

§ 5. Mas, para retornar ao problema das bases do assentimento e dos seus diversos graus, devemos notar que as proposições que somos induzidos a aceitar pela *probabilidade* são de *dois tipos*; e ou concernem a alguma existência particular – ou, como se costuma dizer, a uma questão de fato –, que, estando no âmbito de nossa observação, é suscetível de testemunho humano, ou então concernem a coisas que, estando para além daquilo que nossos sentidos podem descobrir, não são suscetíveis de nenhum testemunho desse tipo.

A convergência entre a experiência de todos os outros homens e a nossa produz uma segurança que se aproxima de conhecimento.

§ 6. Sobre o *primeiro* desses tipos, *i. e.*, *questões de fato particulares*,

Primeiro, quando uma coisa particular qualquer, consonante nossa constante observação em casos semelhantes, bem como de outros, é atestada pelos relatos convergentes de todos os que a mencionem, aceitamo-la tão facilmente e nela nos apoiamos com tanta firmeza quanto se fosse conhecimento certo. Raciocinamos e agimos a partir disso com tão pouca dúvida quanto se fosse perfeita demonstração. Assim, se todos os *ingleses* que tivessem oportunidade de mencioná-lo afirmassem que as águas congelaram na *Inglaterra* no último inverno, ou então que se viam ali andorinhas no verão, penso que alguém poderia tão pouco duvidar disso quanto de que sete mais quatro são onze. O primeiro, portanto, e o *mais elevado grau de probabilidade* dá-se quando o consenso geral de todos os homens, de todas as épocas, na medida em que possa ser conhecido, converge com a experiência constante e infalível de um homem em casos semelhantes na confirmação da verdade de um fato particular qualquer atestado por testemunhas idôneas. Desse tipo são a constituição e as propriedades reconhecidas dos corpos, bem como os procedimentos regulares de causa e efeito que se dão no curso ordinário da natureza. A isso chamamos de argumento a partir da natureza das próprias coisas. Pois, em relação àquilo que a constante observação, tanto a nossa como a de outros homens, constate que ocorra sempre da mesma maneira, nós temos razão para concluir ser efeito de causas estáveis e regulares, ainda
662 que elas não se encontrem ao alcance de nosso conhecimento. Assim, que o fogo esquentou um homem,

tornou o aço fluido e mudou a cor e a consistência da madeira ou do carvão, que o aço afundou na água e boiou no mercúrio, estas e outras proposições semelhantes sobre fatos particulares, uma vez que concordam com nossa experiência constante todas as vezes que tivemos de nos haver com matérias como essas, e uma vez que geralmente (quando são mencionadas por outros) se fale delas como coisas que se constate sempre se darem assim, não sendo portanto nem sequer questionadas por quem quer que seja, não nos resta dúvida de que seja bastante verdadeiro um relato que afirme que uma coisa desse tipo aconteceu, ou uma previsão de que acontecerá novamente da mesma maneira. Essas *probabilidades* aproximam-se tanto da *certeza*, que governam nossos pensamentos tão absolutamente e influenciam tão plenamente nossas ações quanto a demonstração mais evidente; e, no que nos concerne, fazemos pouca ou nenhuma diferença entre elas e o conhecimento certo: nossa crença assim fundada se eleva a *segurança*.

Testemunhos inquestionáveis e experiência produzem, no mais das vezes, confiança.

§ 7. *Segundo, o próximo grau de probabilidade* dá-se quando constato, por minha própria experiência e pela concordância de todos os outros que a mencionem, que uma coisa seja o mais das vezes assim, e que casos particulares são atestados por várias testemunhas acima de qualquer suspeita, p. ex.: quando a história nos mostra e minha própria experiência, tanto quanto pude observar, confirma-me que em todas as épocas a maioria dos homens prefere sua vantagem privada em detrimento da vantagem pública. Se todos os historiadores que escreveram sobre *Tibério* dizem que ele assim procedeu, isso é extremamente provável. E, nesse caso, nosso assentimento tem fundamento suficiente para se elevar ao grau que podemos chamar de *confiança*.

O testemunho idôneo e a natureza indiferente da coisa também produzem crença confiante.

§ 8. *Terceiro*, com relação a coisas que acontecem indiferentemente, como o fato de que um pássaro voe nesta ou naquela direção, que troveje à esquerda ou à direita de um homem etc., se um fato particular é invocado pelos depoimentos convergentes de testemunhas insuspeitas, então nosso assentimento também é inevitável. Por exemplo: que existe uma cidade na *Itália* chamada *Roma*, que há cerca de mil e setecentos anos atrás ali viveu um homem chamado *Júlio César*, que ele foi general e venceu uma batalha contra outro general chamado *Pompeu*. Ainda que na natureza da coisa não exista nada nem a favor nem contra isso, como esse fato é relatado por historiadores de crédito e não é contestado por nenhum escritor, um homem não pode deixar de acreditar nessas
663 coisas e é-lhe tão fácil duvidar disso quanto da existência e das ações que ele mesmo testemunhe.

Experiências e testemunhos conflitantes variam infinitamente os graus de probabilidade.

§ 9. Até este ponto não há nenhum problema. A probabilidade que se dá nessas bases traz tanta evidência consigo que naturalmente determina o juízo, sem nos dar mais liberdade para crer ou não crer do que uma demonstração nos dá para conhecermos ou sermos ignorantes. A dificuldade aparece quando os testemunhos contradizem a experiência comum, e os relatos da história e das testemunhas estão em conflito com o curso ordinário da natureza, ou entre si. É então que se requer diligência, atenção e exatidão para formar juízos corretos e ajustar a dimensão do *assentimento* às diferentes evidências e probabilidades das coisas, que crescem ou decrescem de acordo com os dois fundamentos da credibilidade, *i. e.*, a observação comum em casos semelhantes e testemunhos particulares acerca do caso particular, a favor ou contra o relatado. O que é suscetível a uma variedade tão grande de observações, relatos e circunstâncias contrários e diferentes qualificações, temperamentos, desígnios, descuidos dos que relatam, que é impossível reduzir a regras precisas os vários graus com que os homens dão seu assentimento. O que se pode dizer em geral é apenas isto: na medida em que argumentos e as provas *pro* e *contra*, uma vez submetidos ao devido exame, pesando cuidadosamente todas as circunstâncias particulares, pareçam a alguém no final das contas pender em maior ou menor grau para um dos lados, então eles são adequados para produzir na mente os diferentes tratamentos que chamamos de *crença*, *conjectura*, *palpite*, *dúvida*, *indecisão*, *descrédito*, *descrença* etc.

Testemunhos da tradição, quanto mais distantes menos provam.

§ 10. Isso quanto ao *assentimento* em assuntos nos quais testemunhos são utilizados. A esse respeito, além do que já foi dito, penso que talvez não seja fora de propósito considerar uma regra que se observa na lei da *Inglaterra*, que é a seguinte: ainda que a cópia atestada de um documento seja boa prova, a cópia de uma cópia, por mais bem atestada que seja, e pelas testemunhas de maior crédito, não será admitida como prova em juízo. Isso recebe aprovação tão geral, na qualidade de razoável e apropriado à sabedoria e precaução que se deve ter na investigação de verdades importantes, que até hoje nunca ouvi alguém censurá-lo. Essa prática, se ela for admissível em decisões sobre o que é certo e errado, traz consigo a seguinte observação: que qualquer testemunho, quanto mais distante estiver da verdade original, menos força de 664
prova ele tem. Chamo de verdade original o ser e a existência da coisa mesma. Um homem de crédito invocando seu conhecimento de uma coisa é uma boa prova, mas, se outra testemunha igualmente crível dá testemunho disso através de seu relato, o testemunho é mais fraco, e uma terceira que ateste o ouvir dizer de um ouvir dizer é ainda menos considerável. Assim, *quando se trata de verdades da tradição, cada*

afastamento diminui a força da prova, e, quanto mais numerosas forem as mãos por que passou sucessivamente a tradição, menos força e evidência recebe delas. Pareceu-me necessário notar isso porque vejo que alguns homens frequentemente seguem uma prática inteiramente contrária e pensam que as opiniões ganham força ao se tornarem mais velhas; e aquilo que há mil anos atrás não pareceria provável para um homem razoável, contemporâneo de quem pela primeira vez fez tal alegação, é agora invocado como certo para além de toda dúvida, só porque, depois dele, foi repetido por muitos, um após o outro. Com base nisso, proposições que são no começo evidentemente falsas ou suficientemente duvidosas vêm a passar, graças a uma regra invertida da probabilidade, por verdades autênticas; e as que encontraram ou mereceram pouco crédito na boca de quem primeiro as formulou tornam-se veneráveis com a idade e são invocadas como inegáveis.

Mas a história é muito útil.

§ 11. Nem por isso pretendo diminuir o crédito e a utilidade da *história*, que em muitos casos é a única luz de que dispomos, e da qual recebemos, com evidência convincente, grande parte das verdades úteis que temos. Em minha opinião, nada tem tanto valor quanto os registros da antiguidade. Seria bom se tivéssemos mais deles e mais impolutos. Mas isto a verdade me força a dizer: nenhuma *probabilidade* pode chegar mais alto do que sua primeira origem. O que não tem outra evidência além do depoimento de uma única testemunha deve sustentar-se ou sucumbir com base nessa única testemunha, seja ela boa, má ou indiferente; e, mesmo que seja depois citada por centenas de outros, um após o outro, não somente não recebe disso nenhuma força, como se torna mais fraca. Paixão, interesse, inadvertência, equívocos de significado e mil outras razões para além do capricho

que age na mente dos homens (e que é impossível descobrir) podem levar um homem a citar as palavras ou o sentido de outro equivocadamente. Quem alguma vez examinou, por pouco que seja, as citações dos escritores não pode ter dúvidas acerca do pouco crédito que as citações merecem quando não se dispõe dos originais; e, consequentemente, menos ainda 665
do pouco que se pode confiar em citações de citações. O certo é que aquilo que em uma época se afirmou a partir de bases frágeis jamais se poderá tornar mais válido em épocas futuras por ser frequentemente repetido. Pelo contrário, quanto mais se distancia do original, menos válido é, e tem sempre menos força na boca ou na pena de quem por último o utilizou do que na daquele de quem este o recebeu.

Nas coisas que os sentidos não podem revelar, a analogia é a principal regra de probabilidade.

§ 12. Só mencionamos até aqui as probabilidades que concernem às questões de fatos e às coisas que são suscetíveis de observação e testemunho. Resta ainda aquele outro tipo de probabilidade *sobre* o qual os homens cultivam opiniões com diversos graus de assentimento, embora se trate de *coisas* que, *não se encontrando ao alcance de nossos sentidos*, *não são suscetíveis de testemunho*. São elas: 1. A existência, natureza e operação de seres finitos imateriais fora de nós, como espíritos, anjos, demônios etc. Ou a existência de seres materiais que, seja por sua própria pequenez, seja por estarem muito distantes de nós, não podem ser notados por nossos sentidos, como no caso de eventuais plantas, animais e habitantes inteligentes de outros planetas e outras habitações no vasto universo. 2. O modo de operar da maior parte das obras da natureza, nas quais, apesar de vermos seus efeitos sensíveis, suas causas são desconhecidas e não percebemos os meios e os modos pelos quais são produzidos. Nós vemos que os animais são gerados, que se nutrem e se movem, que o imã atrai o

ferro, que as partes de uma vela, derretendo sucessivamente, transformam-se em chama e nos dão luz e calor: vemos e conhecemos esses e outros efeitos semelhantes. Mas, quanto às causas que operam e à maneira pela qual esses efeitos são produzidos, nós só podemos ter palpites e conjecturas prováveis. De fato, como essas causas e coisas semelhantes não se oferecem ao escrutínio dos sentidos do homem, não podem ser examinadas por eles nem atestadas por ninguém, e assim só podem parecer mais ou menos prováveis na medida de sua maior ou menor concordância com verdades estabelecidas em nossa mente e na medida em que mantenham relação com outras partes de nosso conhecimento e observação. A *analogia* é, nesses casos, o único auxílio de que dispomos, e é somente a partir dela que extraímos todas nossas bases da probabilidade. Assim, ao observar que a mera fricção violenta entre dois corpos produz calor, e muitas vezes até mesmo fogo, temos razões para pensar que aquilo a que chamamos de calor e fogo
666 consista numa agitação violenta das imperceptíveis partes diminutas da matéria que queima. Observando, da mesma maneira, que as diferentes refrações de corpos translúcidos produzem em nossos olhos diferentes aparências de cores, e observando ainda que os diferentes arranjos e disposições das partes superficiais de muitos corpos, como o veludo, a seda *moiré* etc., fazem o mesmo, pensamos que é provável que a cor e o brilho dos corpos não é nada neles senão o diferente arranjo e refração de suas partes diminutas e insensíveis. Assim, pelo fato de vermos que, em todas as partes da criação que caem sob a observação do homem, há uma conexão gradual entre elas, sem hiatos grandes ou discerníveis em toda essa grande variedade de coisas que vemos no mundo, tão intimamente ligadas entre si que não é fácil des-

cobrir as amarras que as ligam em diversas classes de seres, temos motivos para nos persuadir de que há uma suave e gradual ascensão das coisas rumo à perfeição. É difícil dizer onde começa o sensível e o racional, onde cessam o insensível e o irracional, e onde encontrar alguém suficientemente arguto para determinar com precisão qual a mais baixa espécie de coisa vivente, qual a primeira entre as coisas que não têm vida. Tanto quanto podemos observar, as coisas diminuem e aumentam como a quantidade num cone regular, onde, embora haja uma manifesta diferença na grandeza dos diâmetros quando a distância é grande, dificilmente se pode discernir a diferença entre o que está embaixo e o que está em cima quando eles se tocam. A diferença entre alguns homens e alguns animais é imensamente grande: mas, se compararmos o entendimento e as habilidades de alguns homens com os de alguns animais, encontraremos uma diferença tão pequena que será difícil dizer que o entendimento e as habilidades do homem são mais esclarecidos ou mais amplos. Observando, portanto, tais declives suaves e graduais nas partes da criação que estão abaixo do homem, a regra de analogia torna provável que também seja assim nas coisas acima de nós e de nossa observação, e que existam muitas classes de seres inteligentes mais excelentes do que nós em muitos graus de perfeição, elevando-se em direção à infinita perfeição do Criador por suaves degraus e diferenças, cada um dos quais não está muito distante do próximo. Esse tipo de probabilidade, que é o melhor guia para os experimentos racionais e para originar hipóteses tem também sua utilidade e influência, e um raciocínio cuidadoso a partir de analogias nos leva frequentemente à descoberta de verdades e 667
de realizações úteis que de outra maneira permaneceriam escondidas.

§ 13. Ainda que a experiência comum e o curso ordinário das coisas com justiça tenham poderosa influência na mente dos homens para fazê-los dar ou recusar crédito a qualquer coisa que seja proposta a sua crença, há um caso em que a estranheza do fato não diminui o assentimento a um testemunho fidedigno que dele é dado. De fato, quando tais eventos sobrenaturais são adequados aos propósitos visados por aquele que tenham o poder de mudar o curso da natureza, então, nessas circunstâncias, eles podem ser tanto mais apropriados para produzir crença quanto mais forem divergentes ou contrários à observação comum. Esse é, propriamente, o caso dos *milagres*, que, se bem atestados, não somente angariam crédito para si, como o dão para outras verdades que precisam de sua confirmação.

Um caso em que a experiência contrária em nada diminui o testemunho.

§ 14. Além dos já mencionados até aqui, há ainda um tipo de proposição que reivindica o mais alto grau de nosso assentimento, diante do mero testemunho, concorde ou não a coisa proposta com a experiência comum e o curso ordinário das coisas. A razão disso é a seguinte. Como o testemunho vem de alguém que não pode nem enganar nem ser enganado, ou seja, de Deus mesmo, Ele traz em si segurança imune a dúvidas, evidência imune a objeções. Chamamos a isso por um nome peculiar, *revelação*, e nosso assentimento a ela se chama *fé*, que determina nossa mente tão absolutamente e exclui tão perfeitamente toda oscilação quanto nosso próprio conhecimento, e podemos antes duvidar de nossa própria existência do que da verdade de uma revelação de DEUS. Assim, a fé é um princípio certo e estabelecido de assentimento e segurança que não deixa lugar para dúvida ou hesitação. Devemos apenas ter certeza de que se trata de revelação divina e que a entendamos corretamente; pois do contrário nos exporemos a todas as

O mero testemunho da revelação é a certeza mais elevada.

extravagâncias do entusiasmo e todos os erros de princípios equivocados se tivermos fé e segurança no que não é revelação divina. Portanto, nesses casos, nosso assentimento não pode racionalmente ser maior do que a evidência de que se trata de uma revelação divina e de que este é o significado das expressões na qual ela é feita. Se a evidência de que se trata de uma revelação ou de que esse é o verdadeiro sentido repousar apenas em provas prováveis, nosso assentimento 668
não pode ir além de uma segurança ou desconfiança que surja da mais ou menos aparente probabilidade das provas. Mas da fé e da precedência que ela deve ter diante de outros argumentos de persuasão voltarei a falar adiante, quando dela tratar do modo como geralmente se faz, em contraposição com a razão, mesmo que, na verdade, ela nada mais seja do que um assentimento fundado na mais elevada razão.

CAPÍTULO XVII
Da razão.

Múltipla significação da palavra razão.

§ 1. *A palavra razão tem,* em *nossa* língua, *diferentes significações.* Às vezes, é tomada por princípios verdadeiros e claros; outras, por deduções claras e justas a partir desses princípios; outras ainda, pela causa, particularmente a causa final. Ela será aqui considerada, no entanto, em uma significação diferente de todas estas, qual seja, como designando uma faculdade no homem, aquela faculdade pela qual o homem supostamente se distingue dos animais e na qual evidentemente em muito os ultrapassa.

No que consiste a razão.

§ 2. Se o conhecimento geral consiste, como se mostrou, na percepção da concordância ou discordância entre nossas próprias *ideias*, e se o conhecimento da existência de todas as coisas fora de nós

(excetuando-se apenas a de um DEUS, cuja existência cada homem pode conhecer certamente e demonstrar para si mesmo a partir de sua própria existência) só pode ser adquirido por nossos sentidos, qual seria então o espaço para o exercício de qualquer outra faculdade além do sentido externo e da percepção interna? Para que uma razão? Para muito: tanto para a ampliação de nosso conhecimento quanto para a regulação de nosso assentimento, pois ela diz respeito tanto a nosso conhecimento quanto a nossa opinião, e é necessária e assiste a todas nossas outras faculdades intelectuais, além de conter duas delas, *i. e.*, a *sagacidade e a ilação*. Com a primeira, ela encontra e, com a segunda, ordena as *ideias* intermediárias de modo tal que possa descobrir qual conexão há entre cada elo da cadeia que mantém juntos os extremos, e, dessa forma, estender diante da visão, por assim di-
669 zer, a verdade procurada. Isso é o que chamamos de *ilação* ou *inferência*, que nada mais é do que a percepção da conexão que há entre as *ideias* em cada passo da dedução, graças ao que a mente consegue ver seja a concordância, seja discordância certa entre duas *ideias* quaisquer, como na *demonstração*, pela qual chega a um conhecimento; seja sua provável conexão, a partir da qual dá ou recusa seu assentimento, como na *opinião*. Sentidos e intuição não vão realmente muito longe. A maior parte de nosso conhecimento depende de deduções e de *ideias* intermediárias; e, nos casos em que nos vemos obrigados a substituir conhecimento por assentimento e tomamos proposições como verdadeiras sem estarmos certos de que o sejam, precisamos encontrar, examinar e comparar as bases de sua probabilidade. Em ambos os casos, a faculdade que encontra os meios e os aplica corretamente para descobrir certeza em uma e probabilidade na outra é o que chamamos de razão. De fato, assim

como a razão percebe a conexão necessária e indubitável entre todas as *ideias* ou provas em cada passo de uma demonstração que produz conhecimento, da mesma maneira ela percebe a conexão provável entre todas as *ideias* ou provas em cada passo de um discurso que ela pense merecedor de assentimento. Esse é o grau mais baixo do que verdadeiramente se pode chamar de razão. De fato, quando a mente não percebe essa conexão provável, quando ela não discerne se há ou não uma conexão como essa, então as opiniões dos homens não são produto de juízo nem consequência da razão, mas efeitos da sorte e do acaso, de uma mente que flutua a esmo sem escolha nem direção.

As quatro partes da razão.

§ 3. De modo que podemos considerar *quatro graus* na *razão*. O primeiro e mais elevado é descobrir e encontrar provas; o segundo, a disposição regular e metódica delas, apresentando-as em ordem clara e apropriada para que sua conexão e força sejam percebidas plena e facilmente; o terceiro é perceber a conexão entre elas; e o quarto, chegar a uma conclusão correta. Esses diferentes graus podem ser observados em qualquer demonstração matemática; pois uma coisa é perceber a conexão em cada parte quando a demonstração é feita por outrem; outra é perceber a dependência da conclusão para com todas as partes; uma terceira é produzir por si mesmo uma demonstração de modo claro e nítido; e algo diferente de tudo isso é ter encontrado pela primeira vez as 670 *ideias* intermediárias ou provas pelas quais a demonstração é feita.

O silogismo não é o principal instrumento da razão.

§ 4. Há ainda uma coisa que eu gostaria que fosse considerada sobre a razão: seria mesmo o *silogismo*, como geralmente se pensa, o instrumento próprio dessa faculdade e a maneira mais útil de exercê-la? Os motivos que tenho para duvidar disso são os seguintes.

Primeiro, porque o silogismo só serve à razão em uma de suas já mencionadas partes, ou seja, para mostrar a conexão entre provas num exemplo qualquer, e em nenhuma de suas outras partes. Mas nisso ele não tem muita utilidade, pois a mente pode perceber essa conexão (quando ela realmente se dá) tão facilmente sem ele quanto com ele, e talvez melhor ainda.

Se observarmos os atos de nossa mente, constataremos que raciocinamos melhor e mais claramente quando só observamos a conexão entre provas sem reduzir nossos pensamentos a qualquer regra de silogismo. E assim podemos notar que muitos homens raciocinam com excepcional clareza e correção mesmo sem saber como fazer um silogismo. Aquele que voltar os olhos para muitas partes da *Ásia* e da *América* descobrirá que ali homens raciocinam talvez com tanta agudeza quanto ele próprio, mas que nunca ouviram falar de silogismo nem podem reduzir nenhum argumento a essas formas[35], e creio que dificilmente haverá alguém que faça silogismos quando raciocine consigo mesmo. É verdade que o silogismo é utilizado ocasionalmente para revelar uma falácia escondida num floreio retórico ou astutamente envolvida numa bela frase e, despindo um absurdo de suas vestes de engenho e bela linguagem, mostrar sua deformidade[36]. Mas essa fraqueza ou falácia de um discurso frouxo, o silogismo, ao pôr esse discurso numa forma artificial, só a mostra para os que estudaram exaustivamente *modo e figura* e examinaram suficientemente os muitos jeitos pelos quais três proposições podem ser reunidas, para saber quais deles concluem corre-

---

35. O final desta frase foi acrescentado a partir da segunda edição. [N. D. E.]

36. O final deste parágrafo e o começo do próximo (até "o entendimento não é ensinado a raciocinar por essas regras [...]") são um acréscimo da quarta edição; logo em seguida temos um outro trecho introduzido a partir da quarta edição, cf. próxima nota. [N. D. E.]

tamente, quais não, e sobre que bases eles o fazem. Todos os que consideraram *silogismos* o bastante para ver a razão pela qual a conclusão de três proposições apresentadas, em uma determinada forma, certamente será correta e, em outra, não, estão certos, confesso, da conclusão que extraem das premissas nos *modos e figuras* permitidos. Mas os que não investigaram essas formas suficientemente não estão certos, em virtude do silogismo, de que a conclusão se segue certamente das premissas. Apenas o tomam como sendo assim por uma fé implícita em seus professores e por uma confiança nessas formas de argumentação: mas isso é ainda acreditar, e não ter certeza. Ora, se dentre a totalidade dos homens aqueles que são capazes de fazer silogismos são pouquíssimos quando comparados aos que não o são, e se dentre os poucos a quem a lógica foi ensinada há tão somente um número bem pequeno que faça algo mais do que simplesmente acreditar que os silogismos nos *modos e figuras* permitidos concluem de modo correto, sem saber certamente que o façam, então, caso se tomem os silogismos como o único instrumento próprio à razão e meio de conhecimento, seguir-se-á que antes de *Aristóteles* nenhum homem sabia ou poderia saber qualquer coisa por meio da razão, e que, desde a invenção do silogismo, isso não ocorre nem com um entre dez mil homens.

671

Mas Deus não foi tão avaro com os homens a ponto de fazê-los meras criaturas bípedes e deixar a *Aristóteles* a tarefa de torná-los racionais, *i. e.*, os poucos deles que ele pôde fazer com que examinassem as bases do silogismo a ponto de ver que, nas mais de sessenta maneiras possíveis de reunir três proposições, só há umas quatorze nas quais possamos estar certos de que a conclusão seja correta, e a ponto de saber sobre que base a conclusão é certa nessas poucas e nas outras, não. Deus foi mais bondoso do que isso

com os homens. Deu-lhes uma mente que consegue raciocinar sem ser instruída em métodos de silogismo: o entendimento não é ensinado a raciocinar por essas regras; ele tem uma faculdade nativa para perceber a coerência ou a incoerência de suas *ideias*, e consegue arranjá-las adequadamente sem nenhuma dessas confusas repetições[37]. De nenhuma maneira digo isso para diminuir *Aristóteles*, que vejo como um dos maiores homens dentre os antigos, cujas visões amplas, agudeza e penetração de pensamento e firmeza de julgamento foram igualadas por poucos; e que, justamente por inventar formas de argumentação em que se pode mostrar que a conclusão é corretamente inferida, prestou grande serviço contra aqueles que não se envergonhavam de tudo negar. Reconheço prontamente que todo raciocínio correto possa ser reduzido a suas formas de silogismo, mas penso poder dizer, sem atingir em nada *Aristóteles*, que os silogismos não são nem o único nem o melhor jeito de
672 raciocinar para fazer chegarem ao conhecimento aqueles que querem encontrá-lo e desejam fazer o melhor uso que puderem de sua razão para alcançar o conhecimento. E, é evidente, *Aristóteles* não descobriu que algumas formas são conclusivas e que outras não o são pelas próprias formas, mas sim pela via original de conhecimento, *i. e.*, pela concordância visível entre *ideias*. Conte-se a uma senhora do campo que o vento é sudoeste e que o tempo fechado indica chuva, ela entenderá facilmente que não é seguro para ela sair com roupas leves num dia como esse após uma febre: ela vê claramente a provável conexão de todas essas *ideias*, *i. e.*, vento sudoeste e nuvens, chuva, molhar-se, tomar frio, recaída e perigo de morte,

37. O final desta frase ("o entendimento [...]") é da primeira edição. As três próximas, todas mencionando Aristóteles, são um novo acréscimo da quarta edição. [N. D. E.]

sem as prender umas às outras nesses artificiais e incômodos grilhões de muitos silogismos, que travam e impedem a mente, a qual vai de uma parte à outra de modo mais rápido e mais claro sem eles. E a probabilidade que ela facilmente perceba nas coisas em seu estado natural logo se perderia se esse argumento fosse administrado com erudição e proposto em *modo* e *figura*. Pois isso muitas vezes confunde a conexão; e penso que todos percebem em demonstrações matemáticas que o conhecimento que se ganha com elas é mais rápido e mais claro sem silogismos[38].

A inferência é vista como o principal ato da faculdade racional, e ela efetivamente o é, desde que feita corretamente. Mas a mente, quer por desejar muito ampliar seu conhecimento, quer por ser muito inclinada a favorecer os sentimentos que algum dia a impregnaram, é muito propensa a fazer inferências antes de perceber a conexão de *ideias* que deve ligar os extremos entre si, e, portanto, frequentemente se precipita.

Inferir nada mais é do que, em virtude de uma proposição apresentada como verdadeira, extrair uma nova proposição como verdadeira, *i. e.*, ver ou supor a conexão entre as duas *ideias* da proposição inferida. P. ex.: seja apresentada a seguinte proposição, *os homens serão punidos no outro mundo*, e que dela se infira esta outra, *então os homens podem-se determinar a si mesmos*. A questão agora é saber se a mente fez essa inferência de forma correta ou não. Caso ela a tenha feito encontrando as *ideias* intermediárias e obtendo a visão da conexão entre elas, postas na devida ordem, então a mente procedeu racionalmente e fez uma inferência correta. Caso tenha feito a inferência sem tal visão, não fez uma inferência que se sus-

38. Segue-se um longo trecho, de sete parágrafos, acrescentado a partir da quarta edição, até o parágrafo que começa com "*Segundo*, outra razão que me leva a duvidar [...]." [N. D. E.]

tente ou uma inferência de reta razão, mas antes mostrou vontade de que fosse assim ou de que fosse tomada como tal. Mas em nenhum caso é o *silogismo* que descobriu as *ideias* ou mostrou a conexão entre elas, pois ambas devem ser encontradas, e a conexão
673 deve ser em toda parte percebida antes que possam ser usadas racionalmente num *silogismo*. A não ser que se possa dizer que qualquer *ideia*, sem considerar que conexão tenha com as outras duas cuja concordância ela deva mostrar, vai bem em um *silogismo* e pode ser tomada ao acaso como o *medius terminus* para provar uma conclusão qualquer. Mas ninguém diria isso, porque é em virtude da percepção da concordância entre a *ideia* intermediária e cada um dos extremos que se conclui que os extremos concordam. Portanto, cada *ideia* intermediária deve ser tal que, na cadeia inteira, tenha conexão visível com as duas entre as quais se encontre. Do contrário, não se poderá inferir ou extrair a conclusão, pois, quando um elo qualquer da cadeia está solto e sem conexão, então se perde toda sua firmeza, e ela não tem força para inferir ou extrair o que quer que seja. No exemplo acima mencionado, o que mostra a força da inferência e, consequentemente, que ela é razoável, é apenas a visão da conexão entre todas as *ideias* intermediárias que levam à conclusão ou à proposição inferida, p. ex.: *Os homens serão punidos – Deus é quem pune – A punição é justa – O punido é culpado – Ele poderia ter agido diferentemente – liberdade – autodeterminação*. Nessa cadeia, as *ideias* encontram-se visivelmente ligadas entre si em sequência, *i. e.*, cada *ideia* intermediária concorda, por cada um dos lados, com aquelas entre as quais está posta, e assim as *ideias* de homem e de autodeterminação se mostram conectadas, *i. e.*, a proposição *Os homens podem determinar a si mesmos* é extraída ou inferida da proposição

Os homens serão punidos no outro mundo. De fato, a mente, vendo aqui a conexão que há entre as *ideias* de *punição dos homens no outro mundo* e de que *Deus pune*, entre as *ideias* de que *Deus pune* e de *justiça da punição*, entre as *ideias* de *justiça da punição* e de *culpa*, entre as *ideias* de *culpa* e de *poder de agir diferentemente*, entre as *ideias* de *poder de agir diferentemente* e de *liberdade*, e entre as *ideias* de *liberdade* e de *autodeterminação*, vê a conexão entre *homens* e *autodeterminação*.

Ora, eu pergunto: a conexão entre os extremos não seria vista com mais clareza nessa disposição simples e natural do que nas complexas repetições de um amontoado de cinco ou seis *silogismos*? Será preciso desculpar-se o uso da palavra "amontoado", até que alguém possa pôr essas *ideias* nesses tantos *silogismos* e então dizer que elas estejam menos amontoadas e que sua conexão seja mais visível quando transpostas e repetidas e esticadas até uma mais longa extensão em formas artificiais do que na breve ordem 674
óbvia e natural em que estão apresentadas aqui, na qual todos podem ver a conexão; e na qual essas ideias precisam ser vistas antes que sejam postas numa série de *silogismos*. Pois a ordem natural em que as *ideias* se conectam deve dirigir a ordem dos *silogismos*, e um homem deve ver a conexão de cada *ideia* intermediária com as que ela conecta antes que tenha razão para usá-las num *silogismo*. E, uma vez feitos todos esses silogismos, nem os homens que são lógicos, nem os que não o são irão ver com um pingo a mais de clareza a força da argumentação, *i. e.*, a conexão entre os extremos. [Os homens que não são versados na arte das Escolas, não conhecendo as verdadeiras formas do *silogismo* nem suas razões, não podem saber se são ou não feitos em *modos* e *figuras* corretos e conclusivos, e não são, portanto, de modo algum

auxiliados pelas formas em que são postas as *ideias*, formas que perturbam a ordem natural em que a mente poderia julgar sua conexão respectiva, o que torna a ilação muito mais incerta do que sem os silogismos]. Quanto aos próprios lógicos, eles veem a conexão de cada *ideia* intermediária com aquelas entre as quais ela está (do que depende a força da inferência) tão bem depois do *silogismo* ser feito quanto a viam antes, ou então absolutamente não a veem. Pois um *silogismo* nem mostra, nem reforça a conexão entre quaisquer duas *ideias* postas imediatamente juntas, mas só mostra, pela conexão vista nelas, que conexão há entre os extremos. Mas a conexão que a *ideia* intermediária tem com os extremos nesse silogismo é o que nenhum silogismo mostra ou pode mostrar. Isso é o que a mente só percebe ou pode perceber na medida em que se encontrem nessa *justaposição*, apenas por sua própria visão; e para isso a forma silogística na qual lhe ocorre estar não traz absolutamente nenhuma luz ou ajuda, mas só mostra que, se a *ideia* intermediária concorda com aquelas às quais é imediatamente aplicada em ambos os lados, então essas duas *ideias* afastadas, ou, como são chamadas, os *extremos*, certamente concordam. Portanto, a conexão imediata entre cada *ideia* e aquela à qual ela é aplicada em cada um dos lados, da qual depende a força do argumento, vê-se tão bem antes quanto depois de o *silogismo* ser feito, ou aquele que faça o silogismo nunca poderia vê-la de modo algum. Como já observamos, isso só se vê com os olhos ou a faculdade perceptiva da mente, por meio de uma visão delas postas juntas, em *justaposição*, visão que ela tem igualmente de quaisquer duas *ideias* sempre que postas juntas numa proposição qualquer, seja esta colocada ou não num *silogismo*, como *premissa maior* ou *menor*.

Qual seria então a utilidade do *silogismo*? Eu respondo: seu principal uso dá-se nas Escolas, onde se permite que os homens neguem sem pudor a concordância entre *ideias* que manifestamente concordem; ou então fora das Escolas, para aqueles que aprenderam com elas a negar sem pudor a conexão de *ideias* que seja visível até mesmo para eles. Mas quem busque francamente a verdade e só almeje encontrá-la não precisa de nenhuma dessas formas para forçar o reconhecimento da inferência. O que nela é verdadeiro e razoável se vê melhor num arranjo de *ideias* em ordem simples e clara; e daí vem que os homens, em suas próprias buscas da verdade nunca usem *silogismos* para se convencer (ou para ensinar outros, instruindo estudantes de boa disposição). De fato, antes que possam pôr as *ideias* num *silogismo* para mostrar a concordância entre elas, eles precisam ver a conexão que exista entre a *ideia* intermediária e as duas outras *ideias* entre as quais ela está e às quais é aplicada; e, quando veem tal coisa, veem também se a inferência é boa ou não, e, assim, quando o *silogismo* é feito, a questão já está decidida. Recorrendo novamente ao exemplo mencionado, eu pergunto se a mente, ao considerar a *ideia* de justiça posta como intermediária entre as *ideias* de *punição* do homem e de culpa de quem é punido (pois antes de considerá-la desse modo a mente não pode usá-la como *medius terminus*), se a mente, digo, não vê a força da inferência tão plenamente como quando recebe a forma do silogismo. Mostraremos isso com um exemplo muito simples e fácil. Seja *animal* a *ideia* intermediária ou *medius terminus* que a mente usa para mostrar a conexão entre *homo* e *vivens*: eu pergunto se a mente não vê a conexão mais pronta e plenamente quando a *ideia* que conecta está na posição própria e simples, ou seja, no meio: 675

Homo – Animal – vivens;

do que nesta posição mais complicada:

Animal – vivens – Homo – Animal.

Essa é a posição que essas *ideias* têm num silogismo para mostrar a conexão entre *Homo* e *vivens* pela intervenção de *Animal*.

Pensa-se, ainda, que o uso do silogismo é necessário, mesmo para os que amam a verdade, para mostrar a eles as falácias que muitas vezes se escondem em discursos floridos, astuciosos ou intricados. Para ver que isso não procede, basta considerarmos que a razão pela qual homens que almejam sinceramente a verdade por vezes se deixam levar por discursos frou-
676 xos ou, como são chamados, retóricos, é que suas fantasias, uma vez atingidas por uma viva representação metafórica, levam-nos a deixar de observar ou a não perceber facilmente quais são as *ideias* verdadeiras das quais dependa a inferência. Ora, para mostrar a homens assim a fraqueza de uma argumentação como essa, não é preciso mais do que começar por despi-la das *ideias* supérfluas que, misturadas e confundidas com aquelas das quais dependa a inferência, parecem mostrar uma conexão onde não existe nenhuma ou, ao menos, impedem a descoberta da falta de uma conexão; e, depois, pôr a nu, na devida ordem, as ideias das quais dependa a força do argumento, de modo que, nessa posição, a mente obtenha uma visão delas tal que lhe permita ver que conexão elas têm e, assim, seja capaz de julgar a inferência sem precisar de nenhum silogismo.

Confesso que *modo* e *figura* são comumente usados nesses casos como se a detecção da incoerência de tais discursos frouxos se devesse inteiramente à forma silogística. Eu mesmo pensava assim antes que um exame mais estrito me mostrasse que pôr a nu as *ideias* intermediárias em sua devida ordem mostra melhor do que o silogismo a incoerência da argumentação: não só porque submete cada elo da cadeia à visão imediata da mente, em seu lugar próprio, graças a que se vê melhor sua conexão, mas também porque o silogismo só mostra a incoerência para aqueles (nem mesmo um em dez mil) que entendem perfeitamente *modos* e *figuras* e a razão do estabelecimento dessas formas; ao passo que dispor devida e ordenadamente as *ideias* a partir das quais é feita a inferência faz com que todos os homens que entendam os termos e tenham a faculdade de perceber concordância ou discordância entre tais *ideias* (sem o que, no silogismo ou fora dele, não se pode perceber o poder ou a fraqueza, a coerência ou incoerência de discurso), quer esses homens sejam lógicos, quer não, vejam a falta de conexão no argumento e o absurdo da inferência.

Conheci certa vez um homem inexperiente em silogismos que, só de ouvir, podia perceber a fraqueza e o caráter inconclusivo de um longo, artificial e plausível discurso que enganara outros melhor treinados em silogismo. Creio que poucos de meus leitores não conhecem alguém assim. E, não fosse assim, os debates da maioria dos conselhos de príncipes e as ocupações das assembleias correriam o risco de ser mal administradas, pois aqueles a quem geralmente elas são confiadas e usualmente assumem grande responsabilidade nem sempre têm a sorte de conhecer perfeitamente as formas do *silogismo* ou serem versa- 677
dos em *modos* e *figuras*. Se o silogismo fosse a única ou, pelo menos, a maneira mais segura para detectar as falácias de discursos artificiais, não penso que todos os homens, até mesmo os príncipes nos assuntos que dizem respeito a sua coroa e dignidade, estariam tão enamorados da falsidade e do erro a ponto de sempre negligenciarem, por toda parte, a introdução dos silogismos em importantes debates; ou pensarem

que seria ridículo pelo menos oferecê-los em questões de relevância; o que para mim evidencia plenamente que homens talentosos e penetrantes, que não tinham tempo para disputar a seu bel prazer, mas que precisavam agir de acordo com os resultados de seus debates e que, muitas vezes, pagavam por seus enganos com a própria cabeça ou fortuna, constataram que essas formas escolásticas eram de pouca utilidade para descobrir verdade ou falácia quando ambas poderiam ser mostradas, e melhor, sem essas formas, para aqueles que não se recusam a ver o que lhes é visivelmente mostrado.

Segundo[39], outra razão que me leva a duvidar de que o silogismo seja o único instrumento próprio da razão para a descoberta da verdade é que, não importa o uso que se pretenda fazer de *modo* e *figura* para pôr a nu a falácia (o que foi acima examinado), essas formas escolásticas de discurso nem por isso estão menos expostas a falácias do que os modos mais simples de argumentação. Para confirmar isso eu apelo à observação comum, que sempre considerou que esses métodos artificiais de raciocinar são mais adaptados para capturar e aprisionar a mente do que para instruir e informar o entendimento. E é por isso que os homens, mesmo quando se veem confundidos e reduzidos ao silêncio por esse método escolástico, dificilmente ou nunca são convencidos e levados a aderir ao lado vencedor: talvez reconheçam

39. Aqui termina o longo trecho acrescentado pela quarta edição. Mas o restante deste parágrafo substitui, a partir da quarta edição, o seguinte texto: "porque embora o silogismo sirva para mostrar a força ou a falácia de um argumento que se use em discursos usuais ao fornecer a proposição ausente, colocando-a assim claramente à vista, nem por isso deixa de envolver a mente em perplexidade diante de termos obscuros, equívocos e falaciosos, sempre tão abundantes nesse jeito de raciocinar, pois o silogismo é mais adaptado para alcançar a vitória numa disputa do que para descobrir ou confirmar a verdade em investigações imparciais." [N. D. E.]

que o adversário seja mais habilidoso na disputa, mas mantêm-se persuadidos de que a verdade esteja consigo e, muito embora derrotados, deixem a disputa com a mesma opinião com que nela entraram; o que não poderia acontecer se essa maneira de argumentar trouxesse consigo luz e convicção e fizesse os homens verem onde está a verdade. Portanto, considera-se o silogismo mais próprio para alcançar a vitória em disputas do que para descobrir ou confirmar a 678
verdade em genuínas investigações. E se é certo que a falácia pode ser deitada em silogismos – o que não se pode negar –, deve ser alguma outra coisa, e não o silogismo, que deve revelá-la.

Sei por experiência o quanto alguns homens estão predispostos, quando não se concede toda a utilidade que eles estão acostumados a atribuir a algo, a clamar que isso está sendo posto inteiramente de lado. Para que não me sejam dirigidas tais imputações injustas e desprovidas de fundamento, esclareço que não sou a favor de afastar qualquer coisa que possa auxiliar o entendimento a alcançar o conhecimento. E, se homens versados e habilidosos em silogismos considerem que estes ajudem sua razão na descoberta da verdade, penso que devam recorrer a eles. Tudo que pretendo é que não se deve atribuir a essas formas mais do que lhes pertença, nem tampouco pensar que sem eles os homens não poderiam usar sua faculdade de raciocínio, ou pelo menos não poderiam usá-la tão plenamente. Alguns olhos precisam de lentes para ver as coisas clara e distintamente, mas nem por isso os que as usem podem dizer que sem elas ninguém possa ver claramente; e os que o fizerem serão tidos como partidários da arte (da qual talvez dependam) de um modo um pouco excessivo, a ponto de desprestigiar e desacreditar a natureza. Quando forte e exercitada, a razão, por sua própria penetração, usualmente vê mais rápida e claramente sem silogismo. Se o uso dessas lentes enfraqueceu tanto sua vista que sem elas não consigam ver consequência ou inconsequência em um argumento, não serei tão pouco razoável a ponto de ser contra o uso delas. Cada um sabe o que melhor convém a sua própria vista. Mas nem por isso pode alguém concluir que estão na escuridão todos os que não recorram ao mesmo auxílio que para ele é necessário.

Ajuda pouco na demonstração, menos ainda na probabilidade.

§ 5. Seja como for em relação ao conhecimento, penso poder afirmar de modo verdadeiro que o silogismo é de uma utilidade *muito* menor, ou mesmo *sem utilidade* alguma, *nas probabilidades*. De fato, como aqui o assentimento deve ser determinado pela preponderância de um dos lados, uma vez tenham sido devidamente pesadas todas as provas com todas as circunstâncias de ambos os lados, nada é menos apropriado para assistir a mente do que os silogismos: estes, deixando-se levar por uma única probabilidade assumida ou um único argumento tópico, seguem-no até que ele tenha levado a mente a perder de vista o que considerava; e, impondo-lhe uma dificuldade remota, ali a mantêm presa, talvez emaranhada e, por assim dizer, algemada na cadeia de silogismos,
679 sem lhe dar a liberdade e muito menos o auxílio necessários para mostrar em qual lado esteja, todas as coisas consideradas, a maior probabilidade.

Não serve para aumentar o conhecimento, mas para esgrimir com ele.

§ 6. Mas digamos que talvez o silogismo nos ajude a convencer os homens de seus erros e equívocos (no entanto, gostaria muito de ver um homem que tenha sido demovido de sua opinião pelo impacto de um *silogismo*); mesmo assim, ele *não assiste a nossa razão* naquela parte que, se não é sua mais alta perfeição, é certamente a sua tarefa mais difícil, tarefa para a qual mais precisamos de sua ajuda, ou seja, *encontrar provas e fazer novas descobertas*. As regras do *silogismo* não servem para fornecer à mente as *ideias* intermediárias capazes de mostrar a conexão entre *ideias* distantes umas das outras. Essa maneira de raciocinar não revela nenhuma prova nova, mas é a arte de ordenar e alinhar as que já temos. A 47ª proposição do primeiro livro de *Euclides* é totalmente verdadeira, mas sua descoberta não se deve, penso eu, às regras da lógica comum. Primeiro um homem conhece, depois é capaz de provar silogisticamente. Assim, o *silogismo* vem depois do conhecimento, e, a partir de então, ele é de pouca ou nenhuma utilidade para o homem. O aumento de nosso estoque de conhecimento e o avanço das artes e ciências úteis depende principalmente de que se encontrem as *ideias* que mostrem a conexão entre *ideias* distantes. O *silogismo* é, na melhor das hipóteses, a arte de esgrimir com o pouco conhecimento que temos sem nada acrescentar a ele. Se um homem empregar toda sua razão nessa direção, não fará coisa muito diferente do que faria aquele que, tendo extraído algum ferro das entranhas da terra, transforma-o inteiramente em espadas que põe nas mãos de seus servidores para que duelem uns com os outros. Tivesse o rei da *Espanha* ocupado as mãos de seu povo e seu ferro *espanhol* dessa maneira, teria trazido à luz muito pouco do tesouro que por tanto tempo ficou escondido nas profundezas da *América*. Sou levado a pensar que um homem que empregar toda a força de sua razão unicamente em brandir *silogismos* não descobrirá muito da massa de conhecimento que se encontra ainda escondida nos recessos secretos da natureza; e também me inclino a pensar que é mais provável que a rústica razão natural venha (como já fez antes) a abrir caminho para esse conhecimento e a acrescentar mais ao estoque comum do gênero humano do que qualquer procedimento escolástico que siga as estritas regras de *modo* e *figura*.

Deve-se procurar outros auxílios.

§ 7. Não duvido, por outro lado, de que se possa encontrar maneiras de assistir a nossa razão nessa que é sua parte mais útil. Digo isso encorajado pelo judi-
680 cioso *Hooker*, que em seu *Eccl. Pol.*, livro I, § 6, afirma o seguinte: "Caso se utilizassem os corretos auxílios da verdadeira arte e instrução (auxílios que, reconheço francamente, nossa época, que se arroga o nome de época da instrução, não conhece muito bem nem geralmente considera), não resta dúvida de que haveria uma tão grande diferença na maturidade de juízo entre os homens familiarizados com esses auxílios e os homens de hoje quanto entre o juízo dos homens tais como são hoje e o de um simplório." Não é minha pretensão ter encontrado ou descoberto quaisquer desses *corretos auxílios da arte* mencionados por esse grande homem de pensamento profundo; mas resta claro que o *silogismo* e a lógica agora em uso, que eram igualmente conhecidos em sua época, não podem estar entre aqueles a que ele se refere. Basta para mim que, por um discurso talvez inusual e para mim inteiramente novo e original, eu tenha dado oportunidade para que outros se lancem a novas descobertas e procurem em seu próprio pensamento esses *corretos auxílios de arte* que, receio, dificilmente serão encontrados por aqueles que servilmente se restringem às regras e aos ditames alheios. Pois a caminhos batidos é levado esse tipo de gado (como os chama um *romano* perspicaz) cujos pensamentos só alcançam a imitação, *non quo eundum est, sed quo itur* [não para onde se deve ir, mas para onde se vai][40]. Mas posso atrever-me a afirmar que nossa época é adornada por alguns homens dotados de juízo tão poderoso e tão ampla compreensão que, se empregassem seus pensamentos nesse assunto, poderiam abrir caminhos novos e ainda por descobrir rumo ao avanço do conhecimento.

40. Horácio, *Epístolas*, I, 19. [N. D. E.]

Raciocinamos sobre coisas particulares.

§ 8. Tendo falado de *silogismos* em geral e de seu uso no raciocínio e no aprimoramento do conhecimento, antes de deixar esse assunto é preciso notar que há nas regras do *silogismo* um equívoco manifesto, o de que nenhum raciocínio silogístico pode ser correto e conclusivo a não ser que tenha pelo menos uma proposição geral, como se nós não pudéssemos *raciocinar sobre coisas particulares* e conhecê-las. Quando, na verdade, a consideração correta da questão mostra que o objeto imediato de todo nosso raciocínio e conhecimento não consiste em nada além de particulares. O raciocínio e o conhecimento de todo homem versam tão somente sobre as *ideias* que existem na mente e que, na realidade, são, cada uma delas, existências particulares; e nosso raciocínio sobre outras coisas só se dá na medida em que correspondem a nossas *ideias* particulares. Assim, a percepção 681
da concordância ou discordância entre nossas *ideias* particulares constitui a totalidade e o máximo que o conhecimento pode alcançar. A universalidade é nele tão somente acidental, e consiste meramente no fato de que as *ideias* particulares sobre as quais ele versa são tais que mais de uma coisa particular pode corresponder a elas e ser por elas representada. Mas a percepção da concordância ou discordância entre duas *ideias* quaisquer e, consequentemente, nosso conhecimento são igualmente claros e certos independentemente de uma *ideia*, ou ambas, serem capazes ou não de representar mais de um ser real[41]. Que me permitam dizer mais uma coisa sobre o silogismo antes de deixar o assunto: não haveria bons motivos para se indagar se a forma que o silogismo presentemente tem é mesmo aquela que, segundo a razão, deveria ter? De fato, como o *Medius Terminus* serve para juntar os

41. O final desta seção foi acrescentado a partir da quarta edição. [N. D. E.]

extremos, *i. e.*, para que, por sua intervenção, as *ideias* intermediárias mostrem a concordância ou discordância entre as duas *ideias* em questão, a posição do *Medius Terminus* não seria mais natural e não mostraria melhor e mais claramente a concordância ou a discordância entre os extremos se ele fosse colocado entre eles? Isso poderia ser facilmente feito pela transposição das proposições, fazendo do *Medius Terminus* o predicado da primeira e o sujeito da segunda. Assim:

Omnis Homo est Animal,
Omne Animal est vivens,
Ergo omnis Homo est vivens.

Omne corpus est extensum et solidum,
Nullum extensum et solidum est pura extensio,
Ergo corpus non est pura extensio.

Não será preciso incomodar meu leitor com exemplos de *silogismos* cujas conclusões são particulares. A mesma razão vale para a mesma forma neles, tanto quanto nos de conclusão geral.

Primeiro, a razão nos falta por carência de ideias.

§ 9. A *razão* penetra, é verdade, as profundezas dos mares e da terra, eleva nossos pensamentos até as estrelas e nos guia pelos vastos espaços e amplos compartimentos desta imponente maquinaria, mas está bem longe da extensão real dos próprios seres corpóreos, e em muitos casos ela *nos falta*. Por exemplo,

682 *Primeiro*, ela nos falta inteiramente *sempre que nos faltam* ideias. Ela nunca se estende nem se pode estender para além da extensão de nossas *ideias*. Portanto, sempre que não temos *ideias*, nosso raciocínio para e chegamos ao final de nossa conta; e, sempre que raciocinamos sobre palavras que não designem nenhuma *ideia*, só raciocinamos sobre esses sons, e nada mais.

Segundo, por causa de ideias *obscuras e imperfeitas.*

§ 10. *Segundo*, nossa razão muitas vezes é confundida e se vê perdida *por causa da obscuridade, confusão ou imperfeição das* ideias *das quais se ocupa*, envolvendo-nos em dificuldades e contradições. Assim, como não temos nenhuma *ideia* perfeita da menor extensão de matéria nem do infinito, vemo-nos perdidos quando se trata da divisibilidade da matéria. Mas, como temos *ideias* perfeitas, claras e distintas de número, nossa razão não encontra nenhuma dessas dificuldades inextricáveis quando trata de números nem se vê envolvida em nenhuma contradição sobre eles. Assim, como só temos *ideias* imperfeitas das operações de nossa mente e do início do movimento ou do pensamento e de como a mente produz cada um deles em nós, e como só temos *ideias* mais imperfeitas ainda da operação de DEUS, envolvemo-nos, quando se trata de agentes livres criados, em grandes dificuldades das quais a razão não consegue realmente se desvencilhar.

Terceiro, por falta de ideias *intermediárias.*

§ 11. *Terceiro*, nossa razão muitas vezes para *porque não percebe as* ideias *que lhe poderiam servir para mostrar concordância ou discordância certa ou provável entre duas outras* ideias *quaisquer*. Aqui, a faculdade de alguns homens excede em muito a de outros. Antes da descoberta da *álgebra*, esse importante instrumento e exemplo da sagacidade humana, os homens viam com estupefação muitas das demonstrações dos matemáticos antigos e mal podiam evitar a suspeita de que muitas dessas provas teriam sido descobertas por uma capacidade sobre-humana.

Quarto, por causa de princípios errados.

§ 12. *Quarto*, a mente, *ao proceder a partir de princípios falsos,* envolve-se em absurdos e em dificuldades e chega a impasses e contradições dos quais não sabe como se livrar. E, nesse caso, é vão implorar ajuda à razão, a não ser que seja para descobrir a falsidade e rejeitar a influência desses princípios errados.

A razão não somente não é útil para afastar as dificul-
683 dades às quais um homem é levado por construir a partir de falsos fundamentos como serve para enredá-lo ainda mais e mergulhá-lo mais profundamente em dificuldades se ele quiser segui-la.

Quinto, por causa dos termos dúbios.

§ 13. *Quinto*, assim como as *ideias* obscuras e imperfeitas muitas vezes embaraçam nossa razão, pelos mesmos motivos *muitas vezes as palavras dúbias* e os signos incertos, quando não se atente cuidadosamente a eles, *confundem a razão dos homens* em discursos e argumentos, deixando-os perplexos. Mas nestes dois últimos casos a falta é nossa, não da razão. E, no entanto, suas consequências são óbvias, e as perplexidades e os erros com os quais tais faltas lotam a mente dos homens podem ser observados por toda parte.

Nosso grau mais alto de conhecimento é intuitivo, sem raciocínio.

§ 14. Algumas das *ideias* que estão na mente ali estão de tal maneira que elas podem ser, por si mesmas, imediatamente comparadas umas com as outras, e então a mente é capaz de perceber tão claramente que elas concordam ou discordam quanto o fato de que as possui. Dessa maneira, a mente percebe que um arco de um círculo é menor do que o círculo inteiro com tanta clareza quanto percebe a *ideia* de um círculo. A isso chamo, portanto, como já disse, *conhecimento intuitivo*; o qual é certo, para além de toda dúvida, e nem precisa, nem pode ser provado, pois constitui a mais elevada certeza humana. Nisso consiste a evidência de todas essas *máximas* das quais ninguém duvida, mas que, pelo contrário, qualquer homem (não somente lhes dá assentimento, como se costuma dizer, mas) sabe que são verdadeiras tão logo sejam propostas a seu entendimento. Na descoberta dessas verdades e no assentimento dado a elas não há nenhum uso da faculdade discursiva, *não há nenhuma necessidade de raciocínio*, pois elas são conhecidas por um grau superior, mais elevado, de evidência: aquele que, se eu puder me arriscar a falar de coisas desconhecidas, todos os anjos possuem presentemente, e aquele que os espíritos aperfeiçoados dos homens justos possuirão num estado futuro, acerca de milhares de coisas que agora ou escapam inteiramente a nossa apreensão, ou então a miopia de nossa razão, tendo-as vislumbrado palidamente, procuramos tateando na escuridão.

A seguir vem a demonstração por raciocínio.

§ 15. Mas, ainda que tenhamos, aqui e ali, um pouco dessa clara luz, algumas centelhas de conhecimento límpido, a maior parte de nossas *ideias* é tal que não conseguimos discernir sua concordância ou discordância ao compará-las imediatamente. Em todas essas *ideias*, temos *necessidade do raciocínio* e devemos, pelo discurso e pela inferência, proceder a nossas descobertas. Há dois tipos dessas *ideias* que 684
tomarei a liberdade de mencionar aqui novamente.

Primeiro, aquelas cuja concordância, ou discordância, embora não possa ser vista por uma imediata justaposição dessas *ideias*, pode ser examinada pela intervenção de outras que podem ser comparadas com elas. Nesse caso, quando a concordância ou discordância da *ideia* intermediária em ambos os lados com aquelas que queremos comparar é plenamente discernida, isso equivale à demonstração, pela qual se produz conhecimento, o qual, embora certo, não é tão fácil nem tão inteiramente claro quanto o *conhecimento intuitivo*. Com efeito, neste último só há uma única intuição simples, na qual não há lugar para o menor equívoco ou dúvida: a verdade inteira é vista perfeitamente de uma vez. Na demonstração, é verdade, também há intuição, mas não inteiramente de uma vez, pois é preciso haver uma lembrança da intuição da concordância entre o *medium* ou *ideia* intermediária e aquela com a qual o comparamos antes, quando passamos a compará-lo com a outra; e, quanto maior o número de termos médios, maior o risco de equívoco. Pois cada concordância ou discordância entre as *ideias* deve ser observada e vista em cada passo da série inteira e ser retida na memória, exatamente tal como é, e a mente deve ter certeza de que nenhuma parte necessária para fazer a demonstração foi omitida ou desprezada. Isso é o que torna algumas demonstrações tão longas e complicadas e excessivamente difíceis para aqueles que não tenham vigor intelectual para perceber distintamente e manter exatamente em ordem tantas particularidades em suas cabeças. E mesmo aqueles que conseguem assenhorar-se de especulações tão intrincadas veem-se por vezes obrigados a repassá-las novamente, e é preciso mais do que uma única revisão antes que possam chegar à certeza. Mas, quando a mente retém com clareza a intuição que teve da concordância entre uma *ideia* qualquer e outra, entre esta e uma terceira, esta e uma quarta etc., então, nesse caso, a concordância entre a primeira e a quarta é uma demonstração e produz conhecimento certo, o qual pode ser chamado de *conhecimento racional*, assim como o outro se chama *intuitivo*.

Para suprir a estreiteza disso, temos apenas o juízo com base em raciocínios prováveis.

685 § 16. *Segundo*, há outras *ideias* cuja concordância ou discordância só pode ser julgada pela intervenção de outras que não tenham uma concordância certa com os extremos, mas uma concordância usual ou verossímil. É aqui que se exerce propriamente o *juízo*, que é a aquiescência da mente ao fato de que duas *ideias* concordem pela comparação delas com tais termos médios prováveis. Por mais que isso nunca equivalha a conhecimento, nem mesmo em seu mais baixo grau, por vezes as *ideias* intermediárias ligam entre si os extremos com tanta firmeza, e a probabilidade é tão clara e forte, que o assentimento se segue à probabi-

lidade tão necessariamente quanto o conhecimento à demonstração. A principal virtude e utilidade do juízo consiste em observar corretamente cada probabilidade, obtendo uma verdadeira estimativa de sua força e peso, para, então, reunindo-as, escolher o lado de maior peso.

Intuição, demonstração, juízo.

§ 17. *Conhecimento intuitivo* é a percepção da concordância ou discordância certa entre duas *ideias* imediatamente comparadas uma com a outra.

Conhecimento racional é a percepção da concordância ou discordância certa entre duas *ideias* quaisquer pela intervenção de uma ou mais outras *ideias*.

Juízo é pensar que duas *ideias* concordam ou discordam, ou tomá-las como tal, pela intervenção de uma ou mais *ideias*, quando não se percebe essa concordância ou discordância certa, mas se observou que ela é frequente ou usual.

Consequências de palavras e consequências de ideias.

§ 18. Embora a dedução de uma proposição a partir de outra, ou a *inferência por palavras*, seja uma parte importante da razão, e aquilo em que usualmente ela é empregada, o principal ato de raciocínio é encontrar a concordância ou discordância entre duas *ideias* pela intervenção de uma terceira. Assim, um homem constata, por meio de uma régua, que têm o mesmo comprimento duas casas que não poderiam ser postas juntas para que se medisse sua igualdade por *justaposição*. As palavras têm suas consequências na qualidade de signos dessas *ideias*, e as coisas concordam ou discordam conforme o que elas realmente são, mas só observamos que é assim por nossas *ideias*.

Quatro tipos de argumento. Primeiro, Ad Verecundiam.

§ 19. Antes de deixarmos este assunto, pode ser interessante refletir um pouco sobre os *quatro tipos de argumento* que os homens ordinariamente usam
quando raciocinam com os outros, tentando obter o 686
assentimento deles, ou pelo menos para impressioná-los a ponto de silenciar sua oposição.

Primeiro, o primeiro é recorrer às opiniões de homens cujas habilidades, erudição, eminência, poder ou alguma outra causa lhes angariou um nome e estabeleceu sua reputação na estima comum com algum tipo de autoridade. Quando a homens se confere algum tipo de dignidade, atribui-se falta de modéstia àqueles que em alguma medida derrogarem dessa dignidade e questionarem a autoridade daqueles que a possuam. Tende-se a censurar, como demonstrando excesso de orgulho, aquele que não ceda prontamente à determinação de autores aprovados, determinação que costuma ser recebida por outros com respeito e submissão, e considera-se insolência que um homem apresente e adira a sua própria opinião na contracorrente da antiguidade ou a ponha na balança contra a de um erudito doutor ou de um escritor aprovado por algum outro motivo. Quem protege seus dogmas com tais autoridades pensa assim poder ganhar a causa, e está pronto a acusar de impudência quem quer que se erga contra eles. A isso se pode chamar, creio eu, *argumentum ad verecundiam*.

§ 20. *Segundo*, um outro meio que os homens normalmente usam para controlar os demais e forçá-los a submeter seus próprios juízos e aceitar a opinião debatida é exigir que o adversário ou admita o que alegam como prova, ou apresente uma prova melhor. A isso chamo *argumentum ad ignorantiam*. *Segundo,* Ad Ignorantiam.

§ 21. Um *terceiro* meio é pressionar um homem com as consequências extraídas de seu próprio princípio ou daquilo que ele concedeu. Isso já se conhece pelo nome de *argumentum ad hominem*. *Terceiro,* Ad Hominem.

§ 22. O *quarto* é o uso de provas extraídas de um fundamento de conhecimento ou de probabilidade qualquer. A isso chamo *argumentum ad judicium*. Esse é o único dos quatro que traz consigo verdadeira instrução e promove nosso avanço rumo ao conhe- *Quarto,* Ad Judicium.

cimento. Pois: 1. Ele não argumenta que a opinião de um homem seja correta porque eu não irei contradizê-lo por respeito ou por alguma outra consideração, mas apenas por convicção; 2. Ele não prova que um homem tomou o caminho certo, nem que devo acompanhá-lo, só porque não conheço outro melhor; 3. 687
Tampouco se segue que um homem tomou o caminho certo só porque ele me mostrou que tomei o errado. Posso ser modesto e, portanto, não me opor à opinião de outro homem; posso ser ignorante e incapaz de apresentar uma melhor do que a dele; posso estar errado, e outra pessoa me mostrar que o estou: tudo isso pode, talvez, predispor-me a receber a verdade, mas não me ajuda a chegar a ela. Isso só é possível com provas e argumentos, com a luz que surge da natureza das próprias coisas, não de meu pudor, ignorância ou erro.

Acima da razão, contrárias e conformes a ela.

§ 23. Pelo que se disse da *razão*, podemos tentar distinguir as coisas que estão acima dela, as que lhe são contrárias e as que lhe são conformes. 1. *Conformes à razão* são as proposições cuja verdade podemos descobrir examinando e rastreando as *ideias* que obtemos da *sensação* e da *reflexão*, e que a dedução natural nos mostra serem verdadeiras ou prováveis. 2. *Acima da razão* são as proposições cuja verdade ou probabilidade não podemos, pela razão, derivar daqueles princípios. 3. *Contrárias à razão* são as proposições incompatíveis ou irreconciliáveis com nossas *ideias* claras e distintas. Assim, a existência de um só DEUS é conforme à razão, a existência de mais de um DEUS é contrária à razão, e a ressurreição dos mortos está acima da razão. E, além disso, assim como *acima da razão* pode ser tomado em duplo sentido, *i. e.*, para significar acima da probabilidade ou acima da certeza, do mesmo modo, contrário à razão é por vezes tomado nesse sentido mais amplo.

Razão e fé não se opõem.

§ 24. Há um outro uso da palavra *razão*, no qual esta *se opõe à fé*, e que, mesmo sendo em si mesma uma maneira bastante imprópria de se expressar, foi de tal modo autorizada pelo uso comum que seria tolice opor-se a ela ou procurar corrigi-la. Creio apenas que não seja inútil notar que, seja lá de que forma for que opuserem *fé* e *razão*, a *fé* não passa de um assentimento firme da mente que, se for regrado, como é nosso dever, só pode ser concedido a uma coisa por sólida razão, e não pode, portanto, opor-se a ela. Aquele que acredite sem ter razão nenhuma para acreditar pode estar enamorado de suas próprias fantasias; mas nem busca a verdade como deveria, nem presta a devida obediência a seu Criador, que gostaria
688 que ele usasse as faculdades de discernimento que Ele lhe deu para livrá-lo do equívoco e do erro. Aquele que não faça isso com o máximo de seus poderes, por mais que às vezes se depare com a verdade, só acerta por acaso; e eu não saberia dizer se a felicidade do acidente é suficiente para desculpar a irregularidade com que procede. O certo é que alguém assim pode ser responsabilizado pelos equívocos em que incorra, ao passo que aquele que faz uso da luz e das faculdades que DEUS lhe deu, e sinceramente busque descobrir a verdade com os recursos e as habilidades que tem, pode ter essa satisfação, ao cumprir seu dever de criatura racional, de que, embora ele possa não encontrar a verdade, ele não deixará de encontrar a recompensa que lhe corresponde. Pois governa seu próprio assentimento com correção e o concede ali onde deve concedê-lo aquele que, não importa o caso ou a matéria, crê ou descrê conforme a razão lhe dita. Quem não faz assim transgride sua própria luz e faz mal uso das faculdades que lhe foram dadas com o único fim de buscar e seguir a mais clara evidência e a maior probabilidade. Mas, como alguns homens

opõem fé e razão, assim as consideraremos no capítulo seguinte.

CAPÍTULO XVIII
Da fé e da razão e de suas distintas jurisdições.

É necessário conhecer seus limites.

§ 1. Mostrou-se acima que: 1. sempre que nos faltam *ideias*, somos necessariamente ignorantes e carecemos de conhecimento de qualquer tipo. 2. Sempre que nos faltam provas somos ignorantes e carecemos de conhecimento racional. 3. Na medida em que nos faltem claras e determinadas *ideias* específicas, carecemos de conhecimento e certeza gerais. 4. Nos assuntos em que não temos nem conhecimento próprio, nem o testemunho de outros homens nos quais sustentar nossa razão, carecemos de probabilidade para dirigir nosso assentimento.

Penso que, a partir dessas premissas, podemos indicar as medidas e *os limites entre fé e razão*. A falta de tais limites foi possivelmente a causa, senão de grandes desordens, ao menos de grandes disputas e, talvez, equívocos no mundo. Com efeito, antes que se resolva
até onde devemos ser guiados pela razão, e até onde, 689
pela fé, será vão disputar com outros homens e tentar convencê-los em matéria de religião.

O que são fé e razão concebidas como contrapostas.

§ 2. Vejo todas as seitas recorrerem de bom grado à razão sempre que esta lhes pode ser útil; e, quando esse não é o caso, dizem *Trata-se de matéria de fé, e está acima da razão*. E não vejo como podem argumentar com alguém, ou mesmo convencer um contraditor que recorra à mesma alegação sem estabelecer limites estritos entre *fé* e *razão*; o que é o primeiro ponto a ser estabelecido em todas as questões que de algum modo envolvam a *fé*.

Desse modo, por *razão* entendo aqui, em contraposição a *fé*, a descoberta da certeza ou da probabilidade das proposições ou verdades às quais a mente chegue por deduções feitas a partir de *ideias* que adquiriu pelo uso de suas faculdades naturais, *i. e.*, por sensação ou por reflexão.

Fé, por outro lado, é o assentimento a uma proposição qualquer à qual não se chegue pelas deduções de razão, mas a partir do crédito de quem as propõe como advindas de Deus por alguma via de comunicação extraordinária. Essa maneira de manifestar verdades ao homem nós chamamos de *revelação*.

Nenhuma ideia *simples pode ser transmitida por revelação tradicional.*

§ 3. Eu afirmo, em *primeiro* lugar, que, *seja qual for a revelação, nenhum homem inspirado por* DEUS *pode comunicar a outros uma* ideia *simples nova* que eles já não tenham tido antes por sensação ou por reflexão. De fato, sejam quais forem as impressões que ele mesmo tenha recebido diretamente das mãos de DEUS, se essa revelação for de novas *ideias* simples, ela não pode ser transmitida a outro homem nem por palavras, nem por qualquer outro signo. Pois as palavras não causam em nós, por sua operação imediata, nenhuma outra *ideia* além daquela de seus sons naturais; e é só pelo costume de usá-las como signos que elas passam a excitar e reviver *ideias* latentes em nossa mente; mas só *ideias* que ali já se encontravam. De fato, as palavras vistas ou ouvidas recordam a nossos pensamentos apenas as *ideias* das quais elas foram usualmente os signos, e são incapazes de introduzir *ideias* simples anteriormente desconhecidas e perfeitamente novas. O mesmo vale para todos os outros signos, que não podem significar para nós coisas das quais nunca tivemos absolutamente nenhuma *ideia*.

690 Assim, não importa quais coisas foram reveladas a *são Paulo* quando foi arrebatado ao terceiro céu, não importa quais *ideias* novas sua mente ali recebeu, tudo que pode descrever desse lugar para os outros homens consiste no seguinte: que lá há coisas

que o olho não viu, nem o ouvido ouviu, e não subiram ao coração do homem para que as concebesse[42]. Mesmo supondo que DEUS mostrasse a alguém, de maneira sobrenatural, uma espécie de criatura que habitasse, por exemplo, *Júpiter* ou *Saturno* (é inegável que elas podem existir) e que tivesse seis sentidos, e imprimisse em sua mente as *ideias* que as mentes delas recebem por esse sexto sentido, essa pessoa não conseguiria, por meio de palavras, produzir na mente de outros homens as *ideias* imprimidas por esse sexto sentido, assim como nós não conseguimos transmitir pelo som de uma palavra a *ideia* de uma cor qualquer para um homem que, tendo os outros quatro sentidos perfeitos, sempre tenha carecido inteiramente do quinto, da visão. No que diz respeito, então, a nossas *ideias* simples, que são o fundamento e a única matéria de nosso conhecimento e de todas nossas noções, dependemos inteiramente de nossa razão, quer dizer, de nossas faculdades naturais, e é absolutamente impossível para nós recebê-las por *revelação* 691
tradicional. Digo *revelação tradicional* em oposição à *revelação original*: por esta última entendo a primeira impressão feita imediatamente por DEUS na mente de um homem qualquer, à qual não podemos dar nenhum limite; e, pela outra, entendo as impressões apresentadas a outros homens por meio de palavras e pelas vias em que ordinariamente transmitimos nossas concepções uns para os outros.

A revelação tradicional pode nos dar a conhecer proposições cognoscíveis também pela razão, mas sem a mesma certeza com que o faz a razão.

§ 4. Em *segundo* lugar, afirmo que *a revelação pode manifestar e transmitir as mesmas verdades que podemos descobrir pela razão* e pelas *ideias* que temos naturalmente. É possível que DEUS, por revelação, manifeste a nós a verdade de qualquer uma das proposições de *Euclides*, assim como os homens, pelo uso natural de suas faculdades, podem fazer por si

42. 1 Cor 2, 9. [N. D. E.]

mesmos essas descobertas. Em todas as coisas desse gênero há pouca necessidade ou uso da *revelação*, pois DEUS nos forneceu meios naturais e mais seguros para chegar ao conhecimento delas. De fato, não importa qual verdade venhamos a descobrir claramente a partir da contemplação de nossas próprias *ideias*, para nós ela será sempre mais certa do que aquelas que nos são transmitidas por *revelação tradicional*. Pois o conhecimento que temos de que essa *revelação* veio primeiro de DEUS nunca poderá ser tão seguro quanto o conhecimento que temos a partir da percepção clara e distinta da concordância ou da discordância entre nossas próprias *ideias*. P. ex.: se há muito tempo tivesse ocorrido a revelação de que os três ângulos de um triângulo são iguais a dois ângulos retos, então eu poderia assentir à verdade dessa proposição com base no crédito da tradição segundo a qual ela teria sido revelada; mas isso nunca equivaleria a uma certeza tão grande quanto a do conhecimento dessa proposição com base na comparação e na medição de minhas próprias *ideias* de dois ângulos retos e dos três ângulos de um triângulo. O mesmo vale para um fato passível de ser conhecido por nossos sentidos, p. ex.: a história do dilúvio foi-nos transmitida por escritos originados pela revelação; e, no entanto, nenhuma pessoa dirá, penso eu, que tenha conhecimento do dilúvio tão certo e claro quanto o que teve *Noé*, que o viu, ou quanto o que ela mesma teria se tivesse vivido naquela época e o tivesse visto. Pois acerca disso não temos segurança maior do que a que nossos sentidos nos dão de que assim está escrito num livro supostamente escrito por *Moisés* quando estava inspirado; mas não temos uma segurança tão grande de que *Moisés* escreveu o livro quanto se o tivéssemos visto escrevendo, de modo que a segurança de que se trata de uma revelação é ainda menor do que a segurança que nos dão nossos sentidos.

Não se pode admitir a revelação contra a clara evidência da razão.

§ 5. Portanto, em proposições cuja certeza se erige sobre a clara percepção da concordância ou discordância entre nossas *ideias*, percepção a que se chega ou por intuição imediata, como no caso das proposições autoevidentes, ou por deduções evidentes da razão, como no caso das demonstrações, não precisamos da assistência da *revelação* como requisito para angariar nosso assentimento e admitir tais proposições em nossa mente. Isso porque os meios naturais de conhecimento podem estabelecê-las ali ou já as estabeleceram, e essa é a maior segurança que podemos ter de qualquer coisa, a não ser quando DEUS no-la revela imediatamente; e, mesmo nesse caso, nossa segurança não pode ser maior do que nosso conhecimento de que se trate de uma *revelação* de DEUS. Penso que nada pode, sob o título de *revelação*, abalar ou ter maior autoridade que o simples conhecimento, nem convencer racionalmente um homem a admitir como verdade algo que contradiga diretamente a clara evidência de seu próprio entendimento. De fato, como nenhuma evidência de nossas faculdades, pelas quais recebemos tais *revelações*, pode exceder, supondo que possa igualar, a certeza de nosso co- 692
nhecimento intuitivo, nunca poderemos aceitar como verdade o que quer que seja diretamente contrário a nosso conhecimento claro e distinto. P. ex.: as *ideias* de um único corpo e de um único lugar concordam tão claramente, e a mente tem uma percepção tão evidente de sua concordância que jamais poderemos assentir a uma proposição que afirme que o mesmo corpo está ao mesmo tempo em dois lugares distantes, por mais que se alegue em seu favor a suposta autoridade de uma *revelação* divina. Pois a evidência, *primeiro*, de que não nos enganamos ao atribuir essa *revelação* a DEUS, e, *segundo*, de que a entendemos corretamente, nunca pode ser tão grande quanto a evidência de

nosso próprio conhecimento intuitivo, pelo qual discernimos que seja impossível que um mesmo corpo esteja em dois lugares ao mesmo tempo. Portanto, *nenhuma proposição pode ser aceita como revelação divina* nem obter o assentimento que toda revelação desse tipo merece *se for contraditória com nosso claro conhecimento intuitivo*. Do contrário, se proposições duvidosas tomassem o lugar das autoevidentes, se o que conhecemos certamente cedesse seu lugar àquilo em que possivelmente nos enganamos, subverteríamos os princípios e fundamentos de todo conhecimento, evidência e assentimento e não restaria no mundo nenhuma diferença entre a verdade e a falsidade, nenhum critério para o crível e não crível. Quando se trata, portanto, de proposições contrárias à clara percepção da concordância ou discordância entre nossas *ideias*, é vão argumentar que se trate de matéria de *fé*. Não podem induzir nosso assentimento sob esse título nem sob nenhum outro. Pois a *fé* nunca nos pode convencer de nada que contradiga nosso conhecimento. De fato, embora a *fé* se funde no testemunho de DEUS (que não poderia mentir) nos revelando alguma proposição, nunca podemos ter uma segurança da verdade de que se trata de uma revelação divina que seja maior do que a de nosso próprio conhecimento. Como toda a força da certeza depende de nosso conhecimento de que DEUS revelou essa proposição, nesse caso em que a proposição supostamente revelada contradiz nosso conhecimento ou nossa razão, sempre haverá a seguinte objeção, de que não podemos explicar como poderia vir de DEUS, o bondoso autor de nossa existência, alguma coisa que, se aceitarmos como verdadeira, subverteria todos os princí-
693 pios e fundamentos do conhecimento que Ele nos deu, tornaria inúteis todas nossas faculdades, destruiria inteiramente a parte mais excelente de sua obra, nosso

entendimento, e colocaria o homem numa condição em que ele teria menos luz e menos direção do que um animal perecível. Se a mente do homem nunca pode ter evidência mais clara (e talvez não tão clara) de que algo seja uma *revelação* divina como a que tem dos princípios de sua própria razão, ela nunca terá um fundamento para abandonar a clara evidência de sua razão e dar lugar a uma proposição cuja *revelação* não tenha evidência maior do que a desses princípios.

Menos ainda a revelação tradicional.

§ 6. Até aqui um homem pode usar a razão e a ela deve dar ouvidos, mesmo quando se trate de *revelação* imediata e original, supostamente feita a ele próprio. E, para aqueles que não têm pretensão à *revelação* imediata, mas aos quais se pede que obedeçam e aceitem as verdades reveladas a outros, que foram transmitidas a eles pela tradição escrita ou oral, a razão é ainda mais importante e é a única coisa capaz de levá-los a aceitá-las. Uma vez que só a revelação divina é matéria de fé, e nada mais, a *fé*, tal como usamos essa palavra (*fé divina*, como é usualmente chamada) só diz respeito a proposições que se supõe serem divinamente reveladas. Assim, não vejo como aqueles que fazem da revelação o único objeto de *fé* podem dizer que é matéria de *fé*, não de *razão*, acreditar que esta ou aquela proposição que se encontre neste ou naquele livro é de inspiração divina; a não ser que tenha sido revelado que uma ou todas as proposições de um livro foram comunicadas por inspiração divina. Sem essa *revelação*, a crença ou a descrença de que uma proposição ou um livro tem autoridade divina jamais poderá ser matéria de *fé*, mas será sempre matéria de razão; de tal maneira que devo ser levado a lhe dar assentimento apenas pelo uso de minha razão, a qual nunca pode requerer de mim nem me permitir que eu acredite no que é contrário a ela própria;

pois é completamente impossível que a razão produza algum assentimento àquilo que para ela própria não pareça razoável.

Portanto, a *razão* é o juiz apropriado de todas as coisas de que temos clara evidência a partir de nossas *ideias* e dos princípios de conhecimento que mencionei acima; e a *revelação*, mesmo que, ao concordar com ela, confirme seus ditames, nunca poderá, em ca-
694 sos como esse, invalidar seus decretos: e, *sempre que tivermos uma sentença clara e evidente da razão, não poderemos ser obrigados a abandoná-la em prol da opinião contrária sob o pretexto de que se trate de uma questão de fé,* que não pode ter nenhuma autoridade contra os claros e manifestos ditames da *razão.*

Coisas acima da razão.

§ 7. Em *terceiro* lugar, como muitas são as coisas de que só temos noções muito imperfeitas, ou então de que não temos nenhuma noção, e outras de cuja existência, passada, presente ou futura não podemos ter absolutamente nenhum conhecimento pelo uso natural de nossas faculdades, então essas coisas, estando para além da descoberta de nossas faculdades naturais e acima da *razão*, são, quando reveladas, *matéria própria da fé*. Assim, que uma parte dos anjos rebelou-se contra DEUS e perdeu por isso o estado de graça em que se encontrava, que os mortos se levantarão e viverão novamente, e outras coisas que tais, é o que está para além da descoberta da *razão*, e é, portanto, puramente matéria de *fé*; e a *razão* não tem diretamente nada a ver com essas questões.

E coisas reveladas que não são contrárias à razão são matéria de fé.

§ 8. Mas, como DEUS, ao nos dar a luz da *razão*, não deixou de nos estender as mãos sempre que entendesse ser o caso, a luz da *revelação*, em qualquer uma dessas matérias nas quais nossas faculdades são capazes de dar uma determinação provável, essa *revelação*, quando quer que apraza a Deus dá-la, *deve conseguir essa determinação contra as conjecturas*

prováveis da razão. De fato, como a mente não tem certeza da verdade daquilo que não conheça com evidência, mas apenas cede a uma aparente probabilidade, ela é compelida a dar seu assentimento a um testemunho que ela esteja convencida vir de alguém que não possa errar e não há de enganar. Mesmo assim, cabe à *razão* julgar a verdade de se tratar de uma revelação e da significação das palavras em que ela é pronunciada. Na verdade, caso se venha a considerar *revelação* algo que seja contrário aos manifestos princípios da razão e ao conhecimento evidente que a mente tem de suas próprias *ideias* claras e distintas, aqui será preciso dar ouvidos à *razão*, pois se trata de matéria de sua jurisdição. De fato, como um homem nunca pode ter conhecimento de que uma proposição que contradiga os claros princípios e a evidência de seu próprio conhecimento foi revelada divinamente, ou de que entende corretamente as palavras em que ela se apresente, com a mesma certeza do conhecimento que tem de que o contrário é verdadeiro, ele 695
deve considerá-la e julgá-la como matéria de razão, e não engoli-la, sem exame, como matéria de *fé*.

Deve-se dar ouvidos à revelação em matérias nas quais a razão não pode julgar, ou só pode julgar de forma provável.

§ 9. *Primeiro*, qualquer proposição revelada cuja verdade nossa mente não possa julgar por suas faculdades e noções naturais é puramente *matéria de fé*, e acima da razão.

Segundo, todas as proposições que a mente consiga determinar e julgar pelo uso de suas faculdades naturais a partir de *ideias* naturalmente adquiridas são *matéria de razão*, com esta diferença, no entanto: naquelas em relação às quais a mente só tem uma evidência incerta e, portanto, só está persuadida de sua verdade com base em probabilidades, o que ainda permite a possibilidade de que o contrário seja verdadeiro sem que isso violente a evidência certa de seu próprio conhecimento nem subverta todos os princípios da razão, então uma *revelação* evidente deve determinar nosso assentimento, mesmo que seja contra a probabilidade. De fato, quando os princípios da razão não tornam evidente que uma proposição é com certeza verdadeira ou falsa, então a clara *revelação* deve decidir, na qualidade de um outro princípio de verdade e motivo para assentimento; e, assim, pode-se tratar de matéria de *fé* e estar também acima da *razão*. Porque, uma vez que nessa matéria particular a *razão* não consegue ir além da probabilidade, a *fé* decide ali onde a razão não alcança, e a *revelação* faz ver de que lado está a verdade.

A razão deve ser ouvida em matérias nas quais pode fornecer conhecimento certo.

§ 10. Até esse ponto se estende o domínio da *fé*, e isso sem violentar nem tolher a *razão*; a qual não é prejudicada nem perturbada, mas assistida e aprimorada por novas descobertas da verdade vindas da fonte eterna de todo conhecimento. Tudo aquilo que DEUS revelou é certamente verdadeiro, dúvida nenhuma pode ser levantada a seu respeito. Esse é o objeto próprio da *fé*. Mas, se se trata mesmo ou não de revelação divina, é o que cabe à *razão* julgar, a qual nunca irá permitir que a mente rejeite uma evidência maior para abraçar o que for menos evidente, nem tolerará que ela sustente a probabilidade em oposição ao conhecimento e à certeza. Não pode haver nenhuma evidência de que uma revelação tradicional é de origem divina, nas palavras em que a recebemos e no sentido em que a entendemos, que seja tão clara
696 e tão certa quanto a dos princípios da razão. Portanto, *nada que seja contrário aos ditames claros e autoevidentes da razão, ou que seja inconsistente com eles, tem direito de ser invocado ou de receber assentimento como matéria de fé, com a qual a razão nada tem a ver*. Tudo que é *revelação* divina deve-se sobrepor a todas nossas opiniões, preconceitos e interesses, e tem direito a ser recebido com pleno assentimento.

Uma tal submissão de nossa *razão* à *fé* não destrói os marcos do conhecimento nem abala os fundamentos da razão, mas nos permite aquele uso de nossas faculdades para o qual elas nos foram dadas.

Se não fossem estabelecidos os limites entre a fé e a razão, seria impossível opor-se a qualquer entusiasmo ou extravagância religiosa.

§ 11. *Se as jurisdições da fé e da razão não forem separadas* por esses limites, não haverá, em matéria de religião, absolutamente nenhum lugar para a razão; e essas extravagantes opiniões e cerimônias que podem ser encontradas nas diversas religiões do mundo não merecerão nossa censura. De fato, a essa invocação da *fé* em oposição à *razão* creio que podemos atribuir, em grande medida, os absurdos que cobrem quase todas as religiões que dominam e dividem os homens. Os homens, uma vez que lhes foi inculcada a opinião de que não devem consultar a *razão* naquilo que diz respeito à religião, por mais que esta pareça contradizer o senso comum e os princípios de todo seu conhecimento, soltaram as amarras de suas fantasias e da superstição natural, e foram levados por estas a assumir em religião opiniões tão estranhas e práticas tão extravagantes que um homem ponderado não pode senão se estarrecer diante de suas tolices e julgá-las tão mais distantes de serem aceitáveis para o grande e sábio DEUS, quanto não pode sequer evitar de pensar que são ridículas e ofensivas para um homem bom e sensato. É assim que, com efeito, a religião, que mais deveria distinguir-nos dos animais e nos elevar de modo mais particular, como criaturas racionais, acima do animalesco, vem a ser aquilo em que os homens frequentemente se mostram mais irracionais e mais insensatos do que os próprios animais. *Credo, quia impossibile est*: *acredito porque é impossível*[43] é coisa que em um bom homem pode passar por um acesso de fervor, mas se mostra uma regra muito ruim para que os homens escolham suas opiniões ou sua religião.

---

43. Tertuliano, *De Carne Christi*, v. [N. D. E.]

697
CAPÍTULO XIX
Do entusiasmo[44]

É necessário ter amor à verdade.

§ 1. Quem se quiser dedicar seriamente à busca da verdade deve, em primeiro lugar, preparar sua mente pelo amor à verdade. Pois quem não a ama não se esforçará muito para obtê-la nem se preocupará muito quando não a alcançar. Não há, na república das letras, quem não se professe um amante da verdade, nem há criatura racional que não levaria a mal caso não fosse considerado como tal. Em que pese tudo isso, a verdade é que poucos são os que amam a verdade por si mesma, mesmo entre os que estejam convencidos de amá-la assim. Vale a pena investigar como um homem pode saber se ele sinceramente a ama. E penso que há uma marca inequívoca disso, *i. e.*, não sustentar nenhuma proposição com uma segurança maior do que aquela garantida pelas provas nas quais ela se baseie. Quem vai além desse critério de assentimento, isto é claro, não acolhe a verdade por amá-la, nem ama a verdade por si mesma, mas por alguma finalidade diferente. De fato, como a evidência de que uma proposição é verdadeira reside unicamente nas provas que um homem tem dela (com exceção das que são autoevidentes), qualquer que seja o grau de assentimento que ele lhe der para além dos graus dessa evidência, é evidente que todo esse excedente de segurança se deve a uma outra afeição que não o amor à verdade. Pois é tão impossível que o amor à verdade leve meu assentimento para além da evidência, de que disponho, de que algo é verdadeiro, quanto que o amor à verdade me faça assentir a uma proposição qualquer em razão de uma evidência que essa proposição não carregue, a de que ela seria verdadeira; o que na verdade é amá-la como

44. Capítulo inserido a partir da quarta edição. [N. D. E.]

uma verdade pelo fato de ser possível ou provável que ela não seja verdadeira. Em qualquer verdade que não se aposse de nossa mente pela luz irresistível da autoevidência ou, então, pela força da demonstração, os argumentos que lhe angariam assentimento são para nós o penhor e a caução de sua probabilidade; e não podemos aceitá-la senão como eles a apresentam a nosso entendimento. Todo crédito ou autoridade que concedermos a alguma proposição para além do que ela receba dos princípios e provas em que se apoie deve-se a nossas inclinações nessa direção, e é, 698
nessa medida, derrogação do amor à verdade enquanto tal; amor que, como não recebe evidência nenhuma de nossas paixões ou interesses, não deve receber deles laivo nenhum.

De onde a propensão para ditar aos outros.

§ 2. Assumir a autoridade de ditar aos outros suas próprias opiniões e atrever-se a prescrevê-las é uma constante que acompanha essa inclinação e corrupção de nossos juízos. Como poderia ser diferente, como não estaria pronto a abusar da crença dos outros aquele que já abusou de sua própria? Não é razoável esperar argumentos e convencimento no trato com os outros de alguém cujo entendimento não esteja acostumado a isso ao lidar consigo mesmo, que violente suas próprias faculdades, tiranize sua própria mente e usurpe a prerrogativa que só pertence à verdade e que consiste em comandar o assentimento unicamente por sua própria autoridade, *i. e.*, pela evidência que traz consigo e em proporção a ela.

Força do entusiasmo.

§ 3. Aproveito a ocasião para considerar uma terceira base para o assentimento que tem sobre alguns homens a mesma autoridade e recebe a mesma confiança que a *fé* ou a *razão*, ou seja, o *entusiasmo*. Este, deixando de lado a razão, gostaria de estabelecer sem ela a revelação. Com o que, na verdade, afasta tanto a razão quanto a revelação, e põe em seu lugar as fantasias infundadas do cérebro de um só homem e as toma como um fundamento tanto da opinião quanto da conduta.

Razão e revelação.

§ 4. *A razão* é *a revelação* natural, pela qual o eterno Pai da luz e fonte de todo conhecimento comunica aos homens a porção de verdade que pôs ao alcance de suas faculdades naturais. *A revelação* é *a razão* natural ampliada por um novo grupo de descobertas comunicadas diretamente por DEUS, cuja verdade é atestada pela *razão* mediante o testemunho e as provas que esta fornece de que elas vêm de DEUS. Assim, quem afasta a *razão* para dar caminho à *revelação* apaga a luz de ambas e age como alguém que gostaria de persuadir um homem a arrancar os olhos para melhor receber, por um telescópio, a luz de uma estrela invisível.

Surgimento do entusiasmo.

§ 5. Como a *revelação* imediata é um caminho muito mais fácil para que os homens estabeleçam
699 suas opiniões e regulem sua conduta do que o tedioso e nem sempre bem-sucedido labor do estrito raciocínio, não é de admirar que alguns sejam muito propensos a pleitear a revelação e a persuadir a si mesmos de que recebam uma orientação particular dos céus em suas ações e opiniões, especialmente naquelas que não consigam explicar pelos métodos ordinários do conhecimento e pelos princípios da razão. Por isso vemos, em todas as épocas, que homens nos quais a melancolia se misturou à devoção, ou cuja presunção os guindou à opinião de que teriam uma maior familiaridade com DEUS e que dele receberiam favores exclusivos, frequentemente se comprazam na persuasão de uma relação imediata com a deidade e frequentes comunicações do espírito divino. Não se pode negar, confesso, que DEUS possa iluminar o entendimento lançando na mente um raio que vem diretamente da fonte de luz. Tais homens entendem que Ele prome-

teu fazê-lo, e quem estaria melhor qualificado para esperar isso do que aqueles que são seu próprio povo, escolhidos por ele e dele dependendo?

Entusiasmo.

§ 6. Estando sua mente assim predisposta, toda opinião infundada que se venha assentar profundamente em sua fantasia é uma iluminação do espírito de DEUS e, por isso mesmo, teria autoridade divina. E qualquer ação estranha para a qual se sintam fortemente inclinados, conclui-se, seria um chamado ou um comando dos céus, e deveria ser obedecido: é uma missão vinda de cima, e não podem errar ao executá-la.

§ 7. É isso que creio ser propriamente o entusiasmo, e, embora não se funde na razão nem na revelação divina, mas surja das presunções de um cérebro excitado e arrogante, no entanto, uma vez tenha ali se instalado, opera com mais força sobre as opiniões e as ações dos homens do que a razão ou a revelação, ou do que ambas juntas. Os homens obedecem mais prontamente aos impulsos que recebem de si mesmos, e certamente o homem age com mais vigor quando é levado como um todo por um movimento natural. Pois uma forte presunção, como um novo princípio, não tem dificuldade para levar tudo consigo quando ela é elevada acima do senso comum, e, uma vez libertada de toda restrição da razão e controle da reflexão, é alçada a autoridade divina, com a ajuda de nosso temperamento e inclinação.

O entusiasmo é confundido com ver e sentir.

§ 8. Embora as opiniões estranhas e as ações extravagantes a que o *entusiasmo* leva os homens sejam suficientes para preveni-los contra esse princípio er- 700
rado e tão propício a extraviá-los não só em sua crença como também em sua conduta, o amor por algo que é extraordinário, a conveniência e a glória que há em ser inspirado e estar acima dos caminhos comuns e naturais do conhecimento adulam tanto a preguiça, a ignorância e a vaidade dos homens que, uma vez

tenham tomado esse caminho de revelação imediata, de iluminação sem pesquisa e de certeza sem prova e exame, é muito difícil fazê-los voltar atrás. A razão os perdeu, estão acima dela: não podem estar errados, pois veem a infusão de luz em seu entendimento; ela é clara e visível ali; e, como a luz do sol a brilhar, ela se mostra a si mesma e não precisa de nenhuma outra prova além de sua própria evidência. Sentem a mão de DEUS movendo-os de dentro, sentem os impulsos do espírito e não se podem enganar naquilo que sentem. Assim se asseguram a si mesmos, e estão certos de que a razão de modo algum diz respeito ao que veem e sentem em si mesmos, pois aquilo de que têm uma experiência sensível não admite dúvida nem precisa de prova. Não seria ridículo alguém que exigisse que lhe fosse provado que a luz brilha e que a veja? Ela é sua própria prova, e não pode haver outra. Quando o Espírito ilumina nossa mente, Ele expulsa a escuridão. Vemos a luz como vemos o sol do meio-dia, não precisamos do lusco-fusco da razão para no-la mostrar. A luz dos céus é forte, clara e pura, traz consigo sua própria demonstração, e seria tão racional pegar um vaga-lume para nos ajudar a descobrir o sol quanto examinar o raio celestial com nossa débil candeia, a razão.

§ 9. Dessa maneira falam esses homens: têm certeza porque têm certeza, e suas convicções são corretas apenas porque se apegam a elas. Com efeito, quando o que eles dizem é despido da metáfora do ver e do sentir, isso é tudo que resta; e, no entanto, essas comparações se impõem a eles de tal maneira que lhes servem como certeza para si mesmos e como demonstração para os outros.

Como se pode descobrir o entusiasmo.

§ 10. Examinemos com alguma sobriedade essa luz interna e esse sentimento sobre os quais edificam tanta coisa. Esses homens têm, dizem eles, luz clara,

e veem; têm um sentido que foi despertado, e sentem:
estão certos de que isso não lhes pode ser contesta-
do, pois quando um homem diz que vê ou que sente
ninguém pode lhe negar que isto de fato lhe ocorra.
Mas então eu pergunto: seria esse ver a percepção da
verdade da proposição, ou de que ela é uma revela- 701
ção de DEUS? Seria esse sentimento a percepção de
uma inclinação ou capricho de fazer alguma coisa, ou
do espírito de DEUS a mover essa inclinação? Temos aí
duas percepções muito diferentes, que devem ser
cuidadosamente distinguidas se não nos quisermos
iludir a nós mesmos. Posso perceber a verdade de uma
proposição sem, no entanto, perceber que ela seja uma
revelação direta de DEUS. Posso perceber a verdade de
uma proposição de Euclides, sem que ela seja, ou
sem que eu perceba que ela seja uma revelação. Pos-
so até mesmo perceber que não cheguei a esse conhe-
cimento de maneira natural e, sendo assim, concluir
que me foi revelado, sem perceber, no entanto, que é
uma revelação de DEUS. Porque há espíritos que, sem
receber incumbência divina, podem excitar essas *ideias*
em mim e dispô-las diante de minha mente numa
ordem tal que eu possa perceber sua conexão. Assim,
o conhecimento de uma proposição que, sem que eu
saiba como, vem à minha mente não é uma percep-
ção de que ele vem de DEUS. E uma forte convicção de
que a proposição é verdadeira é menos ainda uma
percepção de que ela venha de DEUS, ou sequer de
que ela seja verdadeira. Por mais que isso seja chama-
do de luz e visão, penso que não passe de crença e
segurança, e que a proposição tomada por uma reve-
lação não é uma proposição que eles saibam verda-
deira, mas que eles tomem como verdadeira. De fato,
quando se sabe que uma proposição é verdadeira
não há necessidade de revelação, e é difícil conceber
como poderia haver revelação a alguém daquilo que

ele já saiba. Se, portanto, se trata de uma proposição da qual estão persuadidos, mas que não sabem ser verdadeira, chamem-na do que quiserem, não é visão, mas crença. Pois essas duas vias pelas quais a verdade entra na mente são inteiramente distintas, e assim uma não é a outra. O que eu vejo, eu sei que é assim pela evidência da própria coisa; aquilo em que eu acredito, eu tomo como sendo assim pelo testemunho de outrem. Mas esse testemunho eu preciso saber que ele é dado – caso contrário, que base haveria para minha crença? Preciso ver que DEUS me revela algo, ou não vejo nada. A questão aqui é então a seguinte: como posso eu saber que é DEUS quem revela algo para mim, que uma impressão é feita em minha mente por Seu Espírito Santo e que, portanto, devo obedecer a ela? Se eu não sei isso, por maior que seja a segurança que se apoderou de mim, ela é infundada; e toda luz que eu pretenda ter não passa de *entusiasmo*. Não importa se a proposição supostamente revelada é em si mesma evidentemente verdadeira ou visivelmente provável, ou incerta segundo as vias naturais do conhecimento: a proposição que deve ser bem fundamentada e manifestamente verdadeira é esta, a de que foi DEUS quem fez a revelação, e
702 que isso que eu tomo como sendo uma revelação foi certamente posto em minha mente por Ele, e não é uma ilusão ali despejada por algum outro espírito ou erigida por minha própria fantasia. De fato, se eu não me engano, esses homens recebem algo como verdade porque presumem que DEUS o revelou. Não lhes cabe então examinar sobre que bases eles presumem que se trate de uma revelação de DEUS? De outra maneira, toda sua confiança não passará de mera conjectura, e essa luz que tanto os deslumbra não passa de um *ignis fatuus* [fogo-fátuo] que os leva a girar constantemente neste círculo: *é uma revelação, porque*

firmemente acreditam nela, e *acreditam nela, porque é uma revelação.*

O entusiasmo não apresenta evidências de que a proposição é de deus.

§ 11. Tudo o que provém da *revelação* divina não necessita de nenhuma outra prova além daquela de que se trata de uma inspiração de DEUS, pois Ele não pode nem enganar, nem estar enganado. Mas como poderíamos saber que uma proposição qualquer em nossa mente é uma verdade infundida por Deus, uma verdade que nos teria sido revelada por ele, que ele declara para nós e na qual devemos, portanto, acreditar? É aqui que falta ao *entusiasmo* sua pretensa evidência. Os homens assim possuídos gabam-se de uma luz pela qual, dizem, são iluminados e levados ao conhecimento desta ou daquela verdade. Mas, se eles sabem que se trata de uma verdade, devem sabê-lo ou por sua própria autoevidência para a razão natural, ou pelas provas racionais que mostram que ela seja verdadeira. Se eles veem e sabem que se trata de uma verdade por qualquer um desses dois meios, é em vão que a suponham uma revelação, pois sabem que é verdadeira da mesma maneira que qualquer outro homem pode naturalmente sabê-lo, sem o auxílio da revelação. É assim que entram e se estabelecem na mente dos homens não inspirados todas as verdades, não importa seu gênero, pelas quais eles são esclarecidos. Se disserem que sabem que se trata de uma verdade porque é uma *revelação* de DEUS, a razão é boa, mas então se poderia perguntar: como sabem que se trate de revelação de DEUS? Se disserem que é pela luz que traz consigo, que brilha clara em sua mente e à qual não conseguem resistir, peço que considerem se isso é algo mais do que aquilo que já notamos aqui, *i. e.*, que se trata de uma revelação porque acreditam fortemente que seja uma verdade. Toda a luz de que falam não passa de uma forte, mas infundada, persuasão de suas próprias mentes de que se

trata de uma verdade. De fato, devem reconhecer que não têm nenhuma base racional, derivada de provas de que se trata de uma verdade, pois, se assim fosse, ela não seria aceita como *revelação*, mas a partir das bases comuns sobre as quais outras verdades são acei-
703 tas. E, se acreditam que se trate de uma verdade porque é uma *revelação*, sem dispor de nenhuma outra razão pela qual seria uma *revelação* além de estarem inteiramente persuadidos, sem nenhuma outra razão, de sua verdade, então acreditam que se trate de revelação só porque acreditam fortemente que se trate de revelação, o que é uma base bem insegura para apoiar quer nossas crenças, quer nossas ações. Haveria caminho mais curto para nos envolvermos nos mais extravagantes erros e equívocos do que estabelecer assim a fantasia como nosso único e supremo guia, e acreditar que qualquer proposição é verdadeira, que qualquer ação é correta, só porque acreditamos que sejam? A força de nossas persuasões não é, absolutamente, evidência de sua própria retidão: coisas tortas podem ser tão firmes e inflexíveis quanto as retas, e os homens podem ser tão positivos e peremptórios no erro quanto na verdade. Como explicar de outra maneira a existência de fanáticos incorrigíveis em partidos diferentes e opostos? Se a luz que cada um pensa ter em sua própria mente, e que, nesse caso, não é nada além da força de sua própria persuasão, for evidência de que ela venha de DEUS, então opiniões contrárias merecem igualmente a denominação de inspiração, e DEUS será não apenas o pai das luzes, mas das luzes opostas e contraditórias que guiam homens para caminhos opostos. E proposições contraditórias serão verdades divinas, se a força de uma segurança infundada for evidência de que uma proposição qualquer é revelação divina.

A firmeza da persuasão não prova de modo algum que uma proposição vem de deus.

§ 12. Não pode ser de outra maneira, quando a firmeza da persuasão se torna causa de crença, e a confiança de estar certo se torna argumento em favor da verdade. O próprio são Paulo acreditava que fazia bem e que fora chamado a isso quando perseguia os cristãos, os quais convictamente pensava estarem errados: no entanto, era ele, e não eles, quem estava errado. Bons homens continuam sendo homens, suscetíveis a equívocos, e por vezes se envolvem ardentemente em erros que tomam por verdades divinas a brilhar em sua mente com a mais clara luz.

O que é uma luz na mente.

§ 13. Luz, a verdadeira luz na mente, é e só pode ser a evidência da verdade de uma proposição; e, caso não se trate de uma proposição autoevidente, toda a luz que tem ou que pode ter provém da clareza e da validade das provas a partir das quais é aceita. Falar de qualquer outra luz no entendimento é colocar-nos a nós mesmos na escuridão ou nos entregar ao poder do príncipe das trevas e nos rendermos à ilusão de consentimento próprio para acreditar numa mentira. Pois, se a força da persuasão for a luz que nos deve guiar, como poderia alguém distinguir entre as ilusões 704
de Satã e as inspirações do Espírito Santo? Satã pode transformar-se em um anjo de luz, e os que são conduzidos por esse Filho da Manhã estão tão plenamente convencidos da iluminação, *i. e.*, tão fortemente persuadidos de que são iluminados pelo espírito de Deus quanto quem realmente o é: a ela aquiescem e nela se regozijam, são movidos por ela, e ninguém pode estar mais seguro nem estar mais certo (se sua própria crença forte puder ser o juiz disso) do que eles.

Acerca da revelação a razão deve julgar.

§ 14. Quem não quiser entregar-se a todas as extravagâncias da ilusão e do erro deve, portanto, levar a julgamento esse guia que é sua *luz interior*. Quando Deus faz o profeta, não desfaz o homem. Deixa todas suas faculdades em seu estado natural para permitir que julgue se suas inspirações são ou não de origem divina. Quando ilumina a mente com luz sobrenatural, não extingue a luz natural. Se ele quer nosso assentimento à verdade de qualquer proposição, ou Ele evidencia essa verdade pelos métodos usuais da razão natural, ou então dá a conhecer que se trata de uma verdade à qual gostaria que assentíssemos por sua autoridade, e nos convence de que vem d'Ele por marcas diante das quais a razão não pode enganar-se. A *razão* deve ser sempre nosso juiz último e nosso guia em todas as coisas. Não quero dizer que devemos consultar a razão e examinar se uma proposição revelada por Deus pode tornar-se manifesta a partir dos princípios naturais para, caso contrário, rejeitá-la; mas devemos consultar a razão e por ela examinar se se trata ou não de uma *revelação* de Deus. Caso a *razão* constate que se trata de uma revelação de DEUS, então a *razão* se pronuncia a seu favor, assim como o faz com qualquer outra verdade, e faz dela um de seus preceitos. Cada presunção que inflama nossas fantasias passará por inspiração, se nada houver além da força de nossas persuasões, para julgar nossas próprias persuasões. Se não couber à *razão* examinar a verdade das persuasões com algo extrínseco a essas próprias persuasões, então inspirações e ilusões, verdade e falsidade terão a mesma medida e será impossível distingui-las.

Crença não é prova alguma de revelação.

§ 15. Se essa luz interna, ou qualquer proposição que, sob esse título, tomarmos por inspiração, for conforme aos princípios da razão ou à palavra de DEUS, que é revelação atestada, ela será garantida pela *razão* e poderemos sem perigo aceitá-la como verda-
705 deira e nos guiarmos por ela em nossa crença e ação. Se essa luz interna não receber nem testemunho nem evidência de nenhuma dessas regras, então não poderemos tomá-la por *revelação*, nem sequer por ver-

dadeira, antes que tenhamos alguma outra marca de que se trata de uma *revelação*, pondo de lado nossa crença de que ela o seja. Assim vemos que os homens sagrados de antigamente que receberam *revelações* de DEUS dispunham de algo além dessa luz interna da segurança em suas próprias mentes para atestar a eles que ela vinha de DEUS. Não estavam entregues apenas a suas próprias persuasões de que tais persuasões vinham de DEUS, mas tinham signos externos para convencê-los da autoria dessas revelações. E, quando precisavam convencer os outros, dispunham de um poder que lhes fora outorgado para justificar a verdade do mandato que recebeu dos céus, e, para asseverar, com signos visíveis, a autoridade divina da mensagem de que estavam investidos. *Moisés* viu o arbusto queimar sem ser consumido e ouviu a voz que emitia. Isso é algo além de encontrar um impulso na própria mente para ir até o *faraó* com a intenção de convencê-lo a deixar os seus partirem do *Egito*; e, no entanto, Moisés não pensou isso suficiente para autorizá-lo a levar aquela mensagem, até que DEUS, por meio de outro milagre, transformando seu cajado numa serpente, o assegurasse de um poder de atestar sua missão com o mesmo milagre repetido diante daqueles a quem se dirigiria. *Gideão* foi enviado por um anjo para livrar Israel dos *midianitas*, porém, mesmo assim, pediu um sinal para convencer-se de que esse mandato vinha de DEUS. Essas e muitas outras circunstâncias semelhantes, que podem ser encontradas entre os profetas de antigamente, são o que basta para mostrar que eles não consideravam uma visão interior ou a persuasão de sua própria mente, sem nenhuma outra prova, uma evidência suficiente de que vinha de DEUS, mesmo que nem sempre a sagrada escritura mencione que eles exigiram ou receberam tais provas.

§ 16. No que acabo de dizer, estou longe de negar que DEUS possa iluminar ou que às vezes ilumine

a mente dos homens na apreensão de certas verdades ou que os incite a boas ações pela influência e assistência direta do Espírito Santo sem que isso seja acompanhado de nenhum signo extraordinário. Mas também nesses casos dispomos da razão e das escrituras, regras infalíveis para saber se vêm ou não de DEUS. Quando a verdade abraçada é consonante com a *revelação* presente na palavra escrita de DEUS, ou quando a ação é conforme aos ditames da reta *razão* ou da Sagrada Escritura, podemos estar seguros de que não corremos nenhum risco ao tê-la nessa conta; pois mesmo que talvez não seja uma revelação direta
706 de DEUS operando extraordinariamente em nossa mente, temos a certeza de que é garantida pela revelação que ele nos deu da verdade. Mas não é a força de nossa persuasão privada dentro de nós mesmos que pode garantir tratar-se de luz ou ação dos céus, pois nada pode fazer isso senão a palavra escrita de DEUS fora de nós, ou então aquele modelo da razão que temos em comum com todos os homens. Quando a razão ou as Escrituras são explícitas acerca de uma opinião ou ação, podemos recebê-la como de autoridade divina; mas não há de ser a força de nossa própria persuasão que por si mesma lhe poderá imprimir essa marca. E, por mais que o pendor de nossa mente a favoreça, isso pode mostrar que se trata de algo de nossa estimação, mas de modo algum irá provar que se trata de cria dos céus e de origem divina.

CAPÍTULO XX

Do assentimento equivocado, ou erro.

§ 1. Como só se pode obter conhecimento de verdades visíveis e certas, o *erro* não é uma falha do nosso conhecimento, mas um engano de nosso juízo que assente ao que não é verdadeiro. *Causas do erro.*

Mas, se o assentimento se basear na verossimilhança, se o objeto e o motivo próprio de nosso assentimento for a probabilidade, e se a probabilidade consiste no que foi estabelecido nos capítulos precedentes, então se perguntará como podem os homens dar assentimento contrário à probabilidade? Pois nada é mais comum do que a contrariedade de opiniões, nada é mais frequente do que o fato de que um homem não creia de modo algum em algo do qual outro apenas duvide, e no qual um terceiro deposite uma crença inabalável e uma firme adesão. As razões disso, embora possam ser muito variadas, creio que possam ser todas reduzidas a estas quatro.

1. *Falta de provas.*
2. *Falta de habilidade para usá-las.*
3. *Falta de vontade para usá-las.*
4. *Medidas erradas de probabilidade.*

Primeiro, falta de provas.

§ 2. *Primeiro*, por *falta de provas* não entendo apenas a falta daquelas provas que não existem em lugar algum e que, portanto, nunca podem ser en- 707
contradas, mas a falta até mesmo daquelas provas que existem e podem ser produzidas. Assim, faltam provas aos homens que não tenham condições ou oportunidade para fazer, por si mesmos, as observações e os experimentos que levem à prova de uma proposição qualquer, nem tampouco condições para investigar e reunir os testemunhos de outros. Nesse estado se encontra a maior parte dos homens, que se entregam ao labor e são escravos das necessidades de sua condição inferior e cuja vida é gasta apenas na obtenção de provisões para a sobrevivência. Para esses homens, as oportunidades de conhecimento e investigação são comumente tão estreitas quanto sua fortuna; e seu entendimento é bem pouco instruído, pois seu tempo e esforço são inteiramente dedicados a apaziguar o

ronco de sua barriga e o choro de suas crianças. Não se deve esperar, de um homem que moureja a vida inteira no trabalho pesado, que ele possa conhecer melhor a variedade de coisas feitas no mundo do que um cavalo de carga pode conhecer a geografia de seu país, quando não faz senão ir e voltar do mercado por uma estreita pista de uma estradinha qualquer. Da mesma maneira, é impossível que um homem a quem faltam lazer, livros, conhecimento de línguas e oportunidade para conversar com muitos outros homens esteja em condição de reunir os testemunhos e as observações existentes necessários para evidenciar muitas, talvez a maioria das proposições que nas sociedades humanas são julgadas as mais importantes; nem que esteja em condição de encontrar bases de segurança tão grandes quanto seria necessário para a crença nos pontos que ele quer erigir sobre elas. Assim, uma grande parte dos homens, devido ao natural e inalterável estado de coisas neste mundo e à constituição dos afazeres humanos, está inevitavelmente condenada à insuperável ignorância das provas a partir das quais outros homens erigem suas opiniões e que são necessárias para estabelecê-las. A maior parte dos homens, tendo muito que fazer para obter seus meios de vida, não está em condições de se dedicar a investigações tão eruditas e laboriosas.

Resposta à objeção: o que será dos homens que não têm provas.

§ 3. O que diremos então? Estaria a maior parte dos homens submetida, pela necessidade de sua condição, à inevitável ignorância das coisas que são mais importantes para eles (pois acerca dessas coisas a pergunta obviamente se põe)? Não teria o grosso dos homens nenhum outro guia além do acidente e do
708 cego acaso para conduzi-los a sua felicidade ou infelicidade? Seriam as opiniões correntes e os guias aceitos em cada país evidência e segurança suficiente para que cada homem neles arrisque o que mais lhe

concerne, sua eterna felicidade ou infelicidade? Seriam oráculos certos e infalíveis e modelos de verdade aqueles que ensinam uma coisa na *cristandade* e outra na *Turquia*? Deverá ser um camponês pobre eternamente feliz pelo acaso de ter nascido na *Itália*, e um diarista inevitavelmente perdido por ter tido a má-sorte de ter nascido na *Inglaterra*? Não examinarei aqui o quanto alguns homens estão prontos a dizer essas coisas. O certo é que os homens devem reconhecer que uma dessas coisas é verdadeira (que escolham a que preferirem), ou então admitir que DEUS forneceu aos homens faculdades suficientes para guiá-los no caminho que devem tomar, desde que as empreguem com seriedade nesse caminho sempre que seus encargos ordinários o permitirem. Nenhum homem é tão inteiramente ocupado em cuidar de seus meios de vida que não disponha de nenhum tempo para pensar em sua alma e para se informar em matéria de religião. Fossem os homens tão dedicados a isso quanto a coisas que não lhes concernem tanto, e não haveria nenhum tão escravizado pelas necessidades da vida que não pudesse encontrar muitos intervalos para usar em proveito de seu conhecimento.

Pessoas impedidas de investigar.

§ 4. Além daqueles que têm seu aprimoramento e informação restritos pela estreiteza de sua fortuna, há outros cuja fortuna abundante poderia supri-los de modo suficientemente copioso de livros e de outros requisitos para esclarecer dúvidas e descobrir a verdade, mas que são estritamente *aferroados pelas leis* de seu país e pela guarda estrita daqueles cujo interesse é mantê-los na ignorância e evitar o risco de que o aumento de seu conhecimento diminua sua crença neles. Homens assim estão tão afastados, aliás, estão ainda mais afastados *da liberdade e da oportunidade de uma franca investigação* do que os pobres e desgraçados trabalhadores de que falamos antes. E, por

mais importantes e altivos que pareçam ser, estão confinados à estreiteza de pensamento e escravizados no que deveria ser a parte mais livre do homem, seu en-
709 tendimento. Esse é geralmente o caso de todos aqueles que vivem em lugares onde se toma o cuidado de propagar verdade sem conhecimento; onde os homens são forçados, por uma casualidade, a adotar a religião do país; e devem engolir opiniões tal como os tolos engolem pílulas de curandeiros, sem saber do que são feitas nem como operam, contentando-se apenas em acreditar que elas curarão. Mas são ainda mais desgraçados do que estes, pois não têm a liberdade de se recusar a engolir o que de outra maneira talvez rejeitariam, nem de escolher o médico a cuja conduta irão confiar-se.

Segundo, falta de habilidade para usá-las.

§ 5. *Segundo*, são facilmente levados a assentir equivocadamente a proposições que não são prováveis todos aqueles que *careçam de habilidade para usar as evidências que têm* de probabilidades, que não consigam manter na cabeça uma série de consequências nem pesar exatamente a preponderância de provas e testemunhos contrários, dando o devido relevo a cada detalhe. Há homens de um só silogismo, outros de apenas dois e não mais, e outros ainda que mal conseguem dar um passo além. Homens assim nem sempre conseguem discernir em qual lado está a prova mais forte, nem seguir constantemente a opinião que é, em si mesma, a mais provável. Que exista uma diferença assim entre os homens quanto a seu entendimento é coisa que, penso eu, ninguém que tenha alguma vez conversado com seus vizinhos poderá pôr em questão, sem que precise ir, de um lado, a *Westminster* ou à *Bolsa*, ou, de outro, aos hospitais ou ao hospício de *Bedlam*. Não cabe aqui examinar se essa grande diferença intelectual entre os homens se deve a algum defeito nos órgãos do corpo particularmente adaptados ao pensamento; ou à estupidez ou indocilidade dessas faculdades resultante de seu pouco uso; ou, como alguns pensam, às diferenças naturais entre as próprias almas dos homens; ou se à concorrência de alguns ou de todos esses fatores. O que resta evidente no caso é que há uma diferença de grau no entendimento, apreensão e raciocínio dos homens, numa latitude tão grande que se poderia afirmar, sem ofensa ao gênero humano, que a esse respeito é maior a distância entre alguns homens e outros do que entre alguns homens e alguns animais. Como isso vem a ocorrer é especulação certamente importante, mas que não é necessária para nosso presente propósito.

Terceiro, falta de vontade para usá-las.

§ 6. *Terceiro*, há um outro tipo de pessoas às quais 710
faltam provas, não porque estas estejam fora de seu alcance, mas *porque não querem usá-las*; e que, embora disponham de suficiente riqueza e lazer, e não careçam de talento nem de outros meios, no entanto nenhum bem extraem disso. Sua inflamada procura do prazer ou permanente escravidão dos negócios leva o pensamento de alguns homens para outras direções. A preguiça e a negligência em geral, ou uma particular aversão a livros, estudo e meditação afasta outros de qualquer pensamento minimamente sério. Outros ainda, por recearem que uma investigação imparcial não favoreça as opiniões mais adequadas aos seus preconceitos, vida e objetivos, contentam-se em aceitar sem exame o que lhes é conveniente ou está em voga. Assim, a maior parte dos homens, mesmo os que poderiam evitá-lo, passam sua vida sem nenhum contato, quanto menos um assentimento racional àquelas probabilidades que lhes interessaria conhecer, embora estas se encontrem tão ao alcance de sua vista que, para se convencer de sua verdade, bastaria que voltassem os olhos em sua direção. Mas

sabemos que certos homens não lerão uma carta que suponham trazer más notícias, e que muitos homens se recusam a fazer suas contas ou mesmo a pensar em seus bens quando receiam que seus negócios não se encontrem em situação muito boa. Por que homens cuja fortuna abundante lhes permitiria aprimorar seu entendimento se satisfazem numa preguiçosa ignorância é o que eu não saberia dizer. Mas penso que não tenham sua própria alma em boa conta os que dedicam tudo que ganham a provisões para o corpo sem empregar nada na obtenção dos meios e auxílios para o conhecimento; os que tomam grande cuidado em aparecer sempre com vestes limpas e esplêndidas e que se sentiriam desgraçados por usar um casaco remendado ou roupas vulgares, mas suportam contentemente que suas mentes apareçam à vista de todos numa libré manchada de remendos rústicos e retalhos esmolados com que o acaso ou então o alfaiate do país (ou seja, a opinião daqueles homens com quem conversaram) as vestiram. Não mencionarei aqui o quanto isso é insensato vindo de homens que alguma vez pensaram num estado futuro e em sua relevância para eles, pensamento que nenhum homem racional pode deixar de ter, ao menos uma vez; nem tampouco comentarei a vergonha e o embaraço
711 que há, para os maiores depreciadores do conhecimento, quando se constata que ignoram coisas cujo conhecimento é de seu interesse. Mas ao menos isto é digno da consideração dos que se dizem cavalheiros: por mais que pensem que o crédito, o respeito, o poder e a autoridade são os necessários acompanhamentos de seu berço e fortuna, verão que tudo isso lhes é subtraído por homens de condição inferior que os ultrapassam em conhecimento. Os cegos serão sempre levados pelos que veem, ou então cairão no

poço[45]; e a maior submissão, a maior escravidão, é certamente a do entendimento. Mostrou-se nos exemplos precedentes algumas das causas de assentimento equivocado, e como pode ocorrer que doutrinas prováveis não sejam sempre recebidas com um assentimento proporcional às razões que possam ser dadas para sua probabilidade. Mas, até aqui, só consideramos as probabilidades cujas provas existem, mas não aparecem para quem abrace o erro.

Quarto, de onde vêm as medidas erradas de probabilidade.

§ 7. *Quarto*, resta ainda um último tipo de pessoas que, mesmo quando as probabilidades reais aparecem e são claramente apresentadas a eles, não se deixam convencer nem cedem diante de razões manifestas, mas ou επεχειν, suspendem seu assentimento, ou o dão à opinião menos provável. A esse perigo estão expostos os que adotaram *medidas erradas de probabilidade*, que são

1. *Proposições que não são em si mesmas certas e evidentes, mas duvidosas e falsas, tomadas por princípios.*
2. *Hipóteses consagradas.*
3. *Paixões ou inclinações dominantes.*
4. *Autoridade.*

Primeiro, proposições duvidosas tomadas por princípios.

§ 8. O *primeiro* e mais firme grau de probabilidade é a conformidade que alguma coisa tem com nosso conhecimento, especialmente com a parte dele que adotamos e permanecemos considerando como *princípios*. Estes têm uma influência tão grande sobre nossa opinião que é usualmente por eles que julgamos a verdade e medimos a probabilidade, a tal ponto que aquilo que é inconsistente com nossos *princípios* não somente não reconhecemos como provável, mas consideramos como impossível. A reverência que se dedica a esses *princípios* é tão grande, e sua autorida- 71[illegible]

45. Ver Mt 15, 14; e Lc 6, 39. [N. D. E.]

de está tão acima de tudo o mais, que o testemunho, não apenas de outros homens, mas da evidência de nossos próprios sentidos, é frequentemente rejeitado quando se dispõe a caucionar qualquer coisa que seja contrária a essas regras estabelecidas. Não examinarei aqui em que medida contribuiu para isso a doutrina dos *princípios* inatos e aquela segundo a qual *princípios* não se provam nem se questionam. Concedo de bom grado que uma verdade não pode contradizer outra; mas ao mesmo tempo peço que me seja permitido dizer que cada um deve ter extrema precaução naquilo que admita como *princípio*, deve examiná-lo estritamente e ver se sabe com certeza que ele é em si mesmo verdadeiro e por sua própria evidência, ou então se apenas acredita que ele o é a partir da autoridade de outros. Pois quem absorveu *princípios errados*, e cegamente se entregou à autoridade de alguma opinião que não é em si mesma evidentemente verdadeira, institui assim um forte preconceito em seu entendimento que inevitavelmente desviará seu assentimento.

§ 9. Nada é mais comum do que *crianças* recebendo em sua mente proposições (especialmente em matéria de religião) advindas de seus pais, babás ou de outras pessoas que os cerquem; proposições que, uma vez que se insinuem em seu entendimento, tão incauto quanto imparcial, e que sejam gradualmente arraigadas, são finalmente (não importa se verdadeiras ou falsas) ali cravadas pelo prolongado costume e educação para além de qualquer possibilidade de arrancá-las de volta. Pois os homens, uma vez adultos, refletindo sobre suas próprias opiniões e constatando que as desse tipo são tão antigas em sua mente quanto suas lembranças elas próprias, por não ter observado sua precoce insinuação nem os meios pelos quais as adquiriram, são propensos a reverenciá-las como coisas sagradas e não tolerar que sejam profanadas, tocadas ou questionadas. Veem-nas como os *Urim* e *Tumin* estabelecidos em sua mente imediatamente pelo próprio DEUS para serem os grandes e infalíveis responsáveis pela decisão sobre a verdade e a falsidade, e os juízes aos quais devem apelar em qualquer tipo de controvérsia.

§ 10. Uma vez que essa opinião de um homem sobre seus *princípios* (sejam quais forem) se *estabeleça em sua mente*, não é difícil imaginar a recepção destinada a qualquer proposição, por mais claramente provada que seja, que invalide sua autoridade ou entre em algum conflito com esses oráculos internos; ao passo que os mais grosseiros absurdos e improbabilidades são rapidamente sorvidos e digeridos sem dificuldade, bastando que sejam afins a esses princípios. A grande obstinação com que os homens firmemente creem em opiniões inteiramente contrárias, embora muitas vezes igualmente absurdas, nas diferen- 713
tes religiões existentes, é tanto prova evidente quanto consequência inevitável dessa maneira de raciocinar a partir de princípios consagrados. Os homens não acreditarão em seus próprios olhos, renunciarão à evidência de seus sentidos e desautorizarão sua própria experiência de preferência a admitir algo que discorde desses dogmas sagrados. Que se tome um *romanista* inteligente que, desde o primeiríssimo alvorecer de quaisquer noções em seu entendimento teve constantemente inculcado o seguinte princípio, de que ele deve crer no que crê a Igreja (*i. e.*, aqueles de sua comunhão), ou de que o papa é infalível, e que nunca sequer ouviu isso ser questionado até que, aos quarenta ou cinquenta anos, ele se deparou com alguém com outros princípios: como está ele preparado para engolir tão facilmente, não somente contra toda probabilidade, mas mesmo contra a clara evidência de seus sentidos, a doutrina da *transubstanciação*? A in-

fluência desse princípio sobre sua mente é tão grande que ele acredita ser carne o que vê ser pão. E que meios se poderia empregar para convencer um homem da improbabilidade de alguma sua opinião, se ele, com certos filósofos, estabeleceu como fundamento de todos os raciocínios que ele deve acreditar em sua razão (pois assim os homens impropriamente chamam os argumentos extraídos de seus princípios) contra seus sentidos? Se a um *entusiasta* se inculcar como princípio que ele ou seu mestre é inspirado e movido por uma comunicação imediata do Espírito Divino, será vão trazer a evidência de razões claras contra sua doutrina. Portanto, quem quer que tenha absorvido *princípios* errados não se deixará, em coisas inconsistentes com esses princípios, mover pelas mais patentes e convincentes probabilidades, a não ser que tenha franqueza e sinceridade consigo mesmo a ponto de se persuadir a examinar inclusive aqueles *princípios* mesmos, coisa que muitos nunca se permitem fazer.

§ 11. *Segundo*, depois desses há os homens cujo entendimento é moldado e confeccionado justamente no tamanho de uma *hipótese consagrada*. A diferença *Segundo, hipóteses consagradas.*
714 entre estes e os anteriores é que eles admitem o que é matéria de fato e concordam com seus opositores nisso, mas diferem apenas na atribuição de razões e na explicação da maneira de operação. Ao contrário dos anteriores, estes não desafiam abertamente seus sentidos, e aguentam ouvir o que lhes informam com um pouco mais de paciência; mas de nenhuma maneira admitirão na explicação das coisas aquilo que os sentidos relatam nem se dobrarão a probabilidades que os convenceriam de que as coisas não se produzam exatamente da mesma maneira que decretaram consigo mesmos. Não seria algo insuportável para um professor erudito, algo que faria ruborizar sua toga

escarlate, ver sua autoridade de quarenta anos de cinzelamento na pedra dura do grego e do latim, com um gasto nada desprezível de vela e tempo, e confirmada pela tradição geral e por uma venerável barba, transtornada num instante por um novidadeiro iniciante? Poderia alguém esperar que ele confessasse que tudo que ensinou a seus estudantes nos últimos trinta anos não passa de erro e equívoco, e que lhes vendeu bem caro meras palavras e ignorância? Que probabilidades seriam suficientes para convencê-lo numa situação como essa? Quem se deixaria convencer, pelos argumentos mais cogentes, a se despir, de uma só vez, de todas suas antigas opiniões e pretensões de conhecimento e erudição, pelos quais labutou durante todo esse tempo com difíceis estudos, para recomeçar inteiramente nu uma busca por novas noções? Todos os argumentos possíveis surtirão tanto efeito quanto o vento poderia convencer um viajante a abandonar seu casaco, que ele apenas irá segurar mais firme. A este erro relativo a hipóteses erradas podem ser reduzidos os erros ocasionados por uma *hipótese* verdadeira ou princípios corretos que não são corretamente entendidos. Nada é mais familiar do que isso. Prova inegável disso se encontra nos vários exemplos de homens que defendem diferentes opiniões, todas elas derivadas da infalível verdade das Escrituras. Todos os que se consideram cristãos reconhecem que o texto que diz μετανοειτε traz em si a obrigação de um dever muito premente. Mas quão errada não será uma das práticas daqueles que, por só entender o *francês*, tomem essa regra, com uma tradução, como sendo *repentez vous*, arrependei-vos, ou, com a outra, como sendo *faitez pénitence*, penitenciai-vos?

Terceiro, paixões dominantes.

§ 12. *Terceiro*, as probabilidades que ferem os apetites dos homens e suas *paixões prevalentes* en- 715
contram o mesmo destino. Ponha-se toda a probabi-

lidade que se quiser em um lado do raciocínio de um avarento, e o dinheiro, no outro, não é difícil antever qual pesará mais. Mentes terrenas, como muros de lama, resistem à mais pesada artilharia; e embora talvez por vezes a força de um argumento claro possa causar alguma impressão, permanecem firmes e mantêm fora a verdade, esse inimigo que as cativaria ou perturbaria. Digam a um homem intensamente apaixonado que ele é traído, tragam uma vintena de testemunhos da falsidade de sua amante, aposto a dez contra um que três palavras gentis dela bastarão para invalidar todos os testemunhos. *Quod volumus, facile credimus*; *acreditamos facilmente no que se ajusta a nossos desejos*[46]: disso, creio, todos já tiveram mais de uma vez a experiência; e os homens, embora nem sempre possam negar abertamente ou resistir à força de probabilidades manifestas que se apresentem contra eles, no entanto não cedem ao argumento. É verdade que é da natureza do entendimento concluir pelo lado mais provável, mas, mesmo assim, o homem tem o poder para suspender e coibir suas investigações, e não permitir um exame tão completo e satisfatório quanto o permite e tolera a questão. Enquanto isso não for feito, restarão sempre *as duas vias seguintes para fugir da mais patente probabilidade*.

Meios para fugir das probabilidades, primeiro, *suposta falácia.*

§ 13. *Primeiro*, como os argumentos são apresentados (como no mais das vezes o são) em palavras, *pode haver* neles *uma falácia latente*; e, como possivelmente existem muitas consequências em série, algumas podem ser incompatíveis entre si. São muito poucos os discursos tão curtos, claros e consistentes que a maioria dos homens não possa levantar, de maneira suficientemente satisfatória para eles mesmos, essa dúvida a seu respeito; ou de cujo *convencimento*

46. César, *De Bello Civili*, II, 27; *De Bello Gallico*, III, 18; Bacon, *Novum Organum*, I, 49. [N. D. E.]

eles não possam escapar, sem se verem culpados de falta de sinceridade ou de razão, com a velha resposta *non persuadebis, etiamsi persuaseris, mesmo que não tenha resposta, não cederei*[47].

Segundo, *supostos argumentos em contrário.*

§ 14. *Segundo*, pode-se fugir de probabilidades manifestas, e suspender assentimento a elas, a partir da sugestão de que *ainda não conheço tudo que possa ser dito contra elas*. Portanto, mesmo que eu seja derrotado, não é necessário que eu ceda, pois não sei que forças ainda se tem de reserva na retaguarda. Este é um refúgio tão amplo e ilimitado contra o *convencimento* que fica difícil determinar quando um 716
homem está inteiramente fora de seu alcance.

Quais probabilidades determinam assentimento.

§ 15. Mas há, no entanto, um limite. Um homem que tenha cuidadosamente investigado todas as bases em que se dá a probabilidade e a improbabilidade, que se tenha empenhado ao máximo para se informar imparcialmente de todos os detalhes, que tenha reunido a soma total em ambos os lados, esse homem pode, na maioria dos casos, chegar a reconhecer, todas as contas feitas, em qual dos dois lados se encontra a probabilidade; pois algumas provas em matéria de razão, sendo suposições a partir de experiência universal, são tão claras e cogentes, e alguns testemunhos em matéria de fato são tão universais que não lhes pode recusar seu assentimento. Assim, penso podermos concluir que em proposições nas quais, muito embora as provas consideradas sejam da maior relevância, há motivos suficientes para suspeitar de que ou há falácia nas palavras, ou então há provas certas, igualmente consideráveis, que podem ser oferecidas para o lado contrário, nessas proposições o assentimento, a suspensão ou o dissentimento são, muitas vezes, ações voluntárias. Mas *quando* as provas são tais que tornam algo altamente provável e não há

47. Cf. Erasmo, *Adágios*, II.VII.61. [N. D. E.]

base suficiente para suspeitar que haja nem falácia das palavras (o que a consideração sóbria e séria pode descobrir), nem provas igualmente válidas ainda não descobertas e latentes em favor do outro lado (o que, em muitos casos, a natureza da coisa também pode deixar claro para um homem ponderado), então penso que *um homem* que as pesou *dificilmente pode recusar seu assentimento* ao lado no qual se manifesta a maior probabilidade. Se é ou não provável que um promíscuo amontoado de letras de imprensa caia frequentemente num método e ordem que estampe no papel um discurso coerente, ou que o concurso cego e fortuito de átomos que não são guiados por um agente dotado de entendimento possa constituir com frequência os corpos de quaisquer espécies de animais: nesses e em casos semelhantes, penso que ninguém que os considere pode hesitar por um instante sequer acerca de que lado escolher, nem pode de modo algum vacilar em seu assentimento. Por fim, quando não pode haver nenhuma suposição (sendo a coisa em questão de natureza indiferente e inteiramente dependente do testemunho) de que há testemunho contrário tão fidedigno quanto aquele que seja favorável ao fato atestado, o que se pode constatar por investigação – p. ex., se existiu há 1700 anos, em *Roma*, um homem chamado *Júlio César* –, em todos os casos desse tipo penso que não se encontra no
717 poder de um homem racional recusar seu assentimento, o qual se segue necessariamente a essas probabilidades e concorda com elas. Em outros casos menos claros, penso eu, o homem tem o poder de suspender seu assentimento e, talvez, contentar-se com as provas que tem se elas favorecem a opinião que condiz a sua inclinação ou interesse, e assim deter-se, sem investigar mais. Mas que um homem dê seu assentimento ao lado no qual a menor probabilidade se

manifesta para ele parece-me inteiramente impraticável e tão impossível quanto acreditar que a mesma coisa seja, ao mesmo tempo, provável e improvável.

Quando se encontra em nosso poder suspendê-lo.

§ 16. Assim como o conhecimento é tão pouco arbitrário quanto a percepção, do mesmo modo penso que o assentimento está tão pouco em nosso poder quanto o conhecimento. Quando a concordância entre duas *ideias* quaisquer aparece para nossa mente, seja imediatamente, seja pela assistência da razão, não posso recusar-me a percebê-la e a conhecê-la, tanto quanto não posso deixar de ver os objetos para os quais volto meus olhos, mirando-os em plena luz do dia. E não posso negar meu assentimento àquilo que, após exame exaustivo, descubro ser o mais provável. Mas, embora não possamos impedir nosso conhecimento, uma vez tenhamos percebido a concordância, nem nosso assentimento, uma vez a probabilidade tenha aparecido manifestamente com a devida consideração de todos os critérios do provável, *podemos*, no entanto, *evitar tanto conhecimento quanto assentimento ao parar nossa investigação* e ao não empregar nossas faculdades na busca de nenhuma verdade. Se não fosse assim, ignorância, erro e infidelidade não poderiam, em nenhum caso, ser faltas. Assim, em alguns casos, podemos evitar ou suspender nosso assentimento. Mas seria possível que um homem versado em história, antiga ou moderna, duvidasse de que há um lugar chamado *Roma*, ou de que houve um homem chamado *Júlio César*? Há mesmo milhões de verdades cujo conhecimento não concerne a um homem, ou que ele pensa não lhe concernir, por exemplo, se nosso rei *Ricardo*, o Terceiro, era ou não corcunda, ou se *Rogério Bacon* era um matemático ou um mágico. Em casos como esses, nos quais o assentimento para um lado ou para o outro não é importante para os interesses de ninguém, nenhuma

ação, nenhuma preocupação sua se seguindo ou dependendo disso, não é de estranhar que a mente se entregue à opinião comum ou se submeta ao que primeiro aparecer. Opiniões como essas são de tão
718 pouco peso e relevância que, assim como a poeira ao sol, suas tendências muito raramente são notadas. Lá estão como que por acaso, e a mente deixa que flutuem livremente. Mas, quando a mente julga que a proposição carrega interesse, quando pensa que assentir ou não trará consigo consequências relevantes, e que bem ou mal dependem de escolher ou recusar o lado correto – o que leva a mente a investigar e examinar seriamente a probabilidade –, então, se a probabilidade manifesta surge de um dos lados, penso que não nos é dado escolher o lado que quisermos. Nesse caso, penso que a maior probabilidade determinará o assentimento, e um homem não poderá deixar de assentir ou de tomar por verdadeiro quando perceba o que seja mais provável, assim como não pode deixar de saber que é verdade quando perceba a concordância ou a discordância entre duas *ideias* quaisquer.

Se assim é, o fundamento do erro reside em critério errados de probabilidade, assim como o fundamento do vício reside em critérios errados do bem.

Quarto, autoridade.

§ 17. O quarto e último *critério errado de probabilidade* que notarei aqui, e que mantém em ignorância ou erro mais pessoas do que todos os outros reunidos, é aquele que mencionei no capítulo precedente, a saber, *entregar nosso assentimento a opiniões comumente aceitas*, não importa se de nossos amigos ou de nosso partido, de nossa vizinhança ou país. Quantos são os homens que não dispõem de outra base para sustentar suas doutrinas além da suposta honestidade, erudição ou número daqueles que professam o mesmo que eles? Como se homens honestos ou livrescos nunca errassem, ou a verdade pudesse

ser estabelecida pelo voto da multidão. E, no entanto, para a maioria dos homens, isso é o suficiente. A doutrina foi atestada pela reverenda antiguidade, chega a mim com o passaporte de épocas passadas, e estou, portanto, seguro ao recebê-la: como outros homens tiveram e têm essa mesma opinião (isso é tudo que se diz), é razoável que eu a abrace. Seria mais razoável jogar suas opiniões no cara ou coroa do que adotá-las por um critério como esse. Todos os homens são suscetíveis ao erro; e a maioria dos homens, em muitos pontos, por inclinação ou interesse, caem sob sua tentação. Se pudéssemos ver os motivos secretos que influenciaram os eruditos de renome no mundo e os
líderes de partidos, veríamos que nem sempre foi a 719
busca da verdade por si mesma que os levou a esposar as doutrinas que professaram e sustentaram. Ao menos é certo que nenhuma opinião é tão absurda que um homem não possa recebê-la nessas bases. É impossível nomear um único erro que não tenha quem o professasse, e a um homem nunca faltarão caminhos tortuosos, caso ele pense estar no caminho reto sempre que dispuser das pegadas de outros para seguir.

Os homens não cometem tantos erros quanto se imagina.

§ 18. Apesar do grande alarido que se faz no mundo sobre erros e opiniões, é preciso fazer justiça aos homens e reconhecer *que não há tantos homens em erro e com opiniões erradas quanto comumente se supõe.* Isso não quer dizer que abracem a verdade, mas apenas que, quando se trata dessas doutrinas que tanto os agitam, a maioria não tem absolutamente nenhum pensamento ou opinião. Se alguém se dedicasse a inquirir a maior parte dos partidários da maioria das seitas existentes no mundo, constataria que, no que diz respeito às matérias que tanto despertam seu zelo, eles não têm opiniões próprias; e muito menos teria razão para pensar que eles as adotaram pelo exame de argumentos e a manifestação da probabilidade.

Estão decididos a serem fiéis ao partido no qual sua educação ou interesse os alistou, e ali, como soldados rasos de um exército, mostram sua coragem e ardor sob a direção de seus líderes, sem nunca examinar ou sequer conhecer a causa pela qual combatem. Se a vida de um homem mostra que ele não tem nenhuma consideração séria pela religião, por qual razão deveríamos pensar que ele quebre a cabeça acerca das opiniões de sua Igreja ou se dê ao trabalho de examinar as bases desta ou daquela doutrina? Para ele, é suficiente obedecer a seus líderes, ter mão e língua prontas para defender a causa comum e assim se recomendar aos que lhe podem dar crédito, vantagens ou proteção naquela sociedade. Assim os homens vêm a professar opiniões e a combater por elas, sem nunca se terem convencido delas nem terem sido instruídos a seu respeito, pois elas nem mesmo chegaram a passar por suas cabeças. E, embora não seja possível dizer que as opiniões erradas e improváveis são em menor número do que o são, o certo é que há menos homens que efetivamente assintam a elas e as tomem equivocadamente por verdades do que se imagina.

720 CAPÍTULO XXI

Da divisão das ciências.

Três tipos de ciência.

§ 1. Tudo que pode cair na esfera do entendimento humano é, *primeiro*, a natureza das coisas tais como são em si mesmas, suas relações e modos de operação; *segundo*, o que o homem ele próprio deve fazer, como agente racional e voluntário, para alcançar um fim qualquer e, especialmente, a felicidade; e, *terceiro*, os caminhos e meios pelos quais ambos esses conhecimentos podem ser obtidos e comunicados. Assim, penso que a *ciência* pode ser adequadamente dividida em *três tipos*.

Primeiro, Physica.

§ 2. *Primeiro*, o conhecimento das coisas tal como elas são em seu ser próprio, sua constituição, suas propriedades e operações, pelo que entendo não somente a matéria e o corpo, mas também os espíritos, que têm, como os corpos, sua própria natureza, constituição e operação. A isso chamo, num sentido um tanto mais amplo da palavra, Φυσικη, *ou filosofia natural*. O fim da *filosofia natural* é a mera verdade especulativa, e tudo o que pode fornecer à mente humana algo assim se encontra nesse ramo, seja o próprio Deus, os anjos, os espíritos, os corpos, ou qualquer uma de suas afecções, como número, figura etc.

Segundo, Practica.

§ 3. *Segundo*, Πρακτικη, a habilidade de aplicar corretamente nossos próprios poderes e ações para alcançar coisas boas e úteis. O mais importante neste tópico é a *ética*, que é a busca das regras e medidas das ações humanas que levam à felicidade e dos meios para praticá-las. O fim da *ética* não é a mera especulação ou o conhecimento da verdade, mas a justiça e uma conduta em acordo com ela.

Terceiro, Σημειωτικη.

§ 4. O *terceiro* ramo pode ser chamado de Σημειωτικη, ou *doutrina dos signos*, dos quais os mais usuais são as palavras, o que permite que seja também chamada de λογικη. Sua tarefa é a de considerar a natureza dos signos que a mente usa para entender as coisas ou para transmitir seu conhecimento para outros. De fato, como nenhuma das coisas que a mente contempla, pondo de lado ela própria, estão pre- 721
sentes para o entendimento, é necessário que uma outra coisa esteja presente para ela como signo ou representação da coisa que ela considere. Essas são as *ideias*. Como a cena das *ideias* que compõem os pensamentos de um homem não pode ser exibida para a visão imediata de outro homem nem armazenada senão na memória, um repositório não muito

confiável, então signos de nossas *ideias* são também necessários, seja para comunicar nossos pensamentos uns aos outros, seja para registrá-los para nosso próprio uso. Os signos que o homem constatou mais convenientes e, portanto, geralmente usa, são os sons articulados. Portanto, a consideração de *ideias* e de *palavras* como principais instrumentos de conhecimento responde por parte considerável da contemplação dos que pretendem ter uma visão geral do conhecimento humano em toda sua extensão. E, talvez, se elas fossem meticulosamente avaliadas e devidamente consideradas, elas nos fornecessem um outro tipo de lógica e de crítica, diferente daquele que conhecemos até hoje.

Essa é a divisão inicial dos objetos do conhecimento.

§ 5. *Essa* me parece ser *a divisão inicial, mais geral e mais natural* dos objetos de nosso entendimento. Pois um homem só pode empregar seus pensamentos em três coisas: na contemplação das *coisas* mesmas para a descoberta da verdade; nas coisas que se encontram em seu poder, que são suas próprias *ações* para alcançar seus próprios fins; nos *signos* que a mente usa, tanto no primeiro quanto no segundo caso, e em sua correta ordenação para a informação mais clara possível. Todas elas, *i. e.*, *coisas* tal como são em si mesmas cognoscíveis, *ações* que dependem de nós tendo a felicidade em vista, o uso correto de *signos* tendo o conhecimento em vista, sendo *toto coelo* diferentes, parecem-me constituir os três principais domínios do mundo intelectual, inteiramente separados e distintos uns dos outros.

FINIS

ÍNDICE REMISSIVO.

O índice remissivo foi acrescentado a partir da segunda edição do *Ensaio*. Os números de páginas referem-se à paginação original da edição de Nidditch, que a presente edição assinala nas margens do texto.

D

F

G

M

N

O

P